ESTUDO E PRÁTICA DA ARBITRAGEM

ESTUDO E PRÁTICA DA ARBITRAGEM

2023

Amauri Silvestre Pavão
Fernanda Lopes de Alcantara Gil
Gabriel Caetano Visconti
José Victor Palazzi Zakia
Organização

ALMEDINA

ESTUDO E PRÁTICA DA ARBITRAGEM

ORGANIZADORES: Amauri Silvestre Pavão, Fernanda Lopes de Alcantara Gil, Gabriel Caetano Visconti e José Victor Palazzi Zakia

DIRETOR ALMEDINA BRASIL: Rodrigo Mentz
EDITORA JURÍDICA: Manuella Santos de Castro
EDITOR DE DESENVOLVIMENTO: Aurélio Cesar Nogueira
ASSISTENTES EDITORIAIS: Larissa Nogueira e Letícia Gabriella Batista
ESTAGIÁRIA DE PRODUÇÃO: Laura Roberti

DIAGRAMAÇÃO: Almedina
DESIGN DE CAPA: Roberta Bassanetto

ISBN: 9786556278575
Julho, 2023

Dados Internacionais de Catalogação na Publicação (CIP)
(Câmara Brasileira do Livro, SP, Brasil)

Estudo e prática da arbitragem / coordenadores
Amauri Silvestre Pavão...[et al.]. –
1. ed. -- São Paulo : Almedina, 2023.

ISBN 978-65-5627-857-5

1. Arbitragem (Direito) - Brasil 2. Arbitragem
(Direito) - Jurisprudência 3. Arbitragem (Direito) –
Leis e legislação I. Pavão, Amauri Silvestre.

23-150247 CDU-347.918

Índices para catálogo sistemático:

1. Arbitragem : Direito processual civil 347.918

Henrique Ribeiro Soares - Bibliotecário - CRB-8/9314

Este livro segue as regras do novo Acordo Ortográfico da Língua Portuguesa (1990).

EDITORA: Almedina Brasil
Rua José Maria Lisboa, 860, Conj.131 e 132, Jardim Paulista | 01423-001 São Paulo | Brasil
www.almedina.com.br

SOBRE OS ORGANIZADORES

Amauri Silvestre Pavão
Bacharel em Direito pela Escola de Direito de São Paulo da Fundação Getulio Vargas (FGV DIREITO SP). Coordenador do Grupo de Estudos em Arbitragem da FGV DIREITO SP. Diretor da Associação Brasileira dos Estudantes de Arbitragem (ABEARB). Membro efetivo da Comissão Especial de Arbitragem da Organização dos Advogados do Brasil, Seccional São Paulo (OAB SP). Advogado em Carlos Elias Arbitragem (CEARB).

Fernanda Lopes de Alcantara Gil
Bacharela em Direito pela Escola de Direito de São Paulo da Fundação Getulio Vargas (FGV DIREITO SP). Coordenadora do Grupo de Estudos de Arbitragem da FGV DIREITO SP (GVEArb). Advogada.

Gabriel Caetano Visconti
Mestrando em Direito Processual pela Faculdade de Direito da Universidade de São Paulo (FDUSP). Bacharel em Direito pela Escola de Direito de São Paulo da Fundação Getulio Vargas (FGV DIREITO SP). Coordenador do Grupo de Estudos em Arbitragem da FGV DIREITO SP (GVEArb). Professor convidado do Global Law da FGV DIREITO SP. Advogado.

José Victor Palazzi Zakia
Mestre em Direito Processual pela Universidade de São Paulo (USP). Bacharel em Direito pela Escola de Direito de São Paulo da Fundação Getulio Vargas (FGV DIREITO SP). Coordenador do Grupo de Estudos em Arbitragem da FGV DIREITO SP (GVEArb). Professor convidado do curso de Arbitragem e Mediação da pós-graduação da Universidade

Presbiteriana Mackenzie. Professor convidado do curso Stabilization of International Business Transactions: From Contract (Re)Negotiation to Dispute Resolution do Global Law da FGV DIREITO SP. Advogado na equipe de arbitragem em L.O. Baptista Advogados.

SOBRE OS AUTORES

Alberto Lucio Barbosa Junior
Graduado em Direito pela Universidade de São Paulo (USP). Mestre em Direito Comercial pela USP. Mestre em Direito & Economia pelas Universidades de Hamburgo e Viena (LL.M.). Foi também Fox International Fellow na Universidade de Yale.

Amauri Silvestre Pavão
Bacharel em Direito pela Escola de Direito de São Paulo da Fundação Getulio Vargas (FGV DIREITO SP). Coordenador do Grupo de Estudos em Arbitragem da FGV DIREITO SP. Diretor da Associação Brasileira dos Estudantes de Arbitragem (ABEARB). Membro efetivo da Comissão Especial de Arbitragem da Organização dos Advogados do Brasil, Seccional São Paulo (OAB SP). Advogado em Carlos Elias Arbitragem (CEARB).

Ana Paula Ribeiro Nani
Mestranda na Escola de Direito de São Paulo da Fundação Getulio Vargas (FGV DIREITO SP). Pesquisadora do Núcleo de Estudos em Mercados Financeiro e de Capitais da FGV DIREITO SP. Bacharel em Direito com especialização em Arbitragem pela FGV DIREITO SP.

Analy Leal Moura
Graduanda em Direito na Escola de Direito de São Paulo da Fundação Getulio Vargas (FGV DIREITO SP). Cofundadora do Grupo de Estudos de M&A e coordenadora do Grupo de Estudos em Direito Societário e Mercado de Capitais, ambos da FGV DIREITO SP.

André de Albuquerque Cavalcanti Abbud
Doutor e mestre em Direito pela Universidade de São Paulo (USP). LL.M. pela Harvard Law School. Presidente do Comitê Brasileiro de Arbitragem (CBAr). Diretor do Comitê de Arbitragem da International Bar Association (IBA). Diretor do Latin American and Caribbean Users Council da LCIA. Professor da Escola de Direito de São Paulo da Fundação Getulio Vargas (FGV DIREITO SP). Sócio de BMA Advogados.

Caio de Faro Nunes
Especialista em Propriedade Intelectual e Novos Negócios pela Escola de Direito de São Paulo da Fundação Getulio Vargas (FGV DIREITO SP). Certificado em Proteção de Dados Pessoais pelo Data Privacy Brasil e em Arbitragem pela FGV DIREITO SP. Coorientador do Grupo de Estudos em Arbitragem e Propriedade Intelectual do CJA/CBMA. Organizador do 1º CSD-ABPI MOOT – competição de arbitragem em propriedade intelectual. Advogado.

Carlos Alberto Carmona
Professor doutor do Departamento de Direito Processual da Faculdade de Direito da Universidade de São Paulo (FDUSP). Professor convidado dos cursos da série FGV Law (Arbitragem e Processo Civil).

Daniel Tavela Luís
Advogado, sócio de MLuis Advogados Associados. Professor da Universidade Presbiteriana Mackenzie. Doutor e mestre em Direito Internacional pela Faculdade de Direito da Universidade de São Paulo (FDUSP). Bacharel em Direito pela FGV DIREITO SP. Cofundador do Grupo de Estudos de Arbitragem da Escola de Direito de São Paulo da Fundação Getulio Vargas (FGV DIREITO SP).

Felipe Cintra de Barros Ribeiro Conrado
Bacharel em Direito pela Escola de Direito de São Paulo da Fundação Getulio Vargas (FGV DIREITO SP). Advogado.

Fernanda Lopes de Alcantara Gil
Bacharela em Direito pela Escola de Direito de São Paulo da Fundação Getulio Vargas (FGV DIREITO SP). Coordenadora do Grupo de Estudos de Arbitragem da FGV DIREITO SP (GVEArb). Advogada.

Gabriel Caetano Visconti
Mestrando em Direito Processual pela Faculdade de Direito da Universidade de São Paulo (FDUSP). Bacharel em Direito pela Escola de Direito de São Paulo da Fundação Getulio Vargas (FGV DIREITO SP). Coordenador do Grupo de Estudos em Arbitragem da FGV DIREITO SP (GVEArb). Professor convidado do Global Law da FGV DIREITO SP. Advogado.

Gabriel Ribeiro
Bacharel em Direito pela Escola de Direito de São Paulo da Fundação Getulio Vargas (FGV DIREITO SP). Mestrando pela NOVA School of Law (Lisboa, Portugal). Certificado como mediador judicial perante o Conselho Nacional de Justiça (CNJ) para atuar como mediador no Poder Judiciário brasileiro, além de deter a Certificação IMI (International Mediation Institute) – Qualifying Accessing Program Level 1. Membro de Faleck & Associados.

Gisela Ferreira Mation
Sócia da área de Contencioso, Arbitragem e Disputas do Machado Meyer Advogados. Mestre em Direito do Estado pela Universidade de São Paulo (USP). LL.M. da Harvard Law School. Doutoranda em Direito Comercial pela USP.

Giulia Bassani
Bacharel em Direito pela Escola de Direito de São Paulo da Fundação Getulio Vargas (FGV DIREITO SP). Advogada em CFGS Advogados.

Giulia Spalletta
Candidata no Master in Business and Management (MBM) da Escola de Administração de Empresas de São Paulo da Fundação Getulio Vargas (FGV EAESP). Bacharel em Direito pela Escola de Direito de São Paulo da Fundação Getulio Vargas (FGV DIREITO SP), com graduação sanduíche na Université Paris Dauphine – PSL (Paris IX) e com especialização em arbitragem pela FGV DIREITO SP. Advogada.

João Guilherme Rache Gebran
Mestre em Direito pela Escola de Direito de São Paulo da Fundação Getulio Vargas (FGV DIREITO SP) e advogado.

José Victor Palazzi Zakia
Mestre em Direito Processual pela Universidade de São Paulo (USP). Bacharel em Direito pela Escola de Direito de São Paulo da Fundação Getulio Vargas (FGV DIREITO SP). Coordenador do Grupo de Estudos em Arbitragem da FGV DIREITO SP (GVEArb). Professor convidado do curso de Arbitragem e Mediação da pós-graduação da Universidade Presbiteriana Mackenzie. Professor convidado do curso Stabilization of International Business Transactions: From Contract (Re)Negotiation to Dispute Resolution do Global Law da FGV DIREITO SP. Advogado na equipe de arbitragem em L.O. Baptista Advogados.

Louise Rasador
Mestranda em Direito (LL.M.) na London School of Economics and Political Science (LSE). Bacharela em Direito pela Escola de Direito de São Paulo da Fundação Getulio Vargas (FGV DIREITO SP). Pós-graduada em Administração de Empresas (MBM), pela Escola de Administração de Empresas de São Paulo da Fundação Getulio Vargas (FGV EAESP).

Luciano Benetti Timm
Professor de Direito e Economia da Escola de Direito de São Paulo da Fundação Getulio Vargas (FGV DIREITO SP). Doutor e mestre em Direito pela Universidade Federal do Rio Grande do Sul. Tem Master of Laws (LL.M.) pela Universidade de Warwick e pesquisa de Pós-Doutorado pela Universidade da Califórnia em Berkeley.

Luciano de Souza Godoy
Advogado. Professor da Escola de Direito de São Paulo da Fundação Getulio Vargas (FGV DIREITO SP) nos cursos de graduação e pós-graduação. Mestre e doutor em Direito pela Universidade de São Paulo (USP).

Luis Gustavo Bueno Polezi
Advogado da área de Contencioso, Arbitragem e Disputas do Machado Meyer Advogados. Pós-graduado *latu senso* em Direito Contratual pela Escola de Direito de São Paulo da Fundação Getulio Vargas (FGV DIREITO SP).

Mariana Pargendler
Professora titular da Escola de Direito de São Paulo da Fundação Getulio Vargas (FGV DIREITO SP). Diretora do Núcleo de Direito, Economia e

Governança da FGV DIREITO SP. Doutora em Direito pela Universidade de Yale.

Milena Arbizu
Advogada sênior da área de Contencioso e Arbitragem do BMA Advogados. Trabalhou como advogada estrangeira no Cleary Gottlieb Steen & Hamilton LLP em Nova York e foi admitida na Ordem dos Advogados do Estado de Nova York. Bacharel em Direito pela Escola de Direito de São Paulo da Fundação Getulio Vargas. Pós-graduada em Direito dos Contratos pelo Instituto de Ensino e Pesquisa (INSPER). LL.M. pela Stanford Law School.

Paulo Doron Rehder de Araujo
Graduado (Prêmio Jovem Jurista) e doutor (summa cum laudae) em Direito Civil pela Faculdade de Direito da Universidade de São Paulo (FDUSP). Professor de Direito Privado da Escola de Direito de São Paulo da Fundação Getulio Vargas (FGV DIREITO SP). Professor visitante na Università degli Studi di Torino, Itália e no Instituto Tecnológico Autónomo de México – ITAM. Presidente do Negligence and Damages Committee da International Bar Association (IBA) (2022-2023). Avaliador Externo dos Programas de Pós-Graduação da International Anti-Corruption Academy (IACA). Sócio responsável pelas áreas de Contencioso e Arbitragem do SABZ Advogados, São Paulo (Brasil). Membro do Comitê Brasileiro de Arbitragem (CBAr), do Instituto de Direito Privado (IDiP), do Instituto Brasileiro de Direito Imobiliário (IBRADIM) e do Instituto dos Advogados de São Paulo (IASP). Ex-procurador público concursado do município de Guarulhos (São Paulo). Referenciado em contencioso e arbitragem no Brasil por *rankings* nacionais e internacionais.

Pedro Della Piazza de Souza
Bacharel em Direito pela Escola de Direito de São Paulo da Fundação Getulio Vargas (FGV DIREITO SP). Associado de Ferro, Castro Neves, Daltro & Gomide Advogados.

Rafael Francisco Alves
Doutor, mestre e bacharel em Direito Processual pela Faculdade de Direito da Universidade de São Paulo. LL.M. pela New York University, Arthur T. Vanderbilt Scholar. Professor do Pós FGV LAW e sócio do MAMG Advogados.

Selma Ferreira Lemes
Advogada, doutora e mestra pela Universidade de São Paulo. Integrou a comissão relatora da Lei de Arbitragem. Foi membra brasileira na Corte Internacional de Arbitragem da Câmara de Comércio Internacional (CCI). Foi coordenadora e professora do curso de arbitragem do programa de educação continuada do FGV LAW e professora de arbitragem da Escola de Direito de São Paulo da Fundação Getulio Vargas (FGV DIREITO SP).

Tiago Muñoz
Mestre (LL.M.) pela Northwestern University Pritzker School of Law. Sócio do escritório Ferro, Castro Neves, Daltro & Gomide Advogados.

Viviane Muller Prado
Professora da Escola de Direito de São Paulo da Fundação Getulio Vargas (FGV DIREITO SP) e da Escola de Economia de São Paulo da Fundação Getulio Vargas (FGV/EESP). Coordenadora do Núcleo de Estudos em Mercados Financeiro e de Capitais da FGV DIREITO SP. Doutora em Direito Comercial pela Universidade de São Paulo (USP).

Wanderley Fernandes
Professor da Escola de Direito de São Paulo da Fundação Getulio Vargas (FGV DIREITO SP). Advogado e árbitro em matéria empresarial.

Wilson Pinheiro Jabur
Mestre em Direito Comercial pela Universidade de São Paulo (USP). Professor da pós-graduação em Propriedade Intelectual e Novas Tecnologias da Escola de Direito de São Paulo da Fundação Getulio Vargas (FGV DIREITO SP). Advogado, agente da propriedade industrial, árbitro e mediador em São Paulo. Diretor da Câmara de Nomes de Domínio do Centro de Solução de Disputas da Associação Brasileira da Propriedade Intelectual (CSD-ABPI). Coordenador do Grupo de Estudos em Propriedade Intelectual, Arbitragem e Mediação do Conselho Brasileiro de Arbitragem (CBAr). Organizador do 1º CSD-ABPI MOOT – competição de arbitragem em propriedade intelectual.

APRESENTAÇÃO

A ideia deste livro surgiu no seio do Grupo de Estudos em Arbitragem da Escola de Direito de São Paulo da Fundação Getulio Vargas (FGV DIREITO SP), o GVEArb, atualmente coordenado pelos organizadores desta obra: Amauri Silvestre Pavão, Fernanda Lopes de Alcantara Gil, Gabriel Caetano Visconti e José Victor Palazzi Zakia.

Desde sua concepção em 2013, o grupo buscou reunir alunos, ex-alunos e professores para promover diversas iniciativas com vistas ao estudo aprofundado da arbitragem. Entre essas iniciativas estão: a organização de encontros periódicos para o estudo teórico do instituto, aproximando alunos de agentes do mercado; a produção de artigos acadêmicos sobre o tema; a organização e a coordenação da participação da FGV DIREITO SP nas competições universitárias (os famosos *moots*); a promoção de palestras e debates; e a realização de pesquisas empíricas.

Com a proximidade do aniversário de dez anos do GVEArb, concebeu-se um projeto de reunir, em um único trabalho, contribuições de professores, alunos e ex-alunos que tiveram contato com a matéria da arbitragem na FGV DIREITO SP, que se materializou nesta obra.

Este livro foi pensado com uma proposta dúplice: i) relatar as diversas facetas do ensino da arbitragem na FGV DIREITO SP como forma de compartilhar experiências sobre o "ensinar"; e ii) continuar a contribuir com o desenvolvimento do instituto, por meio de textos que endereçam temas que pautam as discussões sobre arbitragem no Brasil. Em síntese, buscou-se, ao mesmo tempo, homenagear e provocar: homenagear o legado que a Escola já construiu e sua influência na formação acadêmica e profissional daqueles que passaram por suas salas de aula e provocar para que continue a cumprir seu papel de ser um centro de excelência na produção de conhecimento, em especial, sobre o instituto da arbitragem.

Para isso, reunimos vozes variadas para endereçar o passado e o futuro da arbitragem, tendo como linha mestra a sua intersecção com a forma de ensino da FGV DIREITO SP. Assim, esta obra é a soma de esforços de professores, ex-professores, alunos e ex-alunos, isto é, daqueles que construíram e seguem construindo a história da Escola.

O resultado desse esforço conjunto é uma coletânea dividida em duas partes: a Parte I traz luz às experiências educacionais que estruturaram o ensino de arbitragem na FGV DIREITO SP a partir do olhar de professores e ex-alunos. A Parte II reúne capítulos sobre temas atuais e prementes da arbitragem, organizados por proximidade temática, escritos por professores que contribuíram para a criação da FGV DIREITO SP, por membros do corpo docente que atualmente coordenam o ensino da arbitragem na Escola, bem como por alunos e ex-alunos que mostram as boas contribuições que as novas gerações têm a oferecer.

O livro transita entre a análise das bem-sucedidas experiências de ensino da arbitragem dentro e fora das salas de aula da FGV DIREITO SP e a produção de material acadêmico pautada por abordagens multidisciplinares e inovadoras (característica marcante do ensino promovido pela instituição), relacionando assim o estudo da arbitragem com a análise econômica do Direito, sua aplicação no mercado de capitais, sua interface com a tecnologia e com a proteção de dados, entre diversos outros temas.

Esperamos, dessa maneira, que este livro faça jus à história construída pela FGV DIREITO SP em suas duas décadas de existência e que inspire novas iniciativas de ensino da arbitragem. Seu objetivo é dar mostras da excelência de sua *alma mater* ao contribuir para o aprofundamento e a qualificação do debate sobre temas atuais a partir de uma perspectiva interdisciplinar, característica tão cara à FGV DIREITO SP.

Os Organizadores

PREFÁCIO

A pesquisa, o ensino e a aprendizagem da arbitragem sempre tiveram protagonismo e pioneirismo na Escola de Direito de São Paulo da Fundação Getulio Vargas (FGV DIREITO SP). Antes mesmo de se iniciarem as aulas da primeira turma do curso de graduação, já se ensinava arbitragem na então denominada Escola de Direito de São Paulo da FGV (EDESP), particularmente em seu Programa de Pós-graduação *lato sensu*, intitulado, àquela época, de Programa GV*law* de Especialização e Educação Continuada – mais conhecido como FGV LAW.

Graças ao trabalho pioneiro dos professores Selma Ferreira Lemes e Pedro Batista Martins, o curso de curta duração em arbitragem do então GV*law*, lançado nos anos de 1999 e 2000, desbravou fronteiras pedagógicas e funcionou como um verdadeiro laboratório do ensino da arbitragem na Fundação Getulio Vargas (FGV) em terras paulistas. Tive o privilégio de ter sido um dos monitores desse curso, em 2005, recém-egresso da faculdade de Direito, atendendo ao gentil convite dos coordenadores, professores Selma e Pedro, e fui testemunha do nível excepcional das aulas ministradas por diversos docentes convidados semanalmente pelos coordenadores.

De certa forma, a evolução da pesquisa, do ensino e da aprendizagem da arbitragem na FGV em São Paulo acompanhou o próprio desenvolvimento do instituto em nosso país. Quando se começou a ensinar a arbitragem no GV*law*, os dispositivos da Lei n. 9.307/1996 (conhecida como Lei de Arbitragem) sequer haviam sido declarados constitucionais pelo Supremo Tribunal Federal (STF), o que ocorreu somente em 12 de dezembro de 2001 (STF. Agravo Regimental na Sentença Estrangeira n. 5.206-7 – Reino da Espanha, j. 12/12/2001, DJ 30/4/2004).

À medida que a jurisprudência sobre o instituto da arbitragem se desenvolvia, assim também ocorria com as aulas ministradas a seu respeito nos diferentes cursos da Escola, tanto na pós-graduação *lato sensu* (desde 1999/2000) quanto, a partir de 2005, na graduação e, mais recentemente, em outros programas e cursos da Escola, como o mestrado acadêmico, o mestrado profissional, o doutorado, o *Global Law Program*, etc. Foram diversos os professores que colaboraram (e muitos ainda contribuem) com esses cursos de arbitragem, podendo-se mencionar os professores: André Abbud, Carlos Alberto Carmona, Clávio Valença Filho, Daniela Gabbay, Daniel Levy, Daniel Tavela Luís, Luciano Benetti Timm, Luciano Godoy, Maria Cecília Asperti, Pedro Batista Martins, Rabih Nasser, Renata Steiner, Rodolfo Amadeo, Selma Ferreira Lemes, Sidnei Amendoeira Junior, Wanderley Fernandes, entre tantos outros colegas.

Da mesma forma, a pesquisa desenvolvida na Escola também acompanhou o desenvolvimento do instituto e, ao mesmo tempo, contribuiu para ele. Neste sentido, deve-se mencionar uma das primeiras pesquisas empíricas de jurisprudência sobre arbitragem com abrangência nacional realizada pela FGV DIREITO SP em parceria com o Comitê Brasileiro de Arbitragem (CBAr), que tive a honra de coordenar juntamente às professoras Daniela Gabbay e Selma Lemes, tendo sido publicada em edição especial da Revista Brasileira de Arbitragem do CBAr e também nos Cadernos Direito GV em 2009, contando com dezenas de pesquisadores envolvidos, entre os quais, destacam-se Adriana Braghetta, Eleonora Coelho, Flavia Mange, Maria Cecília Asperti, Natalia Langenegger, Natália Lucchini, Patrícia Kobayashi, além dos demais coordenadores e pesquisadores de cada um dos eixos temáticos específicos, cujos relatórios estão disponíveis em domínio público, no *site* do CBAr.

Com isso, ao longo desses mais de 20 anos de pesquisa e ensino da arbitragem na FGV DIREITO SP, formou-se uma massa crítica de excepcional qualidade a respeito do Instituto, com diferentes abordagens e recortes, diferentes metodologias e formatos, para os mais diversos públicos docente e discente, todos eles tendo a inovação e a excelência como marca. Essa diversidade de perspectivas sobre o modo de se pesquisar, ensinar e de se aprender arbitragem tem sido, aliás, uma das tradições da FGV DIREITO SP, em todas as áreas do Direito, marcando a sua trajetória nas últimas décadas.

Pode-se dizer que esse processo de construção paulatina de métodos inovadores de pesquisa, ensino e aprendizagem da arbitragem na FGV DIREITO SP não "pertence" a um ou a outro indivíduo, ou mesmo a um grupo determinado de professores, mas extrai a sua força da coletividade. Foi um grande coletivo de professores, alunos, pesquisadores, monitores, coordenadores acadêmicos, coordenadores administrativos, assistentes de secretaria, etc. que tornaram possível a construção desse projeto ao longo dos anos, alguns dos quais já mencionados. E assim continua até os dias atuais. Nada disso teria sido possível se não fosse a generosidade das diferentes diretorias da Escola e coordenações do FGV LAW ao longo dos anos com o tema da arbitragem, compreendendo a sua importância para o projeto da Escola como um todo. E os alunos, em particular, tiveram papel de muito destaque e protagonismo nesse processo, também por intermédio dos *moots* e competições internacionais, nos quais sempre foram muito bem-sucedidos, contribuindo para promover a marca e a reputação da FGV na comunidade da arbitragem internacional.

Passadas duas décadas, esse processo de construção coletiva e gradual resultou em um excelente acervo metodológico e pedagógico, ora publicado em forma de livro. Como não poderia deixar de ser, a grande variedade dos papéis exercidos pelos diferentes autores deste livro nesse processo de "aprender a pesquisar" e "aprender a ensinar" a arbitragem na FGV de São Paulo espelha a diversidade do projeto em si, já destacada anteriormente. Como dito, essa diversidade é justamente uma das maiores qualidades desse processo, ainda em curso.

Por fim, deve ser muito elogiada a ideia de publicação deste livro, partindo dos ex-alunos dos cursos da arbitragem da FGV – Amauri Pavão, Fernanda Gil, Gabriel Visconti, José Victor Zakia –, que tomaram a iniciativa e tiveram todo o trabalho de organizar os capítulos desta obra, no âmbito do Grupo de Estudos em Arbitragem da FGV DIREITO SP (GVEArb). A eles, todo o mérito!

Espera-se que este livro possa auxiliar o desenvolvimento de novas práticas e metodologias de pesquisa, ensino e aprendizagem da arbitragem em nosso país e, com isso, favorecer ainda mais o crescimento e a difusão do Instituto entre nós.

Rafael Francisco Alves
Professor do FGV LAW

SUMÁRIO

PARTE 1

ENSINO E PRÁTICA DA ARBITRAGEM NA FGV DIREITO SP

1. DUAS VIVÊNCIAS INOVADORAS NO ENSINO DA ARBITRAGEM E DA MEDIAÇÃO NA FGV DIREITO SP: AS COMPETIÇÕES INTERNACIONAIS E AS SIMULAÇÕES DE CASOS PRÁTICOS EM SALA DE AULA

Rafael Francisco Alves[1]

Introdução

O objetivo deste capítulo é apresentar a minha experiência prática no ensino da arbitragem e da mediação na FGV DIREITO SP, focando em duas vivências inovadoras das quais tive a oportunidade de participar: (i) as competições internacionais (de mediação e de arbitragem) e (ii) as simulações de casos práticos em sala de aula. Com isso, pretendo contribuir para o debate em torno dessas metodologias de ensino e, quem sabe, ajudar a aprimorar ainda mais o processo de ensino-aprendizagem da arbitragem em cursos de graduação e pós-graduação ao redor do país. Começo dando um passo atrás, com um breve panorama histórico da minha experiência com o ensino da arbitragem e da

[1] O autor agradece à Stefânia Françoso Giosa e à Juliana Ruiz Costa pelo auxílio em parte da pesquisa bibliográfica que foi utilizada neste capítulo, bem como na elaboração da nota de ensino que consta como anexo deste capítulo. Stefânia Giosa foi monitora do Pós FGV LAW em um dos cursos de arbitragem discutidos neste capítulo e, portanto, contribuiu e muito para o desenvolvimento da metodologia de ensino de simulação, tal como aqui analisada.

mediação na FGV DIREITO SP ao longo dos últimos 15 anos (seção 1). Após, detalharei o conhecimento que adquiri por meio das competições internacionais de mediação e de arbitragem na FGV DIREITO SP (seção 2) para, em seguida, abordar a minha experiência com simulações de casos práticos em sala de aula (seção 3) encaminhando, ao final, para a conclusão. No apêndice deste capítulo, há uma nota de ensino com orientações sobre a simulação de casos práticos em sala de aula (Apêndice A).

1. Breve panorama da minha experiência com o ensino da arbitragem e da mediação na FGV DIREITO SP

É sempre um privilégio poder vivenciar a construção de novos paradigmas. Eles mudam a nossa visão de mundo, e nós mesmos acabamos nos transformando durante o processo. Tive a honra de testemunhar a construção de diversos novos paradigmas do ensino e da pesquisa em Direito no decorrer da formação da Escola de Direito de São Paulo da FGV no início dos anos 2000 (então denominada EDESP, hoje intitulada FGV DIREITO SP). Durante esse processo, acabei me transformando também. Não tenho dúvidas de que me formei como pesquisador e professor de Direito durante aquele riquíssimo período de quatro anos entre meados de 2004 e início de 2008. Recém-egresso da faculdade, foi realmente um privilégio ter contato direto com algumas das mentes mais brilhantes que pensavam, pesquisavam e ensinavam o Direito naquele momento em nosso país; professores e pesquisadores que sempre admirei e que continuam servindo de inspiração para a minha jornada. Sou muito grato à instituição e às pessoas que a construíram, muitas das quais, felizmente, são minhas colegas de trabalho até hoje. Tudo isso com o bônus de ter feito grandes amizades que igualmente duram até os dias atuais.

A forma como hoje enxergo a prática do Direito (notadamente, o exercício da advocacia), da docência e da pesquisa certamente tem suas raízes no que pude absorver ao longo do processo de formação dessa Escola de Direito, desde o momento em que comecei a trabalhar nela, em 2004, ainda como estagiário do projeto de concepção do Mestrado Acadêmico. Refletindo sobre isso hoje, passados mais de 15 anos, chego à conclusão de que aquele momento de efervescência intelectual no campo do Direito que vivenciei ao lado de colegas tão generosos, inquietos e inovadores acabou por moldar também a minha própria concepção sobre o que é Direito, o seu potencial papel transformador na sociedade, sua relação com outros campos do conhecimento, como a Filosofia, a Economia, a Política, etc., e o papel central ocupado pelo conflito neste contexto.

Não por coincidência todo esse processo se refletiu também no meu principal campo de investigação científica naquele momento, a resolução de disputas, que tem sido o foco da minha atuação profissional. Dentro desse campo de resolução de disputas, duas técnicas se sobressaíram nas minhas investigações: a mediação e a arbitragem. Investi tempo significativo na pesquisa e no ensino dessas técnicas ao longo dos meus anos na FGV, tanto em cursos de graduação quanto em cursos de pós-graduação.

Na pesquisa, não poderia deixar de destacar a primeira pesquisa empírica de jurisprudência sobre arbitragem realizada pela FGV DIREITO SP em parceria com o CBAr,[2] que tive a honra de coordenar juntamente às professoras Daniela Gabbay e Selma Lemes,[3] e que serviu como paradigma para outras pesquisas de jurisprudência sobre arbitragem posteriormente. Essa pesquisa foi publicada em edição especial da Revista Brasileira de Arbitragem do CBAr[4] e no Cadernos Direito GV;[5] e contou com dezenas de pesquisadores envolvidos, entre os quais, destacam-se Adriana Braghetta, Eleonora Coelho, Flávia Mange, Natália Langenegger, Natália Lucchini, Maria Cecília Asperti, Patrícia Kobayashi, além dos demais coordenadores e pesquisadores de cada um dos eixos temáticos específicos, cujos relatórios estão disponíveis no *site* do CBAr.[6]

Neste capítulo, no entanto, foco na vertente do ensino jurídico. Um embrião importante do projeto de ensino que desenvolvi na FGV ao redor dessas técnicas surgiu em 2005/2006, quando recebi o convite do então GV*law* para conceber um curso de estratégias para advogados

[2] Disponível em: https://cbar.org.br/site/pesquisa-cbar-fgv-2007/. Acesso em: 29 out. 2021.

[3] Disponível em: https://cbar.org.br/PDF/Relatorio_final_pesquisa_GV_CBAR.pdf. Acesso em: 29 out. 2021.

[4] Disponível em: https://cbar.org.br/site/revista-brasileira-de-arbitragem/. Acesso em: 29 out. 2021.

[5] BRAGHETTA, Adriana *et al.* Arbitragem e Poder Judiciário: uma radiografia dos casos de arbitragem que chegam ao Judiciário brasileiro, *Cadernos DIREITO GV*, v. 6, n. 6, nov. 2009.

[6] Disponível em: https://cbar.org.br/site/pesquisa-cbar-fgv-2007/. Acesso em: 29 out. 2021.

do contencioso cível. Convidei meu orientador no mestrado à época, o professor Carlos Alberto Carmona, para a empreitada e criamos o curso "Estratégias processuais na advocacia empresarial", que contou com diversos professores excepcionais, e colegas de longa data, que aceitaram o nosso convite para ministrar aulas nesse curso, tais como (em ordem alfabética) André Abbud, Daniela Gabbay, Eduardo Parente, Fernando Gajardoni, Fernão Borba Franco, Heitor Sica, Luis Guilherme Aidar Bondioli, Rogério Ives Braghittoni, Sidnei Amendoeira Junior (professor brilhante, que gentilmente aceitou a missão de coordenar esse curso a partir de 2008, quando me mudei a Brasília a trabalho, época em que ocorreu o lançamento do respectivo livro desse curso) e Susana Henriques da Costa, entre outros.

De certa forma, a partir desse curso se originou um projeto maior e mais ambicioso que surgiu posteriormente, uma pós-graduação completa em Processo Civil (*lato sensu*), projeto concebido e iniciado em 2012/2013. Atendendo a um gentil e generoso convite do coordenador do Pós FGV LAW, Emerson Ribeiro Fabiani, parte do corpo docente daquele curso de estratégias processuais aceitou o desafio de estruturar, conjuntamente, uma pós-graduação em Processo Civil, algo então inédito na FGV em São Paulo. Mais tarde, outros professores excepcionais se juntaram a nós nesse projeto, como Anita Campos, João Eberhardt Francisco, Maria Cecília de Araújo Asperti, Rodolfo Amadeo, entre outros, e o curso tem sido um enorme sucesso desde então. Desde 2013 sou o professor responsável pela disciplina de arbitragem nessa pós-graduação de Processo Civil. No âmbito dessa disciplina, optei por utilizar como metodologia de ensino uma simulação de arbitragem baseada em caso prático, no qual os alunos interpretam distintos papéis (*role play*), metodologia que já constava do ensino participativo desenvolvido naquele curso anterior de estratégias processuais e que também acabou sendo adotada em outros cursos dessa pós em Processo Civil, ministrados por outros colegas com muito êxito. O presente capítulo apresentará em maiores detalhes essa minha experiência com o uso de simulações de casos em sala de aula, particularmente no ensino da arbitragem.

Em paralelo, também tive o enorme prazer de participar em cursos de curta duração, por exemplo, o curso sobre o então "novo" Código de Processo Civil (CPC), coordenado por Sidnei Amendoeira Junior a partir de 2015, no qual ministrei aulas de mediação e arbitragem.

Em 2006/2007, também participei como professor-projetista do curso da pós-graduação da FGV *on-line* denominado "FGV Advogado Cível", cobrindo o módulo de Arbitragem, Conciliação e Mediação, juntamente ao professor Pedro Batista Martins, em formato 100% virtual (remoto).

Neste particular, cabe um destaque especial para o curso de curta duração de arbitragem, que foi um dos pioneiros no FGV LAW, lançado logo nos seus primórdios (quando ainda era GV*law*), nos anos de 1999/2000, sob a coordenação dos professores Selma Ferreira Lemes e Pedro Batista Martins. Tive a honra de ter sido um dos monitores desse curso, em 2005, recém-egresso da faculdade, atendendo ao gentil convite da professora Selma Lemes. Esse curso foi extremamente bem-sucedido, tendo sido lançadas diversas edições sucessivamente, de forma ininterrupta, até 2010, ajudando a formar uma nova geração de arbitralistas. Diversos professores ministraram aulas nesse curso, que acompanhou o crescimento da arbitragem em nosso país naquele momento. Em 2016, André Abbud, Daniel Levy e eu recebemos o convite da coordenação do Pós FGV LAW para relançar o curso com uma nova proposta: (i) em vez de diversos professores, um único docente seria responsável por todas as aulas e por acompanhar o desenvolvimento dos alunos (neste caso, haveria um revezamento entre os três professores convidados para conceber o curso, mas ao final André e eu acabamos assumindo esse rodízio, em razão da mudança do Daniel para Londres, porque todas as aulas eram presenciais naquele momento), e (ii) a metodologia de ensino contaria, necessariamente, com uma simulação prática (*role play*), seguindo-se aquela experiência exitosa que já ocorria na disciplina de Arbitragem na pós-graduação em Processo Civil. E assim tem sido desde então, já tendo sido formadas oito turmas desse curso de curta duração em Arbitragem nesse novo formato.

Por fim, nesses últimos anos, além do Pós FGV LAW, também tive a honra de lecionar dois cursos de arbitragem internacional, focado na Convenção de Nova Iorque, em inglês, no *Global Law Program* – especialmente para alunos estrangeiros (em intercâmbio), mas contando também com alunos brasileiros –, e ainda fiz um seminário temático sobre arbitragem envolvendo a Administração Pública no mestrado profissional, a convite do professor Mario Engler Pinto Junior.

Todas essas experiências resultaram em mais de 15 anos de docência da arbitragem na FGV DIREITO SP, atividade que me proporcionou o privilégio de compartilhar a sala de aula com centenas de colegas estudantes, com os quais muito aprendi. Sou muito grato à instituição, aos meus colegas professores e aos meus colegas estudantes e monitores por todas essas vivências e esses aprendizados, alguns dos quais procuro reproduzir, ainda que sinteticamente, nas próximas páginas.

2. As competições internacionais de mediação e de arbitragem na FGV DIREITO SP

O primeiro envolvimento da FGV DIREITO SP em competições internacionais ocorreu por meio da competição de mediação comercial internacional da Câmara de Comércio Internacional (CCI, em inglês, International Chamber of Commerce – ICC). Lembro-me de ter recebido uma ligação da professora Selma Lemes, em meados de 2006, passando-me a notícia de que a CCI estava organizando a segunda edição dessa competição de mediação e questionando se não haveria alunos interessados em participar na FGV. Prontamente, conversei com a diretoria e a coordenação acadêmica da graduação para sondarmos o interesse dos alunos e organizarmos um processo seletivo. Sem surpresa, havia, sim, muito interesse dos alunos em participar. Fizemos a solicitação de inscrição à CCI, que foi aceita. Nessa empreitada, tive a parceria da professora Michelle Ratton Sanchez. Juntos, fomos os primeiros *coaches* de uma equipe da FGV em competições internacionais. A FGV não apenas participou nessa segunda edição da competição de mediação comercial internacional da CCI em 2007, como terminou em terceiro lugar,[7] tendo como competidoras as alunas Fernanda Schahin, Gisela Mation, Luisa Ferreira e Luiza Kharmandayan. Como se isso não bastasse, no ano seguinte, em 2008, a FGV participou novamente da competição (3ª edição) e, desta vez, sagrou-se campeã.[8] A professora

[7] A esse respeito, ver Sanchez, Michelle Ratton; Alves, Rafael Francisco. Participação da Direito GV na segunda edição da competição de mediação comercial internacional da CCI, *Revista de Arbitragem e Mediação*, n. 14, 2007, p. 355-357. Ver também Ferreira, Luisa; Kharmandayan, Luiza; Mation, Gisela; Schahin, Fernanda. Nota sobre a 2ª Edição da Competição de Mediação Comercial Internacional da Câmara de Comércio Internacional – Relato da Participação dos Alunos, *Revista Brasileira de Arbitragem*, n. 14, p. 178-180, 2007.

[8] Fida, Pedro Fenelon Tibucheski; Luís, Daniel Tavela; Mation, Gisela; Sanchez, Michelle Ratton; Alves, Rafael Francisco. Nota sobre a 3ª Edição da Competição de Mediação Comercial Internacional da Câmara de Comércio Internacional – CCI, *Revista Brasileira*

Michelle Ratton Sanchez e eu fomos *coaches* dessa equipe também, que contou com os membros Daniel Tavela, Gisela Mation e Pedro Fida.

Não há como negar o impacto que essas competições internacionais de mediação possuem no processo de ensino-aprendizagem dos alunos e no próprio desenvolvimento dos métodos de ensino participativo pelos professores, como bem relatado, por exemplo, pela professora Michelle Ratton Sanchez a partir da sua experiência.[9]

Ainda nesse biênio 2007-2008, outro grupo de alunos da graduação da FGV DIREITO SP decidiu participar da famosa competição internacional de arbitragem denominada Willem C. Vis International Commercial Arbitration Moot (mais conhecida como Vis Moot), cuja fase oral ocorre em Viena. Foi a primeira participação da FGV nessa competição e também tive a honra de ser *coach* dessa equipe. Àquela época ainda existiam poucas universidades brasileiras participando do Vis Moot, entre as quais destacam-se a Universidade Federal de Minas Gerais (UFMG) e a Universidade Federal do Rio Grande do Sul (UFRGS). Era o início de uma era que inaugurou o posterior "*boom*" de *moots* e *pre moots* que tomou conta de diversas universidades brasileiras e que segue crescendo até os dias atuais, ajudando a formar uma geração inteira de arbitralistas em nosso país.

A verdade é que o Vis Moot contribuiu profundamente para aprimorar o ensino da arbitragem no âmbito internacional e formar gerações de alunos e professores.[10] Esse impacto é ampliado não só porque os estudantes são transformados, mas também porque os professores expostos ao processo de Vis Moot adquirem uma visão sobre abordagens

de Arbitragem, n. 18, p. 217-219, 2008; Luís, Daniel Tavela; Mation, Gisela; Sanchez, Michelle Ratton; Fida, Pedro Fenelon Tibucheski; Alves, Rafael Francisco. 3ª Edição da Competição de Mediação Comercial Internacional da Câmara de Comércio Internacional (CCI), *Revista de Arbitragem e Mediação*, n. 17, p. 365-367, 2008.

9 A simulação como ferramenta de ensino no Direito Internacional Econômico: vantagens e desafios. *In*: Ghirardi, José Garcez; Vanzella, Rafael Domingos Faiardo. *Ensino jurídico participativo*: construção de programas e experiências didáticas. São Paulo: Saraiva, 2009. p. 177-181.

10 Shaughnessy, Patricia Louise; Lavelle, Thomas *et al.* Part III: Legal Education, Chapter 41: Three Perspectives on the Willem C. Vis International Commercial Arbitration Moot. *In*: Kroll, Stefan Michael; Mistelis, Loukas A. *et al.* (eds.). *International Arbitration and International Commercial Law*: Synergy, Convergence and Evolution. The Hague: Kluwer Law International, 2011. p. 731-754.

inovadoras do ensino do Direito.[11] Como se sabe, o Vis Moot envolve um método de aprendizagem[12] por meio de debates[13] e baseia-se em um caso prático proposto pela organização,[14] que envolve tanto aspectos processuais relativos à arbitragem quanto aspectos materiais a respeito da Convenção das Nações Unidas sobre Contratos de Venda Internacional de Mercadorias (CISG). Esse método mais participativo e pragmático auxilia os estudantes a preencherem as lacunas entre a formação jurídica teórica e a prática.[15] Em especial, Vis Moot traz uma oportunidade de vivenciar a prática profissional, conduzindo o participante a agir e pensar como um advogado.[16] Nesse sentido, o Moot prestigia a defesa

[11] SHAUGHNESSY, Patricia Louise; LAVELLE, Thomas *et al.* Part III: Legal Education, Chapter 41: Three Perspectives on the Willem C. Vis International Commercial Arbitration Moot. *In*: KROLL, Stefan Michael; MISTELIS, Loukas A. *et al.* (eds.). *International Arbitration and International Commercial Law*: Synergy, Convergence and Evolution. The Hague: Kluwer Law International, 2011. p. 731-754.

[12] SHAUGHNESSY, Patricia Louise; LAVELLE, Thomas *et al.* Part III: Legal Education, Chapter 41: Three Perspectives on the Willem C. Vis International Commercial Arbitration Moot. *In*: KROLL, Stefan Michael; MISTELIS, Loukas A. *et al.* (eds.). *International Arbitration and International Commercial Law*: Synergy, Convergence and Evolution. The Hague: Kluwer Law International, 2011. p. 731-754. No mesmo sentido: HUNTER, Martin; FILIPIC, Ziva. Part III: Legal Education, Chapter 39: International Arbitration and Legal Education in the 21st Century. *In*: KROLL, Stefan Michael; MISTELIS, Loukas A. *et al.* (eds.). *International Arbitration and International Commercial Law*: Synergy, Convergence and Evolution. The Hague: Kluwer Law International, 2011. p. 715-723.

[13] VISCASILLAS, Pilar Perales; MUÑOZ, David Ramos. Part III: Legal Education, Chapter 43: From Competition to Symbiosis: Commercial Context and Commercial Law and their Importance in Legal Education. *In*: KROLL, Stefan Michael; MISTELIS, Loukas A. *et al.* (eds.). *International Arbitration and International Commercial Law*: Synergy, Convergence and Evolution. The Hague: Kluwer Law International, 2011. p. 773-810.

[14] SHAUGHNESSY, Patricia Louise; LAVELLE, Thomas *et al.* Part III: Legal Education, Chapter 41: Three Perspectives on the Willem C. Vis International Commercial Arbitration Moot. *In*: KROLL, Stefan Michael; MISTELIS, Loukas A. *et al.* (eds.). *International Arbitration and International Commercial Law*: Synergy, Convergence and Evolution. The Hague: Kluwer Law International, 2011. p. 731-754.

[15] SHAUGHNESSY, Patricia Louise; LAVELLE, Thomas *et al.* Part III: Legal Education, Chapter 41: Three Perspectives on the Willem C. Vis International Commercial Arbitration Moot. *In*: KROLL, Stefan Michael; MISTELIS, Loukas A. *et al.* (eds.). *International Arbitration and International Commercial Law*: Synergy, Convergence and Evolution. The Hague: Kluwer Law International, 2011. p. 731-754.

[16] SHAUGHNESSY, Patricia Louise; LAVELLE, Thomas *et al.* Part III: Legal Education, Chapter 41: Three Perspectives on the Willem C. Vis International Commercial Arbitration Moot. *In*: KROLL, Stefan Michael; MISTELIS, Loukas A. *et al.* (eds.). *International Arbitration and*

eficaz do caso, não importando se o participante representa esta ou aquela parte, se a sua posição seria, em princípio, mais forte ou mais fraca do ponto de vista jurídico, mas sim se apresentou os melhores argumentos sobre o caso de acordo com as informações de que dispunha.[17] Assim como na vida profissional, no Vis Moot, os estudantes devem se aprofundar na análise do caso prático, solicitar informações adicionais, discutir, avaliar e implementar estratégias para refinar a informação, analisar, considerar e avaliar possíveis soluções, tudo com o intuito de apresentar os melhores e mais convincentes argumentos.[18] Outro aspecto que merece destaque é o fato de que no Vis Moot, além de se ensinar o participante a pensar como um advogado, ajuda-se a desenvolver nos alunos participantes o comportamento que se espera de um advogado.[19] Os participantes aprimoram sua postura, gestos, passos, voz, dicção, cadência e outras habilidades e competências verbais e não verbais destinadas à exposição oral do caso, buscando ganhar a confiança do tribunal arbitral.[20] Durante esse processo, os professores têm papel de supervisão, fazendo perguntas, motivando discussões e estudos, estimulando o livre pensamento e a formulação de perguntas e argumentos. Em suma, a função do professor não é a de fornecer respostas prontas, mas ajudar os alunos a refletir por conta própria, problematizar, fazer perguntas,

International Commercial Law: Synergy, Convergence and Evolution. The Hague: Kluwer Law International, 2011. p. 731-754.

[17] Bergsten, Eric E. The Willem C. Vis International Commercial Arbitration Moot and the Teaching of International Commercial Arbitration. *In*: PARK, William W. (ed). *Arbitration International.* 2nd ed. Oxford: Oxford University Press, 2006. 22 v. p. 309-314.

[18] Shaughnessy, Patricia Louise; Lavelle, Thomas *et al.* Part III: Legal Education, Chapter 41: Three Perspectives on the Willem C. Vis International Commercial Arbitration Moot. *In*: Kröll, Stefan Michael; Mistelis, Loukas A. *et al.* (eds.). *International Arbitration and International Commercial Law*: Synergy, Convergence and Evolution. The Hague: Kluwer Law International, 2011. p. 731-754.

[19] Hunter, Martin; Filipic, Ziva. Part III: Legal Education, Chapter 39: International Arbitration and Legal Education in the 21st Century. *In*: Kroll, Stefan Michael *et al.* (eds.). *International Arbitration and International Commercial Law*: Synergy, Convergence and Evolution. The Hague: Kluwer Law International, 2011. p. 715-723.

[20] Hunter, Martin; Filipic, Ziva. Part III: Legal Education, Chapter 39: International Arbitration and Legal Education in the 21st Century. *In*: Kroll, Stefan Michael *et al.* (eds.). *International Arbitration and International Commercial Law*: Synergy, Convergence and Evolution. The Hague: Kluwer Law International, 2011. p. 715-723.

questionar, ficar atento aos detalhes, etc.[21] Por fim, o Vis Moot também serve como ferramenta para expor os alunos ao ambiente transnacional, com multiplicidade de culturas e nacionalidades, com diferentes formas de analisar o Direito e de o aplicar na prática.[22] Os estudantes interagem com outros estudantes, professores e árbitros de diferentes sistemas legais (*civil law* e *common law*), diferentes países e culturas. O desenvolvimento de todas essas habilidades será de suma importância no contexto da prática jurídica internacional.[23] Como reforçam diversos autores, o Vis Moot proporciona tudo o que qualquer bom currículo escolar de Direito deveria estabelecer para o processo de ensino-aprendizagem no século XXI.[24]

De certa forma, a experiência acumulada da FGV em competições internacionais de mediação e arbitragem naquele momento inicial de 2006 a 2009 ajudou a estabelecer os alicerces do que depois veio a se consolidar como verdadeiros núcleos de alunos e professores da FGV DIREITO SP dedicados a esse tema, núcleos que passaram a organizar as atividades da Escola em torno dessas competições, sobretudo nas áreas de Mediação e Arbitragem, e também em outras competições nacionais e internacionais que surgiram posteriormente (nas quais tive participações esporádicas e pontuais). No caso das competições de mediação, deve ser destacado o papel do professor Diego Faleck nos anos subsequentes, sendo que Diego também já havia colaborado com

[21] Hunter, Martin; Filipic, Ziva. Part III: Legal Education, Chapter 39: International Arbitration and Legal Education in the 21st Century. *In*: Kroll, Stefan Michael *et al.* (eds.). *International Arbitration and International Commercial Law*: Synergy, Convergence and Evolution. The Hague: Kluwer Law International, 2011. p. 715-723.

[22] Brand, Ronald A. Part III: Legal Education, Chapter 37: Mr Bergsten's Neighbourhood: The Vis Moot, Legal Education, and Rule of Law. *In*: Kroll, Stefan Michael; Mistelis, Loukas A. *et al.* (eds.). *International Arbitration and International Commercial Law*: Synergy, Convergence and Evolution. The Hague: Kluwer Law International, 2011. p. 687-696.

[23] Hunter, Martin; Filipic, Ziva. Part III: Legal Education, Chapter 39: International Arbitration and Legal Education in the 21st Century. *In*: Kroll, Stefan Michael A. *et al.* (eds.). *International Arbitration and International Commercial Law*: Synergy, Convergence and Evolution. The Hague: Kluwer Law International, 2011. p. 715-723.

[24] Brand, Ronald A. Part III: Legal Education, Chapter 37: Mr Bergsten's Neighbourhood: The Vis Moot, Legal Education, and Rule of Law. *In*: Kroll, Stefan Michael; Mistelis, Loukas A. *et al.* (eds.). *International Arbitration and International Commercial Law*: Synergy, Convergence and Evolution. The Hague: Kluwer Law International, 2011. p. 687-696.

a formação dos alunos desde as primeiras equipes da FGV na CCI. No caso das competições de arbitragem, deve ser destacada a formação de um grupo de estudos específico, no qual teve fundamental papel o professor Daniel Tavela Luís, membro da segunda equipe da FGV na competição de mediação da CCI (que se sagrou vencedora), e membro da primeira equipe da FGV no Vis Moot, como já mencionado. Hoje, esse grupo de estudos denominado GV – Grupo de Estudos em Arbitragem (GVEArb) é coordenado por Amauri Silvestre Pavão, Fernanda Gil, Gabriel Visconti e José Victor Zakia. O grupo continua coordenando diversas atividades discentes no tema da arbitragem, incluindo a própria organização deste livro. Essa *expertise* acumulada da FGV em competições nacionais e internacionais de mediação e arbitragem certamente contribuiu para a formação de diversas gerações de juristas egressos da Escola, bem como para o aprimoramento das técnicas e dos métodos de ensino nessas áreas.

As competições como ferramentas de ensino-aprendizado são bastante próximas dos métodos de *role play* e de simulação, que também se desenvolveram na FGV DIREITO SP desde os primórdios de seus cursos de graduação e pós-graduação. A próxima seção trata de forma mais detalhada essas simulações de casos práticos em sala de aula, sobretudo a partir da minha própria experiência docente nessa instituição.

3. Simulações de casos práticos em sala de aula

A FGV é reconhecida pelo seu método de ensino participativo.[25] Como bem disseram Guilherme Forma Klafke e Marina Feferbaum, a Escola acabou se transformando ao longo dos anos em um verdadeiro "laboratório de experiências pedagógicas em cursos jurídicos".[26] Além de garantir uma participação ativa dos alunos e o protagonismo destes, os métodos ativos e participativos garantem maior interação entre os alunos em si e com o professor, em uma relação mais horizontal, possibilitando que a sala de aula seja um lugar de oportunidades de aprendizagem e de trocas

[25] Para um apanhado geral de diversos métodos de ensino participativo à luz da experiência da FGV DIREITO SP, ver Ghirardi, José Garcez (org.). *Métodos de ensino em Direito*: conceitos para um debate. 2. ed. São Paulo: Almedina, 2020.

[26] Klafke, Guilherme Forma; Feferbaum, Marina. *Metodologias ativas em Direito*: guia prático para o ensino jurídico participativo e inovador. São Paulo: Atlas, 2020, p. 7.

mais efetivas,[27] assegurando, também, o desenvolvimento de habilidades e competências, como a exposição oral, a argumentação, o senso crítico, o raciocínio apurado, entre tantos outros benefícios.

Acreditando nesse modelo de ensino, a FGV DIREITO SP, mais especificamente o Núcleo de Metodologia de Ensino da Escola de Direito, desenvolveu e reuniu um acervo de ensino e de casos práticos, o Banco de Materiais de Ensino Jurídico Participativo.[28] Esse banco de materiais possui diversos modelos de casos, seja para a graduação, seja para a pós-graduação, com materiais didáticos para quem deseja aplicar a atividade, incluindo, por exemplo, o próprio caso prático, orientações para a aplicação e avaliação, entre outros. Além de o acervo ser completo, envolvendo as mais diversas áreas do Direito, é possível escolher os casos de acordo com as áreas de concentração, método de ensino, número de alunos, tempo de aplicação, etc.

Especificamente no tema da arbitragem, o acervo conta com, ao menos, dois casos de simulações para cursos de pós-graduação *lato sensu* ou de curta duração envolvendo as áreas mais comuns em arbitragens (societário e construção civil). O primeiro deles, *The Brazilian Justitia Tech*, trata de uma arbitragem simulada envolvendo a compra e venda de uma *legaltech* (operação societária de Mergers and Acquisitions – M&A), que desenvolvi juntamente ao professor André Abbud e ao pesquisador Michel Roberto Oliveiro de Souza.[29] Já o segundo caso, Pequena Central Hidrelétrica (PCH), trata de uma simulação envolvendo um conflito de construção civil e infraestrutura, que desenvolvi com o Diogo Rais Moreira, a Fernanda Tie Yamamoto e o Guilherme Klafke, entre outros pesquisadores envolvidos.[30]

O objetivo desses dois casos práticos simulados é aproximar o estudante, o máximo possível, da experiência prática do exercício da advoca-

[27] A propósito do tema, ver também KLAFKE, Guilherme Forma; FEFERBAUM, Marina. *Metodologias ativas em Direito*: guia prático para o ensino jurídico participativo e inovador. São Paulo: Atlas, 2020, p. 3-54, em especial, p. 34-42.

[28] O acervo completo está disponível em: https://ejurparticipativo.direitosp.fgv.br. Acesso em: 29 out. 2021.

[29] O caso está disponível em: https://ejurparticipativo.direitosp.fgv.br/portfolio/arbitragem-simulada-the-brazilian-justitia-tech-bjt. Acesso em: 9 mar. 2021.

[30] O caso está disponível em: https://ejurparticipativo.direitosp.fgv.br/portfolio/arbitragem-simulada. Acesso em: 29 out. 2021.

cia em arbitragens. Para tanto, os alunos participam de uma fase escrita (como parte da fase postulatória de uma arbitragem) e de uma fase oral (como parte da fase instrutória de uma arbitragem), culminando em uma audiência de instrução, na qual são ouvidos representantes legais e testemunhas fáticas e técnicas. A audiência é o ápice de qualquer procedimento arbitral. Oferecer aos alunos essa oportunidade de vivenciar, na prática, como se desenvolve uma audiência de arbitragem, ainda que de forma simulada, tem se mostrado uma experiência muito enriquecedora, tanto aos alunos quanto aos professores que dela participam. Sem nenhuma surpresa, a audiência simulada é referida de forma muito positiva, reiteradas vezes, pela maioria dos alunos nas avaliações dos cursos e *feedback*.

Nos cursos de arbitragem do Pós FGV LAW, o caso prático é apresentado logo no início da disciplina, para que os alunos possam se familiarizar com ele o quanto antes e ler toda a documentação aplicável (normalmente, são dezenas de páginas, entre 30 e 70 páginas, apenas envolvendo os próprios casos práticos, sem contar as pesquisas complementares que eventualmente se façam necessárias, a cargo dos próprios alunos). A audiência simulada é normalmente agendada para a última aula do curso, constituindo o seu encerramento. Os alunos são divididos em grupos logo no início do curso, representando os papéis de advogados de ambos os lados, bem como os representantes legais, testemunhas fáticas e técnicas.

Em minha experiência prática, e muito em função do tempo escasso em sala de aula (frequentemente, são apenas oito encontros, em cursos que totalizam 32 horas), o desenvolvimento da simulação funciona muito bem quando ocorre em paralelo ao desenvolvimento das habilidades e competências dos alunos. Para tanto, pode-se dizer que o curso acontece em dois ambientes em paralelo: (i) em sala de aula, os alunos aprendem os conceitos básicos de arbitragem e adquirem as habilidades e competências específicas do exercício da advocacia na arbitragem (incluindo aquelas relativas à exposição oral e inquirição de testemunhas), ao passo que (ii) fora da sala de aula, os alunos trabalham, individualmente e/ou em grupos, na preparação das peças escritas e também na preparação para a audiência de instrução. Esses dois ambientes se encontram e fundem-se nas duas últimas aulas do curso, quando ocorre (i) a preparação, em sala de aula, para a audiência simulada e (ii) a própria audiência simulada.

Para as audiências simuladas, frequentemente convidamos docentes externos para atuarem como o(a) árbitro(a) único(a), presidindo e conduzindo a audiência, por duas razões principais: (i) durante a simulação, o professor precisa estar concentrado na avaliação do desempenho dos alunos, sendo muito difícil realizar as duas funções simultaneamente (árbitro e professor avaliador) e (ii) a presença de um professor externo sempre enriquece o curso, porque os alunos têm a possibilidade de interagir com outros profissionais, que possuem seus próprios estilos e métodos de atuação em arbitragem, contribuindo, assim, para maior reconhecimento dos alunos sobre os diferentes perfis existentes.

Dependendo do conceito que se utiliza, essas experiências com casos práticos de arbitragem no Pós FGV LAW possem ser classificadas como simulação propriamente dita, dentro de um gênero maior que envolvem o método do *role play* em geral.[31] Essas experiências comprovam que, de fato, a forma mais efetiva de se ensinar arbitragem é aquela que mais se aproxima da realidade vivenciada pelos advogados e árbitros e, por isso, as simulações têm se mostrado tão proveitosas no processo de ensino-aprendizado dos alunos.

[31] Sobre a diferença entre simulação e *role play*, esclarecem Daniela Monteiro Gabbay e Lígia Paula Pires Sica: "o Role-Play é o método de ensino por meio do qual o aluno assume um papel e desenvolve, a partir dele, atividades dinâmicas planejadas em relação a determinado tema. O cenário é proposto de forma a inserir o aluno no contexto da situação ou problema que se pretende seja vivenciada e, via de consequência, gere aprendizado [...]. A diferença entre Role-Play e simulação é controversa, e muitos estudiosos tratam essas metodologias indistintamente. Considerar-se-á neste artigo que a diferença é útil porque tais metodologias de ensino demandam níveis diferenciados de vivência comportamental dos papéis assumidos pelos alunos. A simulação caracteriza-se pela criação de cenários que, na pretensão de replicar a realidade e suas contingências, enfatizam o processo de interação dos alunos a partir de seus diferentes papéis e comportamentos. Pode haver *Role-Play* sem simulação, em um caso no qual os alunos assumem diferentes papéis e perspectivas para analisar determinado problema sem precisar incorporá-los em ações que simulem a realidade, embora não haja simulação sem *Role-Play*, pois a assunção de papéis é pressuposto para a dinâmica de simulação" (Gabbay, Daniela Monteiro; SICA, Lígia Paula Pires. Role-Play. *In*: Ghirardi, José Garcez (org.). *Métodos de ensino em Direito*: conceitos para um debate. 2. ed. São Paulo: Almedina, 2020. p. 91-94). Sobre essa diferenciação, ver também Klafke, Guilherme Forma; Feferbaum, Marina. *Metodologias ativas em Direito*: guia prático para o ensino jurídico participativo e inovador. São Paulo: Atlas, 2020, p. 3-54, em especial, p. 116-119.

Conclusões

Ao apresentar essas experiências no ensino da arbitragem e da mediação na FGV DIREITO SP, focando nas competições internacionais e nas simulações de casos práticos, meu intuito inicial de colaborar para o debate em torno dessas metodologias de ensino acabou extrapolando para, no fundo, apresentar uma pequena fração do que tem sido a enorme contribuição da FGV DIREITO SP para o ensino da arbitragem e da medição ao longo de todos esses anos (na prática, mais de 20 anos). Trata-se de um projeto coletivo (ainda em andamento), para o qual contribuíram (e muitos continuam contribuindo) conjuntamente diversos professores, pesquisadores, alunos e monitores, entre os quais, sem prejuízo dos já mencionados neste capítulo, vale destacar, os professores André Abbud, Carlos Alberto Carmona, Clávio Valença, Daniel Levy, Daniel Tavela, Daniela Gabbay, Luciano Godoy, Luciano Timm, Maria Cecília Asperti, Pedro Batista Martins, Rabih Nasser, Renata Steiner, Sidnei Amendoeira Junior, Rodolfo Amadeo, Selma Ferreira Lemes, Wanderley Fernandes, entre tantos outros colegas que fazem da FGV DIREITO SP um local privilegiado para o estudo da mediação e da arbitragem.

Apêndices

Apêndice A
Nota de ensino[32]

Nome do exercício: [indicar]

Autores: [indicar]
Área de concentração: Arbitragem. Processo Civil.

Curso em que foi aplicado: [por exemplo, curso de pós-graduação *lato sensu* em Processo Civil; curso de curta duração em Arbitragem]

Ementa: [breve resumo da atividade a ser realizada e de seus principais objetivos. No caso de simulações de arbitragem, é possível indicar os principais conceitos que a atividade trata, a forma de sua execução e uma síntese do caso.

[32] Ver também as notas de ensino nos casos de minha autoria disponíveis em: https://ejurparticipativo.direitosp.fgv.br. Acesso em: 29 out. 2021.

Por exemplo: "Audiência simulada referente ao caso prático envolvendo um procedimento arbitral fictício de disputa relacionada ao Direito Societário. A atividade trata dos principais conceitos da arbitragem, em especial do momento da audiência, em que os alunos deverão demonstrar suas habilidades e competências de exposição oral, bem como de inquirição de representantes legais e testemunhas. Para a realizar, os alunos são divididos em grupos, representando, cada qual os diversos personagens de um procedimento arbitral (advogados das partes, representantes legais, testemunhas fáticas e legais)."]

Palavras-chave: arbitragem; simulação, audiência; [tema do caso]; *role play*.

Objetivos:

(i) **Objetivo geral**: abordar os conceitos essenciais da arbitragem de forma prática, de modo que os alunos tenham a experiência de uma audiência real e desenvolvam as habilidades e competências necessárias para atuar em um procedimento arbitral considerando os seus diversos personagens.

(ii) **Objetivo específico**: simulação de um caso prático envolvendo todas as fases da arbitragem. [Detalhar a área do conflito e a justificativa de sua escolha.]

Habilidades e competências a serem desenvolvidas: os alunos deverão desenvolver a oratória, a exposição oral, a argumentação, o raciocínio jurídico e o desenvolvimento de estratégias, a redação jurídica, o trabalho em equipe e as técnicas de apresentação do caso e de inquirição de testemunhas.

Número de alunos: de 20 a 50 alunos

Dinâmica:

(i) Método de ensino: simulação e *role play*

(ii) Preparação, desenvolvimento e conclusão: o caso pode ser desenvolvido ao longo dos encontros para que, no último, os alunos realizem a audiência simulada como método de avaliação do curso. Nas primeiras aulas, é importante explicar os conceitos básicos da arbitragem e familiarizar os alunos com o procedimento e suas peculiaridades. Nesse momento, o docente explicará a dinâmica do curso e da avaliação dos alunos para que, então, ao longo das aulas possam tomar conhecimento do caso e preparar-se para a audiência. O professor poderá selecionar os casos práticos já disponíveis no Banco de Materiais da FGVLAW. Uma boa prática seria discutir e escolher o melhor caso com os próprios alunos, levando em consideração o perfil da turma (por exemplo, alunos com formação não jurídica e atuação como peritos e assistentes tendem a preferir casos que envolvam questões técnicas – por exemplo, arbitragens de construção e infraestrutura). Logo no início do curso, é importante que o docente já divida os alunos em grupos e defina os respectivos papéis que desempenharão no caso prático. Durante as aulas, o professor pode utilizar o caso como base para explicar os conceitos da matéria e, assim, já fornecer um aspecto prático para aulas que seriam teóricas. Além disso, como forma de preparação para a audiência é interessante que o professor solicite aos alunos a apresentação de manifestações escritas no meio do curso (por exemplo, alegações iniciais e resposta) para testar as habilidades de advocacia escrita, para se certificar de que os alunos estão, de fato, estudando o caso prático desde o início e também para permitir que eventuais dúvidas sejam sanadas durante as aulas. Essas atividades também conferem um aspecto prático ao curso, já que, em qualquer procedimento arbitral, a apresentação de manifestações escritas precede a audiência. Outra atividade que tem se mostrado muito proveitosa para que a simulação ocorra com qualidade é o professor tratar dos conceitos de provas na aula anterior à audiência e já solicitar que os alunos preparem algumas perguntas para as testemunhas. Assim, antes da simulação, os alunos poderão treinar a dinâmica e o professor poderá orientá-los com base em um exercício prático. Para a simulação, é interessante ressaltar que os alunos devem internalizar seus respectivos papéis e a dinâmica ocorrerá exatamente como se fosse uma audiência real. Para o árbitro, recomenda-se convidar um professor externo, distinto daquele que ministra o curso, para que o professor possa se concentrar em sua função de avaliar os alunos durante a audiência simulada. Assim, durante a simulação, o professor externo preside e conduz a audiência, ao passo que o professor do curso avalia os alunos. No dia da simulação, é interessante reservar um tempo da aula para a discussão de *feedback*, tanto por parte dos professores quanto dos próprios alunos. Recomenda-se deixar esses pareceres para o término da atividade, assim não há o risco de os alunos terem tratamento desigual durante a simulação. Nesse período, os professores podem avaliar a *performance* dos alunos e estes, por sua vez, podem passar as suas percepções sobre a experiência da audiência simulada.

Cuidados durante o curso e a simulação:

1) É importante deixar claro os critérios de avaliação e o cronograma das atividades (apresentação de manifestações escritas, treinamento da inquirição de testemunhas, simulação). Normalmente, essas informações já constam no programa do curso, mas é recomendável reforçar aos alunos durante a aula.
2) Para as testemunhas, se o professor puder providenciar um roteiro com os principais temas do objeto do depoimento, será muito útil para garantir a qualidade da atividade. Além disso, os alunos que serão as testemunhas poderão ter contato com o grupo que lhes arrolou. No entanto, cabe ao professor deixar claro que o depoimento da testemunha não poderá ser deturpado, de modo que os alunos não poderão inventar ou falsear os fatos.
3) É importante dividir os papéis de acordo com a experiência dos alunos e conforme o interesse de cada um. Caso mais de um aluno se interesse pelo mesmo papel e não seja possível a atuação conjunta, recomenda-se realizar um sorteio.
4) Na hipótese de o caso prático escolhido ter muitos temas, uma boa prática é restringir a simulação para apenas um dos pontos do objeto de conflito, para que os alunos possam se concentrar em um único tema, aprofundando as análises com qualidade.
5) Em turmas maiores, de 40 a 50 alunos, recomenda-se dividir a simulação em duas turmas distintas, cada uma com 20 a 25 alunos, para garantir que todos os alunos desempenhem papéis e participem, de fato, do exercício simulado.

Tempo de desenvolvimento: a simulação poderá ter de duas a três horas, dependendo da quantidade de alunos na turma. Caso a turma seja maior (entre 40 e 50 alunos), recomenda-se, como já dito, dividir a sala e realizar duas simulações no mesmo dia.

2. DE "*MOOTIE*" A PROFESSOR: REFLEXÕES SOBRE O ENSINO JURÍDICO (EM ESPECIAL, DA ARBITRAGEM)

DANIEL TAVELA LUÍS

Introdução: os desafios deste capítulo

Escrever este capítulo representa um desafio imenso por diversos motivos.

Em primeiro lugar, porque os organizadores desta obra são jovens profissionais do mais alto calibre, com profícua participação no cenário da arbitragem nacional; são colegas graduados também na FGV DIREITO SP; partilhamos inúmeras experiências em virtude das competições de arbitragem das quais participamos juntos.

Em segundo lugar, não tenho o costume de escrever para compartilhar as experiências vividas por mim ao longo de minha (ainda breve) trajetória acadêmica e profissional. Este é, no entanto, o objetivo principal deste capítulo: compartilhar um pouco da experiência que vivi na FGV DIREITO SP tanto durante a graduação, enquanto aluno e participante de competições de arbitragem, quanto após formado, quando tive a oportunidade de coordenar o Grupo de Estudos de Arbitragem da FGV DIREITO SP[1] e treinar o time que participava das competições de arbitragem por essa Escola, em especial o Vis Moot.[2]

[1] À época chamado de Grupo de Estudos de Arbitragem, Investimentos e Contratos Internacionais da FGV DIREITO SP (GEArbICIDGV) – devo dizer que tenho muito a agradecer aos atuais coordenadores por terem mudado o nome do grupo para GVEArb; muito mais *catchy*.

[2] Por alguns anos tive também a oportunidade de treinar o time da Competição Brasileira de Arbitragem além do time que representava a FGV DIREITO SP no Vis Moot. Novamente, só

Em terceiro lugar, o desafio está sendo colocado em um momento especial de minha carreira docente, pois tenho desejado, cada vez mais, refletir e aprender sobre métodos de ensino participativo e sobre como transplantar e/ou adaptar parte da experiência das competições de arbitragem para a sala de aula e, agora também, para o ensino a nível de pós-graduação.[3]

Pois bem, apesar dos muitos desafios, as páginas serão poucas e prezarão pelo relato objetivo das experiências que vivi como *mootie* (seção 2), o que me levou à criação do grupo de estudos e ao caminho da docência (seção 3) e, por fim, as lições que ficaram e, espero, estejam sendo perpetuadas, agora em sala de aula (seção 4).

1. *I'm a vis mootie baby*: a primeira experiência de uma competição de arbitragem

Desde 2008, ano em que ocorreu a 15ª edição do Willem C. Vis International Commercial Arbitration Moot, posso dizer que *"I'm a Vis Mootie baby"*.[4] Foi nessa edição que a FGV DIREITO SP debutou nas competições de arbitragem, enviando três alunos[5] para a competição de arbitragem internacional mais tradicional do mundo.

Tenho de admitir que escrever isso em 2021 não parece um feito notável – ou mesmo difícil – afinal de contas, atualmente, o Brasil está entre os países que mais enviam representantes ao Vis Moot e com resultados muito consistentes desde, pelo menos, 2010. À época, no

tenho a agradecer ao Pedro Felipe Gomes da Silva e ao José Victor Zakia por terem assumido a coordenação da Competição Brasileira, trazendo tantas alegrias à FGV DIREITO SP.

[3] Aqui, devo fazer uma nota importante sobre minha atual condição de coordenador de Educação Continuada da Faculdade de Direito da Universidade Presbiteriana Mackenzie. Espero conseguir levar parte das lições que tive como aluno e *coach* das competições de arbitragem aos alunos da pós-graduação *lato sensu* – tenho confiança que todos merecem aprender com um método de ensino que seja eficaz e, ao mesmo tempo, gere engajamento e seja divertido.

[4] Aos que não tiveram a oportunidade de participar, a referência é ao célebre refrão do "*mootie blues*", a música composta por Harry Flechtner, professor da Universidade de Pittsburg, é tocada desde 2006 na abertura oficial do Vis Moot em Viena. Para quem quiser conhecer, acesse: https://www.law.pitt.edu/mootie-blues.

[5] O time que viajou a Viena era composto pela Luisa Galliez, pela Karen Hamada e por mim. A Gisela Mation e o Pedro Fida – companheiros da competição de mediação da CCI, que ocorreu no mesmo ano em Paris, também participaram da equipe na fase de elaboração dos memorandos. O time foi treinado pelo professor Rafael Alves.

entanto, esta não era a realidade: mal se sabia como a competição funcionava, o que os árbitros e a organização esperavam dos alunos ou mesmo como os treinamentos precisariam ser desenvolvidos. Nesta seção, então, parece-me pertinente explicar brevemente, como o Vis Moot (e, em larga medida, as demais competições de arbitragem) funciona.

As competições de arbitragem são baseadas em um caso fictício desenvolvido por uma entidade independente de todos os times que participam da competição. O caso tem como objetivo principal espelhar um procedimento arbitral, de tal sorte que, geralmente, os participantes encontrarão o pedido de instauração de arbitragem, a resposta ao pedido de instauração de arbitragem e as demais etapas necessárias até a instauração do tribunal arbitral e o início do que se costuma chamar de "fase jurisdicional" da arbitragem. Cada um desses documentos costuma ser acompanhado de uma série de outros documentos que fazem uma espécie de "instrução probatória" do caso: o contrato que deu azo à controvérsia, eventuais trocas de notificações, excertos de jornais, depoimentos escritos das partes e testemunhas, entre outros.

As equipes, evidentemente, não podem produzir novas provas, mas elas podem, em um primeiro momento, fazer um pedido de esclarecimento aos organizadores da competição. É inevitável que existam incongruências, *typos*, ou mesmo algumas contradições. O último documento que integrará o caso conterá os esclarecimentos prestados pela organização da competição às perguntas submetidas pelos participantes.

Aqui, vale a pena fazer uma nota inicial e preliminar sobre a experiência dessa competição dentro do "microcosmo" da FGV DIREITO SP. Em regra, àquela época, os alunos da FGV DIREITO SP não poderiam estagiar até o quarto ano. Quando a FGV DIREITO SP organizou e enviou a sua primeira equipe para o Vis Moot, nenhum dos alunos participantes havia estagiado (exceto por breves estágios de férias), o que significava, em larga medida, que aquele era o primeiro contato que estávamos tendo com um caso "real" e que teríamos a oportunidade de desenvolver os argumentos desde o seu início.[6]

[6] Evidentemente, que ao longo dos três primeiros anos tínhamos amplo contato com precedentes judiciais e participávamos de dinâmicas que visavam simular o que seria a advocacia prática. Entretanto, certamente não tínhamos tido a oportunidade de analisar um caso que ainda não tinha tido nenhum dos seus argumentos desenvolvido e sem contar com qualquer orientação de um advogado ou professor que já tivesse participado da competição.

A primeira etapa desse tipo de competição consiste na elaboração dos argumentos escritos, os quais recebem a forma de um memorando. Esse é um momento fundamental porque (i) representa o primeiro passo no desenvolvimento dos argumentos que serão aperfeiçoados ao longo dos meses seguintes, (ii) "obriga" os participantes a fazer extensa pesquisa doutrinária e jurisprudencial, geralmente envolvendo jurisdições distintas; (iii) exige que os participantes dominem um formato de redação que é pouco convencional para faculdades de Direito no Brasil[7] e, em especial, para alunos que ainda não trabalharam com contencioso cível e/ou arbitral.

O memorando produzido pelos alunos costuma ser dividido em duas grandes partes: a primeira abrange os aspectos procedimentais do caso[8] e a segunda compreende os aspectos atinentes ao mérito do caso.[9] Para muitos alunos esse memorando representará a primeira produção acadêmica "de fôlego" deles – seja pela exigência da extensa pesquisa ou pelo próprio volume de páginas que acaba sendo produzido (um memorando do Vis Moot deve ter no máximo 35 páginas de texto corrido e, não raramente, fica com pelo menos mais 20 páginas de referências de pesquisa, sem citações diretas no corpo do texto).

A finalidade do memorando é convencer os avaliadores da posição defendida pelo requerente e pelo requerido, como se as equipes estivessem em um caso real. Todos os times devem submeter o memorando para os dois polos da disputa – isto é, um memorando para o requerente

[7] No geral, os memorandos são escritos utilizando-se a técnica do IRAC (Issue, Rule, Application, Conclusion) ou do CREAC (Conclusion, Rule, Ellaboration, Application, Conclusion). Existem diversos vídeos explicando essas técnicas de redação, por exemplo: https://youtu.be/ZnvBiw6AqVI; https://youtu.be/TFxPGNoQ_60 ou https://youtu.be/9U4Ly-pniZw.

[8] No Vis Moot, os aspectos procedimentais geralmente envolvem um ou dois problemas relacionados ao Regulamento de Arbitragem da instituição arbitral que "apadrinha" o caso e/ou à Lei Modelo da United Nations Commission on International Trade Law (UNCITRAL) sobre Arbitragem Comercial Internacional juntamente à Convenção de Nova Iorque de 1958 sobre o reconhecimento e a execução de sentenças arbitrais estrangeiras.

[9] No Vis Moot, o mérito do caso geralmente envolve um contrato de compra e venda internacional de mercadorias (inclusive, envolvendo sua qualificação como tal) e, consequentemente, a Convenção de Viena sobre Compra e Venda Internacional de Mercadorias (CISG) e/ou os princípios do International Institute for the Unification of Private Law (UNIDROIT) sobre contratos comerciais internacionais.

e um memorando para o requerido, neste caso, respondendo ao memorando de outro time.

Costumo fazer a seguinte analogia: cada time é quase como um escritório de advocacia, que objetiva convencer um árbitro (ou juiz) que a posição do seu cliente está correta. As habilidades treinadas pelos alunos são inúmeras: exercita-se a redação de argumentos complexos com profundidade e eficiência, aprende-se a trabalhar em equipe e a coordenar esforços de pesquisa, redação e revisão. E como acontece na "vida real", não é possível ignorar, menosprezar ou desprezar o outro polo da controvérsia – será inevitável que em algumas semanas sua equipe tenha de escrever um novo memorando, desta vez defendendo o outro lado.

Vencida essa etapa, a preparação se volta para a fase oral da competição, na qual os alunos participantes têm a oportunidade de apresentar os seus argumentos aos árbitros em uma audiência realizada no local da competição (no caso do Vis Moot, as audiências ocorrem, tradicionalmente, em Viena).[10] O formato da audiência tenta espelhar, na medida do possível, o de uma audiência arbitral: há três árbitros escolhidos pela organização da competição e sem qualquer conflito de interesse com qualquer uma das equipes que está arguindo o caso, e as equipes são representadas por dois alunos cada. A equipe possui 30 minutos para apresentar todos os argumentos do seu caso, podendo escolher livremente como desejarão alocar esse tempo entre os seus oradores (geralmente, um apresenta os aspectos procedimentais e o outro os aspectos materiais do caso). A escolha mais comum é que cada orador fale livremente por 14 minutos e "guarde" 1 minuto para sua réplica e/ou tréplica, conforme aplicável.

Os árbitros são autorizados a interromper os oradores, fazer perguntas (ou, às vezes, meras colocações), de tal sorte que os alunos participantes precisam reagir rapidamente com respostas objetivas, precisas e, muitas vezes, criativas. O desenvolvimento da capacidade de improvisar e de controlar o nervosismo nessa fase da competição é fundamental: é comum que uma pergunta nunca antes vista ou imaginada surja ou mesmo que o estilo de um árbitro (*e.g.*, mais "duro" ou "seco") gere um desconforto grande nos participantes. Além disso, nessa fase da com-

[10] Por conta da pandemia de covid-19, nos anos de 2020 e 2021, as audiências foram realizadas *on-line*.

petição, o *feedback* é instantâneo: não só os árbitros esboçam reações quando ouvem uma resposta, como também ao final de cada sessão eles dedicam alguns minutos a passar um *feedback* para todos os participantes. Isso exige um bocado de inteligência emocional dos participantes que precisam amadurecer rapidamente para receber as críticas, filtrar o que pode ser imediatamente útil e o que deve ser mais bem digerido (ou até mesmo desconsiderado) e incorporar o que for necessário para aprimorar seu discurso e técnica.

Nessa primeira experiência o resultado não poderia ter sido diferente: falhamos miseravelmente em nosso objetivo de avançar para as rodadas eliminatórias. Nada surpreendente, é verdade: é muito difícil, ainda nos dias de hoje, que uma equipe seja bem-sucedida e classifique-se para a segunda fase do Vis Moot em sua primeira participação.[11] Contudo, valeu a pena, a experiência de participar do Vis Moot despertou um interesse maior de aprender mais sobre as matérias de fundo (arbitragem e contratos internacionais) e, em especial, em um primeiro momento, sobre como criar times (e, posteriormente, salas de aula) de alta *performance* e de sucesso.

2. O início do grupo de estudos e a transição para a docência

Em larga medida, foi a experiência do Vis Moot que motivou a criação do Grupo de Estudos em Arbitragem, Investimentos e Contratos Internacionais da FGV DIREITO SP (GEArbICIDGV) e que, hoje, chama-se GVEArb. O grupo foi criado a partir do diagnóstico de que o sucesso de um time na competição envolveria uma mistura de conhecimento técnico e habilidades específicas que são inerentes a um *mootie* (*soft skills*).

No início do grupo, a vertente do conhecimento técnico era desenvolvida por meio de encontros periódicos nos quais os alunos (e os recém-formados *coaches*) se dedicavam à leitura e discussão de textos clássicos sobre arbitragem comercial e contratos internacionais. Por vezes alguns convidados participavam das reuniões para auxiliar em aspectos técnico-jurídicos e visões críticas dos textos, sugerindo novos textos e

[11] Atualmente, no Vis Moot, cerca de 390 universidades participam anualmente da competição e apenas 64 equipes avançam para a fase eliminatória.

novas linhas de estudo. O processo seletivo para essa atividade eminentemente de estudo era bem simples: bastava demonstrar comprometimento com os objetivos e ideais do grupo.

Naturalmente, a maior parte dos alunos que participava do grupo de estudos tinha também interesse em participar das competições e do processo seletivo para elas. A vantagem que os participantes do grupo de estudo possuíam era, fundamentalmente, a de conhecer melhor as matérias que seriam tratadas na competição. Entretanto, o grupo de estudos não objetivava desenvolver qualquer tipo de treinamento específico das *soft skills* para que os alunos participassem das competições.

A prática acabou mostrando que, em regra, os alunos participantes do grupo de estudos eram também os selecionados para participar das competições, muito embora não houvesse qualquer "reserva" para esses alunos. Os processos seletivos, que buscavam identificar os alunos que tinham maior potencial de desenvolvimento das habilidades necessárias para participar com sucesso de uma competição, acabavam, em regra, tendo um número de aprovados participantes do grupo de estudos muito maior que o de alunos que não havia passado pelo grupo.

No começo, minha suspeita era a de que o relacionamento mais próximo com esses alunos e/ou seu conhecimento técnico adquirido ao longo do semestre de estudos conjuntos seria causa determinante para essa característica de reincidência dos alunos. O processo seletivo das competições evoluiu, cada vez mais buscando treinar e desenvolver habilidades e reduzindo os espaços de discussões técnica-jurídicas e as características dos resultados se repetiam.

Depois de algumas edições do grupo de estudos focadas no estudo de doutrina e precedentes clássicos, os temas a serem tratados pareciam se esvair e ficar menos dinâmicos, diminuindo também o engajamento dos alunos nas discussões. Cada vez mais os aspectos práticos de casos-objeto das competições ganhavam espaço em discussões do grupo de estudos e os alunos pareciam querer desenvolver argumentos que aprimorassem os argumentos trabalhados na competição. As atividades de preparação para a competição e de estudo da matéria-objeto da competição, cada vez mais, confundiam-se.

Foi quando tive a oportunidade de discutir com alguns professores da FGV DIREITO SP – em especial o professor José Garcez Ghirardi – algumas dessas características e ele me instigou a refletir mais profundamente sobre um dos motes do Vis Moot: se competições estudantis como o Vis Moot são, na verdade, experiências educacionais construídas a partir de uma competição, será que a dinâmica de uma sala de aula não poderia se utilizar dos métodos e das técnicas de uma competição? Em outras palavras, não seria possível colocar o aluno em uma posição central na sala de aula a partir de dinâmicas próprias de competições?

Em larga medida essa pergunta motivou o interesse de evoluir de *coach* para professor. O *timing* foi também oportuno pois essas reflexões foram realizadas ao longo do curso de mestrado e, posteriormente, do doutorado. Como adaptar métodos de treinamento das competições para métodos de ensino em uma sala de aula? Quais contribuições as competições poderiam ter para a sala de aula? Como engajar e motivar alunos em sala de aula da mesma forma que eles ficam engajados e motivados em uma competição? Seria possível (e desejável) que a sala de aula se transformasse em uma competição, despertando, assim, o interesse de todos os alunos na disciplina?

A última pergunta talvez tenha sido a mais fácil de responder (e ao mesmo tempo a mais difícil de aceitar). Transformar a sala de aula em uma competição não me parece aconselhável, em especial, porque nem todos os alunos são motivados pelo mesmo *drive* competitivo que os alunos participantes de competições internacionais. Além disso, nem todos os alunos possuem o mesmo interesse (e gana) em determinada disciplina e é preciso aceitar que essa é uma escolha compreensível, justa e razoável.[12]

Portanto, ao elaborar o programa de um curso (seja ele de graduação ou pós-graduação), é necessário abraçar a diversidade que é inerente à sala de aula e tentar, em grande medida, atingir a heterogeneidade de alunos que integram a sala de aula. Essa me parece ser a função precípua dos professores que, ao final do dia, levará ao encantamento dos alunos – seja pela disciplina lecionada, pelo Direito ou simplesmente pela docência.

Como, então, engajar e motivar os alunos em sala de aula da mesma forma que eles engajam em uma competição? Parece-me que o caminho inicial e comum é o de "dar voz aos alunos", isto é, permitir que eles

[12] O ponto é simples: ninguém é obrigado a se apaixonar por Direito Penal, Civil ou Internacional (muito embora, o Direito Internacional seja absolutamente apaixonante!).

expressem suas expectativas, seus interesses, suas dúvidas e suas convicções sobre os temas-objeto de estudo. Para tanto é necessário que as aulas (e/ou o curso) sejam planejadas de forma a tornar o aluno protagonista do processo de ensino-aprendizagem.[13]

O pressuposto para que isso funcione e permita a evolução do time em uma competição (ou da sala de aula em um plano de ensino) é que exista um *feedback* aberto e constante entre o *coach* e o aluno (ou, na sala de aula, entre o docente e o discente). Neste ponto, é importante traçar uma distinção entre *feedback* e correção: o *feedback* não busca apenas apontar o que está correto ou incorreto na posição adotada pelo aluno, mas desenvolver no aluno a capacidade de perceber seu erro (ou acerto) e de permitir que ele possa aprimorar com sua autorreflexão e com os comentários recebidos a sua resposta ou poder de reação à situação-problema que enfrenta.

Em sala de aula isso se verifica muito facilmente no processo avaliativo que, quando feito na forma de *feedback*, pode muito bem permitir que o estudante corrija os seus erros em uma segunda oportunidade, uma vez que tenha recebido comentários construtivos de seus pares e orientador/professor. No entanto, esse mesmo processo pode ser implementado em dinâmicas de aula socráticas, de discussão de casos ou de situações-problema: basta que o professor permita que os demais alunos comentem sobre um determinado assunto e incentive o debate entre os próprios alunos.

Essa mesma dinâmica pode ser utilizada para o desenvolvimento de *soft skills* nos alunos em salas de aula. Imagine, por exemplo, que o professor faça uma atividade do tipo seminário que envolverá, por parte dos alunos, apresentações orais para a sala toda. Em vez de avaliar essa atividade apenas pelo resultado dela (uma apresentação boa, entusiasmante e correta em seu mérito), o professor pode também ter uma postura de investir certo tempo da aula/avaliação na correção da postura dos alunos e com treinamentos efetivos para uma apresentação oral bem-sucedida.

13 Talvez a melhor recomendação de técnicas que podem ser utilizadas para tornar o aluno uma figura central no processo de aprendizado seja o livro de Marina Feferbaum e Guilherme Forma Klafke, *Metodologias ativas em Direito*: guia prático para o ensino jurídico participativo e inovador.

Da mesma forma, é possível fazer dinâmicas que repliquem alguns dos desafios de uma competição: como o de ter argumentos criativos, que não se repitam e que reajam ao que foi dito imediatamente antes de sua vez de falar. Suponha a seguinte dinâmica de um exercício em sala de aula: à luz de uma determinada situação-problema, o professor divide a sala em grupos e pede que cada grupo identifique os argumentos que foram tratados em um determinado caso (*e.g.*, uma decisão judicial), mapeando possíveis outros argumentos que poderiam ter sido discutidos e/ou utilizados naquela decisão. Essa simples atividade está trabalhando nos alunos algumas habilidades típicas de competições: pesquisa e elaboração de argumentos de forma objetiva.

Em seguida, cada grupo apresentará oralmente um único argumento para a sala inteira, durante um período relativamente curto. Apresentado o argumento (ou encerrado o tempo), um próximo grupo deverá apresentar outro argumento (ou uma contraposição ao argumento anteriormente apresentado) e assim por diante até que todos os argumentos sejam apresentados e/ou o tempo total da atividade se encerre, sendo vedado que argumentos se repitam.

Observe que, nesse caso, outras habilidades das competições são também desenvolvidas em sala de aula: a capacidade de síntese, objetividade e, muitas vezes criatividade. Além disso, a dinâmica estabelece desafios muito próprios: o primeiro grupo precisa vencer a barreira do desconhecido e do nervosismo, mas tem ampla vantagem em escolher qual argumento apresentará (o mais simples, o mais objetivo ou o mais complexo). Por outro lado, o grupo que ficar por último, embora esteja mais acostumado com a dinâmica e tenha mais tempo para pensar e desenvolver seu argumento, terá um leque menor de argumentos a apresentar, o que lhe obrigará a ser mais criativo. É algo muito próximo ao processo de formação de uma réplica ou tréplica em uma competição.

Esse é, evidentemente, apenas um dos exemplos de uma dinâmica em sala de aula que trabalha *soft skills* típicas de uma competição como o Vis Moot e que pode ser implementada em sala de aula.[14]

[14] Já tive a oportunidade de fazer essa dinâmica em sala de aula e o resultado é incrível: alunos engajados, criativos e um processo de aprendizagem muito mais dinâmico e leve.

3. Lições que ficam para a docência (e para os métodos de ensino)

Ao terminar de escrever estas breves notas, parece-me já ser possível identificar algumas lições que ficam dos tempos de *coach* para os tempos de docente. A primeira delas é que o professor Eric Bergstein está correto: competições acadêmicas devem ser vistas como experiências educacionais criadas ao redor de uma dinâmica competitiva – isto é, elas são um método de ensino que, por excelência, é participativo.

A segunda é que, muito embora competições possam ser consideradas um método de ensino, suas dinâmicas podem (mas precisam) ser adaptadas antes de serem utilizadas em sala de aula. O grande objetivo que se busca é o de gerar motivação e engajamento entre os alunos para o aprendizado da disciplina.

A terceira é que o processo de adaptação das dinâmicas de competições para a sala de aula precisa passar por um filtro e divisão entre *soft skills* e ensino de material da disciplina. É inevitável que nesse processo de adaptação o docente seja criativo, dê espaço para que os alunos expressem suas opiniões e abrace a diversidade que é inerente à sala de aula. Nesse ponto, é fundamental que o docente internalize em suas funções a de desenvolver nos alunos habilidades necessárias para as profissões jurídicas.

Por fim, é necessário que, como docentes, cada vez mais, possamos criar espaços e meios de compartilhar as experiências entre os *coaches* (que, futuramente, poderão vir a ser também colegas de profissão) e os docentes de forma a aprimorar mutuamente tanto as atividades em sala de aula quanto as atividades de treinamento para as competições.

3. O ESTUDO E A DIFUSÃO DA ARBITRAGEM NA FGV DIREITO SP: RELATO E EXPERIÊNCIA

SELMA FERREIRA LEMES

Introdução

Com a promulgação da Lei de Arbitragem, Lei n. 9.307, de 23 de setembro de 1996, surgiu a necessidade de se iniciar a difusão científica da arbitragem no ambiente acadêmico. O novo marco legal deu contornos modernos ao instituto jurídico da arbitragem e era preciso estudar e transmitir seus princípios e conceitos para o correto entendimento e utilização do instituto.

Além da propagação doutrinária era importante termos a matéria inserida na grade curricular das faculdades de Direito, bem como fomentar cursos de extensão universitária e de curta duração, proferir palestras, estimular a elaboração de artigos em jornais e revistas, etc., tudo isso com o objetivo de propiciar a difusão científica do instituto jurídico dessa renovada forma de solução de controvérsia.

Iniciava-se uma nova era para a arbitragem brasileira. Os raros livros que abordavam a matéria passaram a fazer parte da historiografia da arbitragem. Em 1996, o desafio que se colocava para a comunidade jurídica brasileira era imenso.

A FGV, ciente dessa necessidade, iniciou em 2004, no âmbito do FGV LAW no programa de educação continuada, um curso de arbitragem e mediação, o qual tivemos a oportunidade de organizar e coordenar com Pedro Batista Martins, bem como ministrar aulas. A primeira edição do curso foi idealizada no formato anual, com aulas de arbitragem e mediação. Tivemos cerca de 40 alunos. O curso não era voltado apenas para advogados. Durante os oito anos que coordenamos o curso tivemos como alunos: advogados, economistas, administradores de empresas, engenheiros, etc. Todos curiosos em conhecer e aprender sobre o microssistema arbitral e a mediação.

Os professores eram profissionais da área jurídica que há alguns anos mantinham contato com a arbitragem na área internacional, na academia ou na prática da arbitragem internacional. Era raro encontrar profissionais na área da arbitragem. No meu caso, o primeiro contato com o tema foi no quinto ano da Faculdade de Direito da Universidade de São Paulo (USP), em 1978. A disciplina era nova e fora introduzida na grade curricular há dois anos. Recordo-me que fiquei encantada com a arbitragem internacional, tanto pela simplicidade quanto à forma, como por seu pragmatismo. Era ministrada pelo professor Guido da Silva Soares, que, com sua formação de jurista e diplomata, transformava as aulas em viagens a um mundo desconhecido. Projetava para os alunos um caminho novo que precisava ser percorrido. Tal como Ulisses, tínhamos de chegar a Ítaca.

Entretanto, ao iniciar os estudos na área, verifiquei a ausência de literatura brasileira a respeito, quando encontrava alguma referência eram livros muito antigos ou a matéria constituía capítulo de livros ou compêndios de Direito Civil e de Direito Processual Civil. A solução foi recorrer à biblioteca do departamento de Direto Internacional da faculdade. A partir daí encontrei farta literatura a respeito. As revistas internacionais eram altamente especializadas e abordavam a matéria em diversos matizes e diversas perspectivas.

Mergulhei no estudo da arbitragem. Adquiri livros estrangeiros e comecei a cultivar o hábito de ir às livrarias jurídicas e comprar livros de arbitragem quando viajava ao exterior. Em 1990, fiz estágio na Corte Internacional de Arbitragem da CCI, em Paris, para complementar os estudos teóricos com a prática da arbitragem.

Após retornar da CCI participei da denominada Operação Arbiter, capitaneada pelo jurista pernambucano Petrônio Muniz com os auspícios do senador Marco Antonio de Oliveira Maciel, que se tornou o autor do Projeto de Lei sobre Arbitragem, ingressado no Senado Federal em 1992. Coube a Carlos Alberto Carmona, Pedro Batista Martins e a mim redigir o Anteprojeto de Lei de Arbitragem, que representou o PLS 78/1992.

A iniciativa da Escola de Direito, criada em 2004, de instituir um curso de educação continuada em arbitragem no FGV LAW surge no meio das denominadas ondas renovatórias do Direito, da revisão da prestação jurisdicional com reformas no antigo CPC e, no ambiente acadêmico, da perspectiva inovadora do ensino do Direito no Brasil capitaneada pela FGV, que contava com os cursos de graduação em Administração de Empresas e Economia.

Em 2003, por iniciativa do Jornal Valor Econômico, redigi dez artigos sobre temas diversos referentes à arbitragem,[1] que circularam semanalmente. Esses artigos tiveram enorme repercussão, sendo que a biblioteca do Congresso Nacional os compilou em forma de apostila.

E, assim, o navio da arbitragem zarpou em busca de um porto seguro, que representava divulgar e incentivar a prática da arbitragem no Brasil. A tripulação desse navio era composta pelas pessoas já mencionadas que aceitaram o desafio de inovar e crescer. Entre elas estava o diretor da Escola de Direito da GV, professor Ary Oswaldo Mattos Filho. Recordo quando o professor Pedro Batista Martins me convidou para coordenarmos conjuntamente o curso de arbitragem do GV LAW e suas conversas com o professor Ary Oswaldo, que vislumbrava a importância do tema e sua inserção na proposta curricular vanguardista da Escola de Direito.

Nos anos seguintes, o curso de arbitragem no GV LAW passou a ser semestral e exclusivo de arbitragem em aulas semanais. Os docentes eram profissionais atuantes em arbitragem e as aulas eram divididas em teóricas e práticas. O programa observava a estrutura da Lei de Arbitragem. Iniciávamos pelos princípios e conceitos da arbitragem, convenção de arbitragem, arbitragem institucional, o árbitro, o procedimento arbitral, percorrendo todas as etapas de uma arbitragem até o reconhecimento e a execução de sentença arbitral estrangeira, tal como regulada no capítulo sexto da Lei de Arbitragem.

[1] Disponíveis em: www.selmalemes.com.br.

Como posto, os professores eram acadêmicos e advogados com experiência, geralmente, em arbitragem internacional. Na última aula do curso dispúnhamos de uma Mesa de Debates em que convidávamos gestores de câmaras de arbitragem, advogados, árbitros, engenheiros, que atuavam como árbitros, peritos, etc. Formávamos um semicírculo e iniciávamos com perguntas práticas e todos exaravam suas considerações a respeito. Com essa aula, encerrávamos o curso com chave de ouro e os alunos ficavam empolgados em ver como a arbitragem se desenvolvia na prática.

Os alunos recebiam ampla bibliografia para leituras complementares, tanto no âmbito da arbitragem doméstica, quanto internacional.

Também introduzimos um desafio aos alunos. Todos tinham de participar de uma arbitragem simulada. Precisariam criar o caso, dividir os papéis de árbitros, advogados, testemunhas, peritos até a elaboração da sentença arbitral, que era proferida oralmente. Geralmente, os alunos que já estavam atuando em arbitragens em seus escritórios que estagiavam coordenavam as tarefas. Os alunos se envolviam e empolgavam-se com a experiência da arbitragem simulada e transformavam-se em atores do caso. Ao final do curso tínhamos a prova de avaliação.

Como dito, o curso de educação continuada na disciplina de arbitragem contava com alunos de diversas profissões e níveis de conhecimento. Para realizarmos certo nivelamento, sugeríamos que os alunos efetuassem a leitura de duas obras-mestras do Direito brasileiro e comparado: *O Direito e a Vida dos Direitos*, de Vicente Ráo, e a segunda, *Os Grandes Sistemas do Direito Contemporâneo*, de René David. Essas obras permitiam que os alunos se situassem no Direito Material e no Direito Internacional Público e Privado. Passavam a ter um sistema de referência, uma bússola.

Importante salientar que todos os alunos, ao final do curso, saíam com a incumbência de serem multiplicadores, ou seja, eram orientados e convidados a transmitir à sociedade os conhecimentos adquiridos no curso, fomentando a correta e ética aplicação da arbitragem. Afinal, tiveram a oportunidade de serem pioneiros no estudo da arbitragem.

Também eram advertidos que o curso de arbitragem havia lhes transmitido conhecimentos básicos da arbitragem e que deveriam complementar seus estudos com a vasta literatura internacional que existia a respeito.

Alguns anos depois começávamos a colher os frutos dos estudos nacionais e inicia-se uma profícua e duradoura safra doutrinária de arbitragem.

Quando cursava o mestrado em Direito Internacional na USP, elaborei a dissertação sobre o árbitro. Notei, ao participar da elaboração do Anteprojeto de Lei sobre Arbitragem, que a figura do árbitro era de importância capital para o desenvolvimento do instituto. Aprofundei os estudos e escrevi o livro: *Árbitro*: princípios da independência e da imparcialidade (2001).

Outra matéria palpitante era a discussão da necessidade de lei específica para a Administração Pública firmar cláusula compromissória. Estudei a matéria e redigi a tese de doutorado, analisando o Direito brasileiro e chileno, perante o Programa de Pós-Graduação Interunidades da Universidade de São Paulo vinculado à Reitoria da USP (PROLAM/USP). Esse estudo está representado no livro *Arbitragem na Administração Pública*: fundamentos jurídicos e eficiência econômica (2005).

Cursar o PROLAM/USP foi uma das mais importantes e fascinantes experiências que tive. Alguns anos depois, percebi a importância em dialogar com outras áreas do saber e seus vasos comunicantes. Esta era, por exemplo, uma das propostas inovadoras da Escola de Direito da GV. Frequentar as aulas em outras disciplinas nas demais escolas da USP, tais como as faculdades de Comunicação e Arte, Economia, Jornalismo, fez-me ver além das fronteiras do Direito, para ingressar no estudo das humanidades e ampliar meus horizontes profissionais e como ser humano. O tema da tese perpassava pela Análise Econômica do Direito, que à época ainda era matéria insipiente no Brasil, com pouquíssima doutrina a respeito.

Meu orientador no doutorado, o professor José Augusto Guilhon Albuquerque, economista de formação e professor da Faculdade de Relações Internacionais da USP, mostrou-me como conciliar ideias econômicas e jurídicas, que em conjunto formariam as hipóteses da tese, calcadas na desnecessidade de lei específica para a Administração Pública participar da arbitragem e que a cláusula compromissória, por sua repercussão econômica no contrato (redução dos custos de transação) era além de cláusula jurídica, também cláusula financeira.

A disciplina da Análise Econômica do Direito foi introduzida na grade curricular da Escola de Direito da GV, demonstrando mais uma vez o pioneirismo e a inovação da Escola em sua contribuição na formação dos alunos, para que se tornem advogados com visão ampla do Direito e da Economia.

Nos anos em que coordenei e ministrei, juntamente ao professor Pedro Batista Martins, aulas no curso de arbitragem do GV LAW, formamos ao redor de 450 alunos, que, como mencionado, tornaram-se multiplicadores dos praticantes da arbitragem. Muitos desses alunos desenvolveram trabalhos acadêmicos de pós-graduação e muitas vezes integramos suas bancas examinadoras.

Aquela semente que representou o curso de educação continuada do GV LAW em arbitragem rendeu bons frutos, repercutindo no aperfeiçoamento intelectual desses alunos.

Passemos agora para a experiência de ter sido professora na disciplina de Oficina de Arbitragem, no segundo ano da graduação da Escola de Direito da GV. Elaboramos o programa desse curso muito similar ao curso do GV LAW, com a particularidade de esse ser mais profundo e especializado. A proposta também era trabalhar a parte prática da arbitragem. Assim, dividíamos as aulas em uma breve exposição sobre o tema tratado e, em seguida, os alunos analisavam casos práticos para discussão em classe. Também trabalhávamos no formato de seminário, em que os alunos apresentavam temas específicos.

Os eixos de estudo eram: a convenção de arbitragem, os árbitros, o processo arbitral, a sentença arbitral e a interface com o Judiciário e toda a complexidade e miríade de questões que esses temas encerram no âmbito doutrinário e da prática da arbitragem interna e internacional.

Na primeira aula da denominada Oficina de Prática III de Arbitragem, em 2010, expúnhamos aos alunos as noções gerais da arbitragem e a economia nos custos de transação.

A bibliografia oferecida aos alunos priorizava a doutrina e o estudo dos precedentes jurisprudenciais internacionais emblemáticos. Recordamos que, à época, os alunos do Direito GV iniciavam a participação em campeonatos internacionais, inclusive o de mediação organizado pela CCI (2011) e estavam muito entusiasmados.

Tivemos também a oportunidade de desenvolver trabalho com a biblioteca da Escola na seleção de livros sobre arbitragem para serem adquiridos. Na série Direito e Economia: 30 anos de Brasil, livro editado pela Saraiva e Direito GV em 2012, coordenado pela professora Maria

Lucia Pádua Lima, tivemos a oportunidade de colaborar com o capítulo sobre a perspectiva da arbitragem e sua visão econômica.

Na vertente humanista que se projeta ao estudante de Direito da FGV, certa vez lançamos um desafio aos estudantes de arbitragem com a finalidade de verificar como reagiriam à proposta efetuada. Concedemos um incentivo propondo um ponto na média final se fossem capazes de efetuar uma vinculação justificável entre a arbitragem e uma obra de arte que projetei. Disse-lhes que não poderiam efetuar consulta na internet e teriam de resolver a questão pelo raciocínio e conhecimentos pregressos adquiridos nas aulas, sem consulta exterior.

O quadro em questão era "Os Embaixadores", de Hans Holbein, de 1533. Esse quadro emblemático se encontra na *National Gallery*, em Londres. Constitui matéria de estudo em diversas áreas, inclusive da Psiquiatria. O resultado foi animador, pois houve várias respostas corretas. O ponto de conexão do quadro, de seu conteúdo e da época, com a arbitragem residia na *lex mercatoria,* na arbitragem por equidade estudada em classe. Referia-se aos mercadores medievais, ao comércio geralmente realizado em feiras em que os conflitos existentes eram submetidos a árbitros conhecedores dos usos e costumes, das regras dispostas pelo mercado e não pela legislação local.

As primeiras turmas do curso de direito da FGV se formaram e iniciaram na atividade laborativa. Hoje temos a satisfação de ver muitos alunos e muitas alunas integrando grandes bancas de advocacia no Brasil e no exterior, atuando em arbitragens nacionais e internacionais, trabalhando em instituições internacionais, elaborando artigos sobre arbitragem, sendo professores, atuando como *coaches* de estudantes nos campeonatos de arbitragem nacionais e internacionais, etc.

Com a experiência acumulada em arbitragem como professora e profissional, se um dia me perguntassem o que considero importante para o estudante de Direito e para os profissionais egressos da FGV na área da arbitragem (inclusive, em qualquer área), responderia aos primeiros que não deveriam se limitar ao que o professor ensina em sala de aula, mas se aprofundar e submergir no estudo de temas relevantes e que apreciem por conta própria. Para ambos, estudantes e profissionais egressos da FGV, que mantivessem acesa a chama do interesse em aprender cada vez mais, de diversificar os enfoques das matérias estudadas, terem a sensibilidade para reconhecer que tiveram a oportunidade de estudar em uma das melhores instituições de ensino brasileiras e que por dever cívico devem compartilhar conhecimentos e, o mais importante, serem humildes para reconhecer que cada vez terão de estudar mais, e isso significa a vida toda, parafraseando Sêneca em um de seus diálogos com Lucílio.

PARTE 2
TEMAS ATUAIS DA ARBITRAGEM

4. ARBITRAGEM *VERSUS* SISTEMA JUDICIÁRIO: UMA ANÁLISE ECONÔMICA E ECONÔMICO-COMPORTAMENTAL[1]

Luciano Benetti Timm
Ana Paula Ribeiro Nani

Introdução

O objetivo deste capítulo é demonstrar, por meio dos ferramentais da Análise Econômica do Direito[2] e da Economia Comportamental

[1] O presente capítulo é fruto do trabalho de Iniciação Científica realizado pela Ana Paula Ribeiro Nani com orientação do professor Luciano Benetti Timm, cujo título é "A tomada de decisão das empresas brasileiras quanto ao método de resolução de controvérsias: Arbitragem vs. Sistema Judiciário". A pesquisa foi realizada com o patrocínio da Associação Brasileira de Direito e Economia (ABDE).
Este mesmo texto foi publicado com algumas modificações em: Timm, Luciano Benetti; Nani, Ana Paula Ribeiro. Arbitragem vs. Sistema Judiciário: uma análise econômica e econômica-comportamental. *In*: Giovanni Ettore Nanni; Karina Riccio; Lucas de Medeiros Diniz (orgs.). *Comitê Brasileiro de Arbitragem e a arbitragem no Brasil*: obra comemorativa ao 20º Aniversário do CBAr. São Paulo: Almedina, 2022, v. 1.

[2] Para melhor compreensão, sugere-se a leitura de: (I) Posner, Richard. *Economic Analysis of Law*. 7. ed. Nova York: Aspen, 2007; (II) Calabresi, Guido; Melamed, A. Douglas. Property rules, liability rules and inalienability: one view of the cathedral. *Harvard Law Review*, v. 85, n. 6, p. 1089-1128, Apr. 1972; (III) Coase, Ronald. The Nature of the Firm, *Economica*, v. 4, n. 16, p. 386-405, 1937; (IV) Cooter, Robert; Ulen, Thomas. *Law & Economics*. 6th. ed. Boston: Addison-Wesley, 2016; (V) Mercuro, Nicholas; Medema, Steven G. Economics and the Law: From Posner to Post-Modernism and Beyond. Princeton: Princeton University

(*Behavioral Law and Economics*),[3] que a Arbitragem – quando comparada ao Sistema Judiciário – pode se revelar como uma alternativa mais atrativa para as empresas brasileiras que visam obter decisões mais rápidas, qualificadas, imparciais e eficientes para os seus conflitos.

Nesse sentido, buscar-se-á esclarecer que as empresas, enquanto agentes econômicos racionais, não devem, quando da sua tomada de decisão quanto ao método de resolução de potenciais controvérsias (Sistema Judiciário *versus* Arbitragem) a se adotar, restringir-se em considerar apenas os prováveis elevados custos financeiros diretos da Arbitragem, mas, do contrário, devem se empenhar em uma avaliação mais ampla capaz de mensurar todos os custos atrelados à sua escolha, tais como os custos de transação e os de oportunidade.

1. A escolha quanto ao método de resolução de controvérsias

As empresas precisam frequentemente fazer escolhas das mais variadas naturezas. Todas essas escolhas são necessárias, precipuamente, em razão de os recursos disponíveis serem limitados. Assim, escolher uma opção significa, automaticamente, renunciar a muitas outras.[4]

Com relação ao método de resolução das eventuais controvérsias que surgem no decorrer das relações interempresariais, o mecanismo não é diferente. Quando do surgimento do conflito, ou até da celebração dos contratos, as empresas se deparam com a necessidade de decidir se

Press, 2006; (VI) MaCkaay, Ejan; Rousseau, Stéphane. *Análise econômica do direito*. Tradução Rachel Sztajn. 2. ed. São Paulo: Atlas, 2015; (VII) Timm, Luciano Benetti (org.). *Direito e economia no Brasil*: estudos sob a análise econômica do Direito. 3. ed. Indaiatuba: Foco, 2019; e (VIII) Salama, Bruno Meyerhof. *Estudos em Direito & Economia*: micro, macro e desenvolvimento. Curitiba: Editora Virtual Gratuita, 2017.

[3] Para melhor compreensão, sugere-se a leitura de: (I) Kahnemann, Daniel. *Rápido e devagar*: duas formas de pensar. São Paulo: Objetiva, 2016; (II) Sunstein, Cass; Thaler, Richard. *Nudge*: como tomar melhores decisões sobre saúde, dinheiro e felicidade. Tradução Ângelo Lessa. São Paulo: Objetiva, 2019; (III) Jolls, Christine; Sunstein, Cass; Thaler, Richard. A Behavioral Approach to Law and Economics. *Stanford Law Review*, v. 50, n. 5, May 1998; (IV) Thaler, Richard. *Misbehaving*: a construção da economia comportamental. Tradução George Schlesinger. São Paulo: Intrínseca, 2019.

[4] MaCkaay, Ejan; Rousseau, Stéphane. *Análise econômica do direito*. Tradução Rachel Sztajn. 2. ed. São Paulo: Atlas, 2015, p. 25-26.

levarão suas vindouras disputas ao Judiciário ou à Arbitragem (quando se tratarem de direitos patrimoniais disponíveis).[5]

Em seu artigo "*The Nature of the Firm*", Ronald Coase explica que a "firma", enquanto agente econômico maximizador, tende a aumentar sua utilidade (satisfação econômica), grosso modo, pela diferença entre receitas e custos.[6] Elucida o autor que, nesse caso, as consideradas "melhores escolhas" seriam aquelas em que as receitas são maiores e os custos menores. Ensina Coase, ainda, que para se fazer a aludida ponderação e efetivamente avaliar a utilidade econômica, importa ter em mente que os custos da empresa não incluem tão somente os custos de produção, mas, também, aqueles de transação e oportunidade.[7]

Nessa perspectiva, há de se considerar que cada empresa individualmente deverá ponderar quanto ao método mais adequado para lidar com os seus potenciais conflitos. Essa ponderação, contudo, necessita de um olhar atento no sentido de preservar a estabilidade da organização, de eliminar custos desnecessários e, por vezes, de investir na manutenção do relacionamento com a contraparte. Nesse viés, sublinha Marco Antônio Lorencini que "por vezes, mais importante que controlar a solução final é controlar o próprio procedimento".[8]

Dessa forma, o que faria, então, as empresas optarem pela Arbitragem ou pelo Judiciário? Por que em certos casos as empresas voluntariamente decidem se submeter ao procedimento arbitral em detrimento do estatal?

Como adiante se verá, referida decisão está relacionada à estrutura de incentivos gerada pela Arbitragem – principalmente pela possibilidade de redução de custos (mormente aqueles de transação e de opor-

5 "As pessoas capazes de contratar poderão valer-se da **arbitragem para dirimir litígios relativos a direitos patrimoniais disponíveis**" (artigo 1º, Lei n. 9.307/1996 – Lei de Arbitragem Brasileira, grifo nosso).

6 Coase, Ronald. The Nature of the Firm, *Economica*, v. 4, n. 16, p. 386-405, 1937.

7 Coase, Ronald. The Nature of the Firm, *Economica*, v. 4, n. 16, p. 386-405, 1937.

8 Lorencini, Marco Antonio Garcia Lopes. A contribuição dos meios alternativos para a solução das controvérsias. *In*: Salles, Carlos Alberto de (coord.). *As grandes transformações do processo civil brasileiro*. Homenagem ao Professor Kazuo Watanabe. São Paulo: Quartier Latin, 2009, p. 619-621.

tunidade) e pela possibilidade de melhoria no ambiente jurídico em que se dará a futura relação contratual interpartes.[9]

2. Estrutura de incentivos: arbitragem *versus* Judiciário

Como dito, a sujeição, ou não, ao procedimento arbitral é uma escolha. São as partes que compõem a relação jurídica que optam por resolver seus conflitos por meio da Arbitragem por verem nela certas vantagens quando comparada aos seus sucedâneos – mormente o processo judicial.[10]

Assim, tentar-se-á, aqui, superar a dificuldade de acesso aos dados da Arbitragem (que, como se sabe, não raramente tem caráter sigiloso) a fim de melhor ilustrar a comparação entre o aludido instituto e o sistema judicial.

Pois bem. Tendo-se em vista o panorama do Judiciário brasileiro, no qual a morosidade e a ineficiência são frequentemente tidas como suas características mais evidentes,[11] duas são as principais "razões maiores" apontadas pela literatura sobre o tema como justificantes da escolha pela Arbitragem.

A primeira "razão maior" é que o processo arbitral tem o condão de reduzir (i) os custos de transação e (ii) os custos de oportunidade referentes à resolução de disputas – quando comparado ao Sistema Judiciário; a segunda, é que a Arbitragem pode favorecer a formação de um sistema de incentivos mais adequado para o cumprimento das obrigações entre as partes, de forma a maximizar os ganhos na relação entre elas.[12]

Assim, passa-se, então, a explicitar, de maneira mais esmiuçada, cada um desses pontos.

2.1. Redução dos custos de transação

Coase, em sua obra *The Problem of Social Cost,* identificou os custos de transação como sendo aqueles que dificultam que uma transação

[9] Salama, Bruno Meyerhof. A Economia da Arbitragem. *In*: Timm, Luciano (org.). *Manual de Direito e Economia no Brasil*. São Paulo: Atlas, 2011, p. 1-2.

[10] Salama, Bruno Meyerhof. A Economia da Arbitragem. *In*: Timm, Luciano (org.). *Manual de Direito e Economia no Brasil*. São Paulo: Atlas, 2011, p. 9.

[11] Castelar, Armando (org.). *Judiciário e economia no Brasil*. São Paulo: Sumaré. 2000, p. 12.

[12] Salama, Bruno Meyerhof. A Economia da Arbitragem. *In*: Timm, Luciano (org.). *Manual de Direito e Economia no Brasil*. São Paulo: Atlas, 2011, p. 1-2.

aconteça (vez que seu teorema supõe que os indivíduos fariam trocas necessariamente até se atingir o equilíbrio, caso os custos de transação fossem zero).[13]

Dessa forma, os denominados custos de transação abrangem, em linhas gerais, os três passos de uma transação comercial, isto é: (i) o custo da procura para a realização do negócio; (ii) o custo da negociação em si; e (iii) o custo do cumprimento do que foi negociado.[14] Seria nesse último que estaria contido, por exemplo, os custos de resolução do litígio – nos quais estão englobados os custos administrativos do procedimento, os custos oriundos da demora na alocação da propriedade, os custos de eventuais erros no julgamento, os custos de ineficácia do procedimento e os custos de publicidade da transação.[15]

Sabe-se que o agente econômico racional busca reduzir seus custos, tendendo a preferir um método de resolução de conflitos que atinja tal objetivo de forma eficiente. É justamente almejando tal propósito que as partes, muitas vezes, optam por se submeterem à Arbitragem.

Em pesquisa de campo realizada pelo CBAr, com apoio metodológico do Instituto de Pesquisa Ipsos, foram coletadas respostas sobre quais seriam as principais vantagens da Arbitragem. Depreende-se da aludida pesquisa que a maioria dos entrevistados indicou, respectivamente: a celeridade, a qualidade das decisões, a possibilidade de indicar ou participar da escolha do árbitro, a independência e imparcialidade dos árbitros, entre outros.[16]

Assim, tendo como base as vantagens apontadas na pesquisa empírica realizada pelo CBAr, bem como na literatura sobre o tema, analisar-se-á, especificamente, os seguintes aspectos da Arbitragem – comparando-os ao processo judicial: (A) celeridade do procedimento;

[13] Coase, Ronald. The Problem of Social Cost. *Journal of Law and Economics*, v. 3, p. 1-44, Oct. 1960.

[14] Coase, Ronald. The Problem of Social Cost. *Journal of Law and Economics*, v. 3, p. 1-44, Oct. 1960.

[15] Timm, Luciano Benetti; Guandalini, Bruno; Richter, Marcelo de Souza. Reflexões sobre uma análise econômica da ideia de arbitragem no Brasil. *In*: Carmona, Carlos Alberto; Lemes, Selma Ferreira; Martins, Pedro Batista (orgs.). *20 anos da Lei de Arbitragem*: homenagem a Petrônio R. Muniz. São Paulo: Atlas, 2017, p. 5.

[16] Abbud, André. *Arbitragem no Brasil – Pesquisa CBAr-Ipsos*, 2012. Disponível em: http://www.cbar.org.br/PDF/Pesquisa_CBAr-Ipsos-final.pdf. Acesso em: 20 jan. 2021.

(B) qualificação das decisões; (C) imparcialidade dos árbitros; (D) confidencialidade no julgamento; e (E) custo monetário-financeiro do processo.

(A) Celeridade do procedimento

Segundo a Suprema Corte do Texas (Estados Unidos), a atenção com a morosidade dos sistemas resolutivos de controvérsias deve ser intensa, vez que as "possibilidades de erro multiplicam-se rapidamente com o aumento do tempo decorrido entre o fato original e a decisão judicial".[17]

Na mesma direção, o professor José Rogério Cruz e Tucci afirma que "quanto mais distante da ocasião tecnicamente propícia for proferida a sentença, a respectiva eficácia será proporcionalmente mais fraca e ilusória".[18]

Os empresários brasileiros, do mesmo modo, parecem concordar com a seriedade do problema. Segundo apontam os dados coletados por Armando Castelar nos anos 2000,[19] na opinião desses empresários, a morosidade é o maior problema do Judiciário nacional.

As estatísticas mostram que a celeridade das cortes judiciais brasileiras está abaixo da média mundial. Muitos atribuem esse fato ao volume de processos encontrados nos tribunais: um juiz brasileiro é, em média, responsável por dez mil casos em qualquer dado momento de tempo.[20]

Segundo pesquisa realizada pelo Instituto Nacional de Qualidade Judiciária (INQJ), a despeito de um processo típico levar aproximadamente três anos para ser concluído em primeira instância, durante esse

[17] Ostrom, Brian; Hanson, Roger; Ostrom, Charles; Kleiman, Mathew; NATIONAL CENTER FOR STATE COURTS, 1999, p. 1 *apud* Yeung, Luciana. *Além dos "achismos", do senso comum e das evidências anedóticas*: uma análise econômica do Judiciário brasileiro. 2010. Tese (Doutorado em Economia de Empresas) – Fundação Getulio Vargas, São Paulo, 2010, p. 48.

[18] Tucci, José Rogério Cruz e. *Tempo e processo*: uma análise empírica das repercussões do tempo na fenomenologia processual (civil e penal). São Paulo: Revista dos Tribunais, 1997, p. 65.

[19] Castelar Pinheiro, Armando (org.). *Judiciário e Economia no Brasil*. São Paulo: Sumaré, 2000, p. 76-77.

[20] Yeung, Luciana. *Além dos "achismos", do senso comum e das evidências anedóticas*: uma análise econômica do Judiciário brasileiro. 2010. Tese (Doutorado em Economia de Empresas) – Fundação Getulio Vargas, São Paulo, 2010, p. 83.

período, o tempo em que ele é efetivamente apreciado pelo magistrado é tão somente de seis horas.[21]

No mesmo sentido, uma pesquisa realizada pelo Ministério da Justiça (2007) relata que o processo judicial fica parado um longo tempo no cartório mesmo depois de o magistrado ter proferido sua decisão – sendo que este tempo de espera pode chegar a 50% do tempo total do processo.[22]

Por outro lado, a celeridade é identificada como relevante característica com que, geralmente, os processos arbitrais são conduzidos. Vale ressaltar que o procedimento arbitral não está sujeito à rigidez do processo judicial: a arbitragem não se submete ao regime de infindáveis recursos para instâncias superiores e os árbitros julgadores contam, comumente, com a infraestrutura necessária para que suas decisões sejam proferidas com rapidez.[23]

Importante mencionar que o próprio legislador, ao positivar a Lei Brasileira de Arbitragem (Lei n. 9.307/1996) fez constar a intenção de criar um procedimento célere. Observe que o artigo 23 da mencionada lei estipula que "a sentença arbitral será proferida no prazo estipulado pelas partes. Nada tendo sido convencionado, o prazo para a apresentação da sentença é de seis meses, contado da instituição da arbitragem ou da substituição do árbitro".

Para que se possa melhor ilustrar o panorama delineado, convém aqui trazer uma comparação numérica: segundo apontado pelo Conselho Nacional de Justiça (CNJ), o tempo médio de um processo no acervo do Poder Judiciário na data-base de 2018 foi de quatro anos e dez meses.[24]

[21] Sherwood, R. M. The Unseen elephant: What Blocks Judicial System Improvement? Berkeley Program in Law & Economics, Latin American and Caribbean Law and Economics Association (ALACDE), Annual Papers, 2007 *apud* Yeung, Luciana. *Além dos "achismos", do senso comum e das evidências anedóticas*: uma análise econômica do Judiciário brasileiro. 2010. Tese (Doutorado em Economia de Empresas) – Fundação Getulio Vargas, São Paulo, 2010, p. 91.

[22] Yeung, Luciana. *Além dos "achismos", do senso comum e das evidências anedóticas*: uma análise econômica do Judiciário brasileiro. 2010. Tese (Doutorado em Economia de Empresas) – Fundação Getulio Vargas, São Paulo, 2010, p. 94.

[23] Salama, Bruno Meyerhof. A Economia da Arbitragem. *In*: Timm, Luciano (org.). *Manual de Direito e Economia no Brasil*. São Paulo: Atlas, 2011, p. 5.

[24] CONSELHO NACIONAL DE JUSTIÇA. *Justiça em Números*, Brasília, 2019 (cuja data-base é 2018). Disponível em: https://www.cnj.jus.br/wp-content/uploads/conteudo/arquivo/2019/08/justica_em_numeros20190919.pdf. Acesso em: 20 jan. 2021.

Entretanto, nesse mesmo período, segundo apontam os dados colhidos pela Câmara de Comércio Brasil-Canadá, o tempo médio dos procedimentos arbitrais foi de tão somente um ano e um mês.[25]

Desse modo, o longo tempo despendido na esfera judicial por uma decisão definitiva gera alto custo para as partes, que ficam privadas dos bens ou direitos em litígio durante todos os anos que precedem o efetivo cumprimento da decisão transitada em julgado.

(B) Qualificação das decisões

Além da celeridade, a arbitragem pode proporcionar, em relação à jurisdição estatal, uma melhora na qualidade das decisões. Mencionado potencial é fruto da possibilidade de escolha, pelas partes, do(s) árbitro(s) que julgará(ão) o conflito, vez que há margem para a escolha de julgadores especializados – o que também pode representar economia para as partes.

Ao contrário do magistrado estatal, o árbitro escolhido pode ter formação específica em área técnica diretamente relacionada ao objeto da arbitragem. Segundo leciona o professor Bruno Salama, "é razoável que o árbitro com anos de experiência na indústria petrolífera, por exemplo, possa aferir com maior precisão os termos técnicos de contratação para exploração ou transporte de petróleo, além dos usos e costumes nos negócios da indústria petrolífera".[26]

A lógica econômica por detrás dessa ideia é a de que o árbitro, por comumente conhecer as práticas de mercado (ou por ser um advogado habitual no setor econômico em jogo ou por ser um próprio *player* deste mercado), detém maior conhecimento sobre as regras relevantes para as empresas em disputa naquele setor, obtendo, portanto, menor assimetria informacional[27] e menor custo de aprendizagem, quando comparado a um juiz estatal.[28]

[25] Estatística disponibilizada pela Câmara de Comércio Brasil-Canadá. Disponível em: https://rdstation-static.s3.amazonaws.com/cms/files/49659/1594157004Relatrio_anual_de_Arbitragem_CAM-CCBC_2019_Portugus.pdf. Acesso em: 20 jan. 2021.

[26] SALAMA, Bruno Meyerhof. A Economia da Arbitragem. *In*: TIMM, Luciano (org.). *Manual de Direito e Economia no Brasil*. São Paulo: Atlas, 2011, p. 3.

[27] CRISTOFANI, Cláudia Cristina. *Aspectos econômicos da precisão da decisão judicial*. 2015. Dissertação (Mestrado em Ciências Jurídico-Econômicas) – Faculdade de Lisboa, Lisboa, 2015.

[28] TIMM, Luciano Benetti. *Análise Econômica da Arbitragem*. 2017, p. 17-18.

Conforme afirmam os professores Anne van Aaken e Tomer Broude, um conhecedor especialista (árbitro) pode tomar uma decisão mais rapidamente e com menos transferência de informações, e, portanto, com menos custos incorridos pelos litigantes.[29]

O mercado consumidor da arbitragem parece corroborar com essa ideia. O "2013 Corporate Choices in International Arbitration: Industry Perspective"[30] aponta a especialidade do árbitro como uma importante vantagem desse método de resolução de controvérsias. Ainda que seja necessário pagar pelos honorários dos árbitros, o mercado entende que a especialidade do julgador é um dos principais fatores determinantes para a escolha pela arbitragem.

Vale mencionar que a arbitragem, ainda, apresenta a importante vantagem de que o julgador (árbitro) tem incentivos econômicos diretos para proferir uma melhor decisão. Isso porque, por se tratar de um mercado profissional competitivo, o árbitro necessita de reputação a fim de continuar sendo escolhido (nomeado por eventuais partes futuras) e sabe-se que a frequência da nomeação e até o valor da remuneração será maior quanto melhor for sua reputação.[31]

Ao traçar o paralelo com um magistrado de carreira, vê-se que este não tem o mesmo sobredito incentivo, pois não é escolhido pelas partes; sua atuação, ao contrário, é fruto da distribuição forense (que visa apenas resguardar a imparcialidade).[32]

[29] AAKEN, Anne van; BROUDE, Tomer. Arbitration from a Law & Economics Perspective. *In*: SCHULTZ, Thomas; ORTINO, Federico (eds.) Draft for *The Oxford Handbook of International Arbitration*. Oxford: Oxford University Press, 2020, p. 7.

[30] GERBAY, Rémy. Corporate Choices in International Arbitration: Industry Perspectives. *Queen Mary University of London*, 2013. Disponível em: http://www.arbitration.qmul.ac.uk/research/2013/index.html. Acesso em: 20 jan. 2021.

[31] TIMM, Luciano Benetti; GUANDALINI, Bruno; RICHTER, Marcelo de Souza. Reflexões sobre uma análise econômica da ideia de arbitragem no Brasil. *In*: CARMONA, Carlos Alberto; LEMES, Selma Ferreira; MARTINS, Pedro Batista (org.). *20 anos da Lei de Arbitragem*: homenagem a Petrônio R. Muniz. São Paulo: Atlas, 2017, p. 13-15.

[32] WOLKART, Erik Navarro. *Análise econômica e comportamental do processo civil*: como promover a cooperação para enfrentar a tragédia da Justiça no processo civil brasileiro. 2018. Tese (Doutorado em Direito Processual) – Centro de Estudos e Pesquisas no Ensino do Direito, Universidade do Estado do Rio de Janeiro, Rio de Janeiro, 2018; GICO JR., Ivo Teixeira. A tragédia do Judiciário. Rio de Janeiro, *Revista de Direito Administrativo*, v. 267, p. 163-198, 2014.

(C) Imparcialidade dos árbitros

Além da celeridade e da possibilidade de escolha de árbitros especializados, a diminuição dos custos de transação também pode refletir a expectativa de maior grau de imparcialidade do(s) árbitro(s). Esse tema é particularmente sensível nas relações mercantis internacionais, vez que nestas há, frequentemente, temor de que os juízos estatais favoreçam a parte nacional em detrimento daquela estrangeira.[33] Assim, a possibilidade de se determinar que o procedimento arbitral tramite em jurisdição estranha às partes, permite que cada parte deduza sua parcela de custo correspondente ao risco de litigar em um ambiente não neutro.[34]

Ainda sobre as disputas comerciais internacionais, há de se ressaltar que a arbitragem detém o potencial de reduzir os chamados "custos de ineficácia", eis que a sentença arbitral – em comparação àquela estatal – é mais facilmente reconhecida pelos tribunais nacionais e possui importantes instrumentos que garantem o seu reconhecimento e a sua exequibilidade em diversas jurisdições estrangeiras – a exemplo da Convenção de Nova Iorque de 1958.[35] Nesse cenário, uma sentença arbitral proferida aqui no Brasil, por exemplo, tem uma probabilidade muito maior de ser executada em outro país do que uma decisão proveniente do nosso Judiciário.[36]

Segundo apontam as pesquisas realizadas pelos professores Christopher Drahozal e Stephen J. Ware, "em contratos transnacionais, a Arbitragem traz dois benefícios adicionais (quando comparada à jurisdição estatal): ela fornece um fórum neutro para a disputa e, ainda, potencializa a chance de exequibilidade da sentença em outra jurisdição".[37]

[33] SALAMA, Bruno Meyerhof. *A Economia da Arbitragem, In*: TIMM, Luciano (org.). *Manual de Direito e Economia no Brasil*. São Paulo: Atlas, 2011, p. 4.

[34] SALAMA, Bruno Meyerhof. *A Economia da Arbitragem, In*: TIMM, Luciano (org.). *Manual de Direito e Economia no Brasil*. São Paulo: Atlas, 2011, p. 4.

[35] Convenção de Nova Iorque de 1958. Disponível em: http://www.uncitral.org/uncitral/en/uncitral_texts/arbitration/NYConvention_status.html. Acesso em: 10 jul. 2022.

[36] TIMM, Luciano Benetti; GUANDALINI, Bruno; RICHTER, Marcelo de Souza. Reflexões sobre uma análise econômica da ideia de arbitragem no Brasil. *In*: CARMONA, Carlos Alberto; LEMES, Selma Ferreira; MARTINS, Pedro Batista (org.). *20 anos da Lei de Arbitragem*: homenagem a Petrônio R. Muniz. São Paulo: Atlas, 2017, p. 16.

[37] "In that context, however, commentators emphasize two additional benefits: arbitration may provide a neutral forum and may be more likely to result in an award enforceable in another jurisdiction." (DRAHOZAL, Christopher R.; WARE, Stephen J. Why do Business Use

Essa noção, inclusive, é comprovada, empiricamente, pelas pesquisas feitas com empresas que utilizam a arbitragem. José Cretella Neto narra que na pesquisa de campo realizada por Christian Bühring-Uhle, entre novembro de 1991 e junho de 1992, com dezenas de participantes de arbitragens internacionais, o resultado mostrou que a neutralidade do foro é um dos atributos mais caracterizado como "altamente relevante" ou de importância "significativa" pelos entrevistados.[38]

Com efeito, pode-se pensar, ainda, que a possibilidade de um julgamento colegiado (como o é quando instituído um tribunal arbitral), em detrimento daquele monocrático (que ocorre nas primeiras instâncias dos tribunais estatais), tem o condão de diminuir a parcialidade e os vieses dos julgadores, que poderiam proferir suas decisões baseadas em ideologias ou valores pessoais subjetivos.

Conforme apontam os estudos de economia comportamental realizados pelos professores Anne van Aaken e Tomer Broude,[39] os indivíduos tendem a melhor reconhecer o impacto dos vieses no julgamento dos outros. Assim, a possibilidade de na arbitragem se decidir em painéis facilita que os julgamentos sejam conduzidos com maior imparcialidade.

(D) Confidencialidade no julgamento

Além do que até aqui fora analisado, há de se considerar, ainda, que a diminuição dos custos de transação pode ser reflexo da possibilidade de haver confidencialidade nos procedimentos arbitrais.

O sigilo se revela como uma circunstância importante em diversas disputas – especialmente naquelas envolvendo temas que criam algum tipo de suscetibilidade para a reputação das partes e segredos comerciais.[40]

(or Not Use) Arbitration Clauses? *Ohio State Journal on Dispute Resolution*, v. 25, n. 2, p. 433--476, 2010).

[38] Cretella Neto, José Rogério. Quão sigilosa é a arbitragem? São Paulo, *Revista de Arbitragem e Mediação*, v. 7, n. 25, abr/ jun, 2010, p. 55 *apud* Fichtner, José Antonio; Mannheimer, Sergio Nelson; Monteiro, André Luís. *Novos temas de arbitragem*. Rio de Janeiro: Editora FGV, 2014, p. 94.

[39] Aaken, Anne van; Broude, Tomer. Arbitration from a Law & Economics Perspective. *In*: Schultz, Thomas; Ortino, Federico (eds.) Draft for *The Oxford Handbook of International Arbitration*. Oxford: Oxford University Press, 2020, p. 7.

[40] Salama, Bruno Meyerhof. A economia da arbitragem. *In*: Timm, Luciano (org.). *Manual de Direito e Economia no Brasil*. São Paulo: Atlas, 2011, p. 4.

Os processos judiciais, geralmente, são públicos (por força do princípio constitucional da publicidade).[41] Todavia, isso pode ser extremamente prejudicial para as empresas, pois, eventualmente, são discutidas informações confidenciais, as quais, se divulgadas, podem atrapalhar significativamente o seu bom funcionamento, diminuir seu valor no mercado e até mesmo ameaçar sua existência.[42]

Contudo, na arbitragem é comum que se adote um procedimento confidencial – senão expressamente na cláusula compromissória, indiretamente pela adoção de um regulamento arbitral que assim o preveja.[43]

Sobre o tema em comento, a Comissão das Nações Unidas para o Direito do Comércio Internacional, em suas "notes on organizing arbitral proceedings", de 1996, reconhece, em seu item 31, que "its is widely viewed that confidentiality is one of the advantageous and helpful features of arbitration".[44]

Ainda, a International Law Association, em relatório elaborado sobre o tema, também deixa claro que "confidentiality is an important feature of international commercial arbitration".[45]

Na doutrina brasileira, Arnoldo Wald consigna que "a confidencialidade é outro argumento importante a favor da arbitragem, para evitar o conhecimento público dos litígios existentes, em um mundo em que a imprensa econômica se desenvolveu e acompanha todas as operações das empresas".[46]

[41] Princípio postulado no artigo 37 da Constituição Federal de 1988.

[42] Timm, Luciano Benetti; Guandalini, Bruno; Richter, Marcelo de Souza. Reflexões sobre uma análise econômica da ideia de arbitragem no Brasi. *In*: Carmona, Carlos Alberto; Lemes, Selma Ferreira; Martins, Pedro Batista (org.). *20 anos da Lei de Arbitragem*: homenagem a Petrônio R. Muniz. São Paulo: Atlas, 2017, p. 15.

[43] A maioria dos regulamentos de Arbitragem das principais câmaras no mundo prevê confidencialidade.

[44] UNCITRAL, *Notes on Organizing Arbitral Proceedings*. Disponível em: https://www.uncitral.org/pdf/english/texts/arbitration/arb-notes/arb-notes-e.pdf. Acesso em: 20 jan. 2021.

[45] Resolution 1/2010 – The 74th Conference of International Law Association held in The Hague, The Netherlands, 15-20, Aug. 2010. Disponível em: https://webcache.googleusercontent.com/search?q=cache:0HjTZTg87PoJ:https://ila.vettoreweb.com/Storage/Download.aspx%3FDbStorageId%3D1126%26StorageFileGuid%3D00c7e857-9d3a-4c63-bc5e-0c47a1d8079e+&cd=1&hl=pt-BR&ct=clnk&gl=br. Acesso em: 20 jan. 2021.

[46] Wald, Arnoldo. A crise e a arbitragem no direito societário e bancário. São Paulo, *Revista de Arbitragem e Mediação*, Ano 6, n. 20, jan./mar. 2009 *apud* Fichtner, José Antonio;

Assim, pode-se dizer que a possibilidade de preservar as informações das empresas detém o potencial de reduzir os custos de transação, vez que se reduz a possibilidade de vazamento de informações empresariais sensíveis (como *know-how*, segredos industriais, pesquisas realizadas, etc.) ou do simples fato de se ver o nome da empresa publicamente envolvido em um litígio.

(E) Custo monetário-financeiro do processo

Por fim, vale nos debruçarmos sobre o sabido e consabido argumento de ser a arbitragem um procedimento "caro" do ponto de vista financeiro. Em geral, os indivíduos têm a crença de que o custo (financeiro-contábil) do processo arbitral é alto, principalmente quando se trata de processos a serem realizados em instituições renomadas.[47] Isso se deve ao fato de que além do eventual custo a ser despendido com a instituição que administra o procedimento, há também de se despender os honorários arbitrais (e dos advogados ou representantes das partes, os custos com deslocamento, etc.).[48]

A arbitragem, contudo, tem o condão de reduzir os custos administrativos relacionados à resolução dos conflitos. Primeiro, porque as partes podem realizar o procedimento sem necessariamente depender de alguma instituição (neste caso, seria uma arbitragem *ad hoc* e não insti-

Mannheimer, Sergio Nelson; Monteiro, André Luís. *Novos temas de arbitragem*. Rio de Janeiro: Editora FGV, 2014, p. 94.

[47] Há um estudo realizado periodicamente pelo escritório White & Case e pela Queen Mary University of London, denominado *International Arbitration Survey*, que constatou em sua edição de 2015 que *costs* (custos) são uma das piores características da arbitragem para 68% dos entrevistados. Por outro lado, quando os entrevistados foram questionados acerca de suas preferências de instituições de arbitragem, o critério *overall cost of servisse* (custo total do procedimento) aparece em 9º lugar como critério de escolha das instituições arbitrais. Disponível em: http://www.arbitration.qmul.ac.uk/docs/164761.pdf. (in Timm, Luciano Benetti; Guandalini, Bruno; Richter, Marcelo de Souza. Reflexões sobre uma análise econômica da ideia de arbitragem no Brasil. *In*: Carmona, Carlos Alberto; Lemes, Selma Ferreira; Martins, Pedro Batista (orgs.). *20 anos da Lei de Arbitragem*: homenagem a Petrônio R. Muniz. São Paulo: Atlas, 2017, p. 9).

[48] Timm, Luciano Benetti; Guandalini, Bruno; Richter, Marcelo de Souza. Reflexões sobre uma análise econômica da ideia de arbitragem no Brasil. *In*: Carmona, Carlos Alberto; Lemes, Selma Ferreira; Martins, Pedro Batista (orgs.). *20 anos da Lei de Arbitragem*: homenagem a Petrônio R. Muniz. São Paulo: Atlas, 2017, p. 9.

tucional), ou podem, ainda, optar por realizar uma arbitragem *expedita*.[49] Segundo, porque as instituições arbitrais tendem a gerar concorrência neste mercado, propiciando a queda no preço desse serviço.

Já especificamente acerca do temor pelos honorários dos árbitros e pelas taxas administrativas cobradas pelas instituições, o que se constata é que esses custos não ultrapassam 17% dos custos totais do litígio.[50]

Em realidade, o que se vê é que a possibilidade de escolha do julgador especialista faz com que haja uma compensação dos seus honorários com os custos de contratação de peritos e tradutores, além de, como já dito, ter o potencial de implicar maior agilidade e diminuição na probabilidade de erro da decisão – refletindo, no cômputo final, em menores custos para as partes.

Realmente, em termos de custos monetários, os gastos com taxas administrativas das câmaras de arbitragem e honorários de árbitros, são, geralmente, bastante elevados (quando não se consideram as compensações já mencionadas) e às vezes até se mostram como barreiras para o acesso a esse tipo de método resolutivo de controvérsias. As custas processuais da jurisdição estatal, contudo, são frequentemente mais modestas. No Brasil, esse quadro é particularmente saliente, haja vista que o acesso às cortes estatais é intensamente subsidiado pelo Estado.[51]

A propósito da subvenção estatal, o atual CPC, em seu artigo 98, estipula que: "a pessoa natural ou jurídica, brasileira ou estrangeira, com insuficiência de recursos para pagar as custas, as despesas proces-

[49] Arend, Andreia Propp; Timm, Luciano Benetti. A análise econômico-jurídica da arbitragem expedita. *Revista Brasileira de Arbitragem*, v. 65, n. 17, 2020.

[50] De acordo com o *ICC Commission Report*: decisions on costs in international arbitration (ICC Dispute Resolution Bulletin 2015), os denominados *party costs* (que envolvem honorários dos advogados, despesas com produção de provas, entre outros), correspondem a 83% do total de custas envolvidas em um procedimento arbitral. As despesas administrativas e os honorários dos árbitros correspondem, respectivamente, a 2 e 15%. Disponível em: http://www.iccwbo.org/Advocacy-Codes-and-Rules/Document-centre/2015/Decisions-on-Costs-in-International-Arbitration---ICC-Arbitration-and-ADR-Commission-Report/. Acesso em: 20 jan. 2021.

[51] *Vide* "Judiciário e Economia", estudo elaborado pela Secretaria de Reforma do Judiciário do Ministério da Justiça (2004), "notado que o Brasil gasta 3,66% de seu orçamento com a manutenção do sistema judicial, custo mais alto em comparação a outros 35 países analisados pelo Banco Mundial". Salama, Bruno Meyerhof. A Economia da Arbitragem. *In*: Timm, Luciano (org.). *Manual de Direito e Economia no Brasil*. São Paulo: Atlas, 2011, p. 5.

suais e os honorários advocatícios têm direito à gratuidade da justiça, na forma da lei".

Já os litigantes que não tiverem direito à assistência judiciária gratuita, terão de arcar com as despesas processuais, em consonância com o que dispõe o artigo 82 do CPC.[52] Algumas dessas despesas, entretanto, têm o seu valor limitado a uma quantia máxima.

Como exemplo, podemos citar o caso das custas iniciais no Estado de São Paulo. Observe: para aqueles que pretendem ajuizar uma demanda no Judiciário Paulista, as custas iniciais a serem despendidas alcançam a monta de 1% sobre o valor da causa. Ocorre que este valor percentual a ser pago pela parte é limitado ao teto de 3.000 Unidades Fiscais do Estado de São Paulo (UFESP)[53] – que, em 2021, equivalia ao total de R$ 87.270.[54]

Acerca desse ponto, vale mencionar que o próprio Poder Judiciário e o Conselho Nacional de Justiça têm reconhecido o alto subsídio estatal no acesso às Cortes brasileiras, adotando, inclusive, iniciativas para inibir um possível uso predatório do nosso Sistema de Justiça.[55]

[52] "Art. 82. Salvo as disposições concernentes à gratuidade da justiça, incumbe às partes prover as despesas dos atos que realizarem ou requererem no processo, antecipando-lhes o pagamento, desde o início até a sentença final ou, na execução, até a plena satisfação do direito reconhecido no título" (Código de Processo Civil Brasileiro – Lei n. 13.105/2015).

[53] "Artigo 4º – O recolhimento da taxa judiciária será feito da seguinte forma: I – 1% (um por cento) sobre o valor da causa no momento da distribuição ou, na falta desta, antes do despacho inicial; essa mesma regra se aplica às hipóteses de reconvenção e de oposição;

[...]

§ 1º – Os valores mínimo e máximo a recolher-se, em cada uma das hipóteses previstas nos incisos anteriores, equivalerão a 5 (cinco) e a 3.000 (três mil) UFESPs – Unidades Fiscais do Estado de São Paulo, respectivamente, segundo o valor de cada UFESP vigente no primeiro dia do mês em que deva ser feito o recolhimento" (Lei Estadual n. 11.608/2003).

[54] Conforme o Tribunal de Justiça de São Paulo (TJSP), cada UFESP, em 2021, valia R$ 29,09. Disponível em: https://www.tjsp.jus.br/IndicesTaxasJudiciarias/DespesasProcessuais/TaxaJudiciaria. Acesso em: 20 jan. 2021.

[55] O Superior Tribunal de Justiça realizou, recentemente, um seminário, em parceria com a FGV Projetos (reunindo professores, pesquisadores, magistrados, advogados, promotores e defensores públicos), para debater acerca do uso predatório do Sistema de Justiça. (*vide*: https://migalhas.uol.com.br/amp/quentes/280554/seminario-no-stj-tratou-do-uso-predatorio-do-sistema-de-justica. Acesso em: 6 fev. 2021); O Conselho Nacional de Justiça, por sua vez, criou um grupo de trabalho (também reunindo magistrados, advogados, defensores públicos e acadêmicos) que elaborou um recente projeto de lei para *disciplinar as*

Fato é que, como explicam Christopher Drahozal e Stephen Ware, esse subsídio financeiro direto, por si só, confere ao litígio judicial uma vantagem competitiva sobre a arbitragem que nada tem a ver com a eficiência do processo de resolução de disputas.[56] Os professores ilustram, ainda, que

> ninguém diz que a educação pública é mais eficiente do que a educação privada apenas porque a maioria dos estudantes frequente escolas públicas [...] o mesmo valeria para o litígio [...] em outras palavras, enquanto houver este subsídio integral, a arbitragem aparecerá "surpreendentemente" ineficiente se comparado ao sistema estatal.[57]

Assim, segundo ensinam os professores Christopher Drahozal e Stephen Ware, a despeito de todos os benefícios da arbitragem – quando comparada ao Judiciário –, devido aos subsídios estatais significativos, as partes somente concordarão em arbitrar quando essas vantagens se apresentarem grandes o suficiente para superar o financiamento governamental.[58]

2.2. Redução dos custos de oportunidade

O custo de oportunidade é, em linhas gerais, o "preço" que designa o custo econômico de uma alternativa que fora preterida, ou seja, o custo da alocação alternativa daquele recurso que é escasso.[59]

custas judiciais brasileiras (*vide*: https://www.cnj.jus.br/cnj-entrega-ao-congresso-proposta-de-lei-para-disciplinar-custas-judiciais/. Acesso em: 6 fev. 2021).

[56] DRAHOZAL, Christopher R.; WARE, Stephen J. Why do Business Use (or Not Use) Arbitration Clauses. *Ohio State Journal on Dispute Resolution*, v. 25, n. 2, p. 433-476, 2010.

[57] DRAHOZAL, Christopher R.; WARE, Stephen J. Why do Business Use (or Not Use) Arbitration Clauses. *Ohio State Journal on Dispute Resolution*, v. 25, n. 2, p. 433-476, 2010.

[58] DRAHOZAL, Christopher R.; WARE, Stephen J. Why do Business Use (or Not Use) Arbitration Clauses. *Ohio State Journal on Dispute Resolution*, v. 25, n. 2, p. 433-476, 2010; SICA, Heitor Vitor Mendonça; PIMENTEL, Wilson. Custo do processo arbitral *versus* custo do processo judicial: uma análise econômica da realidade brasileira. *Revista Brasileira de Arbitragem*, v. 17, 2020.

[59] "Robert Cooter e Ullen demonstram o custo de oportunidade com o seguinte exemplo: "quando você decidiu frequentar a universidade, um curso de pós-graduação ou a faculdade de direito, você abriu mão de outras alternativas valiosas, como, por exemplo, obter um empregou, ou treinar para os jogos olímpicos" (COOTER, Robert; ULLEN. *Direito & Economia*. 5. ed. Porto Alegre: Bookman, 2010, p. 53). "Trazendo o exemplo para o âmbito do Direito, a indisponibilidade dos bens econômicos por um longo tempo durante um processo judicial, aumenta o custo da renúncia a estes bens, bem como diminui os benefícios que poderiam

Assim, para se compreender o custo de oportunidade pela não escolha da arbitragem (neste caso, pela escolha pelo Judiciário) se deve calcular a diferença entre os custos de transação nas duas situações.

Para a análise aqui pretendida, tratar-se-ão, especificamente, de dois principais pontos: (A) a demora no processo judicial para a alocação da propriedade; e (B) o problema da estrutura de incentivos do Sistema Judiciário brasileiro.

(A) A demora no processo judicial para a alocação da propriedade

Quando se fala da "demora na alocação da propriedade" há de se ter em mente que está a se tratar do lapso temporal que o julgador leva para atribuir os direitos de propriedade entre as partes sobre os bens específicos que são objetos do litígio.[60]

A ideia é que tão logo seja alocado o direito de propriedade sobre o bem objeto de litígio, aquele que foi nomeado como seu titular poderá dele usar, gozar e dispor.

A demora na alocação da propriedade, por estar diretamente correlacionada ao tempo de solução do conflito, é uma das características que apresenta maior custo de transação, vez que o Judiciário brasileiro é considerado lento na entrega da prestação jurisdicional.[61]

Assim, tem-se que optar pelo Judiciário – em detrimento da Arbitragem – apresenta um alto custo de oportunidade,[62] eis que ficam as partes privadas, durante um maior lapso temporal, de usufruir de seus direitos. Em outras palavras, há um alto custo que se traduz na utilidade

ser obtidos a partir destes bens renunciados" (Timm, Luciano Benetti; Guandalini, Bruno; Richter, Marcelo de Souza. Reflexões sobre uma análise econômica da ideia de arbitragem no Brasil. *In*: Carmona, Carlos Alberto; Lemes, Selma Ferreira; Martins, Pedro Batista (orgs.). *20 anos da Lei de Arbitragem*: homenagem a Petrônio R. Muniz. São Paulo: Atlas, 2017, p. 6).

60 Timm, Luciano Benetti; Guandalini, Bruno; Richter, Marcelo de Souza. Reflexões sobre uma análise econômica da ideia de arbitragem no Brasil. *In*: Carmona, Carlos Alberto; Lemes, Selma Ferreira; Martins, Pedro Batista (orgs.). *20 anos da Lei de Arbitragem*: homenagem a Petrônio R. Muniz. São Paulo: Atlas, 2017, p. 18-21.

61 *Vide* nota de rodapé n. 11.

62 Timm, Luciano Benetti; Guandalini, Bruno; Richter, Marcelo de Souza. Reflexões sobre uma análise econômica da ideia de arbitragem no Brasil. *In*: Carmona, Carlos Alberto; Lemes, Selma Ferreira; Martins, Pedro Batista (orgs.). *20 anos da Lei de Arbitragem*: homenagem a Petrônio R. Muniz. São Paulo: Atlas, 2017, p. 18-21.

que o definitivo reconhecimento do direito (que estava em disputa) poderia ter proporcionado ao seu titular no período que compreende a prolação da sentença arbitral (frequentemente anterior) e o trânsito em julgado da decisão judicial (comumente posterior).[63]

(B) O problema da estrutura de incentivos do Sistema Judiciário brasileiro

Para melhor compreender o custo de oportunidade decorrente da não escolha da arbitragem, faz-se necessário ter em mente, ainda, a estrutura de incentivos gerada pelo Sistema Judiciário brasileiro.

O Judiciário, enquanto instituição destinada ao exercício da prestação jurisdicional, é um bem comum e, por isso, fica sujeito ao risco de ser sobreutilizado – gerando um cenário de "tragédia".[64]

Segundo explica Erik Navarro, quando em uso excessivo

> o custo social de utilização da justiça sobe demasiadamente, significando basicamente que: (i) o sistema constitucionalmente garantido torna-se lento e ineficiente, como uma avenida congestionada por veículos que não saem do lugar; (ii) como esse sistema é subsidiado por tributos, é a sociedade quem suporta esses custos.[65]

[63] Timm, Luciano Benetti; Guandalini, Bruno; Richter, Marcelo de Souza. Reflexões sobre uma análise econômica da ideia de arbitragem no Brasil. *In*: Carmona, Carlos Alberto; Lemes, Selma Ferreira; Martins, Pedro Batista (orgs.). *20 anos da Lei de Arbitragem*: homenagem a Petrônio R. Muniz. São Paulo: Atlas, 2017, p. 21.

[64] Aqui se faz uma alusão à chamada "tragédia dos comuns" – "uma parábola famosa em microeconomia que ilustra como os recursos comuns (bens comuns) tendem a ser explorados em níveis acima do desejável do ponto de vista social, gerando uma tendência de esgotamento (o que seria uma tragédia)" (Hardin, Garret. The tragedy of the commons. *In Science*, v. 162, n. 3859, p. 1243-1248, Dec. 1968 *apud* Wolkart, Erik Navarro. *Análise econômica e comportamental do processo civil*: como promover a cooperação para enfrentar a tragédia da Justiça no processo civil brasileiro. 2018. Tese (Doutorado em Direito Processual) – Centro de Estudos e Pesquisas no Ensino do Direito, Universidade do Estado do Rio de Janeiro, Rio de Janeiro, 2018, p. 89).

[65] Wolkart, Erik Navarro. *Análise econômica e comportamental do processo civil*: como promover a cooperação para enfrentar a tragédia da Justiça no processo civil brasileiro. 2018. Tese (Doutorado em Direito Processual) – Centro de Estudos e Pesquisas no Ensino do Direito, Universidade do Estado do Rio de Janeiro, Rio de Janeiro, 2018, p. 293.

Em síntese, segundo Navarro, a ineficiência do Sistema Judiciário recairia simultaneamente sobre as partes e sobre toda a sociedade. Sobre as partes porque o sistema estatal deixaria de resolver o conflito por elas apresentado de forma eficiente e, sobre a sociedade porque é ela quem arca com os custos sociais da ineficiência.[66]

No entanto, por que poderíamos considerar que o Sistema Judiciário estaria sendo sobreutilizado?

Partindo da premissa de que os agentes econômicos são racionais, a parte ajuizará uma demanda no Judiciário sempre que julgar que o resultado do processo superará, positivamente, os seus custos esperados.[67]

As variáveis expostas, portanto, são: (i) expectativa de resultado e (ii) os custos esperados do processo.

Com relação à primeira variável apontada – expectativa de resultado –, ao considerarmos os ensinamentos da escola de Economia Comportamental *(Behavioral Law and Economics)*, temos que os agentes tendem a superestimar a probabilidade de eventos positivos e subestimar a probabilidade de eventos negativos que ocorrerão com eles no futuro.[68]

Assim o sendo, comumente, os indivíduos tenderão a superestimar suas chances de vitória e/ou de bons resultados com as demandas judiciais – o que, consequentemente, gera um incentivo direto à proposição de ações.

Quanto à segunda variável, vemos mais um incentivo para "superlotar" o Judiciário. Isso porque, como já se viu, as custas e despesas processuais são intensamente subsidiadas pelo nosso Estado.

[66] WOLKART, Erik Navarro. *Análise econômica e comportamental do processo civil*: como promover a cooperação para enfrentar a tragédia da Justiça no processo civil brasileiro. 2018. Tese (Doutorado em Direito Processual) – Centro de Estudos e Pesquisas no Ensino do Direito, Universidade do Estado do Rio de Janeiro, Rio de Janeiro, 2018, p. 294.

[67] WOLKART, Erik Navarro. *Análise econômica e comportamental do processo civil*: como promover a cooperação para enfrentar a tragédia da Justiça no processo civil brasileiro. 2018. Tese (Doutorado em Direito Processual) – Centro de Estudos e Pesquisas no Ensino do Direito, Universidade do Estado do Rio de Janeiro, Rio de Janeiro, 2018, p. 307.

[68] "People tend to overestimate the probability of positive events and underestimate the probability of negative events happening to them in the future. For example, we may underestimate our risk of getting cancer and overestimate our future success on the job market. A number of factors can explain unrealistic optimism, including perceived control and being in a good mood" (HELWEG-LARSEN, Marie; SHEPPERD, James A. Do moderators of the optimistic bias affect personal or target risk estimates? A review of the literature. *Personality and Social Psychology Review*, v. 5, n. 1, p. 74-95, 2001).

Além das mencionadas variáveis, é importante analisar, também, a estrutura de incentivos proporcionados ao magistrado estatal – significativo ator na condução dos processos.

Há de se ter em mente que o juiz estatal, assim como qualquer outro agente econômico minimamente racional, "terá seu comportamento médio regido por uma ponderação intuitiva dos custos e benefícios dos seus atos".[69]

Para Erik Navarro, as peculiaridades da função de magistrado em nosso país advêm da forma de recrutamento deste profissional (via de regra, por meio de concursos públicos, ressalvado o quinto constitucional)[70] e das garantias que a carreira da magistratura oferece (como a vitaliciedade e a irredutibilidade de benefícios).[71]

Ora, os juízes são remunerados com salários fixos – que sofrem reajustes de tempos em tempos em virtude de leis, sem qualquer possibilidade de aumento em decorrência do seu desempenho/mérito.

Assim, em ausentes penalidades ou prêmios financeiros, os juízes, enquanto agentes racionais, "tenderão a minimizar os custos do seu trabalho, literalmente trabalhando menos e aumentando o tempo livre para lazer ou para outras atividades".[72] Naturalmente, existem outros aspectos éticos e mesmo reputacionais que farão com que alguns juízes abnegados se dediquem sem qualquer limitação de tempo à sua carreira,

[69] WOLKART, Erik Navarro. *Análise econômica e comportamental do processo civil*: como promover a cooperação para enfrentar a tragédia da Justiça no processo civil brasileiro. 2018. Tese (Doutorado em Direito Processual) – Centro de Estudos e Pesquisas no Ensino do Direito, Universidade do Estado do Rio de Janeiro, Rio de Janeiro, 2018, p. 467.

[70] "Art. 94. Um quinto dos lugares dos Tribunais Regionais Federais, dos Tribunais dos Estados, e do Distrito Federal e Territórios será composto de membros, do Ministério Público, com mais de dez anos de carreira, e de advogados de notório saber jurídico e de reputação ilibada, com mais de dez anos de efetiva atividade profissional, indicados em lista sêxtupla pelos órgãos de representação das respectivas classes" (Constituição Federal Brasileira, 1988).

[71] WOLKART, Erik Navarro. *Análise econômica e comportamental do processo civil*: como promover a cooperação para enfrentar a tragédia da Justiça no processo civil brasileiro. 2018. Tese (Doutorado em Direito Processual) – Centro de Estudos e Pesquisas no Ensino do Direito, Universidade do Estado do Rio de Janeiro, Rio de Janeiro, 2018, p. 467.

[72] WOLKART, Erik Navarro. *Análise econômica e comportamental do processo civil*: como promover a cooperação para enfrentar a tragédia da Justiça no processo civil brasileiro. 2018. Tese (Doutorado em Direito Processual) – Centro de Estudos e Pesquisas no Ensino do Direito, Universidade do Estado do Rio de Janeiro, Rio de Janeiro, 2018, p. 468.

mas esses pontos não serão abordados neste capítulo, dado o recorte metodológico adotado e o limite de escopo definido.

Além de não terem incentivos para dedicar mais tempo à prestação jurisdicional, os magistrados de carreira, pelo próprio desenho institucional do Judiciário brasileiro, não têm os mesmos incentivos mercadológicos propiciados pela Arbitragem para buscarem maiores qualificações.[73] Isso porque, ainda que o Estado consiga remunerar os juízes com os salários mais altos dos cargos públicos nacionais, a forma de remuneração realizada não fornece, em linhas gerais, incentivos para produção ou especialização – como o faz o mercado da Arbitragem.[74]

É extremamente difícil que os juízes públicos se especializem em determinado assunto, pois, em primeiro lugar, há um problema de falta de estrutura para atender aos milhões de processos judiciais que abarrotam o Sistema Judiciário (o que, muitas vezes, na prática, faz com que os juízes não possam se dedicar com afinco aos seus casos e percam incentivos de proferir uma "melhor decisão"); em segundo lugar, em muitas comarcas do Brasil o juiz encontra-se na condição de "generalista" – sendo obrigado a julgar causas das mais variadas matérias.

Assim, parece razoável o raciocínio de que a falta de tempo e de condições para especialização nos temas de sua competência jurisdicional gera, em alguns casos, a perda na qualidade das decisões – resultando em maior chance de erro e perda de eficiência.

Portanto, diante do cenário aqui delineado – ainda que de forma sintética –, percebe-se que ao declinar da escolha da arbitragem, aumenta-se o custo de oportunidade, visto que se declina, consequentemente, da possibilidade de escolher um sistema de resolução de conflitos mais eficiente (e menos "superlotado" e "sobreutilizado") e de se poder escolher um julgador, em tese, mais especializado e com mais tempo para se dedicar ao estudo do caso – sem as restrições apresentadas pela grande maioria dos juízos estatais.[75]

[73] Posner, Richard. *How Judges Think*. Cambridge: Harvard University Press, 2010, p. 37.

[74] Timm, Luciano Benetti; Guandalini, Bruno; Richter, Marcelo de Souza. Reflexões sobre uma análise econômica da ideia de arbitragem no Brasil. *In*: Carmona, Carlos Alberto; Lemes, Selma Ferreira; Martins, Pedro Batista (orgs.). *20 anos da Lei de Arbitragem*: homenagem a Petrônio R. Muniz. São Paulo: Atlas, 2017, p. 22.

[75] Timm, Luciano Benetti; Guandalini, Bruno; Richter, Marcelo de Souza. Reflexões sobre uma análise econômica da ideia de arbitragem no Brasil. *In*: Carmona, Carlos Alberto;

2.3. Um sistema de incentivos mais adequado para o cumprimento das obrigações entre as partes

A escolha pela arbitragem pode se dar, precipuamente, em dois momentos distintos: antes do surgimento da controvérsia (*ex-ante-facto*) ou após o seu surgimento (*ex-post-facto*). No primeiro caso, a escolha pela arbitragem detém o potencial de moldar todo o curso da relação entre as partes.

Ora, quando se pactua desde o início sobre a realização da arbitragem (*ex-ante-facto*), cada uma das partes toma ciência, desde logo, que o inadimplemento das obrigações contraídas poderá ensejar uma disputa a ser resolvida via processo arbitral. Cria-se, por via de consequência, uma esfera de incentivos que incidirá sobre as partes relacionada às expectativas sobre o tempo da disputa, a qualificação da decisão, os custos do litígio, a possibilidade de sigilo, etc.[76] Dessa forma, a parte que sabe que terá de arcar com os ônus da sua má-fé contratual, terá o incentivo de se comportar com boa-fé.[77]

Dinâmica congruente, todavia, não ocorre com a adoção da arbitragem *ex-post-facto*, eis que, ao ser adotada após o surgimento da disputa (quando as partes já se encontram em desacordo), não é mais capaz de transformar o ambiente em que ocorrerá a relação comercial – tão somente influenciando no deslinde da disputa já existente.[78]

Assim, vê-se que outro forte incentivo para a adoção da arbitragem enquanto mecanismo de solução de controvérsias é que se eleita antes do surgimento do conflito (*ex-ante-facto*), este método possui o condão de reduzir ainda mais os custos da disputa e coibir comportamentos oportunistas durante o curso do contrato – modulando de um modo positivo, assim, a relação entre as partes.

LEMES, Selma Ferreira; MARTINS, Pedro Batista (orgs.). *20 anos da Lei de Arbitragem*: homenagem a Petrônio R. Muniz. São Paulo: Atlas, 2017, p. 22.

[76] SALAMA, Bruno Meyerhof. A economia da arbitragem. *In*: TIMM, Luciano (org.). *Manual de Direito e Economia no Brasil*. São Paulo: Atlas, 2011, p. 6.

[77] SALAMA, Bruno Meyerhof. A economia da arbitragem. *In*: TIMM, Luciano (org.). *Manual de Direito e Economia no Brasil*. São Paulo: Atlas, 2011, p. 6.

[78] SALAMA, Bruno Meyerhof. A economia da arbitragem. *In*: TIMM, Luciano (org.). *Manual de Direito e Economia no Brasil*. São Paulo: Atlas, 2011, p. 6.

Conclusões

Como se viu, ao associar a ideia de custos tão somente ao aspecto monetário-financeiro, pode-se pensar, *prima facie*, que a arbitragem é uma alternativa "cara" quando comparada ao Sistema Judiciário brasileiro. Todavia, conforme se demonstrou, ao aplicar alguns conceitos econômicos e econômicos-comportamentais, pode-se chegar à conclusão oposta.

Nesse sentido, o presente capítulo buscou refletir, por meio dos ferramentais da Análise Econômica do Direito e da Economia Comportamental (*Behavioral Law and Economics*), acerca dos incentivos gerados aos agentes econômicos (empresas) pela arbitragem e sua comparação àqueles gerados pelo Sistema Judiciário brasileiro.

Como resultado, viu-se, em síntese, que a arbitragem vem se revelando como uma alternativa atrativa para as empresas brasileiras no que concerne ao desafio de um sistema resolutivo de controvérsias mais rápido, qualificado, imparcial e eficiente.

5. ARBITRAGEM E INTERAÇÃO COM O PODER JUDICIÁRIO: REFLEXÕES A PARTIR DOS CONFLITOS DE COMPETÊNCIA PERANTE O SUPERIOR TRIBUNAL DE JUSTIÇA

Gisela Ferreira Mation
Luis Gustavo Bueno Polezi

Introdução

O marco teórico do Direito em desenvolvimento, a preocupação com a pesquisa empírica e com o Direito tal como aplicado na prática marcaram a história da Escola de Direito de São Paulo da Fundação Getulio Vargas (FGV DIREITO SP). Esses fatores foram determinantes para modelo de ensino oferecido aos alunos e, também, para os projetos de pesquisa promovidos pela FGV DIREITO SP, incluindo a realização pioneira, em parceria com o Comitê Brasileiro de Arbitragem (CBAr), das primeiras pesquisas empíricas que visavam analisar o posicionamento do Poder Judiciário brasileiro em relação à arbitragem[1] e que contribuíram de maneira importante para o desenvolvimento do tema. Este capítulo visa explorar mais uma faceta dessa interação entre Poder Judiciário e juízo arbitral, refletindo sobre a evolução do instituto da arbitragem a

[1] Braghetta, Adriana *et al.* Arbitragem e Poder Judiciário: uma radiografia dos casos de arbitragem que chegam ao Judiciário brasileiro. *Cadernos Direito GV*, v. 6, n. 6, 2009.

partir de dados empíricos sobre os conflitos de competência perante o Superior Tribunal de Justiça (STJ).

A cortes estatais dão suporte à arbitragem em inúmeras circunstâncias: ao promover a execução de cláusulas compromissórias ou sentenças arbitrais, intervir para a instauração do tribunal arbitral diante de uma cláusula compromissória vazia ou patológica, apreciar medidas urgentes antes da formação do tribunal arbitral, conduzir coercitivamente uma testemunha, decidir sobre ações anulatórias, entre outras situações. O apoio à arbitragem, é importante destacar, ocorre tanto na tomada de medidas ativas pelo Poder Judiciário quanto nas situações em que o juiz estatal constata que não deve intervir ou atuar, tal como no reconhecimento dos efeitos negativos do princípio da competência-competência. Como bem destacado no próprio relatório das pesquisas desenvolvidas pela FGV DIREITO SP e pelo CBAr, publicado nos *Cadernos Direito GV* em 2009, "[o] que precisa haver, claramente, é a divisão de trabalhos de árbitros e juízes ou, em linguagem técnica, a delimitação da esfera de competência de cada um consoante o ordenamento legal".[2]

Assim, o Poder Judiciário, pelo que faz e pelo que deixa de fazer, atua como um dos pilares que sustentam a arbitragem, de forma que o posicionamento jurisprudencial de um país orienta as escolhas das partes, inclusive na escolha da sede do procedimento arbitral. Certos países, em razão do posicionamento de suas cortes tido como favorável com relação à arbitragem, passaram a ser referidos como jurisdições *arbitration friendly*, ainda que os critérios para identificação do que é que ser "favorável à arbitragem" não sejam necessariamente óbvios em um determinado caso concreto.[3]

[2] Braghetta, Adriana *et al.* Arbitragem e Poder Judiciário: uma radiografia dos casos de arbitragem que chegam ao Judiciário brasileiro. *Cadernos Direito GV*, v. 6, n. 6, 2009, p. 10. No mesmo sentido, ver Redfern, Alan; Hunter, Martin *et al. Redfern and Hunter on International Arbitration.* 6. ed. Oxford: Oxford University Press, 2015. "To the extent that the relationship between national courts and arbitral tribunals is said to be one of 'partnership', it is not a partnership of equals. Arbitration may depend upon the agreement of the parties, but it is also a system built on law, which relies upon that law to make it effective both nationally and internationally. National courts could exist without arbitration, but arbitration could not exist without the courts. The real issue is to define the point at which this reliance of arbitration on the national courts begins and that at which it ends" (p. 416).

[3] A esse respeito, ver: Bermann, George. What does it mean to be 'pro-arbitration'? *Arbitration International*, v. 34, n. 3, p. 341-358, 2018; Secomb, Anne; Secomb, Matthew. The J.J.

Como mencionado, esse "diálogo indispensável"[4] entre Judiciário e arbitragem acontece de diversas maneiras e por meio de diferentes ferramentas. No ordenamento jurídico brasileiro, desenvolveu-se um mecanismo muito peculiar dessa interação: a utilização dos conflitos de competência, previstos no artigo 105, inciso I, alínea g da Constituição Federal, que estabelece a competência do STJ para julgar "os conflitos de atribuições entre autoridades administrativas e judiciárias da União, ou entre autoridades judiciárias de um Estado e administrativas de outro ou do Distrito Federal, ou entre as deste e da União" para resolver situações de aparente conflito entre juízo arbitral e juízo estatal.

Parte relevante da doutrina entende pela inadmissibilidade do conflito de competência no caso de "conflito" entre um tribunal arbitral e um órgão judiciário estatal.[5] Entre diversos argumentos levantados para defender essa posição, destaca-se o fato de que o tribunal arbitral não é integrante do Poder Judiciário e que a análise da questão pelo STJ estaria em dissonância com o próprio princípio da competência-competência e com o seu efeito negativo. Assim, o suposto conflito de competência entre juízo arbitral e juízo estatal é considerado por muitos autores como patológico ou equivocado.

Outros, por sua vez, entendem que, com base na equiparação entre juiz e árbitro, seria cabível o conflito de competência para dirimir suposto

Agro Decisions: What Makes a Judge "Arbitration-Friendly"? *In*: HONG KONG INTERNATIONAL ARBITRATION CENTRE. *International Arbitration*: Issues, Perspectives and Practice: Liber Amicorum Neil Kaplan. The Hague: Kluwer Law International, 2018.

[4] Paulsson, Jan. *The Idea of Arbitration*. Nova Iorque: Oxford University Press, 2013, p. 268.

[5] Nesse sentido, ver: Fonseca, Rodrigo Garcia da. O princípio competência-competência na arbitragem. Uma perspectiva brasileira. *Revista de Arbitragem e Mediação*, v. 3, n. 9, p. 277-303, 2006; Coelho, Eleonora; Parente, Eduardo. A autonomia da arbitragem e o STJ. *Jornal Valor Econômico*, Caderno Legislação e Tributos, 18 jan. 2011; Santos, Francisco Cláudio de Almeida. Conflito de competência entre câmaras de arbitragem – Comentários ao acórdão do Superior Tribunal de Justiça no Conflito de Competência n. 113.260/SP. São Paulo, *Revista Brasileira de Arbitragem*, v. 29, p. 151, 2011; Marques, Ricardo Dalmaso. O STJ, as medidas antiarbitragem e o princípio da competência-competência na Lei n. 9.307/1996. Comentários às decisões da MC 17.868/BA. São Paulo, *Revista de Arbitragem e Mediação*, n. 32, p. 275, 2012; Ladeira, Ana Clara Viola. Conflito de competência em matéria de arbitragem. *Revista Brasileira de Arbitragem*, v. XI, n. 41, p. 42-67, 2014; Monteiro, André Luís. The Kompetenz-Kompetenz Rule in Brazilian Arbitration Law. *Kluwer Arbitration Blog*, 29 maio 2019. Disponível em: http://arbitrationblog.kluwerarbitration.com/2019/05/29/the-kompetenz-kompetenz-rule-in-brazilian-arbitration-law/. Acesso em: 10 jul. 2022.

conflito entre juízo arbitral e juiz estatal. Esse posicionamento é, para a maior parte dos autores que o defende, motivado por uma preocupação prática: com o conflito de competência, "permite-se uma solução rápida desses problemas, sem ter que passar por recursos intermediários", a partir de uma "interpretação finalista e pragmática, atendendo ao espírito e à letra da EC 45/2004, que assegura a todos um processo eficiente com decisões dadas em tempo razoável".[6]

Ainda que haja muita discussão na doutrina a respeito da possibilidade de se manejar conflito de competência perante o STJ para casos envolvendo arbitragem, o fato é que sua utilização tem sido amplamente reconhecida pela jurisprudência da própria corte.

Em que pese existirem diversos outros trabalhos descrevendo algumas das decisões a respeito dos conflitos de competência envolvendo arbitragem perante o STJ,[7] faltam estudos empíricos que permitam melhor compreender como esse remédio processual tem sido utilizado na prática nos casos envolvendo arbitragem. Nesse contexto, o objetivo deste capítulo é, a partir de uma análise empírica dos conflitos de competência perante o STJ, refletir a respeito do uso dessa ferramenta e, também, da evolução histórica dos desafios da interação entre Poder Judiciário e arbitragem.

A primeira ocasião em que os ministros do STJ debateram, de forma colegiada,[8] o cabimento do conflito de competência envolvendo arbitra-

[6] WALD, Arnoldo. A patologia da arbitragem. *Revista de Arbitragem e Mediação*, São Paulo, n. 27, p. 42-43, 2010.

[7] Ver, por exemplo, LADEIRA, Ana Clara Viola, Conflito de Competência em Matéria de Arbitragem, *Revista Brasileira de Arbitragem*, v. XI, n. 41, p. 42-7, 2014; MONTEIRO, André Luís. The Kompetenz-Kompetenz Rule in Brazilian Arbitration Law. *Kluwer Arbitration Blog*, 29 maio 2019. Disponível em: http://arbitrationblog.kluwerarbitration.com/2019/05/29/the-kompetenz-kompetenz-rule-in-brazilian-arbitration-law/. Acesso em: 10 jul. 2022.

[8] Existe, antes disso, decisão colegiada nos autos do CC n. 109.011/SP. Naquele caso, o Ministro Sidnei Beneti proferiu, em 4 de dezembro de 2009, decisão monocrática ao analisar conflito suscitado entre tribunal arbitral da Câmara de Mediação e Arbitragem de São Paulo – CIESP e o TJSP, onde estaria pendente de julgamento apelação contra sentença que reconheceu a existência de cláusula arbitral para extinguir sem resolução do mérito a ação ajuizada por uma das partes. No caso, havia sido deferida liminar pelo relator do recurso de apelação, para "suspender o procedimento arbitral [...] até a solução da apelação", enquanto o tribunal arbitral "manteve a data fixada para a assinatura do Termo de Arbitragem, para, após decidir sobre sua jurisdição". No entendimento do Ministro Sidnei Beneti, na decisão a respeito do pedido liminar do suscitante, não existiria, no caso, efetivo conflito

gem foi no julgamento, em 8 de setembro de 2010, do CC n. 113.260/SP, que discutia o suposto conflito de competência entre dois tribunais arbitrais, vinculados a duas câmaras arbitrais distintas. A relatora Ministra Nancy Andrighi, com base na natureza jurisdicional da arbitragem, admitiu o processamento do conflito de competência, mas foi voto vencido, tendo o Ministro Otávio de Noronha liderado a divergência e figurado como relator para acórdão.[9] Àquele momento, os ministros com posicionamento contrário à utilização do conflito de competência já levantaram preocupações com o volume de casos que poderia chegar ao STJ[10] e com a caracterização dos tribunais arbitrais como órgão do Poder Judiciário.[11]

de competência a ensejar a intervenção do STJ, pois, aparentemente, não existiriam dois juízos a afirmar, positiva ou negativamente, sua competência. Em 10 de março de 2010, foi negado provimento ao agravo regimental movido contra tal decisão, mantendo-se a decisão agravada por seus próprios fundamentos, e em 6 de maio de 2010 foi proferida decisão monocrática pelo não conhecimento do conflito de competência, nos mesmos termos. Assim, ainda que exista decisão colegiada no âmbito do agravo regimental, suas razões são bastante suscintas e limitam-se a reproduzir o quanto registrado na decisão agravada, de forma que não consideramos que este julgado seja particularmente relevante como oportunidade de formação do posicionamento do STJ sobre o tema.

9 Nos termos do quanto decidido pelo STJ neste caso, o "conflito de competência supostamente ocorrido entre câmaras de arbitragem deve ser dirimido no Juízo de primeiro grau, por envolver incidente que não se insere na competência do Superior Tribunal de Justiça".

10 Voto do Ministro Otávio de Noronha no CC n. 113.260/SP. "São milhares de câmaras, o número tem crescido. Lembro que aqui estamos diante de arbitragem de grandes contendas, mas existem também as arbitragens de causas pequenas e médias, que têm sido muito questionadas hoje nos chamados tribunais de arbitragem. Tudo isso viria para cá." No mesmo sentido, confira-se trecho do voto do Ministro Sidnei Beneti: "Também penso que, em princípio, não se deve trazer essa matéria para o Superior Tribunal de Justiça, com todo o respeito e consideração, especialmente pela Sra. Ministra Relatora, deve-se evitar essetejotização, trazer tudo para cá como se se tratasse de um único Tribunal Nacional direto para aquilo que não se resolve no País. Existem vários escalões da jurisdição que têm que ser utilizados antes do acesso da questão a este Tribunal, se quisermos ficar exclusivamente com aquilo para o qual o Tribunal foi criado, que é a interpretação da Lei Federal".

11 Voto da Ministra Maria Isabel Galotti no CC n. 113.260/SP. "Tribunal Arbitral não é órgão do Poder Judiciário. A circunstância de suas decisões terem a força de dirimir conflitos entre as partes e as vincularem não torna o Tribunal Arbitral órgão do Poder Judiciário. As decisões arbitrais podem ser contrastadas perante o Judiciário no que diz respeito ao controle de legalidade do procedimento e à própria interpretação da cláusula contratual por meio da qual foi pactuada a arbitragem, até para que se verifique qual é o árbitro competente".

Apenas em 2013,[12] no julgamento do CC n. 111.230/DF, sob relatoria da Ministra Nancy Andrighi, que foi proferida a primeira decisão colegiada do STJ – por maioria – admitindo a utilização de conflito de competência para dirimir suposto conflito entre juízo arbitral e um tribunal estatal. Os ministros favoráveis ao cabimento destacavam o caráter jurisdicional da arbitragem e a necessidade de suprir "lacuna do texto constitucional".[13] No sentido contrário, manifestaram-se outros ministros, merecendo destaque o posicionamento da Ministra Maria Isabel Galotti, que apesar de reconhecer o caráter jurisdicional da arbitragem, entendeu que o conflito de competência não poderia ser utilizado como "atalho" para dirimir conflito envolvendo tribunal arbitral.[14]

O debate entre os ministros do STJ nesse e em outros casos deixa claro que, tanto entre aqueles que argumentam pelo seu cabimento quanto para aqueles que adotaram posicionamento contrário, as posições são motivadas por uma preocupação com o bom funcionamento do instituto da arbitragem. Essa complexidade na avaliação das regras e decisões que determinam a interação entre arbitragem e Poder Judiciário se revela também na doutrina: ainda que diversos autores questionem o cabimento do conflito de competência envolvendo arbitragens, as deci-

[12] O CC n. 111.230/DF foi julgado em 8 de maio de 2013 e disponibilizado em 3 de abril de 2014.

[13] Voto do Ministro Antonio Carlos Ferreira no CC n. 113.260/SP. "Nesse contexto, é possível falar em lacuna do texto constitucional, mas não do sistema, considerando todo o complexo normativo e jurisprudencial que trata da arbitragem e da competência deste Superior Tribunal".

[14] Voto da Ministra Maria Isabel Galotti no CC n. 113.260/SP. "Assistemática a solução proposta (conhecimento de conflito de competência entre árbitro e juiz) pois não cabe ao STJ dirimir, em primeira instância, conflito de interesse entre particulares, sob o pretexto de compor divergência de entendimento a propósito da cláusula contratual em que se fundamenta a arbitragem. Sequer em recurso especial compete ao STJ apreciar a interpretação de cláusulas contratuais e matéria de fato (Súmulas 5 e 7). **Por mais nobre que seja a intenção de incentivar a arbitragem como método alternativo de solução de conflitos, não se justifica subverter a competência constitucional do STJ.** [...]
O atalho do conflito de competência não tem, data maxima vênia, fundamento constitucional. E nem se justificaria que, exclusivamente em prol dos jurisdicionados que pactuaram a arbitragem, fosse flexibilizado o sistema constitucional de competências do STJ, submetendo-se-lhe, diretamente, em instância única, a interpretação de cláusulas contratuais, o que não lhe é dado apreciar, na via estreita do recurso especial, única alternativa para os jurisdicionados dependentes da jurisdição estatal, sendo ele, o STJ, instância extraordinária da jurisdição estatal" (grifos nossos).

sões tomadas pelo STJ são, de forma geral, avaliadas positivamente, tidas como favorecendo o princípio da competência-competência.[15-16]

Assim, a análise histórica dos precedentes do STJ sobre conflito de competência e arbitragem, além de ilustrar as discussões a respeito do que é ser *arbitration friendly*, permite refletir a respeito dos desafios específicos que foram enfrentados no Brasil, na evolução do direito da arbitragem.

1. Considerações metodológicas e panorama geral dos casos analisados

A coleta de casos analisados foi feita a partir da ferramenta de busca de jurisprudência do STJ, utilizando-se as combinações de termos de busca ("conflito de competência" e arbitragem) e ("conflito de competência" e arbitral), em pesquisa realizada em 24 de março de 2021.[17] As duas combinações de termos de busca tiveram como resultado, respectivamente, 234 decisões monocráticas e 18 acórdãos e 294 decisões monocráticas e 29 acórdãos. Consolidando os resultados das duas combinações e os recursos e decisões que dizem respeito ao mesmo processo, chegamos a 209 conflitos de competência, dos quais 53 diziam respeito a suposto conflito entre juízo arbitral e juízo estatal.[18] Apresentamos a seguir os principais resultados e as reflexões preliminares a partir da análise

[15] Haddad, Ana Olivia Antunes; Bergamaschi, André Luís; Crepaldi, Livia Maria de Souza. Pontos de intersecção entre a arbitragem e o Poder Judiciário: uma análise dos julgados do STJ e das Câmaras de Direito Privado do TJSP do ano de 2016. *Revista Brasileira de Arbitragem*, v. XIV, n. 54, p. 28-53, 2017, p. 30-31.

[16] Monteiro, André Luís. The Kompetenz-Kompetenz Rule in Brazilian Arbitration Law. *Kluwer Arbitration Blog*, 29 maio 2019. Disponível em: http://arbitrationblog.kluwerarbitration.com/2019/05/29/the-kompetenz-kompetenz-rule-in-brazilian-arbitration-law/. Acesso em: 10 jul. 2022.

[17] Dado que nem todas as decisões do STJ estão disponibilizadas no repositório de jurisprudência, os resultados da pesquisa realizada na ferramenta de busca de jurisprudência não representam necessariamente a totalidade dos conflitos de competência envolvendo arbitragem julgados pelo STJ.

[18] Ainda que o foco deste capítulo seja os conflitos de competência envolvendo, de um lado, um juízo arbitral e, de outro lado, um juízo estatal, não se olvida que também já foi suscitada, em sede de conflito de competência perante o STJ, questão relativa a alegado conflito entre tribunais arbitrais. No CC n. 113.260/SP, 2ª Seção, Relator para acórdão Ministro João Otávio de Noronha, v.u. em 8 de setembro de 2010, entendeu-se que o suposto conflito entre duas câmaras arbitrais seria dirimido pelo Poder Judiciário, mas perante o primeiro grau e não

desses conflitos de competência, sem a pretensão de exaurir o assunto, que certamente merece aprofundamento e estudos adicionais a partir dos dados coletados.

Sobre o escopo da pesquisa, ainda que ele esteja restrito aos casos envolvendo, de um lado, um tribunal arbitral e, de outro, o juízo estatal, merece destaque a existência de casos entre juízos estatais com impacto direto para as discussões sobre o princípio da competência-competência. São casos em que um juízo estatal determinou o prosseguimento da arbitragem ou reconheceu a competência dos árbitros para, ainda que preliminarmente, decidir sobre sua própria competência sobre a disputa, e outro juízo estatal adotou posicionamento diverso.[19] Ainda que bastante relevantes para o instituto da arbitragem, esses precedentes não foram contabilizados.

De forma geral, a tramitação dos conflitos de competência instaurada após a consolidação do entendimento do STJ pelo seu cabimento nos casos envolvendo arbitragem, em 2013, tem sido célere. Para os casos em que foi apreciado pedido de tutela provisória, a decisão foi proferida em média em 7,5 dias do ajuizamento do conflito de competência pela parte suscitante. A decisão definitiva, por sua vez, foi proferida em média em 219 dias do ajuizamento.

Em 13 casos, o conflito de competência foi julgado prejudicado por perda de objeto ou extinto por desistência da parte suscitante ou acordo, sendo que em alguns desses casos foram proferidas decisões provisórias que ajudam a construir o posicionamento do STJ sobre diversos temas, algumas delas referidas ao longo deste capítulo. O conflito de competência foi conhecido em 20 desses 53 casos e não conhecido em 18.[20] Desses 38, existe decisão colegiada em 13 casos, tendo os demais sido decididos por decisão monocrática.

Nos 20 casos em que o conflito de competência foi conhecido, a decisão do STJ foi pelo reconhecimento da competência do tribunal arbitral em 16 deles. Dos quatro casos em que o juízo estatal foi consi-

o STJ. A esse respeito, ver também: WALD, Arnoldo. A patologia da arbitragem. *Revista de Arbitragem e Mediação*, São Paulo, n. 27, 2010, p. 44.

19 CC n. 157.944/RS, decisão monocrática, Ministro Marco Buzzi, j. em 25 de abril de 2018 e CC n. 171.855/MS, Decisão monocrática, Ministra Nancy Andrighi, j. em 29 de abril de 2020.

20 Existem ainda dois casos em que não houve, até a conclusão deste capítulo, julgamento definitivo.

derado competente, dois versavam sobre arbitragem envolvendo consumidor,[21] um dizia respeito à ordem de tribunal arbitral para obrigar empresa em recuperação judicial a emitir carta de fiança bancária[22] e, por fim, outro era referente à arbitragem iniciada contra a União por acionistas minoritários da Petrobras.[23]

A análise dos conflitos de competência não conhecidos, por sua vez, envolve alguma complexidade. Isso porque, em primeiro lugar, as circunstâncias dos casos não conhecidos são as mais diversas e, na prática, ora favorecem a jurisdição estatal, ora favorecem a jurisdição arbitral.

Além disso, tantos os casos não conhecidos quanto aqueles que foram conhecidos revelam dificuldades enfrentadas pelos julgadores na própria identificação da existência de um conflito de competência, das mais diversas perspectivas: discute-se se o órgão em questão é ou não tribunal arbitral[24] e se o tribunal foi ou não constituído,[25] além de surgirem dúvidas a respeito dos poderes do tribunal arbitral e dos efeitos do procedimento arbitral para fins de caracterização de efetivo conflito.

[21] CC n. 162.613/GO, Rel. Ministro Marco Buzzi, decisão monocrática de 21 de março de 2019 e CC n. 164.072/GO, Rel. Ministro Marco Buzzi, decisão monocrática de 9 de maio de 2019.

[22] CC n. 153.498/RJ, Rel. Ministro Moura Ribeiro, decisão monocrática de 11 de dezembro de 2017.

[23] CC n. 151.130/SP, Segunda Seção, Relator para acórdão Ministro Luis Felipe Salomão, j. em 27 de novembro de 2019.

[24] CC n. 132.839/RJ, decisão monocrática, Relator Ministro Paulo de Tarso Sanseverino, sendo suscitante o Superior Tribunal de Justiça Desportiva (STJD). ("[O] Superior Tribunal de Justiça Desportiva/STJD não é órgão do Poder Judiciário (art. 92 da CF/88), tampouco tal entidade deve receber, ao menos em princípio, o tratamento jurídico estabelecido na Lei n. 9.307/1996. Conforme o disposto na Lei n. 9.615/98, o STJD constitui unidade autônoma vinculada à Confederação Brasileira de Futebol/CBF (art. 52), tendo toda sua estrutura definida na própria legislação, a qual também restringe sua competência à análise das infrações disciplinares e das competições desportivas (art. 217, § 1º, da CF/88), previstas nos Códigos Desportivos De outro lado, o juízo arbitral pode ser ajustado "[...] para dirimir litígios relativos a direitos patrimoniais disponíveis" (art. 1º da Lei n. 9.307/1996), podendo as partes (i) "[...] escolher, livremente, as regras de direito que serão aplicadas [...], desde que não haja violação aos bons costumes e à ordem pública" (§ 1º do art. 2º) e "[...] convencionar que a arbitragem se realize com base nos princípios gerais de direito, nos usos e costumes e nas regras internacionais de comércio" (§ 1º do art. 2º). Portanto, sob quaisquer desses aspectos, não há como reconhecer o STJD como autoridade judiciária para os fins do art. 115 do CPC.").

[25] CC n.140.799/SP, decisão monocrática, Ministro João Otávio de Noronha, j. em 28 de maio de 2015.

Destaca-se, ainda, que em 12 dos 53 conflitos de competência analisados, o STJ apreciou pedido de tramitação em sigilo, que foi deferido em todos os casos.

Entre os conflitos de competência analisados, buscamos identificar temas de maior relevância nos julgados, agrupando os casos por assunto preponderante. Assim, chegou-se à estrutura de temas expostos nos capítulos seguintes: (a) seis casos que dizem respeito a ações cautelares, (b) 11 casos envolvendo medidas executórias; (c) nove casos relacionados a processos de recuperação judicial; e (d) nove casos envolvem medida antiarbitragem (os chamados *anti-arbitration suits*, em que existe pedido (cautelar ou definitivo) para fazer cessar o procedimento arbitral). Apesar das limitações do exercício de agrupamento – considerando, em especial, que (i) os temas escolhidos não abarcam todos os casos analisados, sendo certo que outros temas de menor relevância numérica poderiam ser considerados (tal como os casos envolvendo a Administração Pública); e (ii) pode haver sobreposição entre os temas (já que, por exemplo, um caso envolvendo medida antiarbitragem poderia envolver também outros pedidos cautelares, assim como um caso de uma empresa em recuperação judicial poderia suscitar discussão sobre medidas executórias) –, a divisão teve como objetivo permitir análise qualitativa preliminar dos referidos assuntos.

2. Temas relevantes nos conflitos de competência entre juízo arbitral e juízo estatal

2.1. Medidas cautelares

A primeira decisão[26] de que se tem notícia no STJ referente a conflito de competência envolvendo um tribunal arbitral foi a decisão monocrática proferida pelo Ministro Aldir Passarinho Júnior em 23 de junho de 2009, nos autos do CC n. 106.121/AL. Tratava-se de conflito suscitado

[26] Antes dessa decisão, o tema havia sido suscitado no CC n. 72.848. Conforme relatado por Ana Clara Viola Ladeira, após parecer do Ministério Público pelo conhecimento do conflito de competência, as partes celebraram acordo. (LADEIRA, Ana Clara Viola. Conflito de Competência em Matéria de Arbitragem. *Revista Brasileira de Arbitragem*, v. XI, n. 41, p. 42-67, 2014, p. 65). Ver também: SILVA, Benedito Izidoroda. Conflito positivo de competência. Juízos arbitral e comum (parecer). *Revista de Arbitragem e Mediação*, São Paulo, v. 13, 2007, p. 190.

entre o Juízo de Direito da 1ª Vara Cível de Maceió (onde foi ajuizada a Medida Cautelar n. 001.09.000223-8), o Tribunal de Justiça do Estado de Alagoas e o Tribunal Arbitral do Centro de Arbitragem e Mediação da Câmara de Comércio Brasil-Canadá (CAM-CCBC), sendo que

> mesmo após informado do processo arbitral em trâmite, o TJAL reafirmou sua competência para o julgamento de medidas preparatórias" e "após provocação das suscitantes, o órgão arbitral emitiu decisão suspendendo os efeitos da liminar deferida e mantida pelo Judiciário alagoano.[27]

No caso, o Ministro Aldir Passarinho concluiu ser competente o Poder Judiciário em razão na natureza do provimento jurisdicional pleiteado pela parte: segundo a decisão, diante do "caráter executório antecipado" da liminar (de bloqueio de valores e transferência da administração de certos bens), só seria competente o Poder Judiciário. Dessa forma, foi rejeitada a liminar requerida pela parte suscitante para assegurar que a apreciação de medidas urgentes fosse feita pelo tribunal arbitral.

A decisão revela que esse uso do conflito de competência surgiu de insegurança jurídica relativa à relação entre medidas cautelares proferidas pelo juízo estatal e o procedimento arbitral. Como se sabe, na última década tivemos evolução bastante importante no entendimento doutrinário e, especialmente, jurisprudencial relativo ao tema, culminando na inclusão dos artigos 22-A e 22-B na Lei de Arbitragem, compondo o capítulo "Das Tutelas Cautelares e de Urgência". Tanto é assim que, transparecendo a insegurança que existia sobre o tema à época, a própria conclusão do Ministro Aldir Passarinho, no sentido oposto ao que viria a se consolidar no ordenamento jurídico brasileiro, era que a liminar proferida pelo Poder Judiciário deveria valer até que o mérito da controvérsia fosse resolvido pelo tribunal arbitral (indeferindo liminar que visava assegurar que fosse o tribunal arbitral reconhecido como competente para apreciar as medidas cautelares, entendidas como tendo caráter executório antecipado).[28] A decisão do Ministro Aldir Passa-

[27] Decisão monocrática de 23 de junho de 2009, p. 2.

[28] Voto do Ministro Aldir Passarinho Junior no CC n. 106.121/AL. "Na espécie em comento, o que se verifica é que na medida preparatória a parte requerente demonstrou possuir os requisitos do *fumus boni iuris* e do *periculum in mora* indispensáveis à concessão da liminar, cujo

rinho, contudo, inaugurou o argumento frequentemente utilizado de que, na impossibilidade de se suscitar conflito de competência em relação a um tribunal arbitral, restariam as partes sem qualquer recurso, o que seria injusto e inadmissível.[29]

Foi só em 2013 que, no julgamento do CC n. 111.230/DF, sob relatoria da Ministra Nancy Andrighi, foi proferida a primeira decisão colegiada do STJ, admitindo a utilização de conflito de competência para dirimir suposto conflito entre juízo arbitral e um tribunal estatal. O caso dizia respeito a conflito suscitado entre tribunal arbitral CAM-CCBC e o juízo da 2ª Vara Empresarial do Rio de Janeiro, em razão de medida cautelar para arrolamento de bens proposta no juízo estatal e da negativa do juízo estatal em remeter o processo, uma vez constituído o tribunal arbitral. Ao mesmo tempo em que o tribunal arbitral se considerou competente para suspender a liminar anteriormente concedida pelo Poder Judiciário, o juízo fluminense manteve a ordem.

No entendimento inaugurado pela Ministra Nancy Andrighi, reconheceu-se a competência do tribunal arbitral, reforçando a importância

provimento determinou a administração de bens e bloqueio de valores, portanto transferiu precariamente parcela do patrimônio das suscitantes até que o mérito da demanda seja decidido pelo Tribunal Arbitral.
Essa medida possui, então, inegavelmente, caráter executório antecipado, de competência exclusiva do Poder Judiciário e deve persistir até que, eventualmente, conclua a arbitragem em sentido contrário.
Portanto, a medida assecuratória não está em desarmonia com a competência do Juízo Arbitral, a quem cabe, como reconhecido pelo TJAL, solucionar o mérito da controvérsia" (p. 3-4)

[29] Voto do Ministro Aldir Passarinho Junior no CC n. 106.121/AL. "Não se pode pretender que tal redação [do art. 105, I, "d" da Constituição Federal] pressuponha que os órgãos judicantes referidos no Texto Magno pertençam necessariamente ao Poder Judiciário, seja porque lides como a exposta permaneceriam no vácuo ou sujeitas a jurisdição dupla e eventualmente conflitante, como supostamente aqui ocorre, seja porque o escopo da Lei de Arbitragem restaria esvaziado se os contratantes que aderissem a tal modalidade na solução das controvérsias resolvessem se utilizar do processo judicial.
Também não pode estender o conceito de conflito de atribuições inserido na letra "g" do mencionado dispositivo constitucional para considerar que a expressão "autoridades administrativas" compreenda entes não judiciários.
Acresça-se que eventual declaração de incompetência por este Tribunal negaria às partes a definição do órgão responsável pelo julgamento, sem oferecer o instrumento para a pacificação do embate de interesses" (p. 2)

do fortalecimento da arbitragem[30] e a importância de resolver o "impasse" gerado.[31] O Ministro Luis Felipe Salomão acompanhando o voto da Ministra Nancy Andrighui, pontuou, no mesmo sentido do que seria posteriormente consolidado pela via legislativa com a inclusão do artigo 22-B na Lei de Arbitragem, que o tribunal arbitral, uma vez instaurado, seria competente para avaliar as cautelares, independentemente do tipo de medida requerida.[32]

Firmado esse entendimento de que, uma vez instaurado, é o tribunal arbitral quem tem competência para decidir sobre as tutelas cautelares e de urgência, outros casos julgados pelo STJ discutem o momento específico em que passa a ser competente o juízo arbitral e o escopo de sua competência.

[30] Voto da Ministra Nancy Andrighi no CC n. 111.230/DF. "Naturalmente não se trata de uma questão simples. Contudo, o indispensável fortalecimento da arbitragem que vem sendo levado a efeito desde a promulgação da Lei n. 9.307/1996 torna indispensável que se preserve, na maior medida possível, a autoridade do árbitro como juiz de fato e de direito para as questões ligadas ao mérito da causa. Negar tal providência esvaziaria o conteúdo da Lei de Arbitragem, permitindo que, simultaneamente, o mesmo direito seja apreciado, ainda que em cognição perfunctória, pelo juízo estatal e pelo juízo arbitral, muitas vezes com sérias possibilidades de interpretações conflitantes para os mesmos fatos."

[31] Voto da Ministra Nancy Andrighi no CC n. 111.230/DF. "Nesse sentido, é importante observar, consoante venho sustentando em diversas oportunidades, que o direito processual deve, na máxima medida possível, estar a serviço do direito material, como um instrumento para a sua realização. Não se pode, assim, interpretar uma regra processual de modo a gerar uma situação de impasse, subtraindo da parte meios de se insurgir contra uma situação que repute injusta."

[32] Voto do Ministro Luis Felipe Salomão no CC n. 111.230/DF. "**Em casos como tais, que denotam mais uma hipótese de necessidade de integração entre os referidos Juízos**, as partes poderão recorrer ao Poder Judiciário para obter medidas urgentes, no exercício de seu direito fundamental de acesso à jurisdição previsto no art. 5.º, XXXV, da CF/1988, sendo certo que isso não tem o condão de violar a liberdade das partes quando da instituição da cláusula compromissória. [...] Contudo, e sem embargo da competência (*rectius* jurisdição) do Poder Judiciário nessa fase pré-arbitral, é certo que, uma vez instituído o Tribunal Arbitral, cessa completamente a atividade do magistrado, mesmo em relação àquelas medidas anteriormente concedidas, quer de natureza constritiva, quer meramente preservativa de direitos, as quais poderão ser reapreciadas, mantidas, modificadas ou, até mesmo, revogadas pelos árbitros, tendo em vista sua própria natureza temporária, precária e nitidamente acessória. [...] Nesse ponto, cabe esclarecer que, **para a definição do juízo competente, não há muita influência a natureza jurídica da medida cautelar manejada pela suscitada**, quando considerada desnecessária pelo juízo arbitral instituído" (grifos nossos).

Nos CC ns. 159.922/SP[33] e 163.247/SP,[34] os conflitos de competência envolvendo ações cautelares foram suscitados antes da constituição do tribunal arbitral e, diante disso, não foram conhecidos pelo STJ. No CC n. 140.799/SP, depois de iniciado o procedimento arbitral, a empresa ré propôs ação cautelar perante o Poder Judiciário, tendo sido determinada a realização de perícia para que pudesse ser apreciado o pedido cautelar. Mesmo depois de instaurado o tribunal arbitral e da apresentação de pedido de desistência na ação cautelar pela parte autora, o juízo estatal manteve a ordem para realização da perícia (aparentemente pois não havia sido assinado o termo de arbitragem), o que ensejou o conflito de competência. Em 28 de maio de 2015, foi deferida liminar pelo Ministro Otávio de Noronha suspendendo a realização de perícia determinada pelo juízo estatal e, em seguida, o juízo estatal acolheu o pedido de desistência, restando prejudicado o conflito de competência.

Por sua vez, a Segunda Seção, no julgamento do CC n. 165.678/SP em 14 de outubro de 2020, firmou o entendimento de que, com relação às cautelares pré-arbitrais, uma vez instituído o tribunal arbitral, a ele caberia não só manter, modificar ou revogar as medidas concedidas pelo Poder Judiciário, mas também decidir a respeito dos honorários de sucumbência relativos à medida cautelar.[35]

2.2. Arbitragem e execução

Entre os primeiros casos que discutiram o cabimento do conflito de competência para os casos envolvendo juízo arbitral, além daqueles referentes a medidas cautelares mencionados na subseção anterior, destaca-se o CC n. 122.439/RJ, em que se discutiu a competência para decidir sobre a validade de título contendo cláusula compromissória que estava sendo executado perante o Poder Judiciário. Por entender que o tribunal arbitral não integra o Poder Judiciário, o relator Ministro Massami Uyeda se manifestou no sentido de que o conflito de competência não podia ser conhecido, mas em razão da pendência do julga-

[33] CC n. 159.922/SP, Rel. Ministro Moura Ribeiro, decisão monocrática de 14 de maio de 2019.

[34] CC n. 163.247/SP, Rel. Ministra Maria Isabel Galotti, decisão monocrática de 20 fevereiro de 2019.

[35] CC n. 165.678/SP, Segunda Seção, Rel. Ministra Maria Isabel Galotti, v.u., j. em 14 de outubro de 2020.

mento do CC n. 111.230, determinou que se aguardasse a submissão do caso à Segunda Seção.

Em voto proferido em 13 de junho de 2012, a Ministra Nancy Andrighi, além de se manifestar pelo cabimento do conflito de competência, inaugurou o entendimento pela competência do tribunal arbitral para decidir os embargos à execução. No entanto, antes da conclusão do julgamento deste caso, uma das partes noticiou a perda de objeto do feito diante da prolação de sentença arbitral pela improcedência das pretensões dos executados, de forma que o conflito de competência foi julgado prejudicado em 11 de setembro de 2013.

A competência do tribunal arbitral para decidir sobre os embargos à execução de título que contém cláusula compromissória foi afirmada pelo STJ em 2015, no julgamento do REsp n. 1373710/MG.[36] Nos conflitos de competência, essa posição foi novamente afirmada no julgamento do CC n. 150.830/PA e em decisões monocráticas proferidas no CC n. 158.349/SP, CC n. 158.783/PA e CC n. 149.633/RJ.[37] Conforme o entendimento da Segunda Seção no CC n. 150.830/PA:

> Afigura-se absolutamente possível a imediata promoção da ação de execução de contrato que possua cláusula compromissória arbitral perante o Juízo estatal (única Jurisdição, aliás, dotada de coercibilidade, passível de incursionar no patrimônio alheio), não se exigindo, para esse propósito, a existência de prévia sentença arbitral. Afinal, se tal contrato, por si, já possui os atributos de executibilidade exigidos pela lei de regência,

[36] STJ. REsp n. 1373710/MG, Rel. Ministro Ricardo Villas Bôas Cueva, Terceira Turma, *DJe* 27 de abril de 2015. "RECURSO ESPECIAL. CONTRATO. CLÁUSULA COMPROMISSÓRIA. CONFISSÃO DE DÍVIDA. EXECUÇÃO DE TÍTULO EXTRAJUDICIAL. JURISDIÇÃO ESTATAL. POSSIBILIDADE. 1. Trata-se, na origem, de embargos à execução de título extrajudicial, aparelhada em contrato com cláusula compromissória. 2. Mesmo em contrato que preveja a arbitragem, é possível a execução judicial de confissão de dívida certa, líquida e exigível que constitua título executivo nos termos do art. 585, inciso II, do Código de Processo Civil, haja vista que o juízo arbitral é desprovido de poderes coercitivos. Precedente do STJ. 3. A existência de título executivo extrajudicial prescinde de sentença arbitral condenatória para fins de formação de um outro título sobre a mesma dívida. 4. Recurso especial provido".

[37] CC n. 158.349/SP, decisão monocrática, Ministro Antonio Carlos Ferreira, j. em 14 de maio de 2019. CC n. 158.783/PA, decisão monocrática, Ministro Marco Aurélio Bellizze, j. em 8 de junho de 2018. CC n. 149.633/RJ, decisão monocrática, Ministro Marco Buzzi, 9 de novembro de 2016 (deferindo liminar para suspender a execução e designar o tribunal arbitral como competente para decidir questões urgentes).

> de todo despiciendo a prolação de anterior sentença arbitral para lhe conferir executividade. Todavia, o Juízo estatal, no qual se processa a execução do contrato (com cláusula compromissória arbitral), não possui competência para dirimir temas próprios de embargos à execução e de terceiros, atinentes ao título ou às obrigações ali consignadas (existência, constituição ou extinção do crédito) e das matérias que foram eleitas pelas partes para serem solucionadas pela instância arbitral (*kompetenz kompetenz*).[38]

Entre os conflitos de competência envolvendo processos de execução, não foram conhecidos aqueles em que, antes do seu julgamento, o juízo estatal ou o arbitral reconheceram não serem competentes para decidir sobre a matéria.[39]

2.3. Arbitragem e recuperação judicial

A jurisprudência do STJ a respeito da relação entre arbitragem e procedimentos de insolvência se consolidou, inicialmente, no sentido de que a parte insolvente continua vinculada à cláusula compromissória. Resolvida a questão relacionada à arbitrabilidade subjetiva, muitos casos mais recentes, envolvendo empresas em recuperação judicial, passaram a discutir temas relacionados à arbitrabilidade objetiva, tendo os conflitos de competência papel relevantíssimo na delimitação do que é competência do tribunal arbitral e do que fica a cargo do juízo recuperacional. As discussões versam sobre a afetação do processo de soerguimento da empresa e o impacto do juízo arbitral na situação econômico-financeira da empresa recuperanda e nos seus meios de recuperação.

Diversos conflitos de competência relacionados à recuperação judicial têm como pano de fundo conflitos societários. Nas discussões referentes à recuperação judicial da Oi, por exemplo, o Ministro Marco Buzzi, por meio de decisão monocrática nos autos do CC n. 148.728/RJ, em 6 de setembro de 2016, indeferiu pedido liminar, deixando de

[38] Relator Ministro Marco Aurélio Bellizze, Segunda Seção, j. em 10 de outubro de 2018.

[39] CC n. 152.360/SP, decisão monocrática, Ministra Nancy Andrighi, j. em 23 de maio de 2017, CC n. 165.187/SP, decisão monocrática, Ministro Marco Aurélio Bellizze, j. em 6 de maio de 2019 e CC n. 156.241/SP, decisão monocrática, Ministra Laurita Vaz, j. em 17 janeiro de 2018.

reestabelecer decisão arbitral a respeito da realização de Assembleia Geral Extraordinária (AGE) para deliberar sobre a destituição dos conselheiros da recuperanda. De acordo com o ministro, ainda que existisse cláusula compromissória estatuária válida, a AGE que visava à alteração do controle societário podia afetar o processo de soerguimento da recuperanda e, portanto, o juízo universal seria o competente para deliberar sobre a convocação e realização de AGE. Posteriormente, em 20 de setembro de 2016, houve nova decisão monocrática que homologou o pedido de desistência, de forma que o conflito de competência ficou prejudicado. Apesar do CC n. 148.728/RJ não ter tido uma decisão definitiva sobre a competência do tribunal arbitral julgar disputas envolvendo a convocação e/ou realização de AGEs, a *ratio decidendi* da decisão se pautou na possibilidade de afetação da recuperação da empresa.

Ainda sobre conflitos societários relativos ao Grupo Oi, no CC n. 157.099/RJ, discutiu-se o fato de que o plano de recuperação judicial homologado pelo juízo recuperacional previa a possibilidade de conversão de dívidas da recuperanda em ações, por meio de aumento de capital. Sobreveio decisão liminar em procedimento arbitral iniciado por acionista minoritária, a respeito do referido aumento de capital, que representaria violação do estatuto social da companhia e da Lei das S.A. Inicialmente, o Ministro Marco Buzzi proferiu decisão monocrática em 8 de março de 2018 deferindo tutela provisória para suspender os efeitos da decisão do tribunal arbitral, designando o juízo recuperacional para decidir em caráter provisório. Contudo, em acórdão lavrado em 10 de outubro de 2018, o Ministro Marco Buzzi teve seu voto vencido, sendo o voto vencedor proferido pela Ministra Nancy Andrighi. De acordo com a Ministra, a decisão do tribunal arbitral não versava sobre atos constritivos, mas sobre decorrência direta de previsão estatutária que, em decorrência de haver cláusula compromissória, tem-se a arbitragem como meio correto para a solução de conflitos societários. Por fim, a Ministra conheceu o conflito de competência e declarou a competência do tribunal arbitral para decidir sobre questões societárias decorrente da Lei das S.A. ou do estatuto social da recuperanda. Houve também delimitação da competência de cada juízo ao afirmar que

> caso o tribunal arbitral decida que determinados acionistas foram impedidos indevidamente de deliberar acerca de operações societárias

> constantes no plano de soerguimento, caberá ao juízo da recuperação adotar as medidas necessárias para alcançar esse fim, o que poderá resultar na alteração do plano mediante acréscimo de um aditivo, com alteração de cláusulas específicas, ou em simples ratificação do conteúdo aprovado.

No mesmo sentido, nos CC n. 152.348/GO e no CC n. 155.918,[40] o STJ também reconheceu a possibilidade de "convivência harmônica" entre o juízo arbitral e o juízo recuperacional em conflitos societários.

Ainda que no CC 148.728/RJ a mera possibilidade de afetação tenha sido considerada suficiente para justificar o deferimento da tutela provisória, em outros casos decidiu-se no sentido de que, para haver efetivo conflito de competência, é necessária a efetiva afetação no processo de recuperação da empresa e/ou decisões conflitantes, como evidenciado nas decisões proferidas no CC n. 149.520/GO, CC n. 157.903/RS, CC n. 152.348/GO, CC n. 148.957/RJ e CC n. 164.118/DF, descritas a seguir.

Em decisão monocrática nos autos do CC n. 149.520/GO, em 7 de novembro de 2016, a Ministra Nancy Andrighi indeferiu o pedido de tutela provisória que requeria a declaração de competência do juízo recuperacional. De acordo com a Ministra, o juízo arbitral teria competência para julgar sobre a propriedade de etanol que fora objeto de contrato entabulado pelas partes, sendo que – enquanto não fosse decidida a propriedade do ativo – o juízo recuperacional não teria competência para julgar acerca da sua destinação. Em posterior decisão monocrática, o conflito de competência foi julgado prejudicado em razão de o próprio tribunal arbitral ter proferido decisão reconhecendo que o ativo

[40] Em ambos os casos, foi instaurada arbitragem em que se requereu, entre outros pedidos, a anulação de deliberação societária. Nos termos da decisão do Ministro Luis Felipe Salomão no CC n. 152.348/GO, que indeferiu o pedido da requerente para suspender o procedimento arbitral, "da mesma forma que a convenção de arbitragem prevista em contrato não impede a deflagração do procedimento falimentar no juízo próprio, as matérias de competência da Corte Arbitral devem ser por ela apreciadas", de forma que "é possível a convivência harmônica de ambas as jurisdições". A tutela provisória foi posteriormente confirmada, em decisão de 13 de dezembro de 2017, declarando a competência do juízo arbitral para a apreciação do processo a ele submetido e anulando a decisão do juízo da recuperação que determinou a sua suspensão. Registrou-se, ainda, que considerando que o juízo arbitral não tem força executiva, uma vez proferida a sentença arbitral, caberá ao juízo da recuperação judicial "avaliar eventual repercussão da sentença arbitral".

em questão era de propriedade da recuperanda. Em caso semelhante, em que também se discutia, no procedimento arbitral, a propriedade e a posse de etanol objeto de contrato tendo como parte a recuperanda, o CC n. 157.903/RS, diante da tentativa do suscitante de desconstituir decisão do juízo da recuperação que lhe obrigava a fazer depósito correspondente ao etanol da recuperanda que estavam em sua posse, a Ministra Nancy Andrighi, reconhecendo a competência do tribunal arbitral (que havia decidiu pela propriedade da recuperanda), registrou ainda que o conflito de competência não é sucedâneo recursal.[41]

Na mesma linha, no CC n. 148.957, a empresa recuperanda buscava impedir o prosseguimento de procedimento arbitral contra o consórcio do qual era consorciada, em que se discutia bloqueio de determinados recebíveis de titularidade do consórcio, que, segundo a recuperanda, seriam utilizados para pagamento de seus credores. Nesse caso, o Ministro Ricardo Villas Bôas Cueva entendeu pelo não reconhecimento do recurso, reconhecendo a ausência de sobreposição ou conflito entre as jurisdições arbitral e estatal: "não resta configurado o conflito positivo de competência na espécie, pois não há decisões conflitantes acerca do julgamento de uma causa ou do destino de determinado bem".[42]

No CC n. 164.118/DF, por sua vez, o procedimento arbitral foi instaurado pela parte requerente com o objetivo de obter a rescisão de contrato de fornecimento de energia celebrado com a empresa recuperanda. Em 7 de março de 2019, foi deferida tutela provisória pelo Ministro Antonio Carlos Ferreira para suspender a decisão arbitral que interrompeu o fornecimento da energia elétrica à suscitante (recuperanda), concluindo pela competência do juízo recuperacional, por entender que a decisão arbitral seria prejudicial à continuidade das atividades da empresa e, portanto, interferiria no processo de recuperação judicial. Posteriormente, em nova decisão monocrática proferida em 31 de maio de 2019, o Ministro Antonio Carlos Ferreira cassou a liminar pois entendeu que não existiriam atos de constrição contra o patrimônio da suscitante e que a discussão se restringia à validade e eficácia de contrato de comercialização de energia elétrica. Além disso, diante da ausência de decisão pelo juízo da recuperação judicial afirmando sua

[41] AgInt no CC n. 157.903/RS, Rel. Ministra Nancy Andrighi, j. em 22 de agosto de 2018.

[42] Decisão monocrática, 18 de abril de 2018, Rel. Ministro Ricardo Villas Bôas Cueva.

competência para julgar a ação de rescisão contratual, inexistiria conflito de competência, concluindo pelo seu não conhecimento.

Por fim, se, por um lado, o STJ decidiu pela inexistência de conflito entre o procedimento arbitral e o juízo recuperacional nos casos aqui mencionados, a questão também foi discutida, por outro lado, no n. CC 153.498/RJ, em que se concluiu pela ocorrência de interferência no patrimônio ou nas atividades da recuperanda. Em 3 de agosto de 2017, o Ministro Moura Ribeiro decidiu por meio de decisão monocrática nos autos do CC n. 153.498/RJ, por indeferir a tutela provisória para suspender a ordem de emissão de garantia bancária nos autos do procedimento arbitral, contra a empresa recuperanda. A decisão arbitral foi mantida pois o juízo recuperacional não teria se manifestado sobre a ordem de emissão de garantia e, portanto, não haveria decisões conflitantes. Em nova decisão monocrática, em 11 de dezembro de 2017, o ministro conheceu o conflito de competência e revogou a ordem de emissão de garantia bancária, atribuindo ao juízo recuperacional a competência para prosseguir com os atos construtivos e de alienação à satisfação do crédito da carta arbitral. De acordo com a decisão, ainda que ordem para emissão de garantia bancária não seja, efetivamente, um ato de constrição, "a determinação para emitir garantia bancária da suposta dívida pode, inegavelmente, afetar o patrimônio da recuperanda devendo tal decisão ser submetida ao crivo do juízo universal".[43] Houve interposição de agravo interno que foi julgado e desprovido, mantendo-se a decisão monocrática de 11 de dezembro de 2017 e pontuando-se que o procedimento arbitral poderia seguir, mas não poderia determinar ato de constrição.

2.4. Medidas antiarbitragem

As medidas antiarbitragens são entendidas, conforme obra de referência de Rafael Francisco Alves sobre o tema, como "ordens emanadas do Poder Judiciário brasileiro que são destinadas a obstar o início ou o prosseguimento de uma arbitragem",[44] e são tidas, segundo o mesmo autor, como inadmissíveis no direito brasileiro.

[43] STJ. CC n. 153.498/RJ, Rel. Ministro Moura Ribeiro, Segunda Seção, *DJe* 14 de dezembro de 2017.

[44] Alves, Rafael Francisco. *A inadmissibilidade das medidas antiarbitragem no direito brasileiro.* São Paulo: Atlas, 2009, p. 1.

Como já mencionado, dos casos analisados, nove envolviam, com base nas informações disponíveis nos relatórios das decisões, algum tipo de medida judicial ajuizada com pedido específico para obstar o procedimento arbitral.[45] Na ausência de previsão normativa explícita que as fundamente (até porque, como referido anteriormente, não são admissíveis no nosso ordenamento), nota-se que as medidas antiarbitragens, nesses casos, tomam diversas formas processuais. A título de exemplo, em um dos mais relevantes julgados a esse respeito, o CC n. 139.519/RJ, envolvendo disputa entre a Petrobras e a Agência Nacional do Petróleo sobre contrato de concessão, a agência havia ajuizado "ação anulatória de procedimento arbitral". No CC n. 151.130/SP, a União Federal ajuizou "ação declaratória de ausência de relação jurídica", em que requereu o reconhecimento de que ela não estaria obrigada a participar de arbitragem instaurada por acionistas da Petrobras. No CC n. 132.312/SC, por sua vez, no curso do procedimento arbitral, uma das partes ajuizou ação ordinária com pedido de suspensão do procedimento arbitral ou da sentença arbitral, caso fosse proferida.

Em 2009, quando foi lançada a obra referência de Rafael Francisco Alves sobre o tema, o autor concluiu, com base em pesquisa jurisprudencial nos tribunais brasileiros, que havia um único precedente do STJ sobre o tema e que "o Poder Judiciário brasileiro ainda não est[ava] devidamente familiarizado com o dispositivo legal que regula o princípio da competência-competência na arbitragem e que constitui o pressuposto para a análise das medidas antiarbitragem".[46]

[45] Em alguns dos casos, o pedido era formulado no bojo de ação com esse objetivo exclusivo. Em outros, o pedido era acompanhando de outros relativos à relação jurídica entre as partes, como no CC n. 146.939/PA, envolvendo litígio relativo a contrato de franquia, em que uma das partes ajuizou "ação declaratória com pedido de tutela antecipada e consignação em pagamento, tendo por propósito: (i) a exclusão definitiva da competência do Juízo arbitral para a apreciação de controvérsias oriundas do Contrato, em função da alegada ausência de contratação expressa com a Toys e suposta hipossuficiência da To Be Kids; (ii) a manutenção da franquia RI Happy em nome da Toys e (iii) o deferimento da consignação em pagamento no valor de R$ 237.038,321" (2ª Seção, Rel. Ministro Marco Aurélio Bellizze, j. em 23 de novembro de 2016, Relatório, p. 4).

[46] Alves, Rafael Francisco. *A inadmissibilidade das medidas antiarbitragem no direito brasileiro.* São Paulo: Atlas, 2009, p. 239.

Demonstrando uma evolução a esse respeito, os casos analisados, que foram julgados pelo STJ entre 2015 e 2020 primam, na sua maioria, pela aplicação do princípio da competência-competência, articulando os dispositivos da Lei de Arbitragem (no seu artigo 8º, em particular) e destacando o entendimento do STJ de que "a possibilidade de atuação do Poder Judiciário é possível tão somente após a prolação da sentença arbitral, nos termos dos arts. 32, I e 33 da Lei de Arbitragem".[47] Nesse sentido, no CC n. 146.939/PA, ficou consignado pelos ministros da Segunda Seção que

> [é] de se reconhecer a inobservância do art. 8º da Lei n. 9.307/1996, que confere ao Juízo arbitral a medida de competência mínima, veiculada no Princípio da Komptenz Komptenz, cabendo-lhe, assim, deliberar sobre a sua competência, precedentemente a qualquer outro órgão julgador, imiscuindo-se, para tal propósito, sobre as questões relativas à existência, à validade e à eficácia da convenção de arbitragem e do contrato que contenha a cláusula compromissória.[48]

Assim, de nove casos envolvendo medidas antiarbitragem, a competência do tribunal arbitral foi reconhecida em sete deles, sendo seis por meio de decisão definitiva,[49] e em um caso, iniciado em 2019, pela concessão de tutela provisória em favor da competência do tribunal arbitral.[50] Apenas em dois casos, relatados a seguir, a medida antiarbitragem não foi rechaçada.

No CC n. 148.085/CE, em que, depois de receber o requerimento de arbitragem, a parte ré propôs ação cautelar para pleitear a concessão de medida liminar a fim de suspender a arbitragem, entendeu o ministro pelo não conhecimento do conflito de competência, diante do fato

[47] REsp n. 1.278.852/MG, Rel. Ministro Luis Felipe Salomão, Quarta Turma, j. em 21 de maio de 2013, referido no CC n. 132.312/SC. Rel. Ministro Ricardo Villas Bôas Cueva, decisão monocrática, j. em 8 jul. 2016.

[48] CC n. 146.939 – PA, Segunda Seção, Rel. Ministro Marco Aurélio Bellizze, j. em 23 de novembro de 2016.

[49] De maneira definitiva nos CCs n. 132.312/SC, 139.519/RJ, 146.939/PA, n. 147.427/PA, 156.133/BA, e por meio de decisão provisória no CC n. 167.729/AM.

[50] CC n. 167.729/AM, Rel. Ministro Marco Buzzi, decisão monocrática de 2 de setembro de 2019.

de que "não houve manifestação do juízo arbitral acerca da sua competência, na medida em que sequer chegou a ser constituído o tribunal arbitral ou árbitro único".[51]

Em um único caso, o CC n. 151.130/SP (julgado em 27 de novembro de 2019 pela Segunda Seção, por maioria e sob a relatoria para acórdão do Ministro Luis Felipe Salomão), o juízo estatal foi considerado competente. A disputa teve início com a instauração de arbitragem por acionistas minoritários da Petrobras, alegando prejuízos relacionados à desvalorização da companhia em decorrência da Operação Lava Jato e incluindo no polo passivo a União Federal, com base na cláusula compromissória contida no estatuto social da companhia. A União, como já relatado anteriormente, inicial demanda judicial com o objetivo de ver reconhecida a desobrigação de participar do procedimento arbitral. Segundo o acórdão do STJ, a Justiça Federal seria competente, com base na suposta ausência de autorização legislativa ou estatutária para participação da União como acionista controladora e na natureza do pleito, que não estaria, segundo a decisão, no escopo da cláusula compromissória.

A decisão foi criticada e, como bem pontuado por Henrique Barbosa e Isabel Cantidiano, "abr[e] um flanco bastante amplo para futuros questionamentos e medidas antiarbitragem, ao delimitar a questão como se a simples alegação de suposta inexistência da cláusula compromissória bastasse ao afastamento da regra da competência".[52]

Conclusões

Como destaca Bermann, os efeitos de determinadas políticas públicas e práticas (dos legisladores, juízes e advogados) na arbitragem são multifacetados, de tal sorte que podem existir diversas métricas, diversos

[51] Decisão monocrática de 28 de setembro de 2017. Na sua fundamentação, da decisão destaca o fato de que "ao receber a petição da INTEGRAL, a Presidência da Câmara de Arbitragem se manifestou expressamente no sentido de que eventual arguição de incompetência só poderia ser analisada pelos árbitros quando constituído o Tribunal Arbitral (e-STJ Fl. 2), o que não aconteceu, o que levaria a conclusão de que "não houve pronunciamento de juízo arbitral quanto a sua competência para efeito de configuração do conflito".

[52] Ver, por exemplo, Barbosa, Henrique; Cantidiano, Isabel. Note: Federal Government v. Brazilian Petroleum S / A (Petrobras), Court of Justice of the State of São Paulo, Case No. 151.130, 27 November 2019. *Revista Brasileira de Arbitragem*, jun. 2020.

critérios e diversas prioridades para determinar se a medida em questão favorece ou não a arbitragem.[53]

Os conflitos de competência perante o STJ, envolvendo, de um lado, o juízo arbitral e, de outro, o juízo estatal, ilustram essa complexidade, desde o início das discussões a respeito do seu cabimento. A motivação das decisões sobre o tema mostra a clara preocupação dos ministros da corte com o bom funcionamento da arbitragem e com a proteção do instituto em relação à interferência indevida dos tribunais estatais. Ademais, a grande maioria das decisões nos casos em que o conflito de competência foi conhecido afirma o princípio da competência-competência, esculpido no artigo 8º da Lei de Arbitragem, reconhecendo a primazia do tribunal arbitral para determinar sua própria competência. Em particular, o STJ tem sido bastante firme em rechaçar as medidas antiarbitragem (ajuizadas perante o Poder Judiciário a fim de suspender ou impedir o procedimento arbitral), em quase todos os casos envolvendo o tema.

Desde a decisão paradigmática no CC n. 111.230/DF em que o STJ reconheceu, em 2013 e por decisão colegiada, pelo cabimento do conflito de competência nos casos envolvendo arbitragem, seu processamento tem sido bastante célere, além de existirem indicações favoráveis à aplicação do sigilo na tramitação dos conflitos de competência envolvendo arbitragem.

A análise histórica dos precedentes do STJ sobre conflito de competência e arbitragem, além de ilustrar as discussões a respeito do que é ser *arbitration firendly*, permite refletir a respeito dos desafios específicos que foram enfrentados no Brasil, na evolução do direito da arbitragem. Assim, não é à toa que os primeiros conflitos de competência diziam respeito a medidas cautelares, que atualmente muitos deles versam sobre questões relacionadas a procedimentos de recuperação judicial e que alguns dos casos mais debatidos envolvam procedimentos arbitrais em que a Administração Pública era parte.

[53] BERMANN, George. What does it mean to be 'pro-arbitration'? *Arbitration International*, v. 34, n. 3, p. 341-358, 2018. Nesse artigo, Bermann, especificamente das arbitragens internacionais, mas suas observações, a nosso ver, aplicam-se também às arbitragens nacionais.

Ainda que os precedentes do STJ ofereçam diretrizes importantes a respeito da aplicação do princípio da competência-competência, existem ainda discussões relevantes a respeito da delimitação do escopo de atuação do árbitro, de um lado, e do Poder Judiciário, de outro lado. Espera-se que o presente trabalho possa contribuir para a continuidade dos debates sobre o tema.

6. ENSAIO SOBRE OS PRINCÍPIOS DO DIREITO PROCESSUAL E A ARBITRAGEM

Carlos Alberto Carmona
José Victor Palazzi Zakia

Introdução

Passados mais de 25 anos desde a promulgação da Lei n. 9.307/1996 (Lei de Arbitragem), algumas questões relacionadas à interface do processo arbitral com o processo estatal ainda merecem atenção.

Uma dessas questões diz respeito à aplicação dos princípios inerentes ao processo civil também ao processo arbitral. Se por um lado não há dúvidas de que determinados princípios fundamentais do processo são aplicáveis ao processo arbitral – até por estarem didaticamente previstos na própria Lei de Arbitragem –, por outro lado, é preciso dimensionar e modular-lhes a aplicação, levando em conta as diferenças ontológicas entre os sistemas jurisdicionais estatal e arbitral.

O objetivo deste capítulo é encontrar o ponto de equilíbrio para a aplicação dos princípios gerais do processo no âmbito arbitral.

1. As implicações do caráter jurisdicional da arbitragem

Desde que promulgada a Lei de Arbitragem, nosso ordenamento jurídico passou a reconhecer o caráter jurisdicional do instituto. O legislador pôs fim ao debate na medida em estabeleceu, em primeiro lugar, que a sentença arbitral possui a mesma eficácia que a sentença judicial e, em segundo lugar, que os árbitros, ao administrarem e conduzirem o processo arbitral, devem respeitar as garantias e os princípios do devido processo legal.[1] Em outras palavras, a Lei de Arbitragem positivou o entendimento de que aos árbitros é conferido *poder* de interpretar e aplicar o Direito, com a *função* de resolver disputas mediante uma *atividade* desenvolvida por meio de um procedimento. Se jurisdição é poder, atividade e função de solucionar litígios, não há como negar o caráter jurisdicional da arbitragem.[2]

Ainda que a arbitragem seja fruto da autonomia da vontade das partes – somente por sua livre iniciativa podem os contratantes optar por resolver suas disputas na arbitragem – não se pode negar que o instituto tenha também um caráter jurisdicional. Os árbitros estão imbuídos do poder de dizer o direito, isto é, aplicá-lo ao caso concreto, resolvendo a disputa entre as partes, por meio de decisão final e vinculante dotada de autoridade equiparada à do juiz togado. A prestação da jurisdição "extrapola o âmbito dos processos estatais e está presente sempre que há exercício de *poder*"[3] e, uma vez que a Lei de Arbitragem reconhece que a sentença arbitral tem a mesma autoridade da sentença judicial, automaticamente reconhece que os árbitros exercem *poder* de dizer e aplicar o Direito e, portanto, estão investidos de jurisdição.

[1] Como pontuado em outra oportunidade, "[O] fato que ninguém nega é que a arbitragem, embora tenha origem contratual, desenvolve-se com a garantia do devido processo e termina com ato que tende a assumir a mesma função da sentença judicial. Sirva, pois, esta evidência para mostrar que a escolha do legislador brasileiro certamente foi além das previsões de muitos ordenamentos estrangeiros mais evoluídos que o nosso no trato do tema, trazendo como resultado final o desejável robustecimento da arbitragem" (Carmona, Carlos Alberto. *Arbitragem e processo*: um comentário à Lei n. 9.307/96. 3. ed. São Paulo: Atlas, 2009, p. 27).

[2] Dinamarco, Cândido Rangel; Grinover, Ada Pellegrini; Cintra, Antonio Carlos de Araújo. *Teoria geral do processo*. 31. ed. São Paulo: Malheiros Editores, 2015, p. 53. "Poderosa tendência doutrinária atribui à arbitragem natureza jurisdicional. A única diferença entre a jurisdição arbitral e a jurisdição estatal consistiria na circunstância de que o juízo arbitral é atribuído a um privado, investido de jurisdição pela vontade das partes, enquanto a jurisdição estatal é desempenhada pelo Estado, por intermédio de seus juízes e tribunais – mas muito acima disso paira o escopo de pacificar sujeitos mediante a solução de seus conflitos, que é inerente a todo exercício da jurisdição, quer estatal, quer arbitral".

[3] Pereira, Guilherme Setoguti J. Procedimento I. *In*: Levy, Daniel; Pereira, Guilherme Setoguti J. (orgs.). *Curso de arbitragem*. São Paulo: Thomson Reuters Brasil, 2018, p. 177.

A constatação de que a arbitragem possui caráter jurisdicional não implica apenas o reconhecimento de que a decisão proferida na seara arbitral tem força de sentença judicial. Ao reconhecer que o processo arbitral é meio apto a entregar aos jurisdicionados a tutela de seus direitos, para que esse exercício se faça legítimo, o nosso ordenamento jurídico passa também a reconhecer que devem ser observados no processo arbitral, assim como no processo judicial, os princípios norteadores de qualquer prestação jurisdicional.[4]

No Estado Democrático de Direito, a prestação jurisdicional não pode ser vista como mera aplicação do Direito de maneira impositiva para solucionar disputas entre seus jurisdicionados. Essa aplicação do Direito só pode ser legitimada pelo Estado se decorrente de um processo que observe princípios e garantias básicos. Sendo a arbitragem mais um mecanismo processual de prestação jurisdicional, deve respeitar os mesmos preceitos fundamentais que legitimam a atividade jurisdicional.

Essa necessidade de observar princípios e garantias gerais do processo decorre do modelo processual concebido para o nosso ordenamento jurídico. O modelo processual brasileiro pode ser qualificado como "modelo constitucional do processo", na medida em que a própria Constituição Federal traz, como inerentes à prestação jurisdicional, a observância de determinados princípios e determinadas garantias processuais fundamentais. De maneira exemplificativa, podemos considerar que o modelo processual constitucional está baseado no ideal do devido processo legal, o qual se verifica por meio da observância de princípios, tais como o contraditório, a igualdade das partes, a imparcialidade do julgador e o livre convencimento motivado, enunciados nos incisos LIV e LV do artigo 5º da Constituição Federal.[5]

[4] "A referência ao poder como centro de emanação de decisões imperativos é o elemento de convergência responsável pela imposição das garantias constitucionais do processo, notadamente a do devido processo legal, entendido como sistema de limitações ao exercício do poder, a do juiz natural, a do dever de imparcialidade e impessoalidade, a do contraditório e a da igualdade" (DINAMARCO, Cândido Rangel. *A arbitragem na teoria geral do processo*. São Paulo: Malheiros Editores, 2013, p. 22).

[5] "Para o momento, aspecto de relevo é: dissemos no início que a influência do processo estatal no arbitral se dá primordialmente por meio de princípios. E foi justamente o que o legislador da Lei de Arbitragem fez nos arts. 13, §6º, e 21, §2º. Ali estabeleceu que o processo arbitral deverá respeitar 'princípios'. E quais seriam eles? Praticamente os mesmos do devido processo legal que a Constituição impõe ao processo estatal: do contraditório, da igualdade

Uma vez que a arbitragem se insere nesse sistema processual constitucional, é desnecessário pontuar que se aplicam à arbitragem os mesmos princípios. Contudo, por questões de didática e reforço, a Lei de Arbitragem reiterou, em seu artigo 21, § 2º, alguns dos princípios que devem ser obrigatoriamente observados na condução do processo arbitral.[6]

A observância a esses princípios não pode ser concebida como se anulasse a liberdade e a flexibilidade que caracterizam a arbitragem enquanto método de resolução de disputas privado. Ao contrário, a observância desses princípios apenas estabelece o *framework* dentro do qual as partes terão ampla liberdade para agir. É dizer, de outra forma, que esses princípios balizam o exercício da autonomia da vontade das partes para garantir que o processo arbitral (e, por consequência, seu resultado) sejam legítimos aos olhos do Estado Democrático de Direito.

2. Arbitragem e o código de processo civil: sistemas diferentes e independentes

Arbitration is different! A advertência deve sempre funcionar como diretriz para quem se ocupa desse mecanismo de solução de controvérsias, seja qual for o ângulo do estudo.

Sob a perspectiva dos princípios do processo – sejam os de vertente constitucional, sejam os chamados "princípios gerais" – as diferenças sistemáticas entre o processo estatal e o processo arbitral recomendam cautela na importação para a arbitragem de tudo quanto se produziu (especialmente no século passado) a respeito do tema. Os muitos autores que se lançaram à árdua tarefa de identificar os princípios do pro-

das partes, da independência, do livre convencimento do julgador e da sua imparcialidade. Logo, o sistema do processo arbitral também se comunica com princípios processuais estampados no sistema de garantias da Constituição, que informam todo e qualquer sistema de processo. Portanto, mediante sua operação de *abertura cognitiva*, o processo arbitral recebe da Constituição influxos em forma de princípios processuais" (PARENTE, Eduardo de Albuquerque. *Processo arbitral e sistema*. São Paulo: Atlas, 2012. Coleção Atlas de Arbitragem, p. 70).

6 "Pinçou o legislador, dentre os princípios gerais do processo, aqueles capazes de prestar às partes razoável garantia de um julgamento justo. Exigiu, assim, que fosse respeitado, seja qual for o procedimento que as partes (ou o árbitro) criarem ou escolherem, o princípio do contraditório, o da igualdade, o da imparcialidade do árbitro e o do livre convencimento" (CARMONA, Carlos Alberto. *Arbitragem e processo*: um comentário à Lei n. 9.307/96. 3. ed. São Paulo: Atlas, 2009, p. 293).

cesso tinham em mira, naturalmente, o processo estatal. É fácil notar nos estudos mais antigos a preocupação dos juristas em demonstrar como os códigos de processo (civil e penal, além de leis esparsas) encamparam tudo aquilo que, em conjunto, significaria em última análise a definição do *due process*.

Muitos se assustam com a afirmação de que o Código de Processo Civil não se aplica à arbitragem. Imaginam que a afirmação signifique que o processo arbitral desviaria daquele conjunto de características que retratam o devido processo legal. Nada mais equivocado! As leis processuais (todas elas) incorporaram naturalmente as estruturas *garantísticas* que ao longo do tempo foram identificadas para salvaguardar um método eficaz e justo de solução de litígios capitaneada por um órgão estatal. Quando a arbitragem foi efetivamente implantada no Brasil (ou seja, a partir da edição da Lei de Arbitragem de 1996), o país passou a contar com um meio jurisdicional diverso, que não estava no radar daqueles (muitos) que haviam até então construído os pilares da teoria geral do processo. Impõe-se, portanto, fazer um trabalho de depuração, identificando a medida exata em que os princípios processuais devem ser aplicados ao processo arbitral.

A arbitragem existe enquanto subsistema processual autônomo visto que a prestação jurisdicional, por parte do árbitro, independe do processo civil estatal. O sistema jurídico não é *piramidal*, mas sim *policontextual*. Nele, vários subsistemas se relacionam como uma espécie de constelação, e para que esse modelo funcione, os variados sistemas devem possuir maturidade no seu conjunto de instrumentos. Isso lhes permite ser *autorreferenciais*. E a *autorreferência* lhes confere autonomia. Para a teoria dos sistemas, trata-se do fenômeno chamado de *fechamento operacional*. Por seu turno, esse feixe instrumental, trazendo autonomia, permite que o sistema se comunique com os demais, sem perder sua essência, mas, fundamentalmente, para se manter em contínua evolução, ou em movimento que lhe propicie acompanhar os desdobramentos dos demais sistemas sociais. Para a teoria dos sistemas, trata-se do fenômeno chamado de *abertura cognitiva*.[7]

[7] PARENTE, Eduardo de Albuquerque. *Processo arbitral e sistema*. São Paulo: Atlas, 2012. Coleção Atlas de Arbitragem, p. 41 e ss.

Ainda que existam zonas de intersecção entre o sistema processual arbitral e o sistema processual civil, ao reconhecer o caráter jurisdicional da arbitragem, o ordenamento jurídico passou a reconhecer que a arbitragem constitui um meio de resolução de disputas *paralelo* ao processo civil estatal. O processo arbitral, ainda que seja considerado um processo (sujeito, assim, à dinâmica da teoria geral do processo), não pode ser considerado como uma subespécie de processo civil. Da mesma forma, o árbitro não integra a estrutura jurisdicional dos tribunais estatais e não tem as mesmas responsabilidades que o juiz togado na manutenção da integridade dessa estrutura.

Na sua qualidade de subsistema dentro do panorama geral do processo, a arbitragem deve, obrigatoriamente, observar somente aquelas regras *gerais* que norteiam toda e qualquer prestação jurisdicional. Princípios e regras que se aplicam à atuação dos juízes não necessariamente serão aplicados aos árbitros, uma vez que o subsistema do processo civil não se confunde e não engloba o subsistema do processo arbitral. Ainda que ambos os subsistemas estejam inseridos dentro da dinâmica geral do processo, tratam-se de subsistemas diferentes, que se prestam a exercer a jurisdição de maneiras distintas e com escopos distintos.

A dupla vertente do instituto da arbitragem (contratual e jurisdicional) traz implicações quanto à própria concepção do processo arbitral. Sob a ótica privada, a função do processo arbitral é, primordialmente, referente às partes, de sorte que a missão dos árbitros está voltada para dar uma resolução efetiva e adequada àquelas partes em específico, mitigando influências de caráter social ou político. O árbitro é *accountable* perante as partes, devendo se atentar mais à autonomia da vontade por elas manifestada e à confiança por elas nele depositada do que a integridade e a coerência do ordenamento jurídico como um todo.

Não por outra razão, diversos princípios e regras aplicáveis ao processo civil não comportam transposição para o processo arbitral, visto que traduzem preocupações não abarcadas por esse sistema, ou ao menos não tão relevantes. Por outro lado, essa mesma diferença de objetivos e escopos implica que o processo arbitral requer a aplicação dos princípios gerais do processo de forma e maneira distintas e moduladas, justamente para compatibilizar essa missão privatista da prestação jurisdicional pelo árbitro.

3. O árbitro e a integridade da estrutura da jurisdição arbitral

A diferença e separação entre os sistemas arbitral e processual fica mais nítida, como dissemos anteriormente, quando o olhar se fixa sobre o árbitro como garantidor da estrutura do processo arbitral.

Se é verdade – e ninguém o pode negar – que o árbitro deve capitanear um processo justo, célere, adequado e participativo de solução de litígios, também é igualmente verdadeiro que ele não está protegido (muito menos submetido) às garantias e limitações que cercam a vida do juiz togado (exatamente com o escopo de proteger a estrutura do processo estatal).

Assim, embora o árbitro seja juiz de fato e de direito (artigo 18 da Lei de Arbitragem),[8] isso não significa que integre – mesmo provisoriamente – a estrutura do Poder Judiciário. Não está sujeito às obrigações e aos deveres previstos na Lei Orgânica da Magistratura; não goza das garantias da magistratura previstas no artigo 95 da Constituição Federal;[9] e não está sujeito a qualquer uma das restrições estabelecidas na mesma Carta (artigo 95, parágrafo único).[10]

É por isso que o árbitro não está obrigado – como estaria um juiz togado – a apurar fatos eventualmente delituosos que cheguem ao seu conhecimento na função de julgador; é por isso que não faria o menor sentido impugnar um árbitro que tenha participação político-partidária; é por isso que seria inadmissível limitar o número de processos em que

[8] "Art. 18. O árbitro é juiz de fato e de direito, e a sentença que proferir não fica sujeita a recurso ou a homologação pelo Poder Judiciário."

[9] "Art. 95. Os juízes gozam das seguintes garantias: I – vitaliciedade, que, no primeiro grau, só será adquirida após dois anos de exercício, dependendo a perda do cargo, nesse período, de deliberação do tribunal a que o juiz estiver vinculado, e, nos demais casos, de sentença judicial transitada em julgado; II – inamovibilidade, salvo por motivo de interesse público, na forma do art. 93, VIII; III – irredutibilidade de subsídio, ressalvado o disposto nos arts. 37, X e XI, 39, § 4º, 150, II, 153, III, e 153, § 2º, I."

[10] "Art. 95, Parágrafo único. Aos juízes é vedado: I – exercer, ainda que em disponibilidade, outro cargo ou função, salvo uma de magistério; II – receber, a qualquer título ou pretexto, custas ou participação em processo; III – dedicar-se à atividade político-partidária. IV – receber, a qualquer título ou pretexto, auxílios ou contribuições de pessoas físicas, entidades públicas ou privadas, ressalvadas as exceções previstas em lei; V – exercer a advocacia no juízo ou tribunal do qual se afastou, antes de decorridos três anos do afastamento do cargo por aposentadoria ou exoneração."

um árbitro possa atuar;[11] é por isso que não faria sentido limitar as atividades que o árbitro pode desempenhar (estabelecendo, tal qual o artigo 95, Parágrafo único, Inc. I, da Carta Magna, limitações aos serviços e funções que o magistrado pode desempenhar além da judicatura); é por isso que a arbitragem pode ser confidencial (e se as partes assim o convencionarem, tudo o que diga respeito a ela – mesmo em sede judicial – deverá manter a mesma confidencialidade, conforme predispõe o artigo 189, IV, do CPC).

4. Os princípios processuais da arbitragem e a sua interpretação

Uma vez que incidem na arbitragem os princípios gerais do processo, requisito essencial para que haja prestação jurisdicional no Estado Democrático de Direito, é preciso analisar a roupagem que tais princípios trazem quando aplicados à dinâmica arbitral.

A própria Lei de Arbitragem foi didática ao estabelecer, em seu artigo 21, § 2º, que devem ser observados os princípios do contraditório, da igualdade das partes, da imparcialidade do árbitro e do seu livre convencimento motivado. Por mais que esses princípios sejam observados no processo civil estatal, sua prática no âmbito da arbitragem ocorre de forma diferente. A aplicação de tais princípios deve ser adequada à realidade da arbitragem, levando em consideração que o escopo da prestação jurisdicional pelo árbitro mira sobretudo a implementação da vontade privada das partes, baseada na confiança por elas depositada na atuação do árbitro. *Last but not least*, a utilização dos princípios deve levar sempre em conta que o árbitro não integra a estrutura da jurisdição estatal.

4.1. Contraditório: o esperado diálogo tripartite

O princípio do contraditório pode ser resumido como a garantia da oportunidade de se estabelecer diálogo entre os sujeitos da relação jurídica processual. A aplicação deste princípio busca assegurar que as partes tenham a oportunidade de *participar* no processo, seja pleiteando, argumentando ou provando. Não por outra razão o princípio do contraditório deve ser interpretado sob dois enfoques distintos: *informação* e *reação*.

[11] Recentemente surgiu na Câmara dos Deputados um projeto de lei que – inacreditavelmente – pretende fazer exatamente isso: confira-se, PL 3.293/2021.

Para que as partes tenham a oportunidade de participar é fundamental que tenham, de um lado, a informação sobre os atos processuais e o desenvolvimento do processo e, de outro lado, a possibilidade de reagir a esses atos. Com base nesse binômio, podem as partes produzir as provas que entendem necessárias, aduzir as razões de seus pedidos, contestar as alegações da parte adversa, cooperando assim para a formação do convencimento do julgador.

Diferentemente do processo civil, na arbitragem o contraditório é balizado e direcionado de forma menos estanque, em razão da maior proximidade que se espera dos árbitros com a causa e com as partes; da inerente flexibilidade das regras procedimentais; e da inexistência de recursos quanto à decisão proferida pelos árbitros, o estabelecimento do diálogo entre os sujeitos do processo arbitral pode – e deve – dar-se de maneira mais dinâmica, produzindo resultados mais efetivos.

Para que o princípio do contraditório seja plenamente respeitado, não só é necessário que o julgador dê às partes a oportunidade de dialogarem entre si, mas que ele mesmo participe proativamente do diálogo, abstendo-se de tomar decisões sobre questões essenciais sem que as partes sejam devidamente ouvidas, indicando, quando necessário, os pontos controvertidos ainda não esclarecidos, apontando questões que ainda merecem produção probatória e externando claramente suas dúvidas acerca de argumentos utilizados pelos contendentes.

Essa expectativa de um franco diálogo aberto entre todos os operadores do processo arbitral parece ser a tônica da arbitragem, qualificando (e, acima de tudo, legitimando) tanto o processo como o seu resultado.

Diferentemente do juiz togado, o qual é investido de poderes jurisdicionais pelo próprio Estado, o árbitro assume os poderes jurisdicionais apenas quando aceita o encargo após a indicação feita pelas partes (ou ao menos, a indicação feita de acordo com o método escolhido pelas partes). É justamente essa possibilidade de indicar o julgador, ou o método de escolha do julgador, que caracteriza a própria essência da arbitragem – não há arbitragem se as partes não tiverem optado por terem sua disputa decidida por um julgador privado o qual será escolhido da forma que elas mesmas assim dispuserem.

O fato de que são as partes que escolhem o julgador cria uma relação entre árbitros e partes diferente daquela estabelecida entre juízes e partes. Essa relação, originada da concordância das partes em terem determinado profissional como julgador de seu caso, reside na confiança que essas partes depositam na pessoa do árbitro[12] ou, no limite, a ausência de justo motivo para desconfiar da capacidade dele de julgar com isenção. Nesse sentido, voltamos nossa atenção ao artigo 13 da Lei de Arbitragem.

No referido artigo, o legislador optou por balizar a escolha das partes quanto ao potencial árbitro, limitando-a a apenas dois critérios: capacidade civil e confiança das partes. Deixemos de lado a questão da capacidade civil, já tratada em outras oportunidades,[13] para focarmos na *confiança das partes*.[14]

Em razão da confiança que as partes depositaram no árbitro, quando realizaram sua indicação, devemos assumir que a relação estabelecida é substancialmente diferente daquela entre juízes e partes. As partes do processo arbitral não se contentam com o acaso de terem sua causa sorteada perante um rol de profissionais generalistas; ao contrário, pesquisam, procuram e escolhem um profissional que se adeque aos seus interesses para aquela disputa. E entre os interesses que as partes buscam satisfazer quando indicam um profissional para atuar como árbitro está a expectativa de que tal profissional dê uma solução verdadeiramente efetiva à disputa, o que pressupõe que adote uma postura ativa na condução do procedimento.

Essa expectativa das partes é, não apenas usual, mas também plenamente justificada, por duas razões: primeira, os árbitros são, assim como

[12] "A relação entre árbitro e partes é mediada por um elemento fundamental, que está na raiz da especialidade do regime ao qual ele se submete: a confiança. O árbitro é escolhido pelas partes com base na confiança que elas depositam nele. 'Pode ser árbitro qualquer pessoa capaz e que tenha a confiança das partes', determina o artigo 13, da lei 9.307/96. Como se percebe, confiança é um conceito legal no Brasil, não uma construção doutrinária. Confiança é a base do contrato entre o árbitro e as partes" (ALVES, Rafael Francisco. *Árbitro e direito*: o julgamento do mérito na arbitragem. São Paulo: Almedina, 2018, p. 22).

[13] CARMONA, Carlos Alberto. *Arbitragem e processo*: um comentário à Lei n. 9.307/96. 3. ed. São Paulo: Atlas, 2009, p. 229.

[14] "Analisando a terminologia, verifica-se que 'confiança' é palavra polissêmica, que pode indicar confiabilidade, credibilidade, crença legítima e previsibilidade, de forma que cabe à boa-fé direcionar os contratantes a condutas em consonância com as legítimas expectativas que o ato de vontade cria. A extensão dos deveres e obrigações do árbitro deve estar em linha com a relação contratual (e, assim de confiança) que entabula com as partes" (MARQUES, Ricardo Dalmaso. *O dever de revelação do árbitro*. São Paulo: Almedina, 2018, p. 98).

os advogados das partes, em sua grande maioria agentes do mercado; segunda, diferentemente dos juízes, os árbitros não estão assoberbados por um infindável número de processos a serem julgados. Por conta disso, espera-se, que tenham mais familiaridade com as necessidades e os desafios enfrentados pelos advogados, bem como disponham de mais tempo para se dedicarem ao caso.

Como se sabe, não existe profissão de árbitro, o que há é apenas uma investidura momentânea e circunstancial de poder jurisdicional para decidir uma única e específica disputa. Em outras palavras, os árbitros são profissionais do mercado que estão, naquela ocasião, investidos de poder jurisdicional. Contudo, encerrado esse exercício, voltam a ser agentes do mercado, assim como os advogados e as próprias partes. Em sua grande maioria, os árbitros são, eles mesmos, advogados que também atuam perante outros tribunais arbitrais e, portanto, não só têm relacionamentos mais constantes com os demais agentes desse sistema – permitindo, assim, um fluxo de informações menos restrito e engessado – como também têm, em razão da sua própria experiência no mercado, conhecimento acerca dos desafios que os advogados enfrentam para atuar de forma efetiva no convencimento dos julgadores. É dizer, de outra forma, que os árbitros estão em uma posição mais próxima e sensível à atuação dos advogados. Justamente por serem, eles mesmos, advogados em outros casos, conhecem, em primeira mão, a importância e os melhores mecanismos para o estabelecimento de um diálogo claro e direto com o julgador.

Não faz o menor sentido, portanto, a crítica de alguns a respeito de uma suposta "porta giratória" que conspurcaria a arbitragem: segundo esses "críticos" (normalmente pouco afeitos à arbitragem), seria um grande mal a frequente inversão de papéis dos árbitros ("*double hatting*"), que ora julgam, ora atuam como advogados, ora produzem pareceres jurídicos. É exatamente o contrário: essa é uma das excelentes características da arbitragem, já que os julgadores (ao contrário dos juízes togados) são agentes de mercado, sensíveis às suas características e vicissitudes. Tudo gira em torno da autonomia da vontade dos litigantes: se quiserem um julgamento por agentes encastelados em tribunais (muitas vezes distantes e insensíveis às realidades de mercado) recorrerão ao Poder Judiciário; quem quiser um julgamento mais rente ao que acontece na dinâmica das relações sociais (em especial nas relações comerciais e empresariais) escolherá a arbitragem. Há espaço para todos, mas a escolha precisa ser bem-informada. O que não se pode admitir é uma crítica ao sistema arbitral simplesmente porque é *diferente* da estrutura montada pelo Estado para dirimir controvérsia.

A maior disposição de tempo de que se beneficiam os árbitros (em contrapartida aos assoberbados juízes togados) também contribui para que possam se dedicar com mais afinco à condução do procedimento arbitral, permitindo-lhes, igualmente, dialogar de forma mais ativa e efetiva com as partes. A experiência arbitral das últimas décadas tem demonstrado que advogados e árbitros se engajam em debates mais proveitosos e efetivos, posto que árbitros têm maior disponibilidade de tempo para conduzirem e estabelecerem os contornos do processo, dedicando-se ao estudo do caso de forma aprofundada.[15]

Essa expectativa de que os árbitros ajam de forma mais proativa, contribuindo para a concretização efetiva da garantia do contraditório, também é decorrente da maior flexibilidade verificada no procedimento arbitral, o que é estimulado especialmente no âmbito da arbitragem internacional.

Neste ponto, convém fazer referência a duas importantes *soft laws,* as Regras de Praga e as Regras da IBA para produção de provas. A primeira – as "Regras sobre a Condução Eficiente de Procedimentos em Arbitragem Internacional" (Regras de Praga) – logo em seu preâmbulo, estabeleceu que tal *soft law* se destina "[...]a fornecer uma estrutura e/ou orientação aos Tribunais Arbitrais e às Partes para aumentar a eficiência da arbitragem através do encorajamento de um papel mais ativo do tribunal arbitral na condução dos procedimentos". O intuito que motivou a promulgação das *Regras* é realçado no seu artigo 2º, que trata especificamente do "papel proativo do Tribunal Arbitral", estabele-

[15] Aqui fazemos referência à pesquisa realizada pelo Comitê Brasileiro de Arbitragem (CBAr) em parceria com o Instituto de Pesquisas (IPSOS). Conforme a pesquisa, 84% (oitenta e quatro por cento) dos respondentes consideram que os árbitros investem no estudo e aprofundamento do tema no qual atuarão. Da mesma forma, 81% dos respondentes afirmou que os árbitros conduzem o procedimento de forma rápida, isenta e eficiente. Por fim, 77% dos respondentes afirmaram que os árbitros dedicam o tempo necessário e são comprometidos com o processo. Neste ponto é importante ressaltar que os respondentes da pesquisa se dividem entre árbitros, advogados, advogados internos (*in house counsel*) e representantes das instituições de arbitragem. Disponível em: http://www.cbar.org.br/PDF/Pesquisa_CBAr-Ipsos-final.pdf. Acesso em: 10 jul. 2022.

cendo ferramentas e procedimentos que podem guiar o tribunal arbitral no manejo eficiente do procedimento. A segunda *soft law* – "IBA Rules on the Taking of Evidence", em sua versão revisada de 2020 –, também pontua, em seu preâmbulo, que "*[t]hese IBA Rules on the Taking of Evidence in International Arbitration are intended to provide an efficient, economical and fair process for the taking of evidence in international arbitrations, particularly those between Parties from different legal traditions. They are designed to supplement the legal provisions and the institutional, ad hoc or other rules that apply to the conduct of the arbitration*". As *IBA Rules* recomendam, em vários de seus dispositivos, a maior intervenção do julgador na coleta da prova e no direcionamento dos esforços das partes para a produção do material que servirá de esteio para a prolação da decisão arbitral.

Na medida em que existe autonomia para que as partes desenhem o procedimento que mais lhes convenha e que ao árbitro seja dada ampla discricionariedade para conduzir o procedimento arbitral, é esperado e desejado que sejam feitos os ajustes necessários para que o procedimento seja o mais "contraditório" possível. Liberando-se de modelos preconcebidos de procedimento, conforme ocorre no processo civil em razão dos diversos dispositivos que regulam a grande maioria dos atos procedimentais, estão as partes e os árbitros na melhor posição para assegurarem um procedimento que verdadeiramente oportunize o diálogo entre partes e julgadores de forma moldada e particularizada para aquela disputa.

Um exemplo da utilização dessa flexibilidade são as audiências ou reuniões de apresentação de caso, costumeiras em sede arbitral, nas quais os árbitros conferem às partes a oportunidade de participarem ativamente da gestão do processo. Conforme já tratado em outra obra,[16]

[16] "Volto a recorrer à analogia com a arbitragem: a experiência da gestão processual compartilhada tem sido um verdadeiro sucesso e uma reunião (ou audiência) de uma ou duas horas tem poupado as partes (e os árbitros) de muitas discussões inúteis sobre o encadeamento e a forma dos atos processuais. Os advogados têm tomado o cuidado de preparar-se para justificar seus pedidos, pois sabem que os árbitros estudaram a causa e não estarão dispostos a ouvir disparates ou justificativas pouco convincentes; os árbitros, por sua vez, preparam-se para a reunião de modo que já sabem exatamente qual a dimensão do litígio e seus contornos. Tudo isso toma muito tempo e exige esforço considerável. No âmbito da arbitragem, os julgadores podem administrar seus compromissos, de modo a atender uma agenda razoável das partes, os juízes, sabemos todos, não tem a mesma flexibilidade, o que pode fazer a diferença entre o sucesso e o fracasso da experiência: uma audiência com operadores despreparados (advoga-

tais audiências são uma importante ferramenta que garante aos litigantes maior participação na gestão do processo, otimizando a alocação de tempo e recursos. Ainda a título exemplificativo, outra ferramenta que vem ganhando relevância na prática nacional, é a "ordem processual imperial",[17] proferida pelo tribunal arbitral logo após encerrada a rodada de troca de manifestações entre as partes. Por meio desta "ordem", os árbitros, ao determinarem a realização da audiência, informam as partes de maneira detalhada sobre a forma como o ato será realizado, desde a identificação de pontos controvertidos que ainda mereçam esclarecimentos até a forma de inquirição de testemunhas e peritos, de modo que não haja qualquer surpresa quanto ao procedimento a ser seguido. Com isso, de um lado as partes têm, de antemão, um verdadeiro "guia" para a condução da audiência; de outro lado, os árbitros asseguram às partes que têm acompanhado o desenvolvimento do contraditório e indicam os pontos sensíveis que ainda requerem maiores esclarecimentos. Trata-se de verdadeiro exemplo do contraditório participativo.

Esses expedientes só são possíveis porque não existe um regramento engessado quanto ao desenvolvimento do procedimento arbitral, podendo os árbitros e as partes se reunirem para, conjuntamente, decidirem os próximos passos do processo conforme lhes seja conveniente e adequado. Além disse, as partes têm sempre a legítima expectativa de que os árbitros tenham disponibilidade de tempo, não só para atender tais audiências, como também para se preparar para participar do diálogo (qualificado!) com as partes. E aqui não custa lembrar que um *diálogo qualificado* exige preparação não só do julgador, mas sobretudo dos representantes das partes (normalmente seus advogados, embora já se saiba que a presença destes profissionais não seja obrigatória na arbitragem). Os julgadores também têm a legítima expectativa de que os advogados tenham conhecimento completo dos fatos com que estejam lidando e saibam fazer com presteza os esclarecimentos que forem necessários para conectar seus argumentos às provas que estão produzindo.

dos ou julgadores) será inútil" (CARMONA, Carlos Alberto. O Novo Código de Processo Civil e o Juiz Hiperativo. *In*: Vários autores. *O novo código de processo civil*: questões controvertidas. São Paulo: Atlas, 2015, p. 68).

[17] Este nome jocoso deve ser atribuído a José Emílio Nunes Pinto que – se não o inventou – conseguiu (mercê de sua prática eficaz no manuseio das técnicas da arbitragem) difundi-lo. A expressão é hoje utilizada de forma ampla entre os arbitralistas.

Em suma, diante de tão poderosas ferramentas para a implementação de um contraditório qualificado, concluímos que criar o ambiente propício ao diálogo qualificado é mais do que uma mera possibilidade, transformando-se numa legítima expectativa das partes, mormente a falta de recursos contra a decisão arbitral.

O procedimento arbitral – salvo excepcionalíssimas situações – resulta na prolação de uma decisão final e vinculante não sujeita a qualquer recurso quanto ao mérito da decisão. Não por outra razão, a arbitragem é comumente caracterizada como um processo "*one-shot*", no qual as partes têm uma única oportunidade de convencer o julgador. Essa característica do processo arbitral traz uma carga ainda maior ao princípio do contraditório, já que as partes não terão outra oportunidade de discutir a causa e, portanto, a discussão (leia-se, contraditório) deve ser a mais completa e efetiva possível.

No caso de o contraditório não ser satisfatoriamente exercido, não haverá segunda chance para que partes e julgadores busquem aprofundar as questões deixadas de lado. Por isso é essencial que os árbitros sejam absolutamente zelosos com a condução do procedimento, buscando conhecer o caso nos seus mais íntimos detalhes, o que pressupõe que não encurtem o contraditório e que participem, a todo momento, do diálogo direto com as partes. Somente mediante uma atuação proativa dos árbitros é que se garante que a decisão seja a mais efetiva possível. É claro que isto não significa prolongar de maneira desnecessária o diálogo, muito menos permitir produção inútil de provas: o que se espera do árbitro preparado é que coordene os esforços das partes, de modo que estas cooperem de forma útil para o melhor resultado possível do processo arbitral.

4.2. Igualdade das partes: uma revisitação da postura do tribunal arbitral

Não há dúvidas de que no processo arbitral deve imperar, assim como no processo civil estatal, a igualdade entre as partes. De maneira bastante resumida, o princípio da igualdade das partes preconiza que os litigantes não podem ser tratados de forma diferenciada, priorizando-se os interesses de um em detrimento do outro.[18] Isso se manifesta, sobre-

[18] "O princípio da igualdade das partes afirma que não se pode dar um tratamento prioritário ou diferenciado a quaisquer das partes. As oportunidades atribuídas a uma parte devem

tudo, nas oportunidades que são conferidas, seja pela própria legislação, seja pelo julgador, para que todos participem ativamente do processo.

O princípio da igualdade em sua acepção jurídico-processual traduz-se, portanto, na garantia de oportunidades iguais para ambas as partes, o que pressupõe que essas possam agir e reagir (isto é, exercer o contraditório) e, por pressuposto, tenham acesso às mesmas informações acerca do desenvolvimento do processo.

As questões relativas à igualdade das partes podem, então, ser vistas sob dois prismas distintos. Por uma primeira perspectiva, pode-se assumir que o acesso às mesmas informações e a mera concessão de oportunidades iguais (mesmos prazos, mesmo número de petições, mesmo tempo de audiência, etc.) sejam suficientes para garantir a implementação do princípio da igualdade, na medida em que ambas as partes são capazes (pelo menos programaticamente) de se utilizar dessas oportunidades e fazer uso de suas prerrogativas processuais. Sob uma segunda perspectiva, assume-se que a mera concessão de idênticas oportunidades não seja suficiente para garantir a igualdade do tratamento das partes, já que pode haver diferenças ontológicas materiais entre elas que fazem com que uma tenha capacidade maior de fazer uso de suas prerrogativas processuais. A busca pelo tratamento isonômico e a verdadeira garantia da igualdade das partes se mostra muito mais desafiadora sob a segunda perspectiva, a qual demanda do julgador não apenas que conceda oportunidades análogas às partes, mas que também verifique se elas são capazes de se beneficiar dessas oportunidades.

Sob essas duas perspectivas, pode parecer que questões afeitas à igualdade das partes sejam relevantes apenas na seara do processo civil estatal. Perante o Poder Judiciário são trazidas as mais diversas disputas surgidas das mais variadas relações jurídicas, inclusive aquelas nas quais, conceitualmente, existe uma diferença substancial entre as partes (como é o caso das relações de consumo, relações de trabalho, etc.). Não por outra razão, o Código de Processo Civil é permeado de dispositivos

ser igualmente dadas à outra, ainda que não sejam necessariamente idênticas. Bem vistas as coisas, não se afirma que haverá sempre uma igualdade material entre as partes, já que relações humanas são complexas e diversas" (LAMAS, Natália Mizrahi. Princípios aplicáveis à arbitragem. *In*: LEVY, Daniel; PEREIRA, Guilherme Setoguti J. (orgs.). *Curso de arbitragem*. São Paulo: Thomson Reuters Brasil, 2018, p. 43).

que criam instrumentos a serem utilizados pelos juízes justamente para equilibrar essas relações intrinsecamente desequilibradas (mecanismos de compensação).[19]

No entanto, a criação de tais ferramentas não é capaz de corrigir o problema estrutural que impede que os juízes façam uso efetivo delas: falta tempo, faltam recursos, falta imaginação, falta até mesmo vontade política para que os magistrados estatais se familiarizem com as minúcias e necessidades de cada caso concreto a ponto de identificarem a melhor forma de propiciar a paridade de armas.[20]

A arbitragem não padece dessas mesmas vicissitudes (nem está sujeita às mesmas necessidades). Os árbitros, inegavelmente, dispõem de mais tempo para analisar os casos em todas as suas minúcias e, por essa razão, são capazes de atuar de forma mais efetiva na administração do processo, o que, por pressuposto, compreende também a tarefa de buscar um tratamento processual isonômico e igualitário. A questão que sobrevive, no entanto, é se realmente há essa necessidade na seara arbitral.

[19] No âmbito do processo estatal o legislador se mostrou preocupado em tratar de forma desigual aqueles que se mostram ontologicamente diferentes. Assim, para implantar – no limite do possível – a *paridade de armas*, aumentou prazos em favor de uma das partes (a Fazenda Pública), diferiu o pagamento de custas (ou criou hipóteses de isenção), alterou regras ordinárias de distribuição dos ônus probatórios, tudo objetivando equilibrar melhor as forças em choque. Na seara arbitral – sistema diferente do regime estatal – o legislador não teve as mesmas preocupações.

[20] "Com efeito, assegurar às partes igualdade de tratamento não é tarefa fácil quando o Estado não conta com a estrutura necessárias para garantir a igualdade de fato. Não basta dizer que o juiz deve ser equidistante, evitando o favorecimento de um ou te outro litigante, muito menos enunciar conceitos vagos, recomendando ao juiz que trate de modo desigual os ontologicamente desiguais. É preciso dar ferramentas efetivas ao magistrado para permitir ao hipossuficiente uma luta igualitária (paridade de armas). Isso significa que além de garantir uma representação eficiente (advogado dativo ou defensor público), o juiz deve conhecer o caso com adequada profundidade, para perceber desde logo quais são os pontos controvertidos, garantindo às partes (especialmente à menos favorecida) o direito de demonstrar suas razões, produzindo provas – mormente as técnicas que possivelmente a parte hipossuficiente não pode custear. O acesso ao processo justo, ou seja, um instrumento que pode ser utilizado de modo adequado e equilibrado pelos contendentes (inclusive pelo hipossuficiente) é a verdadeira garantia que o art. 125 do CPC pretende que o juiz assegure, cabendo ao magistrado por meio de convênios estatais e outros expedientes permitir a produção da prova quando não houver instituição pública que possa dela encarregar-se" (Carmona, Carlos Alberto. O Novo Código de Processo Civil e o juiz hiperativo. *In*: Vários autores. *O novo código de processo civil*: questões controvertidas. São Paulo: Atlas, 2015, p. 62).

Em outros tempos, principalmente nos primeiros anos após promulgada a Lei de Arbitragem, verificava-se no processo arbitral um campo de atuação de grandes empresas, profissionalmente organizadas, detentoras de poderio econômico e bem representadas pelas melhores bancas de advogados, muitos casos contendo elementos de internacionalidade. Por isso a igualdade das partes na arbitragem não era, necessariamente, uma questão a ser tratada com profundidade, afinal, não existiam aquelas desigualdades ontológicas entre litigantes que se percebe corriqueiramente no Judiciário.[21] A garantia da igualdade das partes se dava mediante a mera concessão de oportunidades iguais para que ambas as partes atuassem no processo.

Nesses 25 anos da Lei de Arbitragem, o instituto passou a ser promovido e utilizado nos mais diversos setores. Hoje, a arbitragem não é mais um *playing field* apenas das grandes empresas, ao contrário, há uma profusão de disputas que envolvem partes significativamente menos poderosas sendo levadas à via arbitral. Até mesmo por meio de reformas legislativas, tal como a Nova Lei de Franquia e a reforma da Consolidação das Leis do Trabalho (CLT), percebe-se que a arbitragem deixou de ser um campo utilizado apenas para que poderosas corporações litiguem entre si.[22]

Diante desse cenário, a maneira com a qual os árbitros e a instituições arbitrais (e demais agentes do sistema arbitral) encaram o princípio da igualdade processual deve ser revisitada (*rectius*, dinamizada). O princípio da igualdade das partes na arbitragem, que antes era concebido como mera necessidade de conferir as mesmas oportunidades a ambos os litigantes (*i.e.*, prazos iguais para manifestações, mesmo número

[21] "Quanto ao princípio da igualdade, que estabelece a paridade entre os litigantes, necessário notar que não existem no processo arbitral os mesmos mecanismos de transformação da igualdade formal em igualdade material de que dispõe o juiz estatal. Desta forma, a igualdade de que trata a Lei permanece numa dimensão estática, dificilmente superável. É preciso, porém, lembrar que no processo arbitral as partes encontram-se normalmente em situação bastante equilibrada e escolhem espontaneamente o meio através do qual resolverão seu litígio; no processo estatal, ao contrário, o equilíbrio das partes não é a regra, e a participação no processo não é voluntária, mas sim obrigatória. Se no processo judicial a intervenção estatal é necessária para equilibrar partes ontologicamente desiguais, no processo arbitral esta intervenção pode ser confortavelmente dispensada" (CARMONA, Carlos Alberto. *Arbitragem e processo*: um comentário à Lei n. 9.307/96. 3. ed. São Paulo: Atlas, 2009, p. 296).

[22] ZAKIA, José Victor Palazzi. *A igualdade na arbitragem*: o processo arbitral e o fenômeno *repeat player*. São Paulo: Almedina, 2022 (no prelo).

de rodadas de manifestações, mesmo prazo para produção de provas, etc.), hoje, invoca uma atenção maior de seus agentes para questões inerentes à relação jurídica das partes que possam dificultar o pleno exercício de suas prerrogativas processuais.

Não basta apenas conferir as mesmas oportunidades, é necessário se atentar ao fato de que uma dessas partes pode não ser capaz de se beneficiar desta oportunidade da mesma forma que a outra. É dizer que, a depender do caso, atualmente, os árbitros, as instituições arbitrais e os demais participantes desse sistema devem também buscar a implementação de regras que minimizem os efeitos processuais das diferenças ontológicas entre as partes litigantes. Tais mecanismos, evidentemente, não serão semelhantes àqueles vigorantes no processo estatal.

Espera-se do árbitro plena disposição para

> "conhecer o caso com a adequada profundidade, para perceber, desde logo, quais são os pontos controvertidos, garantindo às partes (especialmente à menos favorecida) o direito de demonstrar suas razões, produzindo provas – mormente as técnicas – que possivelmente a parte hipossuficiente não pode custear".[23]

Essa percepção – que, na verdade, exige maior participação e protagonismo do julgador no manejo das alegações e na produção da prova – é incentivada, por exemplo, por diversas *soft laws*, que recomendam frequentes reuniões entre os julgadores e os representantes das partes para que os árbitros deixem claro aos litigantes quais são os fatos e as questões jurídicas importantes para a causa, gerenciando de forma dinâmica o custo e tempo de duração do processo.

A prática revela que os árbitros – percebendo o desequilíbrio entre os contendentes – buscam, desde o momento da redação dos termos de arbitragem[24] (artigo 19 da Lei de Arbitragem), orientar os litigantes

[23] Carmona, Carlos Alberto. O Novo Código de Processo Civil e o juiz hiperativo. *In*: Vários autores. *O novo código de processo civil*: questões controvertidas. São Paulo: Atlas, 2015, p. 62.

[24] "À medida que mais legislações foram se modernizando e tornando a cláusula compromissória um contrato hábil a instaurar um procedimento arbitral, que prescindia da emissão de um novo consentimento quando do surgimento do litígio, o termo de arbitragem foi perdendo essa semelhança com o compromisso arbitral, pois deixou de ser o documento de investidura dos árbitros, que já se encontravam investidos antes da sua assinatura.

Foi justamente nesse contexto em que se ressaltaram outras características do ToR, como aquela de ser o documento limitador e balizador da missão dos árbitros. Nessa qualidade, o

até mesmo na formulação de seus pedidos, para evitar inconsistências. Em razão de seu desenvolvimento particular, diferente do processo civil estatal, o processo arbitral permite que os julgadores estejam mais próximos da causa quando do momento da estabilização da demanda. Por não haver um órgão jurisdicional previamente constituído, a fase inicial do procedimento arbitral é voltada à constituição deste órgão (instauração da arbitragem) e, só após o aceite dos árbitros, é que, normalmente, acontece a apresentação dos pedidos e a consequente estabilização da demanda (isto é, com a assinatura do termo de arbitragem ou ata de missão). A assinatura de documento tão importante para o desenvolvimento do procedimento arbitral dá-se, usualmente, de maneira conjunta, por meio de uma reunião da qual participam partes, árbitros e representantes da instituição arbitral, o que possibilita um debate entre os envolvidos, não apenas quanto às regras procedimentais, mas também quanto à correta explicitação do objeto da demanda.[25]

Vale lembrar que o duelo entre partes em situações tão diversas (*repeat players* e *one shotters*)[26] tem exigido participação cada vez mais ativa dos

termo de arbitragem passa a ter natureza jurídica de um adendo à convenção de arbitragem, expressamente previsto no art. 19, parágrafo primeiro, da Lei de Arbitragem" (Lamas, Natália Mizrahi. O Termo de Arbitragem: a fotografia do litígio. *In* Mendes, Lucas V. R. da Costa; Muniz, Joaquim de Paiva. *Práticas de arbitragem*: técnicas, agentes e mercados. 2. ed. Rio de Janeiro: Curso Prático de Arbitragem, 2020, p. 29).

[25] Em outra oportunidade, o segundo autor deste ensaio já se manifestou sobre a questão: "[N]este momento peculiar ao procedimento arbitral, podemos inferir que existe um espaço maior para colaboração entre julgadores e partes a ponto de mitigar o Fenômeno *Repeat Player*. Explica-se. Uma vez que partes e árbitros devem se reunir para assinar o instrumento que definirá a estabilização da demanda, há uma oportunidade para que os julgadores auxiliem a parte na maneira de instrumentalizar seus pedidos. É dizer que o tribunal arbitral pode conferenciar com as partes para ajustar o conteúdo de seus pedidos, inclusive gerando maior efetividade da prestação jurisdicional" (Zakia, José Victor Palazzi. *A igualdade na arbitragem*: o processo arbitral e o fenômeno repeat player. São Paulo: Almedina, 2021, p. 78).

[26] Os conceitos de "repeat player" e "one-shotter" foram cunhados pelo Professor Marc Galanter, em seu artigo "Why the 'Haves' Come Out Ahead: Speculations on the Limits of Legal Change" e ilustram dois arquétipos de litigantes. Já tivemos a oportunidade de tratar dessas definições cf.: "Marc Galanter propôs que um desses tipos de litigantes, o *Repeat Player*, pode extrair vantagens significativas do sistema em razão de sua reiterada prática e atuação. Em contrapartida, o *One-Shotter*, como a própria nomenclatura denota, não é um litigante contumaz. Pelo contrário, usualmente é um litigante que tem pouca ou nenhuma prática ou experiência com o sistema jurisdicional. Essa escassa atividade o coloca em uma situação de sujeição a diversas implicações, principalmente quando litigando contra um *Repeat Player*.

árbitros para evitar que uma parte – mais acostumada às disputas arbitrais – obtenha vantagens desmesuradas sobre o litigante menos experiente. Aqui cabe reiterar que os árbitros estão livres das amarras do processo civil estatal e, ao mesmo tempo, estão investidos de amplos poderes instrutórios (conforme o artigo 22 da Lei de Arbitragem), ou seja, podem conduzir o procedimento de forma menos engessada, afastando-se de modelos pré-concebidos, na tentativa de dar uma solução mais "*tailor made*" àquela disputa específica. A possibilidade de desenharem um procedimento mais eficiente lhes permite traçar soluções para o problema deste desequilíbrio entre as partes.[27]

Em suma, seja porque os árbitros têm mais disponibilidade de tempo, seja porque são significativamente menos atribulados que os juízes togados, seja porque estão menos engessados por procedimentos preconcebidos e normatizados, podem buscar a melhor equalização de situações processuais ontologicamente desiguais por meio, primeiro, da identificação das situações em que haja disparidades significativas e, em segundo, pela possibilidade de criarem e estabelecerem regras flexíveis que permitam o desenvolvimento do contraditório de forma mais efetiva.

4.3. Ainda sobre a igualdade das partes: acesso à justiça

Outra modulação dos princípios gerais do modelo constitucional do processo à realidade se dá quando surge a questão da impecuniosidade (ou falta de recursos)[28] de uma das partes litigantes.

As razões para que uma classe de litigantes se utilize mais ou menos do acesso às Cortes que a outra são diversas. Como expõe o próprio Marc Galanter, diferenças no tamanho, estrutura, organização profissional, poderio econômico entre outros, afetam a frequência com que uma parte recorre ou atua perante as cortes" (Zakia, José Victor Palazzi. *A igualdade na arbitragem*: o processo arbitral e o fenômeno *repeat player*. São Paulo: Almedina, 2021, p. 24).

[27] "Conforme levantado, os árbitros têm uma prerrogativa maior de participar no andamento do processo do que os juízes togados em razão dos amplos poderes instrutórios que lhes são conferidos, em razão da cultura que se desenvolveu ao redor da arbitragem como sendo um ambiente de maior interação entre partes e julgadores e em razão do fato de que os árbitros não estão sobrecarregados (como estão os juízes) para participar de forma mais ativa da marcha do processo" (Zakia, José Victor Palazzi. *A igualdade na arbitragem*: o processo arbitral e o fenômeno *repeat player*. São Paulo: Almedina, 2021, p. 86).

[28] A dificuldade conceitual de se definir o que caracterizaria impecuniosidade já foi tratada em outra sede: Zakia, José Victor Palazzi. Os efeitos da convenção arbitral e a parte sem recursos. *Revista Brasileira de Arbitragem*. v. 17, n. 68, p. 11-41, 2020.

A natureza privada da arbitragem impõe um ônus às partes para que seja iniciada a atividade jurisdicional: as partes devem pagar aos árbitros e às instituições arbitrais para que se inicie o procedimento de arbitragem. De outra forma, não é movimentada a jurisdição arbitral.

Diante desse cenário, não é incomum que a parte sem recursos busque mitigar os efeitos da convenção arbitral, tentando desvincular-se de seus termos para afastar o efeito positivo da convenção. Sob a desculpa da falta de recursos, tenta a parte fazer com que o Judiciário avoque competência para apreciar a matéria, superando o efeito negativo da convenção. O fundamento jurídico que normalmente consubstancia esse requerimento é o da violação ao princípio do acesso à justiça.[29]

A despeito da importância que é dada pelo nosso ordenamento ao princípio do acesso à justiça, não parece haver dúvidas que devem prevalecer os efeitos da convenção arbitral enquanto fruto da autonomia da vontade das partes exercida em pé de igualdade.

O princípio do acesso à justiça, expressamente trazido em nosso ordenamento por conta do artigo 5º, XXXV, da Constituição Federal, tem como objetivo assegurar que o Estado não impeça ou crie óbices à busca da tutela jurisdicional pelos seus jurisdicionados.[30]

[29] "In arbitration proceedings, impecuniosity entails the confrontation of two essential legal principles: the binding nature of contracts and the respect of fundamental rights in the form of access to justice and equal treatment of the parties" (KÜHNER, Detlev. The Impact of Party Impecuniosity on Arbitration Agreements: The Example of France and Germany. *Journal of international arbitration*, v. 31, n. 6, p. 807).

[30] "O que se depreende da análise histórica do art. 5º XXXV, da Constituição Federal de 1988, portanto, é que seu propósito foi o de garantir ao particular o direito potestativo de ver apreciada pelo Poder Judiciário qualquer lesão a direito, com atenção especial àquelas levadas a cabo pelo próprio Estado. O que não está contido tanto na letra quanto na intenção do dispositivo é tornar obrigatório o que, na realidade, representa uma garantia constitucional, qual seja, a de levar a lesão ao Poder Judiciário. Seria, pois, irrazoável transformar algo que surge com claro intuito de ampliar a liberdade do particular em limitação a essa mesma liberdade. Considerando que existe um direito (não uma obrigação) do particular de pleitear a tutela judicial, fica fácil compreender que o Estado, ao incentivar a utilização dos meios adequados de solução de conflitos, não está de forma alguma afrontando o dispositivo que comento. A negociação, a mediação, a conciliação, os *dispute boards* e a arbitragem, entre tantos outros mecanismos extrajudiciais de solução de litígios, não conflitam com a garantia de acesso ao Poder Judiciário, já que todos têm fundamento no livre exercício da vontade dos contratantes" (CARMONA, Carlos Alberto. Art. 5º, XXXV. *In*: Equipe Forense (org.). *Constituição Federal comentada*. Rio de Janeiro: Forense, 2018, p. 155).

Nenhum desses objetivos que se busca tutelar com a aplicação do princípio do acesso à justiça é denegado em razão da prevalência dos efeitos vinculantes da convenção arbitral. A convenção arbitral só se aplica àquela relação jurídica específica, pois as próprias partes, no exercício de sua liberdade de contratar, optaram por resolver suas disputas pela via arbitral. Em outros termos, as partes, no exercício de sua autonomia da vontade, escolheram um método de resolução de disputas privado, o qual, a despeito das inúmeras vantagens, implica a assunção de alguns ônus, sobretudo de caráter financeiro.

As partes, capazes e livres para contratar, estão igualmente livres para dispor de suas próprias liberdades, limitando o exercício de seus direitos em contrapartida a determinadas vantagens propiciadas pela arbitragem. Trata-se de um exercício de ponderação, onde as partes sopesam as vantagens e desvantagens do instituto, bem como os ônus e riscos de se vincularem a tal método de resolução de disputas.[31] A falta de recursos não pode ensejar uma revisão desta opção pela arbitragem simplesmente porque o acesso à tutela jurisdicional tornou-se mais oneroso.

4.4. Independência e imparcialidade do julgador – adequação do conceito à realidade do caso concreto

O princípio da independência e da imparcialidade do julgador se encontra, pedagogicamente, referenciado no artigo 13, § 6º da Lei de Arbitragem, o qual prevê que a pessoa indicada como árbitro deverá sempre atuar com independência e imparcialidade. Na mesma toada, o artigo 21, § 2º estabelece que ao longo do processo arbitral deverão ser sempre respeitados princípios processuais, tais como o da imparcialidade do julgador.

[31] "O princípio do *pacta sunt servanda* é consequência da própria liberdade auferida pelo ordenamento aos seus jurisdicionados. Em optando por regular sua relação de determinada maneira, contanto que não seja afrontosa aos ditames do próprio ordenamento jurídico, estão as partes vinculadas pelas regras que criaram. A cláusula compromissória, sendo um negócio jurídico, é regida pelos mesmos ditames. Sobretudo se partindo do princípio que a arbitragem foi concebida para ser utilizada no âmbito do direito privado, deve-se considerar de maneira ainda mais enfática que, no exercício de sua liberdade, os contratantes podem dispor de suas próprias liberdades, estabelecendo limitações aos seus direitos e devendo a elas obedecer" (Zakia, José Victor Palazzi. Os efeitos da convenção arbitral e a parte sem recursos. *Revista Brasileira de Arbitragem*. v. 17, n. 68, 2020, p. 32).

O dever imposto ao árbitro de se manter imparcial e independente é mais uma decorrência da inserção da arbitragem dentro da ciência do processo. Sendo a arbitragem uma forma de exercício do poder jurisdicional, deve o julgador estar livre de influências externas e subjetivas que o impeçam de apreciar e aplicar corretamente o direito. Em outros termos, os árbitros, assim como os juízes, não podem manter relações econômicas ou pessoais com as partes, devendo ser equidistantes em relação a elas, de tal forma que sejam capazes de fazer a subsunção do fato à norma de maneira descolada de eventuais preferências pessoais em detrimento das partes ou da matéria *sub judice*.[32]

Contudo, a questão da independência e da imparcialidade do julgador traz implicações diferentes quando aplicada à relação entre árbitros e partes. Essa relação é significativamente diferente daquela entre juízes e partes, o que demanda uma readequação do princípio à realidade arbitral.

Diferentemente do juiz togado, o qual é investido de poder jurisdicional pelo próprio Estado – consagrando o princípio constitucional do juiz natural – o árbitro é, por definição, investido de poder por vontade manifestada pelas partes. Assim, enquanto as partes têm pouca, ou nenhuma, influência na escolha do julgador que apreciará sua causa quando litigam no Poder Judiciário,[33] na arbitragem, as mesmas partes têm razoável controle acerca da indicação do árbitro, seja ao nomearem diretamente

[32] "O árbitro não pode manter relações de ordem econômica, afetiva, moral ou social que o liguem a alguma das partes. Espera-se que o julgador seja autônomo e livre, não tenha laços de subordinação espiritual, financeira ou política com qualquer um dos litigantes. Não pode ser árbitro, portanto, aquele que dependa econômica ou financeiramente de alguma das partes, o que exclui da função empregados e prestadores de serviço de modo geral" (Carmona, Carlos Alberto. *Arbitragem e processo*: um comentário à Lei n. 9.307/96. 3. ed. São Paulo: Atlas, 2009, p. 242).

[33] "O juiz possui uma relação de direito público com as partes. Ele foi escolhido pelo Estado (no caso brasileiro, por meio de concurso público) e atribuído ao processo específico em que as partes litigam por meio de um sorteio, seguindo regras públicas. As regras de organização judiciária e também as regras processuais possuem caráter público, algumas de natureza constitucional. Conforme o artigo 37 da Constituição Federal, a administração pública deve obedecer aos princípios da legalidade, impessoalidade, moralidade, publicidade e eficiência. Por definição, o juiz deve ser *impessoal* e estar *distante* das partes. Segundo o entendimento predominante, essa é a base de sua relação com as partes, ele é um *estranho*" (Alves, Rafael Francisco. *Árbitro e Direito*: o julgamento do mérito na arbitragem. São Paulo: Almedina, 2018, p. 20).

determinados profissionais, seja ao escolherem o método de indicação de tais profissionais (quando essa indicação for feita por terceiro), seja ao optarem por instituições arbitrais que limitam a indicação a uma lista seleta de indivíduos. Em outros termos, a relação entre árbitros e partes é inegavelmente mais próxima do que aquela entre juízes e partes, uma vez que a própria atuação do árbitro decorre de um movimento voluntário das partes em sujeitarem sua disputa àquele profissional.

A indicação dos árbitros se faz em razão da confiança que as partes depositam naquele determinado profissional (ou da ausência de motivo sério para desconfiar): os litigantes têm ampla participação na formação do órgão julgador, e é normal que cada polo litigante nomeie um membro do painel. Compreenda-se bem: cada litigante nomeia alguém de sua confiança e suporta a indicação (pelo adversário) de alguém de quem não tenha motivo para desconfiar. Esse é o movimento pendular da formação dos painéis arbitrais e é esse o real sentido procurado pelo legislador quando disse que pode ser árbitro quem tiver a confiança dos litigantes.

Há uma grande carga de subjetividade na apreciação das qualidades do profissional indicado para atuar como árbitro, o que resulta, por sua vez, em uma aproximação das partes com o árbitro. Isso não quer dizer que as partes tenham qualquer ligação com o árbitro, mas simplesmente que a investidura dos poderes jurisdicionais decorre de atributos *pessoais* daquele indivíduo em específico que foram sopesados e considerados pelas partes no momento de sua indicação.[34]

No entanto, não é apenas isso que torna a relação entre árbitros e partes diferente da relação entre juízes a partes. Uma segunda questão decorre do fato de que árbitros são, eles mesmos, agentes privados que normalmente transitam entre as posições de advogados e julgadores. Diferentemente do juiz togado, o qual atua única e exclusivamente

[34] "Feitas essa ressalva, o árbitro, via de regra, não é um estranho, ele está *próximo* das partes. Em princípio, foram elas que o escolheram (diretamente ou indiretamente, por meio de uma instituição). Essa escolha geralmente leva em consideração os *atributos pessoais do árbitro*, sua experiência prática, seus conhecimentos técnicos, suas habilidades como julgador. Se, por um lado, o juiz é generalista por definição, por outro, as partes costumam esperar do árbitro um *conhecimento específico* do objeto de disputa. Esperam que ele seja um *expert* no assunto controvertido" (ALVES, Rafael Francisco. *Árbitro e direito*: o julgamento do mérito na arbitragem. São Paulo: Almedina, 2018, p. 23).

como julgador, o árbitro pode ser, por si mesmo, atuante no mercado e, por isso, pode ter com tantas outras partes ou advogados uma relação comercial.

Dessa forma, uma vez que os árbitros são indicados pelas partes (ou pelo menos em conformidade com o método escolhido por elas) e podem ter com elas uma relação profissional ou comercial, para que seja garantido o princípio da imparcialidade e da independência, foi necessário criar regras e mecanismos que permitam às partes controlar e supervisionar o árbitro. Trata-se do dever de revelação.[35]

A doutrina especializada já se debruçou sobre o espinhoso tema do dever de revelação.[36] Para os efeitos destas nossas considerações, basta apontar que o artigo 14, § 1º da Lei de Arbitragem estabelece que a pessoa indicada para atuar como árbitro deverá revelar "qualquer fato que denote dúvida justificada quanto à sua imparcialidade e independência", sendo este dever uma salvaguarda criada para assegurar a adequada incidência do princípio da independência e da imparcialidade.[37]

Aplicam-se, portanto, à arbitragem, os princípios da independência e da imparcialidade do julgador: em razão da dinâmica estabelecida entre árbitros e partes (diferente daquela estabelecida entre juízes e partes), porém, é necessário que os árbitros assegurem às partes sua condição de independentes e imparciais. Essas questões são decorrentes da concepção teórica da arbitragem, isto é, do funcionamento do instituto conforme desenhado.

[35] "O dever de revelação, pois, tem por objeto informar as partes sobre fatos que possam interferir com a confiança nele depositada. A redação da lei faz pressupor que os fatos revelados podem gerar dúvidas *justificadas* sobre a imparcialidade e independência. Ora, se a dúvida é justificada é porque a confiança foi afetada e, sendo assim, o pressuposto essencial para a nomeação do árbitro deixou de existir. O que se pretender é eliminar dúvidas e permitir às partes, conhecendo os fatos revelados, ratificar a confiança nele depositada" (MAGALHÃES, José Carlos de. Os deveres dos árbitros. *In*: CARMONA, Carlos Alberto; LEMES, Selma Ferreira; MARTINS, Pedro Batista (orgs.). *20 anos da lei de arbitragem*: homenagem a Petrônio R. Muniz. São Paulo: Atlas, 2017, p. 230)

[36] MARQUES, Ricardo Dalmaso. *O dever de revelação do árbitro*. São Paulo: Almedina, 2018.

[37] "A fim de garantir às partes um julgamento justo e imparcial, e para que possam os litigantes, se entenderem necessário, recusar o árbitro, deve o futuro e eventual julgador revelar – antes de aceitar o encargo (e, portanto, antes da instauração da arbitragem) – qualquer fato que possa gerar dúvida quanto à sua imparcialidade ou independências" (CARMONA, Carlos Alberto. *Arbitragem e processo*: um comentário à Lei n. 9.307/96. 3. ed. São Paulo: Atlas, 2009, p. 254).

Diferentemente do Código de Processo Civil, o qual prevê em seus artigos 144 e 145 situações nas quais se verificam hipóteses de impedimento e suspeição, a Lei de Arbitragem foi silente, abrindo espaço para que a prática preenchesse esse vácuo normativo. Não pretendemos listar ou exaurir as hipóteses nas quais se identificam situações que devem ser reveladas, ou ainda situações que denotem uma relação capaz de infirmar a imparcialidade e independência do árbitro, até porque tal tarefa é virtualmente impossível diante da infinidade de possibilidades. O que pretendemos é diferente: nesta seção, sugerimos que a imparcialidade e a independência do árbitro, bem como o correlato dever de revelar, devem ser analisados por meio de uma lente dinâmica, fluida e moldável à realidade e ao contexto no qual se inserem as partes e os árbitros, pelo que a fixação de listas rígidas e hipóteses categóricas se resume em um exercício supérfluo e inútil.

A indicação de determinados profissionais para atuar como árbitros depende, primordialmente, da confiança que as partes depositam no candidato (ou da inexistência de motivo sério para desconfiar da capacidade de bem julgar). Essa confiança se estabelece conforme aquelas características particulares e pessoais que as partes consideram mais relevantes. As partes procuram nos candidatos a árbitros determinados atributos que confirmem que a confiança nele depositada é justificada, tais como sua capacidade e *expertise* técnica para compreender a fundo o mérito da disputa, prática e habilidade com o manejo do procedimento arbitral, bom conhecimento do idioma que será empregado no procedimento, disponibilidade de tempo e recursos para se dedicar ao processo, entre tantos outros. Diante disso, não é de se espantar que o *pool* de profissionais que partilham dessas características desejadas pelas partes seja reduzido.

Além do acanhado número de profissionais disponíveis para o exercício da função, é importante notar que se trata de um grupo que está constantemente se relacionando. A arbitragem, por ser um processo em que impera a autorregulação, depende do intenso debate entre seus participantes. Diferentemente do processo civil, em que os ritos e procedimentos se encontram positivados por meio de um código normativo desenhado e concebido pelo legislador, a arbitragem se beneficia de um amplo espaço para o exercício da autonomia e da criatividade de seus agentes. Por essa razão, a "codificação" da arbitragem ocorre *da base para o topo*, isto é, a comunidade, ao se deparar com novos problemas, acaba criando as regras e os procedimentos aptos a enfrentar e superar os obstáculos identificados. E, esse método de codificação *bottom to top* exige um intenso debate e convívio entre seus agentes. Não por outra razão é possível verificar que os mesmos profissionais constantemente se encontram em eventos, simpósios, congressos e, acima de tudo, na academia, no intuito de promover o estudo, a adaptação e a utilização da arbitragem.

Diante dessas constatações, os profissionais indicados para atuar como árbitros em nossa realidade nacional são poucos e têm, entre si e com os demais agentes deste mercado (nomeadamente advogados, representantes das instituições arbitrais, peritos e assistentes técnicos, entre outros), um relacionamento profissional e acadêmico constante. Por isso, a análise e a verificação da imparcialidade e independência do julgador, bem como a extensão do dever de revelação e o enquadramento dos fatos revelados em hipóteses de suspeição e impedimento deve levar em consideração as particularidades desse cenário.

Por conta dessas peculiaridades, a tentativa de estabelecer uma métrica fixa, definindo situações que constituam quebra dos deveres de imparcialidade e independência é perigosa. A prática arbitral, sobretudo para a realidade nacional, requer que a verificação do alcance do dever de revelação, bem como a caracterização de determinadas situações, como quebra dos deveres de imparcialidade e independência, seja feita de forma casuística, considerando-se o contexto no qual estão inseridos os árbitros, as partes e o próprio litígio.[38]

[38] "O primeiro dos postulados hermenêuticos que compõem a segunda premissa de estrutura é a razoabilidade como equidade, ou seja, que a norma levará em consideração o que comumente acontece, conforme a presunção de que os fatos a regular ocorreram dentro da normalidade. Isso significa que o intérprete deve partir da premissa de que o árbitro está de boa-fé e, caso pretenda sancionar a ausência de imparcialidade, demonstrar também que o evento que pretende regular está fora do que normalmente ocorre e do que normalmente se espera do comportamento do árbitro. Isso demanda a comparação de um padrão de comportamento razoavelmente esperado (modelado com apoio na jurisprudência brasileira ou estrangeira, regras não vinculantes emanadas de lei estrangeira ou de guias de melhores práticas, doutrina, etc.) com o comportamento revelado pelas particularidades do evento que ensejariam, segundo o intérprete, a aparência de parcialidade do árbitro. Por isso, quanto mais detalhadamente forem descritas as circunstâncias envolvidas no caso específico – ou seja, quanto mais detalhes a respeito da cadência de eventos, do tempo em que eles ocorre-

Da mesma forma, a importação de "testes" de conduta, concebidos em outras jurisdições para verificação da independência e imparcialidade dos árbitros, também deve ser feita *cum grano salis*. Particularidades sociais e culturais da arbitragem brasileira não podem ser desconsideradas, mesmo que a prática da arbitragem internacional tenha se mostrado bastante efetiva na promoção de respostas a tais questões.[39]

Em conclusão, à exceção dos casos nitidamente teratológicos, não há como definir com objetividade quais seriam as situações que caracterizariam quebra dos princípios da imparcialidade e da independência sem que se limite, de maneira arbitrária, o exercício da autonomia da vontade das partes. É por essa razão que tentativas, como aquela encampada pelo projeto de lei 3293/21, que buscam limitar o exercício da atividade dos árbitros (ao estabelecer arbitrariamente situações que caracterizariam essa quebra de confiança) devem ser prontamente rechaçadas e combatidas.

4.5. Livre convencimento motivado e o dever de fundamentação: a *accountability* dos árbitros perante as partes

O princípio do livre convencimento é um dos princípios processuais que se encontra positivado na Lei de Arbitragem em seu artigo 21, § 2º; já o dever de motivação da sentença arbitral se encontra expresso no artigo 26, II, que dispõe ser requisito essencial da sentença arbitral, "os fundamentos da decisão, onde serão analisadas as questões de fato e de direito".

A menção expressa no texto da Lei de Arbitragem tanto ao dever de fundamentar quanto à aplicação do princípio do livre convencimento, tem objetivo pedagógico, espelhando o que dispõe o artigo 93, IX da Constituição Federal ("todos os julgamentos dos órgãos do Poder Judiciário serão públicos, e fundamentadas todas as decisões, sob pena de

ram, dos personagens envolvidos, entre outros – menos difícil será aproximar ou afastar esse caso específico do que comumente acontece" (ELIAS, Carlos Eduardo Stefen. Notas práticas sobre a imparcialidade dos árbitros: existência de relação entre o árbitro (ou pessoas ligadas a ele) com a parte (ou pessoas ligadas a ela). *In*: CARMONA, Carlos Alberto; LEMES, Selma Ferreira; MARTINS, Pedro Batista (orgs.). *20 anos da lei de arbitragem*: homenagem a Petrônio R. Muniz. São Paulo: Atlas, 2017, p. 196).

[39] Aqui fazemos referência às Diretrizes da IBA sobre Conflitos de Interesses em Arbitragens Internacionais, as quais têm servido de guia interpretativo da aplicação dos princípios da independência e imparcialidade, bem como do dever de revelação, inclusive no Brasil.

nulidade"). Ainda que a Constituição Federal não faça menção à arbitragem limitando a aplicação do princípio às sentenças judiciais, a cultura brasileira incorporou – em sua visualização do devido processo legal a expectativa do jurisdicionado quanto à revelação do "caminho crítico" da decisão.

Isso não quer dizer que o sistema arbitral tenha incorporado os termos do artigo 489 do CPC, que só tem aplicação no âmbito estreito do processo estatal.

O que se busca com a implementação do princípio do livre convencimento é garantir que o julgador esteja livre para apreciar e sopesar o valor e a relevância das provas. Espera-se que o julgador valore a prova produzida de forma independente, livre de amarras procedimentais. Pode o julgador, seja árbitro ou juiz, atribuir a cada prova o peso que entender mais apropriado conforme as particularidades do caso concreto. Com isso afasta-se qualquer preconcepção quanto a determinado tipo de prova ou seu valor para fins de convencimento do julgador.[40] Preocupa, portanto, o comportamento de representantes de parte que insistem em refazimento de laudos periciais que apresentem conclusões diferentes daquelas expostas por seus assistentes técnicos, como se o julgador estivesse adstrito a acolher as conclusões de um perito por ele nomeado. Da mesma forma, não merecem prosperar as teimosas investidas da parte que pinça um ou outro elemento de prova que destoa do restante (já considerado pelo julgador) na tentativa de reverter uma decisão em sede de pedido de esclarecimentos ("embargos de declaração").

Quanto a esta última questão – pedido de esclarecimentos – vale fazer um parêntese: a prática arbitral revela que as partes muitas vezes ignoram o significado do princípio do livre convencimento motivado e tentam reverter decisões proferidas pelos árbitros. Apesar de na arbitragem não existir recurso da decisão, não é incomum que, após a prolação da sentença arbitral, se prolongue a finalização do procedimento por mais alguns meses em razão da apresentação de pedidos de esclarecimentos com efeitos infringentes que são, isso sim, verdadeiras apelações

[40] "Por fim, haverá de ser respeitado o livre convencimento do árbitro quanto à valoração da prova. A natureza das coisas e a moderna ciência processual, de fato, impõem a livre convicção do juiz, livrando-o das limitações e mistérios da prova legal, tarifada, que transforma o julgador num mero autômato" (CARMONA, Carlos Alberto. *Arbitragem e processo*: um comentário à Lei n. 9.307/96. 3. ed. São Paulo: Atlas, 2009, p. 298).

nas quais as partes aduzem supostas omissões e contradições da decisão ao apreciar as provas. Da mesma forma, é fora de propósito alegar que a sentença é omissa porque não tratou de todos os elementos de prova coligidos durante a instrução processual: é elementar que o julgador vai ancorar sua decisão nas provas suficientes para sustentar a coluna vertebral da deliberação, sendo desnecessário explorar um a um os outros elementos, secundários, que não terão tal função. Essas tentativas de impingir um caráter incompleto e contraditório à sentença arbitral desconsideram o que se entende pelo princípio do livre convencimento motivado.

A liberdade de apreciação da prova conferida a juízes e árbitros é especialmente relevante na esfera arbitral em razão da expectativa que as partes depositam, não apenas no instituto, mas também nos próprios árbitros.

A possibilidade de as partes escolherem os julgadores, com base nos atributos que consideram mais importantes tem por efeito a criação de uma expectativa de que aqueles julgadores são os mais aptos a dirimir aquela determinada disputa. Espera-se do árbitro que desenvolva sua função de forma personalíssima, dando à causa tratamento particular e individualizado.[41]

Portanto, é necessário que esses mesmos julgadores tenham ampla liberdade para apreciar as questões a eles propostas seguindo o seu próprio entendimento quanto à questão. E, para que essa liberdade de apreciação seja exercida pelos árbitros, é necessário que estejam igualmente desimpedidos de regras que fixem e atribuam determinadas concepções quanto às provas produzidas (sistema medieval das provas tarifadas).

[41] "Presumably, the parties to an arbitration wish to have their dispute decided by the arbitrators they selected, not – albeit indirectly – by tribunals that were appointed in the past by other parties" (Cate, Irene M. Ten. The Costs of Consistency: Precedent in Investment Treaty Arbitration, p. 420. *Columbia Journal of Transnational Law*, Nova York, v. 51, n. 2, 2013, p. 459).

Da mesma forma: "A natureza consensual da arbitragem não é restrita apenas ao exercício da autonomia de vontade das partes para direcionar suas disputas para a jurisdição privada. Os efeitos dessa natureza consensual também se estendem para a definição e escolha dos membros do tribunal arbitral. Sendo assim, a expectativa das partes quando escolhem a via arbitral recai, também, na possibilidade de influenciar a composição do tribunal. Espera-se, assim, que aqueles árbitros por elas escolhidos façam uma análise individualizada da causa a eles submetida" (Visconti, Gabriel Caetano; Zakia, José Victor Palazzi. *Estudo sobre a coerência na prática arbitral*. São Paulo. Atelier Jurídico, 2018, p. 45).

A garantia do livre convencimento motivado é, portanto, especialmente relevante na arbitragem, pois é da essência do instituto que os árbitros – profissionais especificamente escolhidos pelas partes para aquela causa – estejam livres de preconcepções para que possam corresponder à confiança que as partes depositaram em suas características e qualidades pessoais.

Contudo, a aplicação do princípio do livre convencimento motivado não pode ser feita de forma arbitrária pelo julgador. E é justamente por isso que se aplica o dever de fundamentação das decisões, de raiz constitucional.

O fato de que diversos diplomas imponham a fundamentação como requisito essencial da sentença traduz uma concepção inerente à prestação jurisdicional à luz do Estado Democrático de Direito brasileiro, qual seja, de que o exercício da jurisdição só será legítimo se demonstrado que o julgador atuou de forma a dialogar com as partes ouvindo, compreendendo e oportunizando às partes de o convencer. E o único meio pelo qual se verifica se o julgador de fato exerceu o contraditório, livre de influências pessoais, é por meio dos fundamentos de sua decisão.[42] A decisão não pode ser um monólogo no qual o julgador simplesmente lista os argumentos, os fatos e as provas que o convenceram; ao contrário, deve traduzir o efetivo diálogo havido em razão da aplicação do princípio do contraditório.[43]

[42] "A garantia da motivação represente, enfim, o resultado do contraditório travado entre os litigantes" (Tucci, José Rogério Cruz e. Reflexões sobre a estrutura forma da sentença arbitral. *In*: Carmona, Carlos Alberto; Lemes, Selma Ferreira; Martins, Pedro Batista (orgs.). *20 anos da lei de arbitragem*: homenagem a Petrônio R. Muniz. São Paulo: Atlas, 2017, p. 579).

[43] Trata-se assim da parte do julgado que deve conter a exposição dos fatos relevantes para a solução do litígio e a exposição das razões jurídicas do julgamento de maneira que, estruturalmente, a fundamentação cumpre o papel de justificar – especialmente às partes – as circunstâncias que levaram o árbitro a tomar esta ou aquela escolha ao proferir sua decisão. As constatações de Cruz e Tucci acerca dos escopos da motivação das sentenças também são adequadas às decisões arbitrais. O mestre do Largo S. Francisco mostra que, subjetivamente, a motivação serve para demonstrar primeiro ao próprio julgar – e depois ao vencido – a *ratio scripta* que legitima o decisório; tecnicamente, o órgão julgador, ao externar os motivos de sua decisão, passa a permitir o controle crítico da sentença, revelando eventuais falhas, lapsos ou enganos; por derradeiro, o escopo de ordem pública repousa na garantia concedida às partes de serem ouvidas e de verem apreciadas pelo julgador as razões por elas expendidas" (Carmona, Carlos Alberto. *Arbitragem e processo*: um comentário à Lei n. 9.307/96. 3. ed. São Paulo: Atlas, 2009, p. 370).

O dever de fundamentar, portanto, transparece uma preocupação com a legitimidade da decisão, pois busca afastar eventual arbitrariedade do julgador e ao mesmo tempo permitir o controle da atividade jurisdicional pelas partes.[44]

Como já dito, a expectativa dos operadores da arbitragem flui no sentido de apostar na maior atenção e dedicação dos julgadores em relação à análise dos fatos, alegações, provas e aplicação do direito. Em última análise, um detalhamento mais preciso quanto aos fundamentos da decisão atende a justa expectativa dos litigantes de uma decisão de qualidade. Enquanto o juiz estatal é, via de regra, um generalista alocado para resolução de disputas por meio de procedimentos pré-concebidos pelo ordenamento, sem que as partes tenham tido qualquer influência em sua escolha, o árbitro é um especialista escolhido e designado pelas partes para apreciar sua disputa e que conta com sua confiança para julgar e administrar o caso. Mais do que isso, enquanto o juiz togado tem de cumprir metas impostas pelo Conselho Nacional de Justiça, de forma a dar vazão à miríade de casos que atolam os tribunais, o árbitro só deve

Ver também: "O ofício de decidir controvérsias alheias requer prudência e a percepção da grava responsabilidade assumida pelo julgador. Se as partes controvertem sobre o que entendem ser de seu direito, o julgador deve ter em mente que, ao decidir em favor de uma delas, estará negando a pretensão da outra. A repercussão na esfera pessoal e patrimonial do vencido pode ser grande, não apenas sob o prisma econômico, mas também moral e psicológico. A motivação, por isso, é dever a ser observado em toda decisão, pois se destina a convencer os litigantes das razões que levaram o julgador a tomá0la. Não se trata de requisito meramente formal, mas substancial. Tem por objetivo atingir o âmago da controvérsia, com razões que permitam convencer as partes e, no caso do juiz, também a comunidade, da justiça da decisão" (Magalhães, José Carlos de. Os deveres dos árbitros. *In*: Carmona, Carlos Alberto; Lemes, Selma Ferreira; Martins, Pedro Batista (orgs.). *20 anos da lei de arbitragem*: homenagem a Petrônio R. Muniz. São Paulo: Atlas, 2017, p. 233).

"A exteriorização das razões de decidir revela, desse modo, o prisma pelo qual a corte arbitral interpretou a lei e examinou os fatos da causa, devendo aquelas, consequentemente, vir expostas com clareza, lógica e precisão, em prol da perfeita compreensão de todos os pontos e questões controvertidas, bem como, em particular, do desfecho da demanda" (Tucci, José Rogério Cruz e. Reflexões sobre a estrutura forma da sentença arbitral. *In*: Carmona, Carlos Alberto; Lemes, Selma Ferreira; Martins, Pedro Batista (orgs.). *20 anos da lei de arbitragem*: homenagem a Petrônio R. Muniz. São Paulo: Atlas, 2017, p. 579).

[44] "Mas livre convencimento não se confunde com arbítrio, de forma que deve o julgador fundamentar a sentença, explicando os motivos de seu convencimento, como forma de possibilitar às partes o controle da decisão" (Carmona, Carlos Alberto. *Arbitragem e processo*: um comentário à Lei n. 9.307/96. 3. ed. São Paulo: Atlas, 2009, p. 298).

aceitar novas indicações se tiver tempo e disposição para efetivamente se dedicar à causa.[45]

Essas diferenças entre a posição do árbitro e a posição do juiz togado novamente influenciam a expectativa e a confiança depositadas pelas partes ora em um, ora em outro, quando optam por uma dessas vias de resolução de disputas. Voltamos assim ao ponto de que as partes, quando escolhem um árbitro, fazem-no na expectativa de que ele atue de forma mais dedicada e personalizada ao caso e isso reflete, também, no que esperam da sentença arbitral.

A fundamentação da decisão arbitral, além de constituir uma garantia de que o contraditório foi exercido e respeitado, e de que o árbitro agiu com independência e imparcialidade, também se caracteriza como um importante mecanismo de *accountability* do árbitro perante as partes. É somente mediante a apresentação de uma fundamentação completa, detalhada e profunda, que as partes podem efetivamente verificar se a confiança que depositaram no árbitro foi propositada.[46]

Também é importante ressaltar que os árbitros, por serem eles mesmos agentes privados, dependentes de suas qualidades particulares para receberem novas indicações, devem entender o dever de fundamentação também como uma forma de demonstrarem às partes – e ao mercado – sua capacitação e qualidade enquanto julgador. O dever de fundamentação é importante ferramenta de promoção dos próprios

[45] "O dever de diligência desdobra-se em duas vertentes: numa, espera-se que o árbitro não aceite sua nomeação se não puder dedicar o tempo necessário par ao estudo da causa, eis que se espera da decisão arbitral um alto grau de qualidade e de respaldo técnico; noutra, imagina-se que o árbitro haverá de desempenhar sua função de modo a não onerar sobremaneira as partes, tornando suportáveis os custos da arbitragem" (Carmona, Carlos Alberto. *Arbitragem e processo*: um comentário à Lei n. 9.307/96. 3. ed. São Paulo: Atlas, 2009, p. 244).

[46] "Note-se que, mesmo em matéria arbitral, é importante o controle crítico que a motivação permite, não tanto sob o aspecto da impugnação da decisão (eis que já se sabe que tal controle é exercido – fora da esfera arbitral – apenas sob o aspecto formal), mas especialmente sob o ponto de vista da capacidade profissional do árbitro. Um laudo mal fundamentado, que revela graves equívocos dos julgadores na apreciação dos fatos, não será – *ipso facto* – sujeito à anulação; os árbitros que o proferirem, porém, provavelmente não serão chamados a participar de novos julgamentos (não só envolvendo as partes que os indicaram, mas possivelmente outras no meio em que aquelas atuam, ampliando-se consideravelmente o círculo se forem as partes atores do comércio internacional, onde uma performance desastrosa do árbitro encerra sua 'carreira')" (Carmona, Carlos Alberto. *Arbitragem e processo*: um comentário à Lei n. 9.307/96. 3. ed. São Paulo: Atlas, 2009, p. 370).

árbitros: não por outra razão a Lei de Arbitragem, artigo 24, § 2º,[47] prevê que o árbitro dissidente pode declarar seu voto em separado (a despeito da divergência entre os membros do tribunal arbitral não ter qualquer implicação em relação à higidez da decisão).

Uma fundamentação completa e detalhada é uma via de mão dupla: assegura às partes que o árbitro exerceu devidamente sua função jurisdicional, sendo merecedor da confiança que nele foi depositada; e garante ao árbitro a oportunidade de comprovar sua capacitação técnica e suas qualidades pessoais para o exercício do encargo.

Não por outra razão, espera-se das decisões arbitrais que sejam detalhadas e aprofundadas, abordando as alegações e provas relevantes produzidas pelas partes de forma minudente, sobretudo quanto às razões pelas quais a parte sucumbente não logrou êxito em convencer os julgadores.[48] A prática arbitral reflete essa preocupação: as sentenças arbitrais são, em comparação com as decisões judiciais, bastante longas, contendo resumos completos dos argumentos e posições das partes, de tal sorte que estas possam verificar e confirmar que foram plenamente compreendidas em suas razões; da mesma forma, as sentenças arbitrais tendem a fazer remissão a diversos elementos de prova (*rectius*, das provas efetivamente valiosas) de maneira específica e individualizada, uma vez que não basta apontar a existência de uma prova (ou conjunto de provas) em determinado sentido, é necessário que a decisão demonstre de que forma aquela prova se relaciona com os demais elementos probatórios e como foi utilizada no desenvolvimento do raciocínio lógico dos árbitros. A tarefa de fundamentação dos árbitros é um árduo trabalho de demonstração do percurso percorrido pelos julgadores para alcançarem determinada decisão.

[47] "Art. 24, § 2º: O árbitro que divergir da maioria poderá, querendo, declarar seu voto em separado."

[48] Aqui fazemos referência às Diretrizes do CIArb para elaboração de decisões arbitrais. As diretrizes ilustram bem a necessidade de a sentença arbitral apresentar uma fundamentação completa: "All arbitral awards should contain reasons, unless otherwise agreed by the parties or where the award records the parties' settlement. The inclusion of reasons is necessary to demonstrate that arbitrators have given full consideration to the parties' respective submissions and to explain to the parties why they have won or lost. Most national laws and arbitration rules expressly require arbitrators to include reasons in their awards. Even where they are silent on the matter, it is good practice to provide reasons, unless the parties agree otherwise or where the award records the parties' settlement".

Conclusões

O processo arbitral, em razão de sua natureza jurisdicional, está sujeito à aplicação dos princípios processuais gerais, que são inerentes a toda e qualquer atividade jurisdicional. Mas tal aplicação deve ser modulada e adequada ao sistema arbitral.

O reconhecimento do caráter jurisdicional da arbitragem demanda observância dos princípios que integram toda atividade jurisdicional prestada dentro do modelo constitucional do processo. Contudo, a arbitragem é um método autônomo de resolução de conflitos, fechando-se em um sistema *autorreferencial* próprio, que não está balizado pelas mesmas preocupações sociais, políticas e educativas que envolvem o processo civil estatal. Por ser uma alternativa privada, a prestação da jurisdição pelos árbitros tem como foco principal a satisfação daquelas partes em específico.

Essa constatação nos permite concluir que os princípios processuais devem ter sua aplicação modulada à realidade arbitral para que, de um lado, se assegure a observância ao devido processo constitucional, e por outro, que sejam preservadas as vantagens do processo arbitral e respeitadas as suas particularidades.

É precisamente das diferenças entre os subsistemas processuais – da diversidade de métodos de resolução de disputas – que se beneficia todo o modelo processual constitucional. Modular a aplicação dos princípios processuais para comportar essas diferenças nada mais é do que preservar as próprias vantagens de cada um dos métodos de resolução de disputas.

7. APONTAMENTOS SOBRE A INCONSTITUCIONALIDADE DA ATRIBUIÇÃO DE SEGREDO DE JUSTIÇA EM PROCESSOS JUDICIAIS QUE VERSAM SOBRE ARBITRAGEM*

João Guilherme Rache Gebran
Mariana Pargendler

Introdução

Muito se criticou no Brasil a ausência de transparência sobre o funcionamento do Poder Judiciário: a famigerada "caixa preta". Em resposta a essa alegada opacidade, criou-se o CNJ,[1] o qual, desde a sua constituição, busca assegurar maior transparência nas atividades dos órgãos do Poder Judiciário. Ao longo de sua atuação, o CNJ determinou a publicação na internet de informações sobre a gestão orçamentária e finan-

* O presente capítulo é uma versão reduzida e revisitada do capítulo intitulado "O Processo Judicial Como Bem Público: Da Inconstitucionalidade do Segredo de Justiça em Processos que Versam sobre Arbitragem" (Gebran, João Guilherme; Pargendler, Mariana. O processo judicial como bem público: da inconstitucionalidade do segredo de justiça em processos que versam sobre arbitragem. *In*: Bellizze, Marco Aurélio; Cabral, Thiago Dias Delfino; Rodrigues, Marco Antonio (orgs.). *Processo civil empresarial*. Salvador: Juspodivm, 2022, p. 543-568).

[1] BRASIL. *Emenda Constitucional n. 45*, de 8 de dezembro de 2004. Disponível em: http://www.planalto.gov.br/ccivil_03/constituicao/emendas/emc/emc45.htm. Acesso em: 10 jul. 2022.

ceira dos tribunais,[2] providenciou a divulgação nominal da remuneração recebida por membros do Poder Judiciário,[3] estabeleceu o Portal da Transparência,[4] instituiu o Serviço de Informações ao Cidadão (SIC)[5] e promoveu diversas outros medidas destinadas a promover a transparência dentro do Poder Judiciário.

Paradoxalmente, um aspecto ainda mais fundamental relativo à transparência da atuação do Poder Judiciário caminhou no sentido oposto. O CPC, promulgado em 2015, ampliou as hipóteses de segredo de justiça para cobrir todos os casos "que versem sobre arbitragem, inclusive sobre cumprimento de carta arbitral, desde que a confidencialidade estipulada na arbitragem seja comprovada perante o juízo"[6]. Como se passará a demonstrar, essa regra afronta o artigo 5º, LX, da Constituição da República, segundo o qual "a lei só poderá restringir a publicidade dos atos processuais quando a defesa da intimidade ou o interesse social o exigirem".[7] Diante da ausência de respaldo nas exceções constitucionalmente previstas para o "interesse social" e a "defesa da intimidade", a extensão do segredo de justiça a todo e qualquer pro-

[2] CONSELHO NACIONAL DE JUSTIÇA. [Regulamentação da Publicação de Informações Orçamentárias e Financeiras dos Tribunais (2009)]. *Resolução n. 102 do Conselho Nacional de Justiça*, de 15 de dezembro de 2009. Disponível em: https://atos.cnj.jus.br/atos/detalhar/69. Acesso em: 10 jul. 2022.

[3] CONSELHO NACIONAL DE JUSTIÇA. *Resolução n. 151 do Conselho Nacional de Justiça*, de 5 de julho de 2012. Disponível em: https://atos.cnj.jus.br/atos/detalhar/68. Acesso em: 10 jul. 2022.

[4] BRASIL. [Lei da Transparência (2009)]. *Lei Complementar n. 131*, de 27 de maio de 2009. Disponível em: http://www.planalto.gov.br/ccivil_03/leis/lcp/lcp131.htm. Acesso em: 10 jul. 2022.

[5] CONSELHO NACIONAL DE JUSTIÇA. [Rede de Governança do Processo Judicial Eletrônico (2018)]. *Portaria n. 26*, de 10 de março de 2015. Disponível em: https://atos.cnj.jus.br/atos/detalhar/2142. Acesso em: 10 jul. 2022.

[6] Aborda o artigo 189, IV, do CPC: "Art. 189. Os atos processuais são públicos, todavia tramitam em segredo de justiça os processos: [...] IV – que versem sobre arbitragem, inclusive sobre cumprimento de carta arbitral, desde que a confidencialidade estipulada na arbitragem seja comprovada perante o juízo" (BRASIL. Código de Processo Civil (2015). *Lei n. 13.105*, de 16 de março de 2015. Disponível em: http://www.planalto.gov.br/ccivil_03/_ato2015-2018/2015/lei/l13105.htm. Acesso em: 10 jul. 2022).

[7] BRASIL. Constituição (1988). *Constituição da República Federativa do Brasil*, de 5 de outubro de 1988. Disponível em: http://www.planalto.gov.br/ccivil_03/constituicao/constituicao.htm. Acesso em: 10 jul. 2022.

cesso que verse sobre arbitragem confidencial se revela manifestamente inconstitucional.

Consagrar o segredo de justiça como regra processual geral na arbitragem acarreta a erosão do caráter público da administração da justiça, contribui para a estagnação da jurisprudência nacional e compromete a evolução do direito pátrio, além de gerar insegurança jurídica. Como se não bastasse, a norma ainda serve para minar a eficiência da arbitragem como valioso mecanismo de solução de resolução de disputas no cenário nacional, porque milita para mitigar as sanções reputacionais que servem como poderoso estímulo ao cumprimento voluntário das decisões arbitrais.

Concluída a introdução, o capítulo será organizado da seguinte forma: a seção 1 apresentará o histórico constitucional do princípio da publicidade, bem como o entendimento vigente sobre a extensão do segredo de justiça. A seção 2 abordará a importância da publicidade processual para o desenvolvimento do Direito brasileiro, com especial atenção ao Direito Empresarial. A seção 3 demonstrará os fundamentos da inconstitucionalidade da atribuição, pelo atual CPC, do segredo de justiça para os processos que versam sobre arbitragem. A seção 4 analisará as experiências dos Estados Unidos da América e da Inglaterra no que concerne aos limites, inclusive de ordem constitucional, à concessão do segredo de justiça a demandas judiciais relacionadas à arbitragem. Por fim, serão apresentadas breves notas à guisa de conclusão.

1. Confidencialidade arbitral, segredo judicial e princípio da publicidade

Historicamente, o princípio da publicidade dos atos processuais surgiu como um contraponto à opacidade dos procedimentos inquisitivos medievais, marcada por abusos e discricionariedade do poder constituído. Até a Constituição de 1988, o princípio constitucional da publicidade dos atos processuais decorria implicitamente do princípio geral do devido processo legal, mas não encontrava previsão expressa na Lei Maior. Ao prever que "a lei só poderá restringir a publicidade dos atos processuais quando a defesa da intimidade ou o interesse social exigirem", o artigo 5º, LX, da atual Constituição brasileira garante aos processos judiciais transparência, equidade e parâmetros racionais humanistas de desenvolvimento processual.[8] Trata-se de um princípio imanentemente democrático e republicano, que "emana do povo" como limite e controle da atuação do poder público para impedir o sigilo, o segredo e a ausência de informação.[9] Consiste no epicentro da experiência processual contemporânea.[10]

A regra geral no ordenamento jurídico brasileiro – assim como em todos os outros Estados Democráticos de Direito – é a publicidade geral, plena e imediata, ou seja, o livre acesso a todo o conteúdo desde a prática dos atos processuais.[11] O ordenamento brasileiro considera nulos os atos realizados sem a observância do princípio da publicidade, conforme artigo 93, IX, da Constituição.[12] As únicas exceções constitucio-

[8] COPETTI, André. Comentário ao artigo 5º, LX. *In:* CANOTILHO, J. J. Gomes *et al.* (coords.). *Comentários à Constituição do Brasil.* São Paulo: Saraiva, Almedina, 2013, p. 450-453.

[9] Nesse sentido, Clèmerson Clève e Julia Franzoni afirmam que "as condições de possibilidade do regime democrático no Estado brasileiro devem ser concebidas também a partir do robustecimento da arena pública: é a qualificação da participação cidadã e da concepção emancipada do destinatário das promessas constitucionais (agora sujeito) que permite traçar as bases do projeto republicano, democrático e igualitário da CF/88" (CLÈVE, Clèmerson Merlin; Franzoni, Júlia Ávila. Administração Pública e a Nova Lei de Acesso à Informação. *Interesse Público,* v. 15, n. 79, p. 1-23, mai/jun. 2013, p. 3).

[10] Sobre a centralidade do princípio da publicidade, disserta Ferrajoli: "La primera de estas garantías -la publicidad- es la que assegura el control, tanto externo como interno, de la actividad judicial. Conforme a ella, los procedimientos de formulación de hipótesis y de determinación de la responsabilidad penal tienen que producirse a la luz del sol, bajo el control de la opinión pública y, sobre todo, del imputado y su defensor. Se trata seguramente del requisito más elemental y llamativo del proceso acusatorio. Presente en la tradición clásica, tanto en Grecia como en la Roma republicana 325, entró en crisis con la afirmación del proceso inquisitivo en la Roma imperial, cuando la sala de audiencias (secretarium) comenzó a estar cerrada por una cortina (velum) que se levantaba (levato velo) cuando se quería dar publicidad al proceso. Y desapareció del todo en la experiencia procesal medieval, no sólo en la inquisitiva sino incluso en la acusatoria, rígidamente caracterizada, salvo en Inglaterra, por el secreto y la escritura tanto de las acusaciones como de las pruebas" (FERRAJOLI, Luigi. *Derecho y Razón*: Teoría del Garantismo Penal. Madri: Trotta, 1995, p. 616).

[11] SARLET, Ingo Wolfgang; MARINONI, Luiz Guilherme; MITIDIERO, Daniel. *Curso de direito constitucional.* 2. ed. São Paulo: Revista dos Tribunais, 2013, p. 747.

[12] Trata o artigo 93, IX, da CF: "Art. 93. Lei complementar, de iniciativa do Supremo Tribunal Federal, disporá sobre o Estatuto da Magistratura, observados os seguintes princípios: [...] IX todos os julgamentos dos órgãos do Poder Judiciário serão públicos, e fundamentadas todas as decisões, sob pena de nulidade, podendo a lei limitar a presença, em determinados atos, às próprias partes e a seus advogados, ou somente a estes, em casos nos quais a preservação do direito à intimidade do interessado no sigilo não prejudique o interesse público à

nalmente previstas para a mitigação da publicidade do ato processual são aquelas em que a "defesa da intimidade" ou do "interesse social" exigem a restrição.

Por um lado, excepciona-se a publicidade para proteger a defesa da intimidade como direito de personalidade constitucionalmente sedimentado no artigo 5º, X, da Constituição.[13] A regra tem por base a ideia de que nem o Estado, nem a sociedade de um modo geral, devem se intrometer, indevidamente, na esfera íntima da pessoa, garantindo-se, assim, o sigilo sobre elementos que dizem respeito ao casamento, ao divórcio, à filiação, aos alimentos, à guarda de menores e a outros detalhes da vida privada. Por outro lado, permite-se o sigilo para a proteção do interesse social, como ocorre em procedimentos investigativos e julgamentos, tal qual no caso do inquérito policial (artigo 20 do Código de Processo Penal), de votação no Tribunal do Júri (artigo 5º, XXXVIII, da Constituição), do julgamento da Justiça Militar (artigos 434 e 496 do Código de Processo Penal Militar) e da proteção a testemunhas (artigo 2º, § 5º, da Lei n. 9.807/1999).[14]

O sigilo processual previsto no artigo 189, IV, do CPC, por sua vez, decorre da mera vontade das partes, que estabeleceram contratualmente convenção arbitral sujeita à obrigação de confidencialidade. Sua natureza é muito diversa das demais hipóteses de segredo de justiça supracitadas. Não há qualquer fundamento constitucional que justifique a transposição do segredo processual no âmbito privado – isto é, a confidencialidade pactuada para a condução da arbitragem – para o âmbito público, na forma de sigilo no processo judicial. Há, pois, flagrante

informação" (BRASIL. Constituição (1988). *Constituição da República Federativa do Brasil*, de 5 de outubro de 1988. Disponível em: http://www.planalto.gov.br/ccivil_03/constituicao/constituicao.htm. Acesso em: 10 jul. 2022).

13 Exprime o artigo 5º, X, da CF: "Art. 5º Todos são iguais perante a lei, sem distinção de qualquer natureza, garantindo-se aos brasileiros e aos estrangeiros residentes no País a inviolabilidade do direito à vida, à liberdade, à igualdade, à segurança e à propriedade, nos termos seguintes: [...] X – são invioláveis a intimidade, a vida privada, a honra e a imagem das pessoas, assegurado o direito a indenização pelo dano material ou moral decorrente de sua violação" (BRASIL. Constituição (1988). *Constituição da República Federativa do Brasil*, de 5 de outubro de 1988. Disponível em: http://www.planalto.gov.br/ccivil_03/constituicao/constituicao.htm. Acesso em: 10 jul. 2022).

14 COPETTI, André. Comentário ao artigo 5º, LX. *In:* CANOTILHO, J. J. Gomes *et al.* (coords.). *Comentários à Constituição do Brasil*. São Paulo: Saraiva, Almedina, 2013, p. 450-453.

inconstitucionalidade na regra que confere, de forma generalizada, segredo de justiça a todos os casos que versam sobre arbitragem confidencial.

Apesar da opacidade imposta pelo artigo 189, IV, do CPC e da manifesta violação ao texto constitucional, tal dispositivo, segundo conseguimos verificar, nunca foi contestado em sede de Ação Direita de Inconstitucionalidade. Os efeitos danosos da violação dessa norma constitucional são essencialmente difusos, maculando a ordem jurídica brasileira sem, contudo, necessariamente produzir prejuízos para as partes do processo. Ao contrário, no caso do dispositivo em comento, as partes envolvidas frequentemente têm interesse em manter o sigilo sobre o processo judicial. Isso porque, como ocorre com todo verdadeiro bem público em sentido econômico, os benefícios da publicidade do processo e da formação de precedentes judiciais não são integralmente apropriados pelas partes individualmente consideradas.

2. Princípio da publicidade e aprimoramento do ordenamento jurídico

Não bastasse o caráter antidemocrático do sigilo processual, há ainda outras consequências graves, como a erosão do caráter público da administração da justiça e a estagnação da jurisprudência.[15] A jurisprudência dos tribunais representa elemento essencial para o desenvolvimento do Direito e para a consolidação da segurança jurídica, uma vez que esclarece a aplicação do texto legal ao caso concreto e, em última instância, estabelece a verdadeira norma jurídica.[16]

Ocorre que o desenvolvimento e a estabilização da jurisprudência pressupõem obrigatoriamente a publicização dos atos processuais, pois,

[15] GLOVER, Maria. Disappearing Claims and the Erosion of Substantive Law. *Yale Law Journal*, v. 124, n. 8, p. 3052-3093, 2015, p. 3055-3056.

[16] Nas palavras de Friedrich Muller: "O processo da decisão jurídica é apresentado como procedimento de dedução lógica, a realização do direito é apresentada na sua totalidade como um problema exclusivamente cognitivo. Segundo isso a concretização da norma é a interpretação do texto da norma, que por sua vez não é nada mais do que a reelaboração da vontade da norma ou do seu dador, que se manifesta no texto da norma, na sua história legislativa, no nexo sistemático com outros textos de normas, na história dos textos de correspondentes regulamentações anteriores e no sentido e na finalidade da prescrição a serem extraídos desses indícios" (MULLER, Friedrich. *Métodos de trabalho do direito constitucional*. Porto Alegre: Síntese, 1999, p. 22).

mais do que interpretar a norma no caso concreto, o precedente serve para estabelecer um exemplo.[17] A publicidade da decisão permite que ela se torne um precedente (uma regra-exemplo), de modo a contribuir para a segurança jurídica e a estabilidade do Estado Democrático de Direito.[18] Sem a publicização dos precedentes é impossível definir o tratamento jurídico uniforme e equitativo, enfraquecendo o ordenamento jurídico.[19] Já a transparência relativa à identidade das partes serve para respaldar o princípio da igualdade perante a lei, coibir influências impróprias e viabilizar a aplicação de sanções reputacionais, como o desincentivo a comportamentos socialmente danosos.

No direito privado, em particular, há uma abundância de cláusulas gerais e de conceitos jurídicos indeterminados, os quais, nas palavras de Marinoni, "convidam o juiz a colaborar a partir do caso concreto, editando a norma que o próprio texto legal sequer ousou projetar o sentido".[20] Dessa forma, a fixação de precedentes pelos tribunais, atribuindo significado concreto às cláusulas gerais e aos conceitos jurídicos indeterminados, assume um papel central no delineamento e aprimoramento das normas de direito civil e comercial.

A certeza, a previsibilidade e a consistência promovidas pela jurisprudência e pelos precedentes são essenciais para o bom funcionamento dos mercados e a pactuação de negócios jurídicos em concreto. Sabe-se

[17] Levenbook, Barbara B. The Meaning of a Precedent. *Legal Theory*, v. 6, p. 185-240, 2000, p. 206-211.

[18] Segundo MacCormick, a segurança jurídica é o valor mais importante assegurado pelo Estado de Direito. Diz o autor, no texto original: "The Rule of Law is a possible condition to be achieved under human governments. Among the values that it can secure, none is more important than legal certainty, except perhaps its stablemates, security of legal expectations and safety of the citizen from arbitrary interference by governments and their agents. For a society that achieves legal certainty and legal security enables its citizens to live autonomous lives in circumstances of mutual trust" (MacCormick, Neil. *Rhetoric and the Rule of Law*: A Theory of Legal Reasoning. Nova York: Oxford University Press, 2010, p. 16).

[19] Nesse sentido é o argumento de Bentham sobre a necessidade da publicização das decisões judiciais, conforme explanação de Duxbury: "If we must have judge-made law, Bentham argued, it ought at least to be systematically reported, for, without such reporting, the common law cannot be easily identified and it may be difficult if not impossible to tell if a court is relying on precedent or creating a new offence" (Duxbury, Neil. *The Nature and Authority of Precedent*. Cambridge: Cambridge University Press, 2008, p. 5).

[20] Marinoni, Luiz Guilherme. *O STJ enquanto corte de precedentes*: recompreensão do sistema processual da Corte Suprema. 2. ed. São Paulo: Revista dos Tribunais, 2014, p. 144.

que maior grau de certeza sobre a interpretação judicial de determinadas cláusulas contratuais produz "efeitos de rede" (*network effects*), encorajando a sua adoção.[21] Ainda, a previsibilidade nos negócios jurídicos gera um incentivo relevante para que as partes resolvam eventuais disputas de forma amigável, resultado que é dificultado sob o véu do sigilo. Como amplamente reconhecido na jurisprudência inglesa, "[a] certeza é primordial em todos os negócios comerciais".[22]

Não obstante as suas vantagens para as partes concretamente consideradas, os procedimentos arbitrais pouco contribuem para o desenvolvimento do ordenamento jurídico e para a segurança jurídica, pois os seus julgados – ainda que irretocáveis – têm sua divulgação restrita às partes.[23] Dessa forma, impedem que o debate e o interesse público avancem, especialmente em matérias de Direito Empresarial de alta complexidade, como as áreas de fusões e aquisições e mercado de capitais, cujas disputas passaram a ser crescentemente decididas em arbitragem.[24] Por essa razão, o caráter sigiloso da arbitragem vem sendo

[21] KAHAN, Marcel; KLAUSNER, Michael. Standardization and Innovation in Corporate Contracting (Or "The Economics of Boilerplate"). *Virginia Law Review*, v. 83, n. 4, p. 713-770, 1997, p. 764-765.

[22] HOUSE OF LORDS. Mardorf Peach & Co Ltd v. Attica Sea Carriers Corp of Liberia (The "Laconia"). Lord Salmon. *Lloyd's Law Reports*, n. 315, 1977, p. 878.

[23] Nesse exato sentido é a explanação de Leonardo Dias e Sabrine Becue sobre quando dizem que: "O sigilo do procedimento arbitral dificulta a produção de precedentes e impede evolução da lei, especialmente porque aqueles existentes tornam-se obsoletos conforme surgem novos problemas. No Brasil, algumas câmaras arbitrais preveem a criação de um repertório jurisprudencial, mas ainda baixo uso da arbitragem dificulta sua criação. Alguns defendem que as decisões arbitrais de conflitos envolvendo companhias abertas deveriam ser públicas, para informar os acionistas das razões da decisão e criar precedentes nessa matéria" (DIAS, Leonardo Adriano Ribeiro; BECUE, Sabrina Maria Fadel. Conflitos societários e arbitragem: considerações sobre a reforma do regulamento da Câmara de Arbitragem do Mercado. *In:* PENTEADO, Mauro Rodrigues; MUNHOZ, Eduardo Secchi (coords.). *Mercado de capitais brasileiro.* São Paulo: Quartier Latin, 2012, p. 208).

[24] Quanto à prevalência de cláusulas arbitrais no mercado de capitais brasileiro, cabe lembrar que: "a relevância da arbitragem no mercado de capitais brasileiro em muito excede o que seria esperado tendo em vista exclusivamente a obrigatoriedade desta via de solução de conflitos nos regulamentos do Nível 2, Novo Mercado e Bovespa Mais. Considerando-se os documentos de 266 companhias listas nos segmentos Tradicional e Nível 1, verifica-se que em mais de um quarto delas (aproximadamente 27%) há previsão de cláusula compromissória de arbitragem nos estatutos sociais ou em acordos de acionistas" (PARGENDLER, Mariana; PRADO, Viviane Muller; BARBOSA JÚNIOR, Alberto. Cláusulas Arbitrais no Mercado de

questionado até mesmo pelos maiores entusiastas do instituto. De qualquer sorte, conquanto o sigilo possa se justificar em sede arbitral, que é exclusivamente custeada pelas partes como manifestação de sua autonomia privada, é inadmissível a sua extensão ao processo judicial desenvolvido e custeado pelo poder público.

3. O sucesso da arbitragem no Brasil

Apesar da sua consagração tardia pelo ordenamento jurídico brasileiro, viabilizada pela Lei n. 9.307 de 1996, a arbitragem encontrou no Brasil solo fértil para o seu florescimento. Diversos são os motivos para o sucesso da arbitragem no país, entre eles, as dificuldades enfrentadas pelo Poder Judiciário no exercício da função jurisdicional e as vantagens e qualidades inerentes à arbitragem, como bem expressou o Ministro Ilmar Galvão ao julgar a homologação da Sentença Estrangeira n. 5206:

> Na verdade, a acolhida [da arbitragem] não poderia ser diferente, num mundo em que se acentuam, em ritmo vertiginoso, a complexidade e o vulto dos variados aperfeiçoamentos colocados pela técnica a serviço da sociedade, fatores que vêm pondo a desnudo, cada vez mais, a insuficiência das ciências sociais, como o direito, para lidarem com o problema representado pelas controvérsias decorrentes de sua utilização, mas também, principalmente, a impossibilidade de mais tolerância com o crônico arrastar, por anos a fio, e não raro por décadas, dos processos judiciais iniciados com vista à superação de tais dificuldades, com incalculáveis prejuízos decorrentes de retardamento, não raro intermináveis, na prestação dos serviços, suscetíveis de inviabilizar o próprio empreendimento. A nova lei n. 9.307/1996, sem dúvida, significa uma tentativa de inserir nesse contexto o nosso País, até agora arredio ao instituto.[25]

Capitais Brasileiro: Alguns Dados Empíricos. *Revista de Arbitragem e Mediação*, São Paulo, ano 11, v. 40, jan./mar. 2014, p. 8). Tal importância permanece expressiva nos dias atuais, ver PARGENDLER, Mariana *et al.* Cláusulas arbitrais em números no mercado de capitais brasileiro. *Revista Brasileira de Arbitragem*, São Paulo, v. 19, p. 59-69, 2022.

[25] BRASIL. Supremo Tribunal Federal. *Agravo Regimental na Sentença Estrangeira n. 5206*. Tribunal Pleno. Relator: Ministro Sepúlveda Pertence. Julgado em 12 de dezembro de 2001, publicado em 30 de abril de 2004.

Ora, não é de hoje que "o Estado é falho em sua função jurisdicional".[26] Apesar dos esforços do Poder Legislativo em adotar procedimentos jurisdicionais mais eficazes, inclusive com o CPC de 2015, persiste a dificuldade de solucionar de forma rápida e efetiva os conflitos trazidos ao Estado.[27] Sem sombra de dúvida, um dos principais problemas do Poder Judiciário é a morosidade.[28] Entretanto, não se pode desconsiderar os demais percalços existentes na prestação jurisdicional pelo Estado, como a eventual falta de especialização em matérias empresariais complexas. Por conseguinte, há estímulo para que as partes busquem meios alternativos de resolução de conflitos, entre eles, a arbitragem.

A arbitragem surge como uma proposta paralela de "substituição" da via estatal para resolver conflitos relativos a direitos disponíveis, sobretudo em matéria de Direito Civil e Empresarial. Busca-se, de comum acordo, um terceiro imparcial para determinar a solução de um conflito sem a intervenção do Estado, mas com eficácia executiva igual à de uma sentença judicial. Sua natureza é eminentemente privada – trata-se do exercício máximo da manifestação de vontade em substituição à atividade jurisdicional[29] – e de ordem convencional, uma vez que as partes escolhem se submeter à arbitragem e aos termos em que ela acontecerá.[30]

[26] Fiuza, César. *Teoria geral de arbitragem*. Belo Horizonte: Del Rey, 1995, p. 36.

[27] Marinoni, Luiz Guilherme. *Direito Processual Civil II*. São Paulo: Revista dos Tribunais, 2005. Coleção Soluções Práticas de Direito – Pareceres, p. 570.

[28] Em 1998, o Ministro Velloso já apontava que a lentidão constituía o maior problema do Poder Judiciário, nas seguintes palavras: "A crise do Judiciário, entretanto, é menor do que se apregoa. Ela se resume, sobretudo, na lentidão, que se constitui no seu problema maior. Não é possível que uma demanda se arraste por anos a fio. Isto gera descrença na Justiça. É preciso, pois. verificar as causas desse mal e indicar propostas de solução. São várias as causas da lentidão da Justiça" (Velloso, Carlos Mário da Silva. Do Poder Judiciário: como torná-lo mais ágil e dinâmico: efeito vinculante e outros temas. *Revista de Direito Administrativo*, Rio de Janeiro, v. 212, p. 7-26, abr. 1998).

[29] Vale ressaltar que a arbitragem não possui caráter jurisdicional, pois exercida por privado e consubstancia-se segundo a lei ou critérios de equidade. Enquanto a jurisdição – segundo o conceito de Chiovenda – representa "a função do Estado que tem por escopo a atuação da vontade concreta da lei por meio da substituição, pela atividade de órgãos públicos, da atividade de particulares ou de outros órgãos públicos, já no afirmar a existência da contada da lei, já no torná-la, praticamente, efetiva" e, portanto, não admite a escolha da lei ou julgamento por equidade (Chiovenda, Giuseppe. *Instituições de Direito Processual Civil*. São Paulo: Saraiva, 1942. 2 v, p. 11).

[30] Marinoni, Luiz Guilherme; Arenhart, Sérgio Cruz. *Processo de conhecimento*. 7. ed. São Paulo: Revista dos Tribunais, 2008, p. 777.

Precisamente, a sua natureza privada e o seu caráter não jurisdicional conferem à arbitragem vantagens inerentes em relação à jurisdição estatal, podendo-se citar, por exemplo, (i) maior flexibilidade do procedimento arbitral;[31] (ii) irrecorribilidade arbitral, facilitando a execução da sentença arbitral; (iii) *expertise* técnica dos árbitros no tema em disputa;[32] e, especialmente, (iv) confidencialidade do procedimento arbitral.[33]

As vantagens da arbitragem mencionadas foram confirmadas empiricamente em estudo realizado pelo Comitê Brasileiro de Arbitragem (CBAr),[34] no qual se coletou a percepção de 158 entrevistados, entre advogados, árbitros, advogados *in company* e representantes de câmaras de arbitragem, sobre a utilização da arbitragem no Brasil. Os entrevistados destacaram que as principais vantagens concretas da arbitragem, quando comparada ao processo judicial, eram "o tempo necessário para ter uma solução definitiva para o conflito" (37%) e o "caráter técnico e a qualidade das decisões" (27% das respostas). Ao final, a maioria esmagadora (92%) dos entrevistados disse ter ficado satisfeita com as arbitragens de que participou nos últimos anos.

Tendo em vista as suas vantagens, a expansão da arbitragem como forma alternativa de resolução de conflitos foi inevitável. Ainda, a arbitragem não se limitou ao direito privado, alastrando-se para os mais variados ramos do Direito, novamente, com grande sucesso. Passou-se a admitir a arbitragem envolvendo entes da Administração Pública, primeiro restrita à Administração Pública indireta e, posteriormente, alargada para abranger a Administração Pública direta (artigo 1º da Lei n. 13.129/2015).[35] A opção pela arbitragem foi elevada a boa prática de governança corporativa, sendo a sua adoção obrigatória para companhias

[31] Cahali, Francisco José. *Curso de arbitragem*: mediação – conciliação – Resolução CNJ 125/2010. 4. ed. São Paulo: Revista dos Tribunais, 2014, p. 94.

[32] Scavone Junior, Luiz Antonio. *Manual de arbitragem*: mediação e conciliação. 8. ed. Rio de Janeiro: Forense, 2018, p. 22.

[33] Cahali, Francisco José. *Curso de Arbitragem*: mediação – conciliação – Resolução CNJ 125/2010. 4. ed. São Paulo: Revista dos Tribunais, 2014, p. 94.

[34] Abbud, André de Albuquerque Cavalcanti. *Arbitragem no Brasil*: Pesquisa CBAr-Ipsos. São Paulo: Comitê Brasileiro de Arbitragem, 2012.

[35] Martins, André Chateaubriand. A Administração Pública na Reforma da Lei de Arbitragem. *In:* Rocha, Caio Cesar Vieira; Salomão, Luis Felipe (orgs.). *Arbitragem e mediação*: a reforma da legislação brasileira. 2. ed. São Paulo: Atlas, 2017, p. 21.

listadas nos segmentos mais altos da Bolsa de Valores brasileira.[36] Adentrou o âmbito trabalhista, passando a ser admitida para resolução de conflitos com trabalhadores qualificados, conforme artigo 507-A da Reforma Trabalhista de 2017.[37]

Estudo realizado em 2014 sobre a utilização de arbitragem no mercado de capitais demonstra, por exemplo, a nítida a expansão da arbitragem nesse setor. Das 419 companhias listadas na bolsa de valores, 153 delas adotavam cláusula arbitral em seus estatutos por força de exigência de segmentos de listagem da B3, como Novo Mercado e Nível 2. Das 266 companhias listas nos segmentos Tradicional e Nível 1, que não obrigam a adoção da via arbitral, 71 delas apresentavam cláusula de arbitragem em estatuto social ou acordo de acionista, isto é, mais da metade (53%) das companhias listadas na bolsa de valores.[38]

Além disso, o Brasil é um dos grandes clientes da Câmera de Comercio Internacional (ICC). Segundo o *ranking* da ICC de 2016, o Brasil é o terceiro país com maior número de partes envolvidas em arbitragem. De acordo com o Anuário da Arbitragem no Brasil do Centro de Estudos das Sociedades de Advogados (CESA), em 2017 havia 919 arbitragens em andamento nas 16 instituições pesquisadas que guardavam conexão com a jurisdição brasileira.[39]

[36] Gilson, Ronald; Hansmann, Henry; Pargendler, Mariana. Regulatory Dualism as a Development Strategy: Corporate Reform in Brazil, the United States and the European Union. *Stanford Law Review*, v. 63, n. 475, p. 475-537, 2011, p. 492; Pargendler, Mariana; Prado, Viviane Muller; Barbosa Júnior, Alberto. Cláusulas Arbitrais no Mercado de Capitais Brasileiro: Alguns Dados Empíricos. *Revista de Arbitragem e Mediação*, São Paulo, ano 11, v. 40, jan./mar. 2014.

[37] Diz o artigo 507-A da Reforma Trabalhista de 2017: "Art. 507-A. Nos contratos individuais de trabalho cuja remuneração seja superior a duas vezes o limite máximo estabelecido para os benefícios do Regime Geral de Previdência Social, poderá ser pactuada cláusula compromissória de arbitragem, desde que por iniciativa do empregado ou mediante a sua concordância expressa, nos termos previstos na Lei n. 9.307, de 23 de setembro de 1996" (BRASIL. Reforma Trabalhista (2017). *Lei n. 13.467*, de 13 de julho de 2017. Disponível em: http://www.planalto.gov.br/ccivil_03/_ato2015-2018/2017/lei/L13467.htm. Acesso em: 10 jul. 2022).

[38] Pargendler, Mariana; Prado, Viviane Muller; Barbosa Júnior, Alberto. Cláusulas Arbitrais no Mercado de Capitais Brasileiro: Alguns Dados Empíricos. *Revista de Arbitragem e Mediação*, São Paulo, ano 11, v. 40, jan./mar. 2014, p. 8.

[39] Carvalho, Eliane; Grion, Renato Stephan. *Anuário da Arbitragem no Brasil 2017*. São Paulo: Comitê Temático de Arbitragem do Centro de Estudos das Sociedades de Advogados. 2018.

O sucesso e a expansão da arbitragem no Brasil são bem-vindos e contribuem largamente na administração da justiça no Brasil. Entretanto, não se pode ignorar os efeitos deletérios da aplicação alargada do segredo de justiça introduzida pelo CPC, a qual compromete não apenas a transparência e o desenvolvimento do Direito brasileiro, mas até mesmo os incentivos para o cumprimento voluntário de decisões arbitrais. Não se trata aqui tampouco de abordar as vantagens e desvantagens da confidencialidade em sede arbitral, mas tão somente de questionar a concessão de segredo de justiça quando disputas sujeitas a procedimentos arbitrais são levadas ao Poder Judiciário.

4. O segredo de justiça em processos que versam sobre arbitragem no Brasil

A confidencialidade é vista como um dos principais atributos da arbitragem e como elemento do seu sucesso no Brasil, conforme já ressaltado. Isso também ocorre em âmbito internacional. A Comissão das Nações Unidas para o Direito Comercial Internacional (UNCITRAL) identificou expressamente em suas *Notes on Organizing Arbitral Proceeding* que "a confidencialidade é largamente reconhecida como um dos elementos vantajosos e úteis da arbitragem", muito embora tenha também observado que "não há tratamento uniforme nos direitos internos sobre a extensão do dever de confidencialidade na arbitragem".[40]

No ordenamento jurídico brasileiro, originalmente, a Lei de Arbitragem previa apenas que "o árbitro deverá proceder com imparcialidade, independência, competência, diligência e discrição",[41] exigindo apenas

[40] No original, o item 31 da *Notes on Organizing Arbitral Proceeding* da UNCITRAL prevê que "It is widely viewed that confidentiality is one of the advantageous and helpful features of arbitration. Nevertheless, there is no uniform answer in national laws as to the extent to which the participants in an arbitration are under the duty to observe the confidentiality of information relating to the case. Moreover, parties that have agreed on arbitration rules or other provisions that do not expressly address the issue of confidentiality cannot assume that all jurisdictions would recognize an implied commitment to confidentiality. Furthermore, the participants in an arbitration might not have the same understanding as regards the extent of confidentiality that is expected. Therefore, the arbitral tribunal might wish to discuss that with the parties and, if considered appropriate, record any agreed principles on the duty of confidentiality" (UNITED NATIONS COMMISSION ON INTERNATIONAL TRADE LAW – UNCITRAL. *Notes on Organizing Arbitral Proceeding*, 1996, p. 13).

[41] Diz o artigo 13, § 6º da Lei n. 9.307/1996: "Art. 13. Pode ser árbitro qualquer pessoa capaz e que tenha a confiança das partes. [...] § 6º No desempenho de sua função, o árbitro deverá

o dever de "discrição" do árbitro a respeito da existência da arbitragem, das informações obtidas ao longo do procedimento, dos documentos trazidos aos autos e da sentença arbitral. A confidencialidade era legalmente oponível ao árbitro, independentemente de qualquer previsão convencional ou regulamentar, mas somente a ele. Era, contudo, silente em relação às demais partes no processo arbitral. Por conseguinte, o dever de confidencialidade precisava ser contratualmente pactuado para ser oponível às partes e aos demais participantes do processo (peritos, testemunhas e assistentes).[42]

Nessa toada, o tratamento concedido pelo ordenamento brasileiro ao dever confidencialidade era circunscrito ao direito privado, o que tornava a cooperação entre os árbitros e Poder Judiciário para a resolução de um conflito uma questão sensível sob a perspectiva da confidencialidade. De acordo com alguns autores, ocorria recorrente problema com relação à preservação da confidencialidade acordada pelas partes em uma arbitragem diante de uma fase judicial da disputa devido ao princípio da publicidade processual.[43] Haveria o embate entre a autonomia privada das partes, que optaram pela confidencialidade na arbitragem, e o princípio da publicidade processual, que rege a atuação jurisdicional do Estado.

Eis que, na tramitação do Anteprojeto do Novo CPC junto ao Senado Federal, alguns advogados propuseram incluir um dispositivo específico para alargar o rol de exceções ao princípio da publicidade e abranger os "processos que versem sobre arbitragem", o qual foi efetivamente incorporado na nova legislação processual.[44] Trata-se do artigo 189, IV, do CPC, que tem a seguinte redação:

proceder com imparcialidade, independência, competência, diligência e discrição" (BRASIL. Lei de Arbitragem Brasileira (1996). *Lei n. 9.307*, de 23 de setembro de 1996. Disponível em: https://legis.senado.leg.br/norma/551183. Acesso em: 10 jul. 2022).

[42] FICHTNER, José Antônio; MANNHEIMER, Sergio Nelson; MONTEIRO, André Luís. A Confidencialidade na Arbitragem: Regra Geral e Exceções. *Revista de Direito Privado*, ano 13, v. 49, jan./mar., 2012, p. 236.

[43] FICHTNER, José Antônio; MONTEIRO, André Luís. A confidencialidade na reforma da Lei da Arbitragem. *In:* ROCHA, Caio Cesar Vieira; SALOMÃO, Luis Felipe (coords.). *Arbitragem e mediação*. 2. ed. São Paulo: Atlas, 2007. p. 159-190.

[44] Como bem narra José Antônio Fichtner e Luiz André Monteiro "este dispositivo decorre do acolhimento da proposta feita no Senado Federal, quando o Projeto do Novo CPC ainda lá tramitava, pela parceria formada entre o Grupo de Pesquisa em Arbitragem da PUC/SP

> Art. 189. Os atos processuais são públicos, todavia tramitam em segredo de justiça os processos: [...]
> IV – que versem sobre arbitragem, inclusive sobre cumprimento de carta arbitral, desde que a confidencialidade estipulada na arbitragem seja comprovada perante o juízo.[45]

Tal disposição também foi incorporada à Reforma da Lei de Arbitragem, que repetiu rigorosamente o mesmo teor do referido instrumento processual no parágrafo único do artigo 22-C, conforme se verifica a seguir:

> Art. 22-C. O árbitro ou o tribunal arbitral poderá expedir carta arbitral para que o órgão jurisdicional nacional pratique ou determine o cumprimento, na área de sua competência territorial, de ato solicitado pelo árbitro.
> Parágrafo único. No cumprimento da carta arbitral será observado o segredo de justiça, desde que comprovada a confidencialidade estipulada na arbitragem.[46]

Desta forma, argumentou-se que teria sido resolvido o conflito entre autonomia privada e publicidade dos atos processuais, "privilegiando a

e a Comissão de Arbitragem da OAB/RJ. Na época o Grupo de Pesquisa em Arbitragem da PUC/SP era formado pelo Prof. Francisco José Cahali e coordenado por Valeria Galíndez e André Luís Monteiro, bem como contava com um conselho consultivo formado por professores de destaque nas áreas de Direito Civil, Direito Processual Civil e Direito Internacional Privado. As Proposta de emenda ao Anteprojeto de Novo CPC foram elaboradas em parceira com a Comissão de Arbitragem da OAB/RJ, com a relevante participação de Joaquim de Paiva Muniz, Leonardo Corrêa e Ronaldo Cramer, e contaram com o apoio do Comitê de Arbitragem do CESA, sob coordenação de Giovanni Nanni, e do Instituto Brasileiro de Direito Empresarial – IBRADEMP. No Senado Federal, elas foram apresentadas pelas mãos do Senador Regis Fichtner (PMDB/RJ)" (Fichtner, José Antônio; Monteiro, André Luís. A confidencialidade na reforma da Lei da Arbitragem. *In:* Rocha, Caio Cesar Vieira; Salomão, Luis Felipe (coords.). *Arbitragem e mediação.* 2. ed. São Paulo: Atlas, 2007, p. 178).

[45] BRASIL. Código de Processo Civil (2015). *Lei n. 13.105*, de 16 de março de 2015. Disponível em: http://www.planalto.gov.br/ccivil_03/_ato2015-2018/2015/lei/l13105.htm. Acesso em: 10 jul. 2022. Artigo 184, IV.

[46] BRASIL. [Reforma da Lei de Arbitragem Brasileira (2015)]. *Lei n. 13.129, de 26 de maio de 2015.* Disponível em: http://www.planalto.gov.br/ccivil_03/_ato2015-2018/2015/lei/l13129.htm. Art. 22-C.

autonomia privada das partes"[47] com a aplicação do segredo de justiça aos processos decorrentes de arbitragem. Entretanto, inexiste conflito constitucional entre o princípio da publicidade processual e da autonomia privada, pois cada princípio reina em seu domínio.[48] No âmbito privado, no qual se insere a arbitragem, há o império da autonomia privada e a prevalência da não intervenção do Estado nas relações jurídicas. Contudo, no âmbito público, no qual se insere o processo judicial, há a prevalência do interesse público.

O Poder Judiciário é a representação do Estado em sua função jurisdicional, competindo-lhe a aplicação do Direito em caráter definitivo e coercitivo, enquanto a arbitragem é um meio extrajudicial de heterocomposição para resolução de conflito.[49] No que interessa ao presente capítulo, cabe destacar a natureza coercitiva do Poder Judiciário, que utiliza do monopólio da força detido pelo Estado para fazer valer suas decisões, em contraste com a natureza não coercitiva da arbitragem. A arbitragem se vale, primordialmente, de sanções reputacionais para exigir o cumprimento de suas sentenças e, somente quando necessário

[47] Argumentam, José Antônio Fichtner e André Luís Monteiro, que "tanto o Código de Processo Civil, quanto a Lei de Arbitragem, após a Reforma procuraram resolver esse conflito, privilegiando a autonomia privada das partes e, por conseguinte, a liberdade individual assegurada no *caput* do art. 5º da Carta Magna" (Fichtner, José Antônio; Monteiro, André Luís. A confidencialidade na reforma da Lei da Arbitragem. *In*: Rocha, Caio Cesar Vieira; Salomão, Luis Felipe (coords.). *Arbitragem e mediação*. 2. ed. São Paulo: Atlas, 2007. p. 179). Coaduna com o argumento Guilherme Recena Costa, que entende que "o novo art. 189, IV, reflete uma escolha consciente do legislador no sentido de privilegiar a autonomia das partes em escolher um modo privado de resolução de conflitos sobre a publicidade dos atos processuais" (Costa, Guilherme Recena. Integração contratual, confidencialidade na arbitragem e segredo de justiça. *Revista de Arbitragem e Mediação*, São Paulo, v. 13, n. 48, p. 69-89, jan./mar. 2016).

[48] Apesar de a separação entre direito público e privado ser artificial, ela é útil na medida em que auxilia a definir os princípios que ordenam cada agrupamento de regras, conforme explica Carlos Ari Sunfeld: "Quando, dentro do direito, os cientistas afirmam a existência de dois sistemas, o direito público e o privado, necessitam mostrar as razões pelas quais separam as normas jurídicas nesses dois grupos. Para fazê-lo, enunciam quais são os princípios de um e de outro, mostrando sua oposição. Caso não pudessem fazê-lo – isto é, se todos os princípios fundamentais dos dois sistemas fossem semelhantes –, não haveria por que estudar o direito através dessa classificação, que seria inútil" (Sunfeld, Carlos Ari. *Fundamentos do Direito Público*. 4. ed. São Paulo: Malheiros, 2009, p. 144).

[49] Cahali, Francisco José. *Curso de arbitragem*: mediação – conciliação – Resolução CNJ 125/2010. 4. ed. São Paulo: Revista dos Tribunais, 2014, p. 42.

e em caráter excepcional, as partes de procedimento arbitral se dirigem ao Judiciário para garantir o cumprimento coercitivo da decisão.[50]

Relativamente à sua função social, a arbitragem busca unicamente solucionar o conflito entre as partes, podendo, inclusive, adotar juízos de equidade como critério de julgamento, o que é vedado ao Judiciário. As decisões judiciais, como conformadoras de normas jurídicas, buscam não apenas solucionar litígios, mas também orientar condutas. Além de solucionar a lide de casos concretos, o Poder Judiciário – como supraexplicado[51] – presta-se a aprimorar o estoque de regras jurídicas por meio da fixação de precedentes. Quando disputas que versam sobre arbitragem ingressam no âmbito público em busca de coercitividade, devem se submeter à realidade e aos princípios aplicáveis ao Poder Judiciário. Não se pode almejar os benefícios provenientes da atuação estatal e furtar-se de seu regime jurídico próprio, como a imposição de publicidade.

A determinação constitucional para a exigência de publicidade em processos judiciais se baseia em fortes razões econômicas. Diferentemente dos tribunais arbitrais, que são financiados exclusivamente com recursos privados, o Poder Judiciário é parcialmente financiado com recursos públicos. O Brasil é, inclusive, um dos países que mais despende com o Poder Judiciário, não obstante a sua baixa renda *per capita* e altíssimos níveis de desigualdade social. Em 2018, o gasto brasileiro com o Judiciário representou 2% do Produto Interno Bruto (PIB) nacional, enquanto nos demais países-membros da Organização para a Cooperação e Desenvolvimento Econômico (OCDE) o gasto ficou em torno de 0,5%.[52]

[50] Nesse sentido é a explanação de Francisco Cahali: "[...] a rebeldia do voto vencido traz nocivo impacto à sua própria imagem, capaz de comprometer sua honradez entre seus pares e, por consequência, vulnerar a credibilidade para novos negócios. Como não se quer contaminar a arbitragem com as perversas sequelas da desobediência às sentenças, busca-se excluir deste espaço aqueles cuja insubordinação decorre da má índole ou espírito emulatório. [...] Mesmo assim, talvez se façam necessárias medidas para se impor ou exigir o cumprimento da sentença. E ausente a 'coertio' ou 'executio' no juízo arbitral, estas tutelas serão buscadas no Poder Judiciário" (CAHALI, Francisco José. *Curso de arbitragem*: mediação – conciliação – Resolução CNJ 125/2010. 4. ed. São Paulo: Revista dos Tribunais, 2014, p. 312).

[51] *Vide* seção 2.

[52] O ESTADO DE SÃO PAULO. *Desembolso com Judiciário chega a 2% do PIB no País*, 2 de dezembro de 2018. Disponível em: https://politica.estadao.com.br/noticias/geral,desembolso-com-judiciario-chega-a-2-do-pib-no-pais,70002629765. Acesso em: 10 jul. 2022.

Nada mais natural que, em troca do uso da estrutura e atuação do Poder Judiciário, exija-se uma contrapartida condizente com a atuação do Estado Democrático de Direito. Há quem defenda que a publicação parcial das decisões seria uma interpretação adequada e proporcional do artigo 189, IV, do CPC,[53] o que, sem dúvida, já é um avanço relativamente ao segredo de justiça integral. Tal solução, entretanto, é ainda insuficiente. Oriundos de arbitragem ou não, os processos judiciais devem ser integralmente submetidos à regra de publicidade processual, inclusive no que toca à identificação das partes. Contribui-se, assim, para o controle da atividade jurisdicional e para a formulação de precedentes, o que representa verdadeiro bem público e objetivo constitucional do Poder Judiciário. Nesse exato sentido foi o entendimento adotado pela Primeira Câmara Reservada de Direito Empresarial do TJSP em recente e louvável decisão sobre segredo de justiça em ação anulatória de sentença arbitral, segundo a qual a imposição indiscriminada do segredo em litígios que versam sobre arbitragem "é nociva ao sistema jurídico, por provocar assimetria de informações e obstar a formação do direito (consolidação dos precedentes e da jurisprudência)".[54]

[53] Para conciliar a autonomia da vontade e a publicidade dos atos processuais, propõe Guilherme Recena Costa a mitigação do segredo de justiça dos processos que versam sobre arbitragem no seguinte sentido: "Deve abrandar-se, em concreto, o rigor do segredo de justiça (imposto pelo art. 189, IV, do NCPC) e permitir-se a publicação parcial ou de extratos de sentenças e acórdãos que, em matéria de arbitragem, definam importantes questões de direito. Refiro-me, por publicação parcial, à praxe comum, aliás, entre as câmaras arbitrais mais destacadas de divulgar decisões de forma "anonimizada" (*redacted*) ou "higienizada" (*sanitised*), ocultando detalhes fáticos e trechos que permitam ao leitor identificar as partes ou o conflito individual. O que interessa para a cognoscibilidade e previsibilidade do direito não são, por óbvio, os fatos históricos em si ou as personagens envolvidas, mas sim a regra ou princípio jurídico enunciado (*holding ou ratio decidendi*), ainda que tal proposição não possa ser interpretada isoladamente do contexto fático. Basta, no entanto, que a versão publicada dê ao leitor contexto suficiente para que se atendam, simultaneamente, os dois interesses em conflito (confidencialidade e unidade do direito)" (Costa, Guilherme Recena. Integração contratual, confidencialidade na arbitragem e segredo de justiça. *Revista de Arbitragem e Mediação*, São Paulo, v. 13, n. 48, p. 69-89, jan./mar. 2016). Em que pese os esforços do referido autor em propor uma interpretação conforme a Constituição do artigo 189, IV, do Código de Processo Civil, mostra-se necessário discordar de sua conclusão, pois não há conflito de normas constitucionais sobre o tema.

[54] Tribunal de Justiça de São Paulo. 1ª Câmara Reservada de Direito Empresarial. *Agravo de Instrumento n. 2263639-76.2020.8.26.0000*. Relator Cesar Ciampolini. Julgado em 2 de março de 2021 (citando a decisão da lavra da Juíza de Direito Paula da Rocha e Silva Formoso).

Por fim, mas não menos importante, a publicidade dos processos judiciais que versam sobre arbitragem está longe de ser lesiva à utilização da arbitragem. Ao contrário, é verdadeiramente essencial para o seu continuado sucesso no longo prazo. Isso porque uma das principais vantagens da arbitragem é a sua celeridade e a ausência de recursos. Essa celeridade é obtida mediante a tradição de cumprimento voluntário das sentenças arbitrais, pois, diante da publicidade processual, o seu descumprimento comprometeria sobremaneira a reputação das partes empresárias envolvidas.[55] Essa é a tradição mundial e brasileira.[56] O sigilo, porém, compromete o funcionamento desse mecanismo reputacional, pois permite que uma parte conteste oportunisticamente a

[55] Nesse sentido é o estudo empírico elaborado por Quentin Tannock, no qual afirma que "An important and largely overlooked element for consideration in respect of effectiveness is party behaviour in complying with arbitral awards voluntarily, or spontaneously. From the perspective of the prospective claimant, the most desirable arbitration is one that promises to be both fair and efficient, at the end of which timely compliance by the award debtor without the need for subsequent enforcement actions is likely. Businesses seek to maximize profit through reducing expenditure and increasing income and evidence of good compliance rates would be a powerful marketing tool for arbitration. Acting on an arbitration clause in a contract is least desirable to prospective claimants if there is a high risk that, following success in both protracted and costly international arbitration and foreign enforcement actions, the award debtors' assets will not be located or will not be sufficient to contribute significantly to the award and costs of the arbitration, enforcement litigation and debt collection costs. There is no doubt as to the outcome of a given arbitration when the award has been fully complied with and challenges to the legitimacy of such awards are unlikely. Demonstrating high rates of compliance would answer the concerns of many over certainty of outcome in modern international commercial arbitration. Evidence of widespread spontaneous compliance with arbitral awards would do much to improve confidence in the effectiveness of international commercial arbitration" (Tannock, Quentin. Judging the Effectiveness of Arbitration through the Assessment of Compliance with and Enforcement of International Arbitration Awards. *Arbitration International*, v. 21, n. 1, p. 71-90, 2005, p. 76).

[56] Geralmente, há o cumprimento voluntário das sentenças arbitrais, conforme bem elucida Gary Born: "Consistent with the basic objectives of the arbitral process, most international arbitral awards are voluntarily complied with by the parties. After the arbitral tribunal has considered the parties' claims, and made a final award, commercial parties almost always accept that result, puttiahang a definitive end to their dispute. Nonetheless, there are circumstances in which one or both parties reject the arbitrators' decision and refuse to comply with the arbitral award. In these cases, it becomes essential to determine the legal effects of the award and the post-award proceedings that are available to challenge or enforce the award" (Born, Gary. *International Commercial Arbitration*. 2. ed. Haia: Kluwer Law International, 2014, p. 2897).

decisão arbitral perante o Poder Judiciário sem sofrer o custo reputacional correspondente.

Em resumo, não há amparo constitucional na extensão do dever de confidencialidade da arbitragem para âmbito judicial sob a forma de segredo de justiça, conforme dispõe o artigo 189, IV, do CPC. Pelo contrário, o interesse social milita justamente a favor da ampla publicidade dos processos judiciais que versam sobre arbitragem.

5. A experiência internacional sobre o segredo de justiça em processos que versam sobre arbitragem

Não bastasse a clara dicção da Constituição brasileira, a experiência do direito comparado igualmente milita em favor da conclusão pela inconstitucionalidade do segredo de justiça em demandas que versam sobre arbitragem. Em 2009, Delaware, estado dos Estados Unidos com excelente reputação em Direito Comercial, onde são constituídas a maior parte das grandes companhias norte-americanas, lançou programa de arbitragem confidencial a ser composto pelos juízes da sua renomada *Court of Chancery*[57] como alternativa ao processo judicial. No entanto, em 2013, a *United States Court of Appeals for the Third Circuit* considerou o programa inconstitucional justamente por violar o dever de publicidade previsto na Primeira Emenda Constitucional Norte-Americana,[58]

[57] A *Court of Chancery* é um tribunal especializado existente no Estado de Delaware com competência para julgar casos de direito privado, especialmente aqueles ligados à matéria de Direito Comercial. Nas palavras da própria Corte sobre a sua competência: "The Court of Chancery has jurisdiction to hear and determine all matters and causes in equity. The general equity jurisdiction of the Court is measured in terms of the general equity jurisdiction of the High Court of Chancery of Great Britain as it existed prior to the separation of the American colonies. The General Assembly may confer upon the Court of Chancery additional statutory jurisdiction. In today's practice, the litigation in the Court of Chancery consists largely of corporate matters, trusts, estates, and other fiduciary matters, disputes involving the purchase and sale of land, questions of title to real estate, and commercial and contractual matters in general. When issues of fact to be tried by a jury arise, the Court of Chancery may order such facts to trial by issues at the Bar of the Superior Court (10 Del. C., 369)" (ESTADOS UNIDOS DA AMÉRICA. Delaware Court of Chancery. *Jurisdiction of the Court of Chancery*. Disponível em: https://courts.delaware.gov/chancery/jurisdiction.aspx. Acesso em: 10 jul. 2022).

[58] Diz a Primeira Emenda à Constituição dos Estados Unidos que "Congress shall make no law respecting an establishment of religion, or prohibiting the free exercise thereof; or abridging the freedom of speech, or of the press; or the right of the people peaceably to

confirmando a importância do acesso às informações nos processos de arbitragem.[59]

Para alcançar semelhante conclusão, a Corte de Apelação analisou o histórico e o funcionamento do procedimento arbitral em questão, segundo o chamado "teste da experiência e da lógica" (*the experience and logic test*).[60] Ao analisar o histórico do instituto, os magistrados levaram em consideração tanto o rito da arbitragem quanto o rito do processual judicial e concluíram que:

> [...] procedimentos perante magistrados em um tribunal são presumivelmente abertos ao público há séculos. A história não nos ensina que toda arbitragem deve obrigatoriamente ser sigilosa, mas que as arbitragens realizadas em privado e sem a presença do Estado tendem a ser sigilosas.[61]

assemble, and to petition the Government for a redress of grievances". Nesse sentido, o entendimento da Suprema Corte Norte-Americana é que a proteção da liberdade de expressão abarca o direito de livre acesso aos julgamentos, conforme o precedente estabelecido no caso Richmond Newspaper (ESTADOS UNIDOS DA AMÉRICA. Suprema Corte dos Estados Unidos. *Richmond Newspapers, Inc. v. Virginia, 448 U.S.* Relator: Chief Justice Warren E. Burger. Julgado em 2 de julho de 1980).

59 Assim entendeu a referida Corte de Apelação: "Because there has been a tradition of accessibility to proceedings like Delaware's government-sponsored arbitration, and because access plays an important role in such proceedings, we find that there is a First Amendment right of access to Dela-ware's government-sponsored arbitrations. We will therefore affirm the order of the District Court" (ESTADOS UNIDOS DA AMÉRICA. Court of Appeals for the Third Circuit. *Delaware Coalition for Open Government v. Strine*, No. 12-3859. Relatora: Judge Dolores Korman Sloviter. Julgado em 16 de maio de 2013, p. 23).

60 Nos termos da decisão: "In order to qualify for public access, both experience and logic must counsel in favor of opening the proceeding to the public. See N. Jersey Media Grp., 308 F.3d at 213-14. Once a presumption of public access is established it may only be overridden by a compelling government interest. Press II, 478 U.S. at 9" (ESTADOS UNIDOS DA AMÉRICA. Court of Appeals for the Third Circuit. *Delaware Coalition for Open Government v. Strine*, No. 12-3859. Relatora: Judge Dolores Korman Sloviter. Julgado em 16 de maio de 2013, p. 9).

61 Tradução livre dos autores. O trecho completo, no original, com a devida justificativa foi proferido nos seguintes termos: "Taking the private nature of many arbitrations into account, the history of civil trials and arbitrations demonstrates a strong tradition of openness for proceedings like Delaware's government-sponsored arbitrations. Proceedings in front of judges in courthouses have been presumptively open to the public for centuries. History teaches us not that all arbitrations must be closed, but that arbitrations with non-state action in private venues tend to be closed to the public. Although Delaware's government-sponsored arbitrations share characteristics such as informality, flexibility, and limited review with private

De igual modo, os magistrados, ao analisarem o funcionamento do instituto, concluíram que "permitir a publicidade de uma arbitragem patrocinada pelo Estado concederia aos investidores e ao público uma melhor compreensão sobre como o Estado de Delaware soluciona as suas disputas comerciais".[62] Desse modo, foi declarada de maneira incidental a inconstitucionalidade do segredo de justiça em processos decorrentes de arbitragem promovida perante a *Court of Chancery*, uma vez que "a publicidade processual está enraizada no funcionamento do Poder Judiciário em uma sociedade democrática".[63]

arbitrations, they differ fundamentally from other arbitrations because they are conducted before active judges in a courthouse, because they result in a binding order of the Chancery Court, and because they allow only a limited right of appeal" (ESTADOS UNIDOS DA AMÉRICA. Court of Appeals for the Third Circuit. *Delaware Coalition for Open Government v. Strine*, No. 12-3859. Relatora: Judge Dolores Korman Sloviter. Julgado em 16 de maio de 2013, p. 17).

[62] Tradução livre dos autores. O trecho completo, no original: "We have recognized that public access to judicial proceedings provides many benefits, including [1] promotion of informed discussion of governmental affairs by providing the public with the more complete understanding of the [proceeding]; [2] promotion of the public perception of fairness which can be achieved only by permitting full public view of the proceedings; [3] providing a significant community therapeutic value as an outlet for community concern, hostility and emotion; [4] serving as a check on corrupt practices by exposing the [proceeding] to public scrutiny; [5] enhancement of the performance of all involved; and [6] discouragement of [fraud]. (quoting Simone, 14 F.3d at 839). All of these benefits would accrue with the opening of Delaware's proceeding. Allowing public access to state-sponsored arbitrations would give stockholders and the public a better understanding of how Delaware resolves major business disputes. Opening the proceedings would also allay the public's concerns about a process only accessible to litigants in business disputes who are able to afford the expense of arbitration. In addition, public access would expose litigants, lawyers, and the Chancery Court judge alike to scrutiny from peers and the press. Finally, public access would discourage perjury and ensure that companies could not misrepresent their activities to competitors and the public" (ESTADOS UNIDOS DA AMÉRICA. Court of Appeals for the Third Circuit. *Delaware Coalition for Open Government v. Strine*, No. 12-3859. Relatora: Judge Dolores Korman Sloviter. Julgado em 16 de maio de 2013, p. 19).

[63] Tradução livre dos autores, conforme trecho, no original: "[T]he right of access to government-sponsored arbitrations is deeply rooted in the way the judiciary functions in a democratic society. Our experience inquiry therefore counsels in favor of granting public access to Delaware's proceeding because both the "place and process" of Delaware's proceeding 'have historically been open to the press and general public.' Press II, 478 U.S. at 8" (ESTADOS UNIDOS DA AMÉRICA. Court of Appeals for the Third Circuit. *Delaware Coalition for Open Government v. Strine*, No. 12-3859. Relatora: Judge Dolores Korman Sloviter. Julgado em 16 de maio de 2013, p. 18).

Resta claro que o artigo 189, IV, do CPC brasileiro tampouco passaria no teste utilizado pela jurisprudência norte-americana. O histórico do Poder Judiciário brasileiro é marcado pela publicidade dos atos processuais e pela transparência nos julgamentos, como já destacado anteriormente, ao passo que a sua ausência remonta às sessões secretas sediadas durante o período mais sombrio da ditadura militar brasileira. Do mesmo modo, uma análise sobre o funcionamento dos processos judiciais também demonstra a importância da publicidade no aprimoramento do ordenamento jurídico brasileiro.

Também na Inglaterra, país altamente reconhecido pela qualidade de seu Direito Empresarial e de suas instituições arbitrais, há entendimento sobre os limites da confidencialidade relativamente aos processos judiciais. Ao proferir palestra de abertura do ano de 2016 dos Resultados do *British and Irish Legal Information Institute* (BAILII), o então *Lord Chief Justice of England and Wales*, Lord Thomas of Cwmgiedd, ressaltou o efeito negativo da confidencialidade e do segredo de justiça no desenvolvimento do Direito Comercial, nos seguintes termos:

> O efeito da diminuição do número de apelações agrava o problema que surge do deslocamento de mais reivindicações dos tribunais para a arbitragem. Reduz o potencial de os tribunais de desenvolverem e explicarem a lei. Essa consequência fornece um terreno fértil para transformar o *common law*, instrumento vivo, em, como Lord Toulson colocou em um contexto diferente, "um ossuário". Aqui está a ironia. Conforme expliquei, a reforma foi efetuada para promover Londres como um centro de resolução de disputas, em grande parte com base em contratos fundados no *common law*, julgados nas *Commercial Courts of London*. No entanto, a consequência tem sido o enfraquecimento dos meios pelos quais muito da força do *common law* – sua "excelência" foi desenvolvida – um perigo não apenas para aqueles envolvidos na resolução de disputas em Londres, mas mais importante para o desenvolvimento do *common law* como a estrutura para sustentar os mercados internacionais, negócios e comércio.
>
> Além dessa questão importante, existem outras questões que surgem da resolução de disputas por de trás de portas fechadas – retardando a compreensão pública da lei e o debate público sobre sua aplicação. Uma série de decisões nos tribunais pode expor questões que exigem

> escrutínio parlamentar e revisão legislativa. Uma série de decisões semelhantes em procedimentos arbitrais não o fará, e essas questões podem continuar a ser levadas em consideração em futuras arbitragens. Como foi colocado: "A confidencialidade da arbitragem perpetua a ignorância pública de riscos contínuos, problemas sistêmicos ou necessidades públicas ...". Essa falta de abertura igualmente nega a capacidade dos indivíduos e dos advogados, além dos poucos envolvidos nas arbitragens, para acessar a lei, para compreender como foi interpretada e aplicada. Reduz o grau de certeza da lei que advém do fornecimento de decisões oficiais do tribunal. Dessa forma, reduz a capacidade dos indivíduos de compreender plenamente seus direitos e obrigações e de planejar adequadamente seus negócios em conformidade.[64]

[64] Tradução livre dos autores. O trecho completo, no original: "The effect of the diminishing number of appeals compounds the problem that arises from the diversion of more claims from the courts to arbitration. It reduces the po-tential for the courts to develop and explain the law. This consequence provides fertile ground for transforming the common law from a living instrument into, as Lord Toulson put it in a different context, 'an ossuary'. Here lies the irony. As I have explained reform was effected to promote the use of London as a center for dispute resolution largely based on contracts based on the common law as devel-oped in the Commercial Courts of London. However, the consequence has been the undermining of the means through which much of the common law's strength – its 'excellence' was developed – a danger not merely to those engaged in dispute resolution in London, but more importantly to the development of the common law as the framework to underpin the international markets, trade and commerce. Quite apart from this major issue, there are other issues which arise from the resolution of disputes firmly behind closed doors – retarding public understanding of the law, and public debate over its application. A series of decisions in the courts may expose issues that call for Parliamentary scrutiny and legislative revision. A series of similar decisions in arbitral proceedings will not do so, and those issues may then carry on being taken account of in future arbitrations. As has been put: 'Arbitration confidentiality perpetuates public ignorance of continuing hazards, systemic problems, or public needs...' Such lack of openness equally denudes the ability of individuals, and lawyers apart from the few who are instructed in arbi-trations, to access the law, to understand how it has been interpreted and applied. It reduces the degree of certainty in the law that comes through the provision of authoritative decisions of the court. As such it reduces individuals' ability to fully understand their rights and obligations, and to properly plan their affairs accord-ingly" (THOMAS, John. *Developing commercial law through the courts*: rebalancing the relationship between the courts and arbitration. The Bailii Lecture 2016. Londres. Palestra proferida em 9 de março de 2016, p. 10. Disponível em: https://www.judiciary.uk/wp-content/uploads/2016/03/lcj-speech-bailli-lecture-20160309.pdf. Acesso em: 10 jul. 2022).

A jurisprudência inglesa igualmente chancela o afastamento do sigilo em processos judiciais que versam sobre arbitragem. No caso *Symbion Power LLC v. Venco Imtiaz Construction Company*, a autora, tendo sido derrotada em procedimento arbitral, recorreu ao Poder Judiciário britânico alegando irregularidades na sentença arbitral e solicitou que o caso corresse em segredo de justiça. Em resposta, *a Technology & Construction Court* da *High Court of Justice* "distinguiu o rito da audiência e a publicação da sentença", assim concluindo:

> Há um forte interesse público na publicação de sentenças, incluindo aquelas decorrentes de arbitragens, devido ao interesse público em assegurar padrões apropriados na condução das arbitragens. Isso deve ser ponderado em relação à expectativa legítima das partes de que os procedimentos e as sentenças arbitrais sejam confidenciais.[65]

O posicionamento da *High Court of Justice* britânica no julgado citado conduz à nítida conclusão de que o interesse público e a justiça devem se sobrepor ao interesse egoístico das partes no sigilo, razão pela qual se impõe a publicização dos atos processuais. Os argumentos apresentados pela corte britânica para afastar o segredo dos processos judiciais decorrentes de arbitragem poderiam ser perfeitamente transpostos para a realidade brasileira, confirmando o entendimento pela inconstitucionalidade do artigo 189, IV, do CPC. Frisa-se, aliás, que o argumento é ainda mais contundente no Brasil, pois, diferentemente dos Estados Unidos e da Inglaterra, a Constituição brasileira consagra exigência expressa de publicidade dos atos processuais. Assim como no caso britânico, há grande interesse na publicidade das decisões que versem sobre arbitragem para assegurar o desenvolvimento da jurisprudência e o bom funcionamento da própria arbitragem.

[65] Tradução livre dos autores. O trecho completo, no original: "*There is a strong public interest in the publication of judgments, including those concerned with arbitrations, because of the public interest in ensuring appropriate standards in the conduct of arbitrations. That has to be weighed against the parties' legitimate expectation that arbitral proceedings and awards will be confidential to the partie*" (INGLATERRA. High Court of Justice. *Symbion Power LLC v Venco Imtiaz Construction Company*. Orgão Julgador: Queen's Bench Division – Technology and Construction Court. Relator: Justice Nerys Jefford. Julgado em 10 de março de 2017, p. 18).

Conclusões

O prestígio e o sucesso da arbitragem como meio de resolução de conflitos no Brasil é compreensível e deve ser celebrado. Todavia, a confidencialidade que costuma caracterizar os procedimentos arbitrais não pode ser estendida aos processos judiciais, sob pena de violação da Constituição com consequências práticas deletérias. Inexiste fundamento jurídico que justifique o afastamento da garantia constitucional de publicidade nos processos judiciais oriundos de arbitragem. Ao contrário, o interesse social no desenvolvimento da jurisprudência e a eficácia das sanções reputacionais como estímulo ao cumprimento voluntário de decisões arbitrais militam em favor da publicidade dos processos judiciais que versam sobre arbitragem. Dessa forma, devem os tribunais brasileiros, seguindo o exemplo da Primeira Câmara Reservada de Direito Empresarial do TJSP, bem como das cortes dos Estados Unidos e da Inglaterra, reconhecer a incompatibilidade do segredo de justiça dos processos que versam sobre arbitragem com a Constituição brasileira e, por conseguinte, declarar a inconstitucionalidade do artigo 189, IV, do Código de Processo Civil de 2015.

8. CONTRATO DE ADMINISTRAÇÃO DE PROCEDIMENTO ARBITRAL NO ORDENAMENTO JURÍDICO BRASILEIRO

Amauri Silvestre Pavão
Giulia Bassani

Introdução

Em maio de 1996, um grupo de trabalho estabelecido pela Corte Internacional de Arbitragem da Corte Internacional do Comércio ("CCI"), presidido pelo famoso arbitralista francês Philippe Fouchard, publicou o "*Final Report on the Status of the Arbitrator*".[1] Resultado da união de esforços de arbitralistas de diversos países para estudar e sintetizar a posição ocupada pelos árbitros na arbitragem internacional comercial, o relatório aponta a existência de ao menos quatro relações contratuais em um procedimento arbitral: (i) um contrato entre as partes, pelo qual definem a arbitragem como método de resolução de suas disputas (convenção de arbitragem); (ii) um contrato entre as partes e o árbitro, pelo qual as partes submetem a um ou a mais árbitros a resolução de controvérsia instaurada entre elas; (iii) um contrato entre as partes e a câmara; e (iv) um contrato entre o árbitro e a câmara.[2]

[1] Fouchard, Philippe *et al.* Final Report on the Status of the Arbitrator. *In*: *ICC International Court of Arbitration Bulletin*, v. 7, n. 1. Paris: CCI, 1996. "Relatório Final sobre o Status do Árbitro" em tradução livre do inglês.

[2] Fouchard, Philippe *et al.* Final Report on the Status of the Arbitrator. *In: ICC International Court of Arbitration Bulletin*, v. 7, n. 1. Paris: CCI, 1996, p. 29-30.

Embora a existência desses quatro contratos já seja amplamente aceita pela doutrina especializada, o contrato estabelecido entre partes e árbitros com as câmaras arbitrais, ora referido como "contrato de administração de procedimento arbitral",[3] são objeto de menor atenção. Nesse cenário, visto que o estudo dessa relação contratual pode contribuir para o debate sobre diversos temas – como a responsabilidade assumida pelas câmaras no curso do procedimento arbitral, os limites da flexibilização do procedimento por acordo das partes e outras questões de primeira importância – o presente capítulo volta seu olhar ao contrato de administração de procedimento arbitral, analisando, sob a ótica da prática arbitral nacional e do ordenamento jurídico brasileiro, o seu momento e modo de formação, a sua vigência, o seu conteúdo, sua interface com o procedimento arbitral e as eventuais consequências do seu descumprimento.

1. Tipo e forma

O contrato de administração de procedimento arbitral, enquanto contrato misto atípico, reúne elementos dos contratos típicos de prestação de serviço e de mandato.[4] Aproximando-o do contrato de prestação de

[3] Tradução sugerida por Priscila Cunha do Nascimento para a expressão *"contrat d'organisation de l'arbitrage"*, utilizada por doutrinadores franceses (p. ex., Eric Loquin e Thomas Clay) no estudo do tema objeto deste capítulo (NASCIMENTO, Priscila Cunha do. O regime jurídico adequado para a escolha de câmaras arbitrais pelo Poder Público. *Revista Jurídica Luso-Brasileira*, v. 5, n. 6, 2019, p. 1767). Na doutrina anglófona, utiliza-se a expressão *"arbitral institution contract"* (BORN, Gary. *International Commercial Arbitration*. 3. ed. The Hague: Kluwer Law International, 2015, p. 2128). A expressão "contrato de administração de procedimento arbitral" utilizada neste capítulo é equivalente a qualquer referência doutrinária a um contrato, firmado entre câmara, partes e árbitros, que tenha como objeto a administração de um procedimento arbitral, não devendo ser confundindo com o "contrato de arbitragem" ou "contrato de investidura" (também chamado de *"arbitrator's contract"* ou *"receptum arbitrii"*) firmado especificamente entre partes e árbitro.

[4] "The contract concluded between the disputing parties and the arbitration institution can be categorized as an agency or a contract for the provision of service" (ONYEMA, Emilia. *International Commercial Arbitration and the Arbitrator's Contract*. Londres: Routledge, 2010, p. 111); e "Under German law, the contract between the parties and the institution (Administrierungs – vertrag or Schiedsorganisationsvertrag) is regarded either as a Geschaftsbesorgungsvertrag ('a contract for the management of the affairs of another'), that is, a subcategory of Dienstvertrag ('service contract') or Werkvertrag ('contract to produce a work'), or as a mixed or sui generis type of contract. Under French law, the contract between

serviços, a câmara de arbitragem presta, mediante remuneração, diversos serviços – arquivo e encaminhamento de petições e decisões, disponibilização de salas para audiência, minuta de termos e compromissos, organização do procedimento, etc. – às partes e aos árbitros.[5] Aproximando-o do contrato de mandato (ou seja, a prática de atos em nome de terceiro), destacam-se as previsões regulamentares que autorizam à câmara indicar árbitros no lugar das partes[6] – a quem originalmente tal direito é conferido, conforme artigo 13, § 1º da Lei Brasileira de Arbitragem ("LArb")[7] – ou cobrar, em nome dos árbitros, os honorários devidos pelas partes por força do contrato celebrado entre partes e árbitros.[8] No que concerne à forma contratual, por se tratar de contrato atípico, não há qualquer norma que disponha que essa relação contratual deva ser solene ou assumir um formato específico.[9] Na prática, raramente é redigido um instrumento específico que regule a relação entre partes, árbitros e instituição arbitral, sendo necessário buscar seu conteúdo em outros documentos divulgados ao público por estas instituições, como regulamentos de arbitragem, estatutos, resoluções administrativas e tabelas de custas.

the parties and the institution is a mixed contract, uniting the characteristics of a mandat and of a contrat d'entreprise (i.e. of an agency contract and of a contract for the provision of services). Under Hungarian law, it would be a megbizasi szerződes ('agency contract') or a vallalkozasi szerződes ('contract for professional services')" (Kinga, Timár. The Legal Relationship between the Parties and the Arbitral Institution. *ELTE Law Journal*, n. 1, 2013, p. 113).

[5] Nesse sentido: "As instituições especializadas em administração de procedimentos arbitrais – e outras formas extrajudiciais de resolução de conflitos – devem ser consideradas como prestadoras de serviço às partes" (Neves, Flávia Bittar. Arbitragem institucional: fatores críticos na escolha da instituição arbitral. *In*: Guilherme, Luiz Fernando do Vale de Almeida (coord.). *Aspectos práticos da arbitragem*. São Paulo: Quartier Latin, 2006, p. 258).

[6] Nesse sentido, cf. Lionnet, Klaus. The Arbitrator's Contract. *In*: Park, William W. (ed.). *Arbitration International*, Oxford, v. 15, n. 2, 1999, p. 168; Salama, Nadia Ramzy Ali. *Nature, Extent, and Role of Parties' Autonomy in the Making of International Commercial Arbitration Agreements*. 2016. Tese (Doutorado em Direito) –Universidade de Manchester, Manchester, 2016, p. 219.

[7] Lei n. 9.307/1996.

[8] Nesse sentido, cf. Onyema, Emilia. *The Transformation of Arbitration in Africa*: The Role of Arbitral Institutions. The Hague: Kluwer Law International, 2016, p. 35-36.

[9] Barabino, André. *Negócios Jurídicos na Arbitragem*. 2016. Dissertação (Mestrado em Direito Civil) – Pontifícia Universidade Católica de São Paulo, São Paulo, 2016, p. 106.

2. Momento e modo de formação

O artigo 435 do Código Civil (CC) e o artigo 9º da Lei de Introdução às Normas do Direito Brasileiro (LINDB), determinam, respectivamente, que um contrato se reputa celebrado no lugar em que foi proposto e que as obrigações são regidas pela lei do país em que se constituem. Assim, a definição do momento e do modo de formação do contrato de administração de procedimento arbitral, incluindo a configuração de determinado agente (árbitro, parte ou instituição de arbitragem) como "proponente" ou "aceitante", é essencial para, na falta de previsão expressa, definir o local em que tal contrato foi firmado, a lei aplicável à sua interpretação e execução e, eventualmente, o foro competente para o discutir.[10]

Os artigos 427 a 435 do CC, que regulam a formação dos contratos no ordenamento jurídico brasileiro, estabelecem que os contratos são formados a partir do binômio proposta-aceitação. Em síntese, a primeira pessoa a exteriorizar sua vontade de contratar é denominada "proponente" e sua manifestação da vontade, que configura negócio jurídico unilateral e deve conter todos os aspectos essenciais do contrato em questão, é denominada "proposta". A pessoa que recebe a proposta é denominada "oblato" e sua manifestação da vontade, se positiva à proposta realizada, é referida como "aceitação". Caso o oblato decida não aceitar a oferta nos termos postos pelo proponente, mas sim fazer uma contraproposta, então se invertem as posições, assim sucessivamente até que um dos contratantes aceite, em definitivo, os termos propostos pela contraparte. Entre ausentes, a formação do contrato ocorre quando a aceitação do oblato aos termos propostos pelo proponente é expedida para este (sendo válida, também, a aceitação tácita). Cabe notar, ainda, que a manifestação da vontade que aquiesce a uma proposta

[10] "A relação jurídica que se estabelece entre as partes litigantes e a câmara de arbitragem é autônoma em relação ao contrato principal objeto da arbitragem e acessória em relação à convenção de arbitragem. Nada obstante, mesmo que a convenção de arbitragem, por força do §1º, do art. 2º da Lei nº 9.307/1996, estabeleça outras regras de direito a serem aplicadas na arbitragem, aquela relação jurídica deve ser regida pelas regras de direito interno que determina que sejam aplicadas as regras do local onde foi proposto o contrato, ou seja, na sede da câmara de arbitragem escolhida pelas partes litigantes" (Nascimento, Priscila Cunha do. O regime jurídico adequado para a escolha de câmaras arbitrais pelo Poder Público. *Revista Jurídica Luso-Brasileira*, v. 5, n. 6, 2019, p. 1765).

não vinculante (por exemplo, a aceitação expedida pelo oblato ao prepotente após o prazo para aceitação previsto na proposta) não opera de plano os efeitos legais da aceitação, pois ainda cabe ao proponente original aceitar, ou não, firmar o contrato. Ou seja, a aceitação do oblato opera seus efeitos formativos apenas enquanto existir oferta vinculante ao proponente.[11]

2.1. Formação do contrato entre partes e câmara

2.1.1. Divulgação de regulamento de arbitragem pela câmara

A qualificação jurídica apropriada do ato de divulgação de regulamento de arbitragem por uma câmara é objeto de disputa na doutrina internacional, com duas posições antagônicas: a primeira sustenta que tal divulgação corresponderia a uma oferta ao público (oferta *ad incertam personam*),[12] enquanto a segunda sustenta que tal divulgação corresponderia a mero convite para realização de ofertas (*invitatio ad offerendum*).[13]

No Brasil, o artigo 429 do CC estabelece que a oferta ao público equivalerá à proposta sempre que encerrar os elementos essenciais ao contrato, salvo se o contrário resultar das circunstâncias ou dos usos. Nesse sentido, observa-se que todos os regulamentos de arbitragem divulgados pelas principais câmaras de arbitragem em atuação no Brasil[14]

[11] Sobre o tema da formação dos contratos e o binômio proposta-aceitação, cf. GOMES, Orlando. *Contratos*. 26. ed. Rio de Janeiro: Forense, 2009, p. 67-78.

[12] "By drafting and publishing its arbitration rules, the arbitral institution effectively puts out a permanent offer to contract, aimed at an indeterminate group of persons (those potential litigants operating in the field or fields covered by the institution), but made under fixed conditions. By concluding their arbitration agreement, the parties accept that offer and agree to empower their chosen institution to organize and oversee the arbitration in the event that a dispute arises between them" (GAILLARD, Emmanuel; SAVAGE, John (eds.). *Fouchard Gaillard Goldman on International Commercial Arbitration*. The Hague: Kluwer Law International, 1999, p. 602).

[13] "There are a number of authors holding that the release of the institutional rules is a binding offer, which is accepted by the parties' agreement to arbitrate under the rules of the institution. Other authors are of the opinion that the release of the rules is only an invitation to make an offer (invitatio ad offerendum)" (KINGA, Timár. Between the Parties and the Arbitral Institution. *ELTE Law Journal*, n. 1, 2013, p. 115).

[14] Incluindo-se o/a CAM-CCBC, CAM-AMCHAM, CCI, CAMARB, ARBITAC, CBMA, CMA FIESP/CIESP, CAESP, CAM-B3, entre outros.

contêm referência expressa tanto aos serviços prestados pela câmara quanto ao preço cobrado por esses serviços.[15] Desse modo, considerando a hipótese mais comum – inserção de cláusula compromissória no contrato celebrado pelas partes, posteriormente submetida à câmara de arbitragem mediante o requerimento de instauração de procedimento arbitral –, a posição que considera a divulgação do regulamento uma oferta ao público (oferta *ad incertam personam*) é a que melhor se amolda ao ordenamento jurídico brasileiro. As câmaras arbitrais disponibilizam seus regulamentos na expectativa de que outros o elejam em suas convenções de arbitragem e, consequentemente, contratem a respectiva câmara para administrar eventual procedimento arbitral, não para que realizem ofertas, com objeto ou preço diverso daquele já disposto no regulamento e demais documentos divulgados pela instituição. Entendimento diverso retiraria o caráter vinculante da oferta realizada pela câmara e, consequentemente, aumentaria a insegurança jurídica de partes que, apesar de elegerem determinado regulamento e câmara para guiarem e administrarem seu procedimento arbitral, teriam ainda de convencer a própria câmara eleita – a qual não podem, salvo novo acordo, substituir por outra[16] – a aceitar sua oferta e processar sua arbitragem.

2.1.2. *Pactuação de convenção de arbitragem pelas partes*

A convenção de arbitragem não pode ser vista, isoladamente, como uma aceitação à oferta realizada pela câmara, pois o artigo 434 do CC determina que o contrato entre proponente e oblato, se ausentes, só se perfectibiliza mediante a expedição da aceitação. Desse modo, a celebração de convenção de arbitragem entre as partes não poderia, por si só, configurar aceitação, pois não é levada ao conhecimento da câmara até a apresentação do requerimento de arbitragem pela parte requerente.

[15] Por vezes, o preço cobrado não está disposto no próprio regulamento, mas em outro documento apartado, referido comumente como "tabela de custas". A incorporação de outros documentos e informes ao contrato de administração de procedimento arbitral, para além do regulamento, são comentados adiante, na seção 4.1.

[16] "Finalmente, cumpre salientar que, uma vez eleita a instituição arbitral na convenção de arbitragem, a troca da entidade somente será viável se houver o consenso de ambas as partes" (NEVES, Flávia Bittar. Arbitragem institucional: fatores críticos na escolha da instituição arbitral. *In*: GUILHERME, Luiz Fernando do Vale de Almeida (coord.). *Aspectos práticos da arbitragem*. São Paulo: Quartier Latin, 2006, p. 274).

Os próprios regulamentos de arbitragem usualmente estabelecem a apresentação do requerimento de arbitragem[17] como o ato adequado para que uma parte expresse sua intenção de submeter uma arbitragem à administração da câmara. A pactuação de convenção de arbitragem entre as partes configura tão somente "promessa de fato de terceiro", regulada pelos artigos 439 e 440 do CC,[18] pois encerra promessa, de parte a parte, de que, sobrevindo controvérsia, ambas contratarão com terceiro não signatário do contrato: a instituição arbitral.

Ainda, é comum que as partes acordem, em sua convenção de arbitragem, alterações pontuais ao regulamento divulgado pela instituição arbitral.[19] Entre as partes, tais alterações passam a integrar o quadro normativo que regerá seu procedimento arbitral e não podem ser modificadas, salvo de mútuo acordo (incluindo-se a possibilidade de que acordem conferir o poder de decidir sobre o tema ao tribunal arbitral a ser constituído). Entre as partes e a instituição de arbitragem, que terá acesso à convenção de arbitragem que prevê alterações ao seu regulamento ao receber o requerimento de arbitragem, essa hipótese configurará contraproposta apenas se as partes promoverem alteração que implique redução, aumento ou modificação do escopo dos serviços ofertados pela câmara e, cumulativamente, o próprio regulamento não preveja a possibilidade de acordo das partes sobre o tema em específico. Nas demais situações, essa hipótese configurará simples aceitação, vinculando partes e instituição arbitral ao contrato de administração de procedimento arbitral.

Tal posição se justifica sob o entendimento de que o contrato de administração de procedimento arbitral não incorpora, no âmbito das obrigações recíprocas assumidas entre partes e câmara, previsões

[17] Também denominado "solicitação para instauração de arbitragem", entre outros nomes.

[18] Não obstante, tal caracterização, tendo em vista a reciprocidade da promessa (ambas as partes prometem que irão conjuntamente contratar com terceira, a instituição de arbitragem), dificilmente alguma parte ver-se-á sujeita ao pagamento de perdas e danos previsto no artigo 439 do CC.

[19] Algumas instituições arbitrais chegam a reconhecer a prática em seus regulamentos, como estabelece o artigo 1.2 do Regulamento do CAM-CCBC: "1.2. Qualquer alteração ao presente Regulamento, que tenha sido acordada pelas partes em seus respectivos procedimentos, só terá aplicação ao caso específico e desde que não altere disposição sobre a organização e condução administrativas dos trabalhos do CAM-CCBC".

alheias ao escopo de atuação da instituição de arbitragem, de modo que alterações estritamente procedimentais (por exemplo, alteração razoável do prazo regulamentar para apresentação de alegações iniciais) não constituem contraproposta, ao passo que alterações nas prerrogativas, deveres e poderes da câmara – como a adoção de um mecanismo de impugnação de árbitros sem envolvimento da instituição, caso seu regulamento preveja tal envolvimento – configuram nítida contraproposta, pois modificam diretamente o escopo da prestação de serviço que é objeto do contrato entre partes e câmara. Ainda, é comum que a oferta apresentada pela câmara ao público permita, implícita[20] ou explicitamente,[21] que as partes promovam alterações pontuais ao regulamento de arbitragem divulgado, de forma que é permitida, de antemão, a aceitação com alterações e, portanto, afastar-se-ia a disposição do artigo 431 do CC de que a aceitação com adições configura nova proposta, pois a câmara não poderia, sob risco de contradição e atentado à boa-fé, recusar-se a contratar se ela própria, de antemão, conferiu tal liberalidade aos demais contratantes como parte integral de sua proposta.

Por fim, é certo que a câmara poderá recusar a administração de um determinado procedimento caso as alterações promovidas pelas partes ao regulamento divulgado sejam incompatíveis com sua estrutura institucional.[22] Afinal, da mesma forma que encarar toda e qualquer alteração promovida pelas partes ao regulamento de arbitragem como uma

[20] "É certo que, inclusive por uma questão comercial, os regulamentos são normalmente desenhados de modo a permitir que as partes disciplinem vários aspectos do procedimento, todavia, há situações em que modificações procedimentais pretendidas pelas partes podem dificultar ou até mesmo impedir que a arbitragem institucional seja viável tal como desejada" (Kinga, Timár. Between the Parties and the Arbitral Institution. *ELTE Law Journal*, n. 1, 2013, p. 118).

[21] Como visto no artigo 1.2 do Regulamento do CAM-CCBC. Ainda sobre o tema: "As entidades arbitrais possuem regras básicas de procedimento, mas mesmo nas arbitragens institucionais, há margem para alguma interferência das partes quanto ao modo de proceder sobre diversos aspectos, dependendo, evidentemente, de cada regulamento" (Cahali, Francisco José. *Curso de Arbitragem*. São Paulo: Revista dos Tribunais, 2011, p. 174).

[22] "Os órgãos arbitrais podem não aceitar administrar determinado procedimento por considerar as modificações procedimentais pretendidas pelas partes incompatíveis com a estrutura institucional ou inaceitáveis por qualquer outro motivo" (Quintana, Guilherme Enrique Malosso; Barthasar, Rafael Martinez. Sujeição ao regulamento arbitral. *In*: Vasconcelos, Ronaldo *et al.* (orgs.). *Análise prática das Câmaras Arbitrais e da arbitragem no Brasil*. São Paulo: Iasp, 2019, p. 45).

contraproposta aumentaria a insegurança jurídica na contratação da arbitragem, nos termos já tratados anteriormente,[23] igualmente não seria desejável obrigar instituições de arbitragem a administrarem um procedimento totalmente diverso daquele circunscrito em sua oferta.[24]

2.1.3. *Apresentação do requerimento de arbitragem pela parte requerente*

O requerimento de arbitragem é o documento apresentado pela parte requerente à câmara arbitral informando sua intenção em instaurar procedimento arbitral, a ser administrado por aquela instituição, em face de outrem. No ato de apresentação do requerimento, a parte fornece à instituição arbitral uma série de documentos e informações de modo a permitir a regular instauração da arbitragem (cópia da convenção de arbitragem, breve síntese dos fatos e pedidos, valor estimado da controvérsia, etc.), bem como efetua o pagamento da taxa de registro, valor não reembolsável pago à câmara para que esta processe o requerimento.[25] Aceita a premissa de que a divulgação de regulamento de arbitragem pela câmara configura proposta, então a apresentação do requerimento de arbitragem pela parte requerente à câmara em

[23] *Vide* seção 2.1.1 deste capítulo.

[24] Nesse sentido: "Other restrictions on party autonomy might arise where the parties select institutional arbitration but attempt to alter the rules of the administering body in a way which is unworkable or is not accepted by the administering body. Thus, for instance, if the parties provided for arbitration in accordance with the ICC Rules of Arbitration (ICC Rules) but provide that Article 27 of the ICC Rules (which deals with scrutiny of awards by the ICC Court) will not apply; it is probable that the ICC Court would not accept the case as an ICC case. Court scrutiny of awards is an important feature of ICC arbitrations and the administering body is unlikely to agree to waive it" (Pryles, Michael. Limits to Party Autonomy in Arbitral Procedure. *Journal of International Arbitration*, v. 24, n. 3, p. 329-330).

[25] No tocante, versa o Regulamento do CAM-CCBC: "4.1. A parte que desejar instituir arbitragem notificará o CAM-CCBC, na pessoa de seu Presidente, mediante protocolo ou carta registrada, em vias suficientes para que todas as partes, árbitros e a Secretaria do CAM-CCBC recebam uma cópia, contendo: (a) documento que contenha a convenção de arbitragem, prevendo a competência do CAM-CCBC para administrar o procedimento; (b) procuração de eventuais patronos com poderes bastantes; (c) indicação resumida da matéria que será objeto da arbitragem; (d) valor estimado da controvérsia; (e) nome e qualificação completa das partes envolvidas na arbitragem; e (f) indicação da sede, idioma, lei ou normas jurídicas aplicáveis à arbitragem nos termos do contrato. 4.2. Juntamente com a notificação a parte anexará comprovante de recolhimento da Taxa de Registro, conforme artigo 12.5 do Regulamento".

questão configura clara e inequívoca aceitação dessa proposta. Ao apresentar seu requerimento, a parte requerente – em nome de todos os demais contratantes da convenção de arbitragem envolvidos no litígio, que celebraram promessa de fato de terceiro e não poderiam, surgida a controvérsia, negar-se a cumprir a promessa de contratar a câmara arbitral[26] – aceita os termos propostos pela instituição para a prestação do serviço de administração de procedimento arbitral e, ato contínuo, ingressa em uma relação contratual com a câmara arbitral. Ressalva-se a hipótese, comentada anteriormente, da convenção de arbitragem encerrar uma contraproposta, situação em que será necessária a aquiescência da câmara, explícita ou implícita, para formação do contrato de administração de procedimento arbitral.

2.2. Formação do contrato entre árbitros e câmara

Uma vez informada da indicação das partes, ou em cumprimento ao dispositivo regulamentar que autoriza a própria câmara a realizar a indicação de árbitros, a câmara arbitral solicita que o profissional indicado para atuar como árbitro preencha questionário de conflito de interesse ou assine termo de independência e imparcialidade. Referido profissional, já ciente do regulamento aplicável e de eventuais alterações promovidas pelas partes em sua convenção de arbitragem, aceita participar do procedimento (e, consequentemente, firmar contrato de administração de procedimento arbitral com a câmara)[27] quando encaminha o

[26] "It therefore can be argued that where one party takes steps to perform the promise contained in the arbitration agreement, that party does not merely act for itself and on behalf of the other party to the agreement (as an agent) but it acts to fulfil its promise (in their joint bargain as partners) under the arbitration agreement. As long as the claimant party acts in accordance with and within the terms of the arbitration agreement, the respondent party will be bound by his actions (and may therefore incur liabilities, for example, to pay the arbitrator's fees)" (Onyema, Emilia. *The Transformation of Arbitration in Africa*: The Role of Arbitral Institutions. The Hague: Kluwer Law International, 2016, p. 16). Raciocínio análogo pode ser aplicado para a indicação de um árbitro por apenas uma das partes, a despeito deste prestar – como membro do tribunal arbitral – um serviço a todas as partes: "Importantly, when a party nominates a co-arbitrator, it does so on behalf of both parties, pursuant to the terms of the parties' arbitration agreement, and not on behalf of one party alone" (Born, Gary. *International Commercial Arbitration*. 3. ed. The Hague: Kluwer Law International, 2015, p. 2123).

[27] Reitere-se, contrato distinto daquele firmado entre partes e árbitros.

questionário preenchido ou, a depender do procedimento previsto no regulamento específico, firma termo aceitando o encargo.[28] Uma vez confirmado o árbitro pela câmara – que, a depender do regulamento aplicável, reserva-se no direito de confirmar o árbitro apenas após este fazer as revelações cabíveis –, está formado o contrato entre câmara e árbitro.[29]

Importante notar que há, no Brasil, previsão legal expressa acerca da possibilidade de as partes, de comum acordo, afastarem o dispositivo do regulamento da câmara arbitral que determina que a escolha de um determinado árbitro (coárbitro, árbitro único ou presidente do tribunal arbitral) deverá se restringir a uma lista de nomes predefinidos. Não obstante, o mesmo dispositivo legal – artigo 13, § 4º, da LArb – também autoriza que as câmaras arbitrais realizem o "controle" da escolha do árbitro. Portanto, em última instância, competirá sempre à instituição arbitral confirmar o nome indicado pelas partes para atuar como árbitro.

[28] Em raciocínio análogo, mas tratando da formação do contrato entre partes e árbitros: "In the simplest circumstances, the arbitrator's contract is formed when two parties (to an arbitration agreement) jointly approach a potential arbitrator with a request that he or she resolve their dispute; the prospective arbitrator is free to accept or to reject such a proposal. When formalized, the parties' request that an individual accept appointment as an arbitrator constitutes an offer, and the arbitrator's acceptance of the request (again, generally when formalized) constitutes an acceptance, giving rise to the "arbitrator's contract." In both instances, the formal nomination and acceptance are typically accomplished, as a matter of national law, by written notices of appointment or acceptance, copied to all parties. In some cases, the arbitrator's acceptance will not occur expressly, but will be manifested by his or her subsequent acts in beginning to exercise the powers of an arbitrator (*e.g.*, drawing up terms of reference, convening a procedural meeting, presenting the parties with terms of appointment)" (Born, Gary. *International Commercial Arbitration*. 3. ed. The Hague: Kluwer Law International, 2015, p. 2123).

[29] Ora também referido como contrato de administração de procedimento arbitral, embora alguns autores utilizem expressões como "contrato de colaboração arbitral" (no inglês, *contract of arbitral collaboration*) para distinguir o contrato firmado entre árbitro e câmara do contrato firmado entre partes e câmara. Nesse sentido, cf. Fan, Kun. Arbitrator's Contract. *In*: Kroll, Stefan; Ferrari, Franco; Bjorklund, Andrea (eds.). *Cambridge Compendium of International Commercial and Investment Arbitration*. Cambridge: Cambridge University Press, 2020 (*no prelo*), p. 13.

3. Vigência

Embora alguns regulamentos, com destaque para os regulamentos de arbitragem expedita,[30] estabeleçam a duração máxima do procedimento arbitral (até a prolação da sentença arbitral), é incomum que estabeleçam que a administração do procedimento arbitral – *i.e.*, o serviço prestado pela instituição arbitral – terá prazo determinado. Assim, o contrato de administração de procedimento arbitral se caracteriza como de prazo indeterminado e segue vigente até a conclusão do procedimento e esgotamento da jurisdição do tribunal arbitral. Eventualmente, caso seja necessário que a câmara arbitral pratique atos posteriores ao esgotamento da jurisdição dos árbitros, como efetuar reembolso de valores provisionados antecipadamente pelas partes ou remeter a sentença proferida pelo tribunal a todos os litigantes, então o contrato seguirá vigente até se esgotarem as obrigações a cumprir.

4. Conteúdo

Estabelecido o momento e modo usual de formação do contrato de administração de procedimento arbitral, passa-se agora a analisar o seu conteúdo, ou seja, quais documentos e informações divulgados pela câmara são, efetivamente, incorporados ao contrato em comento, bem como quais são as obrigações assumidas por cada contratante – árbitros, câmara e partes – no âmbito desse negócio jurídico.

4.1. Incorporação do regulamento de arbitragem (e outros documentos)

Na esteira do entendimento de que a divulgação do regulamento de arbitragem pela câmara configura oferta ao público e, consequentemente, proposta, a doutrina especializada tende a equacionar o conteúdo do contrato de administração de procedimento arbitral ao regulamento de

[30] Sobre o instituto: "A arbitragem expedita é procedimento arbitral, que poderá ser previsto em regulamento institucional, oportunizando às partes dirimirem questões de baixa complexidade e com baixos valores envolvidos, de forma célere e especializada" (AREND, Andréia Propp. TIMM, Luciano Benetti. A análise econômico-jurídica da arbitragem expedita. *Revista Brasileira de Arbitragem*, v. XVII, n. 65, p. 58).

arbitragem divulgado pela câmara.[31] Contudo, tal equacionamento usualmente ignora a existência de outros documentos e informes, apartados do regulamento de arbitragem, que também devem ser considerados incorporados ao contrato de administração de procedimento arbitral.

Nesse sentido, conquanto seja verdade que parte considerável dos serviços prestados pela câmara pode ser inferido pelo seu regulamento, também é certo que tais instituições oferecem outros serviços – e a escolha das partes pela câmara leva também tais serviços em consideração – não dispostos naquele documento. Exemplificativamente, apesar de a disponibilização de salas de reunião e demais instalações para realização de audiências ser um grande diferencial entre uma instituição arbitral e outra, sendo apontado pela doutrina como um dos fatores que as partes devem levar em consideração no momento de eleger uma instituição de arbitragem em sua convenção,[32] dificilmente a disponibilização desse serviço será encontrada no regulamento divulgado pela câmara, mas sim em outro informe ou documento apartado. De ainda maior relevância, muitas vezes o próprio preço cobrado pela câmara pela prestação de seus serviços, sem o qual não seria possível sequer falar no binômio proposta-aceitação, não costuma estar disposto no corpo do regulamento de arbitragem, mas em um documento apartado, referido geralmente como "tabela de custas".

Assim, diante do risco de, sob um entendimento mais restritivo, deixar lacunas no contrato firmado entre partes, árbitros e câmara de arbitragem, inclusive contra a intenção desses contratantes, é necessário considerar incorporados ao contrato de administração de procedimento arbitral tanto o regulamento de arbitragem (com ou sem eventuais alterações promovidas pelas partes e aceitas pela câmara e pelos árbitros,

[31] Kinga, Timár. Between the Parties and the Arbitral Institution. *ELTE Law Journal*, n. 1, 2013, p. 119.

[32] Nesse sentido: "Além do aporte jurídico [prestado pelas câmaras arbitrais], acresce-se o logístico, pois a arbitragem será realmente administrada pela instituição arbitral, que cuidará de toda a parte burocrática do procedimento, exercendo uma série de atividades como autuação de peças processuais e documentos (que devem ser sempre remetidas às partes e aos árbitros), realização dos contatos entre partes e os árbitros, organização de espaço físico adequado para realização das audiências com todos os equipamentos tecnológicos necessários, dentre outras" (Neves, Flávia Bittar. Arbitragem institucional: fatores críticos na escolha da instituição arbitral. *In*: Guilherme, Luiz Fernando do Vale de Almeida (coord.). *Aspectos práticos da arbitragem*. São Paulo: Quartier Latin, 2006, p. 261).

como já mencionado) quanto o restante do material divulgado pela câmara ao público, incluindo tabelas de custas, informes e resoluções administrativas.[33]

Por fim, é importante observar que o termo de arbitragem[34] também poderá alterar dispositivos do regulamento incorporados no contrato de administração de procedimento arbitral, constituindo instrumento apto – firmado entre todos os envolvidos: partes, instituição arbitral e árbitros – a emendar o contrato de administração de procedimento arbitral no que lhe for cabível.

4.2. Obrigações da câmara de arbitragem

A visão tradicional da doutrina sobre o papel desempenhado pelas câmaras de arbitragem no curso de um procedimento arbitral costuma limitar seu escopo de atuação a funções eminentemente administrativas. Essa visão, compartilhada pela doutrina tradicional brasileira[35] e internacional, vem sendo contestada por autores que entendem ser possível distinguir as funções administrativas da câmara, relacionadas à organi-

[33] Nesse sentido: "O regulamento não se encerra em si mesmo. Ele se comunica com outras normas a ele anexas em direção ao bom desiderato da arbitragem [...] Todos os Regulamentos fazem menção a documento apartado, que é a Tabela de Custas. Nenhum sugere que ele faça parte, direta ou indiretamente, do Regulamento (ainda que o Regulamento do CAM/CCBC a estabeleça como vinculante às partes e aos árbitros, conforme o item 12.4). No entanto, por óbvio, suas disposições são cogentes e a adesão ao regulamento leva à submissão à tabela que, nas câmaras aqui examinadas, pode ser alterada por atos simples da Diretoria ou da Presidência do Órgão" (Silva, Eduardo Silva da; Guerrero, Luis Fernando; Nunes, Thiago Marinho. *Regras da arbitragem brasileira*: comentários aos regulamentos das câmaras de arbitragem. São Paulo: Marcel Pons: CAM-CCBC, p. 22).

[34] Também referido como "ata de missão", é o instrumento firmado entre partes, árbitros e representantes da instituição arbitral logo após ou concomitantemente à instauração do procedimento, estabelecendo minúcias procedimentais, muitas vezes em derrogação ou em complemento a dispositivos do regulamento de arbitragem aplicável.

[35] "A função dos centros ou câmaras de arbitragem é apenas administrar o procedimento de forma neutra e imparcial, zelando por seu trâmite legal e respeitando a vontade das partes e as decisões dos árbitros [...]" (Neves, Flávia Bittar. Arbitragem institucional: fatores críticos na escolha da instituição arbitral. *In*: Guilherme, Luiz Fernando do Vale de Almeida (coord.). *Aspectos práticos da arbitragem*. São Paulo: Quartier Latin, 2006, p. 255); "A função exercida pela instituição é puramente administrativa. Trata-se de atividade semelhante àquela realizada pelas secretarias das varas judiciais" (Lima, Leandro Rigueira Rennó. A legitimidade passiva em ação ordinária de nulidade de sentença arbitral. *Revista Brasileira de Arbitragem*, v. II, n. 56, p. 94).

zação do procedimento, das suas funções decisórias, relacionadas à tomada de decisão sobre algum aspecto procedimental da controvérsia, como a definição do valor da causa, a integração de terceiros à arbitragem ou a decisão sobre a impugnação de árbitros.[36] Afirmar que é usual que câmaras exerçam funções decisórias jamais deverá ser interpretado como uma autorização para que essas passem a decidir sobre o mérito do procedimento, pois somente aos árbitros cabe, no exercício da jurisdição que lhe é outorgada pelas partes e nos limites de sua competência, dizer o direito e, assim, resolver o litígio. O exercício de funções decisórias pelas câmaras de arbitragem poderá ter relevantes consequentes para o processamento do feito submetido à arbitragem, mas não visa resolver a disputa das partes.

Sem intenção de constituir uma lista exaustiva, tendo em vista a liberdade das instituições de arbitragem para editarem regulamentos com as mais diversas previsões, estão listados abaixo, seguindo a distinção entre funções administrativas e decisórias, as funções comumente assumidas pelas câmaras de arbitragem em atividade no Brasil.

4.2.1. *Funções administrativas*

Entre as funções administrativas exercidas pelas câmaras de arbitragem, destacam-se: a organização dos autos do procedimento arbitral,[37] a intimação e a notificação das partes acerca dos atos procedimentais,[38] a certificação do cumprimento dos prazos pelas partes,[39] a organização de

[36] Encabeçando essa nova visão, destaca-se o arbitralista Rémy Gerbay e sua obra *The Functions of Arbitral Institutions*. The Hague: Kluwer Law International, 2016.

[37] Cf. Regulamento da CAMARB: "2.2 Após a assinatura do Termo de Arbitragem, salvo se houver sido nele previsto de forma diversa, todas as peças processuais e documentos apresentados pelas partes devem ser entregues à Secretaria da CAMARB, em qualquer de seus escritórios, em uma via física, para que sejam arquivados nos autos do processo arbitral, e uma via eletrônica".

[38] Cf. Regulamento da CAMARB: "2.3 Todas as correspondências remetidas pela Secretaria da CAMARB, incluindo intimações, comunicações, notificações, cópias de manifestações das partes e decisões do Tribunal Arbitral, serão enviadas apenas por meio eletrônico, exceto se houver convenção em contrário ou se o destinatário não confirmar o recebimento".

[39] Cf. Regulamento do CAM-CCBC: "2.10. Compete ao Secretário-Geral: [...] *(c)* zelar pelo bom andamento dos procedimentos administrados pelo CAMCCBC, especialmente quanto ao cumprimento de prazos, bem como executar as atribuições que lhe forem conferidas pelo Presidente".

audiências e diligências diversas,[40] a transcrição de audiências,[41] o controle sobre os valores adiantados pelas partes para fazer frente às custas do procedimento e a cobrança de eventuais valores adicionais que se façam necessários,[42] a supervisão da aderência das partes e dos árbitros ao regulamento acordado[43] e a revisão formal de sentenças arbitrais.[44] Além dessas funções específicas, considera-se também que as instituições assumem um compromisso geral em auxiliar as partes e os árbitros ao longo do procedimento,[45] fornecendo-lhes informações e praticando atos *sui generis*, mediante pedido formal ou informal de partes e árbitros, necessários para a boa condução da arbitragem.

No exercício de suas funções administrativas, a câmara deverá observar estritamente os termos acordados pelas partes (e aceitos pela câmara ao processar a arbitragem proposta por estas) e o regulamento

[40] Cf. Regulamento da CAMARB: "11.12 A Secretaria da CAMARB solicitará às partes depósito, à razão de 50% (cinquenta por cento) para cada polo processual ou outra que vier a ser determinada pelo Tribunal Arbitral, para fazer frente às despesas necessárias à condução do procedimento arbitral, tais como correio, fotocópias, ligações telefônicas e de videoconferências, locação de equipamentos e de local para a realização de audiência, serviços de estenotipia, tradutor, intérprete e despesas de viagem de árbitros e peritos. A responsabilidade final pelas despesas com a arbitragem será fixada na sentença arbitral".

[41] Cf. Regulamento da CAMARB: "8.9 A Secretaria da CAMARB providenciará, a pedido do Tribunal Arbitral ou de qualquer das partes, transcrição da audiência, bem como serviços de intérpretes ou tradutores, sendo os custos respectivos adiantados pelas partes".

[42] Cf. Regulamento da CAMARB: "11.2 A Secretaria calculará os valores devidos a título de adiantamento da taxa de administração e honorários de árbitros, podendo revisar os valores atribuídos pelas partes ao litígio, se for o caso. Em caso de reconvenção, as custas serão calculadas considerando a soma dos valores estimados da disputa, considerando os pleitos principais e reconvencionais".

[43] Cf. Regulamento da CAM-AMCHAM: "5.2. O(A) Secretário(a) Geral será nomeado(a) pela Diretoria Geral da Câmara Americana de Comércio para o Brasil – São Paulo. Cabe ao(à) Secretário(a) Geral:(d) aplicar e zelar pela observância e aplicação do Estatuto e dos Regulamentos do Centro".

[44] Cf. Regulamento da CCI, artigo 34: "Antes de assinar qualquer sentença arbitral, o tribunal arbitral deverá apresentá-la sob a forma de minuta à Corte. A Corte poderá prescrever modificações quanto aos aspectos formais da sentença e, sem afetar a liberdade de decisão do tribunal arbitral, também poderá chamar a atenção para pontos relacionados com o mérito do litígio. Nenhuma sentença arbitral poderá ser proferida pelo tribunal arbitral antes de ter sido aprovada quanto à sua forma pela Corte".

[45] Cf. Regulamento da CAM-AMCHAM: "12.1. O Tribunal Arbitral poderá contar com o auxílio de Secretário(a) Administrativo(a) para administração do Procedimento Arbitral. A indicação de Secretário(a) Administrativo(a) somente será aceita mediante acordo das Partes".

da instituição, pois se tratam, em sua maioria, de obrigações de resultado, cujo descumprimento pode ser aferido objetivamente em eventual ação que busque responsabilizar a câmara por prejuízo ocasionado às partes, ou mesmo aos árbitros, pela má prestação do serviço de administração de procedimento arbitral.

4.2.2. *Funções decisórias*

Entre as funções decisórias exercidas pelas câmaras de arbitragem, destacam-se: a aferição *prima facie* da possibilidade de arbitrar o litígio sob determinado regulamento e a decisão acerca de eventual reunião de procedimentos paralelos;[46] a decisão sobre eventual intervenção de terceiros na lide;[47] a definição de qual o procedimento adequado para aquele conflito específico (árbitro único, arbitragem expedita, publicidade dos atos procedimentais em casos envolvendo a Administração Pública, etc.);[48] a definição da sede da arbitragem;[49] a indicação de

[46] Cf. Regulamento do CAM-CCBC: "4.5. Antes de constituído o Tribunal Arbitral, o Presidente do CAM-CCBC examinará objeções sobre a existência, validade ou eficácia da convenção de arbitragem que possam ser resolvidas de pronto, independentemente de produção de provas, assim como examinará pedidos relacionados a conexão de demandas, nos termos do artigo 4.20. Em ambos os casos, o Tribunal Arbitral, após constituído, decidirá sobre sua jurisdição, confirmando ou modificando a decisão anteriormente prolatada. 4.20. Caso seja submetido pedido de instituição de Arbitragem que possua o mesmo objeto ou mesma causa de pedir de arbitragem em curso no próprio CAM-CCBC ou se entre duas arbitragens houver identidade de partes e causa de pedir, mas o objeto de uma, por ser mais amplo, abrange o das outras, o Presidente do CAM-CCBC poderá, a pedido das partes, até a assinatura do Termo de Arbitragem, determinar a reunião dos procedimentos".

[47] Cf. Regulamento da CAM-B3: "6.1.4 O Presidente da Câmara de Arbitragem decidirá acerca do Requerimento de Intervenção de Terceiro. Se deferido, o terceiro ingressará no procedimento arbitral no estado em que ele se encontre, devendo assinar compromisso de cumprir as disposições deste Regulamento e de se submeter à sentença arbitral. Se houver oposição de qualquer das partes e mesmo assim o Presidente da Câmara de Arbitragem decidir a favor da intervenção de terceiro, o Tribunal Arbitral deverá reapreciar a matéria, prolatando decisão final sobre a intervenção de terceiro".

[48] Cf. Regulamento da CAMARB: "3.8 Não será aplicado o Regulamento de Arbitragem Expedita da CAMARB se a convenção de arbitragem expressamente a excluir ou se todas as partes tiverem formulado objeções à sua aplicação. Na hipótese de que apenas uma das partes faça objeção à aplicação do Regulamento de Arbitragem Expedita, na forma do item 3.7 (c), a Diretoria da CAMARB decidirá pela sua aplicação ou não considerando, dentre outras circunstâncias, a complexidade da disputa".

árbitros,[50] especialmente nos casos em que há dissenso entre as partes que compõem um mesmo polo processual acerca do árbitro a ser indicado; a decisão sobre a impugnação de um árbitro;[51] a decisão sobre o valor a ser atribuído ao litígio e as consequentes custas a serem recolhidas pelas partes;[52] a interpretação de seu próprio regulamento em caso de lacuna ou dúvida razoável e a edição de normas complementares ao regulamento, com eficácia diferida ou imediata.[53]

No exercício dessas funções decisórias, que possuem inegável importância para a disputa subjacente entre as partes, visto que tem grande influência sobre o modo que o procedimento será conduzido pelo tribunal arbitral no exercício de sua jurisdição, é esperado não somente que a câmara aja em estrita conformidade com a boa-fé e com o escopo dos poderes que lhe são atribuídos em seu regulamento, mas também que adira aos mesmos parâmetros de independência e imparcialidade impostos aos árbitros.[54] Afinal, seria contraditório que, ao decidir sobre

[49] Cf. Regulamento do CAM-CCBC: "9.2. Se as partes não tiverem indicado a sede da arbitragem, se não houver consenso sobre ela ou se a designação for incompleta ou obscura, o Presidente do CAM-CCBC poderá, caso seja necessárieterminainá-la em caráter provisório, cabendo ao Tribunal Arbitral, uma vez instalado, a decisão em definitivo sobre a sede da arbitragem, após ouvidas as partes".

[50] Cf. Regulamento da CCMA-FIESP-CIESP: "2.5. Se qualquer das partes deixar de indicar árbitro no prazo estabelecido no item 2.2, o Presidente da Câmara fará a nomeação. Caber-lhe-á, igualmente, indicar, preferencialmente dentre os membros do Quadro de Árbitros da Câmara, o árbitro que funcionará como Presidente do Tribunal Arbitral, na falta de indicação".

[51] Cf. Regulamento do CAM-CCBC: 5.4. "As partes poderão impugnar os árbitros por falta de independência, imparcialidade, ou por motivo justificado no prazo de 15 (quinze) dias do conhecimento do fato, sendo a impugnação julgada por Comitê Especial constituído por 3 (três) membros do Corpo de Árbitros nomeados pelo Presidente do CAM-CCBC".

[52] Cf. Regulamento da CAMARB: "11.2 A Secretaria calculará os valores devidos a título de adiantamento da taxa de administração e honorários de árbitros, podendo revisar os valores atribuídos pelas partes ao litígio, se for o caso. Em caso de reconvenção, as custas serão calculadas considerando a soma dos valores estimados da disputa, considerando os pleitos principais e reconvencionais".

[53] Cf. Regulamento do CAM-CCBC: "2.6. Compete ao Presidente do CAM-CCBC: (f) expedir normas complementares, visando dirimir dúvidas, orientar a aplicação deste Regulamento, inclusive quanto aos casos omissos".

[54] Sobre o tema, relacionando o dever de imparcialidade e independência não ao árbitro, mas à própria câmara, cf.: "PRESTAÇÃO DE SERVIÇOS CONSTRUÇÃO CIVIL – AÇÃO ANULATÓRIA DE CLÁUSULA CONTRATUAL – ARBITRAGEM – AUSÊNCIA DE

o mérito do procedimento, os árbitros devam sempre manter uma postura independente e imparcial, assegurando os elementos basilares do devido processo legal, mas a instituição de arbitragem, ao decidir sobre temas tão fundamentais como o valor da causa (que pode obstar o acesso à justiça de uma parte impecuniosa), o procedimento a ser utilizado no caso concreto (p. ex., regular ou expedito) e, até mesmo, quem serão os árbitros (tanto ao os indicar quanto ao decidir acerca de sua impugnação) não esteja constrita a nenhum dever de independência e imparcialidade.

4.3. Obrigações das partes e dos árbitros

As obrigações assumidas pelas partes no contrato de administração de procedimento arbitral se limitam, em larga medida, a remunerar a instituição de arbitragem pela prestação de seus serviços, a seguirem os procedimentos estabelecidos no regulamento em suas interações com a instituição e, de especial relevância, a se sujeitarem às decisões proferidas pela câmara em conformidade com seu regulamento.[55] O cumprimento das demais previsões do regulamento de arbitragem, como prazos para manifestação ou forma de juntada de documentos, embora possam ter seu cumprimento fiscalizado pela câmara em seu dever de auxílio ao tribunal arbitral, não são diretamente exigíveis por essa, pois não se destinam à satisfação de nenhum direito próprio da instituição de arbitragem.

Com relação aos árbitros, similarmente, além do compromisso de aplicar o regulamento ao procedimento em curso e sujeitarem-se às

IMPARCIALIDADE E INDEPENDÊNCIA – VIOLAÇÃO DO ART. 14, DA LEI N. 9.307/–6 – PROCEDÊNCIA MANTIDA – APELAÇÃO IMPROVIDA É nula a cláusula contratual que institui a solução do conflito por arbitragem, através de câmara constituída por pessoas direta ou indiretamente vinculadas ao contrato, em ofensa ao art. 14, da Lei n. 9.307, de 23 de setembro de 1996" (TRIBUNAL DE JUSTIÇA DO ESTADO DE SÃO PAULO. *Apelação n. 935.722-00/2*. Rel. Des. Norival Oliva. J. 29 de setembro de 2009).

[55] "Ao estipularem que a arbitragem será administrada por certo órgão arbitral ('câmara' na imagem acima), as partes contratam os serviços administrativos deste e, em contrapartida, obrigam-se a pagar as taxas de administração e seguir seus procedimentos (senão o regulamento institucional por inteiro, ao menos as regras administrativo-financeiras do órgão)" (QUINTANA, Guilherme Enrique Malosso; BARTHASAR, Rafael Martinez. Sujeição ao regulamento arbitral. *In*: VASCONCELOS, Ronaldo *et al.* (orgs.). *Análise prática das Câmaras Arbitrais e da arbitragem no Brasil*. São Paulo: Iasp, 2019, p. 43).

decisões proferidas pela câmara em conformidade com tal regulamento,[56] os árbitros não costumam assumir outras obrigações no âmbito do contrato de administração de procedimento arbitral.[57]

5. Consequências do descumprimento

5.1. Pelas partes e árbitros

Como exposto, a principal obrigação assumida pelas partes no contrato de administração de procedimento arbitral consiste em remunerar os serviços prestados pela instituição de arbitragem. No Brasil, em alinhamento à prática internacional, as principais câmaras arbitrais prestam seus serviços mediante pagamento adiantado das partes. Nesse cenário, a principal consequência do não pagamento das custas devidas à câmara será o não processamento dos pedidos da parte inadimplente e, caso a contraparte não assuma as custas inadimplidas, a suspensão e o eventual encerramento do procedimento arbitral. Disposições nesse sentido buscam resguardar as câmaras arbitrais de maus pagadores e exemplificam a interface estabelecida entre o contrato celebrado entre partes e árbitro e o contrato celebrado entre partes e câmara: por não realizar o pagamento que lhe compete sob o contrato de administração de procedimento arbitral, a parte estará impedida de fazer pedido ao árbitro e este estará impedido de julgar, obstando o cumprimento do contrato firmado entre árbitro e partes.

Com relação aos árbitros, eventual descumprimento do dever de seguir e aplicar o regulamento eleito pelas partes poderá, em casos extremos, levar à destituição e substituição do árbitro, de ofício pela câmara

[56] "In addition to the arbitral institution's contract with the parties, a similar contract is formed between the arbitrators and the institution. This contract involves the arbitrators' undertaking to conduct the arbitration in accordance with the institution's rules and under its supervision, and the institution's undertaking to oversee the parties' payment of their fees and expenses in accordance with its rules and to supervise the arbitrators' activities in accordance with the applicable institutional rules" (Born, Gary. *International Commercial Arbitration*. 3. ed. The Hague: Kluwer Law International, 2015, p. 2128-2129).

[57] "Os árbitros também se obrigam a seguir os procedimentos do órgão arbitral e zelar pela observância de seu regulamento [...]" (Quintana, Guilherme Enrique Malosso; Barthasar, Rafael Martinez. Sujeição ao regulamento arbitral. *In*: Vasconcelos, Ronaldo *et al.* (orgs.). *Análise prática das Câmaras Arbitrais e da arbitragem no Brasil*. São Paulo: Iasp, 2019, p. 43).

ou mediante requerimento das partes.[58] Outra consequência de eventual descumprimento do contrato de administração de procedimento arbitral será a inevitável perda de reputação do profissional frente às partes, aos escritórios que as representam e à própria câmara arbitral, que deixarão de o indicar em arbitragens futuras.

5.2. Pela câmara

Como já exposto, ao divulgar seu regulamento de arbitragem ao público, a instituição de arbitragem realiza oferta vinculante, comprometendo-se a administrar os procedimentos que lhe sejam submetidos pelas partes nos termos de seu regulamento. Dessa forma, no que pese alguns autores defenderem que poderia uma câmara se recusar injustificadamente a administrar um procedimento arbitral,[59] tem-se que, caso uma câmara se recuse a processar uma arbitragem sem que as partes contratantes tenham realizado alteração substancial ao seu regulamento, especialmente no que concerne à suas funções administrativas e decisórias – pois estar-se-ia diante, então, de contraproposta, como já visto –, poderá a instituição ser obrigada, inclusive judicialmente, a aceitar a solicitação das partes e administrar o procedimento a despeito de sua recusa inicial.[60] Similarmente, caso a câmara falhe no cumprimento de

[58] Cf. Regulamento do CBMA: "8.2 O Centro poderá substituir o árbitro que entenda não cumprir com os prazos e normas deste Regulamento e outras que lhe são conexas ou que não tenha condição de exercer as funções para as quais foi nomeado".

[59] Nesse sentido, cf. QUINTANA, Guilherme Enrique Malosso; BARTHASAR, Rafael Martinez. Sujeição ao regulamento arbitral. *In*: VASCONCELOS, Ronaldo *et al.* (orgs.). *Análise prática das Câmaras Arbitrais e da arbitragem no Brasil.* São Paulo: Iasp, 2019, p. 45.

[60] Nesse sentido, Carlos Alberto Carmona defende o cabimento da ação prevista no artigo 7º da LArb para obrigar a câmara arbitral a cumprir suas funções institucionais: "Hipótese curiosa e bastante diversa daquela imaginada pela Lei diz respeito a situação em que a arbitragem não vem instituída por conta de recusa do órgão arbitral institucional, que declara nula a convenção contida em determinado contrato. Dito de outro modo: diante de solicitação de parte interessada em ver instaurada a arbitragem, o órgão arbitral, considerando inválida a cláusula que o autorizaria a instituir o tribunal, simplesmente se recusa a dar início ao procedimento [...] diante desse quadro, seria possível utilizar o disposto no art. 7º da Lei? A resposta parece-me afirmativa, sendo caso de promover a demanda em face do órgão arbitral e da parte adversária (o litisconsórcio passivo é, neste caso, necessário, eis que a sentença afetará a esfera de interesses tanto do órgão arbitral quanto da parte)" (CARMONA, Carlos Alberto. *Arbitragem e processo*: um comentário à Lei n. 9.307/96. 3. ed. São Paulo: Atlas, 2009, p. 167-168).

suas funções decisórias, deixando de decidir sobre assunto essencial para o prosseguimento da arbitragem, como uma demora injustificada na indicação de um árbitro, é cabível que as partes busquem recurso ao Judiciário para compelir a instituição a dar continuidade ao procedimento, em obrigação de fazer circunscrita ao cumprimento dos dispositivos regulamentares que determinam caber à câmara de arbitragem a tomada de determinada decisão. Nesse sentido, destaca-se o artigo 11(4) da Lei Modelo de Arbitragem da UNCITRAL, que prevê expressamente a possibilidade de as partes recorrem às cortes estatais caso qualquer agente, incluindo câmaras arbitrais, deixe de praticar ato essencial para a constituição do tribunal arbitral.

Tratando, de forma mais ampla, da responsabilização das câmaras de arbitragem por eventual descumprimento do contrato de administração de procedimento arbitral, observa-se que cada ordenamento jurídico tende a adotar uma posição diferente, guiada pela sua tradição jurídica.

Em países de *Common Law*, a posição dominante vem sendo a de conferir imunidade às instituições arbitrais, isto é, a impossibilidade de as considerar responsáveis por prejuízos causados às partes e aos árbitros. Tal posição seria justificada pois igual imunidade é concedida aos árbitros no exercício de suas funções jurisdicionais e, sendo dever da câmara os auxiliar nessa tarefa, deveriam gozar da mesma condição. Como exemplos da adoção de imunidade às câmaras arbitrais, cita-se o artigo 74, subseções 1 e 2 do *English Arbitration Act* de 1999.[61] Provisões similares também são encontradas nas leis da Austrália[62] e de Singapura,[63] além de constituírem jurisprudência consolidada nos Estados Unidos.[64]

[61] "Immunity of arbitral institutions, c. 1. An arbitral or other institution or person designated or requested by the parties to appoint or nominate an arbitrator is not liable for anything done or omitted in the discharge or purported discharge of that function unless the act or omission is shown to have been in bad faith. 2. An arbitral or other institution or person by whom an arbitrator is appointed or nominated is not liable, by reason of having appointed or nominated him, for anything done or omitted by the arbitrator (or his employees or agents) in the discharge or purported discharge of his functions as arbitrator."

[62] Artigo 28.2 do *Australian International Arbitration Act* de 1974.

[63] Artigo 25-A, subseções 1 e 2 do *Singapore International Arbitration Act* de 2002.

[64] Van Houtte, Hans; Mcasey, Bridie, The Liability of Arbitrators and Arbitral Institutions, Arbitral Institutions under Scrutiny. *ASA Special Series*, n. 40, 2013, p. 158.

Em contrapartida, países de tradição civilista – com destaque para França e Espanha – tendem a considerar que câmaras arbitrais são civilmente responsáveis por prejuízos causados pelo descumprimento do contrato de administração de procedimento arbitral firmado com as partes. De raciocínio diametralmente oposto aos países de *Common Law*, a possibilidade de responsabilizar câmaras arbitrais se justificaria pelo fato de que tais instituições não desempenham papel similar ao dos árbitros, pois esses teriam papel jurisdicional enquanto a instituição exerceria funções meramente administrativas, permitindo sua responsabilização caso não sejam corretamente executadas. Nesse contexto, as instituições de arbitragem poderiam ser responsabilizadas, por exemplo, pela falta de diligência no cumprimento de suas obrigações, pelo tratamento desigual entre as partes – caso isso signifique prejuízo de sua defesa na arbitragem –, pela perda de documentos de uma das partes, pela quebra de confidencialidade ou, ainda, pela indevida interferência no procedimento.[65]

No Brasil, a interpretação da matéria ainda é incerta e pouco explorada, uma vez que não somente a LArb é silente sobre o tema como também são escassos os precedentes que tenham abordado a questão. Decisão relevante foi proferida em 2017 pelo Superior Tribunal de Justiça, em caso no qual a parte autora solicitou a inclusão da Câmara de Mediação e Arbitragem Empresarial ("CAMARB") no polo passivo de ação anulatória de sentença arbitral. A Terceira Turma do STJ, em acordão de relatoria do Ministro Ricardo Cueva, deu provimento ao recurso especial da CAMARB, reconhecendo que "por ser simples administradora do procedimento arbitral, a instituição não possui interesse processual nem legitimidade para integrar o polo passivo da ação que busca a sua anulação".[66] Ao afirmar que o papel de instituições arbitrais é meramente administrativo, o precedente do STJ se alinha ao entendimento dos demais países civilistas, indicando que, no futuro, o tribunal poderá

[65] Nesse sentido, cf. o Caso *Société Cubic Defense v Chambre de Commerce*, julgado pela *Cour de Cassation* de Paris. Para uma análise dos precedentes envolvendo a responsabilização de instituições arbitrais, cf. Gouveia, Mariana França. Trigo, Ana Coimbra. Liability of arbitral institutions: a case law overview. *Revista Brasileira de Arbitragem*, v. XV, n. 60.

[66] STJ, Recurso Especial n. 1.433.940/MG. Rel. Ricardo Villas Boas Cuêva. J. 26/9/2017, *Dje*. 2 de outubro de 2017.

adotar uma posição similar de não estender qualquer imunidade às câmaras de arbitragem.

Conclusão

De incontestável importância para o desenvolvimento da prática arbitral no país, as instituições arbitrais vêm, cada vez mais, deixando de possuir o papel de meras organizadoras de documentos, exercendo também importante função decisória no curso da arbitragem. Tal função decisória, embora não se confunda com a decisão sobre o mérito do procedimento arbitral – cuja competência reside com o tribunal arbitral –, tem grande influência na condução da arbitragem. Nesse cenário, importante o estudo sobre o contrato firmado entre câmara, árbitros e partes, pois não somente é no bojo dessa relação jurídica que a câmara arbitral exercerá todas as suas funções regulamentares, como eventual descumprimento desse contrato – pelas partes, pelos árbitros ou pela própria instituição arbitral – poderá ter importantes repercussões para o procedimento arbitral em curso, como o afastamento de um árbitro pela câmara ou a vedação de que um tribunal arbitral conheça o pedido de parte que não realizou o pagamento das custas administrativas devidas à instituição.

9. JANELA CONTRATUAL DE MEDIAÇÃO: A CLÁUSULA ESCALONADA E SUAS CONSEQUÊNCIAS

GABRIEL RIBEIRO
LOUISE RASADOR

Introdução

Há pelo menos quatro décadas o mundo jurídico vem se debruçando academicamente na ideia de que existem métodos de resolução de controvérsias adequados para cada tipo de conflito. Desde a *Pound Revisited Conference*, realizada em 1976, quando Frank Sander idealizou o conceito de tribunal multiportas,[1] cada vez mais se discute, de forma comparativa, as especificidades de cada meio de resolução de disputas, com vistas à identificação dos tipos de disputas que podem ser mais eficientemente resolvidas por meio da utilização dos diferentes procedimentos.

Entretanto, na prática, até os dias de hoje, advogados encontram dificuldades em sugerir os caminhos alternativos para resolver as disputas de seus clientes (ou mesmo em ter a sugestão acatada pelos clientes, quando o fazem), de modo que acabam por optar majoritariamente por meios não consensuais de resolução de conflitos, como é o caso da arbitragem, ainda que nem sempre esses sejam os meios mais apropriados

[1] FARKAS, Brian; TRAUM, Lara, The History and Legacy of the Pound Conferences. *Cardozo Journal of Conflict Resolution*, v. 18, n. 67, p. 677-698, 2017, p. 686.

para um caso em específico, ou para o atual momento da disputa, do ponto de vista da estratégia e/ou de eficiência.[2]

Por meio deste capítulo, propõe-se a consolidação prática do conceito de adequação dos meios para a resolução de conflitos, com a criação e o aproveitamento de janelas à consensualidade, especificamente de janelas de mediação, no âmbito de procedimentos arbitrais. Para isso, sugere-se a utilização de cláusulas escalonadas como meio para superar barreiras que impedem as partes de optarem pela mediação como parte da estratégia do conflito.

1. A arbitragem no espectro dos métodos de resolução de conflitos

Desde a promulgação da Lei de Arbitragem (Lei n. 9.307), em 1996, a arbitragem vem se consolidando como alternativa ao Sistema Judiciário, tornando-se parte da cultura jurídica empresarial brasileira.[3] Nesse sentido, as estatísticas apresentadas pela CCI, em 2019,[4] demonstram que o Brasil ocupa o terceiro lugar em número de partes envolvidas em casos de arbitragem iniciados na CCI, atingindo um total de 133 partes.[5] No mesmo sentido, o Relatório de Atividades de 2019 do Comitê de Arbitragem do CESA[6] demonstra que o número de arbitragens no Brasil vem crescendo, com mais de 1.100 em andamento em 2018, sendo que 471 dos procedimentos foram iniciados naquele mesmo ano.

[2] INTERNATIONAL CHAMBER OF COMMERCE (ICC). Relatório de Diagnóstico da Task Force de Mediação do Comitê de Arbitragem e Mediação da ICC Brasil 2020: entrevistas com 50 profissionais proeminentes na área de resolução de disputas, entre advogados e jurídicos internos de empresas (2020, no prelo).

[3] Braghetta, Adriana; Gabbay, Daniela Monteiro; Pitombo, Eleonora Coelo; Alves, Rafael Francisco; Lemes, Selma Ferreira. Arbitragem e Poder Judiciário: uma radiografia dos casos de arbitragem que chegam ao judiciário brasileiro. *Cadernos DireitoGV* – Seminário 32 v. 6, n. 6, nov. 2009, p. 10.

[4] INTERNATIONAL CHAMBER OF COMMERCE (ICC). Dispute Resolution 2019 Statistic (2019). Disponível em: https://iccwbo.org/publication/icc-dispute-resolution-statistics/. Acesso em: 13 abr. 2021.

[5] Interessante notar que, segundo as estatísticas da Câmara de Comércio Internacional (ICC), apenas três partes brasileiras participaram de mediações na ICC em 2019.

[6] Relatório de Atividades de 2019 do Comitê de Arbitragem do Centro de Estudos das Sociedades de Advogados (CESA), disponível em: http://www.cesa.org.br/arbitragem_-_relatório_de_atividades.html. Acesso em: 15 abr. 2021.

A alta adesão ao procedimento demonstra que, pelo menos em alguma medida, a arbitragem representa uma opção satisfatória, especialmente para causas empresariais que não só justifiquem os altos custos deste procedimento, mas também que possam se beneficiar de decisões altamente técnicas e proferidas em uma fração de tempo quando comparadas a decisões judiciais. Entretanto, importa frisar que, ainda que a arbitragem represente um passo importante no sentido da autonomia da vontade das partes na resolução de seus conflitos, trata-se de um procedimento não consensual, assemelhando-se a ações judiciais no que diz respeito a adversariedade e ao fato de que, nesses procedimentos, um terceiro é responsável por tomar as decisões pelas partes.

Sendo assim, apesar do lugar de destaque entre os meios de resolução de disputas, é inquestionável que alguns dos casos que são encaminhados à arbitragem podem se beneficiar dos aspectos consensuais proporcionados por outros métodos. Nesse sentido, Ury, Brett e Goldberg[7] ensinam que há, basicamente, três abordagens para a resolução de conflitos, quais sejam (i) a conciliação de interesses, (ii) a determinação de quem tem direito, e (iii) a determinação de quem tem mais poder.

De acordo com os autores, há algumas hipóteses nas quais é necessário determinar quem tem direito ou poder (ainda que como etapa precedente a uma solução consensual), quais sejam, quando (i) existem diferentes percepções sobre quem tem razão ou quem é mais poderoso; (ii) é necessário que uma questão de direito seja resolvida para que uma das partes seja persuadida a sentar à mesa de negociação; (iii) existem incertezas a respeito dos direitos ou do poder relativo das partes; e (iv) os interesses são opostos a ponto de inviabilizar um acordo sobre eles.[8] Essas são, portanto, algumas das hipóteses em que a arbitragem se apresentaria, de fato, como meio adequado para a resolução do conflito.[9]

[7] Ury, William; Brett, Jeanne; Goldberg, Stephen. *Resolução de conflitos*: concepção de sistemas para reduzir os custos dos conflitos. Lisboa: Actual Editora, 2009, p. 36-37.

[8] Ury, William L.; Brett, Jeanne M.; Goldberg, Stephen B. *Resolução de conflitos*: concepção de sistemas para reduzir os custos dos conflitos. Lisboa: Actual Editora, 2009, p. 39-41.

[9] Sander, Frank. E. A.; Rozdeiczer, Lukasz. Selecting an Appropriate Dispute Resolution Procedure: Detailed Analysis and Simplified Solution. *In*: Moffitt, Michael; Bordone, Robert (eds.). *The Handbook of Dispute Resolution*. San Francisco: Jossey-Bass, 2005.

Contudo, em geral, procedimentos que têm como enfoque a conciliação de interesses são os mais eficazes, tendo em vista que geram menos custos e possibilitam resultados mais satisfatórios para as partes.[10] Por isso, ao se decidir a respeito da estratégia a ser seguida para um determinado caso, é necessário considerar todo o espectro dos métodos de resolução de conflito – que vai desde os meios não consensuais, como a adjudicação da causa por meio do judiciário e a arbitragem, aos consensuais, passando pela mediação e chegando à negociação, que está no outro oposto do espectro.

A determinação do caminho mais vantajoso para as partes depende, assim, da devida análise de objetivos e características da disputa. Para isto, Sander e Rozdeiczer[11] indicam, de forma simplificada, três principais aspectos a serem analisados, sendo eles: (i) os objetivos das partes, (ii) as características do processo, do caso e das partes envolvidas, e (iii) a capacidade de um procedimento lidar com os impedimentos à resolução eficiente da questão. Esse breve mapeamento pode, então, ser tomado como referência mínima para a escolha dos meios de resolução de controvérsias que serão utilizados para a resolução da questão, abrindo possíveis caminhos para as vias consensuais.

Para fins deste capítulo, e conforme sugerido pelos mesmos autores, a mediação é considerada como ponto de partida entre os possíveis métodos consensuais, tendo em vista que se trata de um procedimento apropriado e eficiente para a maioria das situações.[12] De todo modo, a utilização de outros meios consensuais não deve ser descartada, se houver necessidade ou benefícios adicionais associados a tal(is) opção(ões), podendo ser incluído(s) como passo(s) adicional(is) no caminho da resolução do conflito.

[10] URY, William L.; BRETT, Jeanne M.; GOLDBERG, Stephen B. *Resolução de conflitos*: concepção de sistemas para reduzir os custos dos conflitos. Lisboa: Actual Editora, 2009, p. 38-39.

[11] SANDER, Frank. E. A.; ROZDEICZER, Lukasz. Selecting an Appropriate Dispute Resolution Procedure: Detailed Analysis and Simplified Solution. *In*: MOFFITT, Michael; BORDONE, Robert (eds.). *The Handbook of Dispute Resolution*. San Francisco: Jossey-Bass, 2005.

[12] SANDER, Frank. E. A.; ROZDEICZER, Lukasz. Selecting an Appropriate Dispute Resolution Procedure: Detailed Analysis and Simplified Solution. *In*: MOFFITT, Michael; BORDONE, Robert (eds.). *The Handbook of Dispute Resolution*. San Francisco: Jossey-Bass, 2005.

2. Mediação e escolha dos métodos consensuais

Diferentemente de outros meios de resolução de disputas, como é o caso da arbitragem, em que as partes confiam a decisão vinculante sobre o conflito a um terceiro, a mediação é um método autocompositivo, por meio do qual um terceiro neutro convida as partes a se engajarem na construção criativa e colaborativa de uma potencial solução, sem que uma decisão seja compelida a quaisquer das partes.[13] Segundo apontado por executivos e por advogados,[14] os benefícios que diferenciam a mediação da arbitragem e dos demais meios de solução de controvérsias seriam, entre outros:

- o controle contínuo das partes sobre o processo e o resultado da resolução de disputas, em oposição aos riscos e às incertezas relacionados à arbitragem e aos processos judiciais;
- a customização do processo para gerir e resolver a disputa;
- a obrigação de confidencialidade;
- a melhoria na comunicação entre as partes;
- a consideração da realidade comercial em que as partes estão inseridas;
- a economia de custos e a redução do ciclo de tempo do conflito;
- a construção de soluções duráveis e criativas;
- a manutenção e a melhoria de relacionamentos continuados;
- o custo e risco baixos quando comparados a potenciais resultados.

Alguns desses aspectos da mediação foram, inclusive, mencionados como parte das razões pelas quais é necessário incluir a mediação como parte da estratégia do conflito, nas entrevistas realizadas junto a advogados e profissionais do mercado de arbitragem do país no âmbito do estudo conduzido pela CCI no Brasil, a respeito da utilização da mediação no âmbito de procedimentos arbitrais.[15] Nesse mesmo sentido, um estudo realizado pela *American Arbitration Association* já havia indicado,

[13] Moffitt, Michael; Bordone, Robert (eds.). *The Handbook of Dispute Resolution*. San Francisco: Jossey-Bass, 2005, p. 304.

[14] Stipanowich, Thomas. Why Businesses Need Mediation. Commercial Mediation in Europe, International Institute for Conflict Prevention & Resolution, *Pepperdine University Legal Studies Research Paper*, 2004, p. 9.

[15] INTERNATIONAL CHAMBER OF COMMERCE (ICC). Relatório de Diagnóstico da Task Force de Mediação do Comitê de Arbitragem e Mediação da ICC Brasil 2020: entre-

inclusive, que há uma maior satisfação com a experiência da mediação quando comparada à arbitragem (enquanto 87% dos respondentes indicaram estar extremamente ou muito satisfeitos com a mediação, 77% deram as mesmas respostas para arbitragem).[16]

Diante desse cenário aparentemente positivo à escolha pela mediação, a pergunta com a qual nos deparamos é referente a quais os entraves que dificultam a inclusão de procedimentos consensuais como esse como parte da estratégia do conflito, mesmo ante os potenciais benefícios e resultados satisfatórios elencados. Barendrecht e De Vries se utilizaram dos conceitos de barreiras à resolução negociada de disputas explanados por Mnookin e Ross para concluir que os obstáculos que se apresentam à escolha do método adequado de solução de disputas são similares aos que se apresentam para a resolução do conflito em si mesmo.[17]

2.1. Barreiras à consensualidade

Ao se questionarem a respeito das razões pelas quais as discussões consensuais falham, ainda que existam possíveis soluções que beneficiem mais as partes do que o encaminhamento das disputas para vias litigiosas, Mnookin e Ross indicaram a existência de três categorias principais de barreiras, quais sejam: (i) táticas e estratégicas, que decorrem do esforço das partes em maximizar seus ganhos de curto e/ou longo prazo, o que dificulta a negociação de acordos eficientes; (ii) psicológicas, que refletem vieses cognitivos e motivacionais que interferem na forma com que as partes interpretam e avaliam informações, riscos e resultados; e, por fim, (iii) relacionadas a fatores institucionais, organizacionais e/ou estruturais que comprometem os interesses e as aspirações das partes.[18]

vistas com 50 profissionais proeminentes na área de resolução de disputas, entre advogados e jurídicos internos de empresas (2020, no prelo).

16 AMERICAN ARBITRATION ASSOCIATION. Dispute-Wise Management: Improving Economic and Non-Economic Outcomes in Managing Business Conflicts (Research Report 2003). *In*: Barendrecht, J. Maurits; De Vries, Berend de Vries. *Fitting the Forum to the Fuss with Sticky Defaults*: Failure on the Market for Dispute Resolution Services?, p. 8.

17 Barendrecht, J. Maurits; De Vries, Berend de Vries. *Fitting the Forum to the Fuss with Sticky Defaults*: Failure on the Market for Dispute Resolution Services?, p. 2.

18 Mnookin, Robert H. *et al.* (eds.). *Barriers to Conflict Resolution*. Nova York: W. W. Norton, 1995, p. 6.

Barendrecht e De Vries[19] concluíram que as partes precisam enfrentar algumas dessas barreiras quando deparadas com a decisão de que curso a estratégia para lidar com o conflito deverá tomar. Isso porque, segundo os autores, optar por um sistema alternativo ao método padrão de resolução de disputas preestabelecido é difícil para as partes, de modo que incita com que se furtem de o fazer. De acordo com os autores, e conforme detalhado a seguir, apesar de estarem sujeitas a todas as espécies de barreiras na tomada de decisão pelo método alternativo de solução de disputas, os principais entraves que as partes enfrentam neste momento seriam psicológicos, como a desvalorização reativa, confiança excessivamente otimista, aversão a perdas (especialmente no caso de procedimentos cooperativos, como é o caso da mediação), e estruturais, principalmente a tensão entre principal e agente.

Dessa perspectiva, a desvalorização reativa significa que o simples fato de uma das partes propor a utilização de métodos consensuais para lidar com uma disputa é visto com olhos desconfiados pela outra parte, comprometendo a avaliação sobre essa possibilidade e dificultando a sua escolha, em especial se a outra parte não está familiarizada com tal procedimento.

A confiança excessivamente otimista é causada pela superestimação das partes com relação aos potenciais resultados a serem obtidos por meio de um procedimento de resolução de conflitos específico. Nesse sentido, por esse ponto de vista, a parte conclui que obterá o melhor resultado possível em uma ação judicial ou arbitragem, de modo que, em contraposição a isso, procedimentos como a mediação se apresentam como opções que não seriam capazes de atingir os resultados potenciais projetados.

Já a aversão a perdas implica que as partes em uma disputa prefiram riscos maiores que representem perdas incertas a perdas menores e certas.[20] Isso afeta diretamente a escolha de métodos alternativos de resolução de disputas, pois optar por um método como a mediação é comumente associado pelas partes à necessidade de fazer concessões,

[19] Barendrecht, J. Maurits; De Vries, Berend de Vries. *Fitting the Forum to the Fuss with Sticky Defaults*: Failure on the Market for Dispute Resolution Services?, p. 11-20.

[20] Mnookin, Robert H. *et al.* (eds.). *Barriers to Conflict Resolution*. Nova York: W. W. Norton, 1995, p. 6.

de modo que esse procedimento alude à certeza de que haverá, no mínimo, pequenas perdas associadas, o que aumenta a preferência por métodos não consensuais, ainda que nesses o risco de perdas maiores seja mais significativo.

Por fim, a tensão principal/agente diz respeito ao potencial conflito entre os interesses da parte e aqueles dos advogados por ela contratados para encaminhar a estratégia de resolução da disputa. Esse conflito pode envolver desde questões financeiras, a depender da forma de contratação e remuneração dos serviços, até outros incentivos, como a própria reputação do agente. Em função desses vieses cognitivos, os advogados podem se ver inclinados a não optar por meios alternativos de solução de controvérsias, ainda que esses sejam a melhor escolha para determinada disputa de seu cliente.

Sabendo-se, portanto, das forças contrárias e das dificuldades que permeiam a escolha pela mediação como método consensual para lidar com uma disputa, é importante se valer das janelas de oportunidade que tornam possível e desejável a proposição do procedimento no momento mais adequado, de modo que as mencionadas barreiras não impossibilitem as partes de seguir o caminho mais apropriado para a solução da disputa.

2.2. Janelas de mediação

Considerando a prevalente resistência à escolha pelos métodos alternativos de resolução de conflitos, em especial a mediação, ainda que esse se mostre o método mais adequado para resolver uma determinada disputa, é necessário se valer de mecanismos que tornam essa opção oportuna para tornar sua escolha mais provável e possível, por meio da criação das chamadas "janelas de mediação".

As janelas de mediação ocorrem nos momentos em que, ainda que as partes tenham optado pela arbitragem, observa-se a oportunidade para adotar também a mediação como parte da estratégica de resolução da disputa. Isso pode acontecer tanto por meio de uma pausa na arbitragem, durante a qual não ocorrem atividades e procedimentos arbitrais, para que as partes possam se dedicar integralmente à mediação e ao desenvolvimento de possíveis soluções consensuais, quanto concomitantemente, caso as partes optem, em algum momento, por usar a mediação de forma paralela ao procedimento arbitral, buscando uma forma de resolver o conflito, ou parte dele, consensualmente.[21] Em ambos os casos, a janela pode ocorrer a qualquer momento da disputa, desde antes do início dos procedimentos, como passo preliminar à arbitragem, até o momento em que uma sentença arbitral é proferida. As janelas de mediação podem ser introduzidas de três principais formas: espontânea, institucional e contratualmente.

Como janela espontânea, entende-se aquela em que não há disposição formal e preestabelecida para o início de procedimento de mediação no curso de uma arbitragem. Nessa hipótese, a sugestão pela mediação se dá pela percepção espontânea de uma das partes de que a via consensual pode alcançar melhores resultados, levando-a a sugerir a sua utilização, ainda que já exista procedimento adversarial em andamento.

Institucionalmente, a janela de mediação é aberta por meio da inclusão, em regulamentos de câmaras e institutos de arbitragem e mediação, de dispositivos que possibilitem, facilitem e/ou incentivem as partes a incluírem esse passo consensual quando da escolha pelo procedimento de arbitragem.

Por fim, a janela contratual diz respeito à inclusão, no contrato entre as partes, de disposição que indique a possibilidade ou obrigatoriedade de utilização de mediação antes e/ou no decorrer do procedimento de arbitragem. Ainda que os três tipos de janelas mencionados possuam igual valor e importância ao promoverem a escolha pela mediação quando desejável e adequado, auxiliando, em diferentes aspectos, na superação de vieses e barreiras que impedem as partes de optar pelo melhor caminho para tratar da disputa, neste capítulo passaremos à exploração especificamente dos benefícios e dos desafios enfrentados com relação à janela contratual de mediação.

3. Janela contratual de mediação

Um dos maiores desafios com que as partes se deparam, no que diz respeito à utilização de métodos adequados de resolução de conflitos, é o de excluir a aplicação do método padrão de resolução de conflitos estabelecido para aquela disputa, que costuma corresponder à via judicial

[21] SUSSMAN, Edna. The Mediation Window: An Arbitration Process Measure to Facilitate Settlement. *New York Dispute Resolution Lawyer*, v. 13, n. 1, 2020, p. 20.

ou arbitral. Sendo assim, a importância de inclusão de previsão contratual que defina qual(is) etapa(s) de resolução consensual de conflitos aplicável a determinada relação jurídica entre as partes, como é o exemplo das cláusulas escalonadas, reside no fato de que são capazes de facilitar e promover a mudança do método estabelecido para tratar de uma disputa em específico, ao tornar natural e confortável a escolha pela mediação, quando adequado.[22]

Ao se antecipar à dinâmica do conflito, por meio da determinação das regras do jogo e internalização prévia da mediação como parte integrante da forma de resolução de conflito, a janela contratual é capaz de minimizar as barreiras cognitivas que se apresentam na escolha por esse método, em especial a desvalorização reativa e o conflito de agente entre advogado e cliente, ao permitir que o assunto seja abordado enquanto etapa do procedimento arbitral, evitando, por exemplo, que os advogados sejam percebidos como menos assertivos na persecução dos interesses do cliente.[23]

Para isso, a janela contratual de mediação pode ser estipulada em formatos variados, atribuindo diferentes níveis de flexibilidade e imposição. De forma geral, mas não taxativa, pode-se observar dois principais níveis de janela contratual: sendo o primeiro, facultativo e o segundo, obrigatório.

Com relação à janela facultativa, as partes podem estipular, por exemplo, a possibilidade de sugestão de início de um procedimento de mediação, ou mesmo estabelecer que ocorra discussão entre as partes a respeito de se é desejável o início de um procedimento de mediação, conforme entendam necessário, a qualquer momento ou em momentos preestabelecidos da disputa.[24] O pressuposto, nesse ponto, é de que a abertura da possibilidade de utilização da mediação, por meio de disposição contratual, naturaliza a opção por este procedimento, servindo como um conforto para que ambas as partes possam o sugerir.[25]

[22] Barendrecht, J. Maurits; De Vries, Berend de Vries. *Fitting the Forum to the Fuss with Sticky Defaults*: Failure on the Market for Dispute Resolution Services?, p. 11.

[23] Faleck, Diego; Santos, Luiz. *A janela de mediação*. (No prelo.)

[24] Faleck, Diego. *Opening Mediation Windows*: Role of Parties, Contracts and Institutions. (No prelo.)

[25] Faleck, Diego; Santos, Luiz. *A janela de mediação*. (No prelo.)

Entretanto, muitas vezes, a mera indicação antecipada da possibilidade de iniciar uma mediação não será suficiente para garantir a superação das barreiras que permitem a sua escolha. Nesses casos, pode ser recomendável a adoção de janela contratual obrigatória, por meio da qual se estabelece uma ou mais oportunidades predeterminadas no curso de uma arbitragem, nas quais as partes são obrigadas a discutir a mediação, ou mesmo a considerar sua utilização, comunicando sua decisão sobre o início ou não do procedimento à outra parte.[26] Com isso, cria-se um espaço para reflexão e minimização de barreiras cognitivas, possibilitando atender às reais intenções das partes.[27]

Por fim, ressalta-se que, como se pode notar, as diferentes formas de uma cláusula contratual não determinam a incorporação mandatória de procedimento de mediação na estratégia de resolução de conflito, mas abrem espaço para que se avente a adequabilidade e a necessidade de sua utilização. Esse fator se demonstra importante ao manter a autonomia e a flexibilidade das partes na escolha do método que deverá ser utilizado, tendo em vista que estão mais bem posicionadas para decidirem sua adequabilidade.[28]

Explicados os conceitos e as diferentes formas de janelas de mediação existentes durante um procedimento arbitral, passaremos agora a analisar a sua aplicação por meio das cláusulas escalonadas.

3.1. Cláusulas escalonadas

3.1.1. Conceito

Conforme explicado anteriormente, as janelas contratuais de mediação, sejam elas facultativas ou obrigatórias, visam oportunizar, às partes, a escolha da mediação como forma de resolução de conflito. As chamadas cláusulas escalonadas (ou cláusulas compromissórias escalonadas) são uma modalidade das cláusulas compromissórias que têm como objetivo detalhar e materializar contratualmente as janelas de mediação, prevendo

[26] Faleck, Diego. *Opening Mediation Windows*: Role of Parties, Contracts and Institutions. (No prelo.)

[27] Faleck, Diego; Santos, Luiz. *A janela de mediação.* (No prelo.)

[28] Tevendale, Craig; Ambrose, Hannah; Naish, Vanessa. Multi-Tier Dispute Resolution Clauses and Arbitration. *Turkish Commercial Law Review*, v. 1, n. 1, 2015, p. 31.

diferentes mecanismos e procedimentos para resolução de disputas, atribuindo-se alçadas e responsabilidades negociais diferentes a partir de premissas de economia e racionalidade.[29] A ideia é garantir contratualmente às partes a possibilidade de resolverem a demanda por meios alternativos mais apropriados e menos onerosos que a arbitragem, permitindo-lhes, assim, a saírem da escalada do conflito com um acordo satisfatório para ambos os lados. Caso isso não aconteça, a cláusula escalonada prevê que o conflito será resolvido mediante decisão arbitral vinculativa.

Uma forma de cláusula escalonada comumente utilizada, também conhecida como "med-arb", geralmente dispõe que as partes deverão iniciar o processo de resolução do conflito pelo método mais autônomo e econômico possível, escalando, progressivamente, caso a etapa anterior resulte infrutífera, para aquele com maior grau de intervenção externa e, consequentemente, mais custoso.[30] Na eventualidade da mediação, enquanto a primeira etapa indicada pela cláusula não resultar em um acordo, o conflito será resolvido por meio da instauração de um processo arbitral. Ou seja, a redação da cláusula escalonada dispõe de um racional cronológico e econômico para que as partes busquem um acordo de forma mais autônoma possível e utilizando os seus recursos mais eficientemente.

Explicado o conceito e a forma como a cláusula escalonada é comumente desenhada, cabe agora analisar a sua utilização sob o ponto de vista prático, ou seja, como o mercado enxerga sua aplicação.

3.1.2. *Cláusula escalonada na prática*

Os benefícios de se prever contratualmente mecanismos alternativos à arbitragem para resolver uma disputa são evidentes. Do ponto de vista comercial, pesquisas apontam que quando as partes pretendem ou necessitam manter determinada parceria comercial saudável, costuma-se utilizar os métodos que resolvam o conflito comercialmente, seja por meio de uma negociação direta ou com o auxílio de um mediador neutro.[31]

[29] Faleck, Diego; Santos, Luiz. *A janela de mediação.* (No prelo.)

[30] Tevendale, Craig; Ambrose, Hannah; Naish, Vanessa. Multi-Tier Dispute Resolution Clauses and Arbitration. *Turkish Commercial Law Review*, v. 1, n. 1, 2015, p. 40.

[31] Tevendale, Craig; Ambrose, Hannah; Naish, Vanessa. Multi-Tier Dispute Resolution Clauses and Arbitration. *Turkish Commercial Law Review*, v. 1, n. 1, 2015, p. 32.

Ademais, a mediação permite que as partes tenham mais controle sobre o resultado da demanda quando comparadas à arbitragem. Maior controle do resultado significa minimizar riscos e, consequentemente, reduzir custos. Sob o viés econômico, ao prever contratualmente outras formas de resolver conflitos, evita-se recorrer à arbitragem, procedimento consideravelmente mais custoso que os demais, para resolver todo e qualquer conflito que surja ao longo do tempo. Em outras palavras, uma cláusula escalonada bem desenhada funciona como um filtro sistêmico para definir qual método será utilizado para determinado tipo de conflito, resultando, assim, em uma economia processual e financeira para ambos os lados.

O estudo realizado pela ICC Brasil[32] mencionado entrevistou dezenas de executivos e advogados envolvidos em arbitragens no país e revelou alguns pontos interessantes referentes à percepção desses profissionais com relação à previsão das cláusulas escalonadas contemplando a mediação. Aqueles operadores que enxergam com bons olhos a existência desses dispositivos legais entendem que:

- As cláusulas escalonadas podem trazer benefícios à resolução de disputas. Que, inclusive, a mediação pode auxiliar a estabelecer um padrão de comunicação melhor entre os envolvidos, garantindo um procedimento arbitral mais célere e menos agressivo.
- Quando há uma cláusula compromissória relativa à mediação, esta facilita o processo de convencimento dos empresários a utilizarem o referido procedimento.
- A cláusula escalonada vincula a mediação a um eventual conflito, sem transparecer fraqueza do direito material do caso concreto ao cliente e à outra parte, equilibrando as expectativas entre os envolvidos sobre a forma de resolução de uma eventual disputa.
- Um entrevistado destacou que, em um cenário ideal, não precisaria da cláusula, mas que, atualmente, esta se torna um gatilho objetivo para o uso da mediação.

[32] INTERNATIONAL CHAMBER OF COMMERCE (ICC). Relatório de Diagnóstico da Task Force de Mediação do Comitê de Arbitragem e Mediação da ICC Brasil 2020: entrevistas com 50 profissionais proeminentes na área de resolução de disputas, entre advogados e jurídicos internos de empresas (2020, no prelo).

- Em algumas cláusulas já são estabelecidas as regras do procedimento, como a instituição que será utilizada e o mediador que conduzirá as sessões, evitando mais um momento de controvérsia sobre tais questões quando o conflito já está instaurado.

No entanto, apesar de alguns profissionais enxergarem benefícios na previsão contratual das cláusulas escalonadas, a maioria dos advogados entrevistados entende que a mera existência desses dispositivos legais não tem surtido o efeito desejado e citaram alguns desafios neste sentido:[33]

- Entendem que a cláusula escalonada de mediação/arbitragem não produz um resultado tão eficaz, visto que as partes precisam ter vontade, abertura e flexibilidade para negociarem e participarem de uma mediação, não devendo se sentir compelidas a tanto.
- Apontaram que o grande desafio do advogado é demonstrar ao cliente o benefício da mediação, sendo que tal recomendação não é somente pela existência de uma eventual cláusula, mas também pelos benefícios que tal método pode trazer às partes.
- Trouxeram que preferem recomendar e explicar os benefícios de tal método para o cliente quando surge a disputa.
- Relataram que os clientes procuram os advogados do contencioso, na maioria das vezes, quando a tentativa de acordo já não foi bem-sucedida. Que nessa situação a cláusula não pode se tornar um impeditivo ao acesso à justiça, em casos de as partes quererem já iniciar a arbitragem sem ter participado do procedimento de mediação.

As razões descritas neste tópico que levam à ineficácia das cláusulas escalonadas podem ser explicadas, entre outros motivos, pela forma como elas são desenhadas e dispostas contratualmente. Em geral, as partes incluem cláusulas escalonadas padrões nos contratos, ainda que tenham natureza e objetos completamente distintos. Ao não depositar

[33] INTERNATIONAL CHAMBER OF COMMERCE (ICC). Relatório de Diagnóstico da Task Force de Mediação do Comitê de Arbitragem e Mediação da ICC Brasil 2020: entrevistas com 50 profissionais proeminentes na área de resolução de disputas, entre advogados e jurídicos internos de empresas (2020, no prelo).

a devida atenção na redação desses dispositivos para evitar desgastes e horas adicionais de negociação, o problema é postergado e a redação ali disposta se torna ineficaz. A cláusula escalonada "med-arb" padrão que limita a mediação a uma etapa preliminar à arbitragem é um bom exemplo desse fenômeno.

O problema de se engessar a estrutura da cláusula desta forma é que os conflitos não seguem necessariamente essa lógica. As melhores oportunidades para realização da mediação podem surgir, por exemplo, posteriormente à instalação do processo arbitral. Nesse sentido, pesquisas apontam que a mediação é percebida como um mecanismo que pode agregar valor mesmo durante o procedimento arbitral.[34] Apesar de não existirem, em teoria, limitações com relação à quantidade de etapas ou métodos previstos em cláusulas escalonadas, limitar a realização da mediação apenas ao início do litígio pode fazer com que as partes deixem de aproveitar os benefícios desse método devido (i) às resistências emocionais predominantes no início do conflito e (ii) ao caráter dinâmico do valor, do contexto e da utilidade do litígio ao longo do tempo.

3.1.2.1. *Resistências emocionais*

Os advogados entrevistados por este estudo realizado pela ICC Brasil[35] revelaram que as principais dificuldades enfrentadas ao sugerirem a mediação aos seus clientes no início do litígio estão diretamente relacionadas a aspectos emocionais inerentes à fase inicial da disputa, conforme apontado a seguir:

- Muitos empresários não estão abertos à sugestão da realização da mediação no início da disputa, enquanto as emoções e percepções de injustiça estão altas e as tentativas frustradas de negociação ainda estão frescas.
- Uma mediação ao longo do litígio pode ser mais efetiva, visto que as partes já expuseram suas perspectivas do caso, já fizeram a

[34] Tevendale, Craig; Ambrose, Hannah; Naish, Vanessa. Multi-Tier Dispute Resolution Clauses and Arbitration. *Turkish Commercial Law Review*, v. 1, n. 1, 2015, p. 32.

[35] INTERNATIONAL CHAMBER OF COMMERCE (ICC). Relatório de Diagnóstico da Task Force de Mediação do Comitê de Arbitragem e Mediação da ICC Brasil 2020: entrevistas com 50 profissionais proeminentes na área de resolução de disputas, entre advogados e jurídicos internos de empresas (2020, no prelo).

análise de risco do conflito e, consequentemente, estão mais abertas à tentativa de composição.
- Alegam que é necessário primeiro passar pelo desgaste emocional e econômico de um processo judicial para compreender os benefícios da mediação.
- Acrescentam, ainda, como apontado, que referidas resistências emocionais de seus clientes podem prejudicar, inclusive, a percepção que eles têm da estratégia jurídica e da capacidade de seu representante legal.
- A maioria dos clientes, ao receber referida sugestão no início do conflito, interpreta essa recomendação como uma fraqueza do caso e até mesmo duvidam da capacidade do advogado em vencer o caso.
- Afirmaram que é necessário passar pelas primeiras etapas da arbitragem para que o cliente perceba que não possui 100% dos direitos que havia imaginado para que referida desconfiança na sugestão do advogado seja mitigada.

Conforme destacado pelos advogados entrevistados, parte de seus clientes apresentam maiores resistências emocionais à utilização da mediação no início do litígio e esse fenômeno tende a diminuir à medida que as diligências para resolução do conflito forem avançando.

3.1.2.2. *O dinamismo do* BATNA

Outro fator que pode variar ao longo da demanda é o rol de alternativas existentes caso as partes não cheguem a um acordo. Ao longo da disputa arbitral, podem ocorrer mudanças conjunturais, financeiras, gerenciais, e de outras naturezas, que podem afetar diretamente a percepção das partes com relação àquele conflito. As partes podem entender que os seus argumentos são mais frágeis do que imaginavam, ou então, que as provas apresentadas pela outra parte ao longo do processo arbitral podem diminuir significativamente a sua chance de êxito. Fatores externos ao conflito podem, inclusive, minimizar o interesse das partes em resolver a demanda, ou então, dificuldades financeiras podem levar a uma eventual desistência da disputa arbitral. Esses são apenas alguns exemplos do porquê analisar as alternativas ao acordo de ambos os lados é fundamental não só no início da disputa, mas também durante o seu desenvolvimento.

A teoria da negociação explica este fenômeno a partir do conceito do *Best Alternative to a Negotiated Agreement* (BATNA) e o seu caráter dinâmico.[36] BATNA pode ser definido como a melhor alternativa que uma parte tem caso uma negociação em curso não chegue a um acordo.[37] Nesse sentido, determinar o BATNA depende do conjunto de informações e variáveis que o tomador de decisão tem à sua disposição em um determinado momento. O dinamismo do BATNA está justamente no fato de ocorrerem mudanças conjunturais das mais variadas espécies ao longo do conflito. Por isso é fundamental que as partes avaliem e revisem os seus respectivos BATNAs constantemente.

Para que as partes explorem melhor o caráter dinâmico do BATNA, é recomendável que a cláusula escalonada imprima maior fluidez e não condicione previamente os diferentes métodos de resolução de disputas a etapas preestabelecidas do conflito. Uma configuração contratual menos engessada pode oportunizar às partes ingressarem na mediação em um momento mais propício para se ventilar novas opções. Um exemplo comum é a alternância do BATNA após a fase da instrução probatória na arbitragem. Dependendo do resultado, uma das partes pode se ver inclinada a apresentar uma nova proposta de acordo e propor uma mediação naquele momento específico por entender que o seu BATNA restou prejudicado, uma vez que as suas chances de êxito no procedimento arbitral diminuíram significativamente após a fase probatória. Ao mesmo tempo, a parte que solicitou a mediação após referida etapa não deseja transparecer à parte contrária referida alteração no seu BATNA. Ou seja, não basta apenas imprimir fluidez à estrutura da cláusula escalonada, é fundamental que se redija um dispositivo que incentive as partes a solicitarem a mediação sem que referido pedido prejudique a percepção que a parte contrária tenha da situação atual do solicitante.

36 FALECK, Diego; SANTOS, Luiz. *A janela de mediação*. (No prelo.)

37 MALHOTRA, Deepak. BAZERMAN, Max. *Negotiation Genius*: How to Overcome Obstacles and Achieve Brilliant Results at Bargaining Table and Beyond. Nova York: Bantam Books, 2007, p. 20.

3.1.3. *Elementos de uma cláusula escalonada ideal*

Destinar horas de negociação para elaborar uma cláusula escalonada ideal é uma tarefa desafiadora e requer atenção de ambas as partes. Como apontado anteriormente, existe um desafio inicial do convencimento do cliente, pelo advogado, da importância de se prever contratualmente métodos alternativos de resolução de conflitos, tal como a mediação, especialmente no início do litígio, em que as emoções estão mais elevadas.

Ademais, a mera existência da previsão legal não é suficiente para garantir a sua efetividade. Um número considerável de advogados alega que é necessário ter vontade legítima para se buscar o acordo e que as partes não deveriam ser compelidas a participar da mediação se ela inexistir. Além disso, replicar modelos de cláusulas escalonadas padrão para situações e conflitos das mais diversas naturezas também gera uma percepção de ineficácia por parte de seus operadores. Por fim, cláusulas mais rígidas que limitam a mediação apenas ao início do conflito, ou então, que são demasiadamente flexíveis a ponto de desincentivar as partes a solicitarem a mediação por receio de serem percebidas como fracas, também não costumam funcionar.

Para superar os pontos elencados, é recomendável que a cláusula escalonada incorpore alguns elementos essenciais. Em primeiro lugar, a cláusula deve prever algumas janelas para as partes debaterem a mediação e que essas oportunidades não se limitem, apenas, à etapa anterior à arbitragem. A Lei de Arbitragem permite às partes a liberdade de definir os aspectos procedimentais desse procedimento, por meio da análise do momento em que a mediação será mais útil, com base em sua experiência e na própria estrutura do rito arbitral adotado.[38] Portanto, ao redigir uma cláusula escalonada, as partes deverão ter em mente que a opção pela mediação pode ser inserida nos mais diversos momentos do procedimento arbitral. A título de exemplo, citamos algumas possibilidades:[39]

- Antes da celebração do termo de arbitragem, para endereçar questões relativas à determinação do objeto da arbitragem ou questões preliminares relativas, por exemplo, à jurisdição e à participação de terceiros ao procedimento.

[38] Faleck, Diego; Santos, Luiz. *A janela de mediação.* (No prelo.)

[39] Faleck, Diego; Santos, Luiz. *A janela de mediação.* (No prelo.)

- Depois da celebração do termo, ao se ter uma melhor visão dos pontos que serão tratados por meio do procedimento.
- Após as primeiras manifestações das partes, com uma melhor compreensão das nuances do caso, o que possibilita uma nova análise de risco.
- Após a manifestação dos árbitros a respeito de pontos controvertidos.
- Antes de audiências preliminares, de instrução ou mesmo de sentença, tendo o objetivo de permitir às partes explorar opções consensuais à luz do que descobriram ao longo do procedimento arbitral até aquele momento.
- Após a produção de provas e obtenção de depoimento de testemunhas, por meio das quais as partes podem ter uma melhor previsão do caminho que será tomado em uma decisão arbitral e, portanto, poderão reavaliar o cabimento de um acordo.
- Após decisões liminares e/ou sentenças parciais, nos casos em que a decisão não seja favorável a ambas as partes, oportunizando-se a eventual composição das partes a respeito de outros pontos controversos.

Em segundo lugar, para que seja efetiva, a cláusula deve prever marcos temporais bem definidos para cada uma das etapas de forma a não gerar ambiguidade com relação ao término de uma etapa e ao início da seguinte.[40] Nesse mesmo sentido, é fundamental, ainda, que a cláusula defina o que é considerado sucesso ou insucesso de cada uma das etapas, considerando, principalmente, que a cláusula ideal deverá abrir espaço para a avaliação, pelas partes, do cabimento do início de um procedimento de mediação. Esse ponto é relevante para evitar que um lado tente burlar uma etapa, seguindo direto para a arbitragem, por exemplo. Nesse sentido, é recomendável delinear quando uma etapa é considerada falha e o ponto em que a próxima se inicia, ou então, a forma em que ela pode ser iniciada e por quem.[41]

[40] TEVENDALE, Craig; AMBROSE, Hannah; NAISH, Vanessa. Multi-Tier Dispute Resolution Clauses and Arbitration. *Turkish Commercial Law Review*, v. 1, n. 1, 2015, p 40.

[41] TEVENDALE, Craig; AMBROSE, Hannah; NAISH, Vanessa. Multi-Tier Dispute Resolution Clauses and Arbitration. *Turkish Commercial Law Review*, v. 1, n. 1, 2015, p. 40.

Por fim, outro elemento importante para garantir efetividade à cláusula escalonada é inserir uma linguagem imperativa tal como "as partes deverão" em vez de "poderão", para assegurar que as partes obrigatoriamente analisem a possibilidade de iniciar uma mediação em cada etapa determinada pela cláusula. Isso garante que seja mantida a flexibilidade das partes em optar pela mediação, sem que este passo seja forçado para ambos os lados, tendo em vista que as partes estão sempre na melhor condição para decidir a respeito de qual deverá ser a etapa e a estratégia a serem utilizadas em um dado momento da disputa.[42]

Conclusões

Diante do desafiante *status quo* enfrentado pelas partes e por seus advogados ao estabelecer uma estratégia de resolução de uma disputa, em que os métodos não consensuais costumam ter prevalência sem a devida análise a respeito de seu cabimento e sua adequabilidade para a disputa, é essencial que se crie mecanismos para estimular a avaliação e incentivar, quando necessário, a inclusão dos métodos mais adequados, especialmente a mediação, de forma a trazer resultados mais eficientes e menos custosos a todas as partes envolvidas.

É imprescindível, para isso, que sejam endereçadas e superadas as barreiras à opção por métodos consensuais que frequentemente se apresentam no momento da análise da estratégia de resolução do conflito. Assim, é imperativo que os profissionais dedicados à resolução de disputas adquiram conhecimento e aproveitem das possíveis janelas à consensualidade, de modo que os momentos oportunos para o início desses métodos sejam aproveitados, de modo que as partes se beneficiem das melhores condições procedimentais possíveis para o caso em específico.

Nesse cenário, e conforme demonstrado neste capítulo, a janela contratual da mediação no âmbito da arbitragem, especificamente na forma de cláusula escalonada, mostra-se um meio efetivo e desejável para essa finalidade. Isso, pois, ao sugerirem o uso da mediação, a cláusula escalonada auxilia os profissionais de resoluções de disputas a superarem

[42] Berger, Klaus. Law and Practice of Escalation Clauses, p. 1-17. *In*: Tevendale, Craig; Ambrose, Hannah; Naish, Vanessa. Multi-Tier Dispute Resolution Clauses and Arbitration. *Turkish Commercial Law Review*, v. 1, n. 1, 2015, p. 32.

um dos principais desafios atualmente enfrentados, tornando-se, dessa forma, um potencial catalisador da utilização de métodos adequados.

Portanto, as cláusulas escalonadas apropriadas se tornam grandes aliadas à estratégia de resolução de disputas, garantindo que as partes avaliem, nas devidas oportunidades, a viabilidade/necessidade de iniciar um procedimento de mediação. Com isso, garante-se que o método *default* de resolução de conflitos não será seguido apenas por conveniência, de modo que a escolha do caminho a ser seguido será revisitada sempre que houver a possibilidade dos meios consensuais, em específico a mediação, conferirem maior eficiência e efetividade à forma de resolver um conflito.

10. EXTENSÃO DE CLÁUSULA COMPROMISSÓRIA A CONTRATOS COLIGADOS

Fernanda Lopes de Alcantara Gil
Felipe Cintra de Barros Ribeiro Conrado

Introdução

O debate sobre a extensão da cláusula compromissória disposta no contrato principal aos contratos a ele coligados já não é recente na doutrina e nos tribunais brasileiros. A ausência de previsão específica na lei nacional – seja na Lei n. 9.307/1996 (Lei Brasileira de Arbitragem), seja no Código de Processo Civil de 2015 – torna a discussão ainda mais intensa.

Nos últimos anos, no entanto, a interpretação sobre a possibilidade da extensão se tornou mais clara, e, possivelmente, predominante. O Supremo Tribunal de Justiça (STJ), ao proferir decisão nos Recursos Especiais ns. 1.639.035/SP e 1.834.338/SP,[1] assentou entendimento favorável à extensão dos termos da cláusula compromissória aos contratos que fazem parte da mesma operação econômica que o contrato principal.

As bases para tanto nos parecem muito razoáveis. De maneira bastante geral, e como será mais bem explicado posteriormente, entendeu-

[1] Relatados, respectivamente, pelos Ministros Paulo de Tarso Sanseverino e Marco Aurélio Bellizze (relator para acórdão).

-se que, por mirarem o mesmo fim econômico que o contrato principal e pertencerem à mesma operação, os contratos coligados devem ser regidos pelas mesmas regras definidas pelas partes que regem o contrato original. Além disso, quando as obrigações são indissociáveis dentro da coligação contratual, não há motivos para que se considere que a cláusula compromissória se restringe ao contrato principal. Por fim, a submissão de disputas decorrentes dos contratos coligados ao juízo arbitral conforme previsão no contrato que originou a relação econômica entre as partes estaria de acordo com a sua vontade, já que não faria sentido imaginar, ao menos ordinariamente, que as partes vislumbrariam cenário no qual cada âmbito da sua relação comercial interconectada seria resolvida por um método de resolução de disputas diferente, impedindo a compreensão do cenário global da relação.

No presente capítulo, buscaremos, em um primeiro momento, abordar o próprio conceito de contratos coligados, a fim de contextualizar o tema e assentar as bases para a discussão (seção 1). Feito isso, analisaremos os motivos que levaram a Corte Superior do Brasil a concluir pela possibilidade de extensão objetiva da cláusula compromissória aos contratos coligados nos dois casos paradigmáticos mencionados, bem como os votos dissidentes do Ministro Luis Felipe Salomão (acompanhado pelo Ministro Ricardo Villas Bôas Cueva) no Recurso Especial (REsp) n. 1.639.035/SP e da Ministra Nancy Andrighi no REsp n. 1.834.338/SP (seção 2). Nessa ocasião, nos restringiremos a analisar os votos mencionados, sem ampliar o debate a opiniões contrárias que não as dos Ministros vencidos nos recursos. Por fim, e em conclusão derivada exclusivamente dessa análise, traremos uma exposição dos critérios que, em nossa opinião, podem auxiliar o julgador e o contratante quando da análise de possível extensão dos efeitos da cláusula compromissória do contrato principal aos contratos coligados (seção 3).

1. Contratos coligados

Para aproveitar ao máximo a matéria ora discutida, é importante que se tenha claro o que é a coligação contratual – portanto o que seriam os contratos coligados – e quais efeitos são decorrentes de tal relação econômica. Conquanto não se trate de tema muito polêmico, vale a retomada quanto à conceituação da coligação contratual (seção 1.1) e quanto à aplicação prática do conceito (seção 1.2).

1.1. Conceitos

O conceito de "contrato coligado" não é muito controverso. Ainda que não haja previsão legal que estipule do que se trata a coligação, parece-nos que a doutrina e a jurisprudência não apresentam grandes divergências sobre o tema.

Pode-se extrair da obra de Pontes de Miranda que o ordenamento jurídico nacional aceita a "ligação entre dois ou mais negócios jurídicos concluídos em tempos diferentes – portanto, também em instrumentos diferentes – e que um dependa do outro, ou cada um dependa de qualquer dos outros".[2] Nessa categoria se encaixam os contratos coligados que, segundo Francisco Paulo De Crescenzo Marino em uma das obras mais relevantes sobre o tema, podem ser resumidos como os "contratos que, por força de disposição legal, da natureza acessória de um deles ou do conteúdo contratual (expresso ou implícito), encontram-se em relação de dependência unilateral ou recíproca".[3]

A necessária dependência entre os contratos para a coligação também é destacada por Orlando Gomes, que ensina que "[o]s contratos coligados são queridos pelas partes contratantes como um todo [u]m depende do outro de tal modo que cada qual, isoladamente, seria desinteressante".[4] Dessa premissa, surgem três principais espécies de contratos coligados: *ex lege*,[5] natural[6] e voluntária.[7]

[2] Miranda, Francisco C. Pontes de. *Tratado de direito privado*. São Paulo: Revista dos Tribunais, 2012. Tomo 38, p. 368.

[3] Marino, Francisco Paulo De Crescenzo. *Contratos coligados no direito brasileiro*. São Paulo: Saraiva, 2009, p. 99.

[4] Gomes, Orlando. *Contratos*. 26. ed. Rio de Janeiro: Forense, 2009, p. 121.

[5] Conquanto seja elucidado na obra de Marino que "parece absurda a afirmação de que a coligação ex lege 'não é um verdadeiro e próprio coligamento" (Marino, Francisco Paulo De Crescenzo. *Contratos coligados no direito brasileiro*. São Paulo: Saraiva, 2009, p. 105), parece-nos que a maioria dos casos de coligação não está, de fato, prevista em lei. O próprio professor Marino reconhece que a classificação de coligação *ex lege* é "frequentemente incompleta" (Marino, Francisco Paulo De Crescenzo. *Contratos coligados no direito brasileiro*. São Paulo: Saraiva, 2009, p. 104), o que nos parece mais adequado que buscar encaixar coligações supostamente necessárias por força de lei.

[6] Com origem na "natureza acessória dos contratos coligados", por exemplo, "união entre contrato-base e subcontrato; entre contrato principal e contrato de garantia típico (fiança, seguro-fiança, contratos de hipoteca, penhor e anticrese, etc.); entre contrato preliminar e definitivo" (Marino, Francisco Paulo De Crescenzo. *Contratos coligados no direito brasileiro*. São Paulo: Saraiva, 2009, p. 106).

Apesar do consenso doutrinário, há ainda aqueles que entendem ser necessário um refinamento das conceituações de contratos coligados, especialmente por serem muito abrangentes. É o caso de Carlos Nelson Konder, segundo quem "[a]s definições, nesse sentido, costumam combinar estes dois elementos: a pluralidade de negócios jurídicos e a unidade de operação econômica",[8] o que seria uma "singela e demasiado genérica ideia de utilização de vários contratos para a realização de uma mesma operação econômica".[9]

Para fins deste estudo, no entanto, e conquanto não discordemos da possibilidade de maior estreitamento do conceito de contratos coligados, consideraremos, além das definições de Marino e Gomes, os critérios trazidos pela jurisprudência, pela qual o contrato será coligado a outro conforme: "(I) o propósito comum; (II) a unidade da operação econômica; e (III) a pluralidade de relações contratuais interligadas sob uma perspectiva funcional".[10] Em resumo, trataremos a coligação contratual como "a celebração de dois ou mais contratos autônomos, mas que guardam entre si um nexo de funcionalidade econômica, a propiciar a consecução de uma finalidade negocial comum".[11]

Feita essa breve retomada, voltaremo-nos à aplicação prática do conceito, como se verá adiante.

1.2. Aplicação prática

Tendo em vista que a operação econômica é, ao fim, o cerne da coligação contratual, é possível listar uma série de exemplos de possíveis interações privadas que possam justificar a existência de contratos

[7] "[R]eservadas às hipóteses em que o nexo não deriva da lei nem da natureza acessória de um dos contratos coligados." (Marino, Francisco Paulo De Crescenzo. *Contratos coligados no direito brasileiro*. São Paulo: Saraiva, 2009, p. 107).

[8] Konder, Carlos Nelson. *Contratos conexos*: grupo de contratos, redes contratuais e contratos coligados. Rio de Janeiro: Renovar, 2006, p. 95.

[9] Konder, Carlos Nelson. *Contratos conexos*: grupo de contratos, redes contratuais e contratos coligados. Rio de Janeiro: Renovar, 2006, p. 95.

[10] AgInt nos Edcl no Resp n. 1.773.569/DF, Rel. Ministro Luis Felipe Salomão, Quarta Turma, julgado em 31 de agosto de 2020, *Dje* 9 de setembro de 2020.

[11] Resp 1.834.338/SP, Rel. do Acórdão Ministro Marco Aurélio Bellizze (relatora vencida Ministra Nancy Andrighi), Terceira Turma, julgado em 1º de setembro de 2020, *Dje* 16 de outubro de 2020, e-STJ fls. 1.146.

coligados. Observe, por exemplo, os dois precedentes paradigmas que analisaremos no decorrer deste capítulo, nos quais tem-se por objeto operações de crédito. No REsp n. 1.639.035/SP, que doravante chamaremos somente de "Caso Paranapanema", tratou-se de contrato de abertura de crédito, tendo sido celebrados, concomitantemente, contratos de *swap*, cujo objetivo foi estabelecer pagamento complementar para equalizar o balanceamento da operação caso necessário. Já no REsp n. 1.834.338/SP, daqui em diante apenas "Caso Anhanguera", debateu-se contrato de compra e venda de cotas que deu ensejo à assinatura de contrato de cessão de direitos creditórios relacionado ao pagamento pela compradora.

As possibilidades, no entanto, não devem e nem podem se restringir a operações financeiras. Em relações entre franqueador e franqueado, por exemplo, é comum que haja contratos de locação, compra e venda e distribuição, todos relacionados ao contrato de franquia. Isso também se pode dizer sobre os contratos de arrendamento, que não incomum são acompanhados por contratos de permuta,[12] e, também, sobre os subcontratos, como os de sublocação, que são coligados a um contrato principal.

A nosso ver, o que mais interessa, portanto, não é o objeto dos contratos, sua forma ou os aspectos específicos de cada um, mas, sim, se juntas as obrigações têm unidade considerando a relação entre as partes, o objetivo econômico e a relação de dependência entre elas. Em resumo, importa considerar se, pela análise do grupo de contratos, é possível verificar a indissociabilidade entre eles, ainda que não tenham a mesma causa.

Outro elemento intimamente ligado à existência dos contratos coligados é a complexidade dos negócios jurídicos.[13] Em relações complexas, é comum que as partes determinem previamente os métodos para resolução de conflitos. Também não raro, as partes estipulam que eventuais controvérsias sejam solucionadas na jurisdição privada de um tribunal arbitral, afinal, "tudo que não seja direito indisponível, relacionado a uma relação jurídica entre partes privadas, pode ser submetido

[12] Como, se discute, por exemplo, no Resp n. 419.362/MS, Quarta Turma do STJ, Ministro Rel. Ruy Rosado de Aguiar, j. em 17 de junho de 2003.

[13] MARINO, Francisco Paulo De Crescenzo. *Contratos coligados no direito brasileiro*. São Paulo: Saraiva, 2009, p. 2108 ss.

à jurisdição arbitral",[14] e as características atinentes à arbitragem (celeridade, confidencialidade, maior liberdade procedimental, redução de custos de transação, etc.) costumam atrair o interesse de *players* que participam de relações complexas.

No entanto, nem todos os contratos pertencentes à mesma operação econômica contêm cláusula compromissória estabelecida. Os casos variam. Há hipóteses, por exemplo, em que apenas o contrato principal prevê a resolução de disputas pela arbitragem, ou, ainda, apenas um dos contratos acessórios ou coligados o faz.

Assim, considerando-se que todos os contratos relativos a uma única relação têm o objetivo comum de viabilizar a mesma operação econômica, faria sentido que, na ausência de previsão de cláusula compromissória em um dos contratos do grupo, nenhuma disputa fosse submetida à arbitragem? Ou o melhor seria seguir pelo caminho contrário, estendendo os efeitos da cláusula compromissória a todos os contratos da operação? Seria possível, em uma última hipótese, vislumbrar um cenário no qual apenas parte da cadeia de contratos seria submetida à arbitragem, enquanto o restante não poderia ser analisado por um tribunal arbitral? A discussão acerca da necessidade do consentimento escrito para submissão à arbitragem impediria a submissão daqueles contratos desprovidos de cláusula compromissória própria ao procedimento arbitral?[15]

Não há, ainda, uma resposta definitiva para esses questionamentos. Mesmo assim, a doutrina e a jurisprudência nacionais tendem a concluir pela possibilidade de extensão dos efeitos da cláusula compromis-

[14] Sperandio, Felipe Vollbrecht. Convenção de Arbitragem. *In*: Levy, Daniel; Pereira, Guilherme (coords.). *Curso de Arbitragem*. 2. ed. rev. atual. e ampl. São Paulo: Thomson Reuters Brasil, 2021, p. 104.

[15] Limitaremo-nos a discutir apenas as perguntas delineadas aqui, sem desconsiderar, no entanto, que existem também outros tópicos que possam ser discutidos, como a possibilidade de que a chamada "extensão" dos efeitos da cláusula compromissória entre os contratos da mesma operação possa ser, na realidade, mera "interpretação" do que é a vontade das partes, como tratado por Carlos Nelson Konder no artigo "O alcance da cláusula compromissória em contratos coligados: leitura a partir da tutela da confiança", publicado da *Revista de Arbitragem e Mediação*, São Paulo, v. 63, ano 16, p. 295-331, out./dez. 2019. No entanto, entendemos que se trate, sim, de extensão dos efeitos da cláusula a partir da interpretação da vontade das partes, afinal, como se verá, está na vontade das partes a base para a conclusão pela extensão, mas não é tal vontade o único elemento presente na análise da possibilidade.

sória contida no contrato principal aos demais contratos a ele coligados, mesmo que neles não haja menção ao método de resolução de controvérsias, ou mesmo se contem com cláusula de eleição de foro em favor da via judicial. Nos itens a seguir, buscaremos endereçar as bases para tal conclusão, que nos parece a mais acertada, tendo em vista tanto os princípios pelos quais se rege o procedimento arbitral quanto a própria natureza do negócio em que as cadeias contratuais se inserem.

2. Cláusula compromissória e contratos coligados

Como disse Ana Gerdau de Borja Mercereau, "[a] questão da extensão da convenção de arbitragem na hipótese de grupos de contratos ou contratos coligados (conexos) é complexa".[16] Como visto, ainda não há uma verdade absoluta que determine o que exatamente são contratos coligados, o que torna ainda mais distante a conclusão pela imediata extensão dos efeitos de uma cláusula compromissória a mais de um contrato da mesma operação econômica.

É certo que a discussão é mais profunda do que a mera leitura da literalidade dos contratos. Para aferir se a cláusula compromissória deve ser estendida aos demais componentes da operação econômica, deve-se considerar, acima de tudo, a vontade das partes. Para isso, e como nem sempre a vontade é explicitada nos instrumentos contratuais, também se deve ter em mente quais as circunstâncias fáticas que permearam a celebração dos negócios jurídicos e, mais especificamente, da cláusula compromissória.[17]

[16] MERCEREAU, Ana Gerdau de Borja. Arbitragem e contrato. *In:* LEVY, Daniel; PEREIRA, Guilherme (coord.). *Curso de arbitragem.* 2. ed. rev. atual. e ampl. São Paulo: Thomson Reuters Brasil, 2021, p. 710. Observe que Mercereau trata contratos coligados e contratos conexos como um único conceito, o que também é verdade para uma gama de outros autores. Visando evitar confusões terminológicas, optamos por tratar o grupo de instrumentos contratuais pertencentes à mesma operação econômica como sucessivos contratos coligados, que têm conceituação apartada dos contratos conexos na visão de outros autores.

[17] Essa é a posição de Mercereau, segundo quem "eventual decisão no sentido da 'extensão', ou não, de uma convenção arbitral inserida em uma pluralidade de contratos, nada mais é do que o resultado do exame minucioso das circunstâncias fáticas relativas ao consentimento das partes à arbitragem" (MERCEREAU, Ana Gerdau de Borja. Arbitragem e contrato. *In*: LEVY, Daniel; PEREIRA, Guilherme (coords.). *Curso de arbitragem.* 2. ed. rev. atual. e ampl. São Paulo: Thomson Reuters Brasil, 2021, p. 715).

Sendo assim, não existe uma regra simples para determinar a extensão, mas um conjunto de possibilidades que permitem que se conclua pela aplicação ou não da cláusula compromissória a todo um grupo de contratos provenientes da mesma relação e operação. No Brasil, os melhores guias são, atualmente, as decisões proferidas pelo STJ sobre o tema, nos Casos Paranapanema e Anhanguera.

Nas decisões, como mencionado, concluiu-se pela possibilidade de extensão da cláusula compromissória aos contratos coligados decorrentes de uma mesma operação econômica. Antes de traçar quais são os fatores relevantes – além da vontade das partes e das circunstâncias fáticas – para se decidir pela extensão, traremos um breve panorama sobre os fundamentos e as conclusões dos ministros do STJ no Caso Paranapanema (seção 2.1) e no Caso Anhanguera (seção 2.2).

2.1. Resp n. 1.639.035/SP – Caso Paranapanema

Um dos casos mais emblemáticos – se não o mais emblemático, por ser um dos primeiros debatidos pelo STJ – em matéria de extensão objetiva da cláusula compromissória aos contratos coligados é o Caso Paranapanema.

Trata-se, na origem, de ação anulatória de sentença arbitral, ajuizada pela Paranapanema S.A. (Paranapanema) em face do Banco BTG Pactual S.A. (BTG) e do Banco Santander Brasil S.A. (Santander), tendo por objeto sentença arbitral que declarou a validade de cláusula contratual de instrumento celebrado entre as partes, bem como condenou a Paranapanema ao pagamento de indenização em favor do Santander, e ao reembolso de valores que haviam sido disponibilizados pelo mesmo banco.[18]

Segundo argumentou a Paranapanema em seu pedido de anulação de sentença arbitral, entre outros assuntos, a sentença seria nula, nos termos do artigo 32, VIII, da Lei de Arbitragem, por ausência de convenção arbitral. Isso porque, os contratos nos quais a demanda se baseou não contariam com cláusula compromissória.

Para que se possa compreender os contornos da discussão, cumpre destacar o cenário fático delineado pelo relatório do acórdão do recurso especial:

[18] Resp n. 1.639.035/SP, Rel. Ministro Paulo de Tarso Sanseverino, Terceira Turma, julgado em 18 de setembro de 2018, *Dje* 11 de outubro de 2018, e-STJ fl. 2.583.

> Consta dos autos que PARANAPANEMA S/A e BANCO SANTANDER S/A e BANCO BTG PACTUAL S/A, firmaram contrato de abertura de crédito, com cláusula compromissória, no valor de R$200.000.000,00 (duzentos milhões de reais). O referido contrato fora quitado, posteriormente, com a integralização de ações societárias da devedora em favor dos bancos credores.
> No entanto, concomitantemente, à subscrição das referidas ações, foram celebrados contratos de swap, sem cláusula compromissória, que estabeleciam um pagamento complementar em favor dos credores na hipótese de o valor das ações por eles subscritas vir a atingir, até determinada data, patamar inferior àquele estipulado.
> Com arrimo nos aludidos contratos de swap, as instituições financeiras formularam pedido de cobrança, o que culminou na instituição do processo arbitral CCBC nº 17/2010, perante o Centro de Arbitragem e Mediação da Câmara de Comércio Brasil Canadá – CAM/CCBC.[19]

Ou seja, trata-se de situação clássica de coligação entre os contratos de *swap* e o contrato de abertura de crédito. Ademais, conforme também apontado no acórdão, não só os contratos de *swap* não contavam com cláusula compromissória, como continham cláusula de eleição de foro para que as disputas relacionadas aos referidos contratos fossem solucionadas na Comarca de São Paulo.[20]

A discussão nos autos – como no Caso Anhanguera, que será analisado adiante – jamais foi acerca da coligação entre os contratos. Houve consenso, desde o início, que os contratos de *swap* se caracterizam como contratos acessórios ao contrato de abertura de crédito inicialmente pactuado.[21] O debate, portanto, cingiu-se à possibilidade, ou não, de vinculação desses contratos de *swap* à cláusula compromissória do contrato de abertura de crédito, apesar de eles próprios contarem com cláusula de eleição de foro em favor da via judicial.

[19] Resp n. 1.639.035/SP, Rel. Ministro Paulo de Tarso Sanseverino, Terceira Turma, julgado em 18 de setembro de 2018, *Dje* 11 de outubro de 2018, e-STJ fl. 2.583.

[20] Resp n. 1.639.035/SP, Rel. Ministro Paulo de Tarso Sanseverino, Terceira Turma, julgado em 18 de setembro de 2018, *Dje* 11 de outubro de 2018, e-STJ fl. 2.589.

[21] Resp n. 1.639.035/SP, Rel. Ministro Paulo de Tarso Sanseverino, Terceira Turma, julgado em 18 de setembro de 2018, *Dje* 11 de outubro de 2018, e-STJ fls. 2.581/2.603.

Nas instâncias ordinárias, a decisão foi, em ambas as oportunidades, favorável à vinculação do contrato acessório à cláusula compromissória do contrato principal.[22] No STJ, contudo, não houve consenso, tendo-se decidido, ao final, e por maioria de votos, em favor do que restou determinado desde a primeira instância.

Tendo em vista a natureza de coligação entre os contratos, o Ministro Relator Paulo de Tarso Sanseverino entendeu que deve ser aplicada a forma de interpretação que preza pela unicidade das regras aplicáveis a toda a cadeia contratual. Nesse sentido, valeu-se dos ensinamentos de Francisco Paulo De Crescenzo Marino para sustentar que, aos contratos coligados, deve-se conferir interpretação global, justamente por se tratar de uma única operação. Nas palavras de Marino,[23] transcritas do voto do Ministro Paulo de Tarso:

> A interpretação dos contratos coligados deverá observar as regras hermenêuticas dispostas no Código Civil, em especial os arts. 112 e 113. A interpretação global das cláusulas contratuais, preconizada pelo art. 112 do Código Civil, acarreta, logicamente, a necessidade de interpretar conjuntamente os contratos coligados. Além de servir de meio interpretativo para os demais contratos integrantes da coligação, o contrato coligado atua na própria construção do conteúdo contratual, pois muitas cláusulas contratuais somente poderão ser compostas a partir de elementos presentes nos textos de todos os contratos envolvidos.[24]

Mais adiante, o ministro relator explicou que, em se tratando de contratos coligados, deve-se aplicar o princípio da gravitação jurídica, se-

[22] Resp n. 1.639.035/SP, Rel. Ministro Paulo de Tarso Sanseverino, Terceira Turma, julgado em 18 de setembro de 2018, *Dje* 11 de outubro de 2018, e-STJ fls. 2.583/2.585.

[23] No mesmo sentido, tem-se o entendimento de Carlos Roberto Gonçalves: "A interpretação dos contratos coligados, em razão de comporem uma rede econômica unitária relacionada a uma causa concreta conexa, deve ser global, ou seja, os contratos coligados devem ser interpretados conjuntamente, com atenção especial para todas as circunstâncias da operação ou das finalidades e objetivos econômicos perseguidos pelas partes. A interpretação dos contratos coligados, como não poderia deixar de ser, deve ser pautada nos princípios da função social e da boa-fé objetiva (deveres de conduta e colaboração recíproca entre os contratantes nos diversos contratos reunidos" (*apud* Tartuce, Flávio. *teoria geral dos contratos e contratos em espécie*. 9. ed. atual. e ampl. Rio de Janeiro: Forense, 2014, p. 37).

[24] Marino, Francisco Paulo De Crescenzo. *Contratos coligados no direito brasileiro*. São Paulo: Saraiva, 2009, p. 224.

gundo o qual o contrato acessório se deve guiar pelas previsões contidas no principal. É o que explica, como pontuado no voto, Flávio Tartuce:

> Diante do princípio da gravitação jurídica, pelo qual o acessório segue o principal, tudo o que ocorre no contrato principal repercute no acessório. Desse modo, sendo nulo o contrato principal, nulo será o acessório; sendo anulável o principal o mesmo ocorrerá com o acessório; ocorrendo prescrição da dívida do contrato principal, o contrato acessório estará extinto; e assim por diante.
>
> Por outro lado, o contrato acessório não pode trazer mais obrigações do que o contrato principal, pois haveria violação aos princípios constitucionais da isonomia e da proporcionalidade, retirados do art. 5º, *caput*, da CF/1998. Em outras palavras, o acessório não pode tomar maiores dimensões do que o contrato principal. Alguns exemplos dessa última conclusão ainda serão apresentados na presente obra.
>
> Todavia, deve ficar claro que o que ocorre no contrato acessório não repercute no principal. Assim sendo, a nulidade do contrato acessório não gera a nulidade do contrato principal; a anulabilidade do contrato acessório não gera a nulidade relativa do principal e assim de forma sucessiva. A conclusão é retirada do art. 184 do CC, segundo o qual respeitada a intenção das partes, a invalidade parcial de um negócio jurídico não o prejudicará na parte válida, se esta for separável; a invalidade da obrigação principal implica a das obrigações acessórias, mas a destas não induz a da obrigação principal.[25]

Diante disso, o ministro concluiu que, havendo cláusula compromissória no contrato principal, a única interpretação possível seria de que as partes tiveram a intenção de ter toda a sua relação submetida à arbitragem, mantendo o que restou decidido pelo TJSP na segunda instância:

> Enfim, para alcance desse domínio comum do conjunto dos contratos, tem de prevalecer a vontade das partes [...] de arbitralizar os conflitos emergentes do negócio jurídico realizado.
>
> Nessa esteira, portanto, impõe-se entender a cláusula de eleição de foro nos Contratos de "Swap" como simples caminho subsidiário e não prin-

[25] TARTUCE, Flávio. *Teoria geral dos contratos e contratos em espécie*. 9. ed. rev. atual. e ampl. Rio de Janeiro: Forense, 2014, p. 37.

> cipal, pouco importando que ditos contratos envolvam valores mobiliários, porque não é só isso que está em jogo, mas sim o tratamento do negócio como um todo.
>
> [...]
>
> De tal sorte, ao contrário do que afirma a Autora, nenhuma vinculação se verifica em relação aos dispositivos legais por ela indicados. Nada está sendo subtraído à apreciação do Judiciário, tanto que a parte está a demandar a proteção dos direitos que entende ter. Havia por extensão, conforme já se demonstrou, a convenção de arbitragem. E por fim é sabido que nas declarações de vontade se deve atender mais à intenção nelas consubstanciada do que ao sentido literal da linguagem, ou seja, precisa o intérprete fugir das interpretações literais e capciosas, para buscar na declaração negociai a real intenção dos agentes.[26]

Afinal, de nada serviria uma cláusula compromissória que previne o julgador de endereçar toda a relação contratual, quando as obrigações contidas em cada instrumento contratual são interrelacionadas.

Assim, valendo-se do princípio da gravitação jurídica e prezando por uma interpretação global da operação, o ministro concluiu pela extensão objetiva da cláusula compromissória aos contratos coligados, quando contida apenas no principal, a despeito da existência de cláusula de eleição de foro nos instrumentos acessórios:

> Desse modo, extraindo-se que num sistema de coligação contratual o contrato reputado como sendo o principal determina as regras que deverão scr seguidas pelos demais instrumentos que a este se ajustam, não se mostra razoável que uma cláusula compromissória inserta naquele não tivesse seus efeitos estendidos aos demais.

O Ministro Luis Felipe Salomão, contudo, divergiu desse entendimento. Conquanto tenha reconhecido a possibilidade de, eventualmente, estender-se os efeitos da cláusula compromissória a contratos coligados nos quais não fora inserida – em razão do entendimento da doutrina majoritária –, ponderou que tal conclusão não pode ser automática. Isso porque, como bem relembrou, é de suma importância a

[26] REsp n. 1.639.035/SP, Rel. Ministro Paulo de Tarso Sanseverino, Terceira Turma, julgado em 18 de setembro de 2018, *DJe* 11 de outubro de 2018, e-STJ fl. 2.589.

análise da intenção das partes, dado que o procedimento arbitral tem por fundamento a autonomia da vontade. Assim, a análise deve-se dar casuisticamente, buscando-se extrair a real intenção das partes:

> É bem verdade que, no campo acadêmico e doutrinário, muitos são os trabalhos que defendem a extensão objetiva da cláusula compromissória arbitral para os posteriores contratos coligados.
> [...]
> Contudo, não parece que deva ser automática, sem análise de cada caso. De fato, como se sabe, a arbitragem, como importante mecanismo de solução de conflitos – em que os litigantes buscam terceira pessoa, um árbitro, para a solução imparcial do litígio –, tem como princípio norteador a autonomia da vontade das partes, que constitui o fundamento nuclear e que autoriza os contratantes a submeter os seus litígios à arbitragem
> [...]
> Em verdade, diante da importância que a autonomia da vontade das partes assume dentro do instituto da arbitragem, qualquer análise sobre a possibilidade de se estenderem os efeitos de uma cláusula compromissória arbitral para os posteriores contratos coligados, estes últimos com a cláusula de eleição de foro, deve necessariamente perpassar pela investigação da vontade das partes.[27]

O Ministro Salomão afastou, ainda, a incidência do princípio da gravitação jurídica. Isso porque, segundo o seu entendimento, tal princípio somente é válido para hipóteses de anulação do negócio jurídico principal ou acessório, a fim de verificar eventual nulidade "por ricochete" dos demais instrumentos da cadeia contratual.[28] Como não se questiona em hipótese alguma, com a cláusula compromissória, a nulidade do negócio jurídico em si, não seria possível fazer uso de tal princípio. Enfatizou, também, a autonomia e a individualidade dos contratos coligados, mesmo que insertos em uma cadeia contratual.

Feitos tais esclarecimentos, o Ministro Salomão entendeu que, no caso em comento, não seria possível a extensão da cláusula compromis-

[27] REsp n. 1.639.035/SP, Rel. Ministro Paulo de Tarso Sanseverino, Terceira Turma, julgado em 18 de setembro de 2018, *DJe* 11 de outubro de 2018, e-STJ fls. 2.611/2.613.

[28] REsp n. 1.639.035/SP, Rel. Ministro Paulo de Tarso Sanseverino, Terceira Turma, julgado em 18 de setembro de 2018, *DJe* 11 de outubro de 2018, e-STJ fls. 2.608/2.610.

sória. Isso porque, a aplicação da cláusula compromissória do contrato principal aos acessórios não pode ser automática, devendo-se analisar a real intenção das partes. Como nos instrumentos de *swap* houve a pactuação de cláusula de eleição de foro própria, não seria possível afirmar que a intenção das partes seria submeter toda a operação à arbitragem:

> No caso dos autos – envolvendo valores que ultrapassam a casa dos 700 milhões de reais –, os contratos de swap – no ponto, tal como reconhecido pelas instâncias ordinárias –, além de não conterem cláusula compromissória expressa e tampouco se reportarem expressamente à cláusula arbitral prevista no contrato de abertura de crédito, ostentam cláusula de eleição de foro, a indicar a intenção das partes de submeter eventuais litígios decorrentes desses subsequentes contratos coligados à jurisdição estatal.
>
> Dessa forma, com a devida vênia do eminente Relator, penso que a ausência de cláusula compromissória expressa nos contratos de *swap* impede que os litígios decorrentes de tais pactos sejam dirimidos por meio de arbitragem, sob pena de violação do princípio basilar da autonomia das partes, que constitui a própria *ratio essendi* desse método alternativo de heterocomposição dos litígios, merecendo, pois, provimento o recurso especial interposto por PARANAPANEMA S.A. quanto a esse ponto.[29]

Ao final, o voto vencedor foi aquele exarado pelo Ministro Paulo de Tarso Sanseverino, vencidos, assim, os Ministros Luis Felipe Salomão e Ricardo Villas Bôas Cueva. Concluiu-se, portanto, pela possibilidade de extensão objetiva da cláusula compromissória, sedimentando a tese de que, havendo cláusula compromissória no contrato principal, ela se estende ao acessório, mesmo que este último conte com cláusula de eleição de foro própria.

2.2. Resp n. 1.834.338/SP – Caso Anhanguera

Além do Caso Paranapanema, outro precedente paradigma proferido pelo STJ foi o do Caso Anhanguera. Neste caso, a discussão girou em torno da extensão objetiva da cláusula compromissória arbitral

[29] REsp n. 1.639.035/SP, Rel. Ministro Paulo de Tarso Sanseverino, Terceira Turma, julgado em 18 de setembro de 2018, *DJe* 11 de outubro de 2018, e-STJ fl. 2.618.

prevista em instrumento de compra e venda de cotas ao contrato de cessão de direitos creditórios, relacionado ao pagamento da operação.

Tratou-se de operação de compra e venda de cotas entre duas pessoas físicas, vendedoras, e uma pessoa jurídica, Anhanguera Educacional Ltda., compradora. Uma das condições de compra era a assinatura de um contrato de cessão de direitos creditórios entre a compradora (cedente) e a garantidora do contrato de compra e venda de cotas (cessionária – a garantidora pertence ao mesmo grupo econômico do qual fazem parte os vendedores, intervenientes anuentes no contrato de cessão). Pode-se resumir o conflito original – anterior à discussão sobre extensão da cláusula compromissória ao contrato acessório – segundo o relatório elaborado pela Ministra Nancy Andrighi:[30]

> Ação: declaratória cumulada com indenização por danos materiais e morais, ajuizada pela CREDITUNI PROMOÇÃO E INTERMEDIAÇÃO DE PRODUTOS E SERVIÇOS LTDA., por meio da qual a recorrida requer a substituição dos títulos de direitos creditórios cedidos pela recorrente no âmbito de um contrato de cessão de direitos creditórios celebrado entre as partes, além da reparação dos prejuízos sofridos pela suposta cobrança de títulos inexistentes.[31]

Entre as discussões travadas no caso, a principal – e aquela que virou alvo de discussão no STJ – foi sobre a competência para julgar a demanda. A exceção de jurisdição arbitral foi arguida pela compradora, que justificou o argumento pela coligação contratual. No contrato principal, havia previsão para resolução de disputas por arbitragem, enquanto no contrato de cessão de direitos creditórios a previsão era que o foro competente seria o da Comarca de São Paulo.

O voto vencedor do Ministro Marco Aurélio Bellizze deu razão à compradora e determinou que a competência para julgar todos os conflitos

[30] Ao proferir o voto vencedor, o Ministro Marco Aurélio Bellizze se tornou o relator para acórdão. Originalmente, o recurso estava sob relatoria da Ministra Nancy Andrighi, que proferiu o voto vencido. Acompanharam o Ministro Marco Aurélio Bellizze os Ministros Paulo de Tarso Sanseverino e Ricardo Villas Bôas Cueva, enquanto o Ministro Moura Ribeiro se declarou impedido para proferir voto.

[31] REsp n. 1.834.338/SP, Rel. do Acórdão Ministro Marco Aurélio Bellizze (relatora vencida Ministra Nancy Andrighi), Terceira Turma, julgado em 1º de setembro de 2020, *DJe* 16 de outubro de 2020, e-STJ fls. 1.126.

decorrentes da operação – fossem eles originários do contrato principal ou do contrato coligado – seria de um tribunal arbitral, conforme a cláusula compromissória prevista no contrato de compra e venda de cotas.

O Ministro Bellizze acatou indiretamente o argumento da compradora de que caberia ao tribunal arbitral decidir sobre sua própria competência,[32] o que, em nossa opinião, foi acertado. Segundo o princípio, "alegações a respeito da inexistência, invalidade ou ineficácia da convenção de arbitragem se[rão] levadas, em primeiro lugar, à decisão dos próprios árbitros".[33]

O *kompetenz-kompetenz* está insculpido no artigo 8º da Lei n. 9.307/1996, segundo o qual "[c]aberá ao árbitro decidir de ofício, ou por provocação das partes, as questões acerca da existência, validade e eficácia da convenção de arbitragem e do contrato que contenha a cláusula compromissória". Sendo assim, alegada, por qualquer das partes, a possibilidade de aplicação da cláusula compromissória ao conflito, caberia idealmente ao próprio tribunal arbitral decidir se teria, ou não, competência para julgar a causa, apesar de não ter sido isso o que ocorreu no Caso Anhanguera, visto que a decisão sobre a jurisdição coube ao STJ.

O ministro relator também considerou importante a necessidade de se voltar à obrigação principal para verificar o cumprimento da obrigação prevista no contrato coligado, de cessão de direitos creditórios, e a falta de autonomia entre elas.[34] Por esse mesmo motivo faria sentido

[32] "Registre-se, por fim, incumbir ao Tribunal arbitral, idealmente antes da jurisdição estatal, deliberar sobre sua própria competência, conforme preceitua o Princípio kompetenz-kompetenz, estabelecido no art. 8º da Lei de Arbitragem, atribuição que deve ser preservada, naturalmente" (REsp n. 1.834.338/SP, Rel. do Acórdão Ministro Marco Aurélio Bellizze (relatora vencida Ministra Nancy Andrighi), Terceira Turma, julgado em 1º de setembro de 2020, *DJe* 16 de outubro de 2020, e-STJ fls. 1.152).

[33] LAMAS, Natália Mizrahi. Introdução e princípios aplicáveis à arbitragem. *In*: LEVY, Daniel; PEREIRA, Guilherme Setoguti J. (orgs.). *Curso de arbitragem*. 2. ed. rev., atual. e ampl. São Paulo: Thomson Reuters Brasil, 2021, p. 46. No mesmo sentido, ensina Carlos Alberto Carmona que o *kompetenz-kompetenz* se trata da "competência do árbitro para decidir sobre sua própria competência, resolvendo as impugnações que surjam acerca de sua capacidade de julgar, da extensão de seus poderes, da arbitrabilidade da controvérsia, enfim, avaliando a eficácia e a extensão dos poderes que as partes lhe conferiram tanto por via de cláusula compromissória, quanto por meio de compromisso arbitral" (CARMONA, Carlos Alberto. *Arbitragem e processo*: um comentário à Lei n. 9.307/96. 3. ed. rev., atual. e ampl. São Paulo: Atlas, 2009, p. 175).

[34] REsp n. 1.834.338/SP, Rel. do Acórdão Ministro Marco Aurélio Bellizze (relatora vencida Ministra Nancy Andrighi), Terceira Turma, julgado em 1º de setembro de 2020, *DJe* 16 de outubro de 2020, e-STJ fls. 1.151.

que a cláusula com previsão de resolução de disputas pela arbitragem do contrato principal valesse também para o contrato coligado, até porque, nesse caso, verificou-se a "indissociabilidade dos ajustes estabelecidos em coligação",[35] a identidade entre as partes envolvidas nas duas operações (compradora, vendedores e garantidora) e a estreita ligação entre o pagamento do contrato principal e o cumprimento do contrato coligado.

Apesar da certa influência da verificação de coligação contratual para se decidir pela extensão da cláusula compromissória, a discussão perante o STJ no Caso Anhanguera – assim como no Caso Paranapanema – nunca foi sobre a efetiva coligação, mas sim sobre a (im)possibilidade de se considerar que a convenção de arbitragem se aplicaria a todos os contratos da operação. No Caso Anhanguera, a decisão pela extensão dos efeitos da cláusula compromissória surgiu apenas no STJ, uma vez que, na primeira e na segunda instâncias, o pedido de reconhecimento da extensão foi rejeitado, e o debate se restringiu à validade e legitimidade dos títulos do contrato de cessão, sem adentrar às peculiaridades do contrato principal.

Foi por esse motivo que deu razão à recorrida a Ministra Nancy Andrighi ao proferir o voto vencido. Segundo a Ministra:

> [...] por mais ampla que seja a redação da cláusula compromissória no contrato principal, ela é expressa ao mencionar que se aplica às disposições existentes naquele contrato ou a ele relacionados.
> XXIV. No entanto, o litígio judicial não afeta a operação, apenas questiona a idoneidade de uma porção dos títulos de crédito cedidos, por meio de outro instrumento contratual, que é totalmente silente quanto à adoção da arbitragem.
> XXV. Ou seja, o litígio em discussão é muito específico, em relação à operação como um todo e, portanto, não se trata de uma questão diretamente relacionada ao contrato principal.[36]

[35] REsp n. 1.834.338/SP, Rel. do Acórdão Ministro Marco Aurélio Bellizze (relatora vencida Ministra Nancy Andrighi), Terceira Turma, julgado em 1º de setembro de 2020, *DJe* 16 de outubro de 2020, e-STJ fls. 1.141.

[36] REsp n. 1.834.338/SP, Rel. do Acórdão Ministro Marco Aurélio Bellizze (relatora vencida Ministra Nancy Andrighi), Terceira Turma, julgado em 1º de setembro de 2020, *DJe* 16 de outubro de 2020, e-STJ fls. 1.138.

A base para a conclusão da Ministra Nancy Andrighi foi a vontade das partes ao firmarem os contratos.[37] A subjetividade da análise fica clara ao se analisar o voto vencedor, já que o Ministro Marco Aurélio Bellizze, paradoxalmente, também considerou a vontade das partes como norte para decidir pela extensão da cláusula compromissória ao contrato acessório, ainda que o principal motivo para sua decisão tenha sido a indissociabilidade das obrigações acordadas em um e em outro contrato:

> Compartilha-se da compreensão de que a coligação contratual pode, eventualmente – e não necessariamente – ensejar a extensão da cláusula compromissória arbitral inserida no contrato principal ao contrato acessório a ele conexo se a indissociabilidade dos ajustes em coligação, evidenciada pela ausência de autonomia das obrigações ajustadas em cada contrato, considerado o elevado grau de interdependência, tornar impositiva a submissão de ambos os contratos à arbitragem, sem descurar, na medida do possível, da preservação da autonomia da vontade das partes de se submeterem à arbitragem.[38]
>
> [P]ara a correta compreensão da matéria, é importante verificar, além da própria extensão da cláusula compromissória arbitral, o grau de interseção entre ajustes coligados, a partir da identificação das partes contratantes, em que qualidade figuram nos correlatos contratos e, principalmente, quais obrigações e direitos assumiram na contratação coligada.[39]

[37] A autonomia da vontade das partes é base da arbitragem nacional, como destaca Carlos Alberto Carmona em seus comentários sobre a Lei de Arbitragem: "[s]egundo a Lei [Brasileira] de arbitragem, as partes têm liberdade de escolher o direito – material e processual – aplicável à solução da controvérsia, podendo optar pela decisão por equidade ou ainda fazer decidir o litígio com base nos princípios gerais de direito, nos usos e costumes e nas regras internacionais do comércio" (CARMONA, Carlos Alberto. *Arbitragem e processo*: um comentário à Lei n. 9.307/96. 3. ed. rev., atual. e ampl. São Paulo: Atlas, 2009, p. 15).

[38] REsp n. 1.834.338/SP, Rel. do Acórdão Ministro Marco Aurélio Bellizze (relatora vencida Ministra Nancy Andrighi), Terceira Turma, julgado em 1º de setembro de 2020, *DJe* 16 de outubro de 2020, e-STJ fls. 1.146.

[39] REsp n. 1.834.338/SP, Rel. do Acórdão Ministro Marco Aurélio Bellizze (relatora vencida Ministra Nancy Andrighi), Terceira Turma, julgado em 1º de setembro de 2020, *DJe* 16 de outubro de 2020, e-STJ fls. 1.141.

O Ministro Marco Aurélio Bellizze concluiu que, para que a cláusula compromissória deixasse de ter efeitos considerados também para fins do contrato acessório, a exclusão da possibilidade deveria ter sido feita expressamente pelas partes dos contratos. No silêncio, portanto, deve-se considerar que a extensão é necessária e compatível com a vontade das partes.

Especificamente no Caso Anhanguera, apontou o relator que a cláusula de eleição do foro da Comarca de São Paulo para dirimir eventuais disputas decorrentes do contrato de cessão de direitos creditórios impunha limitação aos "conflitos de interesses relativos às medidas de urgência, assim como à execução da sentença arbitral (questões que naturalmente refogem da jurisdição arbitral)".[40] Por ser só essa a restrição, estaria evidente a "intenção das partes signatárias de submeter à arbitragem todos os conflitos oriundos ou relacionados ao contrato de compra e venda da universidade, a autorizar a extensão objetiva da cláusula arbitral ao contrato de cessão de crédito a ele conexo".[41]

Tal conclusão, no entanto, vale apenas para os casos em que "as partes de cada relação contratual tenham reciprocamente interesses jurídico e econômico quanto à perfectibilização dos ajustes como um todo",[42] e isso não significa que os contratos, por esse motivo, devam perder sua autonomia.[43] É também por isso que, ao nosso ver, a possibilidade – ou mesmo necessidade – de extensão da cláusula compromissória a todos os contratos da operação econômica deve ser analisada caso a caso.

[40] REsp n. 1.834.338/SP, Rel. do Acórdão Ministro Marco Aurélio Bellizze (relatora vencida Ministra Nancy Andrighi), Terceira Turma, julgado em 1º de setembro de 2020, *DJe* 16 de outubro de 2020, e-STJ fls. 1.144.

[41] REsp n. 1.834.338/SP, Rel. do Acórdão Ministro Marco Aurélio Bellizze (relatora vencida Ministra Nancy Andrighi), Terceira Turma, julgado em 1º de setembro de 2020, *DJe* 16 de outubro de 2020, e-STJ fls. 1.145.

[42] REsp n. 1.834.338/SP, Rel. do Acórdão Ministro Marco Aurélio Bellizze (relatora vencida Ministra Nancy Andrighi), Terceira Turma, julgado em 1º de setembro de 2020, *DJe* 16 de outubro de 2020, e-STJ fls. 1.147.

[43] "A funcionalidade econômica decorrente da coligação dos contratos, a encerrar entre os ajustes certa relação de dependência (unilateral ou recíproca), não afasta, em regra, a individualidade e, principalmente, a autonomia de cada relação jurídica, regulada pelo respectivo contrato e normas a ele pertinentes, com vinculação das obrigações nele insertas exclusivamente às partes contratantes" (REsp n. 1.834.338/SP, Rel. do Acórdão Ministro Marco Aurélio Bellizze (relatora vencida Ministra Nancy Andrighi), Terceira Turma, julgado em 1 de setembro de 2020, *DJe* 16 de outubro de 2020, e-STJ fls. 1.147).

Ao final, decidiu o Ministro Marco Aurélio Bellizze que:

> a extensão da cláusula compromissória arbitral inserta no contrato principal ao contrato acessório decorre, no caso, da absoluta indissociabilidade das obrigações ajustadas, com elevado grau de interdependência, a tornar de todo inviável a análise, estanque e fragmentada, pela jurisdição estatal, de controvérsia advinda do ajuste acessório, sem promover, para tanto, o exame das obrigações estabelecidas no contrato principal, cuja incumbência, por deliberação voluntária das partes, incumbe exclusivamente ao Tribunal arbitral.[44]

Nesse caso, portanto, restou definido que a cláusula compromissória do contrato principal também surtirá efeitos nos contratos acessórios (coligados) quando as obrigações previstas em um e no outro forem indissociáveis.

Conclusões

A partir da análise dos dois precedentes paradigmas que traçaram a possibilidade de extensão de cláusulas compromissórias a diversos contratos pertencentes à mesma operação econômica – ou contratos coligados –, é possível e inevitável concluir que a ampliação do alcance dos efeitos da cláusula deverá ser analisada caso a caso, e conforme a intenção das partes. Isso, no entanto, não significa que alguns parâmetros objetivos não possam ser traçados para tal análise. É dizer que, a depender do caso, a extensão pode ser feita de forma simples e sem grandes debates pelo julgador, desde que cumpra uma série enxuta de requisitos.

Alguns deles são mais simples. No caso, por exemplo, de ser o contrato principal o único que preveja cláusula de resolução de disputas entre todos os pertencentes à operação econômica, a extensão encontra menos obstáculos. Isso porque, não há qualquer empecilho a tal conclusão, visto que a única expressão de vontade das partes foi pela resolução dos conflitos pela arbitragem, sem manifestação contrária em qualquer dos demais instrumentos.

[44] Resp 1.834.338/SP, Rel. do Acórdão Ministro Marco Aurélio Bellizze (relatora vencida Ministra Nancy Andrighi), Terceira Turma, julgado em 1º de setembro de 2020, *DJe* 16 de outubro de 2020, e-STJ fls. 1.151.

Um pouco diferente é o que se tem nos casos em que, a despeito de prevista cláusula compromissória no contrato principal, há cláusula de eleição de foro no contrato coligado, que nesses casos é geralmente acessório. Como se extrai da decisão proferida no Caso Paranapanema, essas circunstâncias tornam a extensão possível. Isso porque, apesar da cláusula de eleição de foro, não houve exclusão expressa da via arbitral, motivo pelo qual a intenção inicial das partes não deve ser desconsiderada a ponto de se estabelecer que caberá ao Judiciário solucionar eventual disputa decorrente de um dos contratos acessórios. Afinal, "[n]as declarações de vontade se atenderá mais à intenção nelas consubstanciada do que ao sentido literal da linguagem",[45] e isso vale também para os casos em que a inserção de uma cláusula de eleição de foro não reflita a verdadeira intenção das partes.

Tal conclusão difere um pouco daquela alcançada do Caso Anhanguera, ainda que os resultados sejam, de certa forma, similares. Naquele caso ficou decidido que o fato de haver cláusula de eleição de foro nos contratos acessórios não impediria a extensão da cláusula compromissória estipulada no contrato principal pelo fato de que a eleição de foro se restringiu aos casos em que a disputa não poderia ser solucionada pelo meio arbitral – como, por exemplo, na execução extrajudicial do título, que é de competência exclusiva do Poder Judiciário. Sendo assim, prevalece a vontade das partes ao estipular convenção de arbitragem no contrato principal, especialmente porque a eleição de foro não contradiz a escolha pela via arbitral.

Nesses casos – nos quais há tanto a previsão pela via arbitral no contrato original quanto pela via judicial nos coligados –, entendemos que deve, geralmente, prevalecer a escolha pela via arbitral. Evidentemente, não há como se aplicar um entendimento "automático" nesses casos, sendo imperativa a análise da real intenção das partes no curso das negociações. De todo modo, a não ser que sejam encontrados elementos contundentes que comprovem a intenção consciente das partes pela cláusula de eleição de foro a fim de excluir a submissão daquele instrumento específico à via arbitral, tudo indica que foi no contrato principal em que as partes previram as diretrizes gerais para a operação, sendo que a cláusula de eleição de foro não foi inserida a fim de desvirtuar tal lógica.

[45] A regra de interpretação dos contratos está prevista no artigo 112 do Código Civil de 2002.

À hipótese inversa – *i.e.*, quando o contrato principal conta com cláusula de eleição de foro e há cláusula compromissória no contrato coligado – não se pode adotar a mesma lógica. Isso porque, nesse caso, considerando que a inclusão de cláusula compromissória, na maioria dos casos, é tomada de forma consciente, dado que representa uma "quebra" da "regra geral" de resolução de disputas pela via judicial, deve-se concluir que, em princípio, a sua inserção exclusivamente no contrato acessório foi proposital. Assim – também sem prejuízo de análise mais aprofundada de outros elementos que evidenciem a real intenção das partes –, considerando a impossibilidade de se interpretar o contrato principal pelo acessório em razão do princípio da gravitação jurídica explicitado, a cláusula compromissória somente é válida ao contrato específico em que foi inserida, ao passo em que o restante dos instrumentos da operação ficará sujeito à jurisdição estatal.

Por fim, é importante que haja identidade entre as partes da operação como um todo,[46] a fim de legitimar a conclusão de que a manifestação da vontade se deu no contrato principal. Afinal, se uma das partes do contrato acessório não é parte na operação econômica, é impossível que ela tenha manifestado sua vontade pela inclusão de cláusula compromissória em qualquer dos instrumentos.

Ademais, a jurisprudência pacífica dos tribunais nacionais vai no sentido de que o instituto da arbitragem deve ser protegido sempre que possível.[47] Sendo assim, e considerando a alta probabilidade de que a

[46] A nosso ver, basta que as partes pertençam à mesma operação. No Caso Anhanguera, as partes do contrato de cessão de direitos creditórios não ocupavam a mesma posição que as partes do contrato principal. No entanto, a cessão foi firmada entre a parte compradora e a parte garantidora do contrato principal, que pertencia ao mesmo grupo econômico do qual fazem parte os vendedores, intervenientes anuentes no contrato coligado em questão. Sendo assim, é possível concluir que há, sim, identidade entre as partes da operação.

[47] Como reconhecido pela Ministra Nancy Andrighi no Caso Anhanguera. Nesse sentido, apenas para citar alguns exemplos, STj; RE nos EDcl no REsp n.1.550.260/RS, Rel. Ministra Maria Thereza de Assis e Moura, Vice-Presidente, julgado em 3 de outubro de /2018, *DJe* 11 de outubro de 2018; TJSP; Apelação Cível 1006522-90.2018.8.26.0100; Relator (a): Irineu Fava; Órgão Julgador: 17ª Câmara de Direito Privado; Foro Central Cível – 18ª Vara Cível; Data do Julgamento: 20 de fevereiro de 2019; Data de Registro: 26 de março de 2019; TJRJ; Agravo de Instrumento 0028405-46.2020.8.19.0000; Relator(a) Des(a). Augusto Alves Moreira Junior, Órgão Julgador: Oitava Câmara Cível; Data do Julgamento: 9 de dezembro de 2020, Data de Publicação: 18 de dezembro de 2020; TJMG; Apelação Cível 1.0000.20.026745-8/003,

expressão da vontade das partes seja compatível com aquilo que efetivamente desejam esteja no contrato principal, e não nos coligados a ele, quando há cláusula compromissória completa no contrato regente, em todo caso, deve-se considerar que deriva dele a intenção de ter a resolução de conflitos submetida à arbitragem, e que tal intenção deve prevalecer sobre eventuais manifestações que não excluam expressamente a previsão da cláusula compromissória. Isso também vale quando se observa que o comportamento das partes posterior à celebração do negócio confirme sua vontade de submeter os conflitos à arbitragem.[48]

Então, em resumo, e em nossa opinião, deve-se estender os efeitos da cláusula compromissória presente no contrato principal aos contratos coligados a ele nas hipóteses em que:

(i) o contrato principal seja o único com previsão sobre resolução de disputas;

(ii) eventual eleição de foro no contrato acessório não seja correspondente à vontade das partes, uma vez que tal eleição não necessariamente reflete a intenção direcionada à operação econômica;

(iii) a eleição de foro se restrinja aos casos em que a arbitragem não pode ser efetivada, como para discussão de direitos indisponíveis, e produza efeitos como uma complementação das previsões da cláusula compromissória;

(iv) não haja, em qualquer dos instrumentos posteriores e coligados ao contrato principal ou no curso das negociações, ou ainda no comportamento das partes posterior à celebração dos contratos, qualquer expressão explícita de que as partes desejam excluir a possibilidade de submissão de disputas decorrentes daquele contrato à arbitragem.

Relator(a): Des.(a) Marco Aurelio Ferenzini, Órgão Julgador: 14ª Câmara Cível; Data do Julgamento: 23 de setembro de 2021; Data de Publicação da Súmula: 23 de setembro de 2021.

[48] Conforme artigo 113, § 1º, I, do Código Civil de 2002, incluído pela Lei n. 13.874/2019 (Lei da Liberdade Econômica): "Art. 113. Os negócios jurídicos devem ser interpretados conforma a boa-fé e os usos do lugar de sua celebração. § 1º A interpretação do negócio jurídico deve lhe atribuir o sentido que: I – foi confirmado pelo comportamento das partes posterior à celebração do negócio; [...]".

11. INTEGRAÇÃO DE TERCEIROS NA ARBITRAGEM APÓS A CONSTITUIÇÃO DO TRIBUNAL E O TRATAMENTO IGUALITÁRIO DAS PARTES

PEDRO DELLA PIAZZA DE SOUZA

Introdução

As regras de constituição de tribunais arbitrais em arbitragens multiparte, adotadas pela vasta maioria das câmaras arbitrais, são resultado da jurisprudência consolidada ao longo das últimas décadas, que privilegia a preservação do princípio da igualdade das partes em detrimento do direito de participar da escolha dos árbitros. Contudo, dificuldades adicionais surgem em casos em que a multiplicidade de partes decorre de pedido de integração de terceiros quando o tribunal arbitral já está constituído.

O objetivo deste capítulo, portanto, é analisar, à luz da jurisprudência relevante e da doutrina, o tratamento dado para essa hipótese no regulamento de algumas das principais câmaras arbitrais, que adotam diferentes soluções para o problema, destacando os pontos positivos e negativos de cada uma.

1. Princípio da igualdade das partes e constituição do tribunal arbitral em arbitragens multiparte

A possibilidade das partes escolherem os julgadores é uma das principais vantagens da arbitragem em relação ao Judiciário. No entanto, em casos de arbitragem multiparte, consolidou-se o entendimento de que o direito de participar da constituição do tribunal pode ser mitigado a fim de assegurar o tratamento igualitário às partes.

Um dos casos mais relevantes – já bastante comentado em sede doutrinária – que analisou o tema foi o Dutco, julgado pela *Cour de Cassation*.[1] A disputa envolvia um consórcio formado pelas empresas Dutco Construction ("Ductco"), BKMI Industrienlagen GmbH ("BKMI") e SiemensAG ("Siemens") para construção de uma fábrica no Oriente Médio.[2] O contrato de consórcio previa que as disputas a ele relacionadas seriam resolvidas por meio de arbitragem, de acordo com as regras da CCI.[3] A Dutco instaurou procedimento arbitral contra a BKMI e a Siemens, que, por sua vez, tinham obrigações distintas no âmbito do contrato de consórcio.

Como é comum em arbitragens multiparte, embora BKMI e a Siemens constassem no polo passivo, os pedidos direcionados a cada uma das empresas eram distintos. Os requeridos entendiam que tinham interesses conflitantes e, em um primeiro momento, não entraram em consenso acerca da nomeação de um coárbitro e pediram à Corte da CCI para nomearem um árbitro cada. O pedido foi indeferido e a Corte decidiu que, se o polo requerido não nomeasse um árbitro, ela o faria em substituição, de acordo com o regulamento da CCI então vigente. Diante disso, os requeridos nomearam, sob protesto, um árbitro comum para o polo.

Após a prolação de sentença parcial de jurisdição, os requeridos ajuizaram ação anulatória, argumentando que o princípio de igualdade das partes teria sido violado, uma vez que o requerente teve o direito de nomear um coárbitro isoladamente, enquanto as partes do polo requerido, embora tivessem interesses conflitantes, foram forçadas a fazer a nomeação conjunta de um único árbitro.[4]

[1] BKMI Industrienlagen GmbH & SiemensAG v. Dutco Construction, Cour de Cassation (1er Chambre Civile), *Pourvoi n. 8918708 8918726*, 7 jan. 1992.

[2] Devolvé, Jean-Louis. *Multipartism*: The Dutco Decision of the French Cour de Cassation. Arbitration International, 1993.

[3] BKMI Industrienlagen GmbH & SiemensAG v. Dutco Construction, Cour de Cassation (1er Chambre Civile), *Pourvoi n. 8918708 8918726*, 7 Jan. 1992.

[4] Devolvé, Jean-Louis. *Multipartism*: The Dutco Decision of the French Cour de Cassation. Arbitration International, 1993.

Em 1992, a *Cour de Cassation* reformou a decisão que havia julgado improcedente a ação anulatória, acolhendo o argumento dos autores de que o princípio da igualdade das partes tinha sido violado, uma vez que a Dutco teve o direito de nomear um coárbitro isoladamente e as demais partes, não. O tribunal francês entendeu que a igualdade das partes é questão de ordem pública, que não pode ser derrogada antes do litígio.[5] Como bem sintetizou António Pedro Pinto Monteiro, "o princípio fundamental que se extrai do caso Dutco é o de que ao sacrifício imposto a uma parte tem de corresponder um sacrifício igual das outras partes".[6]

A decisão do caso Dutco impactou a forma de constituição de tribunais em caso de arbitragem multiparte. Em particular, em 1998,[7] a CCI alterou o seu regulamento para prever que, caso as partes de um determinado polo não cheguem a um consenso quanto à nomeação de um árbitro, todo o painel será escolhido pela Corte.[8] O objetivo, portanto,

[5] LEMES, Selma. Note – BKMI et Siemens v. Dutco Construction, Cour de Cassation (1er Chambre Civile), *Pourvoi n. 89-18708 89-18726*, 7 Jan. 1992. *Revista Brasileira de Arbitragem*, v. 8, n. 29, 2011, p. 210-211. "Firmou o referido julgado que "o princípio da igualdade das partes na designação de árbitros é de ordem pública, que não pode ser renunciado antes do nascimento do litígio".

O entendimento na corte francesa não é imune de críticas. Como pontuado por António Pedro Pinto Monteiro: "[o] princípio da igualdade das partes é, como vimos antes, um princípio fundamental em todos os momentos da arbitragem, designadamente no que se refere ao momento da constituição do tribunal. Neste sentido, a sua importância vai a ponto dboutamenteectivamente, considerado um princípio de ordem pública processual. Ora, se assim é, as partes não podem renunciar a este princípio, nem antes do nascimento do litígio, nem depois – não podem renunciar nunca, pois o princípio é irrenunciável" (MONTEIRO, António Pedro Pinto. *O princípio da igualdade das partes e a constituição do tribunal arbitral em caso de pluralidade de partes.* 2015. Tese (Doutorado em Direito Processual) – Universidade Nova de Lisboa, Lisboa, 2015, p. 175).

[6] MONTEIRO, António Pedro Pinto. *O princípio da igualdade das partes e a constituição do tribunal arbitral em caso de pluralidade de partes.* 2015. Tese (Doutorado em Direito Processual) – Universidade Nova de Lisboa, Lisboa, 2015, p. 164-165.

[7] BORN, Gary. *International Commercial Arbitration.* 2nd ed. The Hague: Kluwer Law International, 2014, p. 2609.

[8] LEMES, Selma. Note – BKMI et Siemens v. Dutco Construction, Cour de Cassation (1er Chambre Civile), *Pourvoi n. 89-18708 89-18726*, 7 Jan.1992. *Revista Brasileira de Arbitragem*, v. 8, n. 29, 2011, p. 210-211. "Firmou o referido julgado que "o princípio da igualdade das partes na designação de árbitros é de ordem pública, que não pode ser renunciado antes do nascimento do litígio."

foi estabelecer uma forma de nomeação em arbitragens multiparte que preservasse o tratamento igualitário das partes. Essa é a regra vigente até hoje, conforme se observa do artigo 12.8 do Regulamento de Arbitragem da CCI de 2021.[9]

No Brasil, situação semelhante ocorreu em caso julgado pelo TJSP, envolvendo Paranapanema S.A. ("Paranapanema"), Banco Santander S.A. ("Santander") e Banco BTG Pactual S.A. ("BTG").[10] Nesse caso, o Santander instaurou procedimento arbitral, administrado pelo CAM-CCBC, contra a Paranapanema e o BTG. De forma semelhante ao caso Dutco, Paranapanema e BTG requereram autorização para nomear um árbitro por cada, visto que consideravam ter interesses contrapostos. A presidência do CAM-CCBC recusou o pedido dos requeridos e nomeou um coárbitro em nome do polo. Os requeridos registraram no termo de arbitragem a sua objeção quanto à forma de constituição do tribunal.[11]

Após o término da arbitragem, a Paranapanema ajuizou ação anulatória, julgada procedente. Adotando racional semelhante do precedente francês, o Desembargador Walter Fonseca, da 11ª Câmara de Direito Privado, declarou em seu voto que o princípio da igualdade das partes

9 Regulamento da CCI de 2021, artigo 12.8: "Na falta de designação conjunta nos termos dos artigos 12(6) e 12(7), e não havendo acordo de todas as partes a respeito do método de constituição do tribunal arbitral, a Corte poderá nomear todos os membros do tribunal arbitral, indicando um deles para atuar como presidente. Em tais casos, a Corte terá liberdade para escolher qualquer pessoa que julgue competente para atuar como árbitro, aplicando o artigo 13, quando julgar apropriado". As regras da CCI vão ainda mais além e preveem que, mesmo em caso de acordo das partes em sentido oposto, a corte tem poderes para nomear todo o painel, em situações extraordinárias, para assegurar o tratamento igualitário das partes – Artigo 12.9, "[n]ão obstante qualquer acordo entre as partes sobre o método de constituição do tribunal arbitral, a Corte poderá, em circunstâncias extraordinárias, nomear todos os membros do tribunal arbitral, para evitar um risco significativo de tratamento desigual e injusto que possa afetar a validade da sentença arbitral".

10 Tribunal de Justiça de São Paulo, Recurso de Apelação n. 0002163-90.2013.8.26.0100, 11ª Câmara de Direito Privado, Des. Rel. Gilberto dos Santos, j. 3 de julho de 2014.

11 Tribunal de Justiça de São Paulo, Recurso de Apelação n. 0002163-90.2013.8.26.0100, 11ª Câmara de Direito Privado, Declaração de voto do Desembargador Walter Fonseca, j. 3 de julho de 2014. "Ao firmarem o termo de arbitragem, os requeridos objetaram contra a nomeação do árbitro comum pelo presidente, insistindo no direito de fazê-lo, deixando ressalvado, portanto, sua contrariedade com a constituição do tribunal arbitral daquela forma."

é questão de ordem pública, portanto, inderrogável, sendo nula a sentença que o viola, independentemente da demonstração de prejuízo.[12]

Considerando que o requerente da arbitragem teve a oportunidade de nomear um coárbitro, enquanto o do polo requerido foi selecionado pela presidência do CAM-CCBC, entendeu o Desembargador Walter Fonseca que o princípio da igualdade das partes havia sido violado.

Ainda em 2012, o CAM-CCBC publicou nova versão das suas regras e, alinhado ao regulamento da CCI, previu que, em arbitragens multiparte, quando não há consenso sobre a forma de nomeação dos árbitros, o presidente do CAM-CCBC nomeará todos os membros do tribunal.[13]

As principais câmaras arbitrais do Brasil e do mundo, atualmente, possuem previsão no mesmo sentido em seus regulamentos.[14]

Em suma, privilegia-se o princípio de tratamento igualitário das partes em detrimento do direito de participar da escolha dos membros do tribunal arbitral.

2. Integração de terceiros na arbitragem e impactos sobre a constituição do tribunal arbitral

Desafios adicionais à constituição do tribunal surgem em casos em que a pluralidade de partes decorre da integração de terceiros na arbitragem.

[12] Tribunal de Justiça de São Paulo, Recurso de Apelação n. 0002163-90.2013.8.26.0100, 11ª Câmara de Direito Privado, Declaração de voto do Desembargador Walter Fonseca, j. 3 de julho de 2014. "O princípio da igualdade das partes é de ordem pública e está positivado no § 2º, do art. 21 da lei 9.307/96, que determina que "serão, sempre, respeitados no procedimento arbitral os princípios do contraditório, da igualdade das partes, da imparcialidade do árbitro e de seu livre convencimento" (grifei). Por isso, não se perquire de prejuízo quando há a violação desse princípio, que tampouco pode ser derrogado pela vontade das partes. Trata-se, como dito, de princípio de ordem pública. [...] Nesse diapasão, a violação do princípio da igualdade das partes ocasiona nulidade da sentença arbitral (art. 32, VIII), que aqui ocorreu de forma irremediável."

[13] Regulamento de 2012 do CAM-CCBC, artigo 4.16: "No caso de arbitragem com múltiplas partes, como requerentes e/ou requeridas, não havendo consenso sobre a forma de indicação de árbitro pelas partes, o Presidente do CAM-CCBC deverá nomear todos os membros do Tribunal Arbitral, indicando um deles para atuar como presidente, observados os requisitos do art. 4.12 deste Regulamento".

[14] Para citar alguns exemplos: artigo 8.1 das Regras de Arbitragem de 2020 da LCIA; artigo 12.2 das Regras de Arbitragem de 2016 da SIAC; artigo 13.5 das Regras de Arbitragem de 2021 da ICD; artigo 8.2(c) das Regras de Arbitragem de 2018 da *Hong Kong International Arbitration Centre* (HKIAC); artigo 3.1 do Regulamento de Arbitragem de 2013 da CAM-FIESP; e artigo 4.8 do Regulamento de Arbitragem de 2019 da Camarb.

Esse problema se torna ainda mais relevante quando cabe a um tribunal arbitral já constituído analisar a integração de um terceiro,[15] visto que a jurisprudência prestigia o entendimento de que as partes devem ter iguais direitos de participar da constituição do tribunal arbitral. Caso um terceiro seja integrado após a constituição do tribunal, obviamente, ele não terá tido a oportunidade de participar da formação do painel, na contramão das demais partes. E esse problema surge independentemente do terceiro cuja integração se requer ser signatário da cláusula compromissória, pois o consentimento de submeter um litígio à arbitragem não se confunde com o consentimento de arbitrar perante um tribunal específico.

Os regulamentos das câmaras arbitrais preveem diferentes consequências para situações como essa. A seguir, citam-se alguns exemplos, que vão desde o mais restritivo quanto à (im)possibilidade de integração de terceiros após a constituição do tribunal arbitral, até o mais abrangente.

As regras da *London Court of International Arbitration* (LCIA) de 2020 estabelecem que o tribunal arbitral constituído tem poderes para, a requerimento de uma das partes, permitir que um terceiro seja integrado à arbitragem, desde que esse terceiro e as partes originais formalizem o seu consentimento por escrito.[16] Diferentemente de outros regulamentos, as regras da LCIA não preveem o poder da câmara para integrar o terceiro antes da constituição do tribunal. Assim, o terceiro potencialmente integrado (i) nunca participará da escolha do tribunal

[15] Gary Born cita a seguinte hipótese como exemplo: "A particular problem arises in the case where a respondent joins additional parties to an arbitration. In this case, the arbitral tribunal will (often) already have been selected by the (preexisting) parties to the arbitration, and the new counterclaim-respondents or additional respondents who are joined to the arbitration will often have had no role in choosing any of the arbitrators" (Born, Gary. *International Commercial Arbitration*. 2nd ed. The Hague: Kluwer Law International, 2014, p. 2608).

[16] Artigo 22.1 das Regras de Arbitragem da LCIA de 2020: "The Arbitral Tribunal shall have the power, upon the application of any party or (save for sub- paragraph (x) below) upon its own initiative, but in either case only after giving the parties a reasonable opportunity to state their views and upon such terms (as to costs and otherwise) as the Arbitral Tribunal may decide: [...] (x) to allow one or more third persons to be joined in the arbitration as a party provided any such third person and the applicant party have consented expressly to such joinder in writing following the Commencement Date or (if earlier) in the Arbitration Agreement".

e (ii) apenas poderá ser integrado caso consinta com o tribunal já constituído, como explica Dongdoo Choi.[17] Embora o regulamento de fato pareça ser conservador para preservar a validade da sentença arbitral, a regra dificulta muito a integração de terceiros, uma vez que, em tese, bastaria alegar que não concorda com o tribunal constituído para evitar ser integrado ao procedimento.

Por sua vez, o regulamento de arbitragem de 2021 da CCI – em linha com as versões anteriores – prevê que "salvo acordo em contrário de todas as partes, incluindo a parte adicional, ou conforme disposto no artigo 7(5), nenhuma parte adicional poderá ser integrada após a confirmação ou nomeação de qualquer árbitro".[18] As regras da CCI, portanto, exigem o acordo de todas as partes para inclusão de um terceiro no polo passivo após a constituição do tribunal arbitral. No entanto, diferentemente da LCIA, as regras da CCI permitem que a Corte determine a integração de terceiro antes da constituição do tribunal, desde que esteja *prima facie* convencida da existência de convenção de arbitragem.[19]

O regulamento de arbitragem de 2016 da *Singapore International Arbitration Centre* (SIAC) prevê uma sistemática distinta.[20] Em casos em que o pedido de integração de terceiros é concedido antes da constituição

[17] "What follows is that the third person to be joined will become a party to the arbitration only after the tribunal, once and after constituted, permits the joinder. Even for an application for joinder made at a very early stage of the arbitration prior to the beginning of the appointment process, the third person to be joined will, therefore, have to remain a bystander to the appointment process as it is not a party to the arbitration yet. [...] For the reasons above, therefore, any successful application for joinder under the LCIA Rules will always have to include the third party's waiver of its right to equal participation in the appointment process" (Choi, Dongdoo. Joinder in international commercial arbitration. *In*: Park, William W. (ed.). *Arbitration International*. Oxford: Oxford University Press, 2019, p. 45).

[18] Artigo 7.1 do Regulamento de Arbitragem de 2021 da CCI.

[19] Artigo 6.4 do Regulamento de Arbitragem de 2021 da CCI: "Em todos os casos submetidos à Corte, de acordo com o artigo 6(3), esta deverá decidir se, e em que medida, a arbitragem deverá prosseguir. A arbitragem deverá prosseguir se, e na medida em que, a Corte esteja prima facie convencida da possível existência de uma convenção de arbitragem de acordo com o Regulamento. Em particular: (i) caso haja mais de duas partes na arbitragem, esta deverá prosseguir tão somente entre aquelas partes, compreendendo qualquer parte adicional que tiver sido integrada com base no artigo 7(1), em relação às quais a Corte esteja prima facie convencida da possível existência de uma convenção de arbitragem que as vincule, prevendo a aplicação do Regulamento".

[20] O regulamento de arbitragem da HKIAC prevê uma sistemática semelhante das regras da SIAC.

do tribunal arbitral, mas após a nomeação ter sido feita pelas partes, a Corte tem poderes para revogar as nomeações. Ato contínuo, o tribunal é constituído de acordo com as regras de arbitragem multiparte.[21] No mais, mesmo em casos em que o tribunal arbitral já tenha sido constituído, o regulamento da SIAC permite a integração do terceiro, desde que a parte seja *prima facie* vinculada à cláusula compromissória, sem a necessidade de que o terceiro concorde com o tribunal constituído.[22] O artigo 7.12 das regras da SIAC prevê, ainda, que será considerado que a parte integrada renunciou ao direito de participar da nomeação do tribunal arbitral caso o pedido de integração seja acolhido.[23] No entanto, se o direito das partes de serem tratadas de forma igualitária quando da constituição do tribunal arbitral for uma questão de ordem pública, como decidido nos casos Dutco e Paranapanema, a aplicação dessa previsão, em tese, não eliminaria o risco de anulação da sentença arbitral.[24]

O quarto exemplo é o regulamento de arbitragem *China International Economic and Trade Arbitration Commission* (CIETAC), que é o mais abrangente de todos os mencionados em relação à possibilidade de inte-

[21] Artigo 7.6 do Regulamento da SIAC: "[w]here an application for joinder is granted under Rule 7.4, the Court may revoke the appointment of any arbitrators appointed prior to the decision on joinder. Unless otherwise agreed by all parties, including the additional party joined, Rule 9 to Rule 12 shall apply as appropriate, and the respective timelines thereunder shall run from the date of receipt of the Court's decision under Rule 7.4".

[22] Artigo 7.8 do Regulamento da SIAC: "After the constitution of the Tribunal, a party or non-party to the arbitration may apply to the Tribunal for one or more additional parties to be joined in an arbitration pending under these Rules as a Claimant or a Respondent, provided that any of the following criteria is satisfied: a. the additional party to be joined is prima facie bound by the arbitration agreement; or b. all parties, including the additional party to be joined, have consented to the joinder of the additional party. Where appropriate, an application to the Tribunal under this Rule 7.8 may be filed with the Registrar".

[23] Artigo 7.12 do Regulamento da SIAC: "Where an application for joinder is granted under Rule 7.4 or Rule 7.10, any party who has not nominated an arbitrator or otherwise participated in the constitution of the Tribunal shall be deemed to have waived its right to nominate an arbitrator or otherwise participate in the constitution of the Tribunal, without prejudice to the right of such party to challenge an arbitrator pursuant to Rule 14".

[24] Em sentido semelhante: "In the context of an application for joinder after the constitution of the tribunal, an additional party's objection based on equal participation issues would be fatal to the application even if it is a signatory to the arbitration agreement and thus would result in the tribunal rejecting the application" (Choi, Dongdoo. Joinder in international commercial arbitration. *In*: Park, William W. (ed.). *Arbitration International*. Oxford: Oxford University Press, 2019, p. 50).

gração de terceiros após a constituição do tribunal.[25] Em sentido oposto à LCIA, antes e depois da constituição do tribunal arbitral, sempre caberá à corte da CIETAC decidir o pedido de integração de terceiros.[26] O regulamento da CIETAC prevê, ainda, que se o terceiro a ser integrado pleitear o direito de participar da formação do tribunal arbitral, o painel deverá ser desconstituído e os árbitros eleitos novamente, dessa vez de acordo com as regras de arbitragem multiparte.[27] As regras da CIETAC priorizam, portanto, a possibilidade de requerer o ingresso de terceiros no procedimento a qualquer tempo, assegurando o tratamento igualitário na formação do tribunal arbitral, em detrimento da eficiência da arbitragem.[28]

Por fim, há situações em que o regulamento de arbitragem é silente sobre o tema da integração de terceiros à arbitragem e o momento em que isso pode ocorrer. Esse é o caso, por exemplo, do regulamento de arbitragem de 2012 do CAM-CCBC.

[25] Choi, Dongdoo. Joinder in international commercial arbitration. *In*: Park, William W. (ed.). *Arbitration International*. Oxford: Oxford University Press, 2019, p. 46).

[26] Artigo 18 do Regulamento de Arbitragem de 2014 da CIETAC: "1. During the arbitral proceedings, a party wishing to join an additional party to the arbitration may file the Request for Joinder with CIETAC, based on the arbitration agreement invoked in the arbitration that prima facie binds the additional party. Where the Request for Joinder is filed after the formation of the arbitral tribunal, a decision shall be made by CIETAC after the arbitral tribunal hears from all parties including the additional party if the arbitral tribunal considers the joinder necessary. [...] 3. Where any party objects to the arbitration agreement and/or jurisdiction over the arbitration with respect to the joinder proceedings, CIETAC has the power to decide on its jurisdiction based on the arbitration agreement and relevant evidence. [...] 7. CIETAC shall have the power to decide not to join an additional party where the additional party is prima facie not bound by the arbitration agreement invoked in the arbitration, or where any other circumstance exists that makes the joinder inappropriate".

[27] Artigo 18.5 do Regulamento de Arbitragem de 2014 da CIETAC: "Where the joinder takes place after the formation of the arbitral tribunal, the arbitral tribunal shall hear from the additional party of its comments on the past arbitral proceedings including the formation of the arbitral tribunal. If the additional party requests to nominate or entrust the Chairman of CIETAC to appoint an arbitrator, both parties shall nominate or entrust the Chairman of CIETAC to appoint arbitrators again. The arbitral tribunal shall be formed in accordance with Article 29 of these Rules".

[28] "Obviously, this approach places greater weight on the equal treatment issues than on the speedy proceedings" (Choi, Dongdoo. *Joinder in international commercial arbitration*. *In*: Park, William W. (ed.). *Arbitration International*. Oxford: Oxford University Press, 2019, p. 48).

Não há, portanto, uma regra geral sobre até qual momento e em que condições a integração de terceiros pode ocorrer na arbitragem. Depende-se, na grande maioria das vezes, das regras adotadas para o procedimento e, em alguns casos, até mesmo da lei aplicável. Esse é o caso da Lei de Arbitragem Voluntária de Portugal, que prevê em seu artigo 36, inciso 2°, que "só pode ser admitida ou provocada a intervenção de terceiro que declare aceitar a composição actual do tribunal". A vasta maioria das leis nacionais de arbitragem, no entanto, são silentes quanto ao tema.[29]

Nenhuma das soluções é imune a críticas. As regras mais rígidas da LCIA e da CCI, embora preservem o tratamento igualitário das partes, engessam o procedimento e podem gerar ineficiências como a propositura de arbitragens paralelas,[30] que geram o risco de decisões conflitantes. Há outros casos, ainda, em que o prosseguimento da arbitragem sem a integração do terceiro pode ser inútil. É o caso de hipóteses de litisconsórcio necessário, em que uma das partes precisa estar no polo passivo para que a sentença seja eficaz. Marcela Kolhbach propõe discussão interessante ao defender que, na hipótese de incindibilidade da relação jurídica de direito material, e caso o terceiro a ser integrado não concorde com os árbitros eleitos, o tribunal arbitral deve ser desconstituído e o procedimento retomado a partir da etapa de formação do tribunal arbitral.[31]

[29] Monteiro, António Pedro Pinto. *O princípio da igualdade das partes e a constituição do tribunal arbitral em caso de pluralidade de partes.* 2015. Tese (Doutorado em Direito Processual) – Universidade Nova de Lisboa, Lisboa, 2015, p. 311-312.

[30] "Por outro lado, a situação se torna particular quando tal extensão é requerida após a constituição do tribunal. Nesses casos, porém, os "novos demandados" não tiveram a oportunidade de participar da constituição do painel arbitral. Logo, um problema de igualdade deve surgir, de tal sorte que poderá impedir o painel arbitral de aceitar a citada extensão, exigindo do demandante o início de procedimentos paralelos" (Capresse, Olivier. A constituição do tribunal arbitral em arbitragem multiparte. *Revista Brasileira de Arbitragem*, v. 2, n. 8, p. 83-100, 2005).

[31] "Por fim, é preciso analisar as situações de incindibilidade da relação jurídica de direito material. Conforme já manifestamos em linhas acima, entendemos que nessas hipóteses a arbitragem será de todo inviabilizada caso o terceiro não seja integrado ao procedimento, resultando na própria ineficácia da convenção de arbitragem. Portanto, entendemos que nessa hipótese, tanto na participação voluntária, quanto na participação provocada do terceiro, ele deverá participar da formação do tribunal arbitral. Isso porque, nesse caso, o terceiro será diretamente afetado pela decisão do tribunal arbitral e não poderá instaurar demanda arbitral

A solução adotada pela SIAC, embora mais razoável do ponto de vista de permitir o ingresso de terceiros após a constituição do tribunal, sem grandes atrasos no procedimento, persiste um risco potencial de anulação de sentença arbitral, em razão dos mesmos fundamentos dos casos Dutco e Paranapanema. Assim, tendo em vista o dever de proferir uma sentença arbitral exequível, o tribunal arbitral terá de se atentar aos precedentes da sede da arbitragem para avaliar os riscos de uma potencial ação anulatória ao decidir acerca do pleito de integração.

Por fim, a solução da CIETAC de permitir a integração de terceiros após a constituição do tribunal arbitral, facultando a esse terceiro o direito de requerer a formação de um novo painel, embora elimine o risco de anulação por violação do princípio da igualdade das partes, pode causar atrasos significativos no procedimento. Nesse passo, tendo em vista a perda de eficiência, parte da doutrina entende que a possibilidade de desconstituição do tribunal e formação de um novo sequer deve ser considerada.[32] Além disso, também deve ser ponderado o risco das partes de uma arbitragem se valerem de forma abusiva do mecanismo como tática de guerrilha para prejudicar o andamento do procedimento.[33]

autônoma para a preservação da sua esfera de direitos, já que o próprio prosseguimento do procedimento arbitral dependerá do ingresso do terceiro. Assim, caso o terceiro não concorde com o tribunal arbitral já instaurado, entendemos que este deverá ser desconstituído com a retomada da etapa de formação do tribunal" (Faria, Marcela Kohlbach de. *Participação de terceiros na arbitragem*. São Paulo: Quartier Latin, 2019, p. 217-221).

[32] "Unless the joining party agrees to accept the already appointed arbitrators, there is only one alternative, and that is to replace the arbitrators by withdrawing the current arbitrators mandate and constituting a new panel with the participation of the third party. This even if it is mentioned as a possibility, is not usually seriously contemplated because it is contradictory to the goal of procedural efficiency" (Voser, Nathalie. Multi-party Disputes and Joinder of Third Parties. *In*: Van Den Berg, Albert Jan (ed.). *50 Years of the New York Convention*: ICCA International Arbitration Conference. ICCA Congress Series n. 14. Tha Hague: Kluwer Law International, 2009, p. 386-387.

[33] "On the other hand, this rule could possibly be abused as a tool for dilatory tactics especially when the additional party is related to one of the original parties. This is so because the additional party's interest in the formation of the tribunal could be considered having been served, in that its interest would likely be aligned closely with that of the original party to which it is affiliated and to which it has already exercised its nomination right. In an extreme case, this rule enables the additional party who is a non-signatory to the underlying arbitration agreement and is joined on a prima facie basis to trigger the revocation of the appointment of the arbitrator(s)" (Choi, Dongdoo. Joinder in international commercial

Conclusões

Como observado, as regras de nomeação de árbitros em arbitragens multiparte visam assegurar o tratamento igualitário das partes na constituição do tribunal arbitral. Os precedentes Dutco – no cenário internacional – e Paranapanema – no Brasil – fixaram o entendimento de que o princípio de tratamento igualitário das partes prevalece sobre o direito de participar da constituição do tribunal arbitral.

Dificuldades adicionais surgem, porém, em casos de integração de terceiros, visto que, muitas vezes, o tribunal arbitral já estará constituído quando o pedido de inclusão for analisado. Os regulamentos de arbitragem preveem diferentes alternativas para lidar com situações desse gênero. Nenhuma, no entanto, é imune a críticas, sendo necessário ponderar os pontos negativos envolvidos, como o engessamento do procedimento, que pode levar à perda da sua utilidade, ou ao risco de anulação da sentença ou à perda de eficiência da arbitragem.

arbitration. *In:* Park, William W. (ed.). *Arbitration International*. Oxford: Oxford University Press, 2019, p. 48).

12. USO DE PROVAS OBTIDAS EM PROCESSO DE DISCOVERY AMERICANO NAS ARBITRAGENS BRASILEIRAS

Tiago Muñoz

Introdução

É comum que disputas complexas ou com repercussão internacional demandem, para o melhor esclarecimento dos fatos, o acesso a documentos que estejam no exterior e a depoimento de terceiros não residentes no Brasil.

Um mecanismo disponível para a obtenção de provas nos Estados Unidos da América é o processo de Discovery, previsto na seção 1782 do *United States Code* (§1782).[1]

[1] Em tradução livre: "(a) O tribunal distrital do distrito em que uma pessoa reside ou se encontra pode ordenar que ela dê seu testemunho ou declaração ou apresente um documento ou outra coisa para uso em um processo em um tribunal estrangeiro ou internacional, incluindo investigações criminais conduzidas antes da acusação formal. A ordem pode ser feita mediante emissão de carta rogatória, ou a pedido de um tribunal estrangeiro ou internacional ou de qualquer pessoa interessada e pode determinar que o depoimento ou declaração seja dado, ou o documento ou outra coisa seja produzido, perante uma pessoa indicada pelo tribunal. Em virtude de sua nomeação, a pessoa indicada tem poderes para administrar qualquer juramento necessário e tomar o depoimento ou declaração. A ordem pode prescrever a prática e o procedimento, que podem ser, no todo ou em parte, a prática e o procedimento do país estrangeiro ou do tribunal internacional, para tomar o depoimento ou declaração ou produzir o documento ou outra coisa. Na medida em que a ordem não prescreva o contrário, o depoimento ou declaração será tomado, e o documento ou outra coisa produzida, de acordo

A medida é de extrema utilidade prática, diante das naturais dificuldades de um juízo local conseguir compelir uma pessoa, sujeita a uma jurisdição estrangeira, a depor ou apresentar provas em auxílio a um processo em trâmite no Brasil. Tento em vista que disputas submetidas a arbitragem costumam possuir alto grau de complexidade e, não raramente, acabam se desdobrando em diversas frentes de litígio, tem sido frequente a apresentação em arbitragens brasileiras de provas obtidas em processo de Discovery.

Por ser um mecanismo de obtenção de provas ainda pouco difundido na prática brasileira, dúvidas podem surgir sobre a admissibilidade de documentos oriundos de Discovery em arbitragens submetidas à lei brasileira, sobretudo em razão de algumas peculiaridades do procedimento.

Assim, este capítulo pretende clarear algumas dessas questões, dando início a um debate sobre pontos sensíveis na prática da arbitragem no Brasil. Não caberá aqui, entretanto, o esgotamento de todas as especificidades dos temas, que deverão ser objeto de novos estudos no futuro.

1. O procedimento de Discovery

O Discovery é um procedimento previsto no processo civil americano e regulado pelo Título V das *Federal Rules of Civil Procedure*[2] (FRCP) dos Estados Unidos. Merecem especial destaque as regras 26 (disposições gerais que governam o Discovery), 30 (depoimentos por exame oral), 33 (interrogatórios às partes), 34 (produção de documentos), 36 (pedidos de admissão de fatos e autenticidade de documentos) e 37 (sanções pela falha em produzir provas ou cooperar com o Discovery).

Essa variada gama de mecanismos de obtenção de provas não é restrita aos litígios que tramitam nos Estados Unidos, uma vez que a seção §1782 prevê a assistência das cortes americanas a tribunais estrangeiros e às partes de processos que tramitam em outros países.

Na forma da §1782, o juiz da cidade em que resida ou em que se encontre a pessoa que prestará o depoimento ou produzirá eventual documento é competente para conhecer do pedido. A ação da §1782

com [as FRCP]. Uma pessoa não pode ser compelida a dar seu testemunho ou declaração ou a produzir documento ou outra coisa em violação a qualquer sigilo legalmente aplicável".

[2] Disponível em: https://www.law.cornell.edu/rules/frcp. Acesso em: 15 mar. 2021.

será processada mediante expedição de carta rogatória, pedido da parte litigante ou do tribunal, sendo que o juiz americano poderá estabelecer o procedimento adequado para a obtenção das provas.

Diz-se "poderá", pois o Discovery é um procedimento intrinsecamente colaborativo e caminha conforme a iniciativa dos advogados das partes:

> se o requerente deseja interrogar o requerido em um depoimento antes da audiência, o requerente simplesmente notifica por escrito os advogados do requerido especificando uma data e local para o depoimento. Similarmente, uma parte desejando produzir documentos na posse da parte contrária simplesmente faz uma requisição por escrito identificando o tipo de documento a ser produzido.[3]

Tal sistemática não permite dizer que o juiz estará alheio à produção de provas, uma vez que as partes podem o submeter requerimentos para obrigar o réu a entregar os documentos requeridos (*motion to compel*), bem como para que ele próprio não tenha de os apresentar (por meio da formulação de *objections*, da apresentação de *motion to quash* ou de *motions for protective orders*).[4]

O Discovery permite a obtenção de todo e qualquer documento relevante aos pedidos das partes,[5] podendo ser requerida a exibição de categorias genéricas de documentos, por exemplo: toda e qualquer cor-

[3] Tradução livre de: "if plaintiff wishes to interrogate the defendant in a deposition before trial, plaintiff simply gives written notice to defendant's advocate specifying a time and place for the deposition. Similarly, a party wishing to discover documents in possession of an opposing party simply makes a written demand identifying the type of documents to be produced" (Hazard, Geoffrey C.; Taruffo, Michele. *American Civil Procedure*: An Introduction. New Haven: Yale University Press, 1993, p. 114-115).

[4] A *motion to compel* está prevista na Regra 37(a)(3). Por sua vez, as *objections* estão previstas na Regra 30(c) e as *motions to quash* e por *protective orders* têm fundamento, respectivamente, na Regra 45(d)(3) e na Regra 26(c).

[5] Vale sublinhar que, na forma da Regra 26(b)(1), alguns fatores devem ser levados em consideração para a produção de documentos no Discovery, quais sejam: a importância das questões em jogo, o valor da controvérsia, o acesso das partes às informações relevantes, os recursos das partes, a importância do Discovery na resolução das questões e se o ônus ou as despesas do Discovery proposto superam seu provável benefício.

respondência ou outro documento trocado entre os membros da diretoria de operações nos cinco anos precedentes a 5 de fevereiro de 2021.[6]

A despeito da amplitude do escopo, é vedada a produção de documentos sobre os quais incida a proteção de sigilo. A Regra 26(b)(3)(B) é clara ao disciplinar que o juiz deverá proteger as "impressões mentais, conclusões, opiniões, ou teorias jurídicas do advogado de uma das partes ou outros representantes no que concerne o litígio".[7] Assim também prevê a §1782(a), em cujos termos "uma pessoa não pode ser compelida a dar seu testemunho ou declaração ou a produzir documento ou outra coisa em violação a qualquer sigilo legalmente aplicável".[8]

Ademais, o procedimento para a obtenção de documentos por Discovery, estabelecido na §1782, não mais pode ser iniciado para subsidiar um procedimento arbitral estrangeiro. Após recorrente discussão pelos tribunais americanos,[9] a Suprema Corte dos Estados Unidos da América se pronunciou acerca da questão, ao julgar o caso *ZF Automotive US*

[6] A princípio, o Discovery é limitado apenas pela necessidade de o documento ser relevante ao pedido e proporcional às necessidades do caso, sendo a possibilidade de classes e categorias inteiras de documentos serem solicitadas já prevista na dinâmica da Regra (E)(i), segundo a qual a parte deve produzir os documentos e organizá-los e rotulá-los "de acordo com as categorias do pedido" (no original: "a party must producebouuments as they are kept in the usual course of business or must organize and label them to correspond to the categories in the request"). Na jurisprudência, pode ser citado o caso Kerr v. United States (426 U.S. 394, 48 L. Ed. 2d 725, 96 S. Ct. 2119), em que a Suprema Corte manteve as ordens judiciais que determinavam a apresentação de várias centenas de documentos, os quais compunham apenas duas classes genéricas solicitadas pela parte.

[7] Tradução livre de: "(B) Protection Against Disclosure. If the court orders discovery of those materials, it must protect against disclosure of the mental impressions, conclusions, opinions, or legal theor'es of a party's attorney or other representative concerning the litigation".

[8] Tradução livre de: "A person may not be compelled to give his testimony or statement or to produce a document or other thing in violation of any legally applicable privilege".

[9] *Chevron Corp. v. Shefftz*, 754 F. Supp. 2d 254, 260; *In Re Republic of Ecuador v. Douglas*, 153 F. Supp. 3d 484, 487; *Abdul Latif Jameel Transportation Company Ltd. v. FedEx Corporation*, 939 F.3d 710; *Servotronics, Inc. v. Boeing Co.*, 954 F.3d 209; *In re CMPC Celulose Riograndense Ltda. v. FM Global*, No. CV 19-MC-00005 WES, 2019 WL 2995950; *In re Consorcio Ecuatoriano*, 685 F.3d 995; *In re Application of Winning (HK) Shipping Co. Ltd.*, 2010 WL 1796579; *In re Mesa Power Group, LLC*, 878 F. Supp. 2d 1296; *In re Roz Trading Ltd.*, 469 F. Supp. 2d 1221, 1224; *HRC-Hainan Holding Co., LLC, et al v. Yihan Hu, et al*, 19-mc-80277-TSH; *'n re Children's Inv. Fund Found. (UK)*, 363 F. Supp. 3d 361, 370; BERGER, James E.; SUN, Charlene C.; ARAUJO, Paula Miralles de. Note: Servotronics Inc. v. Boeing Co., United States Court of Appeals, Fourth Circuit, Case No. 18-2454, 30 March 2020. *Revista Brasileira de Arbitragem*, v. 17, n. 68, p. 219-230. Haia: Kluwer Law International, 2020, p. 225, 230.

Inc. v. Luxshare Ltd.,[10] no sentido de que *"apenas órgão judicante governamental ou intergovernamental constitui um "tribunal estrangeiro ou internacional" nos termos da §1782"*.[11]

Assim, permanece sendo possível que uma parte obtenha provas em processo de Discovery iniciado para subsidiar um determinado processo judicial e, posteriormente, apresente essas mesmas provas em uma arbitragem brasileira.

Para o que nos importa, tendo em vista que o objetivo deste capítulo não é discutir as minúcias do Discovery em solo americano, mas sim a admissibilidade das provas obtidas por meio dele em arbitragens com sede no Brasil, é relevante ressaltar que o Discovery é um procedimento supervisionado por juiz, com respeito ao contraditório e que permite, entre outros meios de prova, a exibição de documentos e a condução de depoimentos, sendo respeitado o sigilo de informações confidenciais.

Tendo isso em mente, cumpre-nos iniciar a análise a respeito da verificação da admissibilidade, perante a legislação brasileira, de provas obtidas em processos de Discovery.

2. Admissibilidade de provas obtidas em Discovery à luz da legislação brasileira

Em razão do aumento de disputas com caráter internacional, envolvendo partes estrangeiras e/ou fatos ocorridos no exterior, o uso de provas obtidas em outros países tem se tornado cada vez mais habitual e necessário nas arbitragens brasileiras.

Ao longo do tempo, o Direito Internacional Privado tem cuidado do estudo dessa dinâmica probatória e estabelecido conceitos relevantes. Um bom exemplo disso é a Convenção de Direito Internacional Privado de Havana, mais conhecida como Código de Bustamante, inserida no ordenamento jurídico brasileiro em 1929. O seu artigo 399 prevê que compete à lei do local em que se colhe a prova decidir sobre a sua lega-

[10] *ZF Automotive US Inc. v. Luxshare Ltd.*, 596 U.S. (2022), 21-401 e 21-502. Disponível em https://www.supremecourt.gov/opinions/21pdf/21-401_2cp3.pdf. Acesso em: 19 jul. 2022.

[11] Tradução livre de: "only a governmental or intergovernmental adjudicative body constitutes a "foreign or international tribunal" under §1782" (*ZF Automotive US Inc. v. Luxshare Ltd.*, 596 U.S. (2022), 21-401 e 21-502, p. 16-17. Disponível em https://www.supremecourt.gov/opinions/21pdf/21-401_2cp3.pdf. Acesso em: 19 jul. 2022).

lidade (*lex loci*), com exceção dos meios não autorizados pela lei do país em que se a pretende utilizar (*lex fori*).[12]

No mesmo sentido, o artigo 13 da Lei de Introdução às Normas do Direito Brasileiro (LINDB) estabeleceu que "A prova dos fatos ocorridos em país estrangeiro rege-se pela lei que nele vigorar, quanto ao ônus e aos meios de produzir-se, não admitindo os tribunais brasileiros provas que a lei brasileira desconheça".

As regras do Código de Bustamante e da LINDB possuem redações semelhantes e estão alinhadas do ponto de vista conceitual. Poder-se-ia, no entanto, suscitar dúvida quanto ao real significado da parte final do artigo 13 da LINDB, que trata das "provas que a lei brasileira desconheça". Um argumento possível seria o de que os meios de prova não previstos expressamente na lei brasileira não seriam admitidos pelo ordenamento jurídico. Essa leitura, no entanto, está equivocada, pois, embora o artigo legal se refira ao desconhecimento de provas pela lei brasileira, não se pode interpretá-lo pela sua literalidade.

O Direito Processual Civil brasileiro adotou o critério da liberdade probatória, nos termos do artigo 369 do Código de Processo Civil.[13] Como consequência, o legislador não optou por restringir as provas admitidas àquelas típicas, previstas expressamente em lei, mas permitiu, também, o uso de provas atípicas, que não possuam procedimento de produção previsto no ordenamento jurídico.[14]

Além disso, o artigo 399 do Código de Bustamante, que possui redação semelhante ao artigo 13 da LINDB, trata da vedação a provas "não autorizadas" pelo direito local. Ou seja, meios de provas que violem a ordem pública, tal como as provas obtidas por meio de interceptação ilícita de comunicações, tortura ou prisão ilegal.

Assim sendo, ao se interpretar a parte final do artigo 13 da LINDB sistematicamente com o critério da liberdade probatória e o artigo 399

[12] "Art. 399. Para decidir os meios de prova que se podem utilizar em cada caso, é competente a lei do lugar em que se realizar o acto ou facto que se trate de provas, exceptuando-se os não autorizados pela lei do lugar em que corra a acção."

[13] CPC, "Art. 369. As partes têm o direito de empregar todos os meios legais, bem como os moralmente legítimos, ainda que não especificados neste Código, para provar a verdade dos fatos em que se funda o pedido ou a defesa e influir eficazmente na convicção do juiz".

[14] Amaral, Paulo Osternack. *Provas*: atipicidade, liberdade e instrumentalidade. 2. ed. São Paulo: Revista dos Tribunais, 2017, p. 69.

do Código de Bustamante, conclui-se que a admissibilidade da prova estrangeira não pode estar restrita ao seu desconhecimento pelo direito brasileiro. Dessa forma, por prova desconhecida, deve-se compreender as provas obtidas por meios que violem a ordem pública nacional.[15]

Nesses termos, inexistindo violação à lei do local em que a prova foi produzida e à ordem pública brasileira, as provas colhidas no exterior devem ser aceitas em disputas ocorridas no Brasil.

A obtenção de provas por meio de processo de Discovery, por sua vez, assemelha-se bastante à produção antecipada de provas prevista no artigo 381 e seguintes do Código de Processo Civil, pois ambas servem à colheita de documentos e depoimentos que servirão para instruir outro processo e não dependem do requisito da urgência.[16] As duas modalidades de ação também contam com a supervisão de um juiz, a fim de se garantir o direito ao contraditório e à ampla defesa.

Nesse sentido, é importante considerar que a própria legislação processual brasileira prestigia a exibição de provas, dispondo, por exemplo, que o juiz não admitirá recusa do cumprimento da ordem de exibição quando o documento for comum às partes ou o requerido tiver aludido ao documento ou à coisa com o intuito de constituir prova (artigo 399, II e III, do CPC). Da mesma forma, estabeleceu-se a inferência negativa decorrente da recusa ilegítima ou da não exibição do documento (artigo 400 do CPC).

A semelhança entre os procedimentos para a obtenção de provas perante a lei brasileira e o Discovery também se faz presente no que diz respeito à confidencialidade. Em ambos, preserva-se o conteúdo de comunicações privilegiadas, bem como segredos de negócio, por exemplo.[17]

Não se verifica no procedimento de Discovery, portanto, o emprego de métodos probatórios que violem a ordem pública brasileira, em razão

[15] Basso, Maristela. *Curso de direito internacional privado*. 2. ed. São Paulo: Atlas, 2011, p. 258-259.

[16] Carvalho, Nathália Gonçalves de Macedo. Introdução ao Federal Rules of Evidence e os pontos de encontro com o CPC 15. *In*: Didier Jr., Fredie (coord. geral); Jobim, Marco Félix; Ferreira, William Santos (coord.). *Grandes temas do NCPC*: Direito Probatório. 3. ed. Salvador: JusPodivm, 2018. 5 v, p. 1196.

[17] Costa, Henrique Araújo. Petrial e instrução probatória. *In*: Neto Oliveira, Olavo de; Medeiros Neto, Elias Marques de; Lopes, Ricardo Augusto de Castro (coords.). *A prova do direito processual civil:* estudos em homenagem ao professor João Batista Lopes. São Paulo: Verbatim, 2013, p. 269.

do que as provas obtidas pelas partes por essa via devem ser admitidas em procedimentos arbitrais regidos pela lei brasileira.

A importância de se prestigiar o respeito à lei do local em que as provas foram colhidas, em específico para o caso de admissibilidade de provas obtidas em processo de Discovery, foi objeto de análise pelo STJ, por meio de decisão monocrática do Ministro Marco Aurélio Belizze:

O acórdão impugnado definiu a questão nos seguintes termos (fls. 453-461):

> [...]
>
> 9 – No que diz respeito à admissibilidade da prova obtida por meio de Discovery, esclareço desde já que a análise da admissibilidade, mencionada no item 55 da decisão de fls. 1161-1176, diz respeito tão somente à verificação de se foram cumpridos os requisitos processuais do Direito norte-americano. Com efeito, considerando-se que, no que tange à forma de realização de atos processuais, vigora o princípio *Iócus regit actum*, o rito estabelecido no local da colheita deve ser obedecido e é justamente essa pertinência que será verificada com a juntada da prova dos autos – pois tal questão não poderia ser analisada antecipadamente. Em suma, reitere-se, a prova obtida por Discovery será aceita nos presentes autos, para que produza todos os seus regulares efeitos, desde que os mecanismos utilizados para a sua produção tenham sido estabelecidos pela lei norte americana. [...]
>
> Da análise das decisões do Juízo, verifica-se fundamentação adequada e pertinente, consubstanciada na ausência de acordo de assistência judiciária em matéria penal entre Brasil e Estados Unidos da América no tocante à produção de prova requerida pela defesa considerado o sistema jurídico adotado por aquele país (*Common law*), manifestando ainda pela possibilidade de colheita da prova por meio do procedimento intitulado *discovery*, concedendo ainda prazo para a substituição das testemunhas.
>
> [...] Acresce-se que o Magistrado a quo anotou que aceitará a prova obtida por meio do sistema *discovery*, desde que cumpridos os requisitos processuais do direito norte-americano. [...][18]

[18] STJ, Decisão Monocrática, Recurso em RHC n. 41.888-SP, Rel. Ministro Marco Aurélio Bellize, j. 3 de fevereiro de 2014, grifos do autor.

Entendimentos semelhantes foram adotados pelo STJ em outros casos, sempre sob a premissa de que *locus regit actum*.[19]

No mesmo sentido, tem se posicionado a doutrina: "poderão as partes adotar mecanismos probatórios desconhecidos pelo legislador pátrio, encampando, por exemplo, procedimentos típicos da *common law*, como o *discovery* [...]".[20]

Embora a amplitude das decisões emitidas nos processos de Discovery, abrangendo comunicações eletrônicas, como *e-mails*, possam impressionar à primeira vista, fato é que nada há de distinto do que já se admite no Brasil, restando presentes, inclusive, as mesmas proteções aos documentos sigilosos. Da mesma forma, a circunstância de os depoimentos serem tomados apenas na presença dos advogados das partes, e não perante um juiz, não impede a sua admissibilidade probatória perante o ordenamento nacional como prova documental.

Essas questões, no entanto, bem como algumas outras peculiaridades, merecem ser analisadas de forma mais específica, a fim de que se afastem possíveis dúvidas.

3. Acesso a comunicações eletrônicas e eventual violação ao sigilo constitucional

Como mencionado, é comum que as ordens de exibição de documentos, emitidas em processos de Discovery, compreendam comunicações eletrônicas, tal como *e-mails* que digam respeito ao objeto da controvérsia existente entre as partes. A avaliação da admissibilidade dessa prova perante a lei brasileira pode gerar dúvidas tanto por se tratar de documento eletrônico quanto por compreender comunicações que, eventualmente, possuam a sua confidencialidade protegida.

De início, deve-se esclarecer que a legislação brasileira admite o uso de documentos eletrônicos como prova, havendo previsão normativa

[19] STJ, AgRg no AgRg nos EDcl no AREsp n. 1.243.890/RS, Rel. Ministro Felix Fitcher, Quinta Turma, j. 11 de setembro de 2018; STJ, AgRg na Suspensão de Segurança n. 2.382/SP, Rel. Ministro Presidente Ari Pargendler, j. 26 de outubro de 2010. No mesmo sentido: Ramos, André de Carvalho; Gramstrup, Erik Frederico. *Comentários à Lei de Introdução às Normas do Direito Brasileiro – LINDB*. Atualizada de acordo com o novo Código de Processo Civil. São Paulo: Saraiva, 2016, p. 259 et. seq.

[20] Carmona, Carlos Alberto. *Arbitragem e processo*: um comentário à Lei n. 9.307/96. 2. ed. São Paulo: Atlas, 2004, p. 261.

específica a respeito.[21] Tanto o CPC dispõe sobre a sua legitimidade nos artigos 439, 440 e 441, como a Medida Provisória n. 2.200-2/2001 reconhece, para todos os fins legais, os documentos eletrônicos como documentos públicos ou particulares.[22] No mesmo sentido, a jurisprudência do STJ possui entendimento consolidado acerca da admissão do uso de documentos eletrônicos como meio de prova.[23]

Ainda assim, ao avaliar a admissibilidade dessa modalidade probatória, um eventual tribunal arbitral sujeito às leis brasileiras poderia se deparar com o argumento de que o artigo 5º, XII, da Constituição Federal[24] garante a inviolabilidade das comunicações, de forma que as comunicações eletrônicas obtidas no processo de Discovery não poderiam ser admitidas perante a legislação brasileira, pois a sua obtenção violaria a ordem pública.

Esse argumento, contudo, parte de uma confusão acerca do conceito de inviolabilidade das comunicações. A proteção do artigo 5º, XII, da Constituição Federal, incide apenas sobre um período bastante específico, compreendido entre o envio da comunicação e o seu recebimento. No decorrer desse período, a interceptação da correspondência é vedada e, caso ocorra, adentraremos o campo da prova ilícita e do crime de violação de correspondência. Contudo, após recebida a comunicação, ela será considerada arquivada e não mais gozará da proteção consti-

[21] RANÑA, Leonardo Fernandes. A Exibição de Documento ou Coisa no Novo CPC e a Jurisprudência do STJ. *In*: DIDIER JR., Fredie (coord. geral); JOBIM, Marco Félix; FERREIRA, William Santos (coords.). *Grandes temas do NCPC*: Direito Probatório. 3. ed. Salvador: JusPodivm, 2018. 5 v., p. 596-598. No mesmo sentido: TEIXEIRA, Wendel de Brito Lemos. A prova eletrônica (documentos eletrônicos) no CPC-2015. *In*: DIDIER JR., Fredie (coord. geral); JOBIM, Marco Félix; Ferreira, William Santos (coords.). *Grandes Temas do* NCPC: Direito Probatório. 3. ed. Salvador: JusPodivm, 2018. 5 v., p. 877-878.

[22] MARINONI, Luiz Guilherme; ARENHART, Sérgio Cruz. *Comentários ao Código de Processo Civil*: artigos 381 ao 484. São Paulo: Revista dos Tribunais, 2016. 7 v., p. 418-419.

[23] STJ, SEC 8810-EX, Corte Especial, Rel. Ministro Humberto Martins, *Dje* 16 de outubro de 2013; STJ, SEC 9853-EX, Corte Especial, Ministro Rel. Luis Felipe Salomão, *Dje* 28 de outubro de 2014.

[24] "Art. 5º Todos são iguais perante a lei, sem distinção de qualquer natureza, garantindo-se aos brasileiros e aos estrangeiros residentes no País a inviolabilidade do direito à vida, à liberdade, à igualdade, à segurança e à propriedade, nos termos seguintes:
XII – é inviolável o sigilo da correspondência e das comunicações telegráficas, de dados e das comunicações telefônicas, salvo, no último caso, por ordem judicial, nas hipóteses e na forma que a lei estabelecer para fins de investigação criminal ou instrução processual penal."

tucional, podendo ser objeto de ordens judiciais de exibição, tal como qualquer outro documento.[25]

Esse entendimento acerca da inviolabilidade das comunicações e da interpretação do artigo 5°, XII, da Constituição Federal foi encampado pelo Superior Tribunal Federal (STF) no julgamento de caso paradigmático acerca do tema, sendo digno de nota o seguinte trecho do voto do Ministro Nelson Jobim:

> Passa-se, aqui, que o inciso XII não está tornando inviolável o dado da correspondência, da comunicação, do telegrama. Ele está proibindo a interceptação da comunicação dos dados, não dos resultados. [...] O que é vedado de forma absoluta é a interceptação da comunicação da correspondência, do telegrama. [...].[26]

Da mesma forma, a jurisprudência tem vislumbrado como possível a exibição de *e-mails* em sede de produção antecipada de provas.[27] Os requisitos são os mesmos dos demais documentos, previstos nos artigos 397 do CPC. No entanto, percebe-se que é comum o emprego de uma maior cautela com relação à exibição de comunicações, notadamente nas decisões liminares, a fim de evitar uma devassa indevida nas correspondências. Esse foi o entendimento, por exemplo, do TJSP em julgado acerca da matéria, preferindo reservar a possibilidade de acesso aos e-mails para um momento posterior ao contraditório.[28]

Embora muitos dos casos que tratem do tema sejam sigilosos, há registro de processos judiciais em que se admitiu o uso de documentos e depoimentos oriundos de ações de Discovery,[29] em específico com a utilização de *e-mails* obtidos perante a justiça americana como prova.[30]

[25] Amaral, Paulo Osternack. Alvim. *Provas*: atipicidade, liberdade e instrumentalidade. 2. ed. São Paulo: Revista dos Tribunais, 2017, p. 220.

[26] STF, Tribunal Pleno, RE n. 219.780/PE, Rel. Ministro Carlos Velloso, *DJ* de 10 setembro 1999, p. 23, grifou-se.

[27] TJSP, AI n. 2090821-21.2020.8.26.0000, Rel. Desembargador Tercio Pires, 34ª Câmara de Direito Privado, j. 26.11.2020; TJSP, AC n. 1027053-11.2015.8.26.0002, Rel. Desembargador Alexandre Lazzarini, 1ª Câmara Reservada de Direito Empresarial, j. 11 de novembro de 2020.

[28] TJSP, AI n. 2117804-67.2014.8.26.0000, Rel. Desembargador Alexandre Lazzarini, 9ª Câmara de Direito Privado, j. 16 de setembro de 2014.

[29] A título de exemplo, é possível mencionar os processos ns. 0074201-23.2001.8.26.0100 (3ª Vara de Falências e Recuperações Judiciais do Foro Central de São Paulo), 0828760-59.1996.8.26.0100 (7ª Vara de Família e Sucessões do Foro Central de São Paulo).

Como se percebe, a exibição de comunicações eletrônicas é possível no Direito brasileiro e não representa violação à ordem pública. Por consequência, não há óbice à utilização de comunicações obtidas em processo de Discovery como meio de prova em arbitragens regidas pela lei brasileira.

4. Uso do *privilege log* nas arbitragens

No Discovery, os documentos confidenciais, tal como as comunicações trocadas entre as partes e seus advogados, não são exibidos, mas a parte que não entrega documentos ou informações sob essa alegação deve "descrever a natureza dos documentos, comunicações, ou coisas tangíveis não produzidas ou divulgadas – e fazê-lo de maneira que, sem revelar informação em si sigilosa ou protegida, permitirá outras partes avaliarem a alegação".[31]

Isso é o que a prática convencionou chamar de *privilege log*, o qual tem a função de permitir que um dos litigantes possa averiguar se a alegação de sigilo/confidencialidade levantada pelo oponente se sustenta. Necessário esclarecer uma questão: o *privilege log* não revela (e nem o poderia fazer) informações em si sigilosas ou confidenciais, apenas descreve o suficiente do documento para permitir a condução da referida análise pelo solicitante. É comum que o *privilege log* seja uma tabela e possua uma estrutura semelhante ao Quadro 1, a seguir.

Quadro 1 – Estrutura de *privilege log*

Número do documento	Data	Autor	Destinatário	Sigilo aplicável	Breve descrição

Fonte: Elaboração própria.

Naturalmente, o próprio *privilege log* não é protegido por qualquer sigilo, na medida em que nele constam apenas os fatos subjacentes e

[30] Proc. n. 03013-2005-068-02-007 (68ª Vara do Trabalho de São Paulo).

[31] Tradução livre de: "describe the nature of the documents, communications, or tangible things not produced or disclosed — and do so in a manner that, without revealing information itself privileged or protected, will enable other parties to assess the claim" (Regra 26(b)(5)(A)(ii)). No mesmo sentido: Emanuele, Ferdinando, Molfa, Milo and Jdrey, Nathaniel. *Evidence in International Arbitration*: The Italian Perspective and Beyond. Nova York: Thomson Reuters, 2016, p. 61-135.

não o conteúdo protegido.[32] Da mesma forma, importante esclarecer que os anexos de um *e-mail* protegido pelo sigilo não necessariamente devem ser incluídos no *privilege log*, pois a análise a respeito da confidencialidade deve ser feita separadamente para o documento e para cada um de seus anexos.[33]

Esse entendimento está em linha, inclusive, com o que prescreve o artigo 9.4 das *IBA Rules on Taking of Evidence*, no sentido de que a proteção obtida pelo sigilo visa resguardar apenas os documentos e as comunicações enviados a advogados com o objetivo de obter aconselhamento jurídico.[34]

Nesses termos, em uma arbitragem em que documentos obtidos pela via do Discovery forem utilizados, muito provavelmente também será juntado aos autos o *privilegie log*. Naturalmente, as partes poderão debater sobre o seu conteúdo, bem como fazer inferências acerca dos documentos sigilosos. Por exemplo, conquanto não deva possuir acesso ao conteúdo do documento sigiloso em si, a parte poderá concluir que em determinada data a sua contraparte já estava sendo assessorada por advogados ou que houve reuniões logo antes ou após um fato relevante discutido na disputa.

[32] As cortes americanas têm entendido que "a proteção do sigilo se estende apenas a comunicações e não a fatos. O fato é uma coisa e a comunicação referente ao fato é inteiramente diferente". Nesse sentido: *Upjohn Company v. United States*, 101 S.Ct. 685-86, e *Philadelphia v. Westinghouse Electric Corp.*, 205 F.Supp. 830, 831.

[33] Nesse sentido: *Sneider v. Kimberly-Clarke Corp.*, 91 F.R.D. 1, e *Leonen v. Johns-Manville*, 135 F.R.D. 94.

[34] "Ao considerar questões de impedimento legal ou sigilo profissional nos termos do Artigo 9.2(b), e na medida em que permitido por quaisquer regras legais ou éticas obrigatórias que sejam determinadas aplicáveis por ele, o Tribunal Arbitral poderá levar em conta: (a) qualquer necessidade de proteger a confidencialidade de um Documento criado ou declaração ou comunicação oral feita em relação e com vistas ao fornecimento ou à obtenção de aconselhamento jurídico; (b) qualquer necessidade de proteger a confidencialidade de um Documento criado ou declaração ou comunicação oral feita em relação e com vistas a negociações de acordo; (c) as expectativas das Partes e de seus assessores no momento em que o impedimento legal ou sigilo profissional teria surgido; (d) qualquer possível renúncia de qualquer impedimento legal ou sigilo profissional aplicável, em virtude de consentimento, divulgação anterior, uso afirmativo do Documento, da declaração, da comunicação oral ou do aconselhamento neles contidos, ou de outra forma; e (e) a necessidade de manter a justiça e a igualdade entre as Partes, particularmente se elas estiverem sujeitas a diferentes regras legais ou éticas."

O uso dessas informações, obtidas por meio da análise do *privilegie log*, não representa uma violação à confidencialidade, pois apenas o conteúdo da comunicação é sigiloso, e não o teor do *privilegie log* em si. Com efeito, a premissa da elaboração do *privilegie log* é justamente dividi-lo com a parte contrária.

Nesse sentido, a doutrina especializada sobre *attorney-client privilege* deixa bem claro que a mera alusão à existência de relação entre e advogado e cliente não implica violação ao sigilo profissional, bem como é expressa quanto ao fato de que "This is the type of information that would be included on a privilege log".[35]

Como se percebe, não há óbice a que indagações sejam feitas a uma testemunha acerca do contexto dos documentos sigilosos, desde que se resguarde o conteúdo do documento confidencial. Nesses termos, além da doutrina especializada, as cortes americanas também reconhecem a possibilidade do uso do *privilege log* em inquirições de testemunhas. No caso *Evonik Degussa GmbH v. Materia*, a justiça americana permitiu que a parte utilizasse o *privilege log* para provar um fato estabelecido no próprio *log*, com a ressalva de que não fizesse perguntas à testemunha, que visassem trazer à tona o conteúdo de provas encobertas pelo sigilo profissional.[36]

O uso do *privilege log* para se extrair conclusões acerca de datas e fatos neles contidos, sem que se acesse o conteúdo das mensagens nele referidas, por serem confidenciais, também tem sido autorizado arbitragens. No caso *Glamis Gold, Ltd v. USA*, o tribunal arbitral utilizou as datas de documentos elencados no *privilege log* para concluir que não se revelou a terceiros o fato de uma dada empresa contar com um investidor americano antes da vigência do *Anti-Money Laudering Act* (AMLA).[37]

[35] GREENWALD, David M.; SLACHETKA, Michele L. *Protecting Confidential Legal Information*: A Handbook for Analyzing Issues Under the Attorney-Cliente Privilege and the Work Product Doctrine. Washington: Jenner&Block Practice Series, 2015, p. 346.

[36] "Materia's Motion in Limine #9 to exclude certain argument or evidence based on Materia's invocation of attorney-client privilege is GRANTED IN PART AND DENIED IN PART. The Motion is granted in that Evonik is precluded from asking any questions which are reasonably likely to elicit an answer precluded by privilege. The Motion is denied in that Evonik may us –privilege log– in a redacted form so as to preclude any reference to privilege or confidentiality – to prove a fact established by the log" (*Evonik Degussa GmbH v. Materia, Inc.*, C.A. No. 09-636-NHL-JS (D. Del. julgado em 9 de janeiro de 2017).

[37] "276. The conclusion that the existence of a US investor was never disclosed to a third party pre AMLA is conf'rmed by Claimant's Privilege Log. The AMLA was introduced into

O *privilege log*, portanto, não é um documento sigiloso. A sua finalidade é listar os documentos que a parte, segundo seu próprio entendimento unilateral, considere estarem cobertos pelo sigilo profissional. O seu uso como fonte de prova em arbitragens, desde que limitado às informações nele contidas (datas, indivíduos envolvidos na comunicação, etc.), sem qualquer conhecimento do conteúdo dos documentos nele listados, deve ser admitido sem maiores dificuldades.

5. Uso dos depoimentos obtidos no Discovery

Outro assunto que pode gerar dúvida é o uso, nas arbitragens regidas pelo Direito brasileiro, dos depoimentos colhidos em ação de Discovery.

No Discovery, os depoimentos não são tomados em audiência, com a presença de um juiz. No entanto, as partes contam com a participação de seus advogados, sendo certo que o advogado do depoente poderá objetar perguntas que levem a uma violação à confidencialidade ou que extrapolem os limites do depoimento do seu cliente. Além disso, a legislação americana também faculta aos advogados do próprio depoente fazerem indagações, a fim de permitir esclarecimentos acerca dos fatos abordados.[38]

Estabelecidas essas premissas, desde que respeitado o procedimento previsto pela legislação americana, a rigor não haveria qualquer ilicitude na obtenção da prova e esta poderia ser aceita em uma arbitragem regida pela lei brasileira.

No entanto, remanesce dúvida sobre a valoração dessa prova, se ela poderia ser qualificada como prova testemunhal, na medida em que não foi colhida em audiência, perante um juiz.

Como se sabe, o sistema processual brasileiro demanda que a prova testemunhal seja colhida em audiência, perante um juiz, nos termos do

the Ontario legislature on April 5, 2004. REDACTED" (Charl's H. Brower II, *'Vito G. Gallo v. The Government of Canada, Award,* PCA Case No. 55798, '5 September 2011'. A contribution by the ITA Board of Reporters, Kluwer Law International.)

[38] Nos termos da Regra 30(b) das FRCP, basta que a parte interessada envie uma notificação com antecedência razoável indicando o local e horário em que será colhido o depoimento. A reunião é gravada e, necessariamente, conta com a presença de um oficial autorizado a colher juramentos (*i.e.*, "*oaths*"). Os advogados de ambas as partes poderão dirigir perguntas ao depoente da mesma forma como o fariam perante um juiz togado (Regra 30(c)(1)), sendo assegurado aos advogados da parte formular objeções aos questionamentos (Regra 30(c)(2)).

artigo 449[39] do CPC.[40] Da mesma forma, a Lei de Arbitragem regulou em seu artigo 22 a tomada de depoimentos pelos árbitros.[41] Por trás dessas previsões, reside o conceito de que a percepção humana do juiz ou do árbitro é fundamental para a valoração da prova testemunhal.[42]

Diante dessa previsão específica, e por inexistir disposição especial em sentido contrário a tais regras para os depoimentos colhidos em processo de Discovery, seria legítimo argumentar que não é possível a sua aceitação perante o ordenamento brasileiro na forma de prova testemunhal.

Isso, contudo, não afasta o uso de tais depoimentos nas arbitragens brasileiras e nem mesmo a sua importância como fonte de prova, pois podem ser tratados como prova documental, para a qual não existe exigência formal específica. Com efeito, o sistema processual brasileiro é pautado pela liberdade probatória, sendo admitidos meios de provas diversos, bem como cabe ao juiz e ao árbitro valorarem a prova adequadamente, inclusive aquela obtida em outro processo, nos termos dos artigos 371[43] e 372,[44] do CPC, e 18 da Lei n. 9.307/1996.[45]

Conquanto os casos em que essa discussão se ponha sejam escassos e muitas vezes sigilosos, em uma ação perante a 7ª Vara de Família

[39] "Art. 449. Salvo disposição especial em contrário, as testemunhas devem ser ouvidas na sede do juízo."

[40] BUENO, Cassio Scarpinella (coord.). *Comentários ao Código de Processo Civil*:-Arts. 318 a 538 - Parte Especial. São Paulo: Saraiva, 2017. 2 v., p. 347-348.

[41] "Art. 22. Poderá o árbitro ou o tribunal arbitral tomar o depoimento das partes, ouvir testemunhas e determinar a realização de perícias ou outras provas que julgar necessárias, mediante requerimento das partes ou de ofício.

§ 1º O depoimento das partes e das testemunhas será tomado em local, dia e hora previamente comunicados, por escrito, e reduzido a termo, assinado pelo depoente, ou a seu rogo, e pelos árbitros [...]."

[42] AMARAL, Paulo Osternack. *Provas*: atipicidade, liberdade e instrumentalidade. 2. ed. São Paulo: Revista dos Tribunais, 2017, p. 56-58. No mesmo sentido: BUENO, Cassio Scarpinella (coord.). *Comentários ao Código de Processo Civil*:-Arts. 318 a 538 - Parte Especial. São Paulo: Saraiva, 2017. 2 v., p. 333.

[43] "Art. 371. O juiz apreciará a prova constante dos autos, independentemente do sujeito que a tiver promovido, e indicará na decisão as razões da formação de seu convencimento."

[44] "Art. 372. O juiz poderá admitir a utilização de prova produzida em outro processo, atribuindo-lhe o valor que considerar adequado, observado o contraditório."

[45] "Art. 18. O árbitro é juiz de fato e de direito, e a sentença que proferir não fica sujeita a recurso ou a homologação pelo Poder Judiciário."

e Sucessões do Foro Central de São Paulo, depoimentos colhidos em processo de Discovery foram juntados aos autos e utilizados como fonte probatória.[46]

Isso também deve ocorrer nas arbitragens. Caberá ao árbitro, portanto, garantir a liberdade probatória, permitindo a juntada aos autos de depoimentos originários de processo de Discovery, conferindo-lhes o valor probatório que julgar adequado.[47]

Conclusões

O uso de provas obtidas mediante processos de Discovery não representa, em princípio, qualquer violação à ordem pública brasileira, na medida em que se trata de procedimento conduzido por um juiz, com respeito ao contraditório e à ampla defesa.

As particularidades do procedimento, no entanto, devem ser analisadas pelos árbitros sempre buscando conciliar o princípio da liberdade probatória com as particularidades do ordenamento jurídico brasileiro, em especial quanto à qualificação das provas e ao sigilo dos documentos confidenciais.

Com efeito, disputas com repercussões internacionais demandam o uso de medidas que assegurem o acesso eficiente a provas obtidas em outros países. Nesse sentido, se respeitados os direitos das partes, não há motivos para se impedir o uso de provas advindas de um procedimento que viabilize à arbitragem uma instrução eficiente e mais próxima da verdade.

[46] Processo n. 0828760-59.1996.8.26.0100 (7ª Vara de Família e Sucessões do Foro Central de São Paulo).

[47] AMARAL, Paulo Osternack. *Provas*: atipicidade, liberdade e instrumentalidade. 2. ed. São Paulo: Revista dos Tribunais, 2017, p. 110.

13. HONORÁRIOS DE SUCUMBÊNCIA NA ARBITRAGEM: AFINAL, PARA QUE SERVEM?[1]

André de Albuquerque Cavalcanti Abbud

Introdução

Este texto não trata da discussão sobre a incidência ou não, na arbitragem brasileira, das normas nacionais sobre honorários advocatícios de sucumbência, tema de diversos artigos escritos nos últimos anos.[2] O objetivo é outro: independentemente da posição que se tenha a respeito dessa discussão dogmática, existe certo consenso de que as partes têm

[1] O autor agradece a Daniel Arbix, Eduardo Leardini Petter, Fernanda Annenberg e Paulo Macedo Garcia Neto pela revisão deste capítulo. O texto foi originalmente publicado em obra coletiva em homenagem ao professor Carlos Alberto Carmona.

[2] Cf. Tepedino, Gustavo; Nunes Pinto, José Emilio. Notas sobre o ressarcimento de despesas com honorários de advogado em procedimentos arbitrais. São Paulo, *Revista Trimestral de Direito Civil*, v. 34, p. 43-50, abr./jun. 2008; Aprigliano, Ricardo. Alocação de custas e despesas e a condenação em honorários advocatícios sucumbenciais em arbitragem. *In*: Carmona, Carlos Alberto; Lemes, Selma Ferreira; Martins, Pedro Batista (orgs.). *20 anos da Lei de Arbitragem*. São Paulo: Atlas, 2017, p. 667-688; Castro Neves, José Roberto. Os honorários advocatícios de sucumbência na arbitragem. *In*: Carmona, Carlos Alberto; Lemes, Selma Ferreira; Martins, Pedro Batista (orgs.). *20 anos da Lei de Arbitragem*. São Paulo: Atlas, 2017, p. 639-49; Nogueira, Daniel Jacob. A mais doce das jabuticabas: os honorários de sucumbência na arbitragem comercial brasileira. *In*: Casado Filho, Napoleão *et al.* (orgs.). *Direito internacional e arbitragem*: estudos em homenagem ao Prof. Claudio Finkelstein. São Paulo: Quartier Latin, 2019, p. 521-538.

o poder de regular contratualmente a matéria, ou seja, podem prever ou excluir a aplicação de uma regra sobre verba honorária sucumbencial à sua arbitragem, no exercício de sua autonomia privada.[3] Isso é motivo o bastante para que faça sentido discutir como uma regra como essa interfere sobre o processo arbitral, como ela pode induzir o comportamento das partes (e dos árbitros), produzindo efeitos que estas considerem desejáveis ou indesejáveis. A reflexão sobre os honorários sob essa perspectiva funcional pode ajudar a informar a decisão das partes sobre se e como devem prever uma regra de sucumbência na convenção ou no termo de arbitragem para atingir determinados objetivos, além da própria decisão do tribunal arbitral na aplicação dessa regra na sentença.

De acordo com a doutrina tradicional, os honorários advocatícios de sucumbência têm por função remunerar o trabalho do advogado na causa. Apesar de correta, essa afirmação é insuficiente para descrever as implicações do regime de honorários sobre aspectos relevantes do processo arbitral. Da mesma forma, dizer que o reembolso dos custos razoáveis da parte vencedora tem por objetivo recompor sua perda patrimonial causada pela parte vencida não diz tudo.

A análise funcional da verba de sucumbência que aqui se propõe é feita a partir da comparação entre dois regimes comuns no Brasil. De um lado, o reembolso dos custos razoáveis tidos pela parte vencedora com o processo, entre os quais aqueles havidos com seu advogado. De outro lado, a fixação de honorários a serem pagos pela parte vencida ao advogado da vencedora, normalmente com base em uma proporção do valor em disputa[4]. Essa segunda espécie de honorários pode ser outorgada de modo exclusivo ou em acréscimo ao reembolso das despesas da parte vencedora – este capítulo concentrar-se-á nesta última hipótese. Para facilitar a exposição, o primeiro regime será chamado de "regra de reembolso", enquanto o segundo será chamado de "regra de sucumbência" (apesar de o primeiro também ser tecnicamente uma forma de sucumbência, isto é, de obrigação de arcar com os custos do processo em razão da derrota – *costs follow the event*).

[3] Cf. os artigos citados na nota anterior, respectivamente as páginas 43, 687, 643 e 536.

[4] Estes são os elementos típicos que distinguem os honorários advocatícios de sucumbência do "puro" reembolso dos honorários arcados pela parte vencedora: no primeiro caso, o pagamento é feito ao advogado da parte vencedora e, geralmente, em alguma proporção à sucumbência, isto é, à parcela em que a parte foi vencida em seus pedidos.

Se a comparação entre essas duas regras mostra que elas produzem consequências diferentes e relevantes sobre a arbitragem, é importante que as partes conheçam tais diferenças para escolher e definir de antemão, com clareza, qual regra será a aplicável à sua disputa, seja na convenção ou no termo de arbitragem, e planejar suas ações de acordo. E se as partes não fazem tal escolha, a compreensão dessas diferenças pode auxiliar os árbitros a optar pela regra que consideram mais adequada e, principalmente, a entender o valor de a definir no início do procedimento (seja fomentando o acordo das partes a respeito, seja decidindo a questão).

1. Método e modelo

A avaliação da influência que a opção entre a regra de reembolso e a regra de sucumbência pode ter sobre o comportamento das partes de uma arbitragem tem por premissa que estas agem racionalmente, isto é, tomam as decisões que lhes forem mais vantajosas economicamente com base nas informações disponíveis. Para o exercício feito aqui, também se assume que as partes (e seus advogados) avaliam seus riscos de forma neutra.[5]

O modelo usado para explicar o funcionamento das duas regras tem por base aquele desenvolvido por autores como Richard Posner e Steven Shavell para descrever algumas das principais decisões tomadas pelas partes em relação a um processo judicial (ou arbitral).[6] Como todo modelo, o aqui adotado abstrai uma série de variáveis, como o nível de disputas considerado desejável pela sociedade, aspectos não econômicos dos incentivos (como os emocionais e reputacionais), o interesse na formação do precedente, o potencial caráter variável dos honorários

[5] A alteração da percepção de risco para a aversão ou a propensão pode gerar indutores diferentes dos aqui analisados.

[6] Cf. SHAVELL, Steven. Suit, Settlement, and Trial: A Theoretical Analysis Under Alternative Methods for the Allocation of Legal Costs. *The Journal of Legal Studies*, v. XI, 1982, *passim*; SHAVELL, Steven. *Foundations of Economic Analysis of Law*. Cambridge: Harvard University Press, 2004, p. 387 ss.; POSNER, Richard. *Economic Analysis of Law*. 9. ed. Nova York: Wolters Kluwer, 2014, cap. 21; POSNER, Richard. *The Federal Courts*: Challenge and Reform. Cambridge: Harvard University Press, 1999, p. 88 ss. e 204 ss.; COOTER, Robert D.; RUBINFELD, Daniel L. Economic Analysis of Legal Disputes and their Resolution. *Journal of Economic Literature*, v. 27, n. 3, 1989, *passim*.

contratados (honorários de êxito, p. ex.), diferenças no poder de barganha entre clientes e seus advogados, o eventual efeito da regra de honorários sobre o nível de esforço do advogado ou o nível e a oferta de advogados dispostos a trabalhar no caso – e o consequente efeito disso no resultado do processo.[7] Entretanto, o isolamento dessas variáveis permite que o modelo seja usado para demonstrar os diferentes efeitos produzidos por cada uma dessas formas de se condenar a parte vencida a pagar honorários, tornando possível a comparação das duas regras.

Para essa comparação, são analisados a seguir os efeitos de cada um dos regimes sobre duas das decisões mais impactadas pela consideração dos custos na arbitragem: primeiro, a de iniciar ou não a disputa; segundo, a decisão de celebrar acordo ou buscar a sentença arbitral.

1.1. Arbitrar ou não arbitrar?

A primeira grande decisão que a parte prejudicada pela violação de um direito seu tem de tomar é a de iniciar ou não a arbitragem. Basicamente, a parte racional toma a decisão de mover uma demanda arbitral se os benefícios que ela espera extrair do processo superam os custos em que ela vai incorrer.

Portanto, essa decisão depende (i) da avaliação prévia que a parte fará das suas chances de vitória, (ii) do benefício econômico que extrairá do eventual julgamento favorável[8] e (iii) dos custos que ela terá com o processo.[9] Se o benefício esperado[10] com a arbitragem superar o

[7] Algumas demandas que seriam movidas por clientes informados e neutros a risco seriam rejeitadas por advogados neutros a risco remunerados apenas no êxito (cf. DANZON, Patricia Munch. Contingent Fees for Personal Injury Litigation. *The Bell Journal of Economics*, v. 14, n. 1, Spring 1983, p. 220).

[8] O benefício econômico do requerente pode se referir ao valor que espera receber tanto por meio da eventual sentença favorável, quanto por meio de eventual acordo celebrado depois de instaurada a disputa – e eventualmente facilitado por ela. Para os fins deste capítulo, é suficiente notar que, em qualquer um dos casos, existe benefício esperado da arbitragem.

[9] Custos se referem aqui aos custos monetários incorridos diretamente pela parte. Estão excluídos, para fins da análise, custos não monetários da disputa (desgaste emocional, tempo dos gestores envolvidos, etc.) e seus custos sociais (monetários ou não). Apesar de importantes, a inclusão de custos dessa ordem tornaria muito difícil a análise prática desse processo decisório (cf. KRITZER, Herbert *et al.* Understanding the costs of litigation: the case of the hourly-fee lawyer. *American Bar Foundation Research Journal*. Spring 1984, p. 560-561).

[10] Uma parte neutra a risco avalia um resultado incerto por seu valor esperado, isto é, descontando o potencial resultado pela probabilidade de ele acontecer. O valor esperado é o

custo previsto, faz sentido a ela mover a demanda – a arbitragem tem um valor esperado positivo para a requerente.[11] Já se os custos superarem o benefício esperado, a arbitragem não faz sentido econômico para ela – tem valor negativo para a requerente. Graficamente, se a probabilidade (p) de vencer aplicada ao valor dessa eventual vitória (v) for superior ao custo (c), a parte tem um ganho em seguir adiante e iniciar a arbitragem: $p \times v > c = arbitragem$. Dizendo-o de outro modo, a parte racional move a demanda se o valor esperado desta ($p \times v$), subtraídos os custos (c), for maior que zero: $p \times v - c > 0 = arbitragem$.

O uso de números ajuda a mostrar o conceito embutido nesse modelo simples. Imagine-se que a parte avalie em 70% as chances de obter uma sentença que condene a parte contrária a lhe pagar R$ 1.000.000, e estime em R$ 300.000 os custos que terá com a arbitragem. Nesse caso, o benefício esperado com a arbitragem é de 70% x R$ 1.000.000, ou R$ 700.000, o que supera os custos da arbitragem em R$ 400.000 (R$ 700.000 – R$ 300.000), resultado que justifica a propositura da demanda. Afinal, a arbitragem tem um valor esperado para a requerente de R$ 400.000. Suponha agora que a parte estima suas chances de vitória em 30% em vez de 70%, mantidas as demais variáveis. Nessa hipótese, o benefício esperado com a arbitragem é de R$ 300.000 (30% x R$ 1.000.000), o que, subtraídos os custos de R$ 300.000, resulta em um valor esperado da disputa igual a 0, o que não justifica a propositura da demanda. Diante da baixa probabilidade de êxito, não faz sentido à requerente incorrer nos custos da arbitragem.

A partir desse exemplo fica fácil ver como uma modificação (i) nas chances de êxito, (ii) no valor que se espera obter em caso de julgamento favorável ou (iii) nos custos com o processo pode alterar a decisão de mover ou não a demanda arbitral.

Uma vez descrito o modelo simples, é preciso ajustá-lo para incorporar o fato de que o custo da arbitragem também é uma função da esti-

número natural para essa avaliação porque reflete o retorno médio que a parte obteria se fosse submetida repetidas vezes a situações de risco similares (cf. Jackson, Howell *et al.* *Analytical methods for lawyers*. Nova York: Foundation Press, 2003, p. 10).

[11] Cf. Posner, Richard. *The Federal Courts*: Challenge and Reform. Cambridge: Harvard University Press, 1999, p. 88-89; Danzon, Patricia Munch. Contingent Fees for Personal Injury Litigation. *The Bell Journal of Economics*, v. 14, n. 1, Spring 1983, p. 219.

mativa de êxito da demanda. Afinal, conforme a prática comumente adotada na arbitragem brasileira e internacional, a parte vencida deve reembolsar os custos razoavelmente incorridos pela vencedora.[12] Assim, a probabilidade de êxito (*p*) deve ser aplicada não apenas ao valor da condenação principal (*v*), mas também ao valor do custo reembolsado na hipótese de vitória (*c*). Da mesma forma, o custo da disputa deve incluir também a possibilidade (*100%-p*) de ter de reembolsar o custo da parte contrária em caso de derrota (*c*).[13] O modelo ficaria então com a seguinte equação: $p \times (v + c) - c - (100\%-p) \times c > 0 = arbitragem$.

No exemplo apresentado, a requerente teria 70% de probabilidade de obter com a sentença favorável não apenas os R$ 1.000.000, mas também o reembolso de seus custos de R$ 300.000. No entanto, também teria 30% de chances de perder a disputa e ser obrigada a reembolsar os custos da parte contrária. Logo, o benefício esperado com a arbitragem seria de 70% (R$ 1.000.000 + R$ 300.000), ou R$ 910.000, do qual teriam de ser extraídos os custos não somente de R$ 300.000 em que a requerente incorreria de toda forma, mas também aqueles decorrentes das chances de perder e ter de reembolsar os gastos da parte contrária, ou seja, 30% x R$ 300.000, ou R$ 90.000. Faria sentido à requerente mover a demanda, porque o valor esperado da disputa é positivo em R$ 520.000,00 (R$ 910.000 - R$ 300.000 - R$ 90.000). Já no cenário em que a requerente estima em apenas 30% suas chances de êxito, o valor esperado com a vitória cairia para R$ 390.000 (30% x R$ 1.300.000), do qual teriam de ser subtraídos os custos de R$ 300.000 e aqueles decorrentes da chance (70%) de ter de reembolsar os gastos da parte contrária de R$ 300.000, ou seja, R$ 210.000.

[12] Cf. o artigo 40(e) das Regras de Arbitragem da Uncitral. Cf. também Born, Gary. *International commercial arbitration*. 2. ed. [*S. l.*]: Kluwer Law International, 2014, p. 3095-3096; Carmona, Carlos Alberto. Arbitragem e processo. 3. ed. São Paulo: Atlas, 2009, p. 374; Tepedino, Gustavo; Nunes Pinto, José Emilio. Notas sobre o ressarcimento de despesas com honorários de advogado em procedimentos arbitrais. São Paulo, *Revista Trimestral de Direito Civil*, v. 34. abr./jun. 2008, p. 45-48.

[13] Para fim de simplicidade, assume-se que os custos incorridos por cada parte da arbitragem são da mesma ordem de grandeza (*c*). Além disso, imagine-se também que os custos incorridos pelas partes correspondem apenas aos honorários advocatícios, dado o foco deste capítulo na comparação das regras de honorários e o fato de que os demais custos são uma constante da equação (não se alteram de um modelo para outro).

Como se vê, nessa hipótese o valor esperado da disputa passaria a ser negativo em R$ 120.000,00 (R$ 390.000 – R$ 300.000 – R$ 210.000), o que não justificaria a ida à arbitragem.

Uma das principais conclusões extraídas da comparação do modelo simples demonstrado no primeiro exemplo (em que cada parte arca com seus próprios custos) com o modelo ajustado visto no segundo exemplo (em que a parte vencida arca com os custos também da parte vencedora) é que a regra de reembolso gera estímulo adicional à propositura de demandas consideradas prováveis, já que em caso de vitória, a requerente terá seus custos reembolsados. Nos exemplos mencionados, o valor esperado da arbitragem com êxito considerado provável aumentou de R$ 400.000 para R$ 520.000. Para melhor ilustrar esse estímulo, imagina-se o cenário de expectativa de 60% de êxito e custos de R$ 350.000, com valor da condenação em caso de vitória de R$ 500.000. No modelo simples (sem reembolso de custos), a requerente não moveria a demanda, porque seu ganho esperado de R$ 300.000 (60% x R$ 500.000) seria superado pelos seus custos (R$ 350.000) – a arbitragem teria para ela um valor esperado negativo de R$ 50.000. Já no regime de reembolso, a parte iniciaria a arbitragem, porque seu ganho esperado de R$ 510.000 (60% x R$ 850.000) superaria seu custo esperado de R$ 490.000 (R$ 350.000 + 40% x R$ 350.000) – a arbitragem teria um valor esperado positivo de R$ 20.000.

Em contrapartida, a mudança da regra simples para a regra de reembolso gera desestímulo a demandas frívolas, entendidas como aquelas com chances pequenas de êxito, uma vez que o custo da derrota é proporcionalmente mais alto. Se a parte avalia em 40% a chance de obter R$ 800.000 com uma sentença favorável, a um custo de R$ 300.000, iniciar a arbitragem faz sentido para ela, já que o valor esperado da disputa é de R$ 20.000 (R$ 320.000 – R$ 300.000). No entanto, sob a regra de reembolso, ela não deverá mover a demanda, porque seu custo esperado será de R$ 300.000 + 60% x R$ 300.000, ou R$ 480.000, o que supera o benefício esperado de 40% x (R$ 800.000 + R$ 300.000), ou R$ 440.000. A arbitragem teria, para ela, um valor negativo de R$ 40.000.[14]

[14] Como a norma geral no Sistema Jjudiciário dos Estados Unidos é a de que cada parte arca com seus custos, conforme a regra adotada no modelo simples (também chamada de *American*

Dito isso, é o momento de fazer a comparação que constitui o objeto deste estudo. Qual é a diferença entre a regra do reembolso e a regra da sucumbência, para fins da decisão sobre iniciar ou não uma arbitragem? O modelo ajustado (em que a parte vencida arca com os custos também da vencedora) permite a comparação. Como visto, na regra da sucumbência tomada para análise, além de reembolsar os custos razoáveis da parte contrária, a parte vencida deve pagar honorários sucumbenciais fixados pelo tribunal arbitral ao advogado da parte vencedora. Isso significa que a eventual derrota pode ficar mais cara à parte, isto é, o custo esperado da disputa pode aumentar e, com isso, o valor esperado da arbitragem diminuir. A representação do modelo passaria a incluir os honorários sucumbenciais (*s*) no custo esperado: *p x (v + c) – c – (100%-p) x (c + s) > 0 = arbitragem.*

Toma-se novamente o exemplo inicial da parte que estima em 70% as chances de ganhar R$ 1.000.000, tendo um custo de R$ 300.000. Já se viu que o valor esperado da disputa para ela, no regime de reembolso, é de R$ 520.000 (70% x R$ 1.300.000 – R$ 300.000 – 30% x R$ 300.000). No regime de sucumbência, o custo esperado da derrota tem de levar em consideração a chance de que a requerente seja derrotada e tenha de pagar, além do reembolso dos custos razoáveis da requerida, honorários de sucumbência ao advogado desta. Assim, do benefício esperado de 70% (R$ 1.000.000 + R$ 300.000), ou R$ 910.000, teriam de ser subtraídos os custos de R$ 300.000 e aqueles decorrentes da possibilidade de perder (30%) e ter não apenas de reembolsar os gastos da parte contrária (R$ 300.000), mas também pagar honorários de sucumbência ao advogado do vencedor, estimados em valor da mesma grandeza para facilitar (R$ 300.000). O valor esperado da arbitragem passaria a ser de 70% x R$ 1.300.000 – R$ 300.000 – 30% x

rule), enquanto a regra mais comum em outros países é a de que o vencido arca com os custos do processo (*two-way fee shifting* ou *English rule*), na linha do modelo ajustado, a doutrina norte-americana se debruçou historicamente sobre a comparação entre essas duas regras (cf. p. ex. SHAVELL, Steven. Suit, Settlement, and Trial: A Theoretical Analysis under Alternative Methods for the Allocation of Legal Costs. *Journal of Legal Studies.* v. XI, 1982, p. 55 ss.; SHAVELL, Steven. *Foundations of Economic Analysis of Law.* Cambridge: Harvard University Press, 2004, p. 428-430; POSNER, Richard. *The Federal Courts*: Challenge and Reform. Cambridge: Harvard University Press, 1999, p. 204-209).

(R$ 300.000 + R$ 300.000), ou R$ 430.000, menor que os R$ 520.000 do regime de reembolso.

Em cenário de demanda pouco provável, essa diferença pode ser crucial para a decisão de mover ou não a arbitragem. Imagina-se que, no mesmo exemplo, a avaliação das chances de êxito caia para 40%. Nessa hipótese, no regime de reembolso, o valor esperado da disputa seria de 40% x R$ 1.300.000 – R$ 300.000 – 60% x R$ 300.000, ou R$ 40.000. Faria sentido econômico à requerente propor a demanda, a despeito das menores chances de êxito. Já no regime de sucumbência, mantidas todas as outras variáveis, o valor esperado da disputa seria de 40% x R$ 1.300.000 – R$ 300.000 – 60% x R$ 600.000, ou R$ 140.000 *negativos*. Não faria sentido à requerente iniciar a arbitragem.

Diante disso, observa-se que o regime de sucumbência, quando comparado ao regime de reembolso – e assumindo-se mantidas todas as outras variáveis intactas –, não gera estímulo adicional para a propositura de demandas consideradas prováveis, já que não aumenta o benefício esperado (o credor dos honorários de sucumbência é o advogado da parte vencedora), mas aumenta o custo esperado da derrota (o devedor dos honorários de sucumbência é a parte vencida) e, portanto, pode desestimular demandas de menor valor esperado – sejam as de baixa probabilidade de êxito, sejam as de baixo valor do pedido em proporção aos custos –, as quais podem se tornar demandas de ganho esperado negativo com a alteração de regimes.

É crível, no entanto, a hipótese de que, na prática, a comparação e opção pelo regime da sucumbência em vez do regime de reembolso, caso esteja clara antes da disputa ou no início dela, não tenha como única variável alterada da equação o custo a ser pago em caso de derrota. Se a requerente tem segurança de que a regra da sucumbência será aplicada ao caso, pode integrar ao cálculo o acréscimo de um valor esperado de remuneração a seu advogado em caso de vitória, os honorários de sucumbência. E esse acréscimo na remuneração, pago pela requerida, pode ser utilizado contratualmente para reduzir a remuneração paga pela própria requerente, sem perdas para seu advogado. Em outras palavras, a requerente pode "transferir" parte do seu custo para a parte contrária, refletindo em alguma medida o valor esperado da sucumbência na remuneração que ela contrata pagar ao seu advogado. Esse arranjo, chamado aqui de cenário "B", pode ser proposto pelo próprio advogado, em um mercado competitivo.[15]

Tomando-se o último exemplo para ilustrar, se no regime de reembolso a parte acordou pagar R$ 300.000 de honorários contratuais, no regime de sucumbência, em que seu advogado adquire 40% de chance de ganhar R$ 300.000, ou seja, tem honorários sucumbenciais esperados de R$ 120.000, pode-se negociar a redução dos honorários contratados para refletir esse ganho adquirido em alguma medida. Se essa redução é feita na mesma medida do ganho esperado, o custo (*c*) da requerente passaria a ser de R$ 180.000 (R$ 300.000 - R$ 120.000). Assumindo-se novamente que a parte contrária teria custos e comportamento semelhantes diante da regra clara de sucumbência, bem como que estimaria suas chances de vitória de forma parecida à requerente, o benefício esperado da demanda seria 40% x (R$ 1.000.000 + R$ 180.000), do qual seriam subtraídos os custos de R$ 180.000 e aqueles decorrentes da chance (60%) de ter de reembolsar os custos de R$ 180.000 da parte contrária e pagar os honorários sucumbenciais de R$ 300.000 ao advogado desta. O valor esperado da arbitragem passaria então a ser de 40% x R$ 1.180.000 - R$ 180.000 - 60% x R$ 480.000, ou R$ 4.000. Nesse caso, voltaria a fazer sentido à requerente iniciar a arbitragem, já que a disputa voltaria a ter valor esperado positivo a ela - ainda que menor que o valor esperado sob a regra de reembolso (R$ 40.000, como visto).

Já no cenário de demanda com alta chance de êxito (> 50%), o valor esperado da disputa sob a regra de sucumbência, na hipótese "B" em discussão, seria maior que sob a regra de reembolso. Usa-se mais uma vez o exemplo em que a parte tem 70% de chances de ganhar R$ 1.000.000, com um custo de R$ 300.000. Já se sabe que essa disputa tem para ela o valor esperado de R$ 520.000, sob a regra de reembolso. No regime de sucumbência, se a requerente reflete o ganho esperado de seu advogado em redução dos honorários contratados, ou seja,

[15] É evidente que outros fatores interferem sobre a maior ou menor possibilidade de isso ocorrer em casos concretos, como o poder de barganha relativo entre a parte e seu advogado, o apetite para risco de cada um desses agentes, diferenças entre eles na avaliação das chances de êxito da demanda, a solvência ou liquidez da parte contrária (devedora dos honorários sucumbenciais, mas não dos contratados), etc.

subtrai R$ 210.000 (70% x R$ 300.000) dos custos "fixos" de R$ 300.000, a arbitragem passa a ter para ela o valor esperado de R$ 556.000 (70% x R$ 1.090.000 – R$ 90.000 – 30% x R$ 390.000).

Assim, se a regra de sucumbência é usada pela requerente para "financiar" os honorários de seu advogado por meio da parte contrária, na medida do ganho esperado com a verba sucumbencial, essa regra pode criar estímulo adicional para a propositura de demandas prováveis, quando comparada à regra de reembolso, já que o impacto do risco de derrota é proporcionalmente menor que o benefício gerado pela redução dos honorários contratados. Diferentemente, no caso de demandas com baixas chances de êxito, a opção pelo regime de sucumbência pode criar desestímulo adicional à propositura da demanda, na comparação com o regime de reembolso. O Gráfico 1, a seguir, ilustra a comparação feita entre as regras

Gráfico 1 – Arbitrar ou não arbitrar?

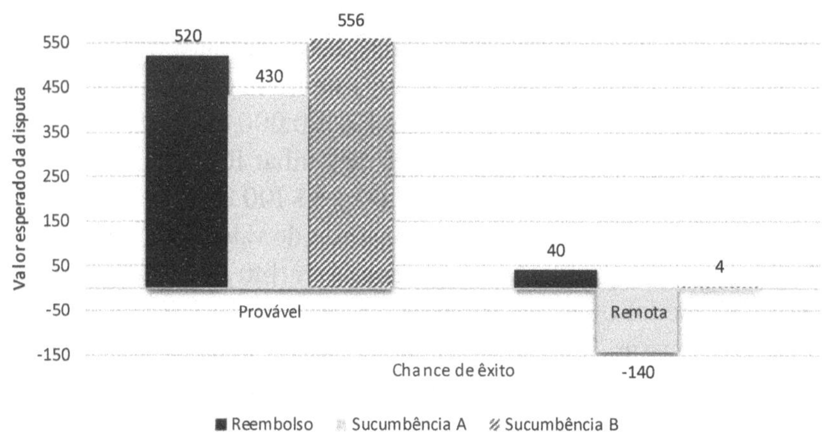

Fonte: Elaboração própria.

1.2. Acordo ou sentença?

A segunda decisão relevante para as partes ao longo do procedimento, impactada pelo regime de honorários, é entre celebrar um acordo ou buscar a sentença arbitral. Os conceitos explorados na subseção anterior ajudam a produzir uma explicação para esse processo decisório, que permita a comparação entre as duas regras.

O modelo básico parte da premissa de que as partes celebrarão um acordo apenas se existir um valor que torne essa opção melhor que aquela de aguardar o julgamento, tanto para a requerente quanto para a requerida. Para a requerente, o valor mínimo que ela aceitaria receber em um acordo, porque o tornaria mais vantajoso que a sentença, equivale a seu ganho esperado com o julgamento menos os custos em que ele incorreria para buscar esse julgamento. Para qualquer valor abaixo disso, a requerente deveria preferir a sentença, cujo valor esperado, já deduzidos os custos para se chegar ao fim da arbitragem, é maior que a oferta de acordo. Por exemplo, se a requerente acredita ter 60% de chances de ganhar R$ 800.000, e para isso gastará R$ 200.000 com a arbitragem, o menor valor que ela aceitaria receber para fechar um acordo seria de 60% x R$ 800.000 – R$ 200.000, ou R$ 280.000. Qualquer proposta de acordo em valor abaixo disso lhe tornaria mais vantajoso incorrer no custo de R$ 200.000 para buscar a sentença de valor esperado de R$ 480.000 (60% x R$ 800.000). Já para a requerida, o acordo só valerá a pena se for celebrado em um valor abaixo daquele que ela espera perder com a sentença arbitral. E o valor dessa sentença para a requerida equivale à sua perda esperada no julgamento mais os custos que terá para chegar até ele. Se a requerida terá R$ 100.000 em custos e acredita que a requerente tem 40% de chances de ganhar R$ 500.000, ela aceitará pagar no máximo 40% x R$ 500.000 + R$ 100.000, ou R$ 300.000, em um acordo. Qualquer proposta de acordo de valor acima desse torna mais vantajoso à requerida buscar a sentença arbitral – o valor esperado da derrota é menor que o pedido para o acordo.[16]

Fica claro, assim, que um acordo vantajoso para as duas partes é possível nos casos em que o mínimo valor aceitável para a requerente é inferior ao máximo valor aceitável para a requerida. Nesse caso, qual-

[16] Cf. Shavell, Steven. Suit, Settlement, and Trial: A Theoretical Analysis under Alternative Methods for the Allocation of Legal Costs. *The Journal of Legal Studies*, v. XI, 1982, p. 63-66; Shavell, Steven. *Foundations of Economic Analysis of Law*. Cambridge: Harvard University Press, 2004, p. 401-402; Posner, Richard. *The Federal Courts: Challenge and Reform*. Cambridge: Harvard University Press, 1999, p. 205; Danzon, Patricia Munch; Lillard, Lee A. Settlement Out of Court: The Disposition of Medical Malpractice Claims. *The Bell Journal of Economics*, v. 12, n. 2, jun. 1983, p. 345. Além de assumir as premissas básicas de que as partes são neutras a risco e pautam sua decisão apenas por fatores econômicos, esse modelo abstrai os custos da negociação de um acordo e a possibilidade de pedidos contrapostos da requerida.

quer valor nesse intervalo é mais benéfico para ambas as partes que o julgamento final. Se em determinada arbitragem a requerente acredita ter 70% de chances de ganhar R$ 800.000 a um custo de R$ 100.000, o mínimo que ela aceitará receber em um acordo será R$ 460.000 (70% x R$ 800.000 - R$ 100.000). Se a requerida gastará os mesmos R$ 100.000 com sua defesa e acha que a requerente tem 60% de chances de ganhar R$ 750.000, o máximo que ofertará em um acordo será R$ 550.000 (60% x R$ 750.000 + R$ 100.000). Logo, faz sentido econômico às duas partes celebrarem um acordo de qualquer valor entre R$ 460.000 e R$ 550.000.

Esse modelo permite notar, por exemplo, porque quanto mais distantes as avaliações das chances de êxito da demanda feitas por cada uma das partes, mais difícil é a possibilidade de um acordo. No exemplo anterior, se a requerida acha que a requerente tem apenas 40% de chances de ganhar a arbitragem, em vez de 60%, a máxima oferta que fará para uma composição amigável será de R$ 400.000 (40% x R$ 750.000 + R$ 100.000). Como o mínimo aceitável para a requerente é R$ 460.000, o acordo não será celebrado.

Uma vez exposto o modelo simples, deve-se o ajustar para incorporar os efeitos das regras de reembolso e de sucumbência e permitir a comparação entre elas.

Tratemos primeiro da regra de reembolso. Suponha que a requerente estima em 60% a probabilidade de ganhar R$ 1.000,000 com a sentença, incorrendo no custo de R$ 200.000, similar ao custo da contraparte. O mínimo que a requerente aceitará receber para trocar a disputa por um acordo será equivalente ao benefício esperado de 60% x (R$ 1.000.000 + R$ 200.000), menos o custo "certo" de R$ 200.000 e aquele decorrente da chance de 40% de ter de reembolsar o custo de R$ 200.000 da parte contrária. Assim, a mínima oferta aceitável para a requerente será de R$ 440.000 (60% x R$ 1.200.000 - R$ 200.000 - 40% x R$ 200.000). Se a requerida avalia em apenas 30% as chances de êxito da requerente, a máxima oferta que fará para celebrar um acordo equivalerá ao valor esperado da sua derrota (30% x R$ 1.000.000 + R$ 200.000) somado aos custos que a requerida terá com sua defesa (R$ 200.000), menos a chance de ganhar e ter esses custos reembolsados (70% x R$ 200.000). Logo, só faz sentido a ela fazer acordo por qualquer valor inferior a R$ 420.000 (30% x R$ 1.200.000 + R$200.000

– 70% x R$ 200.000). Vê-se, nesse exemplo, que não existe espaço para um acordo que seja mutuamente benéfico para as partes, já que o mínimo aceitável para a requerente (R$ 440.000) é superior ao máximo aceitável para a requerida (R$ 420.000).

Imagine agora que a regra de sucumbência seria a aplicável ao mesmo exemplo, mantendo-se intactas as demais variáveis. O mínimo valor que a requerente aceitará receber para fazer um acordo equivale ao ganho esperado com a sentença de 60% x (R$ 1.000.000 + R$ 200.000), menos o custo "certo" de R$ 200.000 e o custo esperado decorrente da chance de 40% de perder e ter não apenas de reembolsar o custo de R$ 200.000 da parte contrária, mas também pagar os honorários de sucumbência ao advogado desta, mais uma vez estimados por simplicidade nos mesmos R$ 200.000. Com isso, o mínimo valor para a requerente seria de R$ 360.000 (60% x R$ 1.200.000 – R$ 200.000 – 40% x R$ 400.000). Por sua vez, o valor máximo que a requerida estaria disposta a pagar para encerrar a disputa por acordo seria a perda esperada com o julgamento, equivalente a 30% de chance de ter de pagar não só os R$ 1.000.000, mas também o reembolso dos custos da contraparte (R$ 200.000) e os honorários advocatícios ao advogado do vencedor (R$ 200.000), somada aos custos "certos" da defesa (R$ 200.000), mas subtraída das chances de 70% de vencer e ter seus custos de R$ 200.000 reembolsados. Assim, a máxima oferta que a requerida faria seria de R$ 480.000 (30% x R$ 1.400.000 + R$ 400.000 – 70% x R$ 200.000).

Como se vê, a mudança da regra de reembolso para a regra de sucumbência, mantidas todas as outras variáveis, criou espaço para um acordo mutuamente benéfico, já que a mínima demanda da requerente (R$ 360.000) passou a ser inferior à máxima oferta da requerida (R$ 480.000). Nesse cenário, portanto, ambas deveriam preferir celebrar acordo por qualquer valor nesse intervalo a buscar a sentença arbitral. E esse espaço para acordo só aumentaria quanto mais pessimistas fossem as partes a respeito das suas próprias chances de êxito.

Essa diferença produzida pela mudança da regra de honorários sobre a decisão de celebrar ou não um acordo, no cenário proposto anteriormente, reflete uma realidade mais geral, capturada no modelo. Quanto maiores os custos (certos ou esperados) de cada uma das partes com o processo, maiores serão as chances de um acordo, já que o acréscimo aos custos diminui o valor esperado da vitória para a requerente e aumenta o valor esperado da derrota para a requerida, aumentando a probabilidade de que seja criada uma zona de acordo mutuamente benéfico, ou aumentando a zona de acordo já existente.[17]

Assim como se fez a respeito da decisão de iniciar ou não a arbitragem, faz sentido ver o que ocorreria com a decisão de celebrar ou não um acordo se a aplicação da regra de sucumbência estivesse clara desde o início e fosse levada em conta na contratação dos honorários, na medida do ganho esperado com a sucumbência.

No exemplo anterior, assume-se, mais uma vez, que as partes teriam custos e comportamento semelhantes diante da regra clara de sucumbência, bem como que atribuiriam ao oponente uma estimativa de êxito da própria pretensão parecida com a sua. Se a requerente e o seu advogado refletissem o ganho esperado deste com a sucumbência, de R$ 120.000 (60% x R$ 200.000), nos honorários contratados, eles os reduziriam a R$ 80.000. O benefício esperado da requerente seria 60% x (R$ 1.000.000,00 + R$ 80.000), do qual seriam subtraídos os custos contratados de R$ 80.000,00, mais os decorrentes das chances (40%) de perder e ter de reembolsar os custos de R$ 80.000 da contraparte e pagar a verba sucumbencial de R$ 200.000 ao advogado desta. A mínima oferta que a requerente aceitaria para fechar um acordo passaria a ser de R$ 456.000 (60% x R$ 1.080.000 - R$ 80.000 - 40% x R$ 280.000). Por sua vez, para a requerida, o ganho esperado do advogado com a sucumbência seria de R$ 140.000 (70% x R$ 200.000), que, refletido nos honorários contratados, resultaria em R$ 60.000 (R$ 200.000 - R$ 140.000). A máxima oferta que ela estaria disposta a fazer equivaleria às chances (30%) de perder e ter de pagar o principal (R$ 1.000.000), mais o reembolso dos custos da contraparte (R$ 60.000) e os honorários sucumbenciais (R$ 200.000), somado aos seus custos contratados de R$ 60.000, mas subtraídos da chance (70%) de ganhar e reaver seus custos (R$ 60.000). O máximo que ofereceria seria de R$ 396.000 (30% x R$ 1.260.000 + R$ 60.000 - 70% x R$ 60.000).

[17] Cf. SHAVELL, Steven. *Foundations of Economic Analysis of Law*. Cambridge: Harvard University Press, 2004, p. 406.

Nesse cenário de comparação, a mudança da regra de reembolso para a regra de sucumbência não cria zona de acordo, diferentemente do anterior. Ao contrário, ela aumenta a distância entre o mínimo aceitável para a requerente (que subiu de R$ 440 mil para R$ 456 mil) e a máxima oferta para a requerida (que caiu de R$ 420 mil para R$ 396 mil), diminuindo ou removendo eventual espaço para acordo mutuamente benéfico que porventura existisse. E a razão disso é que a economia de custos do novo arranjo contratual potencializou o efeito da confiança das partes nas suas respectivas chances (altas) de êxito, fazendo-as preferir buscar a sentença arbitral. De modo coerente, na hipótese em que as partes veem poucas chances de êxito em suas respectivas pretensões, o oposto acontece nesse cenário: a mudança da regra de reembolso para a regra de sucumbência aumenta ou cria espaço para acordo, porque a perda esperada com a derrota é proporcionalmente maior que o benefício gerado pela redução dos honorários contratados (ver Figura 1).[18-19]

[18] Se a requerente estima em 40% suas chances de vitória e a requerida em 30%, sob a regra de reembolso, o mínimo aceitável para a requerente seria de R$ 160.000 (40% x R$ 1.200.000 – R$ 200.000 – 60% x R$ 200.000), enquanto o máximo aceitável para a requerida seria de R$ 980.000 (70% x R$ 1.200.000 + R$ 200.000 – 30% x R$ 200.000). Sob a regra de sucumbência, o mínimo valor para a requerente cairia para R$ 136.000 (40% x R$ 1.120.000 – R$ 120.000 – 60% x R$ 320.000), enquanto a máximo oferta da requerida subiria para R$ 1.036.000 (70% x R$ 1.340.000 + R$ 140.000 – 30% x R$ 140.000).

[19] Se, em vez de assumir que cada parte atribuiria ao oponente uma estimativa de êxito da própria pretensão parecida com a sua, a premissa fosse que ambas teriam a mesma visão sobre as chances de êxito da requerente, a mudança da regra de reembolso para a regra de sucumbência não geraria nenhuma alteração na mínima demanda da requerente ou na máxima oferta da requerida para acordo. Para não cansar o leitor, deixa-se de ilustrar mais essa hipótese.

Figura 1 - Acordo ou sentença?

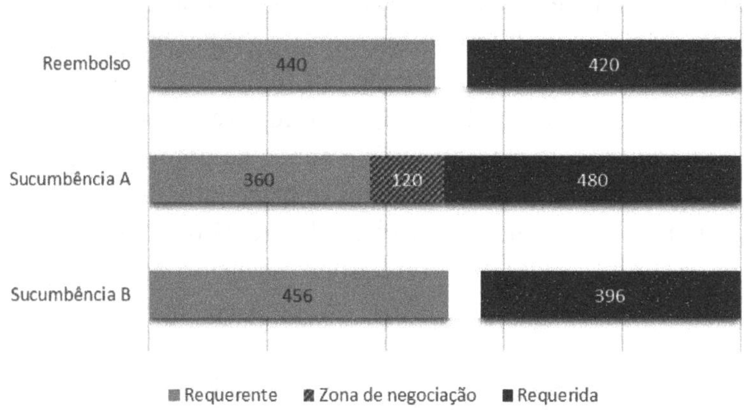

Fonte: Elaboração própria.

1.3. O papel do advogado

Antes de encerrar a comparação entre os impactos de cada uma das regras sobre as decisões de iniciar ou não a arbitragem e celebrar ou não o acordo, é preciso fazer breve menção às potenciais diferenças geradas por elas no comportamento dos advogados. Até aqui, centrou-se nos efeitos de uma mudança de regra no comportamento das próprias partes, mas não se pode ignorar que essa mudança pode alterar também os incentivos próprios de seus mandatários.

A literatura especializada se debruça há tempos sobre as diferenças que o sistema de remuneração dos advogados pode produzir sobre seu comportamento e sua inclinação a favorecer ou não a propositura de demandas ou a celebração de acordos. A título de exemplo, um advogado remunerado exclusivamente pelas horas empregadas no caso pode ter incentivo excessivo para levar o caso até o fim em vez de celebrar acordo, para ter mais trabalho, ao passo que o advogado remunerado apenas pelo sucesso gerado ao cliente pode ter incentivo excessivo para celebrar acordo, aumentando seu retorno sobre a quantidade de trabalho investido.[20]

[20] Cf. MNOOKIN, Robert. Negotiation, Settlement and the Contingent Fee. *DePaul Law Review*, v. 47, n. 2. Winter 1998, p. 365-366. Naturalmente, não se está aqui a sugerir que os advogados ajam movidos apenas por seus próprios interesses ou sejam indiferentes aos interesses de seus clientes, mas apenas a destacar o sistema de incentivos a que estão

A regra de sucumbência, quando comparada à de reembolso, também pode alterar incentivos como esses, como demonstram os exemplos seguintes. Primeiro, e de modo intuitivo, o ganho adicional esperado com a sucumbência (se não refletido em redução do valor contratado conforme hipótese explorada nos itens anteriores) pode constituir incentivo ao emprego de mais trabalho e afinco na obtenção da vitória ao cliente. Segundo, o advogado também tem incentivo para perseguir o maior benefício econômico possível ao cliente, já que a sucumbência é proporcional a esse montante. Terceiro, o advogado pode ter incentivo menor para a celebração de acordo, já que com a composição não perceberá a verba sucumbencial.[21]

A opinião geral da doutrina sobre esses problemas da relação mandante-mandatário (*principal-agent problems*) é de que não existe uma única forma de remuneração que possa alinhar perfeitamente, sob o ponto de vista econômico, os interesses do advogado aos interesses do cliente em todas as circunstâncias.[22] Os modos de lidar com isso passam pela negociação de arranjos contratuais que irmanem na máxima medida possível os interesses de cliente e advogado em cada caso concreto, muitas vezes combinando diferentes formas de remuneração e seus diferentes incentivos,[23] pela obtenção de informação adequada sobre os advogados antes de os contratar, pelo monitoramento constante do trabalho exercido pelo advogado durante o caso, pela contratação, para avaliar as chances de êxito ou negociar um acordo, de advogado diferente daquele contratado para conduzir a causa, entre outros. Além disso, é preciso levar em conta também que outros relevantes incentivos, econômicos e não econômicos, militam na direção do alinhamento de inte-

pessoalmente sujeitos – e nos quais se incluem incentivos a atender seus clientes da melhor forma possível, como se verá em seguida.

[21] Também no sentido de que a expectativa de uma verba contingente pode tornar o interesse do advogado em um acordo inferior ao do cliente, cf. Danzon, Patricia Munch. Contingent Fees for Personal Injury Litigation. *The Bell Journal of Economics*, v. 14, n. 1, Spring 1983, p. 213. Mesmo sob a regra de reembolso, o advogado pode ter incentivo inferior ao do cliente para a celebração de acordo, se p. ex., sua remuneração for à base horária, como visto.

[22] Cf. Mnookin, Robert. Negotiation, Settlement and the Contingent Fee. *DePaul Law Review*, v. 47, n. 2, Winter 1998, p. 364.

[23] A previsão contratual de parcela da remuneração com base no êxito, p. ex., pode reequilibrar os interesses para eventual celebração de acordo.

resses, como os incentivos para a satisfação e a preservação do cliente no longo prazo, para a preservação da reputação no mercado ou até mesmo para evitar o cometimento de infrações éticas.[24]

2. Uma âncora para a ancoragem

Outra diferença relevante entre a regra do reembolso e a regra da sucumbência se relaciona à heurística conhecida como ancoragem e aos vieses associados a ela. Estudos empíricos feitos no campo da Psicologia Cognitiva a partir dos anos 1970 indicam que as pessoas são influenciadas nas suas decisões por dados de que dispõem facilmente ou a que são expostas (as "âncoras"), aos quais fazem ajustes conforme entendem apropriado para chegar à suposta decisão correta. O viés ocorre porque, por melhores que sejam os ajustes, eles tendem a ser insuficientes para corrigir âncoras erradas ou mesmo totalmente irracionais.[25] Em um experimento, depois de lerem a descrição de uma pessoa pega furtando uma loja, juízes alemães foram instruídos a jogar um par de dados viciados, que sempre mostravam os números 3 ou 9. Perguntados, por fim, a quantos meses de prisão condenariam a pessoa descrita, aqueles que tinham obtido o número 3 nos dados responderam, na média, que a condenariam a cinco meses, sentença que subiu para oito meses na média para aqueles que tinham obtido o número 9 – uma diferença de 50%.[26]

Os estudos sugerem que, como resultado desse viés, quanto mais uma parte pede em um processo, mais tende a ganhar.[27] A "âncora"

[24] Cf. MNOOKIN, Robert. *Beyond Winning*: Negotiating to Create Value in Deals and Disputes. Cambridge: Harvard University Press, 2000, p. 82-91; MNOOKIN, Robert. Negotiation, Settlement and the Contingent Fee. *DePaul Law Review*, v. 47, p. 365; SHAVELL, Steven. *Foundations of Economic Analysis of Law*. Cambridge: Harvard University Press, 2004, p. 436; COOTER, Robert D.; RUBINFELD, Daniel L. Economic analysis of legal disputes and Their resolution. *Journal of Economic Literature*, v. 27, n. 3, 1989, p. 1070.

[25] Sobre esse trabalho capitaneado pioneiramente por Daniel Kahneman e Amos Tversky, cf., por todos, KAHNEMAN, Daniel. *Thinking, Fast and Slow*. Nova York: Farrar Straus Giroux, 2011, *passim*.

[26] KAHNEMAN, Daniel. *Thinking, Fast and Slow*. Nova York: Farrar Straus Giroux, 2011, p. 125-126.

[27] Cf. CHAPMAN, Gretchen B.; BORNSTEIN, Brian H. The More You Ask For, the More You Get: Anchoring in Personal Injury Verdicts. *Applied Cognitive Psychology*, v. 10, 1996, p. 519, 525-527; THALER, Richard H.; SUNSTEIN, Cass. *Nudge*: Improving Decisions about Health, Wealth, and Happiness. Londres: Penguin, 2009, p. 24.

gerada pelo valor do pedido influencia, mesmo inconscientemente, aquele que tem de tomar uma decisão à luz desse pedido. Como tomadores de decisão, por mais preparados, técnicos e racionais que árbitros possam ser, ou por menos discricionários que sejam seus juízos, eles não estão totalmente imunes ao viés gerado pela ancoragem.[28]

Se isso é verdade, cada parte de uma arbitragem tem incentivo adicional para fazer ou quantificar os pedidos da forma mais distante um do outro, contando com a chance de que o viés gerado pela ancoragem acabe lhe sendo favorável. Para o tribunal, exageros nessa ancoragem tornam apenas mais difícil a tarefa de investigar os fatos e tomar a decisão correta.

Os honorários de sucumbência podem ser um fator de contenção dessa estratégia. Na medida em que os honorários são fixados em valor ou alíquota proporcional à sucumbência da parte vencida, isto é, proporcional à parcela não acolhida dos pedidos desta última, funcionam como inibidor de exageros nas pretensões dos litigantes, uma "pena" para a ancoragem excessiva. Tendem, assim, a fazer com que os pedidos e os seus valores gravitem de modo mais próximo em torno daquilo a que as partes entendem verdadeiramente fazer jus. A regra de reembolso não tem um efeito semelhante.

Conclusões

A condenação a pagar honorários como resultado da sucumbência tem funções ou efeitos que vão muito além de remunerar o trabalho do

[28] Indícios da incidência desse viés na arbitragem podem ser encontrados na *PwC International Arbitration Damages Research*, publicada em 2017. Disponível em: https://www.pwc.co.uk/services/forensic-services/disputes/insights/pwc-international-arbitration-damages-research-2017.html. Acesso em: 10 jul. 2022. Experimentos mostraram esse viés operando sobre juízes federais e estaduais, ainda que em menor nível que o identificado em jurados (cf. GUTHRIE, Chris *et al.* Inside the Judicial Mind. *Cornell Law Review*, v. 86, 2001, p. 777, 816-817; VISCUSI, W. Kip. How Do Judges Think About Risk? *American Law & Economics Review*, v. 1, 1999, p. 26, 59; ENGLICH, Birte; MUSSWEILER, Thomas. Sentencing under Uncertainty: Anchoring Effects in the Court-Room. *Journal of Applied Social Psychology*, v. 31, n. 7, 2001, p. 1538). Não há como afirmar que árbitros seriam imunes a esse viés (cf., nesse sentido, SUSSMAN, Edna. Biases and Heuristics in Arbitrator Decision-Making: Reflections on How to Counteract or Play to Them. *In*: COLE, Tony. *The Roles of Psychology in International Arbitration*. The Hague: Kluwer Law International, 2017, p. 55).

advogado ou reembolsar a parte pelo custo que teve com este. Uma regra dessa natureza encerra uma rede de incentivos que podem influenciar e modificar decididamente algumas importantes etapas e decisões relacionadas à arbitragem.

Como se procurou demonstrar, a escolha entre a regra de reembolso e a regra de sucumbência tem consequências bastante diferentes e relevantes, relacionadas aos indutores que cada uma delas gera sobre o comportamento das partes, ou mesmo de seus advogados e dos árbitros. Não se buscou – nem seria possível nos limites deste capítulo – exaurir todos os potenciais efeitos que a mudança da regra de honorários pode ter sobre o funcionamento do processo arbitral, mas sim explorar aqueles que provavelmente estão entre os mais relevantes, em alguns cenários considerados próximos à realidade da prática arbitral.

Se os efeitos, estímulos e desestímulos tratados neste capítulo são desejáveis sob a perspectiva das partes ou não, essa é outra questão, que compete a elas avaliar e resolver em cada contrato ou caso concreto, quando se veem diante da decisão de optar por esta ou aquela regra para sua disputa. O objetivo não foi fazer um juízo de valor sobre qual seria o melhor regime de honorários, mas sim ilustrar as diferenças de funcionamento entre as duas regras, tanto para evidenciar a importância que pode ter a escolha clara pela aplicação de uma ou outra delas *ex ante*, na convenção ou no termo de arbitragem, quanto para que partes e advogados tenham ferramentas que contribuam para a melhor compreensão das suas opções e a tomada de decisões a respeito do regime de honorários.

14. CUSTOS DOS PROCEDIMENTOS ARBITRAIS: DESPESAS, HONORÁRIOS, SUCUMBÊNCIA[1]

LUCIANO DE SOUZA GODOY

Introdução

A arbitragem é frequentemente apresentada como uma válvula de escape ou saída alternativa à massiva quantidade de processos judiciais que se acumulam às mesas dos juízes e das juízas do país. Como método

[1] Inicialmente, gostaria de agradecer ao Grupo de Estudo em Arbitragem (GVEArb) da Escola de Direito de São Paulo da Fundação Getulio Vargas (FGV DIREITO SP) pela iniciativa em organizar a presente publicação em prol da disseminação e estudo da arbitragem no Brasil. Agradeço também pelo convite e pela satisfação em poder participar dessa coletânea. A arbitragem, seus meios, suas formas e suas questões me são caros, profissional e academicamente falando. Como professor da Escola de Direito desde 2009, já tive oportunidade de cuidar do tema em aulas na graduação, nos cursos de especialização do GV Law e no mestrado profissional. E, ainda, debatendo e contribuindo para a difusão do tema com alunos e docentes, em salas de aula, em bancas de trabalhos e em dissertações. Acredito que o fortalecimento da arbitragem como instituição, seu desenvolvimento no país, inclusive de forma didática como cadeira nos cursos de graduação, é um pilar de consolidação do Estado de Direito; é um fator de segurança jurídica para atrair investimentos por ser mais um (hoje, talvez, o mais efetivo) método de solução de disputas.
Posso dizer, portanto, que tomo esse convite com a missão – desafiadora e estimulante – de debater e contribuir, ao lado da GVEArb e dos autores que compõem esta publicação, para o avanço e a difusão da arbitragem no Brasil. Para que seus problemas possam ser superados e contornados por meio de um debate, da evolução teórico-doutrinária de seus conceitos e para que suas qualidades sejam aproveitadas no desenvolvimento do país.

heterocompositivo de solução de conflitos, assim como é o processo judicial, ambos os procedimentos são colocados lado a lado para comparação de suas semelhanças, diferenças, vantagens e desvantagens. Contudo, algumas dessas comparações produzem impressões negativas e nem sempre verídicas sobre o procedimento arbitral.

Sempre que buscamos debater as vantagens e as desvantagens da arbitragem com relação ao processo judicial, os custos do procedimento arbitral se tornam um assunto delicado. Há a crença de que resolver um litígio pela arbitragem é sempre mais caro do que o fazer por meio de um processo judicial. E isso se apresenta como um óbice tanto à difusão quanto à recomendação do procedimento para resolução de conflitos menores ou relacionados a partes de poder econômico reduzido.

Nessa discussão, toma papel central a incidência e o cabimento dos honorários sucumbenciais nos procedimentos arbitrais, vez que os tornam mais custosos do que poderiam ser, reafirmando o senso comum que costumamos combater.

Dessa forma, aqui nos dedicaremos ao cabimento ou não, à luz da legislação brasileira, dos honorários sucumbenciais nos procedimentos arbitrais, a fim de demonstrar que sua aplicabilidade compulsória, nos moldes do processo estatal, é incompatível com o instituto da arbitragem. Antes, contudo, algumas palavras são necessárias sobre os custos gerais dispendidos em procedimentos arbitrais.

1. Custos gerais de procedimentos arbitrais

Os valores gastos pelas partes em procedimento arbitral se dividem genericamente em dois tipos: (i) taxas de administração e honorários de árbitros; e (ii) custas de reembolso devidas pela parte vencida à parte vencedora com a finalidade de recompor a posição econômica da parte ao momento anterior ao processo.[2]

Tendo por base regulamentos das instituições arbitrais mais utilizadas hoje no Brasil, como o Centro Brasileiro de Mediação e Arbitragem (CBMA), o Centro de Arbitragem e Mediação da Câmara de Comércio Brasil-Canadá (CAM-CCBC), a Câmara de Conciliação, Mediação e Arbitragem CIESP/FIESP, a Câmara de Arbitragem Empresarial

[2] Aqui se está propositalmente desconsiderando valores que podem variar sobremaneira entre um procedimento e outro ou aqueles que também são dispendidos em processos judiciais, como valores com perícia, assistentes técnicos, diárias de testemunhas, etc.

(CAMARB), a Câmara da AMCHAM/Brasil e a Câmara de Comércio Internacional (CCI), podemos dizer que a taxa de administração e os honorários dos árbitros em um procedimento arbitral são divididos em proporções praticamente iguais à parte requerente – que instaura o procedimento – e à parte requerida.

Apenas para fins exemplificativos, a Tabela 1, a seguir, estima os custos da parte requerente e da parte requerida com procedimentos arbitrais em cada uma das câmaras citadas para casos hipotéticos no valor de R$ 10.000.000,00, de R$ 50.000.000,00 e de R$ 100.000.000,00, com base nos respectivos regulamentos.

Tabela 1 – Estimativa de custas dos principais centros de arbitragem do Brasil em causas de dez milhões de reais (10M), 50 milhões de reais (50M) e 100 milhões de reais (100M)

Valor da causa/ Câmara	10M	50M	100M
CBMA	**Requerente**: entre R$146.500 e R$229.000 **Requerida**: entre R$142.500 e R$225.000	**Requerente**: entre R$274.000 e R$439.000 **Requerida**: entre R$270.000 e R$435.000	**Requerente**: a partir de R$324.000 **Requerida**: a partir de R$320.000
CAM-CCBC	**Requerente**: R$301.000 **Requerida**: R$297.000	**Requerente**: R$424.310 **Requerida**: R$420.310	**Requerente**: R$530.490 **Requerida:** R$526.490
CIESP/FIESP	**Requerente**: R$288.625 **Requerida**: R$283.625	**Requerente**: R$429.875 **Requerida:** R$424.875	**Requerente**: R$529.875 **Requerida**: R$524.875
CAMARB	**Requerente**: R$243.347 **Requerida**: R$238.347	**Requerente**: R$419.117 **Requerida**: R$414.117	**Requerente**: R$488.304,50 **Requerida**: R$483.304,50
AMCHAM[3]	**Requerente**: R$238.311 **Requerida**: R$234.126	**Requerente**: R$360.171 **Requerida**: R$355.986	**Requerente:** R$443.637 **Requerida:** R$439.452
CCI	**Requerente e requerida**: entre R$200.794,50 e R$685.873,50	**Requerente e requerida**: entre R$267.879,50 e R$837.801,50	**Requerente e requerida:** entre R$324.079,50 e R$980.326,50

Fonte: Elaboração própria.

[3] Considerando procedimento arbitral de 18 meses em que a parte não é associada à AMCHAM.

Considerando só o valor das custas judiciais, os procedimentos arbitrais são mais custosos que os casos no Judiciário. Em São Paulo, um caso judicial em tema empresarial, para os três cenários expostos na tabela, apresentaria valores no teto das custas da Justiça Paulista – em torno de R$ 87.000,00 para cada instância, isto é, em torno de R$ 174.000,00.

Porém, um olhar sobre tal comparação não há que se voltar tão somente ao valor das custas do procedimento. Deve se dirigir também (e acrescê-los!) ao reembolso de despesas de honorários contratuais de advogados e aos honorários de sucumbência. Aí sim a equação de custos estará completa na comparação.

A Lei de Arbitragem (Lei n. 9.307/1996) prevê que "a sentença arbitral decidirá sobre a responsabilidade das partes acerca das custas e despesas com a arbitragem, bem como sobre verba decorrente de litigância de má-fé, se for o caso, respeitadas as disposições da convenção de arbitragem, se houver".[4]

Na prática, não é costumeiro o detalhamento das custas e despesas nas convenções de arbitragem ou no termo, ficando a cargo do tribunal arbitral decidir e definir a extensão de tais gastos. Comprovado o dispêndio de honorários contratuais pela parte vencedora, portanto, pode o tribunal arbitral determinar o reembolso de tais valores pela parte vencida, repondo a perda de patrimônio decorrente do procedimento.

De acordo com Sica e Pimentel, em artigo publicado na *Revista Brasileira de Arbitragem*:

> é comum que, nas arbitragens domésticas, os árbitros fixem o valor dos honorários contratuais "equitativamente". A rigor, isso somente seria admissível em arbitragens de equidade (arts. 2º, 11, II, e 26, II, da Lei nº 9.307/1996), sob pena de nulidade da sentença (art. 32, IV). O conceito de "equidade" é sabidamente polissêmico, mas, para os fins dos arts. 2º, 11 e 26 da Lei nº 9.307/1996, entende-se que haverá "julgamento por equidade" na hipótese em que o texto legal é afastado ou tem sua aplicação mitigada em face de alternativa reputada mais justa. Por outro lado, se a parte vencedora efetivamente houver requerido a condenação do seu adversário em lhe restituir os honorários contratuais dispen-

[4] Redação do artigo 27 da Lei n. 9.307/1996.

> didos e comprovar o seu efetivo desembolso, os árbitros poderão fazer um controle de "razoabilidade" dessa verba, para efeito de reduzi-la, nos termos do parágrafo único do art. 944 do CC. Como se trata de juízo de equidade excepcionalmente autorizado em lei, ao aplicá-lo, os árbitros não se desviam da convenção que lhes determina julgamento por critério de legalidade.[5]

No referido artigo, a partir da análise econômica entre custos de procedimentos arbitrais e judiciais de quatro estados brasileiros (MG, SP, RJ e RS), chegou-se à conclusão de que nem sempre é verdadeira a afirmação propagada de que a arbitragem é mais custosa. Segundo os autores, a arbitragem será mais cara somente para a parte com menos chance de êxito no litígio, enquanto para a parte com maiores chances de sucesso, a arbitragem parece se mostrar menos custosa do que o procedimento judicial. A conclusão advém, principalmente, da possibilidade de haver restituição dos valores dispendidos com os honorários contratuais e de não haver o pagamento de honorários sucumbenciais.[6]

Esse é o ponto nuclear deste breve texto. Como se dá a aplicação dos honorários de sucumbência aos procedimentos arbitrais? Em princípio, filio-me à corrente de que não há aplicação automática de honorários de sucumbência às arbitragens – tem de haver autorização na cláusula ou no compromisso arbitral e pedido das partes.

Como se verá adiante, esse não é o entendimento de todos os arbitralistas atuantes no país.

De qualquer forma, uma coisa é certa: os honorários sucumbenciais cumprem papel central na discussão sobre o custo do procedimento arbitral, e discutir a sua aplicabilidade torna-se necessário àqueles que

[5] Sica, Heitor; Pimentel, Wilson. Custo do processo arbitral *versus* custo do processo judicial: uma análise econômica da realidade brasileira. *Revista Brasileira de Arbitragem*, v. 68, n. 17, p. 42-66, 2021.

[6] Relembram os autores, ainda, que "como toda norma constante de regulamento de órgãos arbitrais, essa é derrogável pela vontade das partes, que podem estabelecer, por exemplo, que uma das partes arcará com todas as despesas (como ocorre em algumas cláusulas compromissórias inseridas em contratos administrativos, que impõem ao particular arcar com todo o custo do processo arbitral)" (Sica, Heitor; Pimentel, Wilson. Custo do processo arbitral *versus* custo do processo judicial: uma análise econômica da realidade brasileira. *Revista Brasileira de Arbitragem*, v. 68, n. 17, p. 42-66, 2021).

se interessam pelo assunto e desejam ver a arbitragem alçar novos horizontes no futuro do Brasil.

2. Sucumbência

No processo estatal, as despesas sucumbenciais são valores que devem ser pagos pelo litigante que não teve sua pretensão acolhida pelo juiz. Pode ser total – quando todas as pretensões foram consideradas improcedentes ou a ação foi extinta sem exame de mérito; ou parcial, que possui como consequência a sucumbência recíproca – ou seja, ambas as partes tiveram pretensões não acolhidas e ficam responsáveis por ressarcir a outra parte na medida do não acolhimento.

Nas palavras do já citado professor Heitor Vitor Mendonça Sica, as verbas sucumbenciais são aferidas pelo juiz com base no "critério de distribuição da responsabilidade pelo custo do processo"[7] entre as partes. Dividem-se em (i) custas do processo – honorários periciais, despesas judiciais, taxas, valores dispendidos com registros, penhoras ou outros atos processuais necessários no decorrer do litígio; e (ii) honorários advocatícios, decorrentes, inicialmente, dos custos que a parte vencedora teve na contratação da prestação de serviços jurídicos durante o processo.

A natureza dos honorários de sucumbência remonta, em sua origem histórica, à imposição de uma sanção, à ideia de que o vencido teria litigado sem direito a ser tutelado, o que equivaleria a um ato ilícito punível.[8] Contudo, com o tempo, tal verba passou a ser encarada como o ressarcimento, pelo vencido ao vencedor, dos custos dispendidos com o processo.

> Autores como Yussef Said Cahali e Moacyr Amaral Santos apontam Adolfo Weber como o primeiro jurista a discordar do entendimento consagrado, afirmando que a condenação em honorários representaria um ressarcimento do vencedor pelos prejuízos sofridos.
>
> Apesar de se distanciar da figura da pena, essa "Teoria do Ressarcimento" ainda apresentava a ideia de culpa do vencido, fundamentando-se a

[7] Sica, Heitor Vitor Mendonça. Breves comentários ao art. 20 do CPC, à luz da jurisprudência do STJ. *Revista de Processo*, v. 37, n. 207, p. 345-384, maio 2012.

[8] Pinho, Humberto Dalla Bernardina de; Salles, Tatiana. Honorários advocatícios, evolução histórica, atualidades e perspectivas no projeto do novo CPC. *Revista Eletrônica de Direito Processual – REDP*, v. 9, ano 6, 2012.

> condenação do pagamento em honorários e despesas na obrigação legal de reparar o dano imposta a quem causa prejuízo a outrem por culpa.[9]

Apenas com Chiovenda, no desenvolvimento da teoria da sucumbência, que se consagrou a noção de que esses valores representariam efetivamente um ressarcimento ao vencedor, afastando a atribuição de "caráter de ilicitude ao exercício da ação ou da defesa".[10] Segundo Helena Najjar Abdo, "não se trata, evidentemente, de punir conduta abusiva, nem de ressarcir os danos causados por qualquer ato ilícito, uma vez que o exercício da ação e da defesa são condutas totalmente lícitas, tanto que constitucionalmente garantidas na maioria dos ordenamentos processuais".[11] Dessa forma, sob a ideia de sucumbência, relacionada à teoria da causalidade,[12] formulada por Chiovenda, os valores devidos pelo vencido ao vencedor teriam "por base o fato objetivo da derrota, e sua finalidade seria tão-somente a de repor a situação ao status em que ela estaria caso o processo não tivesse sido necessário".[13]

No Brasil, o primeiro diploma legal a instituir os honorários de sucumbência foi o Código de Processo Civil de 1939, em seus artigos 63 e 64. Nele, não se adotou o princípio da sucumbência mencionado anteriormente, pois tais valores eram devidos quando "a ação resultasse de dolo ou culpa, contratual ou extracontratual" – como uma pena a ser aplicada a parte vencida pela derrota.[14]

[9] PINHO, Humberto Dalla Bernardina de; SALLES, Tatiana. Honorários advocatícios, evolução histórica, atualidades e perspectivas no projeto do novo CPC. *Revista Eletrônica de Direito Processual – REDP*, v. 9, ano 6, 2012, p. 2.

[10] ABDO, Helena Najjar. O (equivocadamente) denominado "ônus da sucumbência" no Processo Civil. *Revista de Processo*, v. 140, p. 37-53, out. 2006.

[11] ABDO, Helena Najjar. O (equivocadamente) denominado "ônus da sucumbência" no Processo Civil. *Revista de Processo*, v. 140, p. 37-53, out. 2006.

[12] "Contudo, a mera sucumbência não é suficiente para explicar todos os casos em que se deve atribuir a responsabilidade pelo custo do processo. Na verdade, a sucumbência é, como dito, um indicador do verdadeiro princípio que deve prevalecer em matéria de atribuição da responsabilidade pelo custo do processo: o da causalidade" (ABDO, Helena Najjar. O (equivocadamente) denominado "ônus da sucumbência" no Processo Civil. *Revista de Processo*, v. 140, p. 37-53, out. 2006).

[13] ABDO, Helena Najjar. O (equivocadamente) denominado "ônus da sucumbência" no Processo Civil. *Revista de Processo*, v. 140, p. 37-53, out. 2006.

[14] PINHO, Humberto Dalla Bernardina de; SALLES, Tatiana. Honorários advocatícios, evolução histórica, atualidades e perspectivas no projeto do novo CPC. *Revista Eletrônica de Direito Processual – REDP*, v. 9, ano 6, 2012, p. 5.

A Lei n. 4.632, de 1965, suprimiu o dolo e a culpa, a caminho do princípio elaborado por Chiovenda e, finalmente, o Código de Processo Civil de 1973 o estabeleceu em seu artigo 20.[15] Portanto, e justamente com base na compreensão da verba sucumbencial como forma de recomposição do patrimônio da parte vencedora, o destinatário das verbas honorárias de sucumbência era necessariamente a parte[16]. O referido artigo definia que: "a sentença condenará o vencido a pagar ao vencedor as despesas que antecipou e os honorários advocatícios". Obviamente que tais valores poderiam ser eventualmente revertidos aos patronos, total ou parcialmente, mas tal destinação dependia especificamente de estipulação contratual entre a parte e seu representante legal.

Contudo, com o advento da Lei n. 8.604/1994 (o Estatuto da OAB), representando uma vitória de classe profissional, os honorários sucumbenciais passaram a ser expressamente destinados aos advogados atuantes no litígio, como um direito autônomo desses. O artigo 22 aponta que "a prestação de serviço profissional assegura aos inscritos na OAB o direito aos honorários convencionados, aos fixados por arbitramento judicial e aos de sucumbência". Dessa forma, os honorários de sucumbência passaram a ser considerados direito material de natureza alimentar do advogado – podendo ele, portanto, persegui-lo juridicamente contra a parte vencida. O advogado se tornou centro de interesse econômico nos processos e as verbas sucumbenciais deixaram de ter a finalidade

[15] "A exposição de motivos que antecedeu a publicação do Código de Processo Civil (LGL\1973\5) de 1973 (Lei 5.869/73) dedica uma passagem para explicar essa questão. Ali se esclareceu que o Código "adotou o princípio do sucumbimento, pelo qual o vencido responde por custas e honorários advocatícios em benefício do vencedor (art. 23 do CPC (LGL\1973\5))." A exposição de motivos justifica essa postura com base na doutrina de Chiovenda, para quem a responsabilidade pelo custo do processo decorre do fato objetivo da derrota, já que o emprego do processo não pode se resolver em prejuízo de quem tem razão, sendo vedada, pois, a diminuição patrimonial da parte que, ao final, sagrou-se vencedora" (Abdo, Helena Najjar. O (equivocadamente) denominado "ônus da sucumbência" no Processo Civil. *Revista de Processo,* v. 140, p. 37-53, out. 2006).

[16] "A Lei 4.632/65 alterou a redação do artigo 64 para suprimir a exigência de dolo ou culpa, mas apenas com o Código de 73 a sucumbência foi adotada como regra, no art. 20, estabelecendo-se que o vencido deverá pagar as despesas antecipadas pelo vencedor e também os honorários advocatícios. Posteriormente, em 1976, a redação do artigo foi alterada para incluir a afirmação de que a verba seria devida ainda que o advogado tivesse atuado em causa própria" (Abdo, Helena Najjar. O (equivocadamente) denominado "ônus da sucumbência" no Processo Civil. *Revista de Processo,* v. 140, p. 37-53, out. 2006).

de recompor a posição econômica da parte vencedora ao momento anterior ao processo e se tornaram parte dos honorários destinados ao advogado da parte vencedora, despido de relação jurídica própria, pelo abstrato serviço indispensável à administração da Justiça.

O Código de Processo Civil de 2015 (Lei n. 13.105/2015 – CPC) não alterou o entendimento fixado com o Estatuto da OAB, mas conferiu balizas mais precisas para a fixação dos valores de honorários sucumbenciais pelo juiz do que o código de processo anterior. Segundo o artigo 85, "a sentença condenará o vencido a pagar honorários ao advogado do vencedor", que "serão fixados entre o mínimo de dez e o máximo de vinte por cento" não mais apenas sobre o valor da condenação, como ocorria no código anterior, mas também sobre "o proveito econômico obtido ou, não sendo possível mensurá-lo, sobre o valor atualizado da causa".

Há, hoje, em discussão no Superior Tribunal de Justiça, casos discutindo a interpretação a ser conferida ao § 8º do referido artigo 85, CPC.[17]

De um lado, há a defesa de que em causas de valores exorbitantes ou ínfimos o percentual de aplicação dos honorários de sucumbência pode sair do intervalo estabelecido pelo § 2º do artigo 85, CPC, a fim de impedir verbas honorárias desarrazoadas. E de outro, há a defesa da literalidade do código e da aplicação obrigatória dos honorários dentro do percentual de dez a vinte por cento do valor da causa, proveito econômico ou valor da condenação, independentemente de quanto represente.

[17] O § 8º do referido artigo dispõe: "nas causas em que for inestimável ou irrisório o proveito econômico ou, ainda, quando o valor da causa for muito baixo, o juiz fixará o valor dos honorários por apreciação equitativa, observando o disposto nos incisos do § 2º"; temas 1046 e 1076 de recursos especiais repetitivos no Superior Tribunal de Justiça. A literalidade deste e outros dispositivo relacionados aos honorários de sucumbência são também objeto da Ação Direta de Constitucionalidade proposta pela Ordem dos Advogados do Brasil perante o Supremo Tribunal Federal (ADC 71), que procuram, assim, afastar o juízo de equidade no arbitramento dos honorários de sucumbência de causas de valor elevado em casos em que a Fazenda Pública é parte do processo. Segundo inicial da ADC 71: "A despeito da clareza dos dispositivos constantes nos §§ 3º e 5º do CPC, a jurisprudência de diversos tribunais tem afastado sua aplicação, sobretudo em causas de condenação elevada, sob os argumentos de afronta a princípios, tais como a equidade, a razoabilidade e a proporcionalidade. Nesses casos, tem havido uma interpretação ampliativa do § 8º do art. 85 do CPC, de modo a autorizar o arbitramento equitativo dos honorários de sucumbência fora das hipóteses estritamente previstas no texto legal".

Recentemente, inclusive, a Corte Especial do STJ julgou o Tema 1076 dos recursos repetitivos, concluindo em favor dessa última posição e firmando a seguinte tese vinculante:

> i) A fixação dos honorários por apreciação equitativa não é permitida quando os valores da condenação, da causa ou o proveito econômico da demanda forem elevados. É obrigatória nesses casos a observância dos percentuais previstos nos §§ 2º ou 3º do artigo 85 do CPC – a depender da presença da Fazenda Pública na lide –, os quais serão subsequentemente calculados sobre o valor: (a) da condenação; ou (b) do proveito econômico obtido; ou (c) do valor atualizado da causa.
> ii) Apenas se admite arbitramento de honorários por equidade quando, havendo ou não condenação: (a) o proveito econômico obtido pelo vencedor for inestimável ou irrisório; ou (b) o valor da causa for muito baixo.[18]

Do nosso ponto de vista, no entanto, a compreensão de que as balizas de dez a vinte por cento do artigo 85, § 2º, CPC, aplicam-se a um valor ilimitado (o valor da condenação, da causa ou proveito econômico) determina diversas consequências negativas, tanto econômicas, quanto éticas e jurídicas à administração da justiça no país.

A não existência de um teto para o arbitramento dos honorários sucumbenciais impacta o próprio acesso à justiça, na medida em que diversas partes litigantes se veem impedidas de ter sua controvérsia resolvida pelo Poder Judiciário por não conseguirem suportar as despesas de uma futura condenação – a depender do valor envolvido. Ou, o desincentivo econômico do valor da sucumbência a incentive a procurar outros meios para solução da controvérsia – é conhecido o uso excessivo e alargado do mandado de segurança em temas tributários. É possível, ainda, que o proveito econômico do advogado a título de honorários sucumbenciais seja maior que o recebido pela parte vencedora, já que as verbas podem ter bases de cálculo diversas. Na contramão do moderno processo civil, os honorários sucumbenciais – pela sua natureza alimentar e autônoma que pertence ao advogado – também prejudicam

[18] STJ. Corte Especial. REsp n. 1.906.618/SP. Rel. Ministro Og Fernandes, julgado em 16 de março 2022.

eventuais soluções consensuais e transações entre as partes litigantes.[19] E, por último, permite verdadeiro enriquecimento sem causa por parte de advogados em casos de volumosa monta, que não necessariamente se refletem em complexidade da causa, prejudicando a imagem da advocacia e permitindo a ela ganhos muito superiores aos de qualquer outra profissão.

Na nossa visão, vale ressaltar que a expressão "inestimável" presente no § 8º do referido artigo não se limita a situações, fatos ou coisas que não podem ser estimados economicamente por terem sua importância em outras esferas de afeto da vida humana. Valor inestimável também pode ser compreendido como "valor ou um tamanho muito acima do normal ou da média"[20] – interpretação que nos parece adequada diante dos pontos acima elencados.[21]

Como ideia ainda a ser aprimorada para uma aplicação quanto ao estabelecimento de um teto, que potencialmente resolveria os problemas apontados, seria possível adotar por analogia o valor de depósito da ação rescisória, disposto no artigo 968, § 2º, do CPC, no valor de mil salários mínimos, eis que sua natureza, assim como se entendia na origem dos honorários de sucumbência, é a de sancionar uma forma de abuso do direito de ação.[22] Se assim ocorrer, até o limite de honorários de sucumbência de um mil salários mínimos, o juiz ou o tribunal deve aplicar os padrões previstos no artigo 85, § 2º, CPC; além desse montante, haverá por parte do julgador uma avaliação discricionária na parte

[19] "O envolvimento do advogado com o processo de captura de renda se dá da seguinte forma: a depender da forma de contratação, interessado nos eventuais honorários, sua atuação promoverá litígios. Se os seus honorários forem maiores quando houver disputas, abstraindo-se compromissos éticos e sob uma perspectiva econômica, dificilmente ele orientará seus clientes a resolver conflitos de maneira amigável. O advogado seria um (mero) intermediário na captura de renda criada pelos litígios" (MARISTRELLO, Antônio; GAROUPA, Nuno. *Curso de análise econômica do Direito*. Barueri: GEN, 2020).

[20] STJ. REsp n. 1.746.072/PR Rel. Ministra Nancy Andrighi, julgado em 25 de março de 2020.

[21] Apesar de divergirem do nosso posicionamento Gajardoni, Dellore, Roque e Oliveira escrevem que "é de se reconhecer que algumas decisões judiciais de tribunais intermediários apontam que esse 'não se estima' seria possível também para algo 'muito elevado'" (GAJARDONI, Fernando *et al. Teoria do processo*: comentários ao CPC de 2015. Barueri: Grupo GEN, 2019, p. 306.

[22] MOREIRA, José Carlos Barbosa. *Comentários ao Código de Processo Civil*. Rio de Janeiro: Forense, 2009.

somente que exceder, amparada pelo artigo 85, § 8º, CPC, por ser considerada honorários sucumbenciais exorbitantes.

Observamos que, como bem levantado por Flávio Luiz Yarshell e retomando a discussão inicial, a decisão a ser tomada pelo STJ – caso se conclua pela aplicação literal do Código de Processo Civil, posição defendida inclusive por ele – poderá impactar os custos dos processos judiciais e "não haverá dúvida de que, em muitos casos, os encargos financeiros da arbitragem serão consideravelmente menores".[23]

3. Incompatibilidade dos honorários de sucumbência na arbitragem

O tema dos honorários de sucumbência adquire contornos que tornam sua aplicação na arbitragem muito mais complexa – e, consequentemente, mais polêmica – do que no processo judicial.

Uma das qualidades mais interessantes da arbitragem é a possibilidade que as partes possuem de adaptar o procedimento às suas necessidades. A questão, portanto, é simples se, na convenção de arbitragem ou no próprio procedimento, concordam as partes com a possibilidade ou impossibilidade da fixação da verba honorária de sucumbência pelo tribunal arbitral. No procedimento, importante mencionar que a parte precisa comparecer por meio de seu representante legal com poderes para alterar ou aditar a cláusula arbitral ou o compromisso.

O problema surge quando essas divergem a respeito do tema ou quando a convenção é omissa.

Atualmente, os arbitralistas brasileiros apresentam duas posições na ausência de concordância das partes: (i) os árbitros estão impedidos de determinar o pagamento de honorários de sucumbência, posição aqui adotada;[24] ou (ii) os árbitros têm ampla possibilidade (e até mesmo dever) de fixar a verba na sentença, mesmo quando uma das partes não tenha anuído.[25]

[23] Yarshell, Flavio Luiz. O santo não é de barro, mas devagar com o andor: a arbitragem sob ataque. *Conjur*, 28 mar. 2021. Disponível em: https://www.conjur.com.br/2021-mar-28/flavio-luiz-yarshell-arbitragem-ataque. Acesso em: 28 mar. 2021.

[24] Castro Neves, José Roberto de. Os honorários advocatícios de sucumbência na arbitragem. *In*: Carmona, Carlos Alberto; Lemes, Selma Ferreira; Martins, Pedro Batista (orgs.). *20 anos da Lei de Arbitragem*: homenagem à Petrônio R. Muniz. São Paulo: Atlas, 2017.

[25] Aprigliano, Ricardo de Carvalho. Alocação de Custas e Despesas e a Condenação em Honorários Sucumbenciais em Arbitragem. *In*: Carmona, Carlos Alberto; Lemes, Selma

Aqueles que defendem que os árbitros podem proceder à condenação nos honorários de sucumbência mesmo sem a concordância de uma das partes partem, majoritariamente, de dois fundamentos: (i) as regras sobre os honorários de sucumbência previstas no CPC representariam princípios processuais de caráter geral que deveriam ser transportados à arbitragem; e (ii) o Estatuto da Advocacia, como regra de direito material, determinaria a necessária fixação dos honorários, tanto no processo estatal, quanto na arbitragem.

Quanto ao primeiro argumento, lembramos aqui que as regras do CPC não se aplicam diretamente à arbitragem – incluindo o conceito de honorários de sucumbência. Nesse sentido, José Emilio Nunes Pinto e Eduardo Parente deixam claro em suas respectivas obras a conexão principiológica entre os sistemas do processo estatal e do processo arbitral, mas não a vinculação de um às regras do outro:

> É importante que se esclareça que os árbitros se valem em muitas das vezes dos princípios gerais do processo civil que servem de base para a condução do procedimento arbitral, mas não das regras processuais contidas no Código de Processo Civil. Princípios e regras são realidades distintas e a inexata compreensão dessa questão pode levar, como já tem levado, a equívocos que somente servem para desnaturar a arbitragem e militar em detrimento dela.[26]
>
> Logo, quer nos parecer clara a natureza processual da Lei de Arbitragem brasileira. Isso leva a concluir pela pertinência de falar em mútuas influências entre os sistemas do processo arbitral e estatal. Influências essas que devem se equilibrar sobre dois pilares, em prol da autonomia do processo arbitral: o respeito aos seus princípios e não a sujeição às sectárias formas do modelo estatal. Daí dizer que o processo arbitral é influenciado por princípios processuais do modelo estatal, mas não está amarrado a ele.[27]

Ferreira; Martins, Pedro Batista (org.). *20 anos da Lei de Arbitragem*: homenagem à Petrônio R. Muniz. São Paulo: Atlas, 2017, p. 667-688. Também aponta Ricardo Aprigliano que há artigos do Código Civil que preveem expressamente que são devidos honorários de advogado (exemplos, artigos 389, 395 e 404, do Código Civil). Nesses casos especificamente, a lei material se encarrega de assegurar o reembolso dos gastos com a representação.

[26] Pinto, José Emílio Nunes. A escolha pela arbitragem e a garantia de sua instituição. *Revista do Advogado*. São Paulo, n. 87, p. 72.

[27] Parente, Eduardo de Albuquerque. *Processo arbitral e sistema*. São Paulo: Atlas, 2012, p. 71.

Admite-se no processo arbitral, portanto, a aplicação do princípio processual da causalidade, estabelecendo a regra de que aquele que dá causa ao processo deve arcar com os custos dele decorrente. Diz Eduardo Parente:

> Tal qual no processo estatal, no arbitral incide o princípio da causalidade. Quem deu causa ao processo, ou a determinadas consequências processuais, deve por elas arcar. No entanto, isso não quer dizer que se deva aplicar o Código de Processo Civil. Pelo contrário, ele não será aplicado, a menos que as partes o tenham elegido, seja diretamente, seja mediante a remissão a algum regulamento que o adote nesse particular.[28]

O legislador deliberadamente "escolheu não instituir a sucumbência entre as matérias que devem necessariamente constar da sentença arbitral"[29] e essa ausência de previsão legal não oferece obstáculo à plena operação da arbitragem.[30]

O artigo 27 da Lei n. 9.307/1996 estabelece que a sentença deverá decidir "sobre a responsabilidade das partes acerca das custas e despesas com a arbitragem". O dispositivo traz consigo a lógica de reparação integral do prejuízo daquele que teve de iniciar um procedimento arbitral a fim de fazer valer os seus direitos advindos de um contrato. De acordo com José Roberto Castro Neves:

> Parece claro que o objetivo da lei consiste em permitir que os árbitros fixem a indenização da parte vencedora no processo, a fim de que se promova um ressarcimento do que ela gastou. Indenizar significa deixar indene, isto é, sem dano. O art. 27 da Lei de Arbitragem permite que os árbitros fixem exatamente a distribuição desse ônus – custas e despesas –, a fim de que, consoante a decisão tomada, eles sejam divididos,

[28] PARENTE, Eduardo de Albuquerque. *Processo arbitral e sistema*. São Paulo: Atlas, 2012, p. 296.

[29] CASTRO NEVES, José Roberto de. Custas, despesas e sucumbência na arbitragem. *Revista de Arbitragem e Mediação*, São Paulo, v. 11, n. 43, p. 209-216, out. 2014.

[30] "A ausência de disciplina na Lei 9.307/1996 (LGL\1996\72) não dá vez a um vazio normativo, pois os honorários advocatícios sucumbenciais não obstam à operação do sistema arbitral, mas, sim, à consideração de que não há dever legal de pagamento da verba" (ELIAS, Carlos Eduardo Stefen. Honorários advocatícios de sucumbência na arbitragem regida pela lei brasileira. *Revista de Arbitragem e Mediação*, São Paulo, v. 18, n. 68, p. 81-114, jan./mar. 2021).

> de modo idealmente proporcional ao grau de reconhecimento de procedência das pretensões de cada parte no feito [...] O objeto da lei consiste, como se vê, em reparar; não em penalizar. Eis porque a lei não fala em sucumbência, que, como se viu, não guarda relação com os honorários contratados, nem é destinada à parte (e sim ao seu patrono).[31]

Tal entendimento não permite, portanto, compreender os honorários de sucumbência como abarcados pelo próprio conceito de "custas e despesas" trazido pelo artigo 27 da Lei de Arbitragem.[32]

De acordo com o próprio CPC, a "sentença condenará o vencido a pagar ao vencedor as despesas que antecipou",[33] quais sejam "as custas dos atos do processo, a indenização de viagem, a remuneração do assistente técnico e a diária de testemunha".[34] Em outro dispositivo, depois de conceituar as custas e despesas, é que vem a disposição acerca dos honorários sucumbenciais: a "sentença condenará o vencido a pagar honorários ao advogado do vencedor".[35] Os conceitos são, portanto, tratados de forma separada pela lei processual; por que razão haveriam de ser compreendidos como sinônimos na Lei de Arbitragem?

Importante sempre frisar que, ao desenvolver tal raciocínio, não estamos afirmando que a interpretação da Lei de Arbitragem deve ser feita com base nas regras do CPC. Apenas desejamos apontar que, mesmo que assim fosse, a regra processual não seria suficiente para englobar os honorários de sucumbência dentro do conceito de "custas e despesas" da Lei de Arbitragem.

Sob essa lógica, não há compatibilidade do conceito de honorários de sucumbência com a disposição do referido artigo da Lei de Arbitragem. Afinal, tais valores não são destinados à reparação da parte vencedora pelos custos que teve com a sua representação processual. A verba é paga diretamente ao advogado e assume um caráter de prêmio ao advogado da parte vencedora ou de sanção à parte sucumbente.

[31] CASTRO NEVES, José Roberto de. Custas, despesas e sucumbência na arbitragem. *Revista de Arbitragem e Mediação,* São Paulo, v. 11, n. 43, p. 209-216, out. 2014.

[32] ELIAS, Carlos Eduardo Stefen. Honorários advocatícios de sucumbência na arbitragem regida pela lei brasileira. *Revista de Arbitragem e Mediação,* São Paulo, v. 18, n. 68, p. 81-114, jan./mar. 2021.

[33] Artigo 82, § 2º, do CPC.

[34] Artigo 84 do CPC.

[35] Artigo. 85 do CPC.

Como dissemos anteriormente, há, ainda, um segundo raciocínio jurídico que pareceria, à primeira vista, permitir a aplicação dos honorários de sucumbência no procedimento arbitral e que é defendido por aqueles que advogam em seu favor: a aplicação do referido artigo 22 do Estatuto da Advocacia, que define a verba sucumbencial como direito material – de caráter alimentar – do advogado.

O direito substantivo aplicável à arbitragem é escolhido pelas partes,[36] seja pela redação da cláusula compromissória, seja pela redação do termo de arbitragem.[37] A lei aplicável, no entanto, diz respeito à relação jurídica que se estabelece apenas entre as partes contratantes – relação esta que em nada se reputa aos direitos dos seus representantes. Segundo Jacob Nogueira:

> Se duas partes (X e Y) celebram uma convenção de arbitragem, exercem a autonomia de suas respectivas vontades para consentir que o árbitro tenha jurisdição para obrigar X perante Y e, inversamente, Y perante X. No entanto, mesmo ignorando a questão do alargamento dos limites subjetivos do procedimento arbitral, a fim de concluir que X pode ser obrigado ao dever autônomo de pagar honorários sucumbenciais a Z, advogada de Y na arbitragem, os árbitros precisariam, de algum modo, concluir que receberam de X o consentimento para obriga-lo perante Z. Para isso, não parece bastar a simples assinatura de convenção de arbitragem silente quanto ao tema dos honorários sucumbenciais. Seria necessário, *ad minimum minimorum*, realizar um exercício análogo ao da extensão dos efeitos da cláusula compromissória a não-signatários para interpretar, a partir de outros elementos, a anuência de X para conferir tal poder jurisdicional aos tribunais.[38]

[36] Artigo 2º da Lei de Arbitragem: "a Arbitragem poderá ser de direito ou de equidade, a critério das partes. § 1º. Poderão as partes escolher, livremente, as regras de direito que serão aplicadas na arbitragem, desde que não haja violação aos bons costumes e à ordem pública".

[37] "[...] a cláusula compromissória não pode ser ampla a ponto de submeter os signatários à arbitragem para todo e qualquer conflito em que se envolverem: a limitação natural da contratação está ancorada a uma relação jurídica determinada" (Carmona, Carlos Alberto. *Arbitragem e Processo*. 3. ed. rev., atual. e ampl. São Paulo: Atlas, 2009, p. 1044).

[38] Nogueira, Daniel Jacob. A mais doce das jabuticabas: os honorários de sucumbência na arbitragem comercial brasileira. *In*: Casado Filho, Napoleão *et al. Direito Internacional e Arbitragem*: estudos em homenagem ao Prof. Cláudio Finkelstein. São Paulo: Quartier Latin,

Carece ao tribunal arbitral constituído, portanto, a competência para determinar a aplicação de um direito que sequer decorre do contrato pactuado, no qual a cláusula compromissória foi inserida.

Ainda que seja definido pelas partes que a legislação brasileira será a lei aplicável à solução da demanda, não há como inserir automaticamente o Estatuto da OAB, pois este não está relacionado ao objeto da disputa, nem às partes que contendem – tornando os advogados e os honorários de sucumbência desprovidos da necessária arbitrabilidade objetiva e subjetiva. Vislumbrar a possibilidade de o árbitro fixar arbitrariamente os honorários de sucumbência em caso de não acordo entre as partes parece inverter a lógica do instituto da arbitragem e de sua evolução histórica.

Pode-se dizer, portanto, que o tribunal arbitral não possui competência para a definição de honorários de sucumbência, já que a origem da arbitragem (cláusula compromissória ou compromisso arbitral) para a solução de determinado conflito não conta com a assinatura dos advogados e estes não são sujeitos da relação contratual que constitui seu objeto. Isso quer dizer que, no que diz respeito aos honorários dos advogados, não existe a necessária arbitrabilidade subjetiva.

Como apontado por Carlos Eduardo Stefen Elias, a regra do Estatuto da Advocacia tem caráter de mero reforço à regra legal do CPC:

> Posto de outro modo, o art. 22, *caput*, da Lei 8.906/1994 (LGL\1994\58) somente faz sentido se for tomado como regra de reforço, voltada à responsabilidade pelo pagamento dos honorários advocatícios. De fato, não é "a prestação dos serviços profissionais", hipótese lá identificada, o fato ocorrido no mundo sensível que dá causa ao dever de pagar honorários sucumbenciais, mas a previsão constante do art. 85, *caput*, do CPC [...] Em conclusão, o art. 22, *caput*, da Lei 8.906/1994 (LGL\1994\58) não estabelece hipótese de incidência e consequência jurídica claras, pendendo para uma descrição de um estado de coisas pretendido, qual seja, a de que haja asseguramento de que o advogado será remunerado (nos termos da lei) pela prestação de serviço jurídico. Esse caráter imediatamente finalístico e prospectivo, típico de normas principiológicas,

2019, p. 521-538. Disponível em: https://9961956e-d2ed-4f68-b6f9-5d9c38694afb.filesusr.com/ugd/f51e52_8baff75057534a 12bf5ce21447dbfdd8.pdf. Acesso em: 10 jul. 2022.

> contrapõe-se ao caráter descritivo e retrospectivo das regras propriamente ditas, necessário para que fosse possível atribuir ao referido artigo o mesmo caráter normativo (para a arbitragem) que o art. 85 do CPC (LGL\2015\1656) cumpre para o processo judicial.[39]

Uma vez que o artigo 22 do Estatuto da OAB precisa de definição de como serão calculados os honorários de sucumbência (atualmente somente prevista no CPC) e o CPC não se aplica à arbitragem,[40] quais seriam os critérios dos árbitros para definirem esta espécie de honorários?

Não é o Estatuto da Advocacia, portanto, que origina a obrigação de pagamento dos honorários de sucumbência. Essa obrigação tem origem nas regras do CPC e, se não fossem as disposições expressas da lei processual, a mera aplicação do Estatuto não seria suficiente para obrigar o juiz a fixar honorários de sucumbência no processo estatal.

Conforme já demonstrado, os honorários sucumbenciais não detêm qualquer relação com as partes em conflito. Pode-se dizer que se trata de prêmio para o advogado que atuou em favor da parte que venceu ou uma espécie de sanção para a parte que sucumbiu. Os honorários de sucumbência, portanto, representam uma nova obrigação entre a parte de um processo e o advogado do seu *ex adverso*.

Diferentemente do que é previsto nos ordenamentos estrangeiros[41] e, inclusive, permitido pelo Estatuto da OAB com relação aos hono-

[39] ELIAS, Carlos Eduardo Stefen. Honorários advocatícios de sucumbência na arbitragem regida pela lei brasileira. *Revista de Arbitragem e Mediação*, São Paulo, v. 18, n. 68, p. 81-114, jan./mar. 2021.

[40] "A fonte normativa dos honorários sucumbenciais é, essencialmente, o Código de Processo Civil, ainda que o instituto seja também citado no âmbito do Estatuto da Ordem dos Advogados do Brasil. Nenhum dos diplomas, todavia, dialoga adequadamente com o microssistema arbitral" (ELIAS, Carlos Eduardo Stefen. Honorários advocatícios de sucumbência na arbitragem regida pela lei brasileira. *Revista de Arbitragem e Mediação*, São Paulo, v. 18, n. 68, p. 81-114, jan./mar. 2021).

[41] "Não há vazio normativo a ser preenchido no processo arbitral, mas simplesmente a escolha das partes pela não aplicação de mecanismo remuneratório do advogado inerente ao processo judicial – diga-se de passagem – desconhecido em qualquer outro lugar do mundo, ao que se sabe" (ELIAS, Carlos Eduardo Stefen. Honorários advocatícios de sucumbência na arbitragem regida pela lei brasileira. *Revista de Arbitragem e Mediação*, São Paulo, v. 68, n. 68, p. 81-114, jan./mar. 2021).

rários contratuais,[42] os honorários sucumbenciais carecem de uma real explicação. Não por outro motivo, é tão difícil sua conceituação para advogados e clientes estrangeiros.

O já citado artigo 22 do Estatuto da Advocacia, que dispõe que a "prestação de serviço profissional assegura aos inscritos na OAB o direito aos honorários convencionados, aos fixados por arbitramento judicial e aos de sucumbência", não cria o direito à percepção dos honorários de sucumbência. Não o faz, aliás, com relação a qualquer uma das verbas que menciona. Cada uma delas tem uma origem própria (os honorários convencionados, o contrato; os fixados por arbitramento judicial e os de sucumbência, o CPC), e o dispositivo em questão unicamente assegura ao advogado o seu recebimento.

Assim, seja pelas regras do CPC, seja pelas disposições do Estatuto da Advocacia, os honorários de sucumbência se revelam incompatíveis com o procedimento arbitral, salvo nos casos em que haja concordância das partes a respeito de sua aplicação. Na ausência dessa concordância, portanto, cabe aos árbitros deixar de fixar a verba, sob pena de estarem agindo de forma ilegal e em desrespeito ao sistema próprio estabelecido pela Lei de Arbitragem.[43]

Por último, os honorários sucumbenciais são expressamente assegurados àqueles inscritos na Ordem dos Advogados do Brasil (OAB) – lógica perfeitamente compreensível, uma vez que a inscrição é condição

[42] Ainda que prevista legalmente a restituição dos honorários contratuais, o STJ entende que, em regra, não serão indenizados: "Apenas muito excepcionalmente o STJ admite que a parte seja reembolsada dos honorários contratuais, desde que formulado pedido a respeito expressamente com base nos arts. 389 e 405 do CC. Tratar-se-ia de verba integrante das perdas e danos, cuja condenação do vencido ao seu pagamento não sujeita, diferentemente do regime dos honorários sucumbenciais, ao 'fato objetivo da derrota', mas sim sujeita-se ao regime geral de responsabilidade civil, via de regra subjetiva, excepcionalmente objetiva" (arts. 186, 187 e 927 do CC)" (SUPERIOR TRIBUNAL DE JUSTIÇA. AgInt no AREsp n. 809029/SC. Rel. Ministra Nancy Andrighi, julgado em 14 de junho de 2011).

[43] "Caso o Tribunal Arbitral, sem estar autorizado expressamente para tanto, estabeleça a sucumbência, estará agindo de forma ilegal. Como se viu, o art. 27 da Lei de Arbitragem fala apenas de custas e despesas: não de sucumbência. A ideia primordial, portanto, é o ressarcimento. Na medida em que a sucumbência tem um caráter de pena, diante do silêncio das partes, ela está, a princípio, afastada, sob pena de violar a regra aplicável. Ademais, não se pode interpretar extensivamente norma que impõe uma sanção" (Castro Neves, José Roberto de. Custas, despesas e sucumbência na arbitragem. *Revista de Arbitragem e Mediação*, São Paulo, v. 11, n. 43, p. 209-216, out. 2014).

para o exercício da prática da advocacia no Brasil. A esse respeito, o artigo 1º do Estatuto da OAB prevê as atividades privativas dos advogados, sendo que a postulação a órgão do Poder Judiciário e aos juizados especiais é uma delas.

Na arbitragem, porém, não há exigência legal para a constituição de advogado,[44] atuação que sequer é elencada como uma de suas atividades privativas, já que a arbitragem não é parte do Poder Judiciário. A Lei de Arbitragem é silente sobre o assunto.[45]

Relembra-se, ainda, que o Supremo Tribunal Federal (STF) – antes do CPC – decidiu pela possibilidade de as partes pactuarem contratualmente a não incidência dos honorários de sucumbência.[46] Ainda que, no caso, o STF estivesse decidindo questão referente aos honorários de advogados internos de empresas, a conclusão é a mesma para todos os demais advogados – principalmente diante da declaração de inconstitucionalidade do § 3º do artigo 24.[47] A prestação de serviços jurídicos por advogado é determinada por uma relação privada entre este e seu cliente, na qual impera a autonomia de vontade para determinação das prestações do contrato – com exceção dos casos de assistência jurídica ou judiciária. Portanto, se a autonomia da vontade permite o afastamento dos honorários sucumbenciais no âmbito do processo civil, que dirá no processo arbitral.

Não há dúvidas, portanto, de que as partes podem – e, em nossa opinião, devem – estabelecer logo na cláusula arbitral que os árbitros não poderão fixar honorários sucumbenciais. Se não houver a previsão na

[44] Forbes, Carlos Suplicy de Figueiredo; Kobayashi, Patrícia Shiguemi. Carta Arbitral: instrumento de cooperação jurisdicional. *In*: Carmona, Carlos Alberto; Lemes, Selma Ferreira; Martins, Pedro Batista (orgs.). *20 Anos da Lei de Arbitragem*: homenagem a Petrônio R. Muniz, São Paulo: Atlas, 2017, p. 529.

[45] Ao contrário do artigo 103 do CPC (a parte será representada em juízo por advogado regularmente inscrito na OAB), a Lei de Arbitragem não estipula a participação de advogados inscritos na OAB, sendo possível, inclusive, atuar como defensor de qualquer das partes, advogados estrangeiros ou até mesmo bacharéis em Direito sem inscrição na Ordem.

[46] "Posta a questão nestes termos, concluo que os honorários, no caso de sucumbência, são um direito do advogado, mas que pode haver estipulação em contrário pelos contratantes" (SUPREMO TRIBUNAL FEDERAL. ADI 1194-4/DF. Rel. Ministro Maurício Corrêa. Julgado em 14 de fevereiro de 1996).

[47] "§ 3º. É nula qualquer disposição, cláusula, regulamento ou convenção individual ou coletiva que retire do advogado o direito ao recebimento dos honorários de sucumbência."

cláusula arbitral, que seja incluída essa previsão no respectivo termo de arbitragem.

Fugindo às questões propriamente jurídicas da aplicação dos honorários sucumbenciais em arbitragem, devemos alertar que quando tratamos de arbitragens que envolvem partes estrangeiras, eles representam mais um fator de risco a ser calculado no Custo Brasil.

> Como se vê da colocação da CNI (2013) sobre o problema da insegurança jurídica como componente do Custo Brasil, esse é o resultado de um ambiente de negócios marcado por grande imprevisibilidade sobre o conteúdo e a aplicação das regras, algo que resulta da atuação dos setores público, principalmente, e privado [...] Quanto menos segurança jurídica existe, mais arriscados se tornam as relações sociais e, em especial, as transações econômicas. Assim, a insegurança jurídica aumenta o risco e os custos das transações econômicas. Mais especificamente, ela distorce o sistema de preços ao elevar o risco e o custo dos negócios; desencoraja investimentos e a utilização do capital disponível; estreita a abrangência da atividade econômica, desestimulando a especialização e a exploração de economias de escala; e diminui a qualidade da política econômica, tornando-a mais instável e deixando de coibir a expropriação pelo Estado, desestimulando, dessa forma, o investimento, a eficiência e o progresso tecnológico.[48]

Ainda que se alegue se tratar de um direito material do advogado – e não processual – com caráter alimentar, quais seriam os parâmetros para a sua aplicação no âmbito da arbitragem?

Tomemos como exemplo uma arbitragem internacional, com sede no Brasil e com aplicação da lei substantiva brasileira. Nesse caso, não é improvável a atuação de advogados internacionais, que não tenham sua inscrição na OAB. Nesse cenário, teriam os advogados internacionais também o direito ao recebimento dos honorários de sucumbência? Invocando o direito material e alimentar do advogado inscrito na OAB, por óbvio que os honorários sucumbenciais não seriam devidos ao alienígena, uma vez não cumprido o requisito primordial para a sua existência.

[48] PINHEIRO, Armando Castelar. A Justiça e o Custo Brasil. São Paulo, *Revista USP*, n. 101, 2014, p. 152.

Imagine-se agora uma arbitragem internacional, com sede em outro país e advogados de países distintos, mas com a aplicação da lei substantiva brasileira. Teriam os advogados brasileiros também o direito de receber os honorários de sucumbência nessa hipótese?

Imagine-se uma arbitragem em que existam times de advogados híbridos – brasileiros e estrangeiros. Todo o time de advogados, incluindo os estrangeiros, teriam a possibilidade de receber os honorários de sucumbência, ainda que não inscritos na OAB?

Enfim, as hipóteses podem ser inúmeras e até podem parecer improváveis, mas retratam um cenário de incertezas e insegurança jurídica que impõem dificuldades no uso regular da arbitragem no Brasil ou com uso da legislação brasileira.

Alegar se tratar de direito material do advogado, mas deixar a critério das partes se esses advogados teriam ou não esse direito – a despeito da autonomia da vontade na arbitragem – já nos parece absurdo. Adotá-lo com base no CPC, que sequer é aplicado ao processo arbitral, parece-nos ainda pior.[49]

Relevante relembrar que há posições divergentes e o tema ainda está longe de ser pacificado.[50] Essa é a nossa posição para colaborar com o debate.[51]

[49] "Coerente com a premissa de que a arbitragem tem por fundamento a vontade das partes, deve-se considerar que a existência ou não de honorários sucumbenciais se subordina ao que foi pactuado na convenção arbitral e/ou no termo de arbitragem. [...] Isso tudo significa que o princípio da causalidade recebe um diferente tratamento na seara do processo arbitral, não podendo, portanto, ser aplicado de forma automática. Se as partes não pactuam que a vencida se obriga a pagar o advogado contratado pelo litigante que venceu o processo, não são devidos honorários de sucumbência" (Tucci, José Rogério Cruz e. Fixação dos honorários advocatícios de sucumbência no processo arbitral. *Conjur,* 3 set 2019. Disponível em: https://www.conjur.com.br/2019-set-03/fixacao-honorarios-advocaticios-sucumbencia-processo-arbitral. Acesso em: 31 mar. 2021).

[50] *Vide* nota 24.

[51] Este texto foi concluído em 1º de abril de 2021. Contou com a colaboração para pesquisa e revisão dos advogados Giovanna Martins de Santana, Gustavo Bosoni e Paula Pagliari de Braud, a quem, desde já, merecem efusivos agradecimentos e faço-os com o sentimento de que terão um largo futuro na pesquisa aplicada em Direito.

15. ANULAÇÃO DE SENTENÇA ARBITRAL PARCIAL: CRÍTICA E INTERPRETAÇÃO DA JURISPRUDÊNCIA DO SUPERIOR TRIBUNAL DE JUSTIÇA

PAULO DORON REHDER DE ARAUJO
ALBERTO LUCIO BARBOSA JUNIOR

Introdução

Qualquer controvérsia remanescente sobre as sentenças parciais no Direito brasileiro, a despeito de sua ampla utilização internacional e de previsão expressa nos regulamentos das principais instituições arbitrais nacionais, foi superada com a promulgação da Lei n. 13.129, de 26 de maio de 2015, que alterou o regime da Lei n. 9.307, de 23 de setembro de 1996 (Lei de Arbitragem ou LArb).

A reforma da Lei de Arbitragem tornou expressa em seu artigo 23, § 1º, a regra de que "[o]s árbitros poderão proferir sentenças parciais". Embora não se possa contestar a existência de sentença arbitral parcial, ainda se discutem os critérios distintivos entre essa modalidade de provimento na arbitragem e outras decisões, de natureza interlocutória, comumente denominadas na prática de "ordem processual", que passaremos a referir simplesmente como "OP".

A relevância do debate sobre a qualificação de uma OP como sentença parcial ou mera decisão interlocutória no procedimento arbitral é evidente. Não apenas em razão da eficácia (artigo 31 LArb) e executividade da sentença arbitral, conforme o artigo 515, VII, do CPC, mas, principalmente, pela sujeição imediata dessa decisão ao controle de legalidade pelo Poder Judiciário.

Nos termos do artigo 33 da Lei de Arbitragem, os interessados poderão obter a desconstituição da sentença arbitral se esta incorrer em qualquer das hipóteses taxativas de nulidade, sendo que "a demanda para a declaração de nulidade da sentença arbitral, parcial ou final, seguirá as regras do procedimento comum" (artigo 33, § 1º, LArb).

Mais ainda, a possibilidade de controle de legalidade de sentenças parciais nas quais o árbitro define sua própria competência, interpretando a convenção de arbitragem e definindo seus limites objetivos e subjetivos, poderia conduzir à interferência do Poder Judiciário no procedimento arbitral, inclusive para obstar o seu regular prosseguimento, como verdadeiras medidas antiarbitrais.

Assim, as decisões do árbitro ou do tribunal arbitral em resposta a objeções sobre sua "jurisdição" para resolver a controvérsia apresentada de forma vinculativa às partes do procedimento - os famosos *jurisdictional challenges* na arbitragem internacional - tornam-se o objeto frequente do debate jurídico sobre o conceito de sentença arbitral.

1. Objeto de análise

Conforme se verá ao longo deste ensaio, a doutrina diverge sobre os efeitos e a qualificação das decisões arbitrais sobre jurisdição. A jurisprudência, entretanto, parece oferecer diretrizes mais uniformes sobre a interpretação do artigo 23, § 1º, da LArb. Será ela, então, nosso objeto de análise.

O primeiro caso, fundamental na matéria, é o acórdão do STJ proferido quando do julgamento do REsp n. 1.519.041-RJ (Caso Termopernambuco", pelo qual se estabeleceu a admissibilidade da ação anulatória do artigo 33 da LArb contra ordem processual que "resolve parte da causa, com fundamento na existência ou não do direito material alegado pelas partes ou na ausência dos pressupostos de admissibilidade da tutela jurisdicional pleiteada".[1]

[1] SUPERIOR TRIBUNAL DE JUSTIÇA, REsp n. 1.519.041/RJ, Rel. Ministro Marco Aurélio Bellizze, Terceira Turma, j. em 1º de setembro de 2015 (Ementa: item 1.1).

Posteriormente, também em sede de recurso especial (REsp n. 1.543.564/SP), o STJ julgou o Caso Fischer, em que reafirmou a legalidade da sentença parcial em arbitragem, "compreendida esta como o ato [...] que, em definitivo [...], resolve parte da causa, com fundamento na existência ou não do direito material alegado pelos litigantes ou na ausência dos pressupostos de admissibilidade da tutela jurisdicional pleiteada".[2]

A aplicação desse segundo julgado, todavia, como fonte do direito ou, ao menos, razão persuasiva na argumentação jurídica, exige sua compatibilização com a *ratio decidendi* do Caso Termopernambuco. Isso significa, que sua utilidade na determinação do conceito de sentença arbitral parcial dependerá de sua intepretação para a construção coerente do seu sentido, dentro da própria jurisprudência do STJ. Essa é a análise jurídica que se pretende neste breve ensaio.

Sendo um trabalho de dogmática, espera-se, em alguma medida, identificar o direito vigente e seu conteúdo, mediante a reconstrução sistemática das normas e conceitos jurídicos. Entretanto, limitando-se às normas jurídicas aplicáveis à arbitragem e ao regime de anulabilidade das sentenças arbitrais.

Isto é, busca-se demonstrar aqui que a correta leitura das decisões proferidas pelo STJ sobre a matéria em questão – ao julgar os casos Termopernambuco e Fischer –, a partir de sua interpretação contextualizada, extrai de sua *ratio decidendi* que o conceito de sentença parcial em arbitragem abrange apenas as decisões negativas de jurisdição.

Aceita essa proposição, não se poderia recorrer à jurisprudência STJ, como fonte ou razão jurídica para fundamentar um argumento favorável ao controle de legalidade de OP que, dispondo sobre a extensão objetiva ou subjetiva da convenção de arbitragem, declarasse, por exemplo, a jurisdição arbitral sobre partes não signatárias da cláusula compromissória. Sendo assim, esse mesmo argumento, independentemente do seu mérito, poderia ter outros fundamentos, doutrinários ou conceituais, mas jamais a autoridade do acórdão proferido no REsp n. 1.543.564/SP.

Este capítulo será desenvolvido da seguinte forma: primeiro, será exposta e adotada uma definição finalística da sentença que, a despeito de

[2] SUPERIOR TRIBUNAL DE JUSTIÇA, REsp n. 1.543.564/SP, Rel. Ministro Marco Aurélio Bellizze, Terceira Turma, j. em 28 de setembro de 2018 (Ementa: item 1.1).

suas críticas no contexto do processo civil, mostra-se adequada ao processo arbitral. Depois, serão analisados os acórdãos nos casos Termopernambuco e Fischer, contrastando sua fundamentação e escopo de aplicação, enquanto precedentes sobre a interpretação da Lei de Arbitragem.

Em seguida, serão discutidas as consequências e incoerências jurisprudenciais de uma interpretação indevida do Caso Fischer, que amplie sua *ratio decidendi*. Ao final, será reafirmada, como conclusão, a tese interpretativa defendida, sobre os precedentes do STJ em matéria de sentença arbitral parcial e sua sujeição ao controle judicial.

2. Conceito de sentença (parcial) arbitral

Partindo-se do seu conceito jurídico-positivo, conforme construído sobre o Direito Processual Civil, pode-se definir sentença como o

> pronunciamento por meio do qual o juiz, com fundamento nos arts. 485 e 487 do NCPC, põe fim à fase cognitiva do procedimento comum, bem como extingue a execução (art. 201, § 1º), ou seja, é tanto o ato que extingue o processo sem resolução de mérito como o que o faz resolvendo o mérito da causa.[3]

Apesar das críticas doutrinárias sobre a conceituação finalística de sentença judicial, a despeito do seu conteúdo e adequação das disposições do artigo 203, § 1º, do CPC à realidade do processo civil, é certo que a sentença na arbitragem tem como finalidade necessária a extinção da jurisdição do árbitro ou tribunal prolator.

Daí o porquê de autores, como Armelin,[4] rejeitarem a qualificação da decisão positiva de jurisdição como sentença parcial de jurisdição, pois o provimento do árbitro, além de não resolver o mérito da controvérsia que fora posta, teria como finalidade não o encerramento da arbitragem, mas sua continuidade a todas as partes. Rejeitando-se, assim, a objeção à competência do árbitro por eventual parte não signatária cláusula compromissória, que negue sua vinculatividade, ou seja, efeito positivo da

[3] Theororo Jr., Humberto. *Curso de direito processual civil.* 56. ed. Rio de Janeiro: Forense, 2015. 1 v., p. 1058.

[4] Armelin, Donaldo. Notas sobre sentença parcial e arbitragem. *Revista de Arbitragem e Mediação,* São Paulo, v. 5, n. 18, 2008, p. 294.

convenção de arbitragem. De todo modo, é evidente que essa posição não é indisputada na doutrina.

A despeito do rico debate doutrinário sobre a questão, inclusive internacional,[5] a Lei de Arbitragem parece positivar a sentença como ato jurisdicional que encerra o procedimento, para exaurir a cognição do árbitro relativamente a um ou mais pedidos na arbitragem. É o que se conclui diante do artigo 29 da LArb: "Proferida a sentença arbitral, dá-se por finda a arbitragem [...]". Daí a conclusão de Carmona, no sentido de que:

> [O] conteúdo da sentença arbitral é irrelevante para compreender a definição legal: não faz diferença se a decisão dos árbitros resolve a lide (ou o mérito, como preferem alguns), ou se a decisão é meramente terminativa (declara a inarbitrabilidade do litígio, a invalidade da convenção de arbitragem ou a incompetência dos árbitros). A Lei de Arbitragem apostou, portanto (com sucesso), na definição finalística de sentença arbitral.[6]

Nesse sentido, embora sujeita a debates em doutrina, a conceituação finalística da sentença arbitral é conveniente como premissa para uma análise crítica dos casos Termopernambuco e Fischer, já que é fundamentada nas disposições da própria Lei de Arbitragem.

3. Análise dos julgados do STJ

Tomando como ponto de partida, mesmo provisoriamente, a conceituação finalística de sentença arbitral, estabelece-se ainda uma segunda premissa, sobre a natureza dos acórdãos proferidos pelo STJ quanto à uniformização do Direito federal.

Entende-se que as decisões proferidas nos julgamentos de recursos especiais podem ser qualificadas como um "precedente interpretativo",[7]

[5] Cf., por todos. SANCHEZ, Guilherme Cardoso. *Sentenças parciais no processo arbitral.* 2013. Dissertação (Mestrado em Direito) – Faculdade de Direito. Universidade de São Paulo, São Paulo, 2013, p. 62.

[6] CARMONA, Carlos Alberto. Ensaio sobre a Sentença Arbitral Parcial. *Revista Brasileira de Arbitragem*, v. 18, p. 7-26, 2008, p. 13.

[7] MARINONI, Luiz Guilherme. Uma nova realidade diante do projeto de CPC: a *ratio decidendi* ou os fundamentos determinantes da decisão. *Revista dos Tribunais*, v. 101, n. 918, p. 356-357,

já que as teses jurídicas nelas estabelecidas dizem respeito ao sentido atribuído a normas e conceitos vigentes no ordenamento infraconstitucional.

Contudo, esses precedentes judiciais, como qualquer outro, têm sua incidência *in concreto* condicionada às especificidades da matéria de direito controvertida, conforme apresentada a julgamento pelo STJ. Sobre a natureza dos precedentes derivados de recursos especiais, explica Marinoni que:

> Não há dúvida que tais precedentes [em recursos especiais], embora definidores de teses jurídicas, são instituídos em casos dotados de particularidades fáticas, que, por isto, muitas vezes terão que ser consideradas ao se analisar a aplicação do precedente a casos subseqüentes. Entretanto, a peculiaridade destes precedentes é o de que as suas "razões de decidir" são assimiláveis exclusivamente a partir das razões de direito dadas pela corte ao decidir.[8]

Considerando que a interpretação dos acórdãos nos recursos especiais de ns. 1.543.564-SP e 1.519.041-RJ deverá ter a matéria de direito devolvida ao STJ como fundamento e limite de sua *ratio decidendi*, segue-se para análise do Caso Fischer, primeiramente, e, em seguida, do Caso Termopernambuco.

3.1. Objeto do Caso Fischer

As razões de direito controvertidas, subjacentes ao acórdão no REsp n. 1.543.564/SP, são indicativas da particularidade desse precedente e do limitado alcance normativo, ou persuasivo, de sua *ratio decidendi*. Por isso, não se pode identificar, naquele recurso especial, o entendimento de que, ao decidir a extensão e vinculatividade da cláusula compromissória, uma OP seria qualificável, necessariamente, como sentença parcial.

2012. Disponível em: http://www.marinoni.adv.br/wp-content/uploads/2012/06/PROF-MARINONI-ARTIGO-RT-2012.pdf. Acesso em: 11 jul. 2019.

[8] Marinoni, Luiz Guilherme. Uma nova realidade diante do projeto de CPC: a *ratio decidendi* ou os fundamentos determinantes da decisão. *Revista dos Tribunais*, v. 101, n. 918, p. 356-357, 2012. Disponível em: http://www.marinoni.adv.br/wp-content/uploads/2012/06/PROF-MARINONI-ARTIGO-RT-2012.pdf. Acesso em: 11 jul. 2019.

Como se verá, a tese jurídica no Caso Fischer apenas afirma a existência de sentença arbitral parcial, mas não estabelece, sobre o conteúdo de uma OP que defina a extensão subjetiva da convenção de arbitragem, a necessidade da inclusão ou exclusão de eventual litisconsorte no procedimento arbitral.

Tanto é assim que, naquele mesmo precedente, reitera-se o conceito finalístico de sentença parcial constante do Caso Termopernambuco:

> ato dos árbitros que, em definitivo (ou seja, finalizando a arbitragem na extensão do que foi decidido), resolve parte da causa, com fundamento na existência ou não do direito material alegado pelas partes ou na ausência dos pressupostos de admissibilidade da tutela jurisdicional pleiteada.[9]

O REsp n. 1.543.564/SP tinha como objeto um acórdão do TJSP que negou, por princípio, a possibilidade da impugnação judicial de decisão interlocutória em arbitragem. Foi assim porque o TJSP, em seu julgamento, acabara por interpretar restritivamente Lei de Arbitragem, que, anteriormente à sua reforma pela Lei n. 13.129/2015, não dispunha sobre a "declaração de nulidade da sentença arbitral, parcial ou final" (artigo 33, § 1º, LArb).

O acórdão do tribunal estadual impugnado na via especial se baseou na negativa quanto à própria possibilidade jurídica de uma sentença parcial arbitral, para fins do artigo 33 da LArb; sendo certo que a matéria devolvida ao STJ, para sua apreciação recursal, limitou-se àquela questão de direito controvertida.

É justamente por isso que a força persuasiva do Caso Fischer, como precedente relevante em casos subsequentes, não está na definição do conteúdo sentencial de decisão arbitral que resolve eventual controvérsia sobre a extensão objeto e subjetiva da cláusula compromissória. De fato, o que o referido precedente judicial estabelece, como tese jurídica, é apenas a existência do conceito de sentença parcial no direito arbitral brasileiro.

Tanto que no julgamento do REsp n. 1.543.564/SP não faz qualquer apreciação sobre o mérito do acórdão do TJSP, exceto no tocante à

[9] SUPERIOR TRIBUNAL DE JUSTIÇA. REsp n. 1.543.564/SP, Rel. Ministro Marco Aurélio Bellizze, Terceira Turma, j. em 28 setembro de 2018 (voto do Relator: fl. 14).

viabilidade da impugnação judicial de uma decisão arbitral que, em tese, qualifique-se como sentença parcial. Nesse sentido, confiram-se as ressalvas do próprio STJ, sobre a reduzida extensão de sua cognição, sob pena de indevida supressão de instância recursal:

> A Corte estadual, como visto, não se imiscuiu nas demais matérias devolvidas no agravo de instrumento acerca do alegado desacerto da decisão agravada - especificamente quanto à possibilidade de se reconhecer, em juízo de cognição sumária, que a cláusula compromissória arbitral teria sido estendida à Fischer, em razão dos elementos constantes do contrato, em que assumiu direitos e obrigações; em face da vontade externada, bem como do comportamento manifestado entre as partes e perante o mercado; e em virtude da formação de grupo econômico - e-STJ, fls. 18-32.
>
> Tais questões, é certo, foram decididas em caráter perfunctório, próprio das medidas acautelatórias, pelo juízo de primeira instância, cabendo, agora, ao Tribunal de origem, em grau recursal, deliberar sobre o acerto, ou não, da decisão recorrida que determinou a suspensão dos efeitos da sentença parcial arbitral.
>
> Nesse contexto, e superado o entendimento adotado pelo Corte estadual quanto ao descabimento da ação anulatória de sentença parcial arbitral, não se afigura possível a esta Corte de Justiça, sob pena de indevida supressão de instância, avançar em relação às demais questões devolvidas no agravo de instrumento. Providência, é certo, a ser ultimada pelo próprio Tribunal de origem (destacou-se).[10]

Ora, a particularidade do Caso Fischer, apontada na citação anterior, de impor a interpretação restritiva de sua *ratio decidendi*, é o fato de o acórdão impugnado na via especial ter se limitado a apreciar a previsão ou não de sentença parcial na Lei de Arbitragem. De modo que o REsp n. 1.543.564/SP se torna inaplicável como precedente para estabelecer o sentido das decisões arbitrais que, dispondo sobre a vinculatividade de cláusula compromissória a partes não signatárias, sejam consideradas sentença parcial para os fins do artigo 33, § 1º, da LArb.

[10] SUPERIOR TRIBUNAL DE JUSTIÇA. REsp n. 1.543.564/SP, Rel. Ministro Marco Aurélio Bellizze, Terceira Turma, j. em 28 de setembro de 2018 (voto do Relator: fls. 18-19).

3.2. Objeto do Caso Termopernambuco

Compare-se agora o fundamento da Caso Fischer à *ratio decidendi* do REsp n. 1.519.041/RJ. Trata-se de precedente anterior e *leading case* do STJ, no qual uma OP foi qualificada como sentença arbitral parcial porque decidiu sobre a extensão subjetiva da cláusula compromissória para determinar a exclusão da parte não signatária da arbitragem. De fato, é explícito na fundamentação do Caso Termopernambuco o paralelismo entre a ordem processual qualificada como sentença arbitral parcial e a decisão interlocutória que, em demanda judicial, reconhece a ilegitimidade passiva *ad causam* de litisconsorte.

Ambos os provimentos, tanto do juízo estatal quanto do arbitral, a despeito de seu *nomen iuris* ou meio de impugnação legalmente previsto, têm natureza terminativa, já que extinguem a relação processual pela inexistência de pressuposto de admissibilidade da tutela jurisdicional. Nos termos do acórdão do REsp n. 1.519.041/RJ:

> A título de exemplo, cita-se, a propósito, a decisão anterior à sentença que, com esteio no art. 267, VI, do CPC, reconhece a ilegitimidade ad causam de um dos litisconsortes passivos, prosseguindo o feito em relação ao demandado remanescente. Afigura-se indiscutível o conteúdo sentencial desse decisum, especialmente em virtude do teor do art. 162, § 1º do CPC. Não obstante, apenas em razão do sistema recursal vigente, o aludido comando judicial é impugnável por meio de agravo de instrumento [...]
>
> Tal compreensão é aplicável *in totum* à arbitragem, cuja adoção se coaduna, indiscutivelmente, com os modernos princípios da celeridade e efetividade. Desse modo, em consonância com o sistema processual vigente, absolutamente admissível que, no âmbito do procedimento arbitral, tal como no processo judicial, os árbitros profiram decisão (sentença) que resolva a causa parcialmente, compreendida esta como o decisum que reconhece ou não o direito alegado pela parte (sentença de mérito), ou que repute ausente pressupostos ou condições de admissibilidade da tutela jurisdicional pretendida (sentença terminativa) (destacou-se).[11]

[11] SUPERIOR TRIBUNAL DE JUSTIÇA. REsp n. 1.519.041, Rel.: Ministro Marco Aurélio Bellizze, Terceira Turma, j. em 1º de setembro de 2015 (voto do Relator: fl. 18).

Nesse sentido, uma decisão arbitral, embora interlocutória (*i.e.*, ordem processual), será dotada de conteúdo sentencial na medida em que (i) julga o mérito para a alguma das partes na arbitragem ou (ii) reconhece a inexistência de pressuposto para o desenvolvimento válido do procedimento arbitral relativamente a alguma daquelas partes, para a qual a relação processual é então extinta.

Essa posição, como já visto, considera mais a finalidade, ou consequência processual, da decisão do árbitro que define os limites de sua própria jurisdição do que o seu conteúdo decisório. Isso porque, reconhecendo sua incompetência, estará o árbitro proferindo uma sentença final e definitiva, sempre sujeita a eventual impugnação judicial. Por outro lado, se reconhecer sua competência, a decisão arbitral será meramente interlocutória, atuando como premissa para a futura sentença ao resolver questão preliminar e/ou prejudicial que extinguirá arbitragem, podendo somente esta decisão final ser anulada pelo Judiciário.

Aplicando-se a *ratio decidendi* do Caso Termopernambuco, torna-se inadmissível a qualificação de uma decisão positiva de competência como sentença parcial arbitral, já que tal decisão não teve como fundamento a inexistência de condição ou pressuposto processual necessário ao provimento jurisdicional pretendido na arbitragem. Ao contrário, tal OP teria entendido como admissível o procedimento entre todas as partes, de modo que as sujeita à jurisdição arbitral, havendo a manutenção da relação jurídico-processual.

Embora derivado do *leading case* sobre a sentença parcial arbitral na jurisprudência do STJ, o Caso Fischer, como precedente, tem força argumentativa somente na afirmação da possibilidade jurídica da impugnação, em tese, de qualquer decisão arbitral interlocutória que trate de extensão subjetiva da cláusula compromissória. Por sua vez, o Caso Termopernambuco é, isto sim, o precedente que conceitua a sentença parcial arbitral como a ordem processual que, ao decidir sobre a amplitude da convenção de arbitragem, necessariamente exclui algum dos litisconsortes no procedimento arbitral.

3.3. Conclusão parcial

Portanto, o que se demonstrou aqui, diante do confronto entre a controvérsia no Caso Fisher e aquela subjacente Caso Termopernambuco, é a "existência de [uma] distinção no caso em julgamento", enquanto eventual razão jurídica, nos termos do artigo 489, § 1º, VI, do CPC. Sobre a distinção entre casos (*i.e.*, *distinguishing*), na aplicação de precedentes judiciais, explicam Didier Jr. *et al.* que o julgador poderá

> [D]ar à *ratio decidendi* uma interpretação restritiva, por entender que particularidades do caso concreto impedem a aplicação da mesma tese jurídica outrora firmada (*restrictive distinguishing*), caso em que julgará o processo livremente, sem vinculação ao precedente [...].[12]

Enquanto o REsp n. 1.543.564/SP reitera o entendimento do REsp n. 1.519.041/RJ, acerca da possibilidade, no direito arbitral brasileiro, de sentenças parciais, é o Caso Termopernambuco o precedente relevante da conceituação das decisões arbitrais que, embora interlocutórias, por conta de seu conteúdo e finalidade, sejam passíveis de impugnação judicial pela ação anulatória do artigo 33 da Lei de Arbitragem.

De fato, a necessária interpretação restritiva da *ratio decidendi* do Caso Fischer demonstra que o REsp n. 1.543.564/SP não é precedente hábil a justificar a qualificação de uma decisão positiva sobre jurisdição como sentença parcial.

4. Consequências indesejadas do Caso Fischer

Além da necessária interpretação restritiva à *ratio decidendi* no REsp n. 1.543.564-SP, a qualificação de uma decisão positiva de jurisdição arbitral como sentença parcial se mostra incoerente com os princípios da Lei de Arbitragem. Isso porque, o reconhecimento daquela decisão como sentença arbitral parcial, sujeita ao imediato controle de legalidade, teria consequência indesejada: a chancela judicial de verdadeira medida antiarbitragem apta a obstar, mesmo indiretamente, o procedimento arbitral. Fato esse que, por si só, militaria contra a coerência e integridade da jurisprudência dos tribunais superiores (artigo 926, *caput*, CPC).

[12] Didier Jr., Fredie *et al. Curso de direito processual civil.* 10. ed. Salvador: JusPodivm, 2015. 2 v., p. 491.

Dito isso, percebe-se desde logo o seguinte: se não apenas a decisão terminativa, que exclui o litisconsorte da arbitragem, mas também aquela que o mantém, for qualificada como sentença parcial, estar-se-ia admitindo o direito de que uma parte, enquanto ainda sujeita à jurisdição arbitral, recorra ao Judiciário para impedir, indevidamente, a prestação jurisdicional devida pelo árbitro.

Por exemplo, o risco de que uma tutela de urgência, em demanda anulatória de sentença arbitral parcial, torne-se subterfúgio para medidas antiarbitragem é bem conhecido, como demonstra Carmona, conforme o excerto a seguir:

> [N]a medida em que a decisão a ser tomada na ação anulatória pode condicionar o modo de ser da atividade final dos árbitros, creio que o autor da demanda judicial dificilmente resistirá à tentação de pleitear uma medida antecipatória de tutela, que barre o andamento da arbitragem até o final julgamento da ação de impugnação da sentença arbitral parcial. Pronto, está atado o nó gódio, com a intervenção judicial na arbitragem. Como se percebe, estou apontando uma espécie (inesperada) de anti-arbitration injunction.[13]

Nesse sentido, ainda sobre a inadmissibilidade das medidas judiciais antiarbitragem no Direito brasileiro, explica Eduardo Talamini que

> [A] medida judicial antiarbitragem constitui pretensão a uma modalidade de tutela processual que encontra um óbice no ordenamento. Trata-se de instrumento processual inadequado. Pode-se aludir, assim, a falta de interesse legítimo ou impossibilidade jurídica do pedido. O processo judicial instaurado com o escopo de impedir a instauração ou continuidade de uma arbitragem deverá ser extinto sem julgamento de mérito, inclusive liminarmente [...].[14]

De fato, as medidas arbitrais são incompatíveis com o ordenamento processual, porque desnaturam o princípio do *kompetenz-kompetenz*

[13] Carmona, Carlos Alberto. *Arbitragem e processo*: um comentário à Lei n. 9.307/96. 3. ed. São Paulo: Atlas, 2009, p. 432.

[14] Talamini, Eduardo. Competência-competência e as medidas antiarbitrais pretendidas pela Administração Pública. *Revista de Arbitragem e Mediação*, São Paulo, v. 50, 2016, p. 139.

(artigo 8º, p.u., LArb). Sendo certo que, também "[n]a jurisprudência brasileira, está agora estabilizada a aplicação do princípio da competência-competência, rejeitando-se o emprego de medidas antiarbitrais".[15]

Retornando à jurisprudência do STJ, lá se encontra, bem estabelecida, que a preferência lógico-temporal do tribunal arbitral na definição da existência, validade e eficácia convenção de arbitragem seria afastada apenas excepcionalmente, diante de cláusulas compromissórias consideradas nulas *prima facie*. Conforme voto da Ministra Nancy Andrighi no REsp n. 1.656.643-RJ, "o STJ admite afastar a regra da competência--competência apenas em situações muito extremas, em que sejam detectadas cláusulas 'patológicas' [...]".[16]

A mesma interpretação restritiva, sobre as hipóteses de exceção ao princípio do *kompetenz-kompetenz*, é cabível diante da possibilidade de revisão judicial de ordem processual que contenha decisão arbitral interlocutória. Do contrário, a parte refratária à arbitragem poderia, oportunisticamente, valer-se da ação anulatória do artigo 33 da LArb para se evadir da jurisdição arbitral mesmo antes de qualquer provimento final e definitivo, que lhe pudesse impor quaisquer obrigações para com a contraparte no procedimento.

Sobre a excepcionalidade do controle judicial preventivo da arbitragem, mediante a invalidação de decisões interlocutórias, inclusive quanto ao interesse processual para a propositura da ação do artigo 33 da LArb, explica Yarshell que

> [N]ão é qualquer decisão tomada no curso do processo ("ordem processual") que enseja desde logo ação anulatória. Esta, salvo situações verdadeiramente excepcionais, não pode e não deve cumprir papel de controle preventivo de supostos e futura decisão inválida. Nesse ponto, um critério a considerar está na autonomia do objeto do que foi decidido (em relação a outros temas que devam ser decididos) e em sua aptidão a gerar um prejuízo concreto e imediato, inclusive sob a ótica do interesse processual. Portanto, se o prejuízo supostamente causado for apenas potencial, somente caberá deduzir a impugnação ao final, isto é,

[15] TALAMINI, Eduardo. Competência-competência e as medidas antiarbitrais pretendidas pela Administração Pública. *Revista de Arbitragem e Mediação*, São Paulo, v. 50, 2016, p. 139.

[16] REsp n. 1.656.643/RJ, Rel. Ministra Nancy Andrighi, Terceira Turma, j. em 9 de abril de 2019 (voto da Relatora: fl. 5).

> contra a decisão arbitral final. Mesmo nos casos de prejuízo imediato, a regra continua a ser a de que o controle jurisdicional estatal não se opera de forma preventiva.[17]

Sendo assim, se o prejuízo concreto e imediato é determinante para a qualificação da OP como sentença arbitral parcial, deve-se ponderar que tais prejuízos deverão ser estranhos às despesas processuais inerentes à arbitragem. É assim porque, mesmo que se reconheça a precedência da jurisdição arbitral para a conhecer da controvérsia, a decisão positiva de competência, por definição, jamais resolveria o mérito da arbitragem, de modo a impactar a relação jurídica controvertida entre as partes.

Não havendo a criação, modificação ou extinção de obrigações, sob fundamento no direito material, uma OP sobre competência apenas geraria o ônus financeiro relativo ao próprio procedimento, e cujo reembolso está previsto no artigo 27 da LArb: "A sentença arbitral decidirá sobre a responsabilidade das partes acerca das custas e despesas com a arbitragem [...]".

Portanto, também para que não se excepcione, desarrazoadamente, o princípio do *kompetenz-kompetenz*, conforme estabelecido na jurisprudência do STJ, impõe-se reconhecer o descabimento do REsp n. 1.543.564/SP como precedente a expandir o conceito de decisão de competência arbitral passível de anulação sob o procedimento do artigo 33 da Lei de Arbitragem.

Supondo-se que o Caso Fischer autorize a impugnação judicial imediata de uma OP que declare a vinculação de parte não signatária à convenção arbitral, estar-se-ia endossando, indiretamente, a admissibilidade de possível medida antiarbitragem. Isso apenas a pretexto de um desnecessário controle de validade de decisões arbitrais cujos efeitos, sobre o autor da ação anulatória, sequer seriam definitivos até a sentença arbitral final.

Conclusões

A tese interpretativa defendida aqui, relativamente aos precedentes do STJ sobre anulação de sentenças arbitrais parciais, pretende restringir o

[17] Yarshell, Flávio Luiz. Ação Anulatória. *In*: Levy, Daniel; Pereira, Guilherme Setoguti J. (orgs.). *Curso de arbitragem*. São Paulo: Revista dos Tribunais, 2018, p.439-440.

escopo de aplicação do Caso Fischer. Demonstrou-se, assim, que a *ratio decidendi* do REsp n. 1.543.564/SP, efetivamente estabelecida como fundamento do acórdão nesse recurso, limita-se a estabelecer a possibilidade jurídica da prolação sentenças parciais e de sua impugnação judicial, nos termos da Lei de Arbitragem.

Esse segundo precedente reforça, portanto, o quanto já estabelecido no REsp n. 1.519.041-RJ, tornando-se apenas uma instanciação, ou aplicação individualizada, do Caso Termopernambuco. Isso porque, o REsp n. 1.543.564-SP adota o mesmo fundamento jurídico daquele *leading case*, para admitir o controle de legalidade de ordens processuais desde que, por razões de mérito ou pressupostos processuais, encerrem a arbitragem para uma ou mais partes.

Nesse sentido, quaisquer considerações no Caso Fischer sobre o conteúdo da sentença arbitral parcial se tornam razões *obter dictum* naquele julgamento, porque "adicional, paralela e dispensável para a fundamentação e conclusão da decisão".[18] Sob essa interpretação, ambos os casos, Termopernambuco e Fischer, tornam-se coerentes e compatíveis com a conceituação finalística de sentença arbitral, conforme prevista no artigo 29 da LArb.

Por fim, esclarece-se que, a despeito da tese defendida, o argumento favorável ao controle imediato de legalidade de decisões positivas de jurisdição arbitral poderá se fundamentar de maneira diversa, e não necessariamente contrária à jurisprudência dos tribunais superiores. Em particular, admite-se que, sob o princípio da autonomia da vontade (artigo 1º, *caput*, LArb), poder-se-ia dispor no termo de arbitragem, ou instrumento equivalente, ou mesmo na própria cláusula compromissória, que a decisão sobre a jurisdição do árbitro seria proferida como sentença, sujeitando-a a eventual impugnação judicial. De modo que se tornaria, assim, um pedido autônomo, integrante do mérito da arbitragem como questão principal, e não meramente incidental.

Entretanto, na ausência de convenção entre as partes, a possibilidade de controle judicial de uma ordem processual, enquanto ainda exercida a jurisdição pelo árbitro constituído, estará sujeita aos contornos do conceito jurídico-positivo de sentença arbitral, tal como hoje interpretado pelo STJ.

[18] Didier Jr. Fredie *et al. Curso de direito processual civil.* 10. ed. Salvador: JusPodivm, 2015. 2 v., p. 444.

16. EXCEÇÃO DA ORDEM PÚBLICA E JURISPRUDÊNCIA NACIONAL QUANTO AO CUMPRIMENTO DE DECISÕES ESTRANGEIRAS

WANDERLEY FERNANDES

Considerações iniciais e delimitação do problema

Em 2014, no encontro de professores de escolas de direito integrantes da *Law School Global League* (LSGL),[1] na Universidade de Torino, o grupo de estudos de direito dos negócios decidiu pesquisar como diferentes jurisdições vinham interpretando o dispositivo da Convenção de Nova Iorque que permite aos tribunais locais rejeitar a execução de decisões estrangeiras fundados em violação da ordem pública. A pesquisa encontra-se disponível no *site* da LSGL e conta com trabalhos de professores do Brasil, Espanha, Estados Unidos, Itália e Turquia.[2]

Naquela ocasião, em nossa pesquisa no Brasil, embora não se tratasse de execução de sentença arbitral, analisamos um caso encontrado na jurisprudência do STF que dizia respeito à citação de um cidadão

[1] Informações sobre LSGL podem ser obtidas no *site*. Disponível em: https://lawschoolsgloballeague.com/. Acesso em: 10 jul. 2022.

[2] Disponível em: https://lawschoolsgloballeague.com/wp-content/uploads/2017/01/Business-Law-Research-Group-Paper-2014.pdf. Acesso em: 10 jul. 2022.

brasileiro por dívida de jogo contraída em cassino nos Estados Unidos.[3] Entre a norma que qualifica a dívida de jogo como obrigação natural e, portanto, não passível de execução e o devido processo, o STF entendeu que era possível a citação, como garantia constitucional do contraditório. Algum tempo depois, professor Daniel Levy, devido a compromissos profissionais, pediu-me para o substituir em disciplina sobre contratos internacionais e, na preparação da aula sobre resolução de conflitos internacionais, deparei-me com a decisão do mesmo caso quando o autor, ou seja, o cassino americano vencedor da contenda, pretendia a execução da dívida. O cidadão brasileiro teve o seu direito ao devido processo legal assegurado, mas a questão, nesse momento, era como permitir a execução de uma dívida de jogo no Brasil, diante da norma cogente que não se admite a cobrança de dívida dessa natureza.

Espero que esta introdução, tomando um precedente, tenha deixado claro o propósito deste texto. Mesmo diante de uma norma cogente, como a impossibilidade da cobrança de dívida de jogo, pode um tribunal brasileiro aceitar a execução de uma decisão estrangeira contrária às normas cogentes locais? A questão, portanto, desdobra-se em duas: afinal, em que consiste a ordem pública nos termos da Convenção de Nova Iorque, seriam meramente normas cogentes? É possível a um tribunal brasileiro rejeitar ou aceitar a execução de uma decisão estrangeira baseado na violação de ordem pública internacional?

Este capítulo trata, inicialmente, do conceito e do tratamento doutrinário do tema e, em seguida, sendo seu principal propósito, analisa a jurisprudência do STJ em um esforço de identificar os principais requisitos caracterizadores da ordem pública como exceção ao cumprimento de decisões arbitrais estrangeiras no Brasil.

1. Ordem pública e arbitrabilidade

O artigo V (2) estipula o seguinte, na versão em inglês: "2. Recognition and enforcement of an arbitral award may also be refused if the competent authority in the country where recognition and enforcement is sought finds that: (a) The subject matter of the difference is not

[3] CR 10416 ED / EU – Estados Unidos da América. Disponível em: https://jurisprudencia.stf.jus.br/pages/search/despacho63959/false. Acesso em: 14 abr. 2021.

capable of settlement by arbitration under the law of that country; or (b) The recognition or enforcement of the award would be contrary to the public policy of that country".[4]

A expressão "*public policy*" é traduzida para o português como "ordem pública", embora literalmente fosse política pública. É interessante notar a distinção marcante nessas expressões. Enquanto a palavra "ordem" nos evoca certa estabilidade, como algo que permanece ao longo do tempo, como disposição de coisas que se mantêm em certo arranjo, a expressão "*public policy*" nos remete a algo que se determina pela definição de política pública, que pode se alterar ao longo do tempo a partir de fins determinados por um Estado soberano. De certa maneira, a tradução de *public policy* para ordem pública confirma chiste de que toda tradução é uma traição, pois o conceito de ordem pública é mais amplo que *public policy*, trazendo ao intérprete certa dificuldade ao conciliá-los.

Ademais, sendo a ordem pública um princípio que limita a atuação privada e, no contexto deste capítulo, recusa a execução de decisões estrangeiras, há certa dicotomia entre um princípio aberto e amplo, que não tem "*per se*" conteúdo definido, cuja determinação somente se dá no caso concreto e a sua aplicação restritiva. Como expresso em Richardson v. Mellish,[5] "it is a very unruly horse, and when once you get astride it you never know where it will carry you".[6] De outro lado, sendo norma que restringe a atuação privada, deveria ser interpretada restritivamente, para que não dê ao Estado um poder arbitrário.[7]

[4] O texto oficial em português, conforme anexo ao Decreto n. 4.311/2002: "2. O reconhecimento e a execução de uma sentença arbitral também poderão ser recusados caso a autoridade competente do país em que se tenciona o reconhecimento e a execução constatar que a) segundo a lei daquele país, o objeto da divergência não é passível de solução mediante arbitragem; o b) o reconhecimento ou a execução da sentença seria contrário à ordem pública daquele país".

[5] Disponível em: http://uniset.ca/other/css/130ER294.html. Acesso em: 10 abr. 2021.

[6] Tradução livre: Um cavalo muito rebelde que quando você o monta, nunca sabe onde irá levá-lo.

[7] "Tratamos, dessa maneira, de um conceito de aplicação ampla, que, conforme já adiantamos no introito destes comentários, deve ter aplicação muito restrita como limitador no reconhecimento de sentenças arbitrais estrangeiras" (GONÇALVES, Eduardo Damião. Comentários ao artigo V(2)(A)(B) da Convenção de Nova Iorque. *In*: WALD, Arnoldo; LEMES, Selma Ferreira (coords.). *Arbitragem comercial internacional*: a Convenção de Nova Iorque e o direito brasileiro. São Paulo: Saraiva, 2011, p. 289). No mesmo sentido, observa Leonardo de Faria Beraldo: "É preciso que o aplicador da lei se conscientize de que ao princípio da ordem pública se

Os princípios e regras são normas jurídicas, mas, como já amplamente explorado por Ronald Dworkin, os princípios têm aplicação por critério de ponderação e não de exclusão, como as regras.[8] Um juiz ou árbitro, ao resolver o contrato fundado em onerosidade excessiva, fundamenta-se em princípio de justiça e equilíbrio contratual, mas não exclui do ordenamento jurídico o princípio da obrigatoriedade dos contratos (*pacta sunt servanda*). Em contrapartida, não há convivência possível entre uma regra que determine a condução de veículos pela direta e outra pela esquerda. Nesse caso, não há ponderação de regras, uma exclui a outra.

Embora os conceitos acima bastante conhecidos, parecendo truísmo reproduzi-los neste texto, entendo que são essenciais para a compreensão da maneira como tribunais arbitrais e cortes judiciais darão *enforceability* para decisões que possam contrariar a ordem pública do local onde serão executadas.

Outro aspecto importante diz respeito à extensão do princípio da ordem pública. Podemos pensar em casos extremos, como a execução e sentença que determine da mutilação física ou restrição da liberdade como compensação ao inadimplemento de dívida pecuniária. Este é um caso fácil de violação da ordem pública do Estado em que se pretende a execução. Também não é difícil estabelecer conexão entre a ordem pública local e a ordem pública internacional, uma vez que a tortura é condenável no contexto das nações civilizadas. No caso da execução de dívida de jogo, entretanto, a questão é cinzenta, pois se trata de dívida licitamente contraída em países em que o jogo de azar é permitido.

Os casos e as hipóteses apresentados tratam da ordem pública como matéria a ser considerada ao final da arbitragem, no seu momento da execução. A ordem pública, no entanto, poderá ser determinante no momento da própria instalação do procedimento, na determinação da arbitrabilidade da controvérsia. Nota-se que, embora o item 2 do artigo V da Convenção tenha feito a distinção entre a arbitrabilidade prevista

deve recorrer com parcimônia, somente quanto absolutamente necessário para manter o equilíbrio da convivência da sociedade internacional com os fundamentos do direito de cada grupo nacional" (Beraldo, Leonardo de Faria. *Curso de arbitragem nos termos da lei 9.307/96*. São Paulo: Atlas, 2014, p. 51).

[8] Dworkin, Ronald. *Levando os direitos a sério*. 3. ed. São Paulo: WMF Martins Fontes, 2010.

no item (a) e a ordem pública no item (b), os temas são relacionados, pois, de maneira geral, as matérias não sujeitas à arbitragem dizem respeito a direitos indisponíveis em razão de sua relevância social e, consequentemente, estão assegurados em normas de ordem pública.

Como resultado da pesquisa feita no âmbito da *Law School Global League*, concluiu-se que há tendência *pro arbitratis* em todos os países pesquisados, expandindo-se o âmbito de matérias sujeitas à arbitragem. Ora, havendo expansão da arbitrabilidade em diversas jurisdições, é possível que o descompasso dessa evolução traga questões importantes quanto à ordem pública no que diz respeito, não ao conteúdo da decisão, mas quanto à possível violação da ordem pública pela adoção da arbitragem em matérias não arbitráveis no país de execução da decisão.

Ainda debatemos a arbitrabilidade de matérias de família, tributárias, concorrenciais, trabalhistas ou relacionadas à corrupção. Tomemos o último caso. É consenso internacional de que não cabe arbitragem em matéria penal. O tribunal não poderá decidir matéria penal impondo pena ao autor do crime. Isso é certo. Pode, no entanto, o tribunal arbitral declarar a nulidade de um contrato firmado mediante pagamento de propina, ou seja, mediante prática de um crime? Parece-nos que sim, pois o tribunal arbitral estará, simplesmente, avaliando se o contrato é válido em caso de fraude ou de pagamento de propina. Concordamos com Shen Wei ao criticar decisão envolvendo contratação mediante pagamento de propina em famoso caso argentino,[9] quando o tribunal declinou competência sob o fundamento de que contratos viciados por "bribery, fraud or corruption could not be enforced by arbitral tribunals or judges (turpi causa action non oritur)". Segundo o autor, tomando-se o princípio *da kompetenz-kompetenz*, ainda que o contrato fosse nulo em decorrência de crime, caberia ao tribunal arbitral declarar sua nulidade pelo vício da fraude, corrupção ou suborno.[10] O tribunal, portanto, não estaria impondo pena aos autores do crime, mas reconhecendo a nulidade de negócio jurídico mediante fraude. Segundo o direito brasileiro, a responsabilidade civil não se confunde com a responsabilidade criminal, de

[9] Argentinian Bribery Case, ICC Award no. 1110. Disponível em: https://www.trans-lex.org/201110/_/icc-award-no-1110-of-1963-by-gunnar-lagergren-yca-1996-at-47-et-seq-/. Acesso em: 10 jul. 2022.

[10] Wei, Shen. *Rethinking the New York Convention*. Cambridge: Intersentia, 2013, p. 228.

tal forma que os agentes poderão não ser penalizados, mas no negócio jurídico poderá ser nulo ou anulável.

Em suma, as abrangências diversas de matérias sujeitas à arbitragem em diferentes ordenamentos jurídicos nacionais poderão suscitar questões de ordem pública no que diz respeito à jurisdição de tribunais arbitrais em matérias tributárias, propriedade intelectual, trabalhista, consumerista, concorrencial, falência e outras áreas do Direito relacionadas ao exercício de atividade empresarial.

Examinado o tema com relação à matéria prejudicial da arbitrabilidade, cabe-nos, então, analisar a ordem pública no sentido que lhe dá a Convenção de Nova Iorque no item (b) transcrito anteriormente. Neste caso, trata-se de matéria substancial quanto ao conteúdo da decisão, podendo o tribunal local recusar o seu cumprimento quando o reconhecimento e a execução contrariar norma de ordem pública local. Cabe-nos, portanto, ainda que brevemente, avaliar o entendimento atual do conceito de ordem pública local e internacional segundo a doutrina, ficando a análise de casos para a segunda parte deste capítulo.

Além de um cavalo rebelde que, montado, não sabemos onde nos levará, o conceito de ordem pública é bastante fluído, sendo, por vezes, associado à preservação de valores morais nacionais, ou a "proteger os sentimentos de justiça e moral de determinada sociedade em determinada época".[11] Em parecer proferido a respeito da não violação da ordem pública pela aplicação da CISG, quando o Brasil ainda não tinha ratificado a Convenção de Viena, Maristela Basso, reconhece o caráter fluído do conceito, observando que a "noção de ordem pública deve atender sempre às necessidades econômicas de cada Estado, compreendendo os planos político, jurídico, econômico e moral de todo Estado constituído. Em outras palavras, ordem pública emana da *mens populi*".[12]

Não há necessidade de se reproduzir aqui outras tentativas de definições, pois o certo é que não há certeza quanto ao seu conteúdo. Tendo caráter principiológico, a sua aplicação deverá ser feita dentro dos critérios de ponderação apontados por Ronald Dwokin, mas, ao mesmo

[11] CARMONA, Carlos Alberto. *Arbitragem e processo, um comentário à Lei 9.307/96*. 3. ed. São Paulo: Atlas, 2009, p. 69.

[12] MARISTELA, Basso. Homologação de sentença estrangeira: STJ (Atecs Mannesman GmbH e Rodrimar S.A. *Revista de Arbitragem e Mediação*, v. 7, n. 26, p. 179-238, jul./set. 2010, p. 214.

tempo, de maneira excepcional, pois se trata de norma restritiva ao reconhecimento da soberania de outro Estado nacional. Em Mitsubishi Motors Corp. v. Soler Chrysler-Plymouth Inc., a Corte faz referência ao dispositivo da Convenção de Nova Iorque, mas observa que "[w]hile the efficacy of the arbitral process requires that substantive review at the award-enforcement stage remains minimal".[13]

Outro aspecto importante diz respeito à distinção entre a ordem pública como princípio de interpretação e as normas cogentes. Nem toda norma cogente diz respeito aos princípios ou aos fundamentos básicos de determinado ordenamento jurídico. Uma norma cogente pode não conter um princípio de ordem pública, mas, simplesmente disciplinar determinado comportamento como uma opção legislativa. Tomando-se um exemplo simplório: em muitos países se dirige pela direita e outros pela esquerda. Em ambas as hipóteses a norma será cogente, mas, certamente, a regra de um país não ferirá a ordem pública de outro Estado. Por essa razão, erros de direito de um painel arbitral internacional quanto à aplicação de uma norma cogente não conflitam, de plano, com normas de ordem pública. "Daí porque não são quaisquer regras imperativas, ou cogentes, do direito do Estado do reconhecimento que integram a noção de ordem pública para esse fim."[14] No mesmo sentido, na literatura estrangeira, Shen Wei observa: "However, it is unlikely that every mandatory rule forms part of public policy. The term of 'national public policy' or 'mandatory rules of domestic law' is at risk of being interpreted widely."[15] Consequentemente, apenas violações extremamente graves, contrárias aos mais relevantes fundamentos políticos-jurídicos da sociedade, podem impedir a homologação dos laudos estrangeiros.

2. Ordem pública internacional

Como referido por Carlos Alberto Carmona, a doutrina estabelece distinção da ordem pública sob ordem interna e internacional, servindo a

[13] 473 US 614; 105 S.Ct. 3346;87 L. Ed.2d 444 (1985). Tradução livre: "Embora a eficácia do processo arbitral exija que a revisão substantiva na fase de execução da sentença permaneça mínima".

[14] Abbud, André de Albuquerque Cavalcanti. Homologação de sentença arbitral estrangeira. *In*: Levy, Daniel; Pereira, Guilherme Setoguti J. *Curso de arbitragem*. São Paulo: Thomson Reuters: Revista dos Tribunais, 2018, p. 488.

[15] Wei, Shen. *Rethinking the New York Convention*. Cambridge: Intersentia, 2013, p. 245.

ordem interna como impossibilidade de derrogação de normas materiais, enquanto a ordem internacional "funciona como verdadeiro filtro de leis, sentenças (arbitrais ou estatais) e atos em geral que devem ter eficácia no território nacional, impedindo tal eficácia quando ameaçados relevantes valores de justiça e de moral".[16]

> Embora a letra (b) do item (2) do art. V refira-se a *public policy of that country*, a doutrina tem entendido que a ordem pública daquele país (do país em que se pretende a execução) deverá ser interpretada dentro da finalidade da convenção no sentido de evitar entraves indevidos ao respeito à decisões tomadas em tribunais arbitrais dos países signatários. Razão pela qual, a ordem pública interna terá escopo mais amplo do que a ordem pública interna. "The general pro-enforcement orientation of the New York Convention also points a narrow reading of the public policy defense. An expansive interpretation would otherwise vitiate the main purpose of the Convention, that is, to remove unwarranted obstacles to the enforcement of arbitration awards. The public policy defense should be permitted only when enforcement of an award would result in a violation of the enforcing state's most fundamental notions of morality and justice".[17]

Tomando-se uma imagem gráfica, poderíamos pensar em pontos de intersecção de inúmeros círculos sobrepostos, de tal forma que a ordem pública internacional estaria no centro dessa imagem, "a chamada ordem pública verdadeiramente internacional seria a área de convergência das diversas ordens públicas nacionais", como seu "núcleo duro".[18]

[16] Carmona, Carlos Alberto. *Arbitragem e processo, um comentário à Lei 9.307/96*. 3. ed. São Paulo: Atlas, 2009, p. 69-70.

[17] Otto, Dirk; Elwan, Omaia. Article V(2). *In*: Kronke, Herbert *et al.* (eds.). *Recognition and Enforcement of Foreign Arbitral Awards*: A Global Commentary on the New York Convention. The Netherlands: Wolters Kluwer, 2010, p. 367. Tradução livre: "A orientação geral pró-aplicação da Convenção de Nova York também aponta uma leitura estreita da defesa de política pública. De outra forma, uma interpretação abrangente invalidaria o objetivo principal da Convenção, ou seja, remover obstáculos injustificados à execução de sentenças arbitrais. A exceção da ordem pública deve ser permitida apenas quando a execução de uma sentença resultar em uma violação das noções mais fundamentais de moralidade e justiça do estado de execução".

[18] Gonçalves, Eduardo Damião. Comentários ao artigo V(2)(A)(B) da Convenção de Nova Iorque. *In*: Wald, Arnoldo; Lemes, Selma Ferreira (coords.). *Arbitragem comercial internacional*: a Convenção de Nova Iorque e o direito brasileiro. São Paulo: Saraiva, 2011, p. 289-290.

A identificação desse núcleo duro se traduz em "método das regras transnacionais baseado na observação do direito comparado e da existência de instrumentos internacionais adotados em relação a determinados assuntos, refletindo um amplo consenso da comunidade dos Estados".[19]

Como se vê, seja no âmbito nacional ou internacional, o conceito de ordem pública é de difícil determinação. Embora não tenha alcançado determinar o seu conteúdo, Shen Wei sumariza as recomendações da *International Law Association* de 2002 e que podem servir de orientação ao intérprete:

> [...] international public policy to include: (i) fundamental principles, pertaining to justice or morality, that the state wishes to protect even when it is not directly concerned; (ii) rules designed to serve the essential political, social or economic interests of the state, these being lois de police or public policy rules, and (iii) the duty of the state to respect its obligations towards other States or international organizations.[20]

3. Jurisprudência do STJ

Depois de, brevemente, analisar o conceito de ordem pública sob a Convenção de Nova Iorque, vamos avaliar alguns casos decididos pelo STJ, na tentativa de extrair elementos comuns que possam nos indicar tendências ou conceitos que deem concretude a esse princípio fluído e de conteúdo indeterminado. Como a ordem pública é exceção à executividade de decisões de cortes judiciais e arbitrais estrangeiras, não deixamos de considerar também decisões judiciais, pois a noção de

[19] GAILLARD, Emmanuel. *Teoria jurídica da arbitragem internacional.* Tradução Natália Mizrahi Lamas. São Paulo: Atlas, 2014, p. 112.

[20] WEI, Shen. *Rethinking the New York Convention.* Cambridge: Intersentia, 2013, p. 248. As recomendações da International Law Association podem ser encontradas em: https://www.academia.edu/18312524/ILA_FINAL_REPORT_ON_PUBLIC_POLICY_AS_A_BAR_TO_ENFORCEMENT_OF_INTERNATIONAL_ARBITRAL_AWARDS_NEW_DELHI_2002. Tradução livre: "[...] a ordem pública internacional deve incluir: (i) princípios fundamentais, relativos à justiça ou à moralidade, que o Estado deseja proteger, mesmo quando não está diretamente envolvido; (ii) regras destinadas a servir os interesses políticos, sociais ou econômicos essenciais do Estado, sendo estas as regras de polícia ou de ordem pública, e (iii) o dever do Estado de respeitar suas obrigações para com outros Estados ou organizações internacionais".

ordem pública poderá ser guia também para homologação de sentenças proferidas em tribunais arbitrais.

A primeira observação a ser feita é de que inúmeros casos, de maneira uniforme, analisam os requisitos formais para a homologação de sentença estrangeira, para declarar que não há violação à ordem pública nacional, sem que se coloque em debate o conceito de ordem pública ou sua violação. Basta simples pesquisa no *site* do STJ para que tais casos sejam facilmente encontrados. Nosso objetivo, por outro lado, foi "garimpar" casos em que a ordem pública estivesse no centro ou entre os principais itens da controvérsia. Outra observação é que a grande maioria dos precedentes em que o STJ indeferiu a homologação de sentença arbitral estrangeira dizem respeito a aspectos procedimentais, como ausência de citação válida, restrições ao direito de defesa e produção de provas e outros atos que pudessem comprometer o devido processo legal. Os casos analisados incluem decisões relacionadas tanto a aspectos procedimentais quanto ao mérito de cada caso.

3.1. Alstom V. Mitsui (Sentença Estrangeira Contestada n. 14.930)

A Alstom e Alunorte-Alumina celebraram, em 29 de julho de 2004, contrato para o fornecimento de determinados equipamentos. Ocorre que, segundo narração do acórdão:

> [q]uando o equipamento estava em funcionamento, em sua potência máxima, exatos 20 dias, após sua entrada em operação em Agosto de 2007, detectou-se a ruptura da tubulação (*freeboard*) do equipamento, decorrente de quantidade anormal de materiais em seu interior, tais como, restos de solda, tubos de andaimes, e com isto houve a paralisação de todo o sistema, em 8 de agosto de 2007. Como evento subsequente à retomada da operação, ocorreu outro sinistro, em setembro de 2007, o incêndio no sistema de filtros de manga da unidade, inclusive representando maior monta, tudo em decorrência do primeiro.

A seguradora Mitsui, tendo indenizado os danos sofridos pela Alunorte, ingressou com ação no Brasil contra a Alstom para, em regresso, reaver o valor pago pelos danos resultantes dos sinistros. Alstom, de sua parte, ingressa com arbitragem nos Estados Unidos para prevenir a cobrança pela seguradora, alegando que, tendo pagado os danos, a seguradora teria se sub-rogado nos direitos da Alunorte e, segundo o contrato, o meio de solução de conflitos deveria se operar mediante arbitragem nos Estados Unidos. Alega a Mitsui que a sub-rogação se opera exclusivamente sobre o crédito gerado pelo pagamento feito à Alunorte, não se estendendo a condições acessórias, como a cláusula arbitral. Tomando o princípio da autonomia e o caráter contratual da arbitragem, a sub-rogação integral, incluindo a cláusula arbitral, feriria normas de ordem pública no Brasil, pois a seguradora não poderia se ver forçada a participar de um procedimento arbitral sem o seu consentimento.

Em seu voto, o relator Ministro Og Fernandes enumera os fundamentos levantados pela seguradora:

> (i) o direito da seguradora de se ressarcir do causador do dano decorre da lei e não do Contrato de Fornecimento; (ii) a sub-rogação legal, e não convencional, impossibilita a cessão da Convenção de Arbitragem ao Segurador sub-rogado; (iii) a lei brasileira exige consentimento expresso das partes para que qualquer disputa seja arbitrável; (iv) a sub-rogação legal da seguradora, a ser exercida, possui causa de pedir distinta do credor originário (ALUNORTE); (v) a aceitação da tese de extensão da Cláusula Compromissória à Seguradora sub-rogada contraria as garantias constitucionais e a legislação em vigor, que formam a concepção de ordem pública e são atos de soberania nacional.

Ou seja, a ordem pública estaria comprometida pela imposição forçada da arbitragem como renúncia à garantia constitucional do acesso ao Poder Judiciário. O relator, no entanto, observa que a requerida pretende adentrar no mérito da questão, pois põe em debate se a sub-rogação da seguradora se opera contratualmente ou em decorrência da lei que rege os seguros. Alega a requerida que o seu direito à sub-rogação decorre da lei e não de uma relação contratual da qual não foi parte. O relator, no entanto, entende que, ainda que houvesse erro na aplicação do direito brasileiro, o STJ não poderia corrigir a decisão, mas se manter adstrito aos aspectos formais. Nas palavras do relator: "Isso não se revela possível, porque a função desta Corte Superior, ao analisar um pedido de homologação de sentença estrangeira, não é perquirir sobre o erro ou acerto da decisão homologada, mas, apenas, sobre a observância dos aspectos formais".

O Ministro João Otávio de Noronha diverge. Segundo o ministro:

> Não obstante a expressão *ordem pública* seja um conceito fluido, aberto, é possível inferir que se relaciona com os princípios e preceitos fundamentais do ordenamento jurídico nacional, daí por que sua transgressão tem o condão de obstar a homologação da sentença estrangeira". Conclui que o juízo acerca da ordem pública admite que o tribunal pátrio tenha ampla liberdade para o controle de execução das sentenças estrangerias "podendo penetrar na substância da decisão". Segundo ele, a "questão está intrinsecamente ligada à garantia constitucional da inafastabilidade da jurisdição estatal e acesso à Justiça, prevista no art. 5º, XXXV, da CF, e à competência do juízo prolator da decisão, a que se referem os arts. 5º, LIII, da CF e 15 da LINDB, os quais corporificam preceitos de ordem pública.

A sub-rogação, portanto, estaria limitada ao crédito da seguradora depois de pagar a indenização à Alunorte, não se estendendo a aspectos de ordem processual ou de natureza personalíssima da Mitsui.

Diante do dissenso, o ministro relator retifica seu voto. A discussão se a sub-rogação alcança ou não todos os aspectos do contrato não é unânime na doutrina e cita autores de um lado e de outro, de tal forma que decisão do tribunal, em um caminho ou outro "configura, em verdade, o seu próprio questionamento meritório". Nesse ponto, o ministro faz a distinção importante entre a ordem pública doméstica e internacional, citando Vera Cecília Monteiro de Barros: "Frise-se que, neste momento, nem se pretende discutir aspecto recorrente da doutrina especializada, no sentido de que seria equivocado perfazer a correspondência entre ordem pública com ordem pública interna". Nesse sentido, transcrevo trecho elucidativo de obra de Vera Cecília Monteiro de Barros, em dissertação especializada na matéria:

> A doutrina costuma assinalar que o conceito de ordem pública pode ser compreendido em dois níveis: o primeiro, mais amplo, consiste na ordem pública interna; o segundo, mas estreito, refere-se à ordem pública internacional. Ambos os níveis são provenientes de um mesmo ordenamento jurídico estatal. A diferença entre eles consiste nos efeitos com relação à sua incidência. No plano interno, a ordem pública está

> relacionada a valores fundamentais, às leis cogentes ou imperativas, que não podem ser derrogados pela vontade das partes. Já no plano internacional, a ordem pública impede a aplicação da lei estrangeira ou o reconhecimento de sentenças estrangeiras, quando atentatórias à ordem jurídica, moral ou econômica do foro.[21]

O ministro, então, cita precedente sobre parcialidade do juiz para delimitar a ordem pública como princípio fundante do ordenamento jurídico e como garantia do devido processo legal, diversamente do caso em debate, em que se discute a interpretação de uma norma própria do direito privado, como a sub-rogação. Analisado o precedente sobre parcialidade do árbitro e contrastado com o caso em comento, o ministro relator busca identificar algumas premissas para caracterização de ofensa à ordem pública: a) ordem pública, nesse particular, não equivaleria à ordem pública internacional, mas a um conceito de ordem pública interna; b) há de existir uma absoluta incompatibilidade entre a sentença estrangeira e a norma (norma-princípio ou norma-regra) interna prevista sobre a matéria; c) a norma interna – seja ela princípio ou regra – deve ser fundante, ou seja, deve consistir em dispositivo essencial à própria ideia internalizada de direito no Brasil. Feita essa distinção, o ministro relator ressalta o fato de que a parcialidade do juiz pode comprometer a ordem pública brasileira, mas, muito distinta é a interpretação do alcance de um ato civil de sub-rogação.

Em voto vista do Ministro Mauro Campbell Marques, a questão nos parece totalmente espancada. Seu voto é direto e claro:

> Ora, o objeto da controvérsia é eminentemente patrimonial, uma vez que decorre de um possível direito de pagar quantia (para reparação de danos). Além disso, a sub-rogação – em si considerada – é instituto do direito das obrigações plenamente admitido no ordenamento jurídico. Em suma, não há ofensa à ordem pública, já que não houve violação de norma fundante do ordenamento jurídico pátrio.

A Ministra Nancy Andrigui, observa que o consentimento é essencial para qualquer compromisso arbitral, "contudo, não cabe perquirir, no

[21] Barros, Vera Cecília Monteiro de. *Exceção de ordem pública na homologação de sentença arbitral estrangeira no Brasil.* São Paulo: Quartier Latin do Brasil, 2017, p. 151-154.

bojo desta homologação de sentença arbitral estrangeira, se a possibilidade de transmissão via sub-rogação da seguradora da cláusula arbitral previamente celebrada é a melhor interpretação judicial a ser aplicada". A sentença estrangeira foi homologada por maioria.

Comentários: Esse caso, sem dúvida, é relevante para estabelecer uma linha de delimitação para a admissibilidade da execução de sentenças estrangerias arbitrais ou judiciais. Ficou claro que a matéria girava sobre a interpretação do alcance da sub-rogação, instituto do direito das obrigações. O relator e os ministros que o acompanharam foram muito felizes em deixar claro que o debate sobre a interpretação do direito das obrigações não é norma fundante do ordenamento jurídico e que possa suscitar violação da ordem pública, ainda que cogente.

Quanto ao consentimento ou não da cláusula compromissória, e isso vale para qualquer outra hipótese de extensão dos efeitos da cláusula arbitral às companhias seguradoras, seria interessante perquirir se, ao emitir a apólice de seguros, a seguradora tinha conhecimento da existência de cláusula arbitral no contrato firmado entre Alstom e Alunorte. O acórdão não trata deste ponto, mas como indagação, não cabe perguntar se ao emitir apólice de seguro para um contrato que contém cláusula compromissória e, havendo sub-rogação da reguladora nos direitos da Alunorte, tal sub-rogação não seria nos termos do contrato segurado pela Mitsui?

3.2. Levi Strauss V. Ganaderia (homologação de decisão estrangeira n. 120 – Us (2016/0317356-0)

A decisão arbitral estrangeira determinou que a requerida deveria se abster do uso da marca Levi's a partir de 31 de dezembro de 2015, além de a condenar à indenização no valor de US$ 1,386,800.18, em razão de descumprimento de contrato de licença de uso de marca. O executado pretende a não homologação da decisão estrangeira alegando que (i) houve a participação, no procedimento arbitral, de terceiros estranhos à relação contratual objeto do litígio; (ii) descumprimento da cláusula compromissória no que concerne à indicação do árbitro feita pela Associação Americana de Arbitragem; (iii) vinculação do árbitro com a requerente; e (iv) utilização de prova nula para formação do convencimento do árbitro e fundamento da sentença. A parte contrária alega que a escolha do árbitro foi feita de mútuo acordo, tendo o prazo de impugnação decorrido *in albis*.

Além de outros aspectos, a questão central gira em torno da relação existente entre o árbitro e uma fundação patrocinada pela Levi's. A decisão, em voto do Ministro Herman Benjamin, faz distinção importante sobre a ação anulatória fundada na parcialidade do juiz e a possibilidade de sua invocação em sede de homologação de sentença estrangeira, nos termos do artigo 39, II, da Lei n. 9.307/1996.

Segundo o acórdão, teria sido comprovado nos autos, e confirmado pela requerente, que:

> Em outras palavras, a fundação da qual o árbitro é diretor investiu um milhão e meio de dólares em projeto dentro do centro Haas, o qual leva o nome da família proprietária da Levi Strauss em virtude das doações dos donos dessa empresa para esse centro, conforme demonstra a página da Wikipédia traduzida pela requerente.

Interessante que, no acórdão, o critério de moralidade se centra no homem médio: "No mínimo, o chamado homem médio certamente diria que, na dúvida, seria melhor o árbitro ser outra pessoa ou ter explicitadas essas relações". No caso, há o agravante de que não houve comunicação às partes da existência desses pagamentos, em desrespeito ao dever de revelação, previsto, não apenas na Lei de Arbitragem brasileira, mas também no Regulamento internacional. Não se trata, assim, simplesmente, de fatos que comprometam a independência do árbitro, mas que possam levar a parte a questionar se a imparcialidade do árbitro não estaria sendo comprometida. Lembre-se que os árbitros devem ter a confiança das partes, ao contrário dos juízes. A decisão estrangeira não foi homologada.

Comentários: Esta é uma decisão de certa forma controversa, pois traz elementos de insegurança para o critério de avaliação da parcialidade do árbitro. O primeiro aspecto pitoresco é a busca de informações na Wikipedia como fundamento de decisão. Como se sabe, essa organização conta com a colaboração voluntária de cidadãos do mundo todo, não sendo considerada uma fonte de segura de informação. Outro aspecto é a ilação de que o integrante de uma instituição de ensino vinculada à universidade de Stanford e que recebe contribuição de grandes empresas está necessariamente suspeito ou se torne parcial em uma arbitragem. A USP, a FGV, a PUC, o Mackenzie e tantas outras instituições de ensino recebem doações e parece-nos que, nem por isso, seus professores serão necessariamente suspeitos ou parciais de forma a os impedir de atuar em arbitragens ou mesmo em ações judiciais.

3.3. Abengoa V. Adriano Giannetti Dedini Ometto (sentença estrangeira contestada n. 9.412 – Us (2013/0278872-5)

Trata-se de contrato de compra e venda de cotas, pelo qual Abengoa adquiriu do requerido o controle do Grupo Dedini e, consequentemente de usinas proprietárias de açúcar e álcool localizadas no Estado de São Paulo. Em arbitragem com sede em Nova Iorque, a requerente alegou ter sido lesada em razão de manipulação e omissão de informações, além de violação de garantias prestadas pelo requerido na celebração do contrato. Em defesa, o requerido alegou (i) a parcialidade do juiz presidente do tribunal arbitral, sócio sênior de banca de advocacia que teria representado a Abengoa em diversas causas; (ii) a desconsideração de provas (correspondências eletrônicas) essenciais para a defesa; (iii) violação dos princípios da reparação legal e da legalidade e o desrespeito, no momento da fixação da indenização, à lei acordada e aplicável à controvérsia (brasileira) objeto da sentença CCI n. 16.513. Consequentemente, teria havido violação à ordem pública e aos princípios do contraditório, da ampla defesa e da igualdade.

Foi proposta ação anulatória das decisões arbitrais perante a Justiça Federal norte-americana alegando, além da parcialidade do árbitro, as demais matérias suscitadas no procedimento homologatório. Ação foi julgada improcedente pela justiça americana. O relator Felix Fischer votou pela homologação da decisão, entendendo que, sendo a justiça americana competente para analisar a parcialidade do árbitro e tendo julgado improcedente a ação anulatória, a recusa em dar execução à sentença arbitral seria "ferir a soberania daquela nação". Observa, ainda, que os procedimentos de homologação de sentenças estrangeiras não têm caráter recursal.

O Ministro João Otávio Noronha discorda e, embora observando que conceitos indeterminados devam ser interpretados "de forma finalística, repelindo apenas aqueles atos e efeitos jurídicos absolutamente incompatíveis com o sistema jurídico brasileiro, incompatibilidade que deve mostrar-se de forma flagrante e pungente", o Poder Judiciário "possui ampla liberdade para realizar o efetivo controle da decisão estrangeira antes de reconhece sua eficácia no território nacional". Segundo o ministro, a imparcialidade do juiz é questão de ordem pública e:

> só se tem por válida a renúncia à garantia da inafastabilidade da jurisdição estatal quando os árbitros gozam de independência e confiança das partes. Assim, a sentença proferida pela Justiça Federal americana à luz de sua própria legislação não tem o condão de obstar o exame do STJ quanto a possível ofensa à ordem pública nacional decorrente da alegada imparcialidade do árbitro presidente.

Admitindo as alegações do requerido, o ministro entende que o recebimento de vultosa quantia paga por uma das partes ao escritório do qual fazia parte o árbitro, ainda que sem seu patrocínio direto, configuraria hipótese objetiva de comprometer a parcialidade do árbitro. Cita Carlos Alberto Carmona para quem "a pedra de toque neste jogo de confiança é o dever de revelação". Vota, portanto, pelo indeferimento da homologação.

A Ministra Nancy Andrigui resume a controvérsia da seguinte maneira: "(i) se teria havido violação da imparcialidade do árbitro-presidente do tribunal arbitral que proferiu as sentenças em questão; e (ii) se teria havido desrespeito ao princípio constitucional da legalidade, mediante fixação de indenização com caráter eminentemente punitivo". Quanto à imparcialidade do árbitro, a ministra observa não tratar de questão de mérito, mas "pressuposto processual subjetivo de validade de toda relação processual que se desenvolva num Estado Democrático de Direito". Nesse sentido, acrescenta que a imparcialidade é

> cânone constitucional decorrente diretamente das cláusulas do devido processo legal e do juiz natural, a imparcialidade do juiz é a maior garantia de ética, de legitimidade e de licitude da jurisdição e a crença dos jurisdicionados na imparcialidade de quem vai julgá-los é um dos pilares de qualquer sociedade civilizada.

Nesse sentido, a violação da imparcialidade do juiz representaria violação da ordem pública e não sujeita à preclusão. Analisando os fatos, entende que, é "não apenas possível, como indispensável, que 'este Superior Tribunal' resolva 'a questão suscitada', ou seja, a parcialidade do juiz condutor do processo arbitral", que, para mim, está escancarada diante do pagamento comprovado nesses autos.

O Ministro Herman Benjamin inicia seu voto reproduzindo os argumentos relacionados à condenação de vultosa quantia que não teria aplicado corretamente o disposto no artigo 944 do CC, empregando-se a teoria americana dos *punitive damages*. Neste ponto, entende que a tese do requerido é de que os árbitros decidiram mal, "seja quanto aos fatos, seja quanto à aplicação do Direito". Conclui:

> Todavia, estando a sentença arbitral fundamentada na lei brasileira, não há como negar a homologação, pois não cabe ao Poder Judiciário fazer novo julgamento da causa para decidir se a lei brasileira foi bem ou mal aplicada. Se as requeridas entendiam que árbitros estrangeiros não poderiam aplicar bem o Direito brasileiro, teriam de ter incluído no compromisso arbitral cláusula prevendo que só brasileiros poderiam ser escolhidos árbitros. Por esse fundamento, portanto, não é o caso de ser negada homologação às sentenças arbitrais.

Afirma, ainda, que nos termos do artigo 18 da Lei de Arbitragem, a sentença não fica sujeita ao recurso perante o Poder Judiciário. Por outro lado, o ministro segue os votos dissidentes, sob os seguintes fundamentos: (i) a imparcialidade do juiz é um dos princípios fundantes do Judiciário brasileiro; (ii) o princípio da imparcialidade do juiz é extraível de uma série de normas da Constituição, a começar pela cláusula do Estado Democrático de Direito; (iii) a imparcialidade está contida no princípio da igualdade; (iv) deriva do princípio do devido processo legal, da impessoalidade e moralidade. Tratando-se de princípio que fere a ordem pública no Brasil, é

> irrelevante que a questão sobre a suposta ausência de imparcialidade do presidente dos tribunais arbitrais dos casos sob exame já tenha sido submetido ao Poder Judiciário norte-americano. A imparcialidade do juiz, como já disse, é um princípio fundante do Judiciário brasileiro, e se este concluir que, num caso de sentença submetida a processo de homologação para produção de efeitos em território brasileiro esta rigorosa

imparcialidade não estava presente, a homologação deve ser negada por contrariedade à ordem pública.

Examinando os fatos, entende-se que os pagamentos realizados ao escritório do árbitro comprometeram sua parcialidade e anota: "No mínimo, o chamado homem médio certamente diria que, na dúvida, seria melhor o árbitro ser outra pessoa". Cita formulário da CCI: "na dúvida, conte".

O ministro relator, reafirma seu voto, observando que: (i) o STJ não pode adentrar no mérito da decisão; (ii) quanto à imparcialidade não bastam simples suspeitas e alegações, é preciso que

> o juiz tenha comprovadamente agido de modo parcial e, apenas nessa hipótese, estaria ferida a ordem pública nacional de forma a obstar a homologação do laudo; (iii) em caso de suspeita de parcialidade há rito próprio previso no artigo 20 da Lei de Arbitragem; (iv) a Justiça americana já teria apreciado a matéria concluindo que "não houve ofensa ao dever de revelação pelo árbitro-presidente, tampouco à ordem pública daquele país, entender o contrário seria ferir o espírito da Convenção de Nova Iorque. Entender de modo contrário, a meu ver, é negar o espírito da Convenção de Nova Iorque e da Lei de Arbitragem, que buscam prioritariamente o reconhecimento das sentenças arbitrais estrangeiras de forma a permitir a maior cooperação entre os Estados.

A homologação foi rejeitada por maioria.

Comentários: Trata-se de caso bastante conhecido e debatido. Infelizmente, embora o Ministro Herman Benjamin tenha tangenciado a questão de condenação dos danos punitivos e incorreta apreciação do artigo 944 do CC, o debate se centralizou na matéria prejudicial de parcialidade do juiz e que determinou a decisão pelo indeferimento da homologação. De toda sorte, parece-nos que, se não houvesse o debate sobre a parcialidade do árbitro-presidente, o tribunal teria seguido a posição do Ministro Herman Benjamin, no sentido de que, ainda que tendo decidido mal, o Judiciário brasileiro não poderia servir de instância recursal de decisões arbitrais estrangeiras. No que diz respeito à parcialidade do árbitro, este caso chama a atenção por, diversamente do caso *Levi's v Ganadeira*, ter havido decisão judicial proferida em ação anulatória nos Estados Unidos em que o Tribunal Federal americano julgou improcedentes os argumentos do requerido. Parece-nos, que, de fato, a imparcialidade do árbitro é garantia constitucional fundante da ordem pública brasileira, podendo ser avaliada pelo STJ, porém, em sede de homologação, com jurisdição limitada, é controversa a posição do tribunal ao superar decisão do Poder Judiciário americano que julgou improcedente a ação anulatória.

3.4. Pothole V. Eco Tech (sentença estrangeira contestada n. 12.493 - Us (2014/0218464-0)

Nesse caso, é alegada a parcialidade do árbitro em razão concessão de medida liminar adentrando o mérito o que, teria, segundo a requerida, comprometido a imparcialidade do árbitro e ofenderia a soberania nacional e a ordem pública. Conforme consta do acórdão, a matéria, quanto à parcialidade do árbitro, foi levada ao "Centro Internacional de Solução de Conflitos - ICDR, que concluiu por reafirmar a nomeação do árbitro, pois em conformidade com as normas de arbitragem internacional". Consequentemente, o tribunal entendeu que

> não cabe a este Superior Tribunal de Justiça, em juízo delibatório de homologação, reexaminar o provimento liminar exarado no procedimento de arbitragem, sob pena de invadir a competência do Tribunal Arbitral, notadamente porque não evidenciada a alegada parcialidade do árbitro a autorizar o reconhecimento de ofensa à ordem pública e à soberania nacional.

Comentários: Não obstante se tratar de alegação de parcialidade em razão ato processual tomando durante a arbitragem (concessão de medida liminar antecipatória do mérito), diversamente do caso Abengoa, em que se alega o pagamento de vultosos valores ao escritório de que faz parte o árbitro presidente, é interessante notar o contraste com a decisão daquele caso. No caso *Pothole v. Eco Tec*, o tribunal legitima a decisão de homologação, inclusive pelo fato de que a parcialidade do árbitro já teria sido submetida ao ICDR, enquanto no caso Abengoa, a maioria dos ministros faz prevalecer a decisão em sede delibatória, com conhecimento limitado, sobre uma decisão tomada por uma corte judicial americana.

3.5. Construcciones Y Auxiliar de Ferrocarriles V. Supervia (sentença estrangeira contestada n. 2.410 – Ex (2007/0161265-0)

A controvérsia tem seu foco sobre a sentença que teria determinado a correção monetária, seguindo índices inflacionários nacionais, sobre moeda estrangeira. Segundo consta do acórdão: "a sentença teria criado uma situação esdrúxula, pois, seguindo-se o comando deles emanado, não só os valores fixados em reais, mas também aquele vinculado à variação do dólar norte-americano sofrerão juros e correção monetária". Além disso, são suscitadas supostas nulidades contidas na sentença, como julgamento extra petita, persistência de omissões, a despeito de pedido de esclarecimentos, não comparecimento de representante de uma das partes, inversão da ordem de testemunhas, indeferimento de perícia, ausência de imparcialidade.

O Ministro Relator Francisco Falcão, defere a homologação da sentença estrangeira, salvo quanto à correção monetária sobre moeda estrangeira. O voto, simplesmente, toma como incorreta a decisão, sem evidenciar em que a ordem pública nacional teria sido ferida. A decisão estava, tecnicamente, incorreta, mas o relator não se debruça sobre a questão da ordem pública. A Ministra Nancy Andrigui entende que a cumulação da variação cambial e correção monetária feriria a "ordem pública nacional". O Ministro João Otávio Noronha segue o mesmo entendimento, homologando a decisão, exceto quanto à correção monetária sobre moeda estrangeira. A Ministra Laurita Vaz também exclui a correção monetária sobre moeda estrangeira, sem maiores justificativas, acompanhada do Ministro Humberto Martins. A sentença foi homologada, com a determinação de não incidência de índices nacionais de correção monetária sobre condenação fixada em moeda estrangeira.

Comentários: Sem dúvida um caso *sui generis*. A decisão estrangeira está claramente incorreta, pois não cabe correção monetária seguindo índices inflacionários locais sobre moeda estrangeira. Ocorre que, o próprio conceito de índices inflacionários poderá ser estranho a uma economia estável. Não é comum a cláusula de reajuste anual de preços em contratos internacionais ou em contratos celebrados em países de economia forte. Logo, é compreensível que uma decisão estrangeira possa cometer equívocos ou erros na aplicação de normas locais de conteúdo econômico. A questão é: pode o STJ corrigir a decisão? Embora a Ministra

Nancy Andrigui tenha invocado a ordem pública, parece-nos muito duvidosa a alegação de ordem pública para matéria estritamente patrimonial e de interesse das partes.

3.6. Carlos Eduardo de Athayde Buono V. Wynn Las Vegas Ll (recurso especial n. 1.628.974 – Sp (2016/0254752-4)

Como mencionado no início deste texto, o STF, na ocasião competente para homologação de sentença estrangeira, deparou-se com carta rogatória para a citação de cidadão brasileiro que teria inadimplido dívida de jogo. Em 1993, o Ministro Galloti rejeitou a citação sobre o fundamento da ordem pública. Em 2002 e 2003, no entanto, sob relatoria do Ministro Aurélio Melo, o tribunal entendeu que seria possível a citação em caso de cobrança de dívida de jogo incorrida em país em que tal pretensão é lícita,[22] inclusive para assegurar o devido processo legal ao cidadão brasileiro. A questão, no entanto, torna-se mais complexa quando o objetivo é a execução da dívida de jogo, considerando a vedação de sua cobrança no Brasil. Embora trate de sentença judicial, o caso nos traz alguns elementos importantes sobre o conceito de ordem pública.

Nesse caso, um cidadão brasileiro participa de competição de *poker* em um cassino em Las Vegas e incorre em dívida de mais de dois milhões de reais. Ao ser cobrado, no Brasil, alega violação da ordem pública doméstica, pois o jogo é contravenção penal e as dívidas são caracterizadas como obrigação natural, ou seja, não podem ser cobradas, nem repetidas. Ajuizada a cobrança, o juízo de primeiro grau julgou procedentes os pedidos do autor e condenou o réu ao pagamento de US$ 1,000,000. A decisão foi confirmada em segunda instância pelo Tribunal Paulista. O relator, então, tece comentários sobre a soberania nacional e a ordem pública. Quanto à soberania nacional, resta claro que a admissão da cobrança de dívida de jogo em nada compromete a autonomia do Estado brasileiro, "visto que a concessão de validade a negócio jurídico realizado no estrangeiro não retira o poder do Estado em seu território

[22] AgRg na CR 3198 / US AGRAVO REGIMENTAL NA CARTA ROGATÓRIA 2008/0069036-9 Relator(a) Ministro HUMBERTO GOMES DE BARROS (1096) Órgão Julgador CE – CORTE ESPECIAL Data do Julgamento: 30 de junho de 2008. Data da Publicação/Fonte: *DJe* 11 de setembro de 2008.

e nem cria nenhuma forma de dependência ou subordinação a outros Estados soberanos".

O ministro, no entanto, considera controversa a ordem pública, posto que se trata de conceito fluido e mutável. Segundo o ministro:

> A ordem pública é conceito mutável, atrelado à moral e a ordem jurídica vigente em dado momento histórico. Não se trata de uma noção rígida, mas de um critério que deve ser revisto conforme a evolução da sociedade, procurando-se certa correspondência entre a lei estrangeira e o direito nacional. Há, portanto, equivalência entre a lei estrangeira e o direito brasileiro, pois ambos permitem determinados jogos de azar, supervisionados pelo Estado, sendo quanto a esses, admitida a cobrança. Não se vislumbra, assim, resultado incompatível com a ordem pública.

Prosseguindo, o ministro invoca princípios como a boa-fé e o enriquecimento sem causa, contra aquele que usufrui a hospitalidade de um país e contrai obrigações civis, retornando ao seu país em busca da impunidade. "A lesão à boa-fé de terceiro é patente, bem como o enriquecimento sem causa, motivos esses capazes de contrariar a ordem pública e os bons costumes."

Em voto divergente, a Ministra Nancy Andrigui observa que não se trata de hospitalidade, mas de atividade econômica com intuito de lucro, e que os riscos são inerentes ao negócio:

> De todo modo, não há que se falar em abuso da hospitalidade estrangeira, pois ao que tudo indica a situação envolve uma empresa que desenvolve suas atividades com a finalidade de obtenção de lucros. Portanto, não se trata de hospitalidade propriamente dita, mas de atividade econômica organizada, que arrasta consigo inexoravelmente uma pletora de riscos inerentes ao negócio.

O Ministro Moura Ribeiro segue a divergência da Ministra Nancy Andrigui, entendendo que a cobrança de dívida de jogo fere a ordem pública nacional. O Ministro Marco Aurélio Bellizze, no entanto, discorda da dissidência para considerar que

> [n]outros termos, se o recorrente se dirigiu a solo estrangeiro para praticar jogos somente lá lícitos e, assim, se obrigou ao pagamento de

> quantias voluntariamente disponibilizadas, não pode se escusar de cumprir a obrigação de pagar, que nada tem de imoral ou de ofensiva às leis e costumes nacionais.

Vale reproduzir parte do voto em que a questão da moralidade de certos atos está associada ao padrão do homem comum que reflete um padrão de valores morais que permeiam determinada sociedade, não se podendo aplicar a um sujeito que foge ao padrão de moralidade do homem médio:

> Ademais, é questionável a aplicação de máximas da experiência para deduzir a não ocorrência de fatos estranhos ao cotidiano do homem comum brasileiro. Não se pode ignorar que as regras de experiência têm sua essência ancorada em generalizações formadas no seio da sociedade e, portanto, manifestam o reconhecimento do juiz quanto a valores que circundam a vida ordinária da sociedade em que inserido, conceitos que variam substancialmente de acordo com o tempo e o espaço. Os fatos dos autos – convite para participação em campeonatos de *poker* organizados por cassinos internacionais – estão razoavelmente distantes da vida do homem médio brasileiro, especialmente por se tomar em consideração que nem sequer são fatos admitidos legalmente no Brasil.

O ministro Paulo de Tarso Sanseverino segue a trilha do relator e, igualmente, considera o princípio da ordem pública como algo conectado ao sentimento coletivo de aceitação dos jogos de azar, "ao contrário de identificar afronta à ordem pública, às liberdades individuais ou à pessoa humana". Observa que ao objetar a cobrança estaria ferindo a boa-fé e valendo-se de enriquecimento ilícito.

> Nesse panorama, pouco dialoga com a boa-fé objetiva, a conduta de se visitar estado soberano para lá, em conformidade com as leis deste outro país, contrair obrigação que, no sentir deste relator, não aberra ao senso comum, nem ao ordenamento jurídico brasileiro, e retornar ao Brasil deixando, alegadamente, de adimpli-la, e, ainda, tentar se escusar do seu pagamento mediante a alegação de uma pretensa impossibilidade de cobrança em solo brasileiro. Essa conduta revela, de pronto, prática vedada pelo ordenamento, já que configura enriquecimento sem causa por parte do inadimplente.

Comentários: Por maioria, o tribunal manteve a cobrança da dívida de jogo por não contrariar a ordem pública fundante do ordenamento jurídico. Embora não se trate de decisão arbitral, este caso contém elementos importantes para a delimitação da ordem pública. No caso anterior, a questão estava circunscrita à interpretação de um instituto do direito das obrigações, a sub-rogação. Neste caso, entretanto, está claro que há uma norma cogente de impossibilidade de cobrança de dívidas de jogo. Não se trata de interpretação apenas, mas de conflito entre normas de diferentes Estados. Não há controvérsia quanto à impossibilidade de cobrança de dívidas de jogo no campo doméstico, mas o tribunal admitiu a cobrança de dívida de jogo contraída em país onde tal pretensão é lícita. O tribunal não discute a distinção entre a ordem pública local e internacional, mas a questão é óbvia. A norma que proíbe cobrança de dívida de jogo é cogente, mas o tribunal a admite. Portanto, essa decisão, mesmo sem entrar no debate, deixa claro que uma norma cogente não contém necessariamente um princípio de ordem pública.

Conclusões

Tratando-se de princípio com conteúdo indeterminado, de partida, estava claro que este capítulo não teria a pretensão de trazer soluções e requisitos claros para caracterizar a ordem pública nacional e internacional. Os casos descritos são relevantes e terão impacto na jurisprudência. De um lado, reafirmam a tendência *pro arbitratis* no sentido de que o STJ não é instância recursal de decisões estrangeiras. Por outro lado, ainda é possível verificar certa hesitação em admitir que decisões estrangeiras devam ser respeitadas. O caso Abengoa é paradigmático, pois contraria decisão não apenas do tribunal arbitral, mas também do Poder Judiciário americano que julgou improcedente ação anulatória fundada em parcialidade do árbitro.

O caso sobre incidência de correção monetária em moeda estrangeira indica hesitação em admitir que decisões estrangeiras poderão ser tomadas incorretamente e o STJ não está autorizado a corrigi-las. Este caso é interessante ao considerarmos que, para nós brasileiros, cláusula de correção monetária é algo corrente e quase *standard* em qualquer contrato. Em países de economia estável, tal cláusula poderá ser impensável. Cabe-nos, então, indagar se contingências econômicas locais podem constituir aquele núcleo duro de uma ordem internacional?

Como conclusão final, parece-nos que ainda temos um longo percurso a caminhar. Sem dúvida, há tendência *pro arbitratis* do STJ, mas os casos relatados aqui ainda nos trazem insegurança jurídica e incerteza quanto à confiança que o Brasil terá em harmonizar nossas decisões com países signatários da Convenção de Nova Iorque.

17. ARBITRAGEM NO MERCADO DE CAPITAIS BRASILEIRO: UM PANORAMA POR MEIO DE ALGUMAS QUESTÕES IMPORTANTES[1]

Viviane Muller Prado
Ana Paula Ribeiro Nani

Introdução

Um dos gargalos identificados nas reformas dos anos 2000 para o desenvolvimento do mercado de ações brasileiro estava nas deficiências do Poder Judiciário, nomeadamente, a alegada falta de especialidade dos juízes e a morosidade da prestação jurisdicional, das quais decorriam, como consequência negativa, a não efetividade dos mecanismos de proteção dos investidores.

A solução encontrada à época foi tornar compulsória a arbitragem para as companhias que decidissem listar suas ações nos segmentos diferenciados de governança corporativa da bolsa de valores (Novo Mercado e Nível 2) e, posteriormente, no mercado de acesso (Bovespa Mais).

[1] O presente capítulo foi publicado, com algumas modificações em: Prado, Viviane Muller; Nani, Ana Paula Ribeiro. 20 anos de arbitragem no mercado de capitais: escolha acertada? *In*: França, Erasmo Valladão Azevedo e Novaes; Eizirik, Nelson (orgs.). *Revista de Direito das Sociedades e dos Valores Mobiliários: edição comemorativa dos 45 anos das Leis n. 6.385 e 6.404* – Volume II. São Paulo: Almedina, 2021, v. II, p. 459-479.

A arbitragem, no entanto, não se restringiu aos conflitos relacionados ao cumprimento dos regulamentos de listagem da bolsa. Estendeu-se a todos os litígios com origem na Lei das S.A. e na Lei de Mercado de Capitais, bem como nas normas administrativas editadas pelo Conselho Monetário Nacional (CMN), Banco Central (BACEN) e pela Comissão de Valores Mobiliários (CVM).[2] Além disso, a utilização da arbitragem extrapola a referida previsão compulsória dos níveis de governança. Em levantamento realizado em 2012,[3] demonstrou-se que companhias listadas em outros segmentos de listagem (Tradicional e Nível 1) também inseriram cláusulas arbitrais em seus estatutos, e que a expressiva maioria das empresas opta pela arbitragem para dirimir conflitos em acordos de acionistas.

A opção brasileira, contudo, vai na contramão de outros mercados que proíbem arbitragem em companhias abertas[4] ou que desconfiam da arbitragem como forma de solução adequada de conflitos em companhias listadas,[5] como os Estados Unidos.[6] Em paralelo, há notícia de

[2] Ver Seção XII, artigo 39 do Regulamento do Novo Mercado, versão 3 de outubro de 2017.

[3] PRADO, Viviane Muller; PARGENDLER, Mariana; BARBOSA JR., Alberto. Cláusulas arbitrais no mercado de capitais brasileiro: alguns dados empíricos. *Revista de Arbitragem e Mediação*, São Paulo, ano 11, n. 40, jan./mar. 2014, p. 105.

[4] Exemplo de proibição está na Itália: Decreto Legislativo n. 5/2003, artigo 34.

[5] "The issue of mandatory arbitration provisions in the bylaws is a highly controversial topic, and the Brazilian position of allowing arbitration to solve disputes involving capital market players (including publicly-held companies) does not find support in other jurisdictions usually seen as reliable benchmarks, such as Germany, Italy, Israel, and Sweden. In such countries, in general, arbitration is considered inappropriate for publicly-held companies, and the discussion about the use of arbitration to settle corporate disputes involves other corporate types. In a prima facie analysis, in fact, no jurisdiction with a legal system similar to Brazil's (Civil Law) has regulated the use of arbitration in disputes involving or related to publicly-held companies. This debate also exists in Common Law countries. In the United States, for instance, the inclusion of mandatory arbitration agreements in North-American publicly-held companies' bylaws, until this moment, has not been expressly authorized by the SEC" (CVM; OCDE; SPE; SECRETARIA ESPECIAL DE FAZENDA; MINISTÉRIO DA ECONOMIA. *Strengthening the Enforcement of Shareholder's Rights* – Interim Report, Oct. 2019, p. 21. Disponível em: http://conteudo.cvm.gov.br/export/sites/cvm/menu/acesso_informacao/serieshistoricas/estudos/anexos/interim_report_strengthening_the_enforcement_of_shareholders_rights.pdf. Acesso em: 30 mar. 2021).

[6] Exemplo desse debate está na opinião favorável à arbitragem nas companhias listadas em: SCOTT, Hal. *Shareholders Desserve Right to Choose Mandatory Arbitration*. Disponível em: https://clsbluesky.law.columbia.edu/. Rebate a essa posição em: WARD, Samuel M.; TOOMEY, Michael

que companhias abertas chinesas e chilenas, listadas no mercado norte-americano, incluem em seus estatutos a escolha arbitral.[7]

A estratégia da regulação privada do Novo Mercado é sempre lembrada na literatura como exemplo de impacto do Direto no desenvolvimento do mercado de capitais. A ênfase, no entanto, é dada à adoção de padrões internacionais de governança corporativa e de transparência – e não à escolha pela arbitragem. Aliás, os efeitos do uso da arbitragem por companhias de capital aberto ainda não foram suficientemente avaliados no Brasil.

Decorridos mais de 20 anos da escolha de afastar o Poder Judiciário da análise dos litígios relacionados ao mercado de ações, é importante organizar os pontos controvertidos, avaliar a experiência nacional, conhecer o debate internacional sobre o tema e empenhar-se em propor possíveis ajustes que se mostrarem necessários.

Assim, a pergunta que se faz (ou que se deve fazer) é: a adoção compulsória da arbitragem nos níveis diferenciados de governança corporativa representa ganho para o sistema de *enforcement* no mercado de capitais brasileiro e contribui para o seu desenvolvimento? Em outras palavras: é possível afirmar que foi acertada a escolha da arbitragem como reforço para a exigibilidade das normas do mercado acionário, se comparada à prestação jurisdicional estatal?

As respostas aos mencionados questionamentos devem considerar as características do mercado brasileiro, os diferentes tipos de estrutura de capital das companhias listadas (controle concentrado, controle difuso, controle conjunto), os vários tipos de investidores-acionistas (institucionais nacionais e estrangeiros, empresas, pessoas físicas, pequenos investidores) dentro de um mercado dinâmico cercado de regras legais, administrativas e de regulação privada.

Avaliar a arbitragem em controvérsias societárias de companhias abertas também exige pensar na adequação para os diversos tipos de

A. *Mandatory Arbitration Does Not Give Stockholders a Choice*, também disponível em: https://clsbluesky.law.columbia.edu/. Acesso em: 21 jan. 2021.

[7] Ravanides, Christos A. Arbitration Clauses in Public Company Charters: An Expansion of the ADR Elysian Filds or a Descent into Hades? Disponível em: http://aria.law.columbia.edu/issues/18-4/arbitration-clauses-in-public-company-charters-an-expansion-of-the-adr-elysian-fields-or-a-descent-into-hades-vol-18-no-4/. Acesso em: 21 jan. 2021.

conflitos societários,[8] tais como: exercício de direitos individuais (como pagamento de dividendos), invalidação de atos societários e operações societárias, obrigação de fazer (como as ofertas públicas de aquisição de ações) e responsabilidade civil por descumprimento da lei, estatuto social ou violação da regulamentação administrativa do mercado de capitais.

O objetivo deste capítulo é, a partir do cenário delineado de forma bastante sintética, endereçar algumas questões tidas como relevantes (sem qualquer pretensão de as esgotar), a fim de fomentar o debate e a reflexão, para que se possa viabilizar mecanismos de avaliação da arbitragem no mercado de ações brasileiro.

Assim, para os propósitos deste texto, serão analisados cinco pontos principais: (i) a vinculação de acionistas/investidores à cláusula compromissória; (ii) a arbitragem coletiva e o seu custo financeiro; (iii) as consequências da confidencialidade em arbitragens no mercado de capitais; (iv) os efeitos da sentença arbitral coletiva; e (v) a arbitragem coletiva *vs.* a ação civil pública.

2. Vinculação de acionistas/investidores à cláusula compromissória

A chamada "cláusula compromissória" ou "cláusula arbitral" é, em síntese, a convenção por meio da qual as partes, por meio de suas manifestações de vontade, comprometem-se a submeter seus potenciais litígios à via arbitral. A instituição da arbitragem nasce, assim, da manifestação de interesse das partes.

Essa primazia do princípio da autonomia da vontade das partes na escolha pela arbitragem, inclusive, está positivada na própria lei que regulamenta o instituto (Lei de Arbitragem brasileira), que, logo em seu primeiro artigo, dispõe da seguinte forma: "as pessoas capazes de contratar poderão valer-se da arbitragem para dirimir litígios relativos a direitos patrimoniais disponíveis".[9]

Pode-se dizer que a relevância da observação à expressão de vontade ocorre, precipuamente, em razão de a eleição do juízo arbitral afastar,

[8] Gelter, Martin. Mapping Types of Shareholder Lawsuits Across Jurisdictions. *Fordham Law Legal Studies Research Paper* n. 3011444, ECGI – Law Working Paper no. 363/2017, 2018. Disponível em: https://ssrn.com/abstract=3011444. Acesso em: 26 mar. 2021.

[9] Lei de Arbitragem Brasileira (Lei n. 9.307/1996), artigo 1º.

de modo geral, a análise do mérito daquele litígio da jurisdição estatal (o que, como se sabe, é uma garantia constitucionalmente prevista).[10]

É justamente sob esse pano de fundo que surge, então, uma das primeiras questões controvertidas no debate a respeito da utilização da arbitragem no mercado de capitais – e que, ainda hoje, não é muito explorada: trata-se da dúvida acerca da vinculação – ou não – dos acionistas de mercado às cláusulas compromissórias.

Veja-se: a Lei das S.A., alterada em 2001, positivou expressamente a possibilidade de se utilizar a arbitragem para lidar com divergências societárias (artigo 109, parágrafo 3º). Em 2015, foi realizada uma nova modificação legal, incluindo, nesse mesmo diploma, o artigo 136-A, que prevê a vinculação de todos os acionistas da companhia à cláusula arbitral inserida em seu estatuto, garantindo-se ao acionista que com ela não concorde o direito de retirada da sociedade, a ser exercido em prazo determinado.

A recente inclusão significa, em outras palavras, que, ainda que "materialmente" a manifestação de vontade de um dos acionistas seja desfavorável à eleição da arbitragem, pela perspectiva "formal", a formação da vontade da companhia se constitui pela deliberação da maioria para a alteração do seu estatuto social.[11]

Essa questão, inclusive, foi objeto de intenso debate no conhecido e simbólico caso do ajuizamento da ação de classe (*class action*) contra a Petrobras e vários outros réus nos Estados Unidos (com fundamento em alegadas violações às normas brasileiras e norte-americanas de direito societário e de mercado de capitais, em decorrência dos atos sob investigação na denominada "operação Lava Jato"). A Petrobras arguiu, entre outros pontos, a falta de jurisdição da Justiça de Nova Iorque (Estados Unidos) para julgar as acusações, em razão da existência de cláusula compromissória em seu estatuto social.[12]

[10] Conforme artigo 5º, inciso XXXV, da CF/88.

[11] MANSUR, Fernanda Farina. *Informação e arbitragem confidencial em companhias abertas brasileiras.* 2020. Dissertação (Mestrado em Direito) – Fundação Getulio Vargas, São Paulo, 2020.

[12] MUSSNICH, Francisco; ABBUD, André de A. Cavalcanti. Judiciário dos EUA confirma a validade da cláusula arbitral do estatuto da Petrobras. *Migalhas,* 3 set. 2015; LACROIX, Kevin. Petrobras Securities Suit: Judge Rakoff Rejects Company's "Adverse Interest" Argument; Rules Brazilian Investors Must Arbitrate Brazilian Securities Law Claims. The D&O Diary, 2015.

Após extensa discussão, o tribunal nova-iorquino concluiu pela validade e obrigatoriedade da cláusula estatutária para os acionistas que adquiriram ações da petroleira na bolsa brasileira. A decisão, emanada pelo juízo federal de NY, pôs fim, assim, à tentativa desses acionistas de submeterem ao Judiciário estadunidense suas pretensões contra a companhia.[13] Com a decisão, os acionistas passaram a ter de levar os seus pleitos a um ou mais tribunais arbitrais constituídos segundo as regras da Câmara de Arbitragem do Mercado (vinculada à atual B3).

Segundo o tribunal americano, as normas brasileiras vigentes à época da inclusão da cláusula arbitral no estatuto da Petrobras, em 2002, confirmaram a validade da arbitragem como o meio de resolução de litígios entre a companhia e os seus acionistas.[14] A despeito do esforço argumentativo, nenhuma das teses apresentadas pelos autores foi capaz de infirmar a decisão de que não estariam eles vinculados à arbitragem.

Primeiro, a decisão afastou o argumento de que as regras aplicáveis aos contratos de adesão[15] tornariam sem eficácia a cláusula arbitral prevista no estatuto social da Petrobras. Para o magistrado, consentir com aludida tese seria equivalente a tornar inexequível as cláusulas arbitrais previstas nos estatutos de mais de 160 empresas brasileiras – incluindo aquelas listadas no Novo Mercado.[16]

[13] UNITED STATES DISTRICT COURT FOR THE SOUTHERN DISTRICT OF NEW YORK. *Petrobras Securities Litigation, n. 14cv-9662.* Judged by Jed S. Rakoff. Disponível em: https://www.dandodiary.com/wp-content/uploads/sites/893/2015/08/Rakoff-opinion.pdf. Acesso em: 26 mar. 2021.

[14] UNITED STATES DISTRICT COURT FOR THE SOUTHERN DISTRICT OF NEW YORK. *Petrobras Securities Litigation, n. 14cv-9662.* Judged by Jed S. Rakoff. Disponível em: https://www.dandodiary.com/wp-content/uploads/sites/893/2015/08/Rakoff-opinion.pdf. Acesso em: 26 mar. 2021.

[15] Conforme dispõe o artigo 4º, § 2º, da Lei de Arbitragem brasileira: "Nos contratos de adesão, a cláusula compromissória só terá eficácia se o aderente tomar a iniciativa de instituir a arbitragem ou concordar, expressamente, com a sua instituição, desde que por escrito em documento anexo ou em negrito, com a assinatura ou visto especialmente para essa cláusula".

[16] "However, defendants' expert persuasively demonstrates that the weight of authority holds that the provisions of the BAA regarding adhesion contracts apply to contracts of unequal bargaining power, such as consumer contracts, and not to arbitration provisions contained in corporate bylaws. See Cantidiano Reply Rep., ~~ 8-14. Moreover, plaintiffs' expert's opinion would render unenforceable the bylaws of over 160 Brazilian companies that provide for mandatory arbitration, including all of those listed on the Novo Mercado" (UNITED STATES DISTRICT COURT FOR THE SOUTHERN DISTRICT OF NEW YORK. *Petrobras Securities*

Além disso, o juízo de NY refutou a alegação de que, sob a lei brasileira, as cláusulas arbitrais dos estatutos sociais deveriam ser aprovadas por unanimidade para serem vinculantes a todos os acionistas da companhia. A decisão apontou que essa matéria não está listada entre aquelas que exigem aprovação unânime, previstas nos artigos 221 e 294 da Lei das S.A., e que, portanto, deveria prevalecer a regra geral de quórum de maioria simples, prevista no artigo 136 da lei societária.[17]

Ao rejeitar esse último argumento, a decisão invocou a recente alteração da Lei de Arbitragem, que incluiu regra expressa na lei societária vinculando todos os acionistas, inclusive dissidentes, ausentes ou que se abstiveram, à regra da maioria na adoção do processo arbitral.[18]

Embora descrito em apertadas linhas, o emblemático caso bem ilumina a problemática ora abordada sobre a vinculação dos acionistas à cláusula arbitral estatutária. Nota-se que a questão passa pelo embate de dois argumentos principais: de um lado, está o princípio diretriz da arbitragem que é a autonomia da vontade – pressuposto essencial para que se possa submeter o conflito à esfera arbitral, afastando-se a jurisdição estatal do mérito do litígio; de outro lado, encontra-se o princípio da maioria, tradicional do direito societário, segundo o qual a disciplina de todos os interesses que dizem respeito à sociedade e aos seus acionistas deve seguir o que deliberar a maior parte dos votantes, que reflete a vontade da coletividade.[19]

Sobre esse tema, sugerem-se as seguintes questões para aprofundamento e reflexão: 1) O tema da vinculação dos acionistas já foi objeto de

Litigation, n. 14cv-9662. Judged by Jed S. Rakoff. Disponível em: https://www.dandodiary.com/wp-content/uploads/sites/893/2015/08/Rakoff-opinion.pdf. Acesso em: 26 mar. 2021).

[17] UNITED STATES DISTRICT COURT FOR THE SOUTHERN DISTRICT OF NEW YORK. *Petrobras Securities Litigation, n. 14cv-9662.* Judged by Jed S. Rakoff. Disponível em: https://www.dandodiary.com/wp-content/uploads/sites/893/2015/08/Rakoff-opinion.pdf. Acesso em: 26 mar. 2021.

[18] UNITED STATES DISTRICT COURT FOR THE SOUTHERN DISTRICT OF NEW YORK. *Petrobras Securities Litigation, n. 14cv-9662.* Judged by Jed S. Rakoff. Disponível em: https://www.dandodiary.com/wp-content/uploads/sites/893/2015/08/Rakoff-opinion.pdf. Acesso em: 26 mar. 2021.

[19] Roque, André Vasconcelos. Arbitragem de conflitos societários e coisa julgada na tutela coletiva: uma perspectiva renovada para uma velha discussão. *In*: CONGRESSO DA UNIVERSIDADE FEDERAL DO RIO DE JANEIRO, 2014, Rio de Janeiro. *Anais...* Rio de Janeiro: UFRJ, 2014.

decisões – arbitrais ou judiciais – no Brasil? 2) Qual seria o fundamento para a vinculação daqueles que se tornam acionistas posteriormente à inclusão da cláusula compromissória no estatuto? 3) Conhecimento e concordância são sinônimos para esta discussão? 4) Seria possível encontrar mecanismos para o consentimento expresso da via arbitral?

3. Custos financeiros e arbitragem coletiva

A análise da relação entre o custo financeiro do litígio e os incentivos para acessar o Poder Judiciário é abundante na literatura. Assim como o processo judicial, o processo arbitral envolve custos monetários.

Considerando que 18,9% do mercado secundário é formado por pessoas físicas,[20] vale refletir se e como os custos do processo arbitral podem implicar a impossibilidade de se pleitear a reparação de algum dano eventualmente sofrido. Na arbitragem, a depender do valor pleiteado individualmente pelos investidores, a sua utilização se mostra como juridicamente possível, mas pouco provável de existir, se o montante pleiteado não justificar os custos para a sua instauração.

Os custos da arbitragem podem representar um gargalo para o acesso de certos investidores, de forma a resultar na "seletividade da proteção", eis que somente grandes investidores terão aptidão de acessar mencionado mecanismo de resolução de conflitos, afastando o acesso dos pequenos acionistas – o que, por consequência, pode gerar um distanciamento entre o instituto e as tão difundidas boas práticas de governança corporativa.

Em âmbito judicial, o regime legal da ação civil pública[21] prevê a dispensa aos autores do adiantamento de quaisquer despesas processuais (incluindo-se custas, honorários periciais, emolumentos, honorários advocatícios, etc.). O benefício visa mitigar os potenciais óbices, de natureza financeira, ao ajuizamento da demanda coletiva.

Ocorre que tal espécie de incentivo econômico não se constata na esfera arbitral. A Lei de Arbitragem brasileira prevê, em seu artigo 27, que respeitadas as disposições acordadas pelas partes na convenção de arbi-

[20] Dados da B3, *B3*, mar. 2021. Disponível em: http://www.b3.com.br/pt_br/market-data-e-indices/servicos-de-dados/market-data/consultas/mercado-a-vista/dados-de-mercado/. Acesso em: 26 mar. 2021.

[21] Artigo 87, do Código de Defesa do Consumidor e artigo 18 da Lei n. 7.347/1985.

tragem, caberá ao juízo arbitral dispor, em sentença, acerca da responsabilidade pelo pagamento das despesas e custas processuais.

Não obstante, os regulamentos da maioria das Câmaras Arbitrais dispõem que caberá a parte autora comprovar o recolhimento das custas iniciais quando do protocolo do requerimento de arbitragem. É o que acontece, por exemplo, nos processos arbitrais administrados pela Câmara de Arbitragem do Mercado.[22]

Esse tema dos custos, vale mencionar, tem recebido o olhar da CVM que, em iniciativa conjunta ao Ministério da Economia – e com o apoio financeiro do Prosperity Fund da Grã-Bretanha e amparo técnico do Comitê de Governança Corporativa da Organização para a Cooperação e Desenvolvimento Econômico (OCDE) – trataram dessa questão em relatório publicado recentemente.[23]

O referido relatório indica algumas possíveis alternativas para reduzir os custos do procedimento arbitral, tais como: a indicação de um árbitro único – em vez da constituição de um painel arbitral (na tentativa de se reduzir os honorários arbitrais) –, a utilização de uma câmara de arbitragem com taxas administrativas mais modestas ou, ainda, a submissão à arbitragem *ad hoc* (em vez daquela *institucional*).

A despeito de sugerir as sobreditas alternativas, o relatório reconhece que mesmo com o emprego dessas técnicas de redução de despesas, a arbitragem ainda se mostrará como um procedimento custoso (se considerarmos os custos diretos e imediatos a serem despendidos pelas partes). Reconhece-se que as empresas listadas na bolsa podem ter dezenas ou centenas de milhões de pequenos investidores, cujos investimentos, muitas vezes, são menores do que a média de valores gastos apenas com os honorários iniciais dos árbitros.

Sem apresentar uma conclusão final, o relatório endereça essa questão de custas às instituições arbitrais e aos reguladores, sugerindo que

[22] Cláusula 2.1.1 do Regulamento da Câmara de Arbitragem do Mercado: "A Requerente deverá anexar ao Requerimento de Arbitragem cópia do documento que contiver a convenção de arbitragem, bem como do comprovante de recolhimento das custas iniciais, conforme a Tabela de Custas e Honorários em vigor" Disponível em: http://cbar.org.br/site/wp-content/uploads/2018/04/regulamento-da-camara-de-arbitragem-do-mercado.pdf. Acesso em: 27 fev. 2021.

[23] Relatório *Private Enforcement of Shareholder Rights: A Comparison of Selected Jurisdictions and Policy Alternatives for Brazil*, publicado em novembro de 2020. Disponível em: http://www.oecd.org/corporate/shareholder-rights-brazil.htm. Acesso em: 21 fev. 2021.

fossem eles os responsáveis por estabelecer regras especiais sobre a alocação das despesas em procedimentos arbitrais envolvendo investidores de companhias abertas.

Assim, identificado potencial obstáculo de acesso de investidores ao litígio arbitral, é importante, então, empenharmo-nos na busca por possíveis soluções.

Sem que se pretenda aqui exaurir o tema (complexo, como se pode ver) com relação às custas na arbitragem coletiva, lista-se algumas possíveis opções de medidas a serem adotadas[24] (cuja implementação, é claro, dependerá de uma análise mais apurada que foge ao propósito e limite do presente capítulo): (i) pode-se aventar a possibilidade de o representante da coletividade buscar financiamento de terceiros (tema bastante em alta no Brasil); (ii) pode-se pensar na exigência de que as custas do procedimento arbitral sejam compartilhadas entre todos os membros do coletivo/da classe; ou, ainda, (iii) pode-se até pensar na imputação à companhia, alvo da arbitragem, da responsabilidade pelo pagamento das despesas, a fim de viabilizar o prosseguimento da demanda (em sistemática semelhante à exigência em arbitragens com o Poder Público, de que a parte privada arque com todos os custos do procedimento).

Vale destacar, especificamente, a primeira hipótese – de o representante da coletividade buscar financiamento de terceiros (ou celebrar o contrato de *third-party funding*, em inglês) – em razão da força que essa alternativa vem ganhando em litígios comerciais, notadamente em países estrangeiros.[25]

Em síntese, o sobredito mecanismo se verifica quando a parte (no caso em comento, o representante do coletivo de investidores) opta por buscar financiamento externo para arcar com as despesas do procedimento arbitral e, em troca, este financiador (normalmente alguma instituição financeira, segurador ou fundo de investimento especializado) assume os direitos creditórios do(s) litigante(s) financiado(s)

[24] Godoy, Luciano de Souza; Junior, Ricardo Zamariola; Bosoni, Gustavo de Oliveira Navarro. Class action arbitral? Novo capítulo para a arbitragem brasileira. *Jota*, 22 maio 2019.

[25] Teixeira, Bruno Barreto de Azevedo. O financiamento da arbitragem por terceiros e o dever de revelação. CBAr. Disponível em: http://cbar.org.br/site/o-financiamento-da-arbitragem-por-terceiros-e-o-dever-de-revelacao/. Acesso em: 26 mar. 2021.

sobre uma parte ou sobre a totalidade do montante auferido com o processo arbitral.[26]

Ocorre que, a despeito da sobredita possibilidade, é necessário ressaltar que tanto a sua utilização, quanto o próprio desenvolvimento do instituto de "financiamento de terceiros" está intrinsicamente relacionado aos riscos legais – reais ou percebidos – envolvidos no negócio.[27] Nesse sentido, importa salientar que a questão regulatória constitui obstáculo central à utilização do mecanismo.

No Brasil, a falta de uma regulação própria gera insegurança jurídica. Embora exista quem argumente que, por não haver legislação pátria que regule o exercício dessa transação, não haveria nenhuma proibição expressa à sua adoção e, consequentemente, assumir-se-ia a sua permissão (de forma que, por estar inserto dentro do Direito Contratual, a efetividade do financiamento e a sua direção estariam atreladas ao acordo entre o terceiro e a parte que buscou o financiamento), até a normatização do instituto no Brasil, a sua legalidade ficará à mercê da discricionariedade do seu eventual julgador – o que, por consequência, gera óbices à sua utilização e difusão em território pátrio.[28]

Sobre esse tema, sugerem-se as seguintes questões para aprofundamento e reflexão: 1) Existem alternativas mais baratas para tratar casos menos relevantes sob o ponto de vista econômico? O exemplo da FINRA[29] para a relação entre cliente e corretora pode ser um modelo de arbitragem mais acessível? Seria possível pensar em um patamar limite

[26] Teixeira, Bruno Barreto de Azevedo. O financiamento da arbitragem por terceiros e o dever de revelação. CBAr. Disponível em: http://cbar.org.br/site/o-financiamento-da-arbitragem-por-terceiros-e-o-dever-de-revelacao/. Acesso em: 26 mar. 2021.

[27] Yeazell, Stephen. Third-Party Finance: Legal Risk and Its Implications. *In*: Rand Institute for Civil Justice Program, Conference Proceedings, Third-Party Litigation Funding and Claim Transfer: Trends and Implications for the Civil Justice System 23, 2010, p. 18.

[28] Fonseca, João Vitor Farias Jatahy. *Financiamento de arbitragem*: teoria e valuation. 2020. Trabalho de Conclusão de Curso (Graduação em Administração de Empresas) – Fundação Getulio Vargas, São Paulo, 2020; Barros Jr, Sylvio Fernando Paes de; Morato, Alexandre Lins. Brazil. *In*: Bushell, Simon. *Dispute Resolution 2011 in 47 jurisdictions worldwide.* Law Business Research Ltd., 2011, p. 31.

[29] Segundo explica em seu próprio *site*, FINRA "is an independent, non-governmental regulator for all securities firms doing business with the public in the United States. We are authorized by Congress to protect America's investors by making sure the securities industry operates fairly and honestly". Disponível em: https://www.finra.org/#/. Acesso em: 27 fev. 2021.

para acessar a arbitragem e os demais iriam para o Judiciário ou para um procedimento simplificado? 2) Avançar na melhor compreensão de mecanismos de financiamento da arbitragem e nos meios coletivos de arbitragem deve ser uma tarefa institucional ou deve ser deixada para as iniciativas de mercado? 3) A ação coletiva é isenta de taxas processuais. Poderiam as associações testar o Judiciário alegando interesse público nos pleitos de interesses individuais homogêneos?

4. Consequências da confidencialidade em arbitragens no mercado de capitais[30]

Um outro ponto controverso nas arbitragens que envolvem os litígios societários das companhias abertas é a confidencialidade do procedimento e das decisões arbitrais.

De acordo com a regra de listagem do Novo Mercado, a Câmara responsável pelos processos arbitrais das companhias abertas será a Câmara de Arbitragem do Mercado – entidade vinculada à B3, com jurisdição para resolver disputas sobre legislação societária e sobre a regulamentação do mercado de valores mobiliários.

A Lei de Arbitragem brasileira, por ser omissa quanto à confidencialidade, obriga as partes a lidarem com essa questão em sua cláusula compromissória. Trata-se de uma escolha contratual. Contudo, a maioria dos regulamentos das câmaras arbitrais brasileiras contém uma cláusula de confidencialidade padrão. A Câmara de Arbitragem do Mercado não é exceção, o seu regulamento prevê que o procedimento arbitral será sigiloso, imputando às partes o dever de não divulgar informações sobre o seu conteúdo, exceto no caso de cumprimento a normas dos órgãos reguladores ou previsão legal.[31]

Acerca do regimento sobre a divulgação, a Lei de Mercado de Capitais e os Regulamentos da CVM adotam o princípio da divulgação com-

[30] Os argumentos desta seção estão expostos também em: PRADO, Viviane Muller. Arbitration in the Brazilian Capital Markets: Consequences of Confidentiality. *Revista de Arbitragem e Mediação*, v. 17, n. 65, abr./jun. 2020.

[31] Cláusula 9.1 do Regulamento: "O procedimento arbitral é sigiloso, devendo as partes, árbitros e membros da Câmara de Arbitragem abster-se de divulgar informações sobre seu conteúdo, exceto em cumprimento a normas dos órgãos reguladores, ou previsão legal". Disponível em: http://cbar.org.br/site/wp-content/uploads/2018/04/regulamento-da-camara-de-arbitragem-do-mercado.pdf?. Acesso em: 21 fev. 2021.

pleta para emissores de títulos. Para o registro de emissores enquanto companhia aberta, é necessário informar, com regularidade, minimamente as informações financeiras e econômicas.

Todas as informações relevantes do emissor devem constar no chamado "Formulário de Referência", que é atualizado em uma base trimestral e anual, e em uma base *ad hoc* quando se verificar qualquer fato relevante – entendido como aquela informação que detém o potencial para afetar, de forma mensurável: (i) o valor dos títulos da empresa; e (ii) a decisão do investidor de manter, vender ou comprar esses títulos, ou, ainda, de exercer qualquer um dos seus direitos.[32]

A demanda arbitral societária deve ser considerada como fato relevante, inclusive por exigência de governança corporativa, havendo iniciativa de modificação da Instrução CVM n. 480/2009 para deixar isso claro e mandatório.[33]

Em pesquisa realizada em 2015,[34] apontou-se que as companhias abertas noticiam a existência de procedimentos arbitrais sobre questões

[32] Ver Instrução CVM n. 358/2002 e artigo 157, § 4º da Lei n. 6.404/1976, que impõe a todos os dirigentes das companhias abertas o dever de informar, que consiste em "comunicar imediatamente à bolsa de valores e a divulgar pela imprensa qualquer deliberação da assembleia-geral ou dos órgãos de administração da companhia, ou fato relevante ocorrido nos seus negócios, que possa influir, de modo ponderável, na decisão dos investidores do mercado de vender ou comprar valores mobiliários emitidos pela companhia".

[33] "A Comissão de Valores Mobiliários (CVM) trabalha em proposta para mudanças na Instrução n. 480/2009, com a criação de um novo informe para companhias abertas, tornando mandatória a divulgação de informações sobre litígios relevantes, a partir de mudanças na Instrução n. 480/2009." Segundo o diretor Gustavo Gonzalez, que coordena os trabalhos, o atual regime de divulgação é insuficiente porque não garante que os investidores recebam informações importantes sobre ações judiciais e procedimentos arbitrais envolvendo as companhias abertas. Segundo o diretor, o critério de relevância para fins desse novo comunicado não deve ser unicamente baseado em aspectos quantitativos. "Ele deve, por exemplo, dar uma resposta para o fato de que os litígios societários comumente envolvem situações em que várias pessoas têm legitimidade para postular, mas há uma unidade no direito material, de modo que a solução dada para um deveria ser a mesma dada para outros", afirmou. Disponível em: https://valor.globo.com/empresas/noticia/2020/10/14/cvm-estuda-norma-para- informacoes-de-litigios.ghtml. Acesso em: 2 dez. 2020" (Watanabe, Kazuo; Gabbay, Daniela Monteiro. Admissibilidade e adequação da arbitragem coletiva como um mecanismo de acesso à justiça no mercado de capitais e seus aspectos procedimentais. *Revista Brasileira de Arbitragem*, v. 17, n. 68, 2020).

[34] Frerichs, Alice Andrade Baptista. I Conferência Brasileira de Arbitragem e Mercado. *Revista Brasileira de Arbitragem*, v. 13, n. 50, p. 246-251, 2016.

societárias de maneiras diversas: fato relevante, comunicado ao mercado, demonstrações financeiras ou formulário de referência.[35]

A "substituição" do Poder Judiciário pela arbitragem buscou a melhoria na qualidade técnica da decisão (decorrente da possibilidade de escolha de árbitros com *expertise* no tema objeto de litígio) e a rapidez na prolação da decisão, em contraposição à habitual decisão proferida por magistrados estatais cuja formação, em média, é generalista, e à morosidade usual da prestação jurisdicional. Afastar a publicidade do processo e das decisões, contudo, não apareceu na agenda de reformas em 2000 – gerando um ponto passível de críticas na escolha arbitral.

O fato é que, atualmente, não é possível saber, com exatidão, (i) quais são as companhias envolvidas nas arbitragens existentes, (ii) quais são as questões controvertidas do nosso Sistema Jurídico e (iii) quais são as interpretações possíveis do regime legal.[36] O palpite é de que a arbitragem tem sido tratada como "coisa privada" das partes envolvidas. No máximo, direciona-se à questão para regulação de mercado sobre obrigação informacional na tentativa de "dar conta da publicidade".

Ocorre que a regulação pela informação, em grande parte, tem função na formação do preço dos ativos negociados no mercado secundário. Sob esse ponto de vista, a principal informação da existência da arbitragem está no custo do litígio e a potencialidade de êxito ou não. Nessa perspectiva, o instrumento do fato relevante ou o contingenciamento nos documentos financeiros são suficientes e adequados.

Ocorre que além da formação dos preços dos ativos, a informação ao mercado importa para decidir sobre o exercício de direitos pelos investidores.[37] Nesse ponto, a divulgação de fato relevante tem outro papel e a informação sobre o objeto do litígio passa a ser relevante.

Essa perspectiva, pode-se dizer, não considera, entretanto, a relevante dimensão pública do conjunto de informações dos casos levados à arbitragem, que abrange o valor do conhecimento acumulado no

[35] Mansur, Fernanda Farina. *Informação e arbitragem confidencial em companhias abertas brasileiras.* 2020. Dissertação (Mestrado em Direito) – Fundação Getulio Vargas, São Paulo, 2020.

[36] Sobre o tema em olhar empírico indicando problemas de como as companhias informam os litígios e processos arbitrais sigilosos, ver: Mansur, Fernanda Farina. *Informação e arbitragem confidencial em companhias abertas brasileiras.* 2020. Dissertação (Mestrado em Direito) – Fundação Getulio Vargas, São Paulo, 2020.

[37] Instrução CVM n. 358, artigo 2º, III.

conjunto de casos julgados pela Câmara de Arbitragem do Mercado. Outro aspecto da dimensão pública é que as decisões tecnicamente mais acertadas devem influenciar ou dialogar com outras esferas, tais como decisões judiciais, administrativas e, também, com a regulação privada.

Conhecer o sistema de *enforcement* é relevante para indicar reformas, formular redação de cláusulas contratuais e fazer comparativos entre proteção de investidores em diversos mercados. Veja-se: é consenso na literatura que não é possível apenas se pautar na comparação da lei escrita e que o Direito se percebe dinâmico, de forma que as decisões dos conflitos são relevantes para a melhor compreensão do Sistema Jurídico.[38]

Além disso, a maior publicidade tem relação com custos não imediatos na criação do conhecimento. A cada caso, o tribunal arbitral tem o custo de descobrir o direito sem conhecer precedentes. Casos semelhantes não podem aproveitar da reflexão anterior para se chegar à decisão final.

Pode-se usar como exemplo, para melhor compreensão do problema, o já mencionado caso envolvendo a Petrobras. "Aqui no Brasil, o conhecimento da aplicação do regime jurídico de responsabilidade civil ao relevante caso fica restrito aos dois fundos de pensão, à companhia, aos três árbitros e ao seleto grupo de consultores jurídicos que trabalharam no caso."[39]

O caso revela a necessidade de os tribunais arbitrais serem capazes de prestar contas de suas atividades e decisões não só para as partes envolvidas na controvérsia (e que pagam seus honorários), mas também para todo o mercado e para o público investidor.

A formatação atual com forte percepção privatista da informação em arbitragens de companhias abertas foi legitimada pelo entendimento da CVM de que não haveria nada de errado com a confidencialidade no regulamento da Câmara de Arbitragem do Mercado, uma vez que a obrigação de sigilo não se sobreporia ao dever de informar imposto pela lei e pela regulamentação administrativa da CVM.[40]

[38] PRADO, Viviane Muller. Arbitration in the Brazilian Capital Markets: Consequences of Confidentiality. *Revista de Arbitragem e Mediação*, v. 17, n. 65, abr./jun. 2020.

[39] MATTOS FILHO, Ary Oswaldo; PRADO, Viviane Muller; DUTRA, Marcos Galileu. O que o caso Petrobras revela? *Jota*, 23 jul. 2020.

[40] Referido entendimento está no PAS CVM n. RJ 2008/0713. Disponível em: http://www.cvm.gov.br/export/sites/cvm/decisoes/anexos/0005/6517-0.pdf. Acesso em: 21 fev. 2021.

Contudo, será que só precisamos saber, após todos os recursos e instâncias do Sistema Jurídico, via comunicado ou fato relevante, quem foi o vencedor, seguido de determinado valor? Se for aceitável esse baixíssimo nível de transparência dos resultados das arbitragens no Brasil, não será possível qualquer tipo de análise ou mesmo avaliação da efetividade do sistema de proteção de investidores na via civil.

O fundamento da escolha da arbitragem conjuntamente à criação dos níveis diferenciados de governança corporativa pela então Bovespa estava na percepção de que o Poder Judiciário não seria foro adequado para a efetivação dos direitos dos acionistas em decorrência da sua falta de especialização e lentidão na prestação jurisdicional, gerando imprevisibilidade e insegurança jurídica. A substituição da jurisdição estatal pela arbitragem, como já se disse, buscou a melhor qualidade técnica da decisão, decorrente da *expertise* dos árbitros, e rapidez da resposta final. Porém, isso não significa e justifica a criação de um sistema opaco.

O que o caso Petrobras, por exemplo, revela com as informações sobre a primeira decisão em um dos litígios mais expressivos sobre a proteção de investidores no mercado brasileiro é o risco de a obscuridade retirar a legitimidade na utilização da arbitragem em detrimento do Poder Judiciário. Aliás, arrisca-se dizer que o caso denota que a confidencialidade tem demonstrado estar no caminho contrário à finalidade da adoção da arbitragem, uma vez que impede a maior segurança jurídica e previsibilidade na defesa dos interesses dos investidores.

Em teoria, a arbitragem soa como uma alternativa interessante para evitar parte dos problemas do Judiciário, mas é difícil acreditar que a arbitragem confidencial se tornará um legítimo instrumento entre os participantes do mercado e os reguladores.

Os resultados de pesquisa empírica realizada sugerem que o dever de comunicação não é capaz de informar o mercado nem sobre tarifação nem no que concerne à tomada de decisão para o exercício de direitos.[41]

Relevante é a iniciativa da CVM de colocar em audiência pública a proposta de alteração da Instrução CVM n. 480 para criação de um novo comunicado sobre demandas judiciais e arbitrais de natureza societária. Segundo divulgado pela Comissão em seu *site*, objetiva-se, com o referido

[41] Mansur, Fernanda Farina. *Informação e arbitragem confidencial em companhias abertas brasileiras.* 2020. Dissertação (Mestrado em Direito) – Fundação Getulio Vargas, São Paulo, 2020.

comunicado, "dar maior visibilidade acerca de demandas capazes de afetar, direta ou indiretamente, direitos de acionistas das companhias envolvidas em tais litígios".[42] Conforme explicado pelo seu presidente à época, Marcelo Barbosa, a proposta da CVM vai ao encontro do projeto de "aumentar a efetividade dos direitos de acionistas de companhias abertas brasileiras, por meio da garantia de maior transparência de processos arbitrais em que direitos seus sejam potencialmente afetados".[43]

Sobre esse tema, sugerem-se as seguintes questões para aprofundamento e reflexão: 1) Qual a função da confidencialidade para os litígios societários e de mercado de capitais envolvendo companhias abertas? 2) A intervenção de terceiros e a conexão entre processos é possível sem o aperfeiçoamento do sistema informacional? 3) Ao olhar as diversas maneiras de divulgação da arbitragem pelas companhias, tanto na forma quanto no conteúdo, quais são as medidas necessárias para se ter a padronização e aperfeiçoar o sistema informacional? A verificação deve ficar exclusivamente na competência de fiscalização e punição da CVM? Isso é adequado e suficiente? 4) Na Itália, exige-se o arquivamento do início do procedimento arbitral no Registro do Comércio, trazendo a ideia de interesse qualificado em saber do litígio para exercer ou não a faculdade de intervir; poderíamos pensar em alguma centralização da informação sobre os casos, seus objetos e suas decisões? 5) Qual poderia ser o papel da Câmara de Arbitragem do Mercado – como única instituição que conhece o todo do mundo arbitral – para mitigar a visão meramente privada da escolha arbitral e trazer um ganho com a visão pública do *enforcement* via arbitragem?

5. Efeitos da sentença arbitral coletiva

A Lei de Arbitragem brasileira estipula, em seu artigo 31, que a sentença arbitral produz, entre as partes e os seus sucessores, os mesmos efeitos da sentença judicial e, sendo condenatória, constitui título executivo

[42] CVM LANÇA audiência pública sobre divulgação de demandas societárias. Comissão de Valores Imobiliários. *Gov Ministério da Economia*, 11 fev. 2021. Disponível em: https://www.gov.br/cvm/pt-br/assuntos/noticias/cvm-lanca-audiencia-publica-sobre-divulgacao-de-demandas-societarias. Acesso em: 20 fev. 2021.

[43] Discurso de Marcelo Barbosa, atual presidente da CVM. Disponível em: https://www.gov.br/cvm/pt-br/assuntos/noticias/cvm-lanca-audiencia-publica-sobre-divulgacao-de-demandas-societarias. Acesso em: 20 fev. 2021.

judicial.[44] Acerca da sentença judicial brasileira em demandas coletivas, os seus efeitos são expressamente tratados pelo nosso sistema processual.

No caso de interesses individuais homogêneos – que a este capítulo interessam –, os efeitos da sentença estatal são *erga omnes* somente nos casos de procedência da pretensão, quando beneficiarem as vítimas e seus sucessores (fenômeno esse conhecido processualmente como "coisa julgada *secundum eventum litis*"), que poderão, então, proceder diretamente à liquidação e ao cumprimento da sentença genérica no âmbito individual. Já nos casos de improcedência do pleito coletivo, os sucumbentes não estão impedidos de ingressarem com suas demandas individuais (CDC, artigos 103, § 3º, e 104).[45]

Esse sistema da coisa julgada *secundum eventum litis* no Brasil é fruto da garantia constitucional do contraditório, vez que assegura que os indivíduos que não participaram da ação coletiva (CDC, artigo 103, § 2º) e não tiveram oportunidade de se defender não poderão ser atingidos pelo resultado negativo da ação – que faz coisa julgada apenas na esfera coletiva –, embora possam se valer de seus efeitos positivos para, individualmente, habilitarem-se e buscarem a sua entendida reparação.[46]

Nessas circunstâncias, a sentença condenatória genérica proferida no caso de procedência de tutela de interesses individuais homogêneos, detém, também, um teor declaratório de responsabilização do réu pela indenização do dano a um coletivo de lesados – não precisando, contudo, nomear os credores/beneficiários, que serão identificados mediante habilitação na fase seguinte, para fins de liquidação e cumprimento da sentença a partir da individuação do dano e da comprovação do nexo de causalidade com o dano coletivo reconhecido na sentença genérica.[47]

[44] "Art. 31. A sentença arbitral produz, entre as partes e seus sucessores, os mesmos efeitos da sentença proferida pelos órgãos do Poder Judiciário e, sendo condenatória, constitui título executivo" (Lei de Arbitragem brasileira).

[45] WATANABE, Kazuo; GABBAY, Daniela Monteiro. Admissibilidade e adequação da arbitragem coletiva como um mecanismo de acesso à justiça no mercado de capitais e seus aspectos procedimentais. *Revista Brasileira de Arbitragem*, v. 17, n. 68, 2020.

[46] WATANABE, Kazuo; GABBAY, Daniela Monteiro. Admissibilidade e adequação da arbitragem coletiva como um mecanismo de acesso à justiça no mercado de capitais e seus aspectos procedimentais. *Revista Brasileira de Arbitragem*, v. 17, n. 68, 2020.

[47] WATANABE, Kazuo; GABBAY, Daniela Monteiro. Admissibilidade e adequação da arbitragem coletiva como um mecanismo de acesso à justiça no mercado de capitais e seus aspectos procedimentais. *Revista Brasileira de Arbitragem*, v. 17, n. 68, 2020.

Considerando o sobredito cenário, ao traçarmos um paralelo com a arbitragem coletiva que aqui se trata, podemos questionar quais serão os efeitos da sentença arbitral e como ela eventualmente vinculará os interesses individuais (homogêneos) das partes. Aplicaremos mecanismo semelhante àquele supracitado como utilizado na sistemática judicial?

Há quem diga que não haveria nenhum óbice nessa "replicação", alegando que o artigo 31 da Lei de Arbitragem não sofreria violações, eis que a coisa julgada continuaria a vincular as partes, contudo, apenas de forma mais restritiva, quando as beneficiar. No entanto, como esse mecanismo funcionaria na arbitragem? O investidor que se sentisse lesado ingressaria com arbitragem individual para buscar reparação de seus prejuízos, tendo de, para isso, arcar, novamente, com os custos do procedimento arbitral?

E quanto às fases de liquidação e cumprimento de sentença? A liquidação deverá ser feita pelo juízo arbitral, enquanto eventual cumprimento da sentença seria direcionado ao juízo estatal? Como os investidores poderão se habilitar na fase de liquidação se, não raras vezes, a arbitragem detém caráter confidencial? E, caso conseguissem habilitação, teriam eles de arcar com as custas arbitrais dessa fase processual?

O tema, é claro, precisa de maior atenção – que extrapola os limites deste capítulo –, todavia, há de se ter em mente que, se o objetivo pelo qual se buscou a arbitragem coletiva foi visar à melhoria do sistema resolutivo de controvérsias para os investidores de forma a beneficiar o mercado, não se pode ignorar potenciais gargalos que detêm o potencial de afastar a arbitragem de dito objetivo.

6. Arbitragem coletiva *vs.* ação civil pública

Como se sabe, há, no Brasil, lei específica sobre a ação civil pública de responsabilidade por danos causados aos investidores no mercado de valores mobiliários (Lei n. 7.913/1989). Referida lei, anterior ao Código de Defesa do Consumidor, foi por ele modificada para incluir outros legitimados ativos além do Ministério Público.[48]

[48] WATANABE, Kazuo; GABBAY, Daniela Monteiro. Admissibilidade e adequação da arbitragem coletiva como um mecanismo de acesso à justiça no mercado de capitais e seus aspectos procedimentais. *Revista Brasileira de Arbitragem*, vol. 17, n. 68, 2020.

Ocorre que, a despeito da positivação legal, em âmbito judicial, as demandas coletivas destinadas ao ressarcimento de investidores no mercado de valores mobiliários brasileiro têm se mostrado inefetivas. Em pesquisa empírica recente,[49] o que se constatou foi que o tempo médio das referidas ações de proteção aos investidores é de 11 anos e 1 mês (contados desde o ajuizamento da ação até o seu trânsito em julgado). Verificou-se, ademais, que em pouquíssimos casos há evidências de que os investidores foram efetivamente indenizados pelos prejuízos sofridos.

O que se vê é que apesar de instrumentos coletivos de proteção de investidores serem importantes para dar efetividade ao direito de indenização referente aos danos eventualmente sofridos no mercado de capitais, os resultados da pesquisa supramencionada sugerem que a ação civil pública não é um instrumento representativo para esse fim.

Os dados colhidos demonstram o baixo número de ações ajuizadas, o elevado tempo de decisão e a baixa taxa de sucesso das ações propostas com a quase inexistência de decisões que efetivamente determinaram o ressarcimento dos investidores.[50]

Nesse cenário, há quem entenda que a arbitragem poderia vir a ser uma solução para os listados problemas,[51] eis que as vantagens que se buscam em um procedimento arbitral, entre outras, são, principalmente, a celeridade e a especialidade do julgamento em casos de maior complexidade.[52]

[49] Prado, Viviane Muller; Mansur, Fernanda Farina; Silva, Victor Hugo Cunha. A inefetividade dos mecanismos coletivos de proteção dos investidores no mercado de valores mobiliários brasileiro. *Revista de Processo*, v. 45, n. 306, ago. 2020.

[50] Prado, Viviane Muller; Mansur, Fernanda Farina; Silva, Victor Hugo Cunha. A inefetividade dos mecanismos coletivos de proteção dos investidores no mercado de valores mobiliários brasileiro. *Revista de Processo*, RT, v. 45, n. 306, ago. 2020.

[51] Watanabe, Kazuo; Gabbay, Daniela Monteiro. Admissibilidade e adequação da arbitragem coletiva como um mecanismo de acesso à justiça no mercado de capitais e seus aspectos procedimentais. *Revista Brasileira de Arbitragem*, v. 17, n. 68, 2020; Mariani, Rômulo Greff. *Arbitragens coletivas no Brasil*. 2013. Dissertação (Mestrado em Direito) – Pontifícia Universidade Católica do Rio Grande do Sul, Porto Alegre, 2013.

[52] Em 2018, a *School of International Arbitration* da *Queen Mary University of London* realizou uma pesquisa sobre as percepções dos usuários de arbitragens internacionais. Entre as características da arbitragem mais valorizadas pelos entrevistados, destacam-se a possibilidade de escolha dos árbitros (mencionada por 39% dos entrevistados) e a celeridade do procedimento (12% dos entrevistados) (QUEEN MARY UNIVERSITY OF LONDON (QMU). *2018 International Arbitration Survey*: the evolution of International Arbitration.

Deve-se refletir, contudo, se seria a arbitragem um mecanismo capaz de mudar o cenário das ações civis públicas de proteção aos investidores em âmbito judicial, em vez de tão somente o reproduzir.

Embora se tenham dados que indiquem a maior celeridade da arbitragem *vis-à-vis* o processo judicial[53] e que se saiba que a possibilidade de escolha de árbitro especializado detém o potencial de garantir, por consequência, decisões mais precisas com relação ao objeto do litígio,[54] há de se colocar na balança, também, os obstáculos outrora expostos sobre a questão da vinculação de acionistas/investidores à cláusula estatutária, o entrave relacionado aos custos financeiros do processo arbitral, o problema dos efeitos da confidencialidade nas arbitragens envolvendo o mercado de capitas e as incertezas que tangenciam o tema dos efeitos da sentença produzida na arbitragem.

Por fim, uma outra questão, igualmente relevante do ponto de vista de desenho institucional, seria refletir sobre a possibilidade de coexistência da arbitragem com outras esferas de atuação do estado, em especial, o ajuizamento pelo Ministério Público e pela CVM da mencionada ação civil pública para ressarcimento de investidores, nos termos da Lei n. 7.347/1989. Indo adiante, poderíamos refletir, ainda, em paralelo, se poderia o Ministério Público defender direitos individuais homogêneos em sede arbitral. Nesse ponto, há de se anotar que, embora o artigo 129, inciso III, da CF/88 assevere a legitimidade do referido ente para atuar na defesa de interesses difusos ou coletivos, há interpretação no sentido de que os direitos individuais homogêneos seriam uma espécie do gênero "interesse coletivo".[55]

Assim, se considerarmos sua legitimidade na tutela de interesses individuais homogêneos, poderíamos, então, pensar na atuação do Minis-

Londres: White & Case, 2018. Disponível em: http://www.arbitration.qmul.ac.uk/media/arbitration/docs/2018-International-Arbitration-Survey---The-Evolution-of-International-Arbitration-(2).PDF. Acesso em: 30 mar. 2021).

[53] Nani, Ana Paula Ribeiro. *A tomada de decisão das empresas brasileiras quanto ao método de resolução de controvérsias*: Arbitragem *vs*. Sistema Judiciário. 2019. Iniciação Científica (Graduação em Direito) – Associação Brasileira de Direito e Economia (ABDE), 2019.

[54] Cristofani, Cláudia Cristina. *Aspectos econômicos da precisão da decisão judicial*. 2015. Dissertação (Mestrado em Direito) – Faculdade de Direito de Lisboa, Lisboa, 2015; Salama, Bruno Meyerhof. A economia da arbitragem. *In*: Timm, Luciano (org.). *Manual de Direito e Economia no Brasil*. São Paulo: Atlas, 2011, p. 3.

[55] Leal, Márcio Flávio Mafra. *Ações coletivas*. São Paulo: Revista dos Tribunais, 2014, p. 256.

tério Público como parte no processo arbitral. Contudo, sobre aludido tema, existem posicionamentos bastante divergentes: de um lado, há aqueles que defendem ser incabível a participação do ente ministerial na arbitragem, por ele deter legitimidade apenas para ingresso em juízo com ações relacionadas, exclusivamente, a direitos indisponíveis – e, portanto, não arbitráveis –, ou, ainda, porque estaria ele restrito a pleitos de relevante interesse público; por outro lado, há os que argumentam que a intervenção do Ministério Público não implica nem pressupõe, necessariamente, a indisponibilidade do direito objeto da demanda, de forma que o interesse do *parquet*, por si só, não interferiria na arbitrabilidade desse direito.[56]

Sobre esse tema, sugerem-se as seguintes questões para aprofundamento e reflexão: 1) A ação civil pública prevista na lei também deveria se submeter ao procedimento arbitral? 2) Se a resposta for negativa, poderia haver casos de litispendência entre a arbitragem e esse tipo de ação?

Conclusões

A arbitragem, em teoria, soa como uma alternativa interessante para evitar parte dos problemas do Sistema Judiciário. Refletir sobre a utilização da arbitragem como método de resolução de litígios no mercado de capitais brasileiro, contudo, implica uma série de desafios, eis que os potenciais efeitos advindos de sua utilização são capazes de afetar uma infinidade de *players*.

A fim de fomentar o diálogo e viabilizar melhor avaliação sobre o tema, o presente capítulo buscou endereçar algumas questões sobre a arbitragem em demandas envolvendo o nosso mercado de capitais.

Para os propósitos deste capítulo, buscou-se analisar: (i) a vinculação de acionistas/investidores à cláusula compromissória; (ii) a arbitragem coletiva e o seu custo financeiro; (iii) as consequências da confidencialidade em arbitragens no mercado de capitais; (iv) os efeitos da sentença arbitral coletiva; e (v) a arbitragem coletiva *vs.* a ação civil pública.

[56] Pereira, Cesar; Quintão, Luísa. Arbitragem coletiva no Brasil: a atuação de entidades representativas (art. 5º, XXI, da Constituição Federal). Artigo publicado pelo Justen, Pereira, Oliveira e & Talamini Advogados. Disponível em: https://www.justen.com.br/pdfs/IE103/Arbitragem_coletiva.pdf. Acesso em: 27 fev. 2021.

Como resultado, o que se viu é que, a despeito de ter sido a arbitragem escolhida como meio de garantir a proteção dos investidores e de aprimorar as práticas de governança corporativa, existem, ainda, alguns gargalos que a afastam do anunciado objetivo.

18. ARBITRAGEM E FUNDOS DE INVESTIMENTO: MÉTODO ADEQUADO PARA A RESPONSABILIZAÇÃO DE ADMINISTRADORES E GESTORES?

Gabriel Caetano Visconti
Analy Leal Moura

Introdução

A arbitragem tem crescido significativamente nos últimos anos, caminhando cada vez mais no sentido de se consolidar como método preferencial de solução de controvérsias nos mais diversos setores. Prova disso é que em estudo que sistematiza dados sobre a prática no Brasil, a professora Selma Lemes destaca o início de quase 300 arbitragens por ano no biênio 2020 e 2021, totalizando mais de 1.000 processos em andamento atualmente.[1]

Sob a perspectiva do sistema financeiro brasileiro, especialmente no mercado de capitais, é amplo o debate em torno da utilização desse método de solução de controvérsias. A questão central aqui posta é que as Instruções e as Resoluções da CVM, a criação de diferentes segmentos de listagem na bolsa de valores, a Lei das S.A.[2] e a Lei da

[1] Lemes, Selma Ferreira. *Arbitragem em números e valores*: Pesquisa 2020/2021, realizada em 2022. 2022. Disponível em https://lnkd.in/dZQZhPk6. Acesso em: set. 2022.

[2] Lei n. 6.404, de 15 de dezembro de 1976. Dispõe sobre as Sociedades por Ações.

CVM[3] fazem parte de um amplo sistema que visa assegurar a confiabilidade e atratividade desse mercado. No entanto, se de um lado a regulação evoluiu, de outro, a complexidade das controvérsias daí oriundas e os gargalos do Poder Judiciário, essencialmente pela demora na resolução de disputas e pela falta de especialização do julgador,[4] criaram um terreno fértil para o crescimento da arbitragem.

Nesse ambiente, algumas das principais preocupações giram ao redor da proteção dos direitos dos acionistas das companhias abertas contra abusos que podem sofrer por parte de diretores e administradores dessas instituições. Isso posto, e sem desconsiderar a relevância desse tema, o que se busca no presente capítulo é estender esse debate para controvérsias em outra área também pertencente ao mercado de capitais, em amplo crescimento, mas nem sempre tão bem explorada: os fundos de investimento. Assim, coloca-se o debate – sem qualquer pretensão de exaurir o tema – sobre a adequação da arbitragem enquanto meio de resolução de controvérsias internas aos fundos de investimento, em especial aquelas envolvendo a responsabilização de administradores e gestores.

Para tanto, o presente capítulo apresenta, inicialmente, um panorama acerca do desenvolvimento histórico e normativo dos fundos de investimento no Brasil (seção 1.1), o estágio atual da discussão acerca da natureza jurídica desse instituto (seção 1.2) e os deveres incidentes sobre administradores e gestores (seção 1.3). Em seguida, debruça-se sobre a questão central do texto, analisando a patrimonialidade e disponibilidade das demandas reparatórias diante de administradores e gestores (seção 2.1), a vinculação dos administradores e gestores à cláusula compromissória regulamentar (seção 2.2) e, por fim, a possibilidade de coletivização de demandas neste meio (seção 2.3). Finalmente, apresentam-se as conclusões oriundas dessa análise sumária sobre a intersecção entre a arbitragem e os fundos de investimento no Brasil.

[3] Lei n. 6.385, de 7 de dezembro de 1976. Dispõe sobre o mercado de valores mobiliários e cria a Comissão de Valores Mobiliários.

[4] Não se ignora aqui o esforço de diversos tribunais estatais em criar varas e câmaras especializadas no julgamento de disputas empresariais, inclusive com a implementação pelo Tribunal de Justiça do Estado de São Paulo das 1ª e 2ª Varas Regionais Empresariais e de Conflitos de Arbitragem da 1ª Região Administrativa Judiciária, além daquelas já existentes na capital. Cf. Resolução n. 868/2022 do TJSP, *DJe* 6 de junho de 2022.

1. Desenvolvimento, natureza jurídica, administração e gestão dos fundos de investimento no Brasil

Antes de se poder endereçar a intersecção entre a arbitragem e os fundos de investimento, a compreensão do desenvolvimento deste segundo instituto no Brasil, de sua natureza jurídica, bem como de sua administração e dos deveres atinentes a seus administradores e gestores constituem passos necessários ao exame da pergunta de pesquisa proposta neste capítulo.

1.1. Desenvolvimento histórico e normativo

Os fundos de investimento, enquanto mecanismos de captação de poupança popular, são considerados "um dos mais notáveis e democráticos instrumentos de alocação da poupança dos investidores",[5] têm tido exponencial crescimento[6] e tornado-se cada vez mais populares.

Essa tendência ganhou força na última década, visto o acelerado crescimento tanto no número de fundos existentes quanto no número de contas de investidores.[7] A título de exemplo, o mercado brasileiro tinha, em dezembro de 2011, um total de 11.405 fundos – aí englobados fundos de investimento em ações, em renda fixa, fundos cambiais, multimercado, além de FIDCs, FIPs e FIIs, entre outros – e passou a ter, em agosto de 2021, mais de 23 mil fundos.

Esse crescimento também é consequência do desenvolvimento histórico deste instituto, inserto pela primeira vez no ordenamento jurídico

[5] Eizirik, Nelson *et al. Mercado de capitais*: regime jurídico. 4. ed. São Paulo: Quartier Latin, 2019, p. 121.

[6] De acordo com o Relatório Anual disponibilizado pela CVM em 2012, vê-se desde então a tendência de crescimento deste mercado, p. 48: "Mantendo a trajetória ascendente, o número de fundos de investimento operacionais e pré-operacionais cresceu aproximadamente 8% em relação ao ano anterior, alcançando 13.165 fundos registrados. Em termos de patrimônio líquido, o crescimento foi de aproximadamente 20%, de modo que, desconsiderados os fundos de investimento em cotas (FICs), ao final de 2012 a indústria alcançava o valor de R$ 2,3 trilhões".

[7] Dados obtidos a partir do Consolidado Histórico de Fundos de Investimento disponibilizado pela ANBIMA. Disponível em: https://www.anbima.com.br/pt_br/informar/estatisticas/fundos-de-investimento/fi-consolidado-historico.htm. Acesso em: 10 jul. 2022.

nacional pela Lei n. 4.728/1965,[8-9] que já dispunha sobre a administração dos chamados "fundos em condomínio", os quais à época se submetiam à regulação do CMN.[10] Com a edição da Lei n. 6.385/1976 e sua posterior reforma realizada em 2002, as cotas de quaisquer fundos de investimento passaram a ser consideradas valores mobiliários, assim, incluídos sob a competência regulatória da CVM.

Desde então, a CVM editou três importantes instruções com impactos regulatórios sobre os fundos de investimento, sendo a primeira delas a ICVM n. 409/2004, que veio a ser substituída em 2015 pela ICVM n. 555/2014, e cuja regulação foi complementada pela edição da ICVM n. 558/2015. Mais recentemente, grande parte do regime regulatório dos fundos de investimento foi condensada na Resolução CVM n. 175/2022, editada em 23 de dezembro de 2022, e que entrou em vigor em 3 de abril de 2023.

As alterações recentes no panorama regulatório dos fundos de investimento, a popularização do mercado de capitais e a importante função de intermediação profissional entre investidor e tomador final de recursos tornaram os fundos a segunda alternativa de investimento dos brasileiros, atrás apenas da tradicional caderneta de poupança.[11]

Tamanha relevância na vida financeira nacional pode implicar, também, o aumento do número de disputas envolvendo fundos de investimento, o que nos leva a debruçarmo-nos sobre a sua natureza jurídica e os deveres de seus administradores, para que se possa, em seguida,

[8] Lei n. 4.728/1965, artigo 50: "Os fundos em condomínios de títulos ou valores mobiliários poderão converter-se em sociedades anônimas de capital autorizado, a que se refere a Seção VIII, ficando isentos de encargos fiscais os atos relativos à transformação".

[9] Nesse sentido, cf. MATTOS FILHO, Ary Oswaldo. *Direito dos valores mobiliários*. São Paulo: Direito GV, 2015. 1 v, tomo 2, p. 345. "Os fundos de investimento foram trazidos ao mundo legal pela inovadora Lei n. 4.728/1965, que contemplou a possibilidade de criação das sociedades de investimento em seu artigo 49 e dos fundos de investimento em seu artigo 50".

[10] WELLISCH, Julya Sotto Mayor. *Mercado de capitais*: fundamentos e desafios. São Paulo: Quartier Latin, 2018, p. 271.

[11] CENTRO DE ESTUDOS EM FINANÇAS. Fundação Getulio Vargas. *Anuário Indústria de Fundos de Investimento*. São Paulo: Fundação Getulio Vargas, 2021. Disponível em: https://eaesp.fgv.br/sites/eaesp.fgv.br/files/u784/anuario_assets_2021_web.pdf. Acesso em: 5 mar. 2021. p. 9. "O último levantamento de perfil do investidor brasileiro feito pela ANBIMA mostra os fundos como a segunda alternativa de investimentos do brasileiro, atrás da tradicional caderneta de poupança. Ainda distante, com 84% dos brasileiros aplicando na poupança, contra 6% nos fundos".

buscar responder se seria a arbitragem um meio adequado para a responsabilização de administradores e gestores nesse contexto.

1.2. Natureza jurídica e deveres dos administradores e gestores

A Resolução CVM n. 175/22 além de apresentar as normas gerais que regem os fundos de investimento, também os define em seu artigo 4º como: "uma comunhão de recursos, constituído sob a forma de condomínio de natureza especial, destinado à aplicação em ativos financeiros, bens e direitos, de acordo com a regra específica aplicável à categoria do fundo",[12] definição que é reafirmada pelo artigo 1.368-C do Código Civil – incorporado pela Lei da Liberdade Econômica.[13] Daí decorre que os fundos de investimento são entes patrimoniais sem personalidade jurídica, formados a partir da comunhão de interesses dos cotistas e da propriedade comum de ativos na condição de condomínios voluntários.[14] Assim, há uma feição contratual pela ausência de relação interpessoal associativa entre os investidores.[15]

Apesar da natureza jurídica particular dos fundos de investimento, em alguns aspectos subsistem similaridades com as sociedades empresariais, em especial com sociedades anônimas de capital aberto, sendo possível traçar um paralelo entre os institutos. Tanto é assim que, "por vezes, para definir os contornos de seu regime legal, busca-se inspiração na prática e no direito das sociedades, dado o seu tratamento mais

[12] COMISSÃO DE VALORES MOBILIÁRIOS, Resolução CVM n. 175, de 23 de dezembro de 2022.

[13] Lei n. 13.874, de 20 de setembro de 2019, artigo 1.368-C: "[o] fundo de investimento é uma comunhão de recursos, constituído sob a forma de condomínio de natureza especial, destinado à aplicação em ativos financeiros, bens e direitos de qualquer natureza".

[14] Cf. MATTOS FILHO, Ary Oswaldo. *Direito dos valores mobiliários*. São Paulo: Direito GV, 2015. 1 v. tomo 2, p. 345: "Essas estruturas são condomínios voluntários, nascidos de uma comunhão de interesses, formados pela propriedade comum de bens móveis ou imóveis, sem que com sua constituição nasça uma pessoa jurídica".

[15] Sobre o tema, EIZIRIK, Nelson *et al. Mercado de capitais*: regime jurídico. 4. ed. São Paulo: Quartier Latin, 2019, p. 125: "Os fundos de investimento, ao contrário do que ocorre com as companhias de investimento, apresentam uma feição contratual e não societária, uma vez que não há entre os investidores relação interpessoal associativa – a affectio. Ao contrário, a relação dos investidores entre si é irrelevante para a constituição e funcionamento de um fundo, uma vez que, ao aderirem ao fundo, estes vinculam-se ao administrador, que lhes presta serviços de administração e de gestão de seus recursos".

detalhado a respeito de institutos pertinentes a ambos os campos",[16] o que, inclusive, tem sido reconhecido pela CVM quando da aplicação de conceitos atinentes às companhias aos fundos de investimento.[17]

No tocante aos direitos e deveres dos gestores e administradores, a Resolução CVM n. 175/2022 impõe aos administradores a criação e o registro de fundo perante a CVM, incumbindo-lhes da prestação de serviços relacionados direta ou indiretamente à sua manutenção e ao seu funcionamento,[18] como previstos no art. 83 da Resolução.[19] Ademais,

[16] Tiburcio, Antonio Augusto; Hermeto, Lucas. Arbitragem e fundos de investimento: a vinculação do gestor e do administrador à cláusula compromissória constante do regulamento. *In*: Hanszmann, Felipe (org.). *Atualidades em direito societário e mercado de capitais*: volume III. Rio de Janeiro: Lumen Juris, 2019, p. 48-63.

[17] Ilustrativo nesse sentido o entendimento da CVM ao aplicar aos gestores e administradores de fundos de investimento a *business judgment rule,* desenvolvida para avaliar a conduta de administradores de companhias abertas. Cf. COMISSÃO DE VALORES MOBILIÁRIOS. CVM PAS 07/2012, Rel. Dir. Gustavo Tavares, j. em 6 de março de 2018: "A chamada regra da decisão negocial (business judgment rule), embora desenvolvida pelos tribunais americanos para analisar as condutas de administradores de companhias abertas, aplica-se perfeitamente à situação dos gestores de recursos, como já ocorreu, inclusive, no âmbito do PAS CVM RJ2005/8542, Rel. Dir. Pedro Oliva Marcílio de Souza, julg. 29/08/2006".

[18] COMISSÃO DE VALORES MOBILIÁRIOS. Resolução CVM n. 175, de 23 de dezembro de 2022, artigos 82 e 83: "Art. 82. O administrador, observadas as limitações legais e as previstas na regulamentação aplicável, tem poderes para praticar os atos necessários à administração do fundo de investimento, na sua respectiva esfera de atuação"; e "Art. 83. Incluem-se entre as obrigações do administrador contratar, em nome do fundo, com terceiros devidamente habilitados e autorizados, os seguintes serviços: I – tesouraria, controle e processamento dos ativos; II – escrituração das cotas; e III – auditoria independente, nos termos do art. 69".

[19] COMISSÃO DE VALORES MOBILIÁRIOS. Resolução CVM n. 175/2022, de 23 de dezembro de 2022, artigo 83 e §3º: "Art. 83. Incluem-se entre as obrigações do administrador contratar, em nome do fundo, com terceiros devidamente habilitados e autorizados, os seguintes serviços: I – tesouraria, controle e processamento dos ativos; II – escrituração das cotas; e III – auditoria independente, nos termos do art. 69"; e "§ 3º O administrador pode contratar outros serviços em benefício da classe de cotas, que não estejam listados nos incisos do *caput*, observado que, nesse caso: I – a contratação não ocorre em nome do fundo, salvo previsão no regulamento ou aprovação em assembleia; e II – caso o prestador de serviço contratado não seja um participante de mercado regulado pela CVM ou o serviço prestado ao fundo não se encontre dentro da esfera de atuação da Autarquia, o administrador deve fiscalizar as atividades do terceiro contratado relacionadas ao fundo".

para os fundos de investimento em direitos creditórios a nova resolução previu deveres adicionais contidos no art. 30.[20]

Não obstante o texto regulatório, a prática do mercado indica que, no mais das vezes, são os próprios gestores os responsáveis por solicitar a criação do fundo e procurarem uma instituição financeira para o administrar e captar os recursos junto aos investidores.[21-22] Por essa razão, os gestores de fundos de investimento – usualmente entidades especializadas – também se submetem a uma série de deveres, semelhantes àqueles atinentes aos administradores dos fundos de investimento.[23] Por essa razão, trataremos gestores e administradores conjuntamente ao longo deste capítulo, diferenciando-os apenas quando cabível.

Os vários deveres atinentes aos administradores e gestores são descritos pormenorizadamente também pela Resolução CVM n. 175/2022, com especial destaque para os artigos 104 a 106 e seus incisos. Tendo em vista a multiplicidade de deveres existentes, restringiremos a análise àqueles principais que possam fundamentar a responsabilização de administradores e gestores em ações manejadas pelos investidores.

Compõem as obrigações e os deveres assumidos por administradores e gestores – de forma não exaustiva – o dever de transparência

[20] Resolução CVM n. 175, de 23 de dezembro de 2023: "Art. 30. Em acréscimo aos serviços previstos no art. 83 da parte geral da Resolução, o administrador deve contratar, em nome do fundo, os seguintes serviços: I – registro de direitos creditórios em entidade registradora autorizada pelo Banco Central do Brasil, observado que a entidade registradora não pode ser parte relacionada do gestor ou da consultoria especializada; II – custódia, alcançando os serviços previstos na Seção IV deste Capítulo VIII, se for o caso, e observado, ainda, que o custodiante não pode ser parte relacionada do gestor ou da consultoria especializada; III – custódia de valores mobiliários, se for o caso; IV – guarda da documentação que constitui o lastro dos direitos creditórios, a qual pode se dar por meio físico ou eletrônico; e V – liquidação física ou eletrônica".

[21] De Carvalho, Mário Tavernard Martins. *Regime jurídico dos fundos de investimento*. São Paulo: Quartier Latin, 2012, p. 108.

[22] Sobre o protagonismo dos gestores em fundos de investimento, cf. Pavia, Eduardo Cherez. *Fundos de investimento*: estrutura jurídica e agentes de mercado como proteção do investimento. São Paulo: Quartier Latin, 2016, p. 133: "Considerando as atividades de gestão descritas acima, pode-se concluir que o gestor é o verdadeiro coração do fundo de investimento, especialmente nos casos dos chamados gestores independentes, que seriam aqueles não diretamente vinculados a grandes instituições financeiras".

[23] Com a edição da Resolução CVM n. 175/2022, a responsabilidade solidária entre gestores e administradores prevista no art. 79, § 2º da Instrução CVM n. 555/2014 foi eliminada.

e a obrigação de prestação de informações ao investidor, traduzidos "na obrigação do administrador/gestor de revelar aos investidores todo o conhecimento necessário para que a decisão de adesão ou retirada do investimento em cotas de determinado fundo possa se adequar ao perfil de investimento procurado pelo poupador".[24] Essa obrigação foi, inclusive, disciplinada pelo artigo 64 da Resolução CVM n. 175/2022.[25]

Ainda, impõe-se também o chamado dever de verificação da adequação do investimento ofertado ao investidor, considerando (i) o objetivo do investidor; (ii) o perfil de risco assumido; (iii) o patrimônio detido; (iv) o conhecimento de mercado e (v) a modalidade de investimento oferecida,[26] além da qualificação do investidor como "de varejo" ou "qualificado".

Daí decorre o entendimento da CVM de que é vedada a oferta de investimentos desalinhados ao perfil do investidor, nos termos da ICVM n. 539/2013.[27] Paralelamente, erige-se dever correlato à verificação da *suitability*, competindo ao gestor – se for o caso – e ao administrador garantir que os investimentos realizados se enquadrem na política de investimentos do fundo.[28]

[24] Dufloth, Rodrigo. *A proteção do investidor em fundos de investimento.* Rio de Janeiro: Lumen Juris, 2017, p. 86.

[25] Obrigação esta que foi qualificada pela Resolução CVM n. 175/2022, em seu artigo 47: "A divulgação de informações sobre a classe de cotas deve ser abrangente, equitativa e simultânea para todos os cotistas da classe, inclusive, mas não limitadamente, por meio da disponibilização dos seguintes documentos e informações nos canais eletrônicos e nas páginas na rede mundial de computadores do administrador, do gestor, do distribuidor, enquanto a distribuição estiver em curso, e da entidade administradora do mercado organizado em que as cotas sejam admitidas à negociação".

[26] Dotta, Eduardo Montenegro. *Responsabilidade civil dos administradores e gestores de fundos de investimento.* São Paulo: Almedina, 2018, p. 127-128.

[27] COMISSÃO DE VALORES MOBILIÁRIOS. Instrução CVM n. 539, de 13 de novembro de 2013, artigo 1º: "As pessoas habilitadas a atuar como integrantes do sistema de distribuição e os consultores de valores mobiliários não podem recomendar produtos, realizar operações ou prestar serviços sem que verifiquem sua adequação ao perfil do cliente".

[28] Dotta, Eduardo Montenegro. *Responsabilidade civil dos administradores e gestores de fundos de investimento.* São Paulo: Almedina, 2018, p. 120: "No exercício de suas atividades, o administrador e o gestor encontram-se obrigados a se empenhar na busca das melhores condições para o fundo, obedecendo sempre os ditames presentes em seu regulamento, especialmente a política de investimentos escolhida pelo cotista" e "É dever do gestor e do administrador do fundo de investimentos acompanhar o cumprimento da política de investimentos do fundo e a obediência dos limites de concentração".

Somam-se a esses deveres também aqueles prescritos pela ICVM n. 558/2015, que prevê a atuação diligente, cuidadosa e proba com vistas a buscar as melhores condições para o fundo, além da necessária atuação com lealdade em relação aos interesses condominiais, evitando-se práticas que firam a relação fiduciária.[29] No mais, administradores e gestores devem também diligenciar para garantir o exercício de todos os direitos decorrentes das atividades do fundo, assim como tomar todas as medidas (judiciais e extrajudiciais) para a defesa dos direitos dos cotistas.[30]

Tais deveres ganham especial relevância considerando que são os cotistas que respondem nos casos em que o fundo possui patrimônio líquido negativo. Cabe aos cotistas apenas eventual responsabilização civil do administrador e/ou gestor em caso de inobservância da política de investimento, dos limites de concentração previstos no regulamento[31] e do descumprimento culposo ou doloso de deveres, excluindo-se a responsabilização de administradores e gestores por eventuais perdas financeiras que venham a ocorrer, como consequência dos riscos ordinários dos investimentos.[32]

2. Arbitragem como método adequado para a responsabilização de administradores e gestores de fundos de investimento

Feitas as considerações preliminares e apresentado o panorama acerca dos fundos de investimento no país, de sua administração e dos deveres atinentes a seus administradores – sem qualquer pretensão de esgotar

[29] COMISSÃO DE VALORES MOBILIÁRIOS. Instrução CVM n. 558, de 26 de março de 2015, artigo 16. "O administrador de carteira de valores mobiliários deve: I – exercer suas atividades com boa fé, transparência, diligência e lealdade em relação aos seus clientes; II – desempenhar suas atribuições de modo a: a) buscar atender aos objetivos de investimento de seus clientes; e b) evitar práticas que possam ferir a relação fiduciária mantida com seus clientes; [...]".

[30] Eizirik, Nelson *et al. Mercado de capitais*: regime jurídico. 4. ed. São Paulo: Quartier Latin, 2019, p. 128.

[31] COMISSÃO DE VALORES MOBILIÁRIOS. Resolução CVM n. 175/2022, de 23 de dezembro de 2022, artigo 18, parágrafo único: "Caso o regulamento não limite a responsabilidade do cotista, os cotistas respondem por eventual patrimônio líquido negativo, sem prejuízo da responsabilidade do prestador de serviço pelos prejuízos que causar quando proceder com dolo ou má-fé".

[32] Dufloth, Rodrigo. *A proteção do investidor em fundos de investimento.* Rio de Janeiro: Lumen Juris, 2017, p. 86.

tais temas – passa-se a delinear os pontos de contato entre este instituto e a arbitragem, com o fim precípuo de introduzir a discussão sobre a adequação deste método de resolução de disputas para a responsabilização de administradores e gestores e a consequente proteção do investidor.

O crescimento do mercado de fundos de investimento pontuado aqui se deu em um cenário de incertezas tanto no âmbito nacional quanto internacional. Se no cenário interno, mudanças estruturais levaram às menores taxas de juros na série histórica, internacionalmente, bolsas de valores pelo mundo e outros investimentos sofreram com a alta volatilidade decorrente da pandemia de covid-19. Assim, o mercado de fundos de investimento passou a receber o ingresso de novos investidores em um cenário de flagrante incerteza e grande volatilidade, dando margem à ampliação de litígios envolvendo esses veículos de investimento.

Nesse ponto, destacam-se dois tipos de relacionamentos envolvendo os fundos de investimento, um deles externo e outro interno.[33] Apesar da relevância dos relacionamentos externos, o enfoque do presente capítulo recai sobre o relacionamento interno do fundo, em especial na relação entre a coletividade de cotistas, administradores, gestores e as disputas daí oriundas. E mais especificamente, o escopo deste capítulo considera essas relações à luz da inserção de cláusulas compromissórias em regulamentos de diversos fundos de investimento.[34-35]

[33] MATTOS FILHO, Ary Oswaldo. *Direito dos valores mobiliários.* São Paulo: Direito GV, 2015. 1 v. tomo 2, p. 346. Nesse sentido, explica o professor Ary Mattos Filho, a distinção havida entre estas relações: "Enquanto investimento coletivo, os fundos estabelecem dois tipos distintos de relacionamento. Um deles, externo ao fundo, *é o ordenamento de direitos e deveres entre cotistas, relação esta ordenada pelas regras legais, tais como as previstas no Código Civil ou na legislação concernente aos valores mobiliários e no regramento administrativo baixado pela CVM. Porém, é de fundamental importância o acompanhamento das regras estabelecidas no regulamento do fundo, ao qual o investidor adere. Ou seja, o fundo manifesta relacionamentos internos, vale dizer, as decisões tomadas nas reuniões de cotistas, que vão desde a aprovação de contas dos gestores do fundo até sua eventual substituição, a discussão de política de investimento até o ir a juízo contra aquele que prejudique o legítimo interesse do condomínio*" (grifo nosso).

[34] TIBURCIO, Antonio Augusto; HERMETO, Lucas. Arbitragem e fundos de investimento: a vinculação do gestor e do administrador à cláusula compromissória constante do regulamento. *In*: HANSZMANN, Felipe (org.). *Atualidades em direito societário e mercado de capitais*: Volume III. Rio de Janeiro: Lumen Juris, 2019. p. 48-63.

[35] A Câmara de Arbitragem do Mercado, vinculada à B3, disponibiliza em seu *site* (www.camaradomercado.com.br) o seguinte modelo de cláusula compromissória para regulamentos

Justamente para avaliar a adequação e a possibilidade da adoção da arbitragem como meio de resolução de disputas nos fundos de investimentos, mostra-se necessário endereçar pontos sensíveis da relação entre os fundos e o instituto da arbitragem. Assim, serão analisados para fins deste capítulo: (i) a patrimonialidade e a disponibilidade das demandas reparatórias em face dos administradores e gestores; (ii) os aspectos práticos: a vinculação dos administradores, gestores e cotistas às cláusulas compromissórias insertas no regulamento dos fundos de investimento e (iii) a possibilidade de coletivização de demandas ajuizadas por cotistas.

2.1. Patrimonialidade e disponibilidade das demandas reparatórias em face dos administradores e gestores

É premissa essencial para que determinada matéria seja adjudicada na seara arbitral avaliar a arbitrabilidade objetiva, verificando-se, para tanto, sua patrimonialidade e disponibilidade, nos termos do artigo 1º da Lei n. 9.307/1996.[36] Essa análise é necessária em relação às demandas reparatórias ajuizadas por cotistas de fundos de investimentos em face dos gestores e administradores. Por essa razão, é preciso apurar quais os direitos e as pretensões em jogo nestas disputas e se estes são patrimoniais e disponíveis. Assim, iremos, primeiramente, analisar o conteúdo destes conceitos prescritos na lei, e em seguida visitaremos importantes precedentes nacionais sobre a responsabilização de administradores e gestores de fundos de investimento.

Após mais de 25 anos da edição da Lei de Arbitragem brasileira, os conceitos de direito disponível e patrimonial já foram amplamente discutidos e algumas dúvidas sobre sua extensão sanadas. Em linhas gerais, entende-se disponível aquele direito que "pode ser ou não exercido

de fundos de investimentos: "O Fundo de Investimento, seus quotistas e seu administrador obrigam-se a resolver, por meio de arbitragem, de acordo com o Regulamento de Arbitragem da Câmara de Arbitragem do Mercado, toda e qualquer disputa ou controvérsia que possa surgir entre eles, relacionada ou oriunda, em especial, da aplicação, validade, eficácia, interpretação, violação e seus efeitos, das disposições contidas no Regulamento do Fundo de Investimento e nas normas editadas pela Comissão de Valores Mobiliários que lhe sejam aplicáveis".

[36] Lei n. 9.307/1996, artigo 1º: "As pessoas capazes de contratar poderão valer-se da arbitragem para dirimir litígios relativos a direitos patrimoniais disponíveis".

livremente pelo seu titular, sem que haja norma cogente impondo o cumprimento do preceito, sob pena de nulidade ou anulabilidade do ato praticado com sua infringência".[37] De mesma sorte, entendem-se patrimoniais todos aqueles direitos que tenham expressão econômica. Dessa forma, a partir de exemplos de ações reparatórias movidas por cotistas contra administradores e gestores de fundos de investimento, pode-se ver se efetivamente são disponíveis e patrimoniais os direitos ali envolvidos.

Nesse sentido, é ilustrativo o REsp n. 1.003.893-RJ,[38] julgado pelo STJ em agosto de 2010, e em que se discute a responsabilização dos gestores e da administradora de fundo de investimento. A ação foi ajuizada por cotistas sob a alegação de que teriam sofrido prejuízos em decorrência da violação do dever de informação com relação aos riscos do negócio, da prática de atos ilícitos e da má-gestão do fundo pelos administradores. Na decisão, a Terceira Turma do STJ entendeu que os prejuízos alegados decorreram de riscos usuais ao tipo de investimento, além de ter sido cumprido o dever de informação, não se justificando, portanto, a responsabilização da administradora.[39]

Outro caso de destaque é o REsp n. 1.187.365-RO, julgado em 2014 também pelo STJ. O caso consiste em ação de responsabilização movida por cotistas de fundo de investimento administrado pelo Banco da Amazônia, em decorrência da perda de valores investidos em fundo de investimento administrado pela Santos Asset Management Ltda., empresa então pertencente ao grupo do Banco Santos. Na sentença, entendeu a Quarta Turma do STJ que os prejuízos sofridos por ocasião do bloqueio de valores da gestora por ordem do Banco Central do Brasil escapam aos riscos ordinários do investimento, implicam a responsabilização da administradora e o ressarcimento de valores.[40] Em outros termos, o STJ

[37] CARMONA, Carlos Alberto. *Arbitragem e processo*: um comentário à Lei n. 9.307/96. 3. ed. São Paulo: Atlas, 2009.

[38] SUPERIOR TRIBUNAL DE JUSTIÇA. REsp n. 1.003.893/RJ, Terceira Turma, Rel. Ministra Massami Uyeda, j. em 10 de agosto de 2010.

[39] SUPERIOR TRIBUNAL DE JUSTIÇA. REsp n. 1.003.893/RJ, Terceira Turma, Rel. Ministro. Massami Uyeda, j. em 10 de agosto de 2010. "Destarte, sendo do conhecimento do consumidor-padrão o alto risco dos investimentos em Fundos Derivativos, além de terem os investidores, ora recorrentes, tomado ciência dos termos da aplicação financeira, não há que se falar em ofensa ao direito de informação."

[40] SUPERIOR TRIBUNAL DE JUSTIÇA. REsp n. 1.187.365/RO, Quarta Turma, Rel. Ministro Luis Felipe Salomão, j. em 22 de maio de 2014. "Vale dizer, o investidor assume os riscos

entendeu que a violação dos deveres diligência e de informação por parte de administradores e gestores têm reflexos pecuniários.

No âmbito estadual, o entendimento do TJSP segue a mesma linha de raciocínio, a exemplo do julgamento da Apelação Cível n. 1058850-36.2014.8.26.0100. No caso, a 28ª Câmara de Direito Privado julgou improcedente ação indenizatória e de responsabilização[41] pautada na suposta violação de deveres pelo administrador e gestor de fundo de investimento, uma vez que teriam sido realizadas operações sem a prudência, a diligência e o zelo necessários.

Em resumo, os julgados colacionados ilustram a natureza das ações indenizatórias e de responsabilidade movidas pelos investidores contra os administradores e gestores de fundos. Daí se extrai o denominador comum dessas ações: tratam-se de demandas fundadas nas regras de responsabilidade civil contratual, cuja relação preexistente é consignada no próprio regulamento do fundo de investimento, e baseadas na violação de deveres legais, normativos e administrativos.

Nesse sentido entende também Eduardo Montenegro Dotta, segundo o qual:

> [...] os administradores e gestores de fundos estão obrigados a inúmeros deveres voltados ao controle do desenvolvimento profícuo de suas atividades, não atuando como elementos de majoração do risco inerente ao investimento nos mercados financeiros e de capitais. Se o fizerem, estarão sujeitos à respectiva sanção, ao nosso ver de cunho estritamente subjetivo, pautada na regra geral da repressão ao agir irregular.[42]

Uma vez delineados os direitos e as pretensões envolvidas em ações de responsabilização de administradores e gestores de fundos de investimento, pode-se concluir pela sua natureza patrimonial e disponível.

inerentes à volatilidade do mercado. Mas definitivamente não abarca má gestão e muito menos alcança ilícitos praticados por integrantes da cadeia de fornecimento do serviço, que não podem ser considerados 'terceiros' para o fim de afastar a responsabilidade do fornecedor imediato, no caso a instituição financeira da qual o consumidor é correntista."

[41] TRIBUNAL DE JUSTIÇA DO ESTADO DE SÃO PAULO. Apelação Cível n. 1058850-36.2014.8.26.0100, 28ª Câmara de Direito Privado, Rel. Desembargador Cesar Lacerda, j. em 1º de abril de 2020.

[42] DOTTA, Eduardo Montenegro. *Responsabilidade civil dos administradores e gestores de fundos de investimento*. São Paulo: Almedina, 2018, p. 148.

Isto pois, os direitos tutelados pelo *enforcement* privado[43] – aquele titularizado pelos próprios investidores – mostram-se disponíveis, cabendo ao seu titular escolher livremente exercê-los, sem que haja norma cogente que os obrigue ou limite, bem como possuem reflexos patrimoniais, evidenciados pelos pedidos indenizatórios formulados.

Dessa forma, afigura-se possível a submissão da responsabilização de administradores e gestores à esfera arbitral. A propósito do tema, em novembro de 2020, a 1ª Câmara de Direito Público do TJSP reconheceu que a esfera competente para decidir pleito de cotista que se entendeu lesado por prejuízos sofridos em decorrência de "apontada falha na prestação de serviços de administração e custódia [...] e gestão" de fundo de investimento em participações[44] seria a arbitral e não o Judiciário.

O referido acórdão reverteu decisão proferida em primeira instância, que havia entendido pela inaplicabilidade de cláusula compromissória inserta em regulamento de fundo de investimento, pois não se teria verificado a anuência expressa do cotista autor da ação. Diante da alegação de uma das rés acerca da existência de cláusula compromissória no regulamento do fundo, os E. Desembargadores entenderam pela inaplicabilidade do Código de Defesa do Consumidor,[45] reconheceram não se tratar de contrato de adesão[46] e extinguiram o processo nos termos do

[43] Dufloth, Rodrigo. *A proteção do investidor em fundos de investimento.* Rio de Janeiro: Lumen Juris, 2017, p. 172. "Podemos classificar o enforcement como (i) privado, no caso de processos movidos pelos próprios investidores."

[44] TRIBUNAL DE JUSTIÇA DO ESTADO DE SÃO PAULO. Agravo de Instrumento n. 2125419-98.2020.8.26.0000, 1ª Câmara de Direito Público, Rel. Desembargador Aliende Ribeiro, j. em 24 de novembro de 2020.

[45] TRIBUNAL DE JUSTIÇA DO ESTADO DE SÃO PAULO. Agravo de Instrumento n. 2125419-98.2020.8.26.0000, 1ª Câmara de Direito Público, Rel. Desembargador Aliende Ribeiro, j. em 24 de novembro de 2020. "De fato, razão assiste à agravante quanto à inaplicabilidade à relação estabelecida entre as partes as regras de proteção ao consumidor, já que este fundo se destina a investidores qualificados."

[46] TRIBUNAL DE JUSTIÇA DO ESTADO DE SÃO PAULO. Agravo de Instrumento n. 2125419-98.2020.8.26.0000, 1ª Câmara de Direito Público, Rel. Desembargador Aliende Ribeiro, j. em 24 de novembro de 2020. "Não se exige, portanto, para a eficácia da cláusula de arbitragem no caso concreto, a concordância expressa do quotista, nos termos do § 2º do artigo 4º da Lei n. 9.307/1962, já que o regulamento do fundo não pode ser considerado contrato de adesão."

artigo 485, VII do Código de Processo Civil, em relação à ré,[47] reconhecendo que a demanda deveria ser adjudicada na seara arbitral.

Apesar do caso ser uma amostra ainda incipiente do reconhecimento pelo Poder Judiciário da competência de tribunais arbitrais para decidir sobre a responsabilização de administradores e gestores de fundos de investimento, pode-se estar diante de uma tendência crescente. Nesse sentido, já há registro de arbitragens – apesar de serem usualmente sigilosas – ajuizadas por cotistas com base em cláusula compromissória contida no regulamento do fundo de investimento para a responsabilização de administradores e gestores. É o que se vê da ementa de sentença arbitral parcial disponibilizada na terceira edição do ementário da Câmara de Arbitragem do Mercado, vinculada à B3:

> Responsabilidade civil por irregularidades e atos de malversação praticados em fundo de investimento em participações (FIP) por seu gestor. Responsabilidade solidária contratual do administrador pelos atos praticados durante o período da sua administração no fip. Inocorrência de prescrição. Não incidência de excludente de responsabilidade civil do gestor e administrador diante da aprovação das contas do fip ou aprovação dos investimentos por comitê de investimento. Análise da situação de cada uma das 28 spes que revela diferentes falhas na informação, acompanhamento e fiscalização dos investimentos, cumulada com contratação de administração imobiliária e financeira em condições diversas daquelas informadas aos cotistas do fundo. Violações à cláusula 7.4 do contrato de gestão c/c os artigos 9º, i, iii, e § 2º, e 40, § 3º, do regulamento do fip, artigos 9º, § 3º, e 10 da instrução cvm 391/2003, e artigos 65, xv, 65-a, e 119-a da instrução cvm 409/2004. Parâmetros para liquidação.[48]

[47] TRIBUNAL DE JUSTIÇA DO ESTADO DE SÃO PAULO. Agravo de Instrumento n. 2125419-98.2020.8.26.0000, 1ª Câmara de Direito Público, Rel. Desembargador Aliende Ribeiro, j. 24 de novembro de 2020. "Diante disso, meu voto é no sentido de dar provimento ao recurso para reformar a decisão agravada e acolher a arguição de existência de convenção de arbitragem para a extinção da ação somente com relação à agravante More Invest, nos termos do artigo 485, inciso VII, do Código de Processo Civil, com o prosseguimento da ação principal em face da corré BRB DTVM, que não arguiu a existência da cláusula de arbitragem e expressamente manifestou sua preferência pela jurisdição estatal."

[48] Câmara do Mercado, Ementário – 3ª Edição, de 8 dez. 2020. Disponível em: https://www.camaradomercado.com.br/pt-BR/ementario.html. Acesso em: 10 jul. 2022.

Assim, uma vez evidenciada a adequação da arbitragem como meio de resolução de disputas em fundos de investimentos e, mais especificamente, de responsabilização de administradores e gestores sob a perspectiva da arbitrabilidade objetiva, passa-se a analisar a vinculação de administradores e gestores à cláusula compromissória quando incluída no regulamento.

2.2. Aspectos práticos: vinculação dos administradores e gestores à cláusula compromissória regulamentar

Para além da discussão acerca da arbitrabilidade da responsabilização de administradores e gestores de fundos de investimento, para avaliar a adequação da arbitragem como meio de resolução de controvérsias em fundo de investimentos é preciso também nos debruçarmos sobre aspectos práticos desse instituto. Entre estes aspectos, coloca-se a arbitrabilidade subjetiva, traduzida na vinculação de administradores e gestores às cláusulas compromissórias regulamentares, requisito essencial para a instauração de procedimentos arbitrais.

Em razão de diversos regulamentos de fundos de investimento possuírem cláusulas compromissórias,[49] erige-se a discussão acerca da efetiva vinculação de gestores, administradores e cotistas à cláusula arbitral regulamentar. Embora haja cláusulas compromissórias que sujeitam expressamente administradores e gestores, há dúvidas em torno daquelas cláusulas que não os mencionam, especialmente em relação a estes últimos, dada a ausência de sua assinatura no regulamento dos fundos que gerem.

Quando se trata de cláusulas compromissórias regulamentares que preveem a vinculação dos administradores e dos gestores do fundo,[50] a

[49] Tiburcio, Antonio Augusto; Hermeto, Lucas. Arbitragem e fundos de investimento: a vinculação do gestor e do administrador à cláusula compromissória constante do regulamento. *In*: Hanszmann, Felipe (org.). *Atualidades em direito societário e mercado de capitais*: Volume III. Rio de Janeiro: Lumen Juris, 2019. p. 48-63.

[50] Cita-se a título de exemplo a cláusula compromissória inserta nos seguintes regulamentos de fundos de investimento: (i) Regulamento do Rio Bravo Crédito Imobiliário High Yield FII. "Art. 45. O Fundo, seus Cotistas, a Administradora, o Custodiante, o Escriturador, o Consultor Especializado e o Gestor submeterão à arbitragem todo e qualquer litígio relacionado ou referente a este Regulamento incluindo, mas não se limitando à sua interpretação, validade, cumprimento e/ou execução ou qualquer questão resultante deste ou relacionada a

questão é de mais fácil resolução. Em sendo entes capazes de contratar e manifestando sua vontade expressa em submeter disputas à arbitragem – o que é evidente considerando que a aprovação original do regulamento é ato unilateral do administrador e é pressuposto da função de gestor a submissão ao regulamento – resta pouco espaço para discussão.

Contudo, quando os regulamentos não vinculam expressamente esses atores à arbitragem, é necessário verificar se é possível extrair o consentimento implícito de administradores e gestores em relação à cláusula compromissória regulamentar. Nesse ponto, a resposta passa pela própria natureza do regulamento, que constitui "a pedra angular"[51] do fundo de investimento, sendo responsável por estabelecer sua atuação, delimitar o seu escopo e definir a sua natureza. Por essa razão, seu aceite é premissa para a atuação de todos os agentes econômicos envolvidos.

Quanto ao administrador, sua anuência com o regulamento é evidenciada por ser este documento fruto de um ato unilateral seu, cuja responsabilidade é elaborá-lo e registrá-lo perante o órgão competente.[52] Já em relação ao gestor, além de estar expressamente identificado no

este Regulamento que não possa ser resolvida pelos mesmos de forma amigável. A arbitragem será administrada pela Câmara de Arbitragem do Mercado da B3 ("CAM-B3") de acordo com seu Regulamento e Arbitragem (as "Regras") em vigor no momento em que a arbitragem for iniciada, sempre de acordo com este Regulamento, cujas especificações prevalecerão em caso de dúvida"; e (ii) Regulamento do CHSG Realty Development FIP – Multiestratégia. "20.1. – O Administrador, o Gestor, os membros do Comitê de Investimentos e os Cotistas, inclusive seus sucessores a qualquer título, se obrigam a submeter à arbitragem toda e qualquer controvérsia baseada em matéria decorrente de ou relacionada a este Regulamento, ou à constituição, operação, gestão e funcionamento do Fundo. A arbitragem será realizada em português, aplicando-se as leis brasileiras, e será administrada pelo CAM-CCBC, através da adoção do seu respectivo regulamento e em observância à Lei n. 9.307/1996, devendo observar sempre o disposto neste Regulamento, cujas especificações prevalecerão em caso de dúvida."

[51] Tiburcio, Antonio Augusto; Hermeto, Lucas. Arbitragem e fundos de investimento: a vinculação do gestor e do administrador à cláusula compromissória constante do regulamento. *In*: Hanszmann, Felipe (org.). *Atualidades em direito societário e mercado de capitais*: Volume III. Rio de Janeiro: Lumen Juris, 2019. p. 48-63.

[52] Tiburcio, Antonio Augusto; Hermeto, Lucas. Arbitragem e fundos de investimento: a vinculação do gestor e do administrador à cláusula compromissória constante do regulamento. *In*: Hanszmann, Felipe (org.). *Atualidades em direito societário e mercado de capitais*: Volume III. Rio de Janeiro: Lumen Juris, 2019, p. 54. "Por certo, o administrador do fundo, como se registrou, é quem institui e é o único a subscrever o regulamento, sendo, inequivocamente, uma parte daquele documento."

regulamento, sua concordância com esse documento é pressuposto para a assunção da função,[53] cuja atuação é por ele limitada. Ao assumirem seus encargos, portanto, tanto o administrador quanto o gestor aceitam se submeter a todas as disposições do regulamento do fundo de investimento, sejam aquelas referente aos limites de exposição, à natureza dos investimentos a serem realizados ou à forma de resolução de controvérsias.

Assim, não se vislumbra razão que afastaria a anuência desses mesmos administradores e gestores com a cláusula compromissória inserta no regulamento, ainda que ausente a previsão expressa de vinculação. Da mesma forma, mesmo que a cláusula compromissória seja inserida em regulamento de fundo de investimento após aprovação em assembleia de cotistas, sendo ele alterado após a sua criação, os administradores e gestores ao se manterem nos cargos manifestam inequivocamente seu aceite.[54]

Especificamente com relação aos gestores, coloca-se também a questão acerca da ausência de assinatura aposta em relação ao regulamento como um todo, uma vez que o documento é assinado apenas pelos administradores. No entanto, como visto, apesar da ausência de assinatura, o aceite das disposições regulamentares como premissa para o exercício da função de gestor consiste em manifestação tácita de vontade para arbitrar, quando existente cláusula compromissória regulamentar. Trata-se de verdadeira hipótese de extensão subjetiva de cláusula compromissória a pessoa (física ou jurídica) que apesar de não assinar o contrato, vinculou-se a este ou por ter participado de sua negociação ou execução, ter aceitado implicitamente seus termos ou até ser destinatário de direitos e obrigações ali previstas.[55]

[53] Tiburcio, Antonio Augusto; Hermeto, Lucas. Arbitragem e fundos de investimento: a vinculação do gestor e do administrador à cláusula compromissória constante do regulamento. *In*: Hanszmann, Felipe (org.). *Atualidades em direito societário e mercado de capitais*: Volume III. Rio de Janeiro: Lumen Juris, 2019, p. 54. "E mesmo o gestor, a despeito de não o assinar, tem sua relação com o fundo e seus cotistas disciplinada pelo regulamento – que, como se mencionou, é o documento balizador da atividade de gestão."

[54] Tiburcio, Antonio Augusto; Hermeto, Lucas. Arbitragem e fundos de investimento: a vinculação do gestor e do administrador à cláusula compromissória constante do regulamento. *In*: Hanszmann, Felipe (org.). *Atualidades em direito societário e mercado de capitais*: Volume III. Rio de Janeiro: Lumen Juris, 2019, p. 53.

[55] Situação semelhante, no âmbito das sociedades por ações foi endereçada em: Aprigliano, Ricardo de Carvalho. Extensão da cláusula compromissória a partes não signatárias no Direito Societário. *Revista do Advogado*, n. 119, abr. 2013, p. 140-152.

Com base na análise preliminar ora formulada, embora não se tenha a pretensão de esgotar o tema, seria possível admitir, com base na função central exercida por gestores e administradores na estrutura dos fundos e a sua vinculação ao regulamento do fundo, que estes se vinculam à cláusula compromissória regulamentar, ainda que esta não os mencione expressamente, desde que não os exclua de sua abrangência.[56]

2.3. Coletivização de demandas: um caminho possível?

O crescimento do mercado de valores mobiliários no Brasil pode ser observado sob a perspectiva jurídica de busca por maior efetividade e garantia dos direitos que protegem o investidor.[57] Nesse cenário, as demandas coletivas se mostram como uma maneira fundamental na tutela da multiplicidade de interesses manifestos em estruturas como a dos fundos de investimento, em que nem sempre o cotista minoritário disporá do montante financeiro necessário para litigar quando diante de um ato de fraude ou má gestão do administrador ou do gestor.

Fazendo, no que couber, um paralelo com arbitragens coletivas no mercado de capitais, pretende-se aqui explorar a possibilidade das demandas arbitrais coletivas em fundos de investimento. A título de contextualização, desde a Lei n. 7.913/1989, inspirada nas *class actions*

[56] Conclusão semelhante é alcançada por Antonio Augusto Tibúrcio e Lucas Hermeto: "A despeito de o tema carecer de aprofundamento, o que se pretendeu demonstrar com este trabalho é que: (i) não há dificuldades para se admitir que administradores e gestores de fundos possam se vincular à convenção de arbitragem constante de seus regulamentos; (ii) os argumentos por vezes utilizados para se negar a vinculação dos administradores de sociedades às cláusulas compromissórias de seus estatutos não são pertinentes – ou possuem intensidade bastante atenuada – ao regime específico de fundos de investimento e; (iii) a posição predominante ocupada pelo gestor, principalmente, e pelo administrador, no âmbito de uma estrutura de fundo de investimento, recomenda a sua submissão à cláusula compromissória regulamentar mesmo quando ela não lhes faça referência explícita, desde que o respectivo texto não os exclua de sua abrangência" (Tiburcio, Antonio Augusto; Hermeto, Lucas. Arbitragem e fundos de investimento: a vinculação do gestor e do administrador à cláusula compromissória constante do regulamento. *In*: Hanszmann, Felipe (org.). *Atualidades em direito societário e mercado de capitais*: Volume III. Rio de Janeiro: Lumen Juris, 2019, p. 57).

[57] Prado, Viviane Muller; Mansur, Fernanda Farina; Silva, Victor Hugo Cunha da. A inefetividade dos mecanismos coletivos de proteção dos investidores no mercado de valores mobiliários brasileiro. *Revista de Processo*, [*s. l.*], v. 306, p. 267-293, ago. 2020.

americanas,[58] instituiu-se a possibilidade de ação civil pública para determinar a responsabilidade por danos causados aos investidores do mercado de valores mobiliários, no intuito de assegurar o acesso à justiça, constitucionalmente inserido no artigo 5º, XXXV.[59]

Com isso, tem-se um sinal claro da importância de direcionar proteção ao investidor minoritário, sendo a coletivização uma forma possível dessa garantia. Contudo, simultaneamente faltam estipulações claras nas regras que incidem sobre os entes constituintes do mercado de valores mobiliários, em especial, os fundos de investimentos. Dessa maneira, a arbitragem vem sendo apontada como importante mecanismo de *enforcement*, sendo cláusulas compromissórias incluídas, inclusive, no rol de requisitos de listagem especial na B3.[60] Exemplo recente e de talvez

[58] Leães, Luiz Gastão Paes de Barros. A responsabilidade civil das companhias de mercado – tutela coletiva dos investidores em sede arbitral. *In*: Carvalhosa, Modesto; Leães, Luiz Gastão Paes de Barros; Wald, Arnoldo. *A responsabilidade civil da empresa perante os investidores*. São Paulo: Quartier Latin, 2018, p. 73.

[59] Como explicitado pelo então Ministro da Fazenda Mailson Ferreira da Nóbrega: "Assim sendo, a defesa dos interesses pertinentes a toda uma classe de investidores constitui, por sua especial relevância, no que tange a normalização do mercado de valores mobiliários, dever do Estado proteger os interesses difusos do elevado número de pequenos investidores que nele aplicam suas poupanças". Exposição de motivos da Lei n. 7.913/1989, disponível em: https://www.camara.leg.br/proposicoesWeb/prop_mostrarintegra?codteor=1150836&filename=Dossie+-PL+131..... Acesso em: 17 jun. 2021.

[60] *Vide* artigo 39 do Regulamento de listagem de Companhias no Novo Mercado, em que: "O estatuto social deve contemplar cláusula compromissória dispondo que a companhia, seus acionistas, administradores, membros do conselho fiscal, efetivos e suplentes, se houver, obrigam-se a resolver, por meio de arbitragem, perante a Câmara de Arbitragem do Mercado, na forma de seu regulamento, qualquer controvérsia que possa surgir entre eles, relacionada com ou oriunda da sua condição de emissor, acionistas, administradores e membros do conselho fiscal, e em especial, decorrentes das disposições contidas na Lei nº 6.385/76, na Lei nº 6.404/76, no estatuto social da companhia, nas normas editadas pelo CMN, pelo BCB e pela CVM, bem como nas demais normas aplicáveis ao funcionamento do mercado de valores mobiliários em geral, além daquelas constantes deste regulamento, dos demais regulamentos da B3 e do contrato de participação no Novo Mercado." Também é exemplo o artigo 4.1.v do Regulamento de listagem do Nível 2, de acordo com o qual: "As Companhias listadas no Nível 2 de Governança Corporativa devem observar as seguintes exigências: (v) comprometer-se a resolver toda e qualquer disputa ou controvérsia relacionada a este Regulamento, ao Contrato de Participação no Nível 2 de Governança Corporativa e às suas relações com Administradores e acionistas por meio de arbitragem, nos termos do Regulamento de Arbitragem".

maior destaque em torno do tema são as três arbitragens coletivas em curso no ano de 2020 perante a Câmara de Arbitragem do Mercado.[61]

Ainda sobre o tema, em voto proferido pelo Exmo. Desembargador Cesar Ciampolini na Apelação Cível n. 1031861-80.2020.8.26.0100 no TJSP, interposta pela Vale S/A em face da B3, em que se discutia a ilegalidade de decisão da Câmara de Arbitragem do Mercado, o relator destacou sobre a arbitragem coletiva que:

> Trata-se da incessante busca de um direito processual eficaz, ligado aos direitos materiais e às garantias cuja concretização é sua maior vocação. Isto, aliás, decorre da principiologia por detrás dos arts. 8º do CPC e 5º da Lei de Introdução às normas do Direito Brasileiro, a saber, a incessante perseguição dos objetivos de efetivação dos fins sociais da lei e das exigências do bem comum.[62]

De modo geral, apesar do amplo debate sobre a arbitragem coletiva como instrumento relevante para resolução de conflitos no mercado de capitais, a discussão ainda é incipiente quando os fundos são o centro do debate. Nesse ínterim, o primeiro desafio para o desenvolvimento do instituto decorre das previsões de confidencialidade comumente estabelecidas nos documentos celebrados entre os fundos e seus clientes. A exemplo, fundos de *hedge*, cujo público-alvo são investidores credenciados, não raro possuem cláusulas que limitam o acesso à identidade e aos detalhes de investimento feito por seus usuários, o que pode limitar a possibilidade de formação de um bloco para arbitragem coletiva.[63] Medidas semelhantes são comuns em diversos regulamentos de fundos de investimento.

[61] Câmara de Arbitragem do Mercado. *Estatísticas 2020*. "No ano de 2020, a Câmara recebeu mais uma arbitragem coletiva (eram 2 (duas) em 2019), passando a administrar 3 procedimentos coletivos." Disponível em: https://ccbc.org.br/cam-ccbc-centro-arbitragem-mediacao/arbitragem-estatisticas/. Acesso em: 10 jul. 2022.

[62] TRIBUNAL DE JUSTIÇA DO ESTADO DE SÃO PAULO. Apelação Cível n. 1031861-80.2020.8.26.0100, 1ª Câmara Reservada de Direito Empresarial, Rel. Pres. Cesar Ciampolini, j. em 1º de julho de 2021.

[63] HASTINGS, Paul; HAMILTON, Joshua; SEVELL, Adam. How Hedge Fund Managers Can Use Arbitration Provisions to Prevent Investor Class Action Lawsuits. *Hedge Fund Law Report*. 28 jun. 2022. Disponível em: https://www.hflawreport.com/2544026/how-hedge-fund-managers-can-use-arbitration-provisions-to-prevent-investor-class-action-lawsuits.thtml?. Acesso em: 28 fev. 2023.

Nesse contexto, considerando-se o artigo 5º, incisos X e XII da CF/88, juntamente à Lei n. 13.709/2018, conhecida como Lei Geral de Proteção de Dados (LGPD), o princípio da inviolabilidade de dados poderia ser utilizado como obstáculo legal para o estabelecimento de demandas coletivas.[64] Assim, sob a perspectiva dos fundos, possibilitar arbitragens coletivas nesse mercado seria romper com a lógica de sigilo dos dados dos investidores.

É claro que cabe destacar se tratar o referido exemplo de uma situação de alto grau de especialização, com a relação estabelecida entre indivíduos que recorrentemente operam de maneira profissionalizada com os fundos de investimentos. No entanto, em outro espectro do mercado se encontra também o consumidor de produtos com menores restrições, e que não raro os utiliza como alternativa à poupança popular. É esse o investidor que eventualmente não terá incentivos para litigar, mesmo quando a atuação do fundo violar a lei e ocasionar-lhe danos, cabendo refletir sobre a coletivização de demandas em seu benefício.

O impacto do sigilo em procedimentos arbitrais no mercado de valores mobiliários, tem sido amplamente discutido e apesar de o debate se focar principalmente nas companhias abertas, há repercussões também no regime dos fundos de investimento. Tamanha a relevância do tema que em abril de 2021, a CVM publicou o edital de consulta pública n. 01/2021 que expressamente propõe a alteração da ICVM n. 480 para incluir um dever de divulgação de disputas societárias,[65] o que culminou na edição da Resolução CVM n. 80/2022.

E mais, o referido edital pondera também a inadequação e, em certos casos, incompatibilidade entre o sigilo e a regulação pela infor-

[64] Constituição Federal, artigo 5º, X e XII: "são invioláveis a intimidade, a vida privada, a honra e a imagem das pessoas, assegurado o direito a indenização pelo dano material ou moral decorrente de sua violação" e "é inviolável o sigilo da correspondência e das comunicações telegráficas, de dados e das comunicações telefônicas, salvo, no último caso, por ordem judicial, nas hipóteses e na forma que a lei estabelecer para fins de investigação criminal ou instrução processual penal".

[65] COMISSÃO DE VALORES MOBILIÁRIOS. Edital de Audiência Pública SDM n. 1/2021, de 12 de abril de 2021, p. 2. Disponível em: http://conteudo.cvm.gov.br/audiencias_publicas/ap_sdm/2021/sdm0121.html. Acesso em: 10 jul. 2022. Em que se estabelece: "que envolvam direitos ou interesses difusos, coletivos ou individuais homogêneos; ou (ii) nas quais possa ser proferida decisão cujos efeitos possam atingir a esfera jurídica do emissor ou de outros titulares de valores mobiliários de emissão do emissor que não sejam partes do processo".

mação adotada no mercado de capitais.[66] Assim, diante das dificuldades impostas pelo sigilo à tutela da minoria, o próprio órgão regulador tem proposto a sua revisão, com a criação de dever de divulgação pelos emissores de disputas societárias que os envolvam, a seus acionistas ou administradores.[67] Embora a RCVM n. 80 afaste expressamente sua aplicabilidade a fundos e clubes de investimentos,[68] é de se ponderar como essa mudança de paradigma regulatório pode afetar o regime regulatório aplicável aos fundos.

Outro ponto de discussão sobre a arbitragem coletiva em fundos de investimento, e, na verdade, na arbitragem coletiva como um todo, decorre da exigência ou não de cláusula compromissória expressa que autorize a tutela coletiva.

Nos Estados Unidos, o caso conhecido como *Stolt Nielsen S.A. et al. v Animal Feeds International Corp*, disciplinado pelo *Federal Arbitration Act*,[69] constitui um dos principais paradigmas sobre o tema. Nele, a Suprema

[66] Comissão de Valores Mobiliários, Edital de Audiência Pública SDM n. 01/2021, de 12 de abril de 2021, p. 4. Disponível em: http://conteudo.cvm.gov.br/audiencias_publicas/ap_sdm/2021/sdm0121.html. Acesso em: 10 jul. 2022. "Por fim, a CVM esclarece que foge do escopo da audiência pública discutir cláusulas dos regulamentos das câmaras arbitrais, inclusive em razão da extensão do mandato legal da CVM. Na visão desta Autarquia, a previsão de sigilo contida nos regulamentos de muitas câmaras arbitrais é inadequada, quando não incompatível com a resolução de certos conflitos de mercado, mas a CVM não possui competência para, por meio de sua regulamentação, avançar nesse debate. O assunto foi, contudo, examinado em profundidade pelo GT e, em especial, pelos consultores da OCDE, que fizeram importantes sugestões sobre o tema no seu supramencionado relatório. Por outro lado, é indiscutível que os regulamentos das câmaras não podem contrariar dispositivos legais e regulamentares e, nesse sentido, a Minuta esclarece que as obrigações de divulgação refletem preocupações centrais do regramento do mercado de capitais e não podem ser afastadas por convenções de arbitragem, regulamentos de câmaras arbitrais ou por qualquer outra convenção, respeitadas as hipóteses e observados os limites aplicáveis de sigilo decorrentes de lei (art. 1º, § 1º, do Anexo 30-XLIV)."

[67] COMISSÃO DE VALORES MOBILIÁRIOS. Resolução CVM n. 80/2022, de 29 de março de 2022, Anexo I, artigo 1º. Disponível em: https://conteudo.cvm.gov.br/legislacao/resolucoes/resol080.html. Acesso em: 10 jul. 2022.

[68] COMISSÃO DE VALORES MOBILIÁRIOS. Resolução CVM n. 80/2022, de 29 de março de 2022, artigo 2º, para. 3º "A presente Resolução não se aplica a fundos de investimento, clubes de investimento e sociedades beneficiárias de recursos oriundos de incentivos fiscais". Disponível em: https://conteudo.cvm.gov.br/legislacao/resolucoes/resol080.html. Acesso em: 10 jul. 2022.

[69] UNITED STATES OF AMERICA. The Federal Arbitration Act, promulgado originalmente em 12 de fevereiro de 1925.

Corte Americana determinou que o silêncio do contrato sobre a possibilidade de instauração de arbitragem coletiva não é suficiente para permitir que o mecanismo seja acionado pelas partes.[70]

Ao mesmo tempo, em arbitragem de investimentos administrada pelo *International Centre for Settlement of Investment Disputes* (ICSID), o caso conhecido como *Abaclat and others v Argetine Republic* concluiu de maneira distinta. Nele, a ausência de previsão para a arbitragem coletiva não foi suficiente para afastar a possibilidade desse tipo de demanda, por haver certa homogeneidade no interesse dos investidores demandantes.[71]

No Brasil, a discussão ainda é incipiente, não sendo possível delimitar a necessidade ou não de previsão expressa sobre a possibilidade de arbitragens coletivas nos regulamentos. De um lado, tem-se o exemplo das arbitragens coletivas contra companhias abertas, das quais o cabimento ainda está *sub judice* – cujos estatutos sociais não previam esta possibilidade –, e de outro lado, a maior confiabilidade decorrente de eventual previsão contratual expressa na documentação dos fundos, que traria maior certeza sobre o cabimento desses procedimentos.

Outro fator relevante para a reflexão sobre os conflitos dirimidos por arbitragens coletivas que merece menção é a vinculação à sentença arbitral de terceiros que não tenham atuado na demanda. Cabe, primeiramente, dar um passo atrás para compreender o tipo de direito protegido em controvérsias coletivas que possam ocorrer nos fundos de investimento, essencialmente em prol da proteção dos investidores.

Nesse sentido, é de se imaginar que arbitragens instauradas contra administradores e gestores buscarão tutelar direitos individuais homogêneos. Essa modalidade é caracterizada pela titularidade individual de direitos por cada integrante de uma coletividade, cuja natureza e contexto fático os tornam semelhantes entre si.[72] Dessa maneira, por mais

[70] SUPREME COURT OF THE UNITED STATES. Certiorari to the United States Court of Appeals for the Second Circuit, Stolt Nielsen S.A. *et Al.* v AnimalFeeds International Corp, j. em 27 de abril de 2010. Disponível em: https://www.supremecourt.gov/opinions/. Acesso em: 10 jul. 2022.

[71] ICSID. Case n. ARB/07/5. Disponível em: https://icsid.worldbank.org/cases/case-database/case-detail?CaseNo=ARB/07/5. Acesso em: 10 jul. 2022.

[72] TALAMINI, Eduardo. Direitos individuais homogêneos e seu substrato coletivo: ação coletiva e os mecanismos previstos no Código de Processo Civil de 2015. *Revista de Processo*, v. 40, n. 241, p. 337-358, mar. 2015.

que esses direitos possam ser defendidos de maneira coletiva, não se afasta a busca por reparação em ações individuais.[73] Ou seja, não necessariamente terceiros com interesse na demanda estarão vinculados à decisão proferida por meio da sentença arbitral.

Tendo em vista os itens aqui expostos, percebe-se que a arbitragem coletiva poderia, ao menos em tese, ser uma alternativa eficiente para assegurar a tutela dos direitos de cotistas minoritários nos fundos de investimento. No entanto, essa possibilidade esbarra na falta de clareza legislativa e dos regulamentos das câmaras arbitrais, que nem sempre contêm regras claras para instauração desse tipo de procedimento, o que se soma à incerteza do tratamento jurisprudencial que será dado ao tema. Conjuntamente, a confidencialidade de dados dos cotistas que investem nos fundos e a ausência de previsão expressa sobre a coletivização das demandas nas convenções de arbitragem também podem ser aspectos desafiadores para a resolução coletiva, requerendo maior maturação do instituto antes de sua aplicação prática.

Conclusões

O presente capítulo não tem por objetivo esgotar a ampla discussão em torno da arbitragem em fundos de investimento, mas tão somente incentivar o debate sobre o tema, ante seu amplo espaço de reflexão e as incertezas sobre a sua aplicação prática. Isso, dentro de um contexto pautado na relevância crescente desses fundos na economia brasileira, e com o aumento significativo do ingresso de investidores pessoa física nesse mercado.

No que tange à pergunta central aqui trabalhada, se os administradores e gestores de fundos podem ser responsabilizados por meio da arbitragem, feitas as devidas considerações, estamos diante de uma resposta positiva, apesar dos desafios para que isso efetivamente aconteça. Em um primeiro momento, a análise de casos nos tribunais brasileiros deixa evidente a verificação da arbitrabilidade nas controvérsias que envolvem os fundos de investimento.

[73] Mattos, Eduardo da Silva; Renzetti, Bruno Polonio. Arbitragem coletiva no mercado de capitais brasileiro e direitos individuais homogêneos: uma abordagem em Direito & Economia. *Economic Analysis of Law Review*, v. 9, n. 3, p. 52-65, set./dez. 2018.

Com relação à arbitrabilidade objetiva, que considera a disponibilidade e patrimonialidade da demanda, há o preenchimento desse requisito, uma vez que o direito de reparação e a consequente pretensão indenizatória em casos de violação de deveres por parte dos gestores e administradores de fundos são, ao menos em tese, disponíveis, podendo, inclusive, ser transacionados. Da mesma forma, a própria natureza indenizatória desses pleitos encerra em si mesmo o requisito de patrimonialidade, traduzida na natureza pecuniária da tutela pretendida.

Além disso, é fundamental avaliar a vinculação de administradores e gestores às cláusulas compromissórias inseridas nos regulamentos dos fundos, que se mostra como item decisivo para concluir pela possibilidade de arbitragem. Nesse sentido, como restou demonstrado, nem sempre haverá anuência expressa dos gestores com as cláusulas compromissórias, no entanto, a natureza dos regulamentos enquanto instrumentos basilares da limitação das atividades desempenhadas pelos fundos faz com que exista anuência implícita de gestores e administradores, inclusive com as cláusulas que regulam a forma de resolução de controvérsias.

Ainda, percebe-se que as arbitragens coletivas podem ser um caminho para controvérsias em fundos de investimento, o que contribuiria para a proteção dos cotistas minoritários. No entanto, faz-se aqui a ressalva dos obstáculos para a efetividade desse mecanismo, pela falta de previsões sobre o tema nos regulamentos das câmaras arbitrais, pelo sigilo dos documentos estabelecidos com os investidores dos fundos de investimento, e pelo silêncio dos regulamentos desses fundos sobre o tema.

Ante o exposto, percebe-se que a arbitragem é um campo que, apesar de se consolidar cada vez mais para a resolução de controvérsias, ainda encontra espaços amplos para desenvolvimento. Percebe-se, com base nos indícios aqui apresentados, que os fundos de investimento, cujas controvérsias entre cotistas, administradores e/ou gestores são uma realidade crescente, podem ser terreno fértil para esse desenvolvimento, em razão da compatibilidade entre o instituto da arbitragem e os fundos de investimento.

19. ARBITRAGEM EM PROPRIEDADE INTELECTUAL: DESAFIOS, VANTAGENS E TENDÊNCIAS

Wilson Pinheiro Jabur[1]
Caio de Faro Nunes[2]

Introdução

Direitos de Propriedade Intelectual (PI) desempenham um papel determinante no mundo moderno. Com o rápido avanço tecnológico, o crescimento exponencial no número de *startups* e a expansão do *e-commerce*, os ativos intangíveis nunca foram tão importantes para as empresas quanto nos dias atuais. Em um mundo altamente globalizado, o caráter internacional dos direitos de PI apenas se intensifica, sendo cada vez

[1] "Tenho sempre buscado demonstrar na pós-graduação em Propriedade Intelectual e Novas Tecnologias da FGV DIREITO SP a importância dos ADRs na propriedade intelectual, desde os procedimentos da UDRP e do SACI-Adm até os casos de mediação e arbitragem, hoje ainda incipientes no Brasil, mas que certamente em um futuro próximo se tornarão os mecanismos mais utilizados para dirimir as questões mais relevantes da área."

[2] "Na FGV DIREITO SP, tive a oportunidade de cursar duas especializações nas minhas grandes áreas de interesse: Propriedade Intelectual (PI) e Arbitragem. Ambos os cursos têm sido decisivos não apenas para o meu desenvolvimento acadêmico e profissional, mas também para viabilizar meu objetivo de difundir o uso da arbitragem em matéria de PI no Brasil, devido aos importantes contatos que fiz ao longo dos cursos. Na FGV DIREITO SP, sinto que aprendizado e *networking* andam de mãos dadas."

mais necessário que os agentes busquem a proteção de suas marcas, patentes ou *softwares* para além das fronteiras de seus países.

Logo, por se tratarem de ativos que não apenas configuram uma parcela importante do patrimônio das empresas, como também são muitas vezes protegidos a nível internacional, os direitos de PI acabam por exigir um método eficaz de solução de controvérsias. Entra em cena, portanto, a arbitragem, que tem sido o método predileto de resolução de conflitos no âmbito do comércio internacional.[3]

Neste sentido, o presente trabalho fará uma análise da inter-relação entre os campos da arbitragem e da propriedade intelectual. Primeiramente, buscaremos demonstrar o cenário atual do uso da arbitragem em matéria de PI no Brasil e no mundo (seção 1). Na sequência, discorreremos sobre as vantagens em se utilizar a via arbitral para os litígios de PI (seção 2). Por fim, concluiremos que existe um amplo espaço para o desenvolvimeno da arbitragem em PI no Brasil, sendo que tal desenvolvimento geraria maior segurança jurídica ao setor de inovação, causando grande incentivo à iniciativa privada.

1. O cenário atual do uso da arbitragem em matéria de propriedade intelectual

O uso dos métodos alternativos de solução de convrovérsias (ADRs) no campo da propriedade intelectual tem crescido consideravelmente na última década. A principal prova disso é a difusão dos mecanismos extrajudiciais de solução de conflitos relativos a nomes de domínio,[4] tais como a *Uniform Domain-Name Dispute-Resolution Policy* (UDRP)[5] e o Sistema Administrativo de Conflitos de Internet Relativos a Nomes de

[3] "Durante séculos, a arbitragem tem sido o método predileto de solução de disputas transnacionais [...]." Tradução livre de: "For centuries, arbitration has been a preferred means for resolving transnational commercial disputes [...]". Born, Gary. *International Commercial Arbitration*. 2. ed. Haia: Kluwer Law International, 2014, p. 1.

[4] Para uma análise aprofundada do tema, sugerimos: Jabur, Wilson Pinheiro. Mecanismos alternativos de solução de disputas envolvendo nomes de domínio na internet: UDRP e SACI-Adm. *In*: Forgioni, Paula A. *et al.* Direito empresarial, direito do espaço virtual e outros desafios do Direito: homenagem ao Professor Newton De Lucca. São Paulo: Quartier Latin, 2018, p. 879-891.

[5] Para maiores informações sobre a UDRP, visite: https://www.icann.org/resources/pages/help/dndr/udrp-en. Acesso em: 16 abr. 2021.

Domínios sob "Br." (SACI-Adm),[6] os quais, apesar de apresentarem certa semelhança com o procedimento arbitral, com ele não se confundem.[7]

Até o momento, o *WIPO Arbitration and Mediation Center*,[8] instituição localizada em Genebra e ligada à Organização Mundial da Propriedade Intelectual, já administrou mais de 50.000 disputas extrajudiciais de nome de domínio,[9] nas quais 607 partes brasileiras figuraram como reclamente e 536 como reclamada.[10] Do mesmo modo, o Centro de Solução de Disputas em Propriedade Intelectual da ABPI[11] (CSD-ABPI), instituição brasileira especializada em administrar disputas envolvendo PI, administrou, até o final de 2018, 168 controvérsias referentes a nomes de domínio registrados sob o ".br".[12]

O sucesso atingido pela UDRP e pelo SACI-Adm parece ter incentivado o uso de outras modalidades de ADRs para litígios relativos a direitos de PI, como a mediação e a arbitragem. O *WIPO Arbitration and Mediation Center*, por exemplo, geriu entre os anos de 2011 e 2021 mais de 1.249 procedimentos[13] (o que inclui casos de mediação, arbitragem e

[6] Para mais informações sobre o SACI-Adm, visite: https://www.nic.br/noticia/notas/saci-adm-sete-anos-facilitando-solucoes-de-conflitos-no-br/. Acesso em: 16 abr. 2021.

[7] "[A] arbitragem não prevê recurso ao Judiciário [...], ao passo que tanto uma decisão em um procedimento segundo as regras da UDRP, quando uma decisão segundo as regras do SACI--Adm, estão expressamente sujeitas a serem revistas pelo Poder Judiciário" (Jabur, Wilson Pinheiro. Mecanismos alternativos de solução de disputas envolvendo nomes de domínio na internet: UDRP e SACI-Adm. *In*: Forgioni, Paula A. *et al.* Direito empresarial, direito do espaço virtual e outros desafios do Direito: homenagem ao Professor Newton De Lucca. São Paulo: Quartier Latin, 2018, p. 880).

[8] Para mais informações sobre o *WIPO Arbitration Center*, visite: https://www.wipo.int/amc/en/center/background.html. Acesso em: 16 abr. 20201.

[9] WIPO Caseload Summary. *WIPO*. Disponível em: wipo.int/amc/en/center/caseload.html#:~:text=To%20date%2C%2070%25%20of%20WIPO,in%20mediation%20cases%20of%2075%25. Acesso em: 16 jul. 2022.

[10] WIPO Domain Name Disputes, Statistics, Geographical Distribution of Parties. *WIPO*. Disponível em: https://www.wipo.int/amc/en/domains/statistics/countries_a-z.jsp. Acesso em: 16 abr. 2021.

[11] Para mais informações sobre o CSD-ABPI, visite: https://www.csd-abpi.org.br/. Acesso em: 16 abr. 2021.

[12] Cortez, Maria Cristina M.; Jabur, Wilson Pinheiro; Silva, Vinícius Pavan Lessa. O protagonismo da atuação da ABPI nos conflitos envolvendo nomes de domínio sob o ".BR". *Revista da ABPI*, n. 158, jan./fev. 2019, p. 3.

[13] WIPO Caseload Summary. *WIPO*. Disponível em: wipo.int/amc/en/center/caseload.html#:~:text=To%20date%2C%2070%25%20of%20WIPO,in%20mediation%20cases%20of%2075%25. Acesso em: 16 jul. 2022.

expert determination),[14] sendo que o número de novos casos tem crescido anualmente, conforme ilustra o Gráfico 1, a seguir.

Gráfico 1 – Números do *WIPO Arbitration and Mediation Center* (2012-2021)

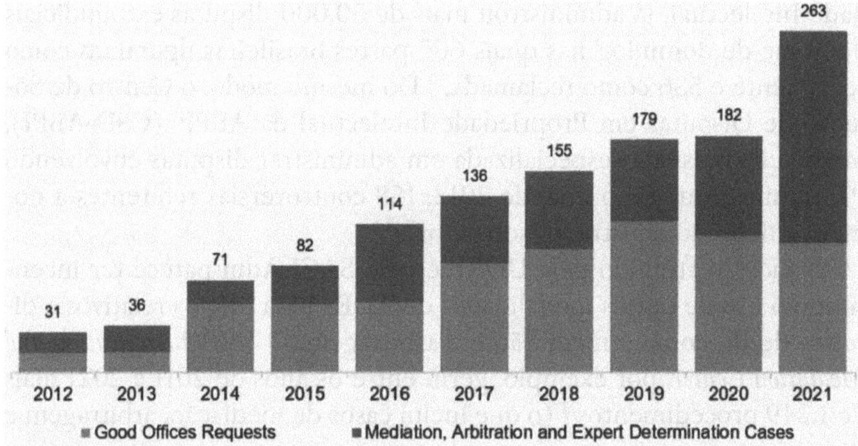

Fonte: WIPO Caseload Summary. *WIPO*. Disponível em: wipo.int/amc/en/center/caseload.html#:~:text=To%20date%2C%2070%25%20of%20WIPO,in%20mediation%20cases%20of%2075%25. Acesso em: 16 jul. 2022.

Tradução: *Good Offices Requests*: Solicitação de Assistência Processual; *Mediation, Arbitration and Expert Determination Cases*: Casos de Arbitragem, Mediação e Perícia.

Frisa-se que, entre as disputas administradas pela instituição, 29% envolveram patentes, 24% direitos autorais, 20% marcas, 14% *software*, tecnologia da informação e telecomunicações, e 12% outras matérias (ver Tabela 1).

[14] O procedimento de *expert determination* realizado pelo *WIPO Arbitration and Mediation Center* é similar a uma perícia, sendo que informações mais detalhadas podem ser encontradas em: https://www.wipo.int/amc/en/expert-determination/. Acesso em: 16 abr. 2021.

Tabela 1 – Números do *WIPO Arbitration and Mediation Center* (por matéria)

Patentes **29%**	**Direitos Autorais** **24%**	**Marcas** **20%**	**Tecnologias da Informação e Comunicação** **14%**
• Licenciamentos Cruzados • Infrações • Licenciamentos • Titularidade • "*Pools*" de Patentes • Pesquisa & Desenvolvimento/ Transferência de Tecnologia • Pagamento de *Royalties* • Disputas "FRAND"	• Arte • Transmissão/ Radiodifusão • Gestão Coletiva • Entretenimento • Filmes e Mídia • Infrações • Formatos de Codificação de Vídeo	• Coexistência • Infrações • Licenciamentos • Oposições • Nulidades	• Aplicativos de Celular • Terceirização • Sistemas Integrados • Desenvolvimento de *Software* • Licenciamento de *Software* • Telecomunicações **Comercial** **12%** • Design • Distribuição • Energia • Merchandising • Marketing • Esportes

Fonte: Tradução de WIPO. Disponível em: https://www.wipo.int/amc/en/center/caseload.html. Acesso em: 16 abr. 2021.

No entanto, o WIPO Arbitration and Mediation Center não é a única instituição que tem sido procurada para a resolução de litígios envolvendo propriedade intelectual. Nos Estados Unidos, a *American Arbitration Association* (AAA) processou 110 arbitragens de PI apenas no ano de 2016.[15] Ainda, a *Japan Intellectual Property Arbitration Center* havia administrado até o ano de 2014 aproximadamente 130 procedimentos de mediação e arbitragem envolvendo PI.[16]

Olhando para o futuro, vale citar alguns dados apurados por uma pesquisa realizada em 2016 pela *Queen Mary University of London* e pelo

[15] AMERICAN ARBITRATION ASSOCIATION. *"Products of the Mind" Require Special Handling:* Arbitration Surpasses Litigation for Intellectual Property Disputes. Disponível em: https://www.adr.org/sites/default/files/document_repository/AAA192_Intellectual_Property_Disputes.pdf. Acesso em: 16 abr. 2021.

[16] JAPAN INTELLECTUAL PROPERTY ARBITRAITON CENTER. *Case Statistics.* Disponível em: https://www.ip-adr.gr.jp/eng/case-ctatistics/. Acesso em: 16 abr. 2021.

escritório *Pinsent Masons LLP*,[17] que se dedicou a explorar o uso da arbitragem em conflitos relativos a Tecnologia, Mídia e Telecomunicações (TMT), setor em que os direitos de PI desempenham papel fundamental. Segundo a pesquisa, que colheu respostas de mais de 300 advogados atuantes em renomadas empresas e escritórios de advocacia de todos os continentes do globo, 82% dos respondentes entendem que haverá aumento no número de arbitragens no setor de TMT em um futuro próximo.[18] Da mesma forma, 92% dos entrevistados acreditam que a arbitragem é um método altamente adequado para resolver disputas de TMT.[19]

No Brasil, porém, os números ainda são mais tímidos. Um levantamento feito em 2014, por exemplo, apurou que apenas 3% dos procedimentos arbitrais administrados pelo CAM-CCBC,[20] principal instituição arbitral a nível nacional, tinham por objeto temas relacionados à propriedade intelectual.

Ainda não é muito claro o motivo pelo qual a comunidade jurídica brasileira tende a não utilizar a via arbitral quando a matéria é PI. Pela experiência dos autores, a principal razão para tal parece ser o fato de que tanto a arbitragem quanto a propriedade intelectual sejam enxergados como dois ramos específicas do Direito, de modo que acabam sendo cobertos por dois diferentes universos de advogados, que pouco interagem entre si.

Como consequência, parece-nos que muitos integrantes da comunidade de PI brasileira ainda desconhecem as particularidades da via arbitral e as vantagens por ela trazidas, preferindo manter suas disputas em foros judiciais com os quais já possuam maior familiaridade (uma tendência que já havia sido notada no início dos anos 2000 pelo saudoso

[17] QUEEN MARY UNIVERSITY OF LONDON; PINSENT MASONS LLP. *2016 An Insight into Resolving Technology, Media and Telecoms Disputes*. Disponível em: http://www.arbitration.qmul.ac.uk/research/2016/. Acesso em: 16 abr. 2021.

[18] QUEEN MARY UNIVERSITY OF LONDON; PINSENT MASONS LLP. *2016 An Insight into Resolving Technology, Media and Telecoms Disputes*. Disponível em: http://www.arbitration.qmul.ac.uk/research/2016/. Acesso em: 16 abr. 2021, p. 7.

[19] QUEEN MARY UNIVERSITY OF LONDON; PINSENT MASONS LLP. *2016 An Insight into Resolving Technology, Media and Telecoms Disputes*. Disponível em: http://www.arbitration.qmul.ac.uk/research/2016/. Acesso em: 16 abr. 2021.

[20] Para mais informações sobre o CAM-CCBC, visite: https://ccbc.org.br/cam-ccbc-centro-arbitragem-mediacao/. Acesso em: 16 abr. 2021.

professor David Caron ao analisar o uso da arbitragem em matéria de PI pelas empresas do Vale do Silício).[21]

Não é incomum, por exemplo, que renomados advogados atuantes no campo da PI desconheçam o fato de que a escolha pela arbitragem não retira das partes a possibilidade de requerer tutelas de urgência pré-arbitrais perante o Poder Judiciário, em que pese tal garantia esteja expressamente prevista na Lei de Arbitragem, em seu artigo 22-A.[22]

Além disso, ainda parece ser muito presente no Brasil a "cultura do litígio", de modo que algumas características específicas da arbitragem, como a irrecorribilidade, podem contribuir para que o Judiciário contintue sendo a preferência de muitos *players*. Outro ponto relevante a se considerar é que, com a recente criação das varas especializadas em Direito Empresarial (o que inclui PI) na Justiça Estadual de São Paulo e do Rio de Janeiro, a crença dos litigantes no Judiciário parece ter crescido.

Entendemos, porém, que a via arbitral continua sendo uma opção muito mais segura e promissora do que o Judiciário para a solução de litígios complexos, como muitas vezes é o caso quando o assunto é PI. Nesse contexto, a seção a seguir abordará as principais vantagens trazidas pela arbitragem para a resolução de controvérsias atinentes à propriedade intelectual.

2. Quais são as vantagens em levar conflitos de PI à arbitragem?

Quando agentes econômicos devem tomar uma decisão, avaliam as opções disponíveis a partir de uma lógica econômica de custo-benefício.[23]

[21] "[E]m virtude os eventos aos quais comparecem e dos colegas com quem conversam, [advogados atuantes na área de PI] podem ficar cegos às vantagens de outros foros e às fraquezas dos foros que já conhecem" (tradução livre). No original: "[B]y virtue of the conferences they attend and the *individuals they speak with, [IP attorneys] can become blinded to the relative strengths of* other fora and the weakness of their own" (CARON, David D. The World of Intellectual Property and the Decision to Arbitrate. *LCIA Arbitration International*, Londres, v. 19, n. 4, 2003, p. 447. Disponível em: https://papers.ssrn.com/sol3/papers.cfm?abstract_id=2506120. Acesso em: 16 abr. 2021.

[22] "Art. 22-A. Antes de instituída a arbitragem, as partes poderão recorrer ao Poder Judiciário para a concessão de medida cautelar ou de urgência. Parágrafo único. Cessa a eficácia da medida cautelar ou de urgência se a parte interessada não requerer a instituição da arbitragem no prazo de 30 (trinta) dias, contado da data de efetivação da respectiva decisão."

[23] TIMM, Luciano Benetti; JOBIM, Eduardo. A arbitragem, os contratos empresariais e a interpretação econômica do direito. *Direito & Justiça*, Porto Alegre, v. 33, n. 1, jun. 2007,

Assim, tendo por base a premissa de que todos os recursos são escassos, os agentes buscam sempre minimizar os gastos e maximizar os lucros.

O que determinará, portanto, se empresas optarão ou não pela via arbitral para solucionar litígios envolvendo propriedade intelectual, é o "custo" que tal escolha lhes gerará.

Destaca-se, aqui, que por "custo" se entende não somente o dispêndio financeiro propriamente dito, mas também os custos incidentais, notadamente os custos de transação e de oportunidade.

Custos de transação são aqueles "derivados ou impostos pelo conjunto de medidas tomadas para realizar uma determinada operação".[24] No cenário da resolução de disputas envolvendo PI, pode-se considerar como custo de transação, por exemplo, a demora no processamento do litígio, a chance de julgamento equivocado, o prejuízo com a publicidade do processo, entre outros.

Já os custos de oportunidade se referem ao quanto o agente perdeu pelo simples fato de se ter "deixado de lado" uma outra opção.[25] Como bem explicam Robert Cooter e Thomas Ulen, quando uma empresa opta por focar todos os seus recursos, por exemplo, na produção, é necessário que ela tenha em mente o quanto deixou de ganhar ao não investir também em outros setores,[26] como em *marketing*.

Neste sentido, percebe-se que o cálculo referente ao custo de um litígio de PI não pode englobar somente o dispêndio financeiro com custas processuais e honorários de advogado e de árbitro, mas também os custos de transação gerados pela disputa, bem como o quanto a empresa deixou de ganhar por não ter escolhido um caminho alternativo.

Sob esta ótica, os parágrafos seguintes trarão uma análise dos custos envolvidos na resolução de litígios de PI por arbitragem, de modo a destacar as vantagens de se optar pela utilização do instituto para dirimir conflitos do gênero.

p. 81. Disponível em: http://revistaseletronicas.pucrs.br/ojs/index.php/fadir/article/download/2910/2200. Acesso em: 16 abr. 2021.

[24] SZTAJN, Raquel. A incompletude do contrato de sociedade. *Revista da Faculdade de Direito*, São Paulo, v. 99, jan./dez. 2004, p. 283

[25] COOTER, Robert; ULEN, Thomas. *Law and Economics*. 6th. ed. Boston: Addison-Wesley, 2016, p. 30.

[26] COOTER, Robert; ULEN, Thomas. *Law and Economics*. 6th. ed. Boston: Addison-Wesley, 2016, p. 30.

2.1. Celeridade

A agilidade dos procedimentos arbitrais é figura carimbada em qualquer análise comparativa entre a arbitragem e o Poder Judiciário. Em se tratando de arbitragens no ramo específico de PI, o cenário não é diferente, tendo a via arbitral se mostrado muito mais célere do que a do contencioso judicial.

Segundo a edição de 2020 do relatório "Justiça em Números", publicado anualmente pelo CNJ, ações tramitando na Justiça Estadual duram atualmente, em média, 48 meses até o trânsito em julgado, tempo este que é de 40 meses para a Justiça Federal.[27] Em contrapartida, controvérsias demoram em média 21 meses para serem resolvidas por arbitragem no Brasil.[28] No *WIPO Arbitration Center*, este número é ainda mais baixo, atingido patamares de aproximadamente 15 meses.[29]

Visando conferir maior celeridade aos procedimentos arbitrais, diversas instituições têm adotado regulamentos de arbitragem expedita, destinados a conflitos de menor complexidade (envolvendo valores relativamente baixos) e que, portanto, comportam prazos mais curtos entre cada ato processual, resultando em um processamento mais rápido de modo geral.

O regulamento de arbitragem expedita do CAM-CCBC, por exemplo, prevê em seu artigo 2.15 que "o procedimento não deverá exceder o prazo de 10 (dez) meses, contados da assinatura do Termo de Arbitragem até o início do prazo para a prolação da sentença final".[30] Um tempo ainda mais curto é previsto no Regulamento de Procedimento Simplificado do CSD-ABPI, que estabelece em seu artigo 69 que "o procedimento [...] não deverá superar 120 (cento e vinte) dias".[31]

[27] CONSELHO NACIONAL DE JUSTIÇA. *Justiça em Números*, Brasília, 2019 (cuja data-base é 2018), p. 179-180. Disponível em: https://www.cnj.jus.br/wp-content/uploads/conteudo/arquivo/2019/08/justica_em_numeros20190919.pdf. Acesso em: 10 jul. 2022.

[28] ARBITRAGEM demora, em média, 1 ano e 9 meses para solucionar conflitos no Brasil. *Migalhas*, 10 abr. 2019. Disponível em: https://www.migalhas.com.br/quentes/299336/arbitragem-demora--em-media--1-ano-e-9-meses-para-solucionar-conflitos-no-brasil. Acesso em: 16 abr. 2021.

[29] WIPO. *Guide to WIPO Arbitration*. 2020, p. 11. Disponível em: wipo.int/edocs/pubdocs/en/wipo_pub_919_2020.pdf. Acesso em: 16 abr. 2021.

[30] Disponível em: https://ccbc.org.br/cam-ccbc-centro-arbitragem-mediacao/ra-46-2021-regulamento-de-arbitragem-expedita/. Acesso em: 16 abr. 2021.

[31] Disponível em: https://www.csd-abpi.org.br/carb-abpi/regulamentos/. Acesso em: 28 jul. 2022.

Destaque-se que, em se tratando de disputas de PI, a agilidade do procedimento é de crucial importância. Na maioria das ocasiões, quando se discute a existência de infração a uma marca, patente, segredo empresarial ou direito de autor, a determinação de que a parte requerida cesse a alegada violação é muito mais relevante para a requerente do que as eventuais perdas e danos que venham a ser apuradas ao final do processo. Neste sentido, frise-se que a apuração dos danos patrimoniais em matéria de PI demanda um detalhado procedimento de liquidação de sentença, nos termos do artigo 210 da Lei de Propriedade Industrial,[32] que muitas vezes acaba não refletindo o real prejuízo sofrido pela parte vencedora.

De tal modo, o gasto excessivo de tempo para discutir a existência de infração a um direito de PI pode culminar na diminuição ou até total dissipação do valor de tal direito.[33] Assim, em um caso concreto envolvendo direitos de PI, a demora no processamento jurisdicional é perfeitamente capaz de forçar acordos desproporcionais entre as partes, dado o receio, por uma delas, de assistir reduções determinantes no valor do seu ativo intangível.[34]

Verifica-se, portanto, que a lentidão acarreta custos de transação e de oportunidade particularmente altos quando o assunto é propriedade intelectual. A depender do tempo gasto, o prejuízo com o litígio pode se tornar maior do que o prejuízo criado pela própria violação do direito. Neste cenário, os custos de transação e oportunidade se tornam tão elevados que são capazes de superar a própria pretensão da parte, comprometendo toda a operação (de buscar a tutela jurisdicional) em si.

[32] "Art. 210. Os lucros cessantes serão determinados pelo critério mais favorável ao prejudicado, dentre os seguintes: I – os benefícios que o prejudicado teria auferido se a violação não tivesse ocorrido; ou II – os benefícios que foram auferidos pelo autor da violação do direito; ou III – a remuneração que o autor da violação teria pagado ao titular do direito violado pela concessão de uma licença que lhe permitisse legalmente explorar o bem.

[33] Barton, Thomas D; Cooper, James M. Symposium Introduction: Advancing Intellectual Property Goals Through Prevention and Alternative Dispute Resolution. *California Western International Law Journal*, San Diego, v. 43, n. 1, 2012, p. 18. Disponível em: https://scholarlycommons.law.cwsl.edu/cwilj/vol43/iss1/3/. Acesso em: 16 abr. 2021.

[34] Elleman, Steven J. Problems in Patent Litigation: Mandatory Mediation May Provide Settlements and Solutions. *Ohio State Journal on Dispute Resolution*, v. 12, Resol. 763, 1997.

Nathália Mazzonetto bem definiu este cenário:

> Observa-se, neste particular, que a celeridade, num contexto em que a pesquisa e o desenvolvimento de tecnologias são atuais e absolutamente efêmeros, tornando-os rapidamente obsoletos, é crucial. Não tem qualquer efeito uma resposta/solução tardia e é o que comumente se vê no âmbito do Judiciário, cujo tempo é outro, pela lógica do próprio sistema (processo garantista), e o foco não deixa de ser passado à reparação, esta última, ainda muito centrada nos bens materiais e palpáveis, difícil a compreensão com relação à perda de valor, danos e diluição/desgaste dos ativos imateriais.[35]

Assim, a resolução rápida e definitiva trazida pela arbitragem se apresenta como um diferencial ímpar aos agentes econômicos que transacionem direitos de propriedade intelectual.

2.2. Capacidade técnica do julgador

Litígios envolvendo direitos de PI são, via de regra, complexos. Disputas acerca de inovações tecnológicas ou de imitações de marca/*trade dress* envolvem elementos altamente específicos e minuciosos, e não é raro verificar a incidência de diferentes direitos de PI em um mesmo produto ou serviço.[36]

De tal sorte, apenas julgadores especializados têm a capacidade de, em tais ocasiões, oferecer às partes uma decisão que esteja realmente à altura por elas exigida. Magistrados raramente se incluem neste rol, não possuindo, na maioria das vezes, a experiência e o conhecimento técnico demandados pela disputa.[37] No Brasil, são poucos os estados que possuem varas ou câmaras especializadas na matéria e, quando o são, não julgam apenas PI mas também direitos de outras naturezas.[38]

[35] MAZZONETTO, Nathalia. *Arbitragem e propriedade intelectual*: aspectos estratégicos e polêmicos. São Paulo: Saraiva, 2017, p. 61.

[36] MAZZONETTO, Nathalia. *Arbitragem e propriedade intelectual*: aspectos estratégicos e polêmicos. São Paulo: Saraiva, 2017, p. 14.

[37] COOK, Trevor; GARCIA, Alejandro l. *International Intellectual Property Arbitration*. Haia: Kluwer Law International, 2010. 2 v., p. 43.

[38] MAZZONETTO, Nathalia. *Arbitragem e propriedade intelectual*: aspectos estratégicos e polêmicos. São Paulo: Saraiva, 2017, p. 59-60.

Entretanto, ao optarem pela arbitragem, as partes poderão apontar árbitros que já possuam um *background* específico na matéria em disputa, ou, ainda, profissionais que não possuam formação jurídica, mas sim amplo conhecimento em engenharia (para o caso de patentes), *marketing* (para o caso de marcas/*trade dress*), etc.[39] Tal possibilidade oferece maior garantia técnica à resolução do litígio, além de, muitas vezes, acelerar e baratear o procedimento (pois, dependendo dos julgadores escolhidos, o tribunal arbitral será capaz de compreender as alegações das partes sem a necessidade de realização de perícia).[40]

Evidente, mais uma vez, a diminuição nos custos de transação e de oportunidade, diante do aumento da segurança jurídica.

2.3. Confidencialidade

A confidencialidade é um dos principais motivos pelos quais agentes econômicos optam pela arbitragem para solucionar seus litígios.[41] Em se tratando de PI, a importância da confidencialidade é ainda maior. Muitas disputas do gênero envolvem segredos de negócio, *know-how* e informações sigilosas, cujo valor pode ser consideravelmente (ou até totalmente) diminuído, caso divulgado ao público.

Tendo isso em mente, é de se destacar que procedimentos arbitrais são, geralmente, confidenciais, uma vez que os regulamentos adotados pelas principais instituições arbitrais mundo afora determinam um dever intrínseco de confidencialidade.[42] Em contrapartida, controvérsias de PI perante o Poder Judiciário dificilmente trazem aos litigantes a garantia de que as informações ali discutidas serão resguardadas por sigilo. Para melhor entendimento deste contexto, veja-se a passagem de Nathalia Mazzonetto:

> Recorda-se que nem sempre se consegue obter o tão almejado segredo de justiça nas cortes estatais em litígios de PI, a rigor, indispensável

[39] MAZZONETTO, Nathalia. *Arbitragem e propriedade intelectual*: aspectos estratégicos e polêmicos. São Paulo: Saraiva, 2017, p. 28.

[40] MAZZONETTO, Nathalia. *Arbitragem e propriedade intelectual*: aspectos estratégicos e polêmicos. São Paulo: Saraiva, 2017, p. 29.

[41] BLACKABY, Nigel (ed.). *Redfern and Hunter on International Arbitration*. Oxford: Oxford University Press, 2009.

[42] COOK, Trevor; GARCIA, Alejandro I. *International Intellectual Property Arbitration*. Haia: Kluwer Law International, 2010. 2 v., p. 46.

> para resguardar a alma dos negócios do(s) litigante(s). Com efeito, a jurisprudência estatal mostra que são restritos os casos em que o sigilo é decretado, eis que não se reconhece como presentes quaisquer das hipóteses do art. 155 do CPC, correspondente ao art. 189 do NCPC, já que a regra na via judicial é a publicidade.[43]

Percebe-se, portanto, que, no âmbito da propriedade intelectual, em que o elemento "inovação" é muitas vezes o que define a própria existência dos direitos, os custos de transação e de oportunidade gerados pela publicidade do procedimento judicial podem ser capazes de literalmente comprometer a própria operação (de ajuizamento da ação), mostrando-se mais vantajoso, por exemplo, que a parte violada se submeta a eventual proposta de acordo apresentada pelo infrator (ainda que em valor desproporcional).

2.4. Facilitação na resolução de disputas internacionais

Diversos direitos de propriedade intelectual, como marcas e patentes, são títulos constituídos a partir de atos administrativos exarados por determinado Estado, produzindo efeitos somente dentro do território do país responsável pela concessão. De tal modo, não é incomum que o titular de uma invenção ou sinal distintivo detenha a carta patente ou o registro de marca em múltiplos territórios, visando à sua proteção em âmbito internacional. Muitas vezes, porém, não é economicamente viável ao titular explorar tais direitos em todos estes países, optando por licenciá-los a terceiros em troca do pagamento de *royalties*.

A título de exemplo, suponha-se que A licencie a B a exploração de determinado medicamento em três países da América do Sul: Brasil, Argentina e Uruguai. Em certo ponto, B inicia a comercialização de outro medicamento, também desenvolvido por A, e muito semelhante àquele licenciado. A notifica B para que interrompa a venda, ao passo que B se nega a fazê-lo, alegando que o segundo medicamento também estaria englobado pelo contrato de licença. Para que A consiga impedir o ato de B em todos os três países, ele terá de ajuizar demandas judiciais em cada um desses territórios.

[43] Mazzonetto, Nathalia. *Arbitragem e propriedade intelectual*: aspectos estratégicos e polêmicos. São Paulo: Saraiva, 2017, p. 61-62.

Isto porque tribunais ao redor do globo (principalmente em países de *common law*)[44] demonstram relutância em aceitar jurisdição sobre demandas referentes a direitos de PI concedidos por outro Estado[45] (apesar de existirem alguns indícios de uma mudança nesse entendimento).[46] De qualquer modo, mesmo na hipótese de uma só corte aceitar jurisdição sobre direitos de PI "estrangeiros",[47] muitas vezes o que se visa em ações do gênero é a concessão de tutelas de urgência para a cessação imediata da contrafação. Assim, nestes tipos de demanda, dificilmente decisões interlocutórias estrangeiras seriam executadas com a celeridade pretendida pela parte requerente em outras jurisdições.

Entretanto, caso uma cláusula compromissória tivesse sido inserida no contrato de licença hipotético aqui tratado, a obtenção tanto de tutelas de urgência quanto de uma decisão de mérito única, célere e especializada poderia ser facilmente alcançada pela parte requerente. Assim, tal disputa multijurisdicional seria consolidada em um só procedimento arbitral, infinitamente mais ágil e previsível, podendo as tutelas de urgência serem concedidas por um árbitro de emergência[48] constituído no início do procedimento.

[44] Nos Estados Unidos: ESTADOS UNIDOS. *Voda v. Cordis Corporation* 476 F.3d 887; No Reino Unido: REINO UNIDO. *British South Africa Co v. Companhia de Mozambique* [1893] AC 602; REINO UNIDO. *Hesperides Hotel Ltd v Muftizade* [1979] AC 508; Na Austrália: AUSTRÁLIA. *Potter v Broken Hill Pty Co Ltd* (1906) 3 CLR 479.

[45] "A maioria dos conflitos de PI deverão ser decididos pelas cortes de cada estado em que se procura a tutela do direito" (tradução livre). No original: "Most of the complex IP disputes have to be adjudicated before the courts of every state for which protection is sought" (FASKEN MARTINEAU. Jurisdiction of Foreign Intellectual Property Rights. *Intellectual Property Bulletin*, 2011. Disponível em: http://www.fasken.com/en/foreign-ip-rights/. Acesso em: 16 abr. 2021).

[46] FASKEN MARTINEAU. Jurisdiction of Foreign Intellectual Property Rights. *Intellectual Property Bulletin*, 2011. Disponível em: http://www.fasken.com/en/foreign-ip-rights/. Acesso em: 16 abr. 2021.

[47] Concedidos por um Estado diferente daquele onde a causa esteja sendo julgada.

[48] Diversas instituições arbitrais contam com a previsão de árbitro de emergência em seus regulamentos. No CSD-ABPI, tal previsão se encontra nos arts. 117 a 125 do Regulamento para Procedimento Comum e nos arts. 81 a 88 do Regulamento para Procedimento Simplificado. Já no CAM-CCBC, as regras para a utilização de árbitro de emergência estão previstas na Resolução Administrativa n. 44/2020. O Regulamento do *WIPO Arbitration and Mediation Center*, por sua vez, dispõe sobre a atuação do árbitro de emergência em seu artigo 49.

A seguinte passagem dos juristas americanos Thomas Barton e James Cooper bem define as particularidades de disputas internacionais envolvendo propriedade intelectual, ilustrando como a arbitragem pode ser mais eficiente nestes casos:

> Cada sistema legal é amplamente tutelado pela soberania estatal, o que cria problemas de possíveis repetições de custas, resultados inconsistentes, morosidade excessiva e expectativas frustradas. Matérias de jurisdição, extraterritorialidade, escolha do direito aplicável, *discovery* e garantia de depoimento de testemunha, remédios alternativos e homologação de sentenças estrangeiras, todos conspiram para tornar disputas em cortes estrangeiras envolvendo PI algo extremamente complexo, custoso e imprevisível.[49]

Sentenças arbitrais são passíveis de execução em mais de 150 países, por força de um tratado internacional denominado Convenção de Nova Iorque.[50] No exemplo mencionado, eventual sentença arbitral seria simultaneamente executável no Brasil, na Argentina e no Uruguai, visto que todos são signatários da Convenção.[51] Já a execução de sentenças

[49] Tradução livre de: "Each individual legal system is jealously guarded by instincts of state sovereignty, creating issues of possible duplication of costs, inconsistent results, substantial delay and frustrated expectations. Issues of jurisdiction, extraterritoriality and choice of law, discovery and securing of witness testimony, remedy alternatives and enforcement of foreign judgements all conspire to make transnational IP litigation dauntingly complex, expensive and unpredictable" (Barton, Thomas D; Cooper, James M. Symposium Introduction: Advancing Intellectual Property Goals Through Prevention and Alternative Dispute Resolution. *California Western International Law Journal*, San Diego, v. 43, n. 1, 2012, p. 15. Disponível em: https://scholarlycommons.law.cwsl.edu/cwilj/vol43/iss1/3/. Acesso em: 16 abr. 2021).

[50] A Convenção de Nova Iorque de 1958 é considerada um dos maiores tratados de Direito Comercial Internacional do mundo, contando, atualmente, com a ratificação de mais de 150 países. Basicamente, a convenção permite o reconhecimento e a execução, em um Estado-membro, de convenções de arbitragem e sentenças arbitrais promulgadas em outro Estado-membro. Tendo sido ratificada pelo Brasil, a Convenção de Nova Iorque integra nosso ordenamento jurídico. Para uma análise aprofundada deste tratado, sugere-se WALD, Arnoldo. A convenção de Nova Iorque. *Revista de Direito Bancário, do Mercado de Capitais e da Arbitragem*, n. 22, 2003. p. 353-370.

[51] A lista completa dos países signatários se encontra disponível em: https://www.newyorkconvention.org/countries. Acesso em: 16 abr. 2021.

judiciais estrangeiras exige, via de regra, trâmite infinitamente mais lento, burocrático e imprevisível.[52]

Assim, podendo os agentes econômicos evitarem a aventura de múltiplas ações judiciais em diferentes territórios, percebe-se um nítido aumento de sua segurança jurídica, que, por sua vez, implica a diminuição de diversos custos de transação: menor possibilidade de (i) erro no julgamento, (ii) não exequibilidade da sentença, (iii) custas judiciais inesperadas e (iv) demora no processamento do litígio.

2.5. Em resumo: a arbitragem fornece melhor custo-benefício

São frequentes as críticas ao "preço" da arbitragem.[53] Não à toa, tem-se desenvolvido o mercado de financiamento de procedimentos arbitrais por terceiros, também denominado *third party funding*, aplicável às situações em que o demandante possui uma atraente pretensão jurisdicional, mas lhe faltam recursos para bancar os dispêndios com árbitros, advogados e custas da instituição arbitral.[54]

Nota-se, porém, que, conforme já defendido anteriormente, a diminuição dos custos de transação e de oportunidade decorrente das vantanges da via arbitral (celeridade, especialidade do julgador, confidencialidade do procedimento, e facilitação na resolução de disputas internacionais) acabam por justificar, na maioria das vezes, os gastos envolvidos. Como bem elucida Selma Lemes:

> [D]eve-se efetuar análise da relação custo-benefício do contrato a ser firmado quanto à inclusão da cláusula compromissória. Deve efetuar análise dos custos da arbitragem, sopesar a celeridade processual, a

[52] Cook, Trevor; Garcia, Alejandro l. *International Intellectual Property Arbitration*. Haia: Kluwer Law International, 2010. 2 v., p. 43.

[53] Mendonça, Antonio Penteado. Arbitragem não é panaceia. *Estadão*, São Paulo, 1º set. 2014. Economia & Negócios. Disponível em: http://economia.estadao.com.br/noticias/geral,arbitragem-nao-e-panaceia,1552906. Acesso em: 16 abr. 2021; Alonso, Olívia; Gazzoni, Marina. Velocidade é maior na arbitragem, mas custo também. *IG*, São Paulo, 29 abr. 2010. Disponível em: http://economia.ig.com.br/velocidade-e-maior-na-arbitragem-mas-custo-tambem/n1237598998423.html. Acesso em: 16 abr. 2021.

[54] A título de exemplo, *vide* THIRD PARTY Funding in International Arbitration. *Ashurst*, 13 jan. 2017. Disponível em: https://www.ashurst.com/en/news-and-insights/legal-updates/quickguide---third-party-funding-in-international-arbitration/. Acesso em: 16 abr. 2021.

> complexidade da matéria abordada e a possibilidade de sigilo, em comparação com a demanda judicial, considerando a morosidade do judiciário. A análise deve ser tanto qualitativa (complexidade da controvérsia) como quantitativa (o judiciário é mais lento em razão da pletora de demandas e de recursos disponíveis).[55]

Ainda, vale lembrar que o ambiente arbitral, regido pela autonomia da vontade das partes, é propício à celebração de acordos, diferentemente do burocrático contexto do Judiciário. Nos procedimentos administrados pelo *WIPO Arbitration and Mediation Center*, por exemplo, em 33% dos casos as partes chegaram a um acordo antes da prolação da sentença arbitral.[56]

Conclusões

Relações jurídicas envolvendo propriedade intelectual, quanto mais no plano internacional, demandam um mecanismo de solução de conflitos rápido, barato, eficaz e confidencial. Caso isso não se verifique, os custos de transação e de oportunidade gerados pelo litígio podem se tornar enormes, acabando, muitas vezes, por desencorajar os agentes econômicos a buscarem a tutela jurisdicional ou a aceitarem um acordo não tão vantajoso.

Neste cenário, a arbitragem surge como uma opção ideal, uma vez que: (i) é fato comprovado que procedimentos arbitrais possuem duração substancialmente mais curta do que procedimentos judiciais, e o fator "tempo" é crucial quando o assunto é PI; (ii) a precariedade técnica das decisões judiciais é complicação histórica no ramo da inovação, e a escolha de árbitros qualificados permite a eliminação (ou, ao menos,

[55] Lemes, Selma Maria Ferreira. Arbitragem: visão pragmática do presente e futuro. *Migalhas*, 11 ago. 2005. Disponível em: https://www.migalhas.com.br/depeso/14940/arbitragem--visao-pragmatica-do-presente-e-futuro. Acesso em: 28 jul. 2022; no mesmo sentido: Levitinas, Marcelo. Custo da arbitragem: o mito do procedimento caro e o financiamento por terceiros. *Migalhas*, 23 ago. 2013. Disponível em: http://www.migalhas.com.br/dePeso/16,MI184869,21048-Custo+da+arbitragem+o+mito+do+procedimento+caro+e+o+financiamento+por. Acesso em: 16 abr. 2021.

[56] WIPO Caseload Summary. *WIPO*. Disponível em: https://www.wipo.int/amc/en/center/caseload.html. Acesso em: 16 abr. 2021.

mitigação) desse entrave; (iii) a confidencialidade da arbitragem fornece aos *players* a garantia de que as informações sensíveis ali discutidas não serão divulgadas à concorrência; e (iv) a possibilidade de se executar sentenças arbitrais em múltiplos territórios é peça-chave para atribuir eficiência a uma disputa internacional por direitos de PI.

Conforme mencionamos anterioremente, percebe-se que, no Brasil, muitos dos advogados que atuam no campo da propriedade intelectual não possuem amplo conhecimento acerca das vantagens mencionadas no parágrafo anterior, o que acaba por "engessar" o uso da arbitragem em disputas do gênero.

De modo a suprir esta lacuna, algumas importantes iniciativas já vem sendo tomadas pela comunidade jurídica brasileira, entre as quais vale mencionar: (i) o Grupo de Estudos em Propriedade Intelectual, Arbitragem e Mediação do CBAr;[57] (ii) o Grupo de Estudos em Arbitragem e Propriedade Intelectual do Comitê de Jovens Arbitralistas (CJA) do CBMA;[58] e (iii) o CSD-ABPI Moot, competição de arbitragem em Propriedade Intelectual do CSD-ABPI.[59] Este último é um projeto pioneiro, sendo a primeira competição estudantil do mundo a unir os campos da arbitragem e da PI. O evento já teve duas edições – uma em 2021, e outra em 2022 –, ambas tendo contado com a participação dos principais escritórios de advocacia do país, além de renomadas faculdades de Direito.

Assim, na esteira do quanto exposto, o presente capítulo conclui que o uso da arbitragem para a solução de litígios de propriedade intelectual é uma tendência mudial, que precisa também ser abraçada pelo Brasil. As vantanges trazidas pelo uso da arbitragem fornecem, na maioria das vezes, uma excelente relação de custo-benefício aos litigantes, reduzindo os custos de transação e de oportunidade envolvidos na disputa.

[57] Para mais informações sobre o Grupo de Estudos em Propriedade Intelectual, Arbitragem e Mediação do CBAr, visite: http://cbar.org.br/site/propriedade-intelectual-arbitragem-e-mediacao/. Acesso em: 16 abr. 2021.

[58] Para mais informações sobre o CJA/CBMA, visite: https://cbma.com.br/comite-de-jovens-arbitralistas-cja/. Acesso em: 31 jul. 2022.

[59] Para mais informações sobre o CSD-ABPI Moot, visite: https://www.csd-abpi.org.br/eventos/2a-csd-abpi-moot/. Acesso em: 31 jul. 2022.

Com a redução de custos, cresce a segurança jurídica, que, por sua vez, fomenta a inovação e o desenvolvimento tecnológico. Quanto mais confiança os *players* tiverem no ambiente jurídico em que transitarem, mais estarão incentivados a criar e transacionar.[60]

[60] Conforme afirmado por Luciano Benetti Timm e Luiz Gustavo Meira Moser, ao defender o uso da arbitragem em disputas no ramo da tecnologia: "[...] as diretrizes estudadas neste artigo contribuirão para que o criador de inovações resulte incentivado a enfrentar o fator randômico da concorrência dinâmica, ou seja, transacionar em um ambiente: que lhe conceda previsíveis e executáveis direitos de propriedade intelectual; em que possa ter reduzidos os custos de transação nos licenciamentos para a exploração de sua inovação; que a exclusividade a ele conferida pelo sistema de propriedade intelectual não seja identificada, rigidamente com o poder de mercado [...]" (TIMM, Luciano Benetti; MOSER, Luiz Gustavo Meira. Contratos de transferência de tecnologia e formas de solução de controvérsias. *Arbitragem e mediação em propriedade intelectual, esportes e entretenimento*. Curitiba: Appris, 2014, p. 45).

20. A LEI GERAL DE PROTEÇÃO DE DADOS NO PROCEDIMENTO ARBITRAL DOMÉSTICO

Giulia Spalletta

Introdução

A Lei Geral de Proteção de Dados (Lei n. 13.709/2018, "LGPD"), que entrou em vigor em 18 de setembro de 2020,[1] trouxe o foco de todas as organizações para como assegurar transparência e responsabilidade nas suas operações de tratamento de dados.

O vasto escopo material da LGPD afeta praticamente qualquer organização e profissional privado no território brasileiro e, em certos casos, o cumprimento das disposições da LGPD pode ser estendido para fora do Brasil.[2] Como o descumprimento dessa legislação pode acarretar sanções administrativas de até 2% do faturamento da pessoa jurídica de direito privado, grupo ou conglomerado no Brasil no seu último exercício, excluídos os tributos (com o limite de R$ 50.000.000) por infração,[3] as

[1] SENADO FEDERAL. *Lei de Proteção de Dados entra em vigor.* Disponível em: https://www12.senado.leg.br/noticias/materias/2020/09/18/lei-geral-de-protecao-de-dados-entra-em-vigor. Acesso em: 2 jan. 2021.

[2] *Vide* artigos 33, 34, 35 e 36 da LGPD.

[3] *Vide* artigo 52 da LGPD. É importante ressaltar que o artigo 20 da Lei n. 14.010/2020 alterou a data de vigência das disposições sobre sanções administrativas para 1º de agosto de 2021.

organizações passaram a rever suas políticas de tratamento (como, por exemplo, coleta, retenção e utilização) e de segurança dos dados pessoais para adaptá-las à LGPD.

Considerando que o tratamento de dados é um componente essencial nos procedimentos arbitrais modernos,[4] a adaptação aos dispositivos da LGPD também deve ser realizada pelos profissionais envolvidos em uma arbitragem. É importante que esses profissionais considerem quais e como dados serão processados, por quanto tempo e qual é a finalidade para sua obtenção e/ou utilização.[5]

Contudo, por mais que a LGPD seja aplicável aos dados pessoais processados em uma arbitragem, a referida lei não aborda diretamente o modo em que essa aplicação deverá ocorrer, bem como "os profissionais de arbitragem geralmente desconhecem a proteção de dados e os especialistas em proteção de dados geralmente não sabem muito sobre arbitragem".[6]

O presente capítulo é um estudo inicial para começar a preencher a lacuna de conhecimentos entre a proteção de dados e o procedimento arbitral brasileiro, de modo a proporcionar uma compreensão alargada sobre como os dois institutos podem trabalhar em conjunto. Dessa forma, serão apresentadas algumas disposições da LGPD e sua intersecção com a arbitragem (seção 1) para, em seguida, abordar a aplicação prática da proteção de dados durante um procedimento arbitral (seção 2).

[4] Tradução livre. Original: "Data processing is an essential component of modern international arbitration" (PAISLEY, Kathleen. It's All About the Data: The Impact of the EU General Data Protection Regulation on International Arbitration. *Fordham International Law Journal*, v. 4, n. 4, 2018, p. 845). Por mais que Kathleen Paisley tenha se referido à arbitragem internacional, o tratamento de dados também é essencial na arbitragem doméstica, conforme será demonstrado neste capítulo.

[5] INTERNATIONAL COUNSIL FOR COMERCIAL ARBITRATION; INTERNATIONAL BAR ASSOCIATION. *Draft of the ICCA-IBA Roadmap to Data Protection in International Arbitration*. Feb. 2020, p. 1. Disponível em: https://www.arbitration-icca.org/media/14/18191123957287/roadmap_28.02.20.pdf. Acesso em: 15 jan. 2021.

[6] Tradução livre. Original: "arbitration professionals are usually unaware of data protection and data protection specialists usually do not know much about international arbitration" (ROSENTHAL, David. Complying with the General Data Protection Regulation (GDPR) in International Arbitration – Practical Guidance. Association Suisse de l'Arbitrage Bulletin. *Kluwer Law International*, v. 37, n. 4, 2019, p. 823). Por mais que David Rosenthal tenha se referido à arbitragem internacional, essa ideia também pode ser considerada ao procedimento arbitral doméstico brasileiro, conforme será demonstrado neste capítulo.

1. Disposições da LGPD e arbitragem

A LGPD é "em grande medida, fruto do desenvolvimento do debate em outras jurisdições e, no caso específico da União Europeia, fortemente inspirada no modelo centralizado sedimento pela GDPR [*General Data Protection Regulation*]".[7] A GDPR tem desempenhado um papel importante no desenvolvimento da proteção de dados no Brasil, pois (i) influenciou na escolha para adoção de uma regulação autônoma para proteção de dados; e (ii) foi utilizada como base para a elaboração da LGPD. Nesse sentido, alguns entendimentos decorrentes da aplicação da GDPR podem ser utilizados como fontes de interpretação e de implementação da LGPD, inclusive na arbitragem doméstica, conforme será demonstrado.

Assim como outras regulações sobre o tema,[8] a LGPD estabelece a moldura da proteção de dados em um procedimento arbitral e todos os envolvidos em uma arbitragem deverão se adaptar a ela. Assim, as arbitragens aplicarão as leis específicas de proteção de dados juntamente com outras leis e regulações, como por exemplo, a lei de arbitragem e o regulamento da câmara arbitral escolhida pelas partes, de modo a regular as operações de tratamento de dados do procedimento.

Operações de tratamento de dados têm potencial de, direta ou indiretamente, revelarem características íntimas de pessoas naturais e informações importantes de pessoas jurídicas. A LGPD foi desenvolvida e colocada em prática com caráter mandatório para garantir ferramentas e

[7] Carvalho, Vinicius Marques; Mattiuzzo, Marcela; Ponce, Paula Pedigoni. Boas práticas e governança na LGPD. *In*: Bioni, Bruno. *Tratado de proteção de dados pessoais*. São Paulo: Forense, 2020, p. 362.

[8] "No que tange especificamente ao tema de proteção de dados pessoais, é importante destacar que, mesmo antes do advento da LGPD, o ordenamento jurídico brasileiro já contava com diversas normas gerais e especiais que estabeleciam mecanismos protetivos para os cidadãos quanto ao tratamento de seus dados, a exemplo do Código de Defesa do Consumidor – CDC, da Lei do Cadastro Positivo, da Lei de Acesso à Informação – LAI, do Marco Civil da Internet – MCI, entre outras" (Wimmer, Miriam. *Os desafios do enforcement na LGPD*: fiscalização, aplicação de sanções administrativas e coordenação intergovernamental. *In*: Bioni, Bruno. *Tratado de proteção de dados pessoais*. São Paulo: Forense, 2020, p. 381). No ponto de vista da arbitragem internacional, devido ao escopo transfronteiriço de diversas legislações do mundo, outras leis e regulações podem estabelecer, juntamente à LGPD, a moldura de um procedimento arbitral. Como exemplo de legislações internacionais, *vide* GDPR, *Californian Consumer Privacy Act* e *South Korean Personal Information Protection Act* (PIPA).

mecanismos para o titular de dados pessoais ter ciência, entender, decidir e acompanhar o tratamento de seus dados e para assegurar que as pessoas envolvidas nessas operações respeitem os direitos fundamentais do titular dos dados (incluindo, proteção de dados,[9] privacidade, liberdade de expressão, direito à informação, livre iniciativa, livre concorrência, direitos da personalidade e dignidade).

A LGPD é aplicável a qualquer operação de tratamento de dados pessoais, por pessoas físicas ou jurídicas de direito público ou privado,[10] que tenham sido coletados no território brasileiro ou que tenha como objetivo oferecer bens ou serviços a pessoas localizadas no Brasil, independentemente do país de sua sede ou do país onde estejam localizados os dados e destes dados pessoais terem sido coletados *off-line* ou *on-line*, em meios físicos ou digitais.[11]

Assim, entender os conceitos de "tratamento", de "tratamento irregular", de "dado pessoal", de "dado pessoal sensível" e de "titular" é fundamental para entender o funcionamento de proteção de dados[12] no Brasil.

Conforme disposto na LGPD: (i) tratamento é toda e qualquer operação envolvendo dados pessoais, incluindo as atividades de "coleta, produção, recepção, classificação, utilização, acesso, reprodução, transmissão, distribuição, processamento, arquivamento, armazenamento, eliminação, avaliação ou controle da informação, modificação, comu-

[9] Em 2020, o STF reconheceu a proteção de dados como um direito fundamental. *Vide*, por exemplo, STF. Plenário. ADI n. 6.387 MC-Ref /DF – Distrito Federal. Ministra Rel. Rosa Weber, j. em 7 maio 2020.

[10] *Vide* artigo 1º da LGPD.

[11] *Vide* artigo 3º da LGPD. Contudo, há algumas exceções ao escopo material da LGPD, previstas no artigo 4º da LGPD, como o tratamento realizado: "(i) por pessoa natural para fins exclusivamente particulares e não econômicos; (ii) para fins exclusivamente (a) jornalístico e artísticos; ou (b) acadêmicos (considerando o disposto nos artigos 7º e 11); (iii) para fins exclusivos de: (a) segurança pública; (b) defesa nacional; (c) segurança do Estado; ou (d) atividades de investigação e repressão de infrações penais; ou (iv) provenientes de fora do território nacional e que não sejam objeto de comunicação, uso compartilhado de dados com agentes de tratamento brasileiros ou objeto de transferência internacional de dados com outro país que não o de proveniência, desde que o país de proveniência proporcione grau de proteção de dados pessoais adequado ao previsto na LGPD".

[12] INTERNATIONAL COUNSIL FOR COMERCIAL ARBITRATION; INTERNATIONAL BAR ASSOCIATION. *Draft of the ICCA-IBA Roadmap to Data Protection in International Arbitration*. Feb. 2020, p. 6.

nicação, transferência, difusão ou extração";[13] (ii) tratamento irregular é quando o tratamento não atende às disposições legais aplicáveis ou quando não fornece a segurança que o titular pode esperar (modo pelo qual é realizado, o resultado e os riscos que razoavelmente dele se esperam e as técnicas de tratamento de dados pessoais disponíveis à época em que foi realizado);[14] (iii) dado pessoal é "informação relacionada a pessoa natural identificada ou identificável";[15] (iv) dado pessoal sensível é "dado pessoal sobre origem racial ou étnica, convicção religiosa, opinião política, filiação a sindicato ou a organização de caráter religioso, filosófico ou político, dado referente à saúde ou à vida sexual, dado genético ou biométrico, quando vinculado a uma pessoa natural";[16] e (v) titular é "pessoa natural a quem se referem os dados pessoais que são objeto de tratamento".[17]

Assim, apesar de as definições apresentadas na LGPD serem amplas,[18] é possível concluir que o regime de proteção de dados brasileiro não é aplicável ao procedimento arbitral ou ao caso em si, mas se aplica às pessoas naturais cujos dados pessoais estão sendo tratados em uma arbitragem[19] e os deveres se aplicam às pessoas naturais e/ou jurídicas que realizam o tratamento envolvendo esses dados pessoais. E esse tratamento ocorre durante todo o procedimento arbitral.

Todas as etapas de uma arbitragem envolvem, direta ou indiretamente, uma pessoa identificada ou identificável e o envio, a leitura e o

[13] *Vide* artigo 5º, X, da LGPD.

[14] *Vide* artigo 44 da LGPD.

[15] *Vide* artigo 5º, I, da LGPD.

[16] *Vide* artigo 5º, II, da LGPD.

[17] *Vide* artigo 5º, V, da LGPD.

[18] Definições amplas de dados pessoais e tratamento nas legislações de proteção de dados podem, eventualmente, englobar "informações que podem não ter sido pensadas tradicionalmente como confidenciais ou sensíveis, bem como a maioria das atividades tipicamente realizadas no contexto de uma arbitragem" (INTERNATIONAL COUNSIL FOR COMERCIAL ARBITRATION; INTERNATIONAL BAR ASSOCIATION. *Draft of the ICCA-IBA Roadmap to Data Protection in International Arbitration.* Feb. 2020, p. 6, tradução livre). Original: "'Personal data' and 'processing' are broadly defined notions, which encompass information that may not traditionally have been thought of as confidential or sensitive, as well as most of the activities typically undertaken in the context of an arbitration by Arbitral Participants".

[19] Por exemplo, partes e seus advogados, contrapartes e seus advogados, árbitros, testemunhas, prestadores de serviços externos. Para mais exemplos e entendimento do fluxo de dados em um procedimento arbitral, *vide* Figura 1.

arquivamento de documentos, sejam físicos ou digitais, caracterizam tratamento de dados.

Contudo, a princípio, o tratamento de dados pessoais apenas pode ocorrer nas hipóteses previstas no artigo 7 da LGPD e o tratamento de dados pessoais sensíveis nas hipóteses do artigo 11 da LGPD. Entre essas hipóteses para realização do tratamento estão: o fornecimento do consentimento do titular[20] e o exercício regular de direitos em procedimentos arbitrais.[21]

O consentimento do titular está alinhado com o princípio de autonomia da vontade e pode ser revogado a qualquer momento,[22] de modo que determina, na maioria dos casos, quais dados pessoais podem ou não ser ou continuar sendo objeto das operações de tratamento. Todavia, a necessidade desse consentimento não é absoluta. Um exemplo disso é que a LGPD permite expressamente a utilização de dados pessoais e de dados pessoais sensíveis sem o consentimento do titular[23] para o exercício regular de direitos em procedimentos arbitrais (sendo necessário que esse uso seja indispensável no caso dos dados pessoais sensíveis).[24] Com isso, torna-se importante realizar uma análise minuciosa sobre como o tratamento dos dados pessoais (sensíveis ou não) seria necessário (e no caso dos dados pessoais sensíveis, indispensável) para a administração do procedimento arbitral. Geralmente, os dados são necessários para a exposição dos aspectos fáticos, jurídicos e técnicos

[20] Artigos 7, I e 11, I da LGPD. Ainda, conforme definição do artigo 5º, XII, da LGPD, consentimento é "manifestação livre, informada e inequívoca pela qual o titular concorda com o tratamento de seus dados pessoais para uma finalidade determinada".

[21] Artigos. 7, VI e 11, II, "d" da LGPD.

[22] Artigo 8, § 5º da LGPD.

[23] Artigos 7, VI e 11, II, "d" da LGPD. As exceções ao fornecimento do consentimento para dados pessoais sensíveis estão nas demais alíneas do artigo 11, II da LGPD.

[24] "Para a categoria geral de dados pessoais, o legislador optou por conferir às Bases Legais o mesmo peso, isto é, o consentimento valeria tanto quanto a base legal da tutela da saúde, do legítimo interesse etc., sendo necessário verificar qual a base legal mais adequada para o contexto do tratamento, principalmente levando em consideração a finalidade almejada e a carga de participação do indivíduo no tratamento. Já para os dados sensíveis, o legislador optou por dar uma importância maior ao consentimento, sendo as outras bases podem fundamentar um tratamento em caráter excepcional, somente para os casos em que a coleta dos dados for indispensável para atingir o objetivo da base legal em comento, como a proteção da vida" (NOVAES, Adriane Loureiro *et al. Dados de saúde e a Lei Geral de Proteção de Dados*: estudo de casos. Baptista Luz Advogados, sem data, p. 7-8)

discutidos no caso para a solução da controvérsia, pelas pessoas naturais ou jurídicas envolvidas no procedimento, como por exemplo, a parte requerente e seus representantes, a parte requerida e seus representantes, os árbitros e seus assistentes, a instituição arbitral, os assistentes técnicos e os peritos.

Não é efetivo ao instituto da arbitragem depender do consentimento dos titulares para realizar o tratamento. Inclusive, porque o livre convencimento dos árbitros é pautado no tratamento de dados submetidos ou produzidos durante a arbitragem, ainda que esses dados sejam desfavoráveis a uma das partes. A dependência do consentimento poderia acarretar violações de princípios constitucionais, como o contraditório e a ampla defesa, principalmente se houvesse uma negativa de tratamento ou dificuldades de entrar em contato com o titular.

Tendo isso em mente, deve-se entender como é o fluxo de dados em uma arbitragem.

De acordo com Nicholas Peacock, Vanessa Naish e Charlie Morgan, esse fluxo (considerando somente uma das partes) pode envolver sete grupos: (i) tribunal arbitral; (ii) instituições arbitrais;[25] (iii) instituições financeiras; (iv) contrapartes e seus advogados; (v) cliente; (vi) escritório de advocacia; e (vii) prestadores de serviços externos.[26] Existem também fluxos de dados dentro destes grupos ("subgrupos"), conforme demonstrado na Figura 1, a seguir.

[25] "Instituições de arbitragem processam dados pessoais ao constituírem tribunais, tratarem de pedidos das partes, proferirem decisões de impugnação, escrutinarem e notificarem sentenças, etc." (tradução livre). Original: "arbitration institutions process personal data when constituting tribunals, dealing with applications of the parties, rendering challenge decisions, scrutinizing and notifying awards, etc." (INTERNATIONAL COUNSIL FOR COMERCIAL ARBITRATION; INTERNATIONAL BAR ASSOCIATION. *Draft of the ICCA-IBA Roadmap to Data Protection in International Arbitration*. Feb. 2020, p. 43.

[26] Peacock, Nicholas; Naish, Vanessa; Morgan, Charlie. Cybersecurity matters: Arbitration Away of prying eyes. *In:* Inside Arbitration: perspectives on cross-broader disputes. Herbert Smith Freehills LLP (HSF), n. 8, Jul. 2019.

Figura 1 – Fluxo de dados em uma arbitragem

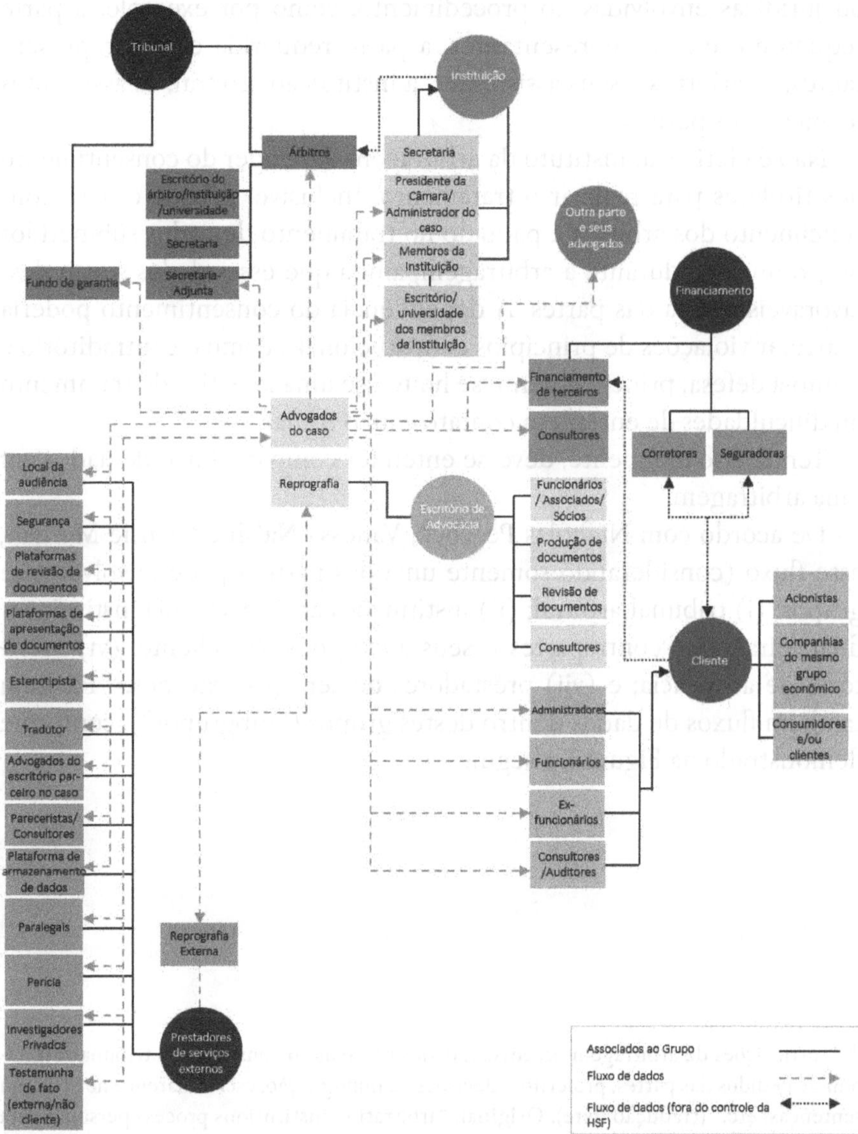

Fonte: PEACOCK, Nicholas; NAISH, Vanessa; MORGAN, Charlie. Cybersecurity Matters: Arbitration Away of Prying Eyes. *In*: *Inside Arbitration*: Perspectives on Cross-Broader Disputes. *HERBERT SMITH FREEHILLS LLP* (HSF), n. 8, jul. 2019, p. 9. Tradução livre, com pequenas adaptações à realidade brasileira.

Dessa forma, a arbitragem, além de decidir controvérsias por meio de um procedimento vinculante e geralmente confidencial, também se tornou um exercício de gestão de dados que serão objeto de tratamento em um procedimento arbitral, exigindo o cumprimento das leis de proteção de dados aplicáveis.[27]

Nesse sentido, é importante se atentar ao fato de que a LGPD estabelece diferentes direitos, obrigações e responsabilidades de acordo com a classificação e o papel que uma pessoa (natural ou jurídica) tem nas operações de tratamento de dados. As pessoas podem ser classificadas em quatro categorias: (i) titular;[28] (ii) controlador[29] e cocontrolador;[30] (iii) operador;[31] e (iv) encarregado.[32] A diferença principal entre um controlador e um operador (conjuntamente considerados "agentes de tratamento")[33] consiste na tomada de decisão relacionada com o tratamento dos dados, como a determinação de suas finalidades[34]. Caso o operador exceda sua função original e adquira uma influência relevante na determinação dos meios e das finalidades, torna-se um cocontrolador.[35]

27 Paisley, Kathleen. It's All About the Data: The Impact of the EU General Data Protection Regulation on International Arbitration. *Fordham International Law Journal*, v. 4, n. 4, 2018, p. 845-846.

28 *Vide* artigo 5º, V, da LGPD.

29 Artigo 5º, VI, da LGPD: "pessoa natural ou jurídica, de direito público ou privado, a quem competem as decisões referentes ao tratamento de dados pessoais".

30 Embora o artigo que define "controlador" não forneça especificamente sobre os cocontroladores, a existência de cocontrolador pode ser inferida pela interpretação do artigo 42, § 1º, II da LGPD (relativo à responsabilidade e ressarcimento de danos): "os controladores que estiverem diretamente envolvidos no tratamento do qual decorreram danos ao titular dos dados respondem solidariamente, salvo nos casos de exclusão previstos no art. 43 desta Lei" (grifo da autora).

31 Artigo 5º, VII, da LGPD: "pessoa natural ou jurídica, de direito público ou privado, que realiza o tratamento de dados pessoais em nome do controlador".

32 Artigo 5º, VIII, da LGPD: "pessoa indicada pelo controlador e operador para atuar como canal de comunicação entre o controlador, os titulares dos dados e a Autoridade Nacional de Proteção de Dados (ANPD)".

33 *Vide* artigo 5º, IX, da LGPD.

34 Voigt, Paul; Bussche, Axel von dem. *The EU General Data Protection Regulation (GDPR)*: A Practical Guide. Cham: Springer, 2017, section 4.3. Os conceitos e as funções do controlador e do operador são similares na GDPR e na LGPD, de modo que as mesmas conclusões de Paul Voigt e Axel von dem Bussche podem ser aplicadas ao cenário brasileiro.

35 Voigt, Paul; Bussche, Axel von dem. *The EU General Data Protection Regulation (GDPR)*: A Practical Guide. Cham: Springer, 2017.

Aplicando essa classificação ao cenário da arbitragem, entende-se que geralmente as partes (requerentes e requeridos), seus advogados, os árbitros e as instituições arbitrais (conjuntamente denominados como "Participantes") serão classificados como controladores/cocontroladores[36] e somente em casos raros, como operadores[37]. Isso porque, geralmente os Participantes são responsáveis por decidirem (individual ou conjuntamente, a depender da situação) sobre coleta, produção, utilização, acesso, reprodução, transmissão, distribuição, processamento, arquivamento, eliminação, avaliação ou controle da informação, modificação, transferência, difusão, extração e outras formas de tratamento dos dados pessoais no procedimento arbitral.

Assim, cada Participante tem "uma responsabilidade individual (e potencialmente conjunta) de assegurar a proteção desses dados pessoais, cujas obrigações não se restringem à primeira pessoa ou entidade que obtém os dados do titular".[38]

Pela LGPD, os controladores têm responsabilidades, diretrizes e obrigações que incluem (i) possibilidade de formular regras de boas práticas e de governança para proteção de dados;[39] (ii) elaborar relatórios de impactos à proteção de dados pessoais;[40] (iii) obter o consentimento do titular (quando necessário);[41] (iv) "fornecer, sempre que solicitadas [pelo titular], informações claras e adequadas a respeito dos critérios e dos procedimentos utilizados para a decisão automatizada,

[36] INTERNATIONAL COUNSIL FOR COMERCIAL ARBITRATION; INTERNATIONAL BAR ASSOCIATION. *Draft of the ICCA-IBA Roadmap to Data Protection in International Arbitration*. Feb. 2020, p. 9.

[37] Por exemplo, caso de um assistente ou de outra pessoa natural ou jurídica, de direito público ou privado, que atua puramente sob instrução do controlador e realiza o tratamento dos dados pessoais em nome deste.

[38] Tradução livre. Original: "Each has individual responsibility and potentially joint responsibility to ensure the protection of that personal data, which obligations are not restricted to the first person or entity that obtains the data from the data subject" (INTERNATIONAL COUNSIL FOR COMERCIAL ARBITRATION; INTERNATIONAL BAR ASSOCIATION. *Draft of the ICCA-IBA Roadmap to Data Protection in International Arbitration*. Feb. 2020, p. 9).

[39] *Vide* artigo 50 da LGPD. Nesse sentido: CARVALHO, Vinicius Marques; MATTIUZZO, Marcela; PONCE, Paula Pedigoni. Boas práticas e governança na LGPD. *In*: BIONI, Bruno. *Tratado de proteção de dados pessoais*. São Paulo: Forense, 2020.

[40] *Vide* artigo 5º, XVII e artigo 38 da LGPD.

[41] *Vide* artigo 7, § 5º e artigo 8, § 2º da LGPD.

observados os segredos comercial e industrial";[42] (v) manter registro das operações de tratamento que realizarem;[43] (vi) comunicar a ocorrência de incidente de segurança que possa acarretar risco ou dano relevante ao titular;[44] e (vii) assegurar a legalidade do tratamento e transferência dos dados pessoais, atendendo aos princípios[45] e às demais disposições da LGPD.

Caso o controlador, em razão do tratamento, cause dano moral, patrimonial, coletivo ou individual e, consequentemente, viole a legislação de proteção de dados pessoais, será obrigado a repará-lo,[46] podendo a responsabilidade ser subjetiva ou objetiva.[47]

De acordo com Anderson Schreiber:

> a esfera de incidência do regime de responsabilidade civil da LGPD não é demarcada pelo interesse lesado, ou por uma especial condição do sujeito que sofre a lesão (*e.g.* titular dos dados pessoais), mas sim pela atividade lesiva: incide a LGPD sobre qualquer dano decorrente do exercício da atividade de tratamento de dados pessoais.[48]

Ademais, a responsabilidade será solidária para os controladores que estiverem "diretamente envolvidos no tratamento do qual decorreram danos ao titular".[49]

[42] *Vide* artigo 20, § 1º da LGPD.

[43] *Vide* artigo 37 da LGPD.

[44] *Vide* artigo 48 da LGPD.

[45] Os princípios da LGPD são: boa-fé, finalidade, adequação, necessidade, livre acesso, qualidade dos dados, transparência, segurança, prevenção, não discriminação e responsabilização e prestação de contas (*vide* artigo 6º da LGPD).

[46] *Vide* artigo 42 da LGPD. Esse artigo também é aplicável ao operador. O operador responderá solidariamente pelos danos causados em razão do tratamento caso não siga as instruções lícitas do controlador (hipótese em que o operador se equipara ao controlador) ou descumpra as obrigações previstas pela legislação de proteção de dados, com exceção das hipóteses do artigo 43 da LGPD (artigo 42, § 1º, I da LGPD).

[47] SCHREIBER, Anderson. Responsabilidade civil na Lei Geral de Proteção de Dados Pessoais. *In*: BIONI, Bruno. *Tratado de Proteção de Dados Pessoais*. São Paulo: Forense, 2020, p. 328.

[48] SCHREIBER, Anderson. Responsabilidade civil na Lei Geral de Proteção de Dados Pessoais. *In*: BIONI, Bruno. *Tratado de Proteção de Dados Pessoais*. São Paulo: Forense, 2020, p. 322.

[49] *Vide* artigo 42, § 1º, II, da LGPD. Nesse sentido: "Nesses casos, sendo a conduta do operador, ao descumprir a lei ou deixar de seguir as instruções lícitas que lhe foram passadas, autônoma em relação à conduta do controlador, apenas o primeiro responderia pelos danos provocados. Assim, só se pode cogitar de responsabilidade solidária nas hipóteses referidas

Não haverá responsabilização quando os agentes de tratamento provarem uma das três hipóteses: (i) não realização do tratamento que lhes é atribuído;[50] (ii) ausência de violação à legislação de proteção de dados, ainda que tenham realizado o tratamento;[51] ou (iii) dano decorrente de culpa exclusiva de terceiro ou do titular dos dados.[52]

Ademais, cabe ressaltar que, independentemente de onde estejam os Participantes, a LGPD deve ser aplicada desde que: (i) o tratamento seja feito no Brasil;[53] (ii) o tratamento tenha como finalidade a oferta ou o fornecimento de bens ou serviços ou trate dados de indivíduos localizados no Brasil; (iii) ou os dados pessoais objetos do tratamento tenham sido coletados no Brasil, isto é, os dados pessoais cujo titular se encontre no Brasil no momento da coleta.[54] Em outras palavras, a LGPD, assim como várias legislações de proteção de dados de outros países, possui aplicação transfronteiriça. Inclusive, caso os dados não sejam do território brasileiro e/ou os Participantes não estejam no Brasil (incluindo casos de viagens internacionais de trabalho), deve-se atentar se há outras legislações de proteção de dados de outro país que sejam de alguma forma aplicáveis aos dados da arbitragem,[55] verificando-se como deverá

no inciso I se esta se referir ao controlador, e não ao operador. Portanto, mesmo quando a lesão for causada por fato imputável exclusivamente ao operador, o controlador, justamente em razão de sua posição de destaque na dinâmica do tratamento, poderá ser chamado a responder solidariamente, nas hipóteses previstas no art. 42, de modo a garantir a efetiva indenização da vítima. Essa é a melhor interpretação da norma" (SCHREIBER, Anderson. Responsabilidade civil na Lei Geral de Proteção de Dados Pessoais. *In*: BIONI, Bruno. *Tratado de Proteção de Dados Pessoais*. São Paulo: Forense, 2020, p. 332).

50 *Vide* artigo 43, I da LGPD.

51 *Vide* artigo 43, II da LGPD.

52 *Vide* artigo 43, III da LGPD.

53 Com exceção do tratamento de dados previsto no artigo 4º, IV, da LGPD.

54 *Vide* artigo 3º da LGPD.

55 Por exemplo, a GDPR (lei de proteção de dados da União Europeia), tem escopo transfronteiriço. É aplicável em três categorias: (i) "processing of personal data in the context of the activities of an establishment of a controller or a processor in the Union, regardless of whether the processing takes place in the Union or not" (artigo 3.1.1 da GDPR), (ii) "processing of personal data of data subjects who are in the Union by a controller or processor not established in the Union, where the processing activities are related to: (a) the offering of goods or services, irrespective of whether a payment of the data subject is required, to such data subjects in the Union; or (b) the monitoring of their behaviour as far as their behaviour takes place within the Union" (art. 3.1.2 da GDPR), e (iii) "processing of

ser feita essa aplicação, principalmente em relação à transferência internacional e à aplicação extraterritorial dessas legislações de proteção de dados internacionais.[56]

Ainda, caso infrinjam as normas da LGPD, os agentes de tratamento de dados (o que inclui os controladores) também estarão sujeitos às sanções administrativas, as quais serão aplicadas e posteriormente reguladas pela Autoridade Nacional de Proteção de Dados ("ANPD"),[57] órgão integrante da Presidência da República.[58]

Contudo, a ANPD ainda está em processo de estruturação, com uma agenda regulatória[59] dividida em três fases, sendo que a última se iniciou no segundo semestre de 2022.[60] Nesse sentido, nos próximos anos,

personal data by a controller not established in the Union, but in a place where Member State law applies by virtue of public international law" (artigo 3.1.3 da GDPR).

[56] *Vide* artigos 33-36 da LGPD. Para a eficácia do seu regime de proteção de dados, alguns países entendem que suas leis e/ou um regulamentos deveriam proteger os seus sujeitos mesmo após os dados serem transferidos para outro país (aplicação extraterritorial). Por essa razão, os países da União Europeia regulamentam a transferência internacional de dados, principalmente pela GDPR. Embora a GDPR permita o livre fluxo de dados entre países da União Europeia, prevê condições específicas para transferências de dados pessoais para organizações internacionais e para países que não são membros da União Europeia, como é o caso do Brasil (*vide* arts. 44-50 da GDPR). Caso seja aplicável uma legislação internacional, é recomendável que os Participantes consultem um advogado especializado do país da lei aplicável.

[57] *Vide* artigo 52 da LGPD. Ainda, "a autoridade possui um arsenal específico de medidas regulatórias à sua disposição do que os tribunais, inclusive com medidas que visam a incutir e fomentar boas práticas no tratamento de dados por meio das regras de accountability, além de possuir um regime sancionatório próprio, adaptado à natureza da matéria e com metodologia própria. Isto, somado ao fato de que a centralização da matéria em uma autoridade evita o risco da fragmentação da interpretação da lei entre tribunais e mesmo outros órgãos administrativos com competências eventualmente concorrentes, garante a uniformidade dos direitos do cidadão e a segurança jurídica na aplicação da LGPD" (DONEDA, Danilo. A Autoridade Nacional de Proteção de Dados e o Conselho Nacional de Proteção de Dados. *In*: BIONI, Bruno. *Tratado de proteção de dados pessoais*. São Paulo: Forense, 2020, p. 465).

[58] *Vide* artigo 1º da Portaria ANPD n. 1/2021 (Regimento Interno da ANPD).

[59] *Vide* Portaria ANPD n. 11/2021.

[60] Artigo 2º da Portaria ANPD n. 11/2021: "Os Projetos de Regulamentação recebem as seguintes classificações de priorização nesta Agenda Regulatória: Fase 1 – iniciativas da agenda regulatória cujo início do processo regulatório acontecerá em até 1 ano; Fase 2 – iniciativas da agenda regulatória cujo início do processo regulatório acontecerá em até 1 ano e 6 meses; Fase 3 – iniciativas da agenda regulatória cujo início do processo regulatório acontecerá em até 2 anos".

surgirão diretrizes mais concretas acerca da aplicação prática do tema com a regulação da ANPD.[61]

2. Adequação prática da arbitragem à LGPD

Com a entrada em vigor da LGPD, empresas e organizações começaram a adequar suas políticas e sistemas à proteção de dados.[62] Contudo, a possível aplicação da LGPD aos procedimentos arbitrais "geralmente não faz parte das primeiras considerações da elaboração dessas políticas".[63] Os responsáveis por decidir o método de solução de controvérsias aplicável raramente focam em como as legislações de proteção de dados impactariam uma eventual arbitragem,[64] de modo que, na maioria dos casos, não dispõem sobre o tema ao redigirem a cláusula arbitral, por exemplo.

Considerando que a maioria das legislações de proteção de dados no mundo não regula especificamente como elas mesmas serão aplicadas

[61] "A implementação da autoridade, sua atuação na regulamentação e promoção de diversas matérias já explicitamente requeridas na LGPD bem como outras demandas que naturalmente lhe sejam direcionadas certamente serão acompanhadas com extrema atenção. A abordagem que a autoridade virá a empregar vai definir pontos cruciais e pautar matérias, podendo inclusive vir a ser o maior fator de indução da implementação da LGPD e da das expectativas dos cidadãos a respeito de suas garantias à proteção de dados" (DONEDA, Danilo. A Autoridade Nacional de Proteção de Dados e o Conselho Nacional de Proteção de Dados. *In*: BIONI, Bruno. *Tratado de proteção de dados pessoais*. São Paulo: Forense, 2020, p. 469).

[62] PAISLEY, Kathleen. It's All About the Data: The Impact of the EU General Data Protection Regulation on International Arbitration. *Fordham International Law Journal*, v. 4, n. 4, 2018, p. 882. Por mais que Katherine Pasley tenha se referido a GDPR, entende-se que o mesmo ocorre para a LGPD, principalmente após a entrada em vigor da referida lei.

[63] Tradução livre. Original: "However, the possible application of the GDPR's data protection policies to future arbitral disputes was usually not the first consideration when those policies were formulated" (PAISLEY, Kathleen. It's All About the Data: The Impact of the EU General Data Protection Regulation on International Arbitration. *Fordham International Law Journal*, v. 4, n. 4, 2018, p. 882). Por mais que Katherine Pasley tenha se referido a GDPR, entende-se que o mesmo ocorre para a LGPD.

[64] "Further, the individuals charged with deciding the dispute resolution systems to be employed by the company were rarely focused on how the data protection rules could impact a later arbitration or other legal proceeding" (PAISLEY, Kathleen. It's All About the Data: The Impact of the EU General Data Protection Regulation on International Arbitration. *Fordham International Law Journal*, v. 4, n. 4, 2018, p. 882).

ao procedimento arbitral,[65] a comunidade internacional se mobilizou para estudar essa aplicação e desenvolver guias de adequação a essas legislações, tendo em vista as diferentes fases do procedimento arbitral e com foco na arbitragem internacional.

Nesse sentido, o *International Council for Comercial Arbitration* ("ICCA") e a *International Bar Association* ("IBA"), com a assistência da *Permanent Court of Arbitration* ("PCA"), elaboraram o *Draft of the Roadmap to Data Protection in International Arbitration* ("*Roadmap Draft*"), o qual será posteriormente convertido em um guia oficial de adequação das legislações de proteção dados ao procedimento arbitral internacional.

Apesar de não abordar especificamente sobre o procedimento arbitral doméstico, o *Roadmap Draft* traz algumas sugestões que podem ser aplicadas às arbitragens domésticas brasileiras à luz da LGPD, conforme será demonstrado.

2.1. Quando e como discutir e delimitar as questões de proteção de dados do procedimento arbitral?

Embora muitos não percebam, a LGPD já é aplicável e passível de ser discutida no momento de preparação para a instituição da arbitragem, uma vez que há o tratamento de dados de uma pessoa identificada ou identificável.

Para a parte requerente e seus representantes legais, a discussão sobre o tema deverá ser iniciada antes da notificação e/ou requerimento de arbitragem (i) para a parte requerida e seus representantes legais, após o recebimento da notificação e/ou requerimento de arbitragem; (ii) para a instituição arbitral, quando receber o requerimento de arbitragem; e (iii) para os árbitros, quando forem contatados para uma possível indicação como árbitro no caso específico.[66]

Por mais que as discussões sobre proteção de dados ocorram, em primeiro lugar, internamente nos grupos,[67] estas devem ser estendidas

[65] INTERNATIONAL COUNSIL FOR COMERCIAL ARBITRATION; INTERNATIONAL BAR ASSOCIATION. *Draft of the ICCA-IBA Roadmap to Data Protection in International Arbitration*. Feb. 2020, p. 1.

[66] INTERNATIONAL COUNSIL FOR COMERCIAL ARBITRATION; INTERNATIONAL BAR ASSOCIATION. *Draft of the ICCA-IBA Roadmap to Data Protection in International Arbitration*. Feb. 2020, p. 34.

[67] *Vide* seção 1 e Figura 1.

aos demais Participantes, de modo que possam alinhar conjuntamente e acordar como ocorrerá a adequação do procedimento arbitral à LGPD ou outra legislação de proteção de dados aplicável.

Conforme disposto no *Roadmap Draft*, "*quanto mais cedo existir e for estabelecida a alocação de responsabilidades para as obrigações relacionadas com proteção de dados, menores os riscos e maiores as chances de minimizar os impactos da proteção de dados no procedimento*".[68]

De acordo com Katherine Paisley, as questões envolvendo proteção de dados deveriam ser levantadas e endereçadas pelas partes o quanto antes, seja na primeira conferência entre as partes ou até mesmo antes.[69]

Se nenhuma das partes trouxer essas e/ou outras questões sobre proteção de dados para os demais Participantes e a instituição arbitral não dispuser a respeito em seu regulamento, caberá aos árbitros levantá-las. Nesses casos, o tribunal arbitral pode considerar incluir na agenda da primeira conferência do caso[70] ou no momento de elaboração do termo de arbitragem/ata de missão.

Para assegurar a eficiência do procedimento e da discussão sobre proteção de dados, os Participantes podem, antes de discutirem o tema entre si, elaborar notificações sobre o tema, explicando, entre outros pontos que considerarem necessários, quais dados serão coletados, como e até quando serão tratados e qual a finalidade e quais as bases legais para o tratamento, incluindo o legítimo interesse.[71] A troca dessas notificações entre os Participantes permitirá que todos estejam na mesma página em relação ao procedimento arbitral e aos direitos, aos

[68] Tradução livre. Original: "The earlier the existence of and the allocation of responsibilities for compliance with data protection obligations is settled, the lower data protection risks and the more the impact on the proceedings can be minimized" (INTERNATIONAL COUNSIL FOR COMERCIAL ARBITRATION; INTERNATIONAL BAR ASSOCIATION. *Draft of the ICCA-IBA Roadmap to Data Protection in International Arbitration*. Feb. 2020, p. 40).

[69] PAISLEY, Kathleen. It's All About the Data: The Impact of the EU General Data Protection Regulation on International Arbitration. *Fordham International Law Journal*, v. 4, n. 4, 2018, p. 911.

[70] INTERNATIONAL COUNSIL FOR COMERCIAL ARBITRATION; INTERNATIONAL BAR ASSOCIATION. *Draft of the ICCA-IBA Roadmap to Data Protection in International Arbitration*. Feb. 2020, p. 40.

[71] Para mais informações sobre legítimo interesse, *vide*: BIONI, Bruno. Legítimo interesse: aspectos gerais a partir de uma visão obrigacional. *In*: BIONI, Bruno. *Tratado de proteção de dados pessoais*. São Paulo: Forense, 2020, p. 163-176.

deveres e às obrigações das legislações de proteção de dados aplicáveis, evitando possíveis descumprimentos e ilegalidades. O anexo 6 do *Roadmap Draft* apresenta minutas de notificações para as instituições arbitrais, os árbitros e os representantes legais. Atualmente, entre as instituições arbitrais nacionais[72] e internacionais,[73] apenas a *London Court of Arbitration* apresenta notificação sobre proteção de dados,[74] a qual também poderá ser utilizada como modelo para outras instituições.

Além disso, antes de conversarem, é interessante que os Participantes considerem e tentem responder às questões não exaustivas indicadas a seguir:[75]

- A cláusula arbitral dispõe expressamente sobre a proteção de dados ou sobre a segurança da informação?
- Algum dos Participantes enviou notificações sobre privacidade de dados? Em caso afirmativo, o que está disposto nessas notificações?
- Ao analisar potenciais candidatos a representantes legais e/ou árbitros, foi considerado se a indicação terá impacto na forma de aplicação das disposições de proteção de dados aplicáveis à arbitragem? Os representantes legais e/ou árbitros estarão dispostos a celebrar cláusulas contratuais sobre o tema, se necessário?
- Que tipo de dados serão tratados durante o procedimento arbitral e onde eles estão localizados? Como os dados serão coletados e por quem? Quem realizará o tratamento?

[72] As instituições nacionais consideradas são: (i) Centro de Arbitragem e Mediação da Câmara de Comércio Brasil-Canadá ("CAM-CCBC"); (ii) Câmara de Conciliação, Mediação e Arbitragem Ciesp/Fiesp; (iii) Câmara FGV de Mediação e Arbitragem; (iv) Centro Brasileiro de Mediação e Arbitragem; (v) Centro de Arbitragem e Mediação Amcham; e (vi) Câmara de Arbitragem do Mercado. Importante ressaltar que algumas instituições nacionais começarem a inserir provisões sobre tratamento de dados em seus regulamentos como, por exemplo, o artigo 41 do Regulamento CAM-CCBC 2022.

[73] As instituições internacionais consideradas são: (i) *Singapore International Arbitration Center*, (ii) *Swiss Chambers' Arbitration Institution*, (iii) *Korean Commercial Arbitration Board*, (iv) *China International Economic and Trade Arbitration Commission*, (v) *Hong Kong International Arbitration Centre*, (vi) *London Court of Arbitration*, (vii) *Stockholm Chamber of Commerce* e (viii) *International Court of Arbitration*.

[74] LONDON COURT OF ARBITRATION. *Data Privacy Notice for LCIA Proceedings*. Disponível em: https://www.lcia.org/data-privacy-notice.aspx. Acesso em: 2 fev. 2021.

[75] Todas as questões são traduções livres da maioria das perguntas dispostas no *Roadmap Draft* e nos Anexos 3 e 5 do *Roadmap Draft*. Pequenas adaptações foram realizadas nas perguntas 6 (com acréscimo do termo Brasil, em substituição ao termo "*third countries*") e nas perguntas 8 e 10 (com acréscimo do termo LGPD, em substituição à "legislação aplicável").

- Como ocorrerá o fluxo de dados na arbitragem (previsão/estimativa)? Parte do tratamento dos dados ocorrerá fora do Brasil? Em caso afirmativo, qual é a base legal para a transferência e o tratamento internacional?
- Quais são as finalidades e o legítimo interesse para o tratamento de dados na arbitragem?[76]
- Os dados tratados seguem os princípios da LGPD, principalmente os de adequação, finalidade, necessidade e segurança?
- Foram ou serão envidados esforços para minimizar a quantidade de dados tratados e utilizar apenas o necessário para atender a finalidade?
- Estão previstas medidas adequadas de registro das operações de tratamento para demonstrar a conformidade com a LGPD?
- Há políticas de retenção ou exclusão dos dados que serão tratados na arbitragem?
- Como serão documentadas as operações de dados tratados no âmbito da arbitragem?
- Haverá fornecedores de serviços externos, como por exemplo, armazenamento de documentos na nuvem, tradutores, pareceristas, assistentes técnicos e estenotipistas? Em caso afirmativo, é necessário celebrar algum contrato de proteção de dados com esses fornecedores?

As respostas a essas perguntas deverão ser ponderadas com as disposições das legislações de proteção de dados aplicáveis, de modo a permitir um entendimento sobre o que está de acordo e o que precisa ser feito para adequação à LGPD, qual serão as atividades de tratamento desen-

[76] "No contexto da arbitragem, o legítimo interesse pode envolver administração da justiça, garantia de que os direitos das partes serão respeitados e de que as questões da arbitragem serão resolvidas de maneira rápida e justa dentro das regras aplicáveis, dentre outros interesses" (tradução livre). Original: "In the context of an arbitration, the legitimate interest may involve the administration of justice, ensuring the parties' rights are respected and the expeditious and fair resolution of claims under the applicable arbitration rules, and many other interests as well" (INTERNATIONAL COUNSIL FOR COMERCIAL ARBITRATION e INTERNATIONAL BAR ASSOCIATION. *Annexes of the Draft of the ICCA-IBA Roadmap to Data Protection in International Arbitration*, p. 25. Disponível em: https://www.arbitration-icca.org/media/14/18191123957287/roadmap_28.02.20.pdf. Acesso em: 15 jan. 2021).

volvidas por eles e como estas deverão ser realizadas, bem como o que eventualmente precisa ser acordado entre os Participantes.

Após o endereçamento do tema da proteção de dados no procedimento arbitral específico, é recomendável que os Participantes registrem o que foi discutido e acordado.[77] Esse registro poderá ser feito, por exemplo, no termo de arbitragem/ata de missão ou em um protocolo de proteção de dados[78] e, caso as partes divirjam sobre o conteúdo, decidido pelo tribunal arbitral por meio de uma ordem procedimental.[79] De toda forma, esse registro deverá conter, principalmente: (i) quem são os Participantes; (ii) em qual categoria os Participantes são enquadrados (controladores, operadores, titular ou encarregado) e quais são suas responsabilidades; (iii) quais dados serão possivelmente tratados

[77] É interessante que os Participantes (e não somente as partes) registrem o que foi acordado sobre proteção de dados conjuntamente, pois todos serão afetados por isso. Nesse sentido: "é preferível que as partes acordem um protocolo razoável de proteção de dados, tendo em consideração os pontos de vista dos árbitros e da instituição que também terá de os aplicar" (tradução livre). Original: "it is preferable for the parties to agree a reasonable data protection protocol, taking into consideration the views of the arbitrators and the institution that will also have to apply them" (PAISLEY, Kathleen. It's All About the Data: The Impact of the EU General Data Protection Regulation on International Arbitration. *Fordham International Law Journal*, v. 4, n. 4, 2018, p. 912).

[78] Protocolo de proteção de dados é um "documento com o que foi acordado sobre a aplicação de proteção de dados em um contexto específico. Os protocolos de proteção de dados podem ser utilizados de forma útil nas arbitragens para gerir de modo eficaz as questões de conformidade de todos os Participantes. As partes, seus representantes legais e os árbitros devem considerar se devem propor a celebração de um protocolo de proteção de dados assinado por todos os Participantes, atribuindo responsabilidades pelo cumprimento da proteção de dados durante a arbitragem" (tradução livre). Original: "The term 'data protection protocol' refers to a document agreeing on how data protection is going to be applied in a particular context. Data protection protocols can be usefully employed in arbitrations to effectively manage the compliance issues of all Arbitral Participants. The parties, their counsel and the arbitrators should consider whether to propose entering into a data protection protocol signed by all Arbitral Participants, allocating responsibilities for data protection compliance during the arbitration" (INTERNATIONAL COUNSIL FOR COMERCIAL ARBITRATION; INTERNATIONAL BAR ASSOCIATION. *Draft of the ICCA-IBA Roadmap to Data Protection in International Arbitration*. Feb. 2020, p. 41).

[79] INTERNATIONAL COUNSIL FOR COMERCIAL ARBITRATION; INTERNATIONAL BAR ASSOCIATION. *Draft of the ICCA-IBA Roadmap to Data Protection in International Arbitration*. Feb. 2020, p. 41.

durante o procedimento arbitral;[80] (iv) como e quando os dados serão tratados; (v) quais são as bases legais para o tratamento; (vi) se haverá transferência para fora do território nacional e, caso isso ocorra em algum momento, o que deve ser feito; (vii) questões de confidencialiade; (viii) o que os Participantes farão para minimizar os dados que serão tratados; (ix) questões de segurança e cibersegurança dos dados; (x) qual a finalidade do tratamento; (xi) como ocorrerá o arquivamento e o armazenamento (retenção) de dados; (xii) os direitos dos titulares; e (xiii) o que deve ser feito em caso de incidente de segurança envolvendo os dados tratados na arbitragem.[81] Além disso, recomenda-se que esses protocolos sejam assinados por todos que receberem os dados objeto de tratamento em um procedimento arbitral, de modo a assegurar o cumprimento das legislações aplicáveis.[82]

Com o acordo sobre a proteção de dados no procedimento arbitral específico (além das legislações aplicáveis), os Participantes terão uma moldura mais bem delimitada sobre o que pode ou não ser feito, de modo a evitar ilegalidades e vícios na arbitragem.

Ainda, é importante que os Participantes registrem e saibam justificar o tratamento de dados realizado por eles e que estão atendendo as disposições da LGPD. Nesse sentido, é essencial que os Participantes saibam e registrem também individualmente[83] qual é o legítimo interesse para o tratamento, a finalidade e os motivos pelos quais o tratamento garante o exercício regular de direitos em um procedimento arbitral.[84]

[80] Por exemplo: informação de identificação pessoal, informações financeiras, informações sobre eventos em torno dos fatos da arbitragem, etc.

[81] O Anexo 4 do *Roadmap Draft* oferece um modelo de protocolo de proteção de dados conforme a GDPR, o qual pode ser adaptado para a LGPD.

[82] Paisley, Kathleen. It's All About the Data: The Impact of the EU General Data Protection Regulation on International Arbitration. *Fordham International Law Journal*, v. 4, n. 4, 2018, p. 912.

[83] "Embora as obrigações dos Participantes possam estar relacionadas, cada um deles tem suas próprias obrigações de registro independente" (INTERNATIONAL COUNSIL FOR COMERCIAL ARBITRATION; INTERNATIONAL BAR ASSOCIATION. *Draft of the ICCA-IBA Roadmap to Data Protection in International Arbitration*. Feb. 2020, p. 32, tradução livre). Original: "Although the obligations of Arbitral Participants may be interrelated, they each have their own independent recording obligations".

[84] Conforme explicado na seção 1, os Participantes devem delimitar e saber justificar quais dados são necessários para a exposição e comprovação dos aspectos fáticos, jurídicos e técnicos discutidos no caso para a solução da controvérsia.

2.2. Incidentes de segurança

Caso haja um incidente de segurança durante a arbitragem,[85] deve-se fazer uma avaliação interna e um registro do suposto acidente, determinando: (i) a natureza dos dados;[86] (ii) a categoria e a quantidade dos titulares afetados;[87] (iii) quando e como ocorreu o incidente; e (iv) quais foram as consequências e/ou quais são as consequências prováveis desse acidente.[88]

Em seguida, a ANPD recomenda que o controlador (Participante) faça as ponderações apresentadas na Figura 2, a seguir.[89]

[85] Incidente de segurança é "qualquer evento adverso, confirmado ou sob suspeita, relacionado à violação na segurança de dados pessoais, tais como acesso não autorizado, acidental ou ilícito que resulte na destruição, perda, alteração, vazamento ou ainda, qualquer forma de tratamento de dados inadequada ou ilícita, os quais possam ocasionar risco para os direitos e liberdades do titular dos dados pessoais" (AUTORIDADE NACIONAL DE PROTEÇÃO DE DADOS. *Incidentes de Segurança com Dados Pessoais e sua Avaliação para Fins de Comunicação à ANPD.* Disponível em: https://www.gov.br/anpd/pt-br/assuntos/incidente-de-seguranca. Acesso em: 3 abr. 2021).

[86] Por exemplo: dado biométrico ou genético, dado de comprovação de identidade oficial (RG, CPF e/ou CNH), dado financeiro, dado de geolocalização, etc.

[87] Por exemplo: funcionários, clientes, prestadores de serviço, usuários, etc.

[88] AUTORIDADE NACIONAL DE PROTEÇÃO DE DADOS. *Incidentes de Segurança com Dados Pessoais e sua Avaliação para Fins de Comunicação à ANPD.* Disponível em: https://www.gov.br/anpd/pt-br/assuntos/incidente-de-seguranca. Acesso em: 3 abr. 2021.

[89] As ponderações apresentadas no esquema foram retiradas do *site* na ANPD.

Figura 2 – Fluxograma de necessidade de comunicação do incidente à ANPD

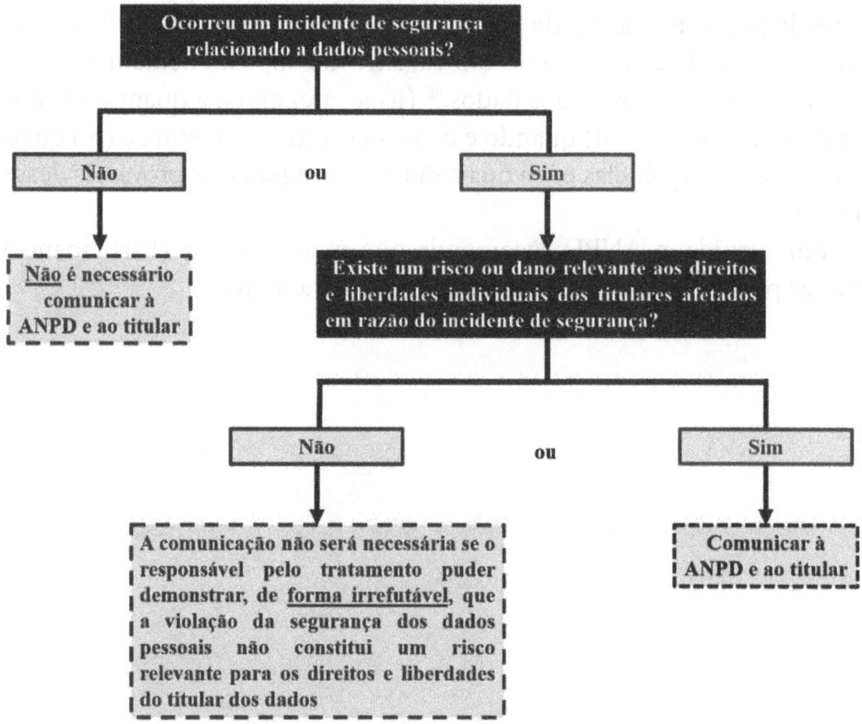

Fonte: Elaboração própria, com base nas informações disponibilizadas no *site* da ANPD.

Caso ambas as respostas das ponderações sejam afirmativas, a ANPD recomenda "comunicar ao encarregado (art. 5º, VIII, da LGPD); comunicar ao controlador, se for o operador, nos termos da LGPD; comunicar à ANPD e ao titular de dados, em caso de risco ou dano relevante aos titulares (art. 48 da LGPD)".[90] Além disso, é necessário "elaborar documentação com a avaliação interna do incidente, medidas tomadas e análise de risco, para fins de cumprimento do princípio de responsabilização e prestação de contas (art. 6º, X, da LGPD)".[91]

[90] AUTORIDADE NACIONAL DE PROTEÇÃO DE DADOS. *Incidentes de Segurança com Dados Pessoais e sua Avaliação para Fins de Comunicação à ANPD*. Disponível em: https://www.gov.br/anpd/pt-br/assuntos/incidente-de-seguranca. Acesso em: 3 abr. 2021.

[91] AUTORIDADE NACIONAL DE PROTEÇÃO DE DADOS. *Incidentes de Segurança com Dados Pessoais e sua Avaliação para Fins de Comunicação à ANPD*. Disponível em: https://www.gov.br/anpd/pt-br/assuntos/incidente-de-seguranca. Acesso em: 3 abr. 2021.

Pela LGPD, o controlador tem a obrigação de comunicar à ANPD e ao titular a ocorrência de incidentes que possam ocasionar risco ou dano relevante aos titulares.[92] Apesar de a referida legislação não especificar o que seria "risco ou dano relevante aos titulares" ou apresentar critérios mais objetivos para caracterização de incidente,[93] a ANPD recomenda cautela, de modo que "a comunicação seja efetuada mesmo nos casos em que houver dúvida sobre a relevância dos riscos e danos envolvidos".[94] Isso porque a comprovação da subavaliação dos danos e dos riscos pode caracterizar descumprimento à LGPD.[95]

Aplicado ao contexto da arbitragem, o Participante que tiver conhecimento do incidente deverá comunicá-lo à ANPD, ao titular e às demais pessoas que eventualmente poderiam ser afetadas por esse acontecimento.

Essa comunicação deverá ocorrer por meio do preenchimento do "formulário de comunicação de incidentes de segurança com dados

[92] *Vide* artigo 48 da LGPD. Ainda: "Embora a responsabilidade e a obrigação pela comunicação à ANPD sejam do controlador, caso excepcionalmente sejam apresentadas informações pelo operador, serão devidamente analisadas pela ANPD" (AUTORIDADE NACIONAL DE PROTEÇÃO DE DADOS. *Incidentes de Segurança com Dados Pessoais e sua Avaliação para Fins de Comunicação à ANPD.* Disponível em: https://www.gov.br/anpd/pt-br/assuntos/incidente-de-seguranca. Acesso em: 3 abr. 2021).

[93] Nesse sentido: "Critérios mais objetivos serão objeto de futura regulamentação e não poderão ser aqui exigidos sob pena de se inovar na LGPD. De toda forma, pode-se extrair da lei que a probabilidade de risco ou dano relevante para os titulares será maior sempre que o incidente envolver dados sensíveis ou de indivíduos em situação de vulnerabilidade, incluindo crianças e adolescentes, ou tiver o potencial de ocasionar danos materiais ou morais, tais como discriminação, violação do direito à imagem e à reputação, fraudes financeiras e roubo de identidade. Da mesma forma, deve-se considerar o volume de dados envolvido, o quantitativo de indivíduos afetados, a boa-fé e as intenções dos terceiros que tiveram acesso aos dados após o incidente e a facilidade de identificação dos titulares por terceiros não autorizados" (AUTORIDADE NACIONAL DE PROTEÇÃO DE DADOS. *Incidentes de Segurança com Dados Pessoais e sua Avaliação para Fins de Comunicação à ANPD.* Disponível em: https://www.gov.br/anpd/pt-br/assuntos/incidente-de-seguranca. Acesso em: 3 abr. 2021).

[94] AUTORIDADE NACIONAL DE PROTEÇÃO DE DADOS. *Incidentes de Segurança com Dados Pessoais e sua Avaliação para Fins de Comunicação à ANPD.* Disponível em: https://www.gov.br/anpd/pt-br/assuntos/incidente-de-seguranca. Acesso em: 3 abr. 2021.

[95] AUTORIDADE NACIONAL DE PROTEÇÃO DE DADOS. *Incidentes de Segurança com Dados Pessoais e sua Avaliação para Fins de Comunicação à ANPD.* Disponível em: https://www.gov.br/anpd/pt-br/assuntos/incidente-de-seguranca. Acesso em: 3 abr. 2021.

pessoais da ANPD",[96] que deverá ser enviado por meio de "Peticionamento Eletrônico – Usuário Externo".[97]

Além disso, a comunicação deverá ser realizada pelo Participante em um prazo razoável, o qual será definido pela ANPD.[98] Embora ainda não haja regulamentação sobre essa questão, a ANPD recomenda que a comunicação seja feita "com a maior brevidade possível" após a ciência do incidente, utilizando como "título indicativo o prazo de 2 dias úteis, contados da data do conhecimento do incidente".[99]

2.3. Ordens processuais e sentenças arbitrais

Ademais, os árbitros realizam o tratamento de dados ao preparar, redigir e proferir ordens processuais e sentenças arbitrais.[100] Nesse sentido, é importante considerarem as bases legais e a necessidade de incluir os dados pessoais em suas decisões e se querem discutir essa questão com as partes.[101] Conforme apontado no *Roadmap Draft*, em alguns países europeus que aplicam a GDPR (que contém disposições semelhantes à LGPD), é comum cobrir dados pessoais das decisões[102] (com a utilização de tarja preta, por exemplo) para atender ao princípio da necessidade com o tratamento mínimo necessário para a realização da finalidade. Contudo, é importante que os Participantes entendam que, mesmo cobrindo os dados pessoais, essa cobertura não é absoluta e não os

[96] AUTORIDADE NACIONAL DE PROTEÇÃO DE DADOS. *Incidentes de Segurança com Dados Pessoais e sua Avaliação para Fins de Comunicação à ANPD*. Disponível em: https://www.gov.br/anpd/pt-br/assuntos/incidente-de-seguranca. Acesso em: 3 abr. 2021.

[97] Para mais informações: https://www.gov.br/secretariageral/pt-br/sei-peticionamento-eletronico. Acesso em: 10 jul. 2022.

[98] *Vide* artigo 48, § 1º da LGPD.

[99] AUTORIDADE NACIONAL DE PROTEÇÃO DE DADOS. *Incidentes de Segurança com Dados Pessoais e sua Avaliação para Fins de Comunicação à ANPD*. Disponível em: https://www.gov.br/anpd/pt-br/assuntos/incidente-de-seguranca. Acesso em: 3 abr. 2021.

[100] INTERNATIONAL COUNSIL FOR COMERCIAL ARBITRATION; INTERNATIONAL BAR ASSOCIATION. *Draft of the ICCA-IBA Roadmap to Data Protection in International Arbitration*. Feb. 2020, p. 43.

[101] INTERNATIONAL COUNSIL FOR COMERCIAL ARBITRATION; INTERNATIONAL BAR ASSOCIATION. *Draft of the ICCA-IBA Roadmap to Data Protection in International Arbitration*. Feb. 2020.

[102] INTERNATIONAL COUNSIL FOR COMERCIAL ARBITRATION; INTERNATIONAL BAR ASSOCIATION. *Draft of the ICCA-IBA Roadmap to Data Protection in International Arbitration*. Feb. 2020.

exime da aplicação das leis de proteção de dados, uma vez que os titulares ainda podem ser identificados ou identificáveis nas decisões.

2.4. Tratamento de dados após o término do procedimento arbitral

É importante que os Participantes considerem que, mesmo após o término da arbitragem, o arquivamento, o armazenamento e a eliminação dos dados pessoais continuam sendo caracterizados como tratamento.[103] O término do tratamento de dados pessoais deverá ocorrer, entre outras hipóteses, quando for verificado que a finalidade[104] para o tratamento foi atingida ou que os dados não são mais necessários ou pertinentes para atingir essa finalidade ou quando terminar o período de tratamento.[105] Isso requer que os Participantes "considerem, registrem e saibam justificar a duração do armazenamento de dados. Ademais, os dados pessoais armazenados devem periodicamente ser revistos, seguramente excluídos ou anonimizados quando não são mais necessários".[106]

Conclusões

A LGPD é aplicável às pessoas físicas e jurídicas que realizam o tratamento envolvendo os dados pessoais ou cujos dados pessoais estão sendo tratados ou foram tratados em uma arbitragem, e não ao procedimento arbitral ou ao caso em si.

A entrada em vigor da referida lei faz com que os Participantes tenham que introduzi-la no *modus operandi* da arbitragem. Para isso, é impor-

[103] *Vide* artigo 5º, X, da LGPD.

[104] Artigo 6, I, da LGPD: "finalidade: realização do tratamento para propósitos legítimos, específicos, explícitos e informados ao titular, sem possibilidade de tratamento posterior de forma incompatível com essas finalidades".

[105] *Vide* arts. 15 e 16 da LGPD. A conservação dos dados somente é permitida para (i) cumprimento de obrigação legal ou regulatória pelo controlador; (ii) estudo por órgão de pesquisa, garantida, sempre que possível, a anonimização dos dados pessoais; (iii) transferência a terceiro, desde que respeitados os requisitos de tratamento de dados dispostos nesta Lei; ou (iv) uso exclusivo do controlador, vedado seu acesso por terceiro, e desde que anonimizados os dados (artigo 16 da LGPD).

[106] Tradução livre. Original: "consider, document and be able to justify the duration of storage. Moreover, the personal data being stored should periodically be reviewed, securely erased or anonymised, when it is no longer required" (INTERNATIONAL COUNSIL FOR COMERCIAL ARBITRATION; INTERNATIONAL BAR ASSOCIATION. *Draft of the ICCA-IBA Roadmap to Data Protection in International Arbitration*. Feb. 2020, p. 48).

tante entender quais, onde e por quanto tempo os dados serão tratados, qual é a finalidade e o legítimo interesse para esse tratamento, quem realizará os tratamentos e quais suas responsabilidades, a fim de consolidar esse entendimento em protocolos de proteção de dados, sempre registrando e justificando o tratamento dos dados.

Considerando a falta de regulação e a aplicação prática consolidada da proteção de dados tratados em um procedimento arbitral, os Participantes e a comunidade arbitral deverão começar a enfrentar esse novo desafio e adotar uma postura proativa para garantir o efetivo atendimento das disposições da LGPD e das demais regulações de proteção de dados.

21. ARBITRAGEM E *SMART CONTRACTS*

Milena Arbizu

Introdução

O presente capítulo tem como objetivo abordar a aplicação da arbitragem nos contratos inteligentes, mais conhecidos como *smart contracts*.

De forma resumida, os *smart contracts* são uma de inovação no Direito Digital, funcionando como contratos cujos direitos e obrigações estão refletidos em códigos de *software*.

Um dos objetivos na criação dos *smart contracts* foi o de se ter um instrumento para regular relações contratuais que dispensasse ao máximo a necessidade de mecanismos de solução de disputas.

Contudo, diante da série de controvérsias a que um *smart contract* está sujeito – e cuja solução não é possível se prever *ex ante* –, tem-se que os mecanismos de resolução de controvérsias não apenas continuam relevantes, como são parte essencial para esse tipo de contratação.

Assim, propõe-se neste capítulo que os *smart contracts* necessitam de um efetivo mecanismo de solução de controvérsias para que possam ser utilizados de maneira escalável e que o mecanismo que possui o melhor perfil para desempenhar esse papel é a arbitragem.

Para tanto, primeiramente será explicado o conceito de *smart contract*, bem como sua aplicação na legislação brasileira.

Em seguida, serão endereçados os potenciais problemas que podem ocorrer durante a execução dos *smart contracts*.

Por fim, abordar-se-á a arbitragem como mecanismo de resolução de disputa para esse tipo de contrato, indicando-se as vantagens de sua aplicação e recomendações a serem observadas por aqueles que desejam prever a arbitragem em um *smart contract.*

1. Conceito de *smart contract*

O *smart contract* é um código de computador que, a partir da ocorrência de certas condições, é capaz de gerar funções preestabelecidas,[1] por meio da tecnologia do *blockchain.*[2]

De acordo com o famoso exemplo dado por Nick Szabo – o criador do conceito do *smart contract* –, tal forma de contratação poderia ser comparável a uma máquina de vendas de refrigerantes, em que o consumidor indica o produto que deseja, insere o valor cobrado e a máquina devolve, de forma automática, o refrigerante escolhido.[3]

Em que pese referido conceito ter sido proposto por Nick Szabo em 1994, foi apenas a partir da criação do *blockchain* que o *smart contract* deixou de ser meramente uma teoria e passou a ter aplicações práticas.[4]

Isso porque, o *blockchain* representa uma "tecnologia descentralizada de registro de dados".[5] Como consequência, o *smart contract* prescinde de um registro central ou de um único responsável pelos dados introduzidos e armazenados no sistema.[6]

[1] MICHAELSON, Peter; JESKIE, Sandra. Arbitrating Disputes Involving Blockchains, Smart Contracts and Smart Legal Contracts. *Dispute Resolution Journal*, v. 74, n. 4, Oct. 2020, p. 93.

[2] SKLAROFF, Jeremy. Smart Contracts and The Costs of Inflexibility. *University of Pennsylvania Law Review*, v. 166, 2017, p. 264. Disponível em: https://papers.ssrn.com/sol3/papers.cfm?abstract_id=3008899. Acesso em: 9 maio 2021.

[3] SZABO, Nick. *Smart Contracts: Building Blocks for Digital Markets*. U. AMSTERDAM (1996). Disponível em: http://www.fon.hum.uva.nl/rob/Courses/InformationInSpeech/CDROM/Literature/LOTwinterschool2006/szabo.best.vwh.net/smart_contracts_2.html. Acesso em: 10 maio 2021.

[4] ZHENG, Zibin. XIE, Shaon. DAI, Hong-Ning. CHEN, Xiangping. WANG, Huaimin. *An Overview of Blockchain Technology*: Architecture, Consensus and Future Trends. IEE 6th International Congress on Big Data, June 2017, p. 563.

[5] CORREIA, Francisco Mendes. A tecnologia descentralizada de registro de dados (Blockchain) no sector financeiro. *In*: MENEZES CORDEIRO, Antonio; OLIVEIRA, Ana Perestrelo; DUARTE, Diogo Pereira. *Fintech*: desafios da tecnologia financeira. Coimbra: Almedina, 2017, p. 69.

[6] CORREIA, Francisco Mendes. A tecnologia descentralizada de registro de dados (Blockchain) no sector financeiro. *In*: MENEZES CORDEIRO, Antonio; OLIVEIRA, Ana Peres-

Para que se entenda a importância do *blockchain* para a implementação dos *smart contracts*, deve-se ter em consideração que a efetividade e a viabilização das transações estão intrinsicamente ligadas à noção de confiança – seja a confiança que uma parte possui na outra, seja a confiança de que, caso algo saia em desacordo ao estabelecido, haverá um mecanismo para resolver referido imprevisto.[7]

No geral, em muitas das transações, a confiança é garantida por um intermediário. Esse intermediário pode ser um advogado, um banco, um *underwriter* ou até mesmo o próprio Judiciário.[8]

Nesse sentido, o *blockchain* busca garantir a confiança entre as partes, sem a necessidade desses agentes, por meio da tecnologia descentralizada.[9] Como resultado, tem-se contratos automáticos e autoexecutáveis que, em tese, não necessitariam de um intermediário.[10]

Por se tratar de contratos de execução automática, os *smart contracts* também são caracterizados pela inflexibilidade e irreversibilidade (a não ser que haja alguma exceção já prevista no código do *smart contract*).[11]

Com base nas características expostas, entusiastas do tema defendem que os *smart contracts* teriam o potencial de endereçar problemas dos contratos tradicionais, como (i) termos indefinidos; (ii) sujeição a decisões arbitrárias e imprevisíveis do Judiciário; (iii) custos de ine-

trelo; Duarte, Diogo Pereira. *Fintech*: desafios da tecnologia financeira. Coimbra: Almedina, 2017, p. 69.

[7] Michaelson, Peter; Jeskie, Sandra. Arbitrating Disputes Involving Blockchains, Smart Contracts and Smart Legal Contracts. *Dispute Resolution Journal*, v. 74, n. 4, Oct. 2020, p. 90.

[8] Michaelson, Peter; Jeskie, Sandra. Arbitrating Disputes Involving Blockchains, Smart Contracts and Smart Legal Contracts. *Dispute Resolution Journal*, v. 74, n. 4, Oct. 2020, p. 90.

[9] Schechtman, David Casz. Introdução à Implementação de Smart Contracts. *Revista de Direito e as Novas Tecnologias*, São Paulo, v. 5, out./dez. 2019.

[10] Schuettel, Patrick. *The Concise Fintech Compendium*. Fribourg: School of Management Fribourg, 2017, p. 4.

[11] Gonçalves, Pedro Vilela Resende; Camargos, Rafael Coutinho. Blockchain, smart contracts e 'Judge as a service' no Direito Brasileiro. *In:* SEMINÁRIO GOVERNANÇA DAS REDES E O MARCO CIVIL DA INTERNET, 2., 2016, Belo Horizonte. *Anais*... Belo Horizonte: UFMG, 2016, p. 207. Disponível em: https://irisbh.com.br/wp-content/uploads/2017/09/Anais-II-Semin%c3%a1rio-Governan%c3%a7a-das-Redes-e-o-Marco-Civil-da-Internet.pdf. Acesso em: 10 abr. 2021.

ficiência, impostos pela fase negociação; e (iv) dependência das cortes estatais para que os termos contratuais sejam executados.[12]

1.1. Exemplos de aplicação dos *smart contracts*

Para que se tenha mais clareza acerca de como funcionam os *smart contracts*, vale endereçar brevemente os possíveis usos de referido instituto.

Um possível uso dos *smart contracts* está no setor de seguros, para execução automática do contrato no caso da ocorrência de certos sinistros.[13] Como exemplo, pode-se citar o seguro-viagem que é automaticamente acionado se o voo for cancelado.[14]

Também se tem a potencial aplicação dos *smart contracts* nos contratos de locação, podendo-se aplicar sanções financeiras de forma automática, em caso de inadimplência dos locatários no pagamento de tributos ou taxas condominiais.[15]

Há, ainda, a possível aplicação em contratos de compra e venda. Tome como exemplo uma compra e venda internacional, cujo algoritmo do contrato se baseia no rastreador da transportadora.[16]

Nesse caso, após o rastreador indicar a entrega do produto, a lógica do *smart contract* é ativada, de maneira a liberar o dinheiro ao comprador

[12] SKLAROFF, Jeremy. Smart Contracts and The Costs of Inflexibility. *University of Pennsylvania Law Review*, v. 166, 2017, p. 273. Disponível em: https://papers.ssrn.com/sol3/papers.cfm?abstract_id=3008899. Acesso em: 9 maio 2021.

[13] GONÇALVES, Pedro Vilela Resende; CAMARGOS, Rafael Coutinho. Blockchain, smart contracts e 'Judge as a service' no Direito Brasileiro. *In:* SEMINÁRIO GOVERNANÇA DAS REDES E O MARCO CIVIL DA INTERNET, 2., 2016, Belo Horizonte. *Anais...* Belo Horizonte: UFMG, 2016, p. 209. Disponível em: https://irisbh.com.br/wp-content/uploads/2017/09/Anais-II-Semin%c3%a1rio-Governan%c3%a7a-das-Redes-e-o-Marco-Civil-da-Internet.pdf. Acesso em: 10 abr. 2021.

[14] Redação Fenalaw. Como os Smart Contracts estão transformando os negócios jurídicos. *Fenalaw Digital*, set. 2018. Disponível em: https://digital.fenalaw.com.br/inova-o/como-os--smart-contracts-est-o-transformando-os-neg-cios-jur-dicos. Acesso em: 12 abr. 2021.

[15] Redação Fenalaw. Como os Smart Contracts estão transformando os negócios jurídicos. *Fenalaw Digital*, set. 2018. Disponível em: https://digital.fenalaw.com.br/inova-o/como-os--smart-contracts-est-o-transformando-os-neg-cios-jur-dicos. Acesso em: 12 abr. 2021.

[16] Redação Fenalaw. Como os Smart Contracts estão transformando os negócios jurídicos. *Fenalaw Digital*, set. 2018. Disponível em: https://digital.fenalaw.com.br/inova-o/como-os--smart-contracts-est-o-transformando-os-neg-cios-jur-dicos. Acesso em: 12 abr. 2021.

e adicionar mais um bloco no registro do *blockchain*. Se o bem não é entregue, então a lógica do *smart contract* pode ativar uma função alternativa (como notificar o vendedor sobre a não entrega), o que também será um novo bloco a ser inserido no *blockchain*, refletindo tal evento.[17]

Além disso, também é possível se pensar na aplicação dos *smart contracts* em serviços financeiros, como em contratos de crédito, de forma que o produto é desabilitado caso a empresa que realizou o empréstimo do dinheiro não receba o pagamento da parcela devida.[18]

2. Legislação brasileira sobre *smart contracts*

Não há na legislação brasileira uma regulação específica voltada para os *smart contracts*. Contudo, como bem pontuado por Rodrigo Fernandes Rebouças, os *smart contracts* não se tratam de uma nova classificação e/ou modalidade contratual, mas apenas de "uma nova forma de aceite (exteriorização da vontade de contratar e da autonomia privada) e execução das obrigações contratuais".[19]

Entende-se, nesse sentido, que os *smart contracts* são plenamente possíveis em nossa legislação, uma vez que o ordenamento jurídico brasileiro não requer que a declaração de vontade se dê de maneira especial para ser válida, salvo se expressamente previsto em lei.

Assim, em tese, bastaria que tais contratos cumprissem com os requisitos do artigo 104 do CC para que sejam considerados válidos, quais sejam (i) agente capaz; (ii) objeto lícito, possível, determinado ou determinável; e (iii) forma prescrita ou não defesa em lei.

Ainda, pode-se caracterizar tais contratos como atípicos, nos termos do artigo 425 do CC,[20] sendo aplicáveis os princípios da boa-fé contratual

[17] Michaelson, Peter; Jeskie, Sandra. Arbitrating Disputes Involving Blockchains, Smart Contracts and Smart Legal Contracts. *Dispute Resolution Journal*, v. 74, n. 4, Oct. 2020, p. 111.

[18] Redação Fenalaw. Como os Smart Contracts estão transformando os negócios jurídicos. *Fenalaw Digital*, set. 2018. Disponível em: https://digital.fenalaw.com.br/inova-o/como-os-smart-contracts-est-o-transformando-os-neg-cios-jur-dicos. Acesso em: 12 abr. 2021.

[19] Rebouças, Rodrigo Fernandes. *Contratos eletrônicos:* formação e validade. 2. ed. rev. e ampl. São Paulo: Almedina, 2018, p. 129.

[20] "Art. 425. É lícito às partes estipular contratos atípicos, observadas as normas gerais fixadas neste Código."

e função social do contrato, conforme estabelecem os artigos 421[21] e 422[22] do mesmo diploma.

Por fim, importante destacar que não apenas não há previsão específica sobre os *smart contracts* no Brasil, como tampouco há regulamentação nacional para as criptomoedas que normalmente acompanham esse tipo de contrato. Atualmente, existem apenas alguns projetos de lei em tramitação para tal regulamentação, como o Projeto de Lei n. 2303/2015, do Deputado Aureo Riberio, o qual confere poderes ao Banco Central para fiscalização e regulamentação de moedas virtuais.[23]

3. Possíveis problemas e limitações dos *smart contracts*

Em que pese a tentativa de se apresentar os *smart contracts* como um contrato perfeito de execução automática, a realidade é que tais instrumentos continuam sujeitos a uma série de vulnerabilidades.

Entre as possíveis limitações, tem-se, em primeiro lugar, a questão da incompletude dos *smart contracts*.

Isso porque, como já explicado, os *smart contracts* se baseiam em programações que determinam a ocorrência de resultados preestabelecidos no caso de implementação de certas condições.

Ocorre que, assim como sucede nos contratos em geral, é praticamente impossível se prever todos os potenciais eventos que ocorrerão durante a relação contratual. Isso é especialmente verdadeiro em situações em que as partes não contrataram para uma transação pontual, mas sim com o objetivo de manter um relacionamento contínuo.

A ideia de que os *smart contracts* podem prever todos os possíveis eventos que permearão a relação contratual também ignora o fato de que contar com termos imprecisos no contrato pode ser, na verdade, muito útil.

Nesse sentido, termos como "melhores esforços", "boa-fé", entre outros, podem possuir dois benefícios: (i) ajudar as partes a contratar em ambientes considerados instáveis ou incertos, nos quais os termos

21 "Art. 421. A liberdade contratual será exercida nos limites da função social do contrato."

22 "Art. 422. Os contratantes são obrigados a guardar, assim na conclusão do contrato, como em sua execução, os princípios de probidade e boa-fé."

23 Disponível em: https://www.camara.leg.br/proposicoesWeb/fichadetramitacao?idProposicao=1555470. Acesso em: 15 maio 2021.

precisos da contratação serão definidos na prática com a contínua execução do contrato; e (ii) ajudar as partes a evitar os custos de se tentar definir com exatidão todos os cenários aplicáveis ao contrato.[24]

Como uma segunda limitação, tem-se também a questão da rigidez dos *smart contracts*, a qual retira das partes a possibilidade de resolver de maneira flexível eventual inadimplemento.

Imagine, por exemplo, que duas partes celebrem um *smart contract* para a entrega de certos bens e que, quando tais bens são entregues, o comprador perceba que estes estavam abaixo da qualidade esperada. No caso de um *smart contract*, as partes não teriam opção a não ser seguir com as pré-condições e possíveis cenários já previstos contratualmente. Contudo, em um contrato tradicional, o vendedor poderia negociar com o comprador uma solução informal, como um desconto na próxima venda.

Ademais, se valer apenas dos termos do *smart contract* em si para analisar a intenção das partes pode levar a resultados indesejados, como não possuir uma estrutura capaz de sancionar casos de dolo, erro, entre outros.[25]

Por fim, como possíveis problemas adicionais dos *smart contracts*, é possível citar também:

- Erros de *design* e codificação no momento de elaboração dos *smart contracts*. Os *smart contracts* nada mais são do que códigos elaborados por humanos e, portanto, estão sujeitos a eventuais falhas em sua concepção.[26] Imagine, por exemplo, um contrato de compra e venda que, por erro do desenvolvedor, libera o pagamento do preço ao vendedor antes da mercadoria chegar ao comprador.[27] Nessa situação, as partes não poderão contar com o contrato em si para resolver a disputa.

[24] SKLAROFF, Jeremy. Smart Contracts and The Costs of Inflexibility. *University of Pennsylvania Law Review*, v. 166, 2017, p. 264. Disponível em: https://papers.ssrn.com/sol3/papers.cfm?abstract_id=3008899. Acesso em: 9 maio 2021.

[25] CORNELL, Nicolas; WERBACH, Kevin. Contracts Ex Machina. *Duke Law Journal*, v. 67, 2017. Disponível em: https://scholarship.law.duke.edu/cgi/viewcontent.cgi?article=3913&context=dlj. Acesso em: 15 abr. 2021.

[26] MICHAELSON, Peter; JESKIE, Sandra. Arbitrating Disputes Involving Blockchains, Smart Contracts and Smart Legal Contracts. *Dispute Resolution Journal*, v. 74, n. 4, Oct. 2020, p. 114.

[27] MICHAELSON, Peter; JESKIE, Sandra. Arbitrating Disputes Involving Blockchains, Smart Contracts and Smart Legal Contracts. *Dispute Resolution Journal*, v. 74, n. 4, Oct. 2020, p. 114.

- Erros de segurança relacionados aos *smart contracts*. Embora a tecnologia de *blockchain* utilizada nos *smart contracts* seja considerada como altamente segura e eficiente, isso não significa que esteja imune a ataques de *hackers* ou falhas de segurança. A título de exemplo, é possível citar estudo no qual se verificou que dos 23.327 *smart contracts* analisados, 463 foram objeto de falhas de segurança.[28] Nessas hipóteses, poderá haver discussões entre as partes sobre como se dará a alocação de risco e a quem caberá arcar com referidos prejuízos.
- Potenciais demandas envolvendo questões de privacidade. Muitos desses contratos poderão implicar o armazenamento de dados pessoais, como identidade, informações financeiras, médicas, entre outros.[29] Eventuais vazamentos de dados poderão acarretar a violação de leis de privacidade a depender da legislação aplicável ao contrato.

4. Arbitragem como mecanismo de resolução de disputas nos *smart contracts*

Como abordado na seção anterior, um dos principais problemas a que os *smart contracts* estão sujeitos é que não é possível se prever todos os potenciais eventos que impactarão a relação contratual.

Dessa forma, os *smart contracts* podem acabar ficando mais restritos a transações relativamente simples, em que se é possível traduzir de forma fácil e codificada todas as regras que regerão o adimplemento das obrigações.

Para superar tal obstáculo, mostra-se essencial a previsão de um mecanismo de resolução de controvérsia efetivo que tenha a capacidade de lidar com as situações que as partes não puderam prever durante a elaboração do *smart contract*.

[28] Perez, Daniel; Livshits, Benjamin. *Smart Contract Vulnerabilities*: Vulnerable Does Not Imply Exploited. May 2019. Disponível em: https://arxiv.org/pdf/1902.06710.pdf. Acesso em: 12 abr. 2021.

[29] Michaelson, Peter; Jeskie, Sandra. Arbitrating Disputes Involving Blockchains, Smart Contracts and Smart Legal Contracts. *Dispute Resolution Journal*, v. 74, n. 4, Oct. 2020, p. 119.

Em outras palavras, um mecanismo de resolução de disputas efetivo pode ser o diferencial para gerar a confiança necessária às partes nos *smart contracts* e garantir a escalabilidade de tal forma de contratação.

Nesse sentido, destaca-se que a implementação de sistemas de resolução de conflitos em plataformas como o Ebay, Paypal, Alibaba, Amazon, entre outros, foi essencial para garantir a confiança dos usuários e aumentar a participação de tais *e-commerces* no mercado.[30]

Entre os possíveis métodos de resolução de disputa que podem ser aplicados aos *smart contracts*, entende-se que a arbitragem se mostra como uma das opções mais viáveis, em razão das vantagens que serão mais bem exploradas na seção 4.1.

Não obstante, recomenda-se que a convenção de arbitragem para disputas relacionadas aos *smart contracts* seja acompanhada da observância das recomendações listadas na seção 4.2.

4.1. Vantagens

A utilização da arbitragem em *smart contracts* apresenta uma série de vantagens, tornando o mecanismo uma opção com o perfil adequado para tais tipos de disputa, conforme resumido a seguir.

Questões jurisdicionais e lei aplicável

Em razão da natureza descentralizada dos *smart contracts*, que operam via registros de *blockchain* distribuídos globalmente, pode ser difícil determinar a lei de regência do contrato, bem como o foro aplicável.

Em caso de uma disputa sobre o adimplemento do contrato, por exemplo, há grandes chances de que as partes entrem em disputas satélites sobre questões jurisdicionais e de lei de regência.

Desse modo, de maneira a evitar eventuais controvérsias sobre tais tópicos, a convenção de arbitragem, por meio da qual as partes têm a liberdade de estabelecer o foro e a lei aplicável, mostra-se como uma opção viável e vantagem a ser considerada no caso dos *smart contracts*.

[30] Wan, Ann. Your tokens will be worthless if blockchain doesn't resolve its dispute resolution issues. *Medium*, 2018. Disponível em: https://medium.com/sagewise/your-tokens-will-be-worthless-if-blockchain-doesnt-resolve-its-dispute-resolution-issues-e5b14d01478a. Acesso em: 15 maio 2021.

Confidencialidade

A possibilidade de confidencialidade do procedimento[31] é um ponto exaustivamente suscitado quando se discute as vantagens do uso da arbitragem no geral. E, da mesma forma, a confidencialidade mostra-se como uma característica relevante quando se está a discutir a pertinência do uso da arbitragem para *smart contracts.*

Nas disputas relacionadas aos *smart contracts*, não só há as informações confidenciais típicas de qualquer transação (como aspectos relacionados a preço, condições de contração, entre outros), mas também há informações confidenciais relacionadas ao próprio código do *smart contract*, bem como poderá haver a necessidade produção de evidência relacionada ao *software* ou *hardware* aplicáveis.[32]

Considerando o potencial impacto comercial para as partes que a divulgação da fonte do código ou qualquer outra informação de propriedade intelectual pode causar, a confidencialidade se apresenta como uma vantagem importante da arbitragem para as demandas relacionadas a *smart contracts.*

Conhecimento especializado do tribunal

Na arbitragem, as partes têm a oportunidade de escolher árbitros com conhecimento especializado sobre a matéria em disputa.

Diante do potencial de que as disputas de *smart contracts* envolvam questões técnicas de tecnologia, como, por exemplo, desenvolvimento de *software*, ter um tribunal com conhecimento em tais matérias pode ser essencial para o devido deslinde da demanda.

Flexibilidade do procedimento e possibilidade de execução automática

Considerando que as transações objeto dos *smart contracts* podem se dar de maneira rápida, a possibilidade de as partes poderem acordar um procedimento mais ágil e adequado às suas necessidades do que seria possível em uma corte estatal se apresenta como uma vantagem da arbitragem.

[31] Nota-se que aqui se utiliza a expressão "possibilidade" de confidencialidade, pois nem todas as jurisdições possuem previsão de confidencialidade da arbitragem em seus ordenamentos.

[32] Baker, Mark (coord.). International Arbitration Report. *Norton Rose Fulbright*, Londres, n. 9, October 2017, p. 23.

Outra vantagem é que as partes podem concordar em estabelecer um procedimento de execução automática da sentença arbitral, no qual o árbitro teria o poder de transferir recursos ou criptomoedas que estivessem armazenadas no *blockchain*.[33]

Dessa forma, o árbitro poderia transferir à parte vencedora o valor determinado na sentença arbitral, sem que houvesse a necessidade de fazer uso do poder de coerção estatal.

4.2. Recomendações

Diante das especificidades envolvendo as disputas relacionadas aos *smart contracts*, sugere-se que sejam observadas algumas recomendações, a fim de garantir a efetividade da arbitragem.

Cláusula de arbitragem

Como visto, os *smart contracts* nada mais são do que a codificação de um *software*, de modo que não possuem as típicas cláusulas escritas que existem nos contratos em geral.

No entanto, o artigo II da Convenção de Nova York determina que as convenções de arbitragem devem ser realizadas por escrito. Nesse sentido, uma convenção de arbitragem codificada ou incorporada via código, não será considerada válida para fins da Convenção de Nova York.[34]

Assim, para garantir que a arbitragem prevista pelas partes no *smart contract* cumpra com os requisitos da convenção, recomenda-se que ele seja acompanhado de um contrato, por escrito, em que haja a previsão expressa de uma cláusula de arbitragem.

Sede da arbitragem

A escolha da sede é aspecto relevante em qualquer convenção arbitral, no entanto, ao lidarmos com *Smart Contracts*, esse elemento ganha ainda mais importância.

[33] BAKER, Mark (coord.). International Arbitration Report. *Norton Rose Fulbright*, Londres, n. 9, October 2017, p. 23.

[34] KELLY, Philip; JEWLL, Dan; CROCI, Victor. Disputes Distributed Ledger Technology. *DLA Piper*, 2020. Disponível em: https://www.dlapiper.com/en/korea/insights/publications/2020/12/disputes-distributed-ledger-technology/. Acesso em: 12 abr. 2021.

Em razão da natureza descentralizada dos *smart contracts*, mostra-se necessário que as partes determinem de maneira clara a sede da arbitragem para evitar disputas sobre a sede ou lei procedimental aplicável.[35]

Arbitrabilidade e execução da sentença arbitral

As partes devem se atentar na escolha da lei aplicável, sede da arbitragem ou demais jurisdições em que a sentença arbitral será executada, se a disputa será considerada arbitrável e executável.

Isso porque, tendo em vista que a tecnologia do *smart contract* se trata de algo inovador, cabe às partes terem atenção para escolherem as leis e jurisdições que favorecerão a utilidade da arbitragem em questão.

Limitações quanto à escolha dos árbitros

É comum que especialistas em Arbitragem de Tecnologia recomendem que a convenção de arbitragem estabeleça a obrigação de que as partes escolham árbitros com determinado conhecimento técnico, como em codificação.[36]

No entanto, é notório que muitas das disputas envolvendo contratos – independentemente da tecnologia ou produto objeto da relação contratual – demandam do árbitro conhecimento em aspectos gerais de direito dos contratos.

A necessidade de o árbitro possuir um conhecimento maior em direito dos contratos ou na tecnologia pertinente ao *smart contract* nem sempre está clara antes do início da disputa entre as partes.

Assim sendo, de maneira a não restringir, de antemão, o leque de opções de árbitros que as partes terão, recomenda-se que as partes ponderem a real necessidade de estabelecer qualificações específicas na convenção de arbitragem com relação aos árbitros a serem indicados.[37]

[35] Baker, Mark (coord.). International Arbitration Report. *Norton Rose Fulbright*, Londres, n. 9, October 2017, p. 23.

[36] Baker, Mark (coord.). International Arbitration Report. *Norton Rose Fulbright*, Londres, n. 9, October 2017, p. 23.

[37] Baker, Mark (coord.). International Arbitration Report. *Norton Rose Fulbright*, Londres, n. 9, October 2017, p. 23.

Conclusões

Este capítulo analisou a viabilidade e pertinência de se utilizar a arbitragem como mecanismo de solução de controvérsias para as demandas envolvendo os *smart contracts.*

Primeiro, abordou-se, de maneira resumida, o conceito de *smart contract*, demonstrando que estes são contratos cujos direitos e obrigações estão inseridos em códigos, por meio da tecnologia do *blockchain.* Caracterizam-se, assim, por serem autoexecutáveis e inflexíveis, com potencial de aplicação nos mais diversos setores da economia, como seguros, locações, financeiro, entre outros.

Em seguida, foram endereçados, de maneira breve, os possíveis princípios e as normas aplicáveis aos *smart contracts* no âmbito da legislação brasileira. Como visto, os *smart contracts*, em tese, podem ser válidos no ordenamento pátrio, desde que cumpram com os requisitos gerais de validade previstos no CC.

Demonstrou-se também que, apesar de os entusiastas do assunto defenderem que os *smart contracts* se tratam de contratos em que não há a necessidade de qualquer intermediário, a realidade é que tais contratos continuam sujeitos a uma série de vulnerabilidades, reforçando a necessidade de um efetivo mecanismo de solução de controvérsias.

Assim, abordou-se as vantagens na utilização da arbitragem, como possibilidade de escolha de foro e lei aplicável, confidencialidade, conhecimento especializado do tribunal, flexibilidade do procedimento e execução automática. Ainda, foram apresentadas algumas recomendações com relação à previsão por escrito da arbitragem, escolha da sede, escolha de leis e jurisdições que reconheçam a validade do *smart contract* e qualificação dos árbitros.

Em suma, viu-se que os *smart contracts* possuem o potencial de impactar diversos setores da economia, em razão da automatização que oferecem. E que apesar de uma das suas supostas vantagens ser a possibilidade de autoexecução, é justamente a implementação de um mecanismo de solução de controvérsias efetivo que possibilitará a escalabilidade do modelo dos *smart contracts.*

Em última instância, tem-se que a discussão sobre as vantagens do *smart contract versus* a necessidade de se prever a arbitragem para tais contratos remete à própria função dos mecanismos de solução de disputa no âmbito do Direito. Isso porque, tais mecanismos cumprem com o papel de garantir a confiança entre as partes e oferecem a possibilidade de uma análise subjetiva de temas que extrapolam a letra do contrato em si.

Nesse contexto, a arbitragem, pelas características processuais que possui, acaba por ser uma das melhores alternativas para endereçar os interesses dos agentes que se utilizam dos *smart contracts*.

Considerando a inovação da aplicação da arbitragem a tais tipos de contrato, cabe acompanhar de que maneira os regulamentos das câmaras de arbitragem se adaptarão a essa nova realidade, quais sedes e leis aplicáveis serão consideradas as mais atraentes pelas partes, bem como de que maneira o setor de arbitragem se adaptará como um todo.

Assim, ainda que inexplorado, trata-se de um cenário animador para os operadores da arbitragem.